Alles Wissenswerte über Staat, Bürger, Recht

Eine Staatsbürger- und Gesetzeskunde für Fachberufe im Gesundheitswesen

Walter Hell

7., neubearbeitete Auflage

165 Abbildungen

Georg Thieme Verlag
Stuttgart · New York

Anschrift

Walter Hell
Richter am Amtsgericht
Am Alten Einlaß 1
86150 Augsburg

Impressum

Bibliografische Information
der Deutschen Nationalbibliothek

Die Deutsche Nationalbibliothek verzeichnet diese Publikation in der Deutschen Nationalbibliografie; detaillierte bibliografische Daten sind im Internet über http://dnb.d-nb.de abrufbar.

Ihre Meinung ist uns wichtig! Bitte schreiben Sie uns unter
www.thieme.de/service/feedback.html

Wichtiger Hinweis: Rechtsprechung und Gesetzgebung sind einer ständigen Entwicklung unterworfen. Gesetzesänderungen sind die Folge. Obwohl der Autor alles getan hat, um die Daten und Informationen in diesem Lehrbuch mit größter Sorgfalt zusammenzustellen, so dass die Angaben genau dem Wissensstand bei Fertigstellung des Werkes entsprechen, kann keine Garantie für die Richtigkeit und Änderung der Rechtslage gegeben werden.

1. Auflage 1995
2. Auflage 1997
3. Auflage 2000
4. Auflage 2003
5. Auflage 2007
6. Auflage 2010

© 1995, 2013 Georg Thieme Verlag KG
Rüdigerstraße 14
D-70469 Stuttgart
Unsere Homepage: www.thieme.de
Grafikerin: Heike Hübner, Berlin
Umschlaggestaltung: Thieme Verlagsgruppe
Satz: SOMMER media GmbH & Co. KG, Feuchtwangen
Druck: L.E.G.O. s.p.A., in Lavis (TN)
Printed in Italy

ISBN 978-3-13-100317-1   2 3 4 5 6

Auch erhältlich als E-Book und ePub:
eISBN (PDF) 978-3-13-154587-9
eISBN (ePub) 978-3-13-168007-5

Geschützte Warennamen (Warenzeichen) werden **nicht** besonders kenntlich gemacht. Aus dem Fehlen eines solchen Hinweises kann also nicht geschlossen werden, dass es sich um einen freien Warennamen handele.

Das Werk, einschließlich aller seiner Teile, ist urheberrechtlich geschützt. Jede Verwertung außerhalb der engen Grenzen des Urheberrechtsgesetzes ist ohne Zustimmung des Verlags unzulässig und strafbar. Das gilt insbesondere für Vervielfältigungen, Übersetzungen, Mikroverfilmungen und die Einspeicherung und Verarbeitung in elektronischen Systemen.

Vorwort zur 7. Auflage

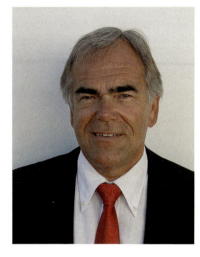

Seit der letzten Auflage vor drei Jahren war der Gesetzgeber wieder sehr aktiv, was sich an der Anzahl neuer Gesetze bzw. Gesetzesänderungen ablesen lässt. Dies macht es für ein Buch der Rechtskunde unerlässlich, diesem Umstand durch Aktualisierung Rechnung zu tragen. Gerade ein Lehrbuch und Nachschlagewerk hat die Pflicht, möglichst der geltenden Rechtslage zu entsprechen. Auch wenn dies nicht immer gelingen kann, da bereits beim Neuerscheinen weitere Änderungen in Kraft treten, so muss versucht werden, wesentliche Veränderungen in der Rechtslage zu berücksichtigen.

So wurden nicht nur die sich jährlich ändernden Eurobeträge bei den verschiedenen Sozialversicherungszweigen und den jeweiligen Bemessungsgrenzen geändert, sondern es kam auch zu inhaltlichen Änderungen bei so wichtigen Themen wie Sicherungsverwahrung, Zwangsbehandlung, Pflegeversicherung etc. Neue Gesetze wurden erlassen, wie z. B. das Pflege-Neuausrichtungsgesetz, das Pflegezeitgesetz und das Patientenrechtegesetz, die in der Neuauflage genauso Berücksichtigung fanden, wie wichtige Ergänzungen zu bereits bestehenden Themen, wie z. B. die Übertragung der Heilkunde auf Pflegeberufe (Heilkundeübertragungsrichtlinie) oder die Zulässigkeit der Präimplantationsdiagnostik in bestimmten Fällen aber auch wesentliche Änderungen in der Pflegeversicherung („Pflegestufe 0").

Selbstverständlich wurde die aktuelle Rechtsprechung berücksichtigt, insb. im Arbeitsrecht, wo neue Entscheidungen insb. zum Kündigungsrecht bei Bagatelldelikten (siehe Fall „Emmily" oder das sog. „Maultaschen-Urteil") die Praxis prägen.

Überarbeitet wurden auch die Ausführungen im Bereich der Haftung in der Pflege; es wurden mehrere Übungsfälle, basierend auf der aktuellen Rechtsprechung, aufgenommen, um gerade dem Schüler diese Problematik anhand von Beispielsfällen anschaulich zu machen. Dies geschah auch deswegen, weil die in der Vorauflage neu aufgenommenen Beispielsfälle im Abschnitt „Betreuung" auf großes positives Echo gestoßen sind.

Den Hinweisen und Verbesserungsvorschlägen der Benutzer dieses Lehrbuches wurde so weit möglich Rechnung getragen. So wurde z. B. in vielen Fällen eine Trennung von Frage und Antwort in den Beispielsfällen vorgenommen, um den Schüler anzuregen, zunächst selbstständig eine Antwort zu finden.

Hinweise auf einzelne Internetadressen wurden bewusst unterlassen, da bei Eingabe von zutreffenden Stichworten bei den bekannten Suchmaschinen jederzeit weiterführende Internetseiten gefunden werden können, die dann auch aktuell sind.

Das vorliegende Werk soll auch als Wegbegleiter in der Pflege dienen. Deswegen enthält das Werk gerade bei den Themen „Betreuung" und „Haftung" die erforderliche Vertiefung.

Augsburg, im Sommer 2013

Aus dem Vorwort zur 1. Auflage

Ist ein weiteres Lehrbuch für das Fach „Gesetzes und Staatsbürgerkunde" notwendig oder überflüssig?

Meine Lehrtätigkeit an der Krankenpflegeschule in Augsburg hat mir gezeigt, dass dieses Unterrichtsfach wegen seiner im Vergleich zu den medizinischen Fächern völlig anderen Inhalte meist unbeliebt ist. Dies hängt wohl nicht nur damit zusammen, dass die Schüler oft die Notwendigkeit dieses Faches für ihren Beruf nicht erkennen, sondern dass es auch schwierig ist, juristisches Wissen an Laien zu vermitteln, nicht zuletzt wegen der meist unverständlichen Sprache.

So besteht das Hauptanliegen dieses Buches darin, die Grundprinzipien unseres Staates und juristisches Grundwissen auf verständliche Art und Weise darzulegen.

Um dies zu verwirklichen, wurde jeder Satz mit einem „Nicht-Juristen", nämlich dem Mediziner Dr. Rotter, durchgesprochen und auf seine Verständlichkeit hin überprüft. Es wurde bewusst auf juristische Präzision und Vollständigkeit verzichtet, um schwierige juristische Zusammenhänge vereinfacht darzustellen. Es ging mehr darum, eine zugängliche Sprache zu finden, als allen juristischen Eventualitäten Rechnung zu tragen.

Zur leichteren Verständlichkeit tragen auch die zahlreichen Abbildungen und Beispiele bei, die den Stoff veranschaulichen und den Praxisbezug herstellen.

Ein weiteres Anliegen war es, die Fülle des vorgegebenen Unterrichtsstoffes, die sich aus dem Zugrundelegen der Ausbildungs- und Prüfungsordnung für die Berufe in der Krankenpflege ergab, so überschaubar wie möglich darzustellen.

Aufgabe des Buches kann und darf es nicht sein, den Leser und Schüler zu einem „Rechtsberater" auszubilden und alle Rechtsprobleme vollständig zu behandeln. Entscheidend ist vielmehr, dass die Grundzüge und strukturen unseres Rechtswesens und unseres Staates vermittelt werden und dies dazu beiträgt, die Leser zu kritischen Staatsbürgern zu erziehen.

So soll das Buch nicht nur als ein reines Lehrbuch dienen, sondern den Leser begleiten und zum Nachschlagen anregen.

Biburg, im Frühjahr 1995   Walter Hell

Inhaltsverzeichnis

I Staatsbürgerkunde

1 Staat „Bundesrepublik Deutschland" ... 32

1.1 Wesen eines Staates ... 32

1.1.1 Staatsgebiet ... 32
1.1.2 Staatsvolk ... 32
1.1.3 Staatsgewalt ... 34

1.2 Entstehung der Bundesrepublik Deutschland ... 34

1.2.1 Erste Entwicklungen nach dem Ende des Zweiten Weltkriegs ... 34
1.2.2 Entstehung des Grundgesetzes ... 35
1.2.3 Entstehung der DDR ... 35

1.3 Wiedervereinigung des geteilten Deutschlands ... 35

1.3.1 Die Rolle des Michail Gorbatschow ... 35
1.3.2 Botschaftsbesetzungen, Massenflucht und Öffnung der Grenzen ... 36

2 Staats- und Regierungsform der Bundesrepublik Deutschland ... 37

2.1 Republik ... 37

2.2 Demokratie ... 38

2.2.1 Merkmale einer Demokratie ... 38
2.2.2 Indirekte Demokratie ... 39
2.2.3 Direkte Demokratie ... 40

2.3 Rechtsstaat ... 41

2.3.1 Auswirkungen des Rechtsstaatsprinzips ... 41
2.3.2 Vertrauensschutz und Rückwirkungsverbot ... 43
2.3.3 Gewaltenteilung ... 43

2.4 Sozialstaat ... 44

2.4.1 Folgen der industriellen Revolution ... 44
2.4.2 Entstehung des Sozialstaats ... 44
2.4.3 Aufgaben des Sozialstaats ... 45

2.5 Bundesstaat — 46

- 2.5.1 Föderalismus — 46
- 2.5.2 Verteilung von Kompetenzen und Zuständigkeiten — 47

3 Grundrechte — 49

3.1 Geschichte der Grundrechte — 49

3.2 Wesen der Grundrechte — 49

3.3 Geltungsbereich der Grundrechte — 50

- 3.3.1 Auslegung — 51
- 3.3.2 Grundrechtsimmanente Schranken — 51
- 3.3.3 Gesetzesvorbehalt — 51
- 3.3.4 Verwirkung von Grundrechten — 52
- 3.3.5 Gemeinschaftsvorbehalt — 52

3.4 Einteilung der Grundrechte — 52

- 3.4.1 Menschenrechte — 53
- 3.4.2 Bürgerrechte — 54

3.5 Einzelne Grundrechte — 54

- 3.5.1 Schutz der Menschenwürde (Artikel 1 GG) — 54
- 3.5.2 Freiheit der Person (Artikel 2 GG) — 55
- 3.5.3 Gleichheit vor dem Gesetz (Artikel 3 GG) — 56
- 3.5.4 Meinungsfreiheit (Artikel 5 GG) — 57
- 3.5.5 Freiheit der Berufswahl (Artikel 12 GG) — 58

4 Wahlrecht — 60

4.1 Wahlberechtigung — 60

- 4.1.1 Aktives Wahlrecht — 61
- 4.1.2 Passives Wahlrecht — 61

4.2 Wahlrechtsgrundsätze — 61

- 4.2.1 Allgemeine Wahl — 62
- 4.2.2 Unmittelbare Wahl — 62
- 4.2.3 Freie Wahl — 62
- 4.2.4 Gleiche Wahl — 63
- 4.2.5 Geheime Wahl — 63

4.3 Wahlsysteme ... 63

4.3.1 Mehrheitswahlsystem ... 64
4.3.2 Verhältniswahlsystem ... 64

4.4 Bundestagswahl ... 65

4.4.1 Personalisierte Verhältniswahl ... 65
4.4.2 Erststimme ... 66
4.4.3 Zweitstimme ... 67
4.4.4 Überhangmandate ... 68
4.4.5 5 %-Klausel ... 68

5 Oberste Bundesorgane ... 69

5.1 Bundestag ... 69

5.1.1 Zusammensetzung des Bundestages ... 69
5.1.2 Rechtsstellung der Bundestagsabgeordneten ... 71
5.1.3 Aufgaben und Befugnisse des Bundestags ... 72
5.1.4 Abstimmung im Bundestag ... 74
5.1.5 Auflösung des Bundestags ... 75

5.2 Bundesrat ... 76

5.2.1 Zusammensetzung des Bundesrats ... 76
5.2.2 Aufgaben und Befugnisse des Bundesrats ... 78
5.2.3 Abstimmung im Bundesrat ... 79

5.3 Bundespräsident ... 79

5.3.1 Wahl des Bundespräsidenten ... 79
5.3.2 Aufgaben und Befugnisse des Bundespräsidenten ... 81
5.3.3 Ende der Amtszeit ... 81

5.4 Bundesregierung ... 83

5.4.1 Zusammensetzung der Bundesregierung ... 83
5.4.2 Aufgaben und Befugnisse der Bundesregierung ... 88

5.5 Bundesverfassungsgericht ... 90

5.5.1 Zusammensetzung des Bundesverfassungsgerichts ... 90
5.5.2 Wahl der Bundesverfassungsrichter ... 90
5.5.3 Aufgaben des Bundesverfassungsgerichts ... 91

6 Gesetzgebung des Bundes ... 93

6.1 Gesetzgebungskompetenz ... 93

- 6.1.1 Ausschließliche Gesetzgebung des Bundes (Art. 73 GG) ... 93
- 6.1.2 Konkurrierende Gesetzgebung (Art. 74 GG) ... 93
- 6.1.3 Ausschließliche Gesetzgebung der Länder ... 94

6.2 Gesetzgebungsverfahren ... 95

- 6.2.1 Einleitungsverfahren ... 95
- 6.2.2 Beschlussverfahren ... 96
- 6.2.3 Abschlussverfahren ... 98
- 6.2.4 Darstellung des Gesetzgebungsverfahrens ... 98

6.3 Bürgerbeteiligung an der Gesetzgebung ... 98

- 6.3.1 Beteiligung der Bürger auf Bundesebene ... 100
- 6.3.2 Beteiligung der Bürger auf Länderebene ... 100
- 6.3.3 Beteiligung der Bürger auf kommunaler Ebene ... 101

7 Aufbau der Bundesrepublik Deutschland ... 102

7.1 Gemeinde ... 103

- 7.1.1 Kreisangehörige Gemeinden ... 103
- 7.1.2 Kreisfreie Gemeinden ... 103

7.2 Landkreis ... 103

7.3 Bezirk ... 103

7.4 (Bundes-)Land ... 104

8 Wirtschaftsordnung der Bundesrepublik Deutschland ... 105

8.1 Planwirtschaft ... 105

8.2 Marktwirtschaft ... 105

8.3 Soziale Marktwirtschaft ... 105

- 8.3.1 Merkmale der sozialen Marktwirtschaft ... 106
- 8.3.2 Wettbewerbs und Verbraucherschutz ... 106

9 Rechtsprechung in der Bundesrepublik Deutschland ... 109

9.1 Unabhängige Rechtsprechung ... 109

9.1.1 Sachliche Unabhängigkeit ... 110
9.1.2 Persönliche Unabhängigkeit ... 111

9.2 Gesetzlicher Richter ... 111

9.3 Rechtsweggarantie ... 111

9.4 Rechtliches Gehör ... 112

10 Europäische Union (EU) ... 113

10.1 Entstehung der Europäischen Union und ihre Mitgliedstaaten ... 113

10.2 Hauptorgane der EU ... 115

10.2.1 Europäisches Parlament ... 116
10.2.2 Europäische Kommission ... 116
10.2.3 Rat der Europäischen Union ... 117
10.2.4 Europäischer Gerichtshof (EuGH) ... 118
10.2.5 Europäischer Rat ... 118

10.3 Europarat ... 118

10.4 Wie wirken die Organe der Europäischen Union zusammen? ... 119

10.5 Was spricht für eine europäische Einigung? ... 120

11 Vereinte Nationen (UN) ... 122

11.1 Ziele und Grundsätze der UN ... 122

11.2 Hauptorgane der UN ... 124

11.2.1 Generalversammlung ... 124
11.2.2 Sicherheitsrat ... 125
11.2.3 Internationaler Gerichtshof (IGH) ... 126
11.2.4 Sekretariat ... 126

| 11.2.5 | Treuhandschaftsrat | 126 |
| 11.2.6 | Wirtschafts- und Sozialrat | 126 |

11.3 Sonderorganisationen der UN — 126

11.3.1	Weltgesundheitsorganisation (WHO)	127
11.3.2	Organisation der Vereinten Nationen für Erziehung, Wissenschaft und Kultur (UNESCO)	127
11.3.3	Organisation für Ernährung und Landwirtschaft (FAO)	127
11.3.4	Internationale Arbeitsorganisation (ILO)	128

II Strafrecht

12 Wesen des Strafrechts — 130

12.1 Aufgabe und Inhalt des Strafrechts — 130

12.2 Ziele der Strafe — 133

| 12.2.1 | Spezialprävention | 133 |
| 12.2.2 | Generalprävention | 133 |

13 Grundlagen der Strafbarkeit — 134

13.1 Vorliegen eines Strafgesetzes — 134

| 13.1.1 | Gesetzlichkeitsprinzip | 134 |
| 13.1.2 | Rückwirkungsverbot | 134 |

13.2 Menschliches Handeln bzw. Unterlassen — 134

13.3 Straftat — 135

13.3.1	Vorsätzliche Straftat	135
13.3.2	Fahrlässige Straftat	141
13.3.3	Versuchte Straftat	142

13.4 Täterschaft, Anstiftung und Beihilfe — 143

13.4.1	Täterschaft	143
13.4.2	Anstiftung	143
13.4.3	Beihilfe	144

14 Rechtsfolgen einer Straftat ... 145

14.1 Rechtsfolgen gegen Jugendliche ... 145

14.1.1 Anwendbarkeit des Jugendstrafrechts ... 145
14.1.2 Sanktionen mit strafähnlichem Charakter ... 146
14.1.3 Maßregeln zur Besserung und Sicherung ... 149

14.2 Rechtsfolgen gegen Erwachsene ... 149

14.2.1 Strafarten bei Erwachsenen ... 149
14.2.2 Maßregeln der Besserung und Sicherung ... 151

15 Ausgewählte Straftatbestände für das Pflegepersonal ... 155

15.1 Körperverletzung (§ 223 ff. StGB) ... 155

15.1.1 Vorsätzliche Körperverletzung ... 155
15.1.2 Körperverletzung durch Unterlassen ... 158
15.1.3 Medizinischer Eingriff durch Arzt und Pflegepersonal ... 159
15.1.4 Fahrlässige Körperverletzung (§ 229 StGB) ... 165
15.1.5 Strafantrag oder öffentliches Interesse ... 165

15.2 Tötungsdelikte (§§ 211 ff. StGB) ... 165

15.2.1 Totschlag, Tötung auf Verlangen (§§ 212, 216 StGB) ... 165
15.2.2 Mord (§ 211 StGB) ... 168
15.2.3 Fahrlässige Tötung ... 169

15.3 Aussetzung (§ 221 StGB) ... 170

15.3.1 Hilflose Lage ... 171
15.3.2 Versetzen in hilflose Lage/Im-Stich-Lassen in hilfloser Lage ... 172
15.3.3 Obhuts- und Beistandspflicht ... 172
15.3.4 Gefahr des Todes oder einer schweren Gesundheitsschädigung ... 172

15.4 Unterlassene Hilfeleistung (§ 323c StGB) ... 172

15.4.1 Notlagen ... 173
15.4.2 Hilfe leisten ... 173

15.5 Schwangerschaftsabbruch (§ 218 StGB) ... 174

15.5.1 Bestehen einer Schwangerschaft ... 175
15.5.2 Abbruch einer Schwangerschaft ... 176

15.5.3	Straflosigkeit des Schwangerschaftsabbruchs.	176
15.5.4	Weitere Straftaten des Arztes in Zusammenhang mit dem Abbruch	178

15.6 Verletzung von Privatgeheimnissen (§ 203 StGB) — 179

15.6.1	Geheimnisträger	179
15.6.2	Geheimnis	180
15.6.3	Anvertraut	181
15.6.4	Sonst bekannt geworden	182
15.6.5	Offenbaren	182
15.6.6	Unbefugt	183
15.6.7	Zeugnisverweigerungsrecht	186
15.6.8	Pflegevisite	186
15.6.9	Beendigung der Schweigepflicht	187
15.6.10	Exkurs: Verletzung des Briefgeheimnisses	187
15.6.11	Datenschutz	187

15.7 Freiheitsberaubung (§ 239 StGB) — 188

15.7.1	Freiheit auf Fortbewegung	188
15.7.2	Gerechtfertigte „Beraubung" der Fortbewegungsfreiheit	189

16 Berufsrelevante Nebengesetze des Strafrechts — 191

16.1 Gesetz zum Schutz von Embryonen (ESchG) — 191

16.1.1	Das befruchtete Ei als Träger der Menschenwürde	191
16.1.2	Straftaten im Umgang mit Embryonen	191
16.1.3	Ausschau	196

16.2 Gesetz über freiwillige Kastration und andere Behandlungsmethoden — 196

17 Ausgewählte Strafrechtsprobleme im Bereich der Kranken- und Altenpflege — 198

17.1 Verabreichen von Injektionen — 198

17.1.1	Delegieren von Injektionen auf das Pflegepersonal	198
17.1.2	Qualifikation des Pflegepersonals	200
17.1.3	Art der Injektion	200
17.1.4	Ärztliche Überwachung	200

17.2 Sterbehilfe — 201

17.2.1	Hilfe im Sterben	203

17.2.2	Hilfe zum Sterben	204
17.2.3	Sog. Früheuthanasie	209

17.3 Organtransplantation — 209

17.3.1	Organentnahme beim toten Spender	210
17.3.2	Organentnahme bei lebendem Spender	212
17.3.3	Durchführung der Organentnahme	215
17.3.4	Zulässigkeit der Organübertragung (Implantation)	216
17.3.5	Straf- und Bußgeldvorschriften	218

18 Strafprozess — 219

18.1 Ermittlungsverfahren — 220

18.1.1	Untersuchungshaft	220
18.1.2	Abschluss der Ermittlungen: Einstellung oder Anklageerhebung	220
18.1.3	Strafbefehl	221

18.2 Hauptverfahren — 221

18.2.1	Eröffnungsverfahren	221
18.2.2	Hauptverhandlung	222

18.3 Vollstreckungsverfahren — 223

III Zivilrecht

19 Schuldrecht — 226

19.1 Zustandekommen eines Vertrags — 226

19.1.1	Geschäftsfähigkeit	226
19.1.2	Vertragsschluss	228

19.2 Inhalt eines Vertrags — 230

19.2.1	Abschlussfreiheit	230
19.2.2	Inhaltsfreiheit	231

19.3 Vertragstypen — 231

19.3.1	Kaufvertrag	231
19.3.2	Mietvertrag	232
19.3.3	Leihvertrag	233
19.3.4	Darlehensvertrag	233

19.3.5	Dienstvertrag.	233
19.3.6	Werkvertrag	233

20 Rechtsstellung des Patienten ... 234

20.1 Rechtsbeziehung zwischen Arzt und Patient ... 234

20.1.1	Behandlungsvertrag als Dienstvertrag	234
20.1.2	Zustandekommen des Behandlungsvertrags	235
20.1.3	Inhalt des Behandlungsvertrags	236
20.1.4	Beendigung des Behandlungsvertrages	241

20.2 Rechtsbeziehung zwischen Krankenhaus und Patient ... 242

20.2.1	Totaler Krankenhausaufnahmevertrag	242
20.2.2	Gespaltener Krankenhausaufnahmevertrag	242
20.2.3	Totaler Krankenhausaufnahmevertrag mit Arztzusatzvertrag.	243

21 Haftung und Schadensersatz ... 244

21.1 Grundsätzliches zum Haftungsrecht ... 244

21.1.1	Allgemeine Voraussetzungen	244
21.1.2	Vertragliche Haftung	245
21.1.3	Deliktische Haftung	247

21.2 Schadensersatzanspruch des Patienten ... 249

21.2.1	Schadensersatzansprüche des Patienten gegenüber dem Krankenhaus	249
21.2.2	Schadensersatzansprüche des Patienten gegenüber dem Arzt	251
21.2.3	Schadensersatzansprüche des Patienten gegenüber dem Pflegepersonal	252
21.2.4	Haftung für Schäden aus dem „Voll beherrschbaren Risikobereich"	253

22 Erbrecht ... 260

22.1 Wesen und Umfang des Erbrechtes ... 260

22.2 Erbfolge ... 260

22.3 Gesetzliche Erbfolge ... 261

22.3.1	Ordnungsprinzip	262
22.3.2	Stammesprinzip.	263
22.3.3	Repräsentationsprinzip	264
22.3.4	Gesetzliches Erbrecht des Ehegatten	264
22.3.5	Erbrecht des Lebenspartners	268

22.3.6	Erbrecht des nichtehelichen Kindes	268
22.3.7	Ausgleichungspflicht bei besonderen Leistungen eines Abkömmlings	268

22.4 Testamentarische Erbfolge — 269

22.4.1	Testierfähigkeit	269
22.4.2	Eigenhändiges Testament	269
22.4.3	Notarielles Testament	270
22.4.4	3-Zeugen-Testament	270
22.4.5	Gemeinschaftliches Testament	272
22.4.6	Inhalt des Testaments	273

22.5 Gesetzliches Erbrecht des Staates — 274

22.6 Ausschlagung des Erbes — 275

22.7 Rechte und Pflichten des Erben — 275

22.8 Auseinandersetzung der Erbengemeinschaft — 275

22.9 Pflichtteil — 276

22.9.1	Pflichtteilsberechtigte Personen	276
22.9.2	Pflichtteilshöhe	277

23 Familienrecht — 278

23.1 Eherecht — 278

23.1.1	Zustandekommen der Ehe	278
23.1.2	Eheliches Güterrecht	279
23.1.3	Ehescheidung	281

23.2 Wichtige Bestimmungen aus dem Familienrecht — 286

23.2.1	Elterliche Sorge	286
23.2.2	Adoption	288
23.2.3	Vormundschaft	289
23.2.4	Unterhaltspflichten	290

24 Betreuungsrecht — 293

24.1 Voraussetzungen einer Betreuung — 293

24.1.1	Krankheit oder Behinderung	294

| 24.1.2 | Unfähigkeit zur Besorgung eigener Angelegenheiten | 295 |
| 24.1.3 | Erforderlichkeit der Betreuung. | 295 |

24.2 Der Betreuer ... 296

24.2.1	Auswahl des Betreuers.	296
24.2.2	Pflichten des Betreuers	298
24.2.3	Entlassung des Betreuers	298

24.3 Umfang der Betreuung ... 299

24.4 Betreuungsverfahren ... 300

24.4.1	Persönliche Anhörung	300
24.4.2	Absehen von der persönlichen Anhörung.	300
24.4.3	Gutachten eines Sachverständigen.	300
24.4.4	Schlussgespräch.	300
24.4.5	Verfahrenspfleger	301

24.5 Dauer der Betreuung ... 301

24.6 Vorläufige Betreuungsanordnung ... 301

24.7 Aufhebung der Betreuung ... 302

24.8 Rechtsfolgen der Betreuung. ... 302

24.9 Heilbehandlung von Betreuten ... 302

24.9.1	Heilbehandlung.	303
24.9.2	Untersuchung	303
24.9.3	Ärztlicher Eingriff	303

24.10 Sterilisation von Betreuten. ... 305

24.11 Unterbringung von Betreuten ... 305

| 24.11.1 | Einsichtsfähiger Betroffener. | 306 |
| 24.11.2 | Nicht einsichtsfähiger Betroffener | 306 |

24.12 Unterbringungsähnliche Maßnahmen (Fixierung) ... 308

| 24.12.1 | Begriff. | 309 |
| 24.12.2 | Zulässigkeit der Fixierung | 310 |

24.13 Vorsorgevollmacht – Bevollmächtigter ... 312

24.14 Zwangsbehandlung von Betreuten ... 312

24.15 Anlagen 1–6 zum Betreuungsrecht ... 313

24.15.1 Anlage 1 zum Betreuungsrecht ... 314
24.15.2 Vorsorgevollmacht ... 314
24.15.3 Anlage 2 zum Betreuungsrecht ... 316
24.15.4 Betreuungsverfügung ... 316
24.15.5 Anlage 3 zum Betreuungsrecht ... 317
24.15.6 Patientenverfügung ... 317
24.15.7 Anlage 4 zum Betreuungsrecht ... 318
24.15.8 Anregung zur Bestellung eines (vorläufigen) Betreuers ... 318
24.15.9 Anlage 5 zum Betreuungsrecht ... 319
24.15.10 Genehmigung unterbringungsähnlicher Maßnahmen (Fixierung) ... 319
24.15.11 Anlage 6 zum Betreuungsrecht ... 320
24.15.12 Antrag auf geschlossene Unterbringung ... 320

24.16 Beispielfälle aus der täglichen Praxis des Betreuungsgerichts ... 321

IV Arbeitsrecht

25 Arbeitsverhältnis ... 326

25.1 Zustandekommen des Arbeitsvertrags ... 326

25.1.1 Freistellungsanspruch und Vorstellungskosten ... 327
25.1.2 Fragerecht bei Bewerbung ... 327

25.2 Inhalt des Arbeitsverhältnisses ... 328

25.2.1 Arbeitsvertrag ... 329
25.2.2 Gesetz ... 329
25.2.3 Tarifvertrag, Betriebsvereinbarung ... 329
25.2.4 Betriebliche Übung ... 330
25.2.5 Direktionsrecht ... 330

25.3 Pflichten aus dem Arbeitsverhältnis ... 331

25.3.1 Arbeitspflicht ... 331
25.3.2 Lohnzahlungspflicht ... 333
25.3.3 Nebenpflichten ... 335

25.4 Verletzung der Arbeitspflicht ... 337

25.4.1 Nichtleistung ... 337
25.4.2 Schlechtleistung ... 338

25.5 Teilzeitarbeit und befristete Arbeitsverträge 339

25.5.1 Teilzeitarbeit 339
25.5.2 Befristeter Arbeitsvertrag. 340

25.6 Beendigung des Arbeitsverhältnisses 342

25.6.1 Aufhebungsvertrag 342
25.6.2 Kündigung. 343
25.6.3 Tod des Arbeitnehmers/Arbeitgebers 345
25.6.4 Zeitablauf 346

25.7 Zeugnis. 346

25.8 Berufsbildung 347

25.8.1 Inhalt der Berufsausbildung. 347
25.8.2 Pflichten des Ausbilders. 348
25.8.3 Pflichten des Auszubildenden/Schülers 348
25.8.4 Beendigung des Ausbildungsverhältnisses 348

25.9 Fortbildung und Weiterbildung 348

25.9.1 Ausbildung 349
25.9.2 Fortbildung 349
25.9.3 Weiterbildung 349
25.9.4 Kosten der Fort- und Weiterbildungsmaßnahmen 349
25.9.5 Rückzahlungsvereinbarung und Bindungswirkung 350

25.10 Übertragung von ärztlichen Tätigkeiten auf die Pflege 351

25.10.1 Aufgaben der Kranken- und Altenpflege 351
25.10.2 Nichtdelegationsfähige ärztliche Tätigkeiten 351
25.10.3 Delegation von ärztlichen Aufgaben auf die Pflege. 352
25.10.4 Eigenständige Durchführung ärztlicher Tätigkeiten durch das Pflegepersonal. 352

26 Arbeitnehmerschutz 354

26.1 Kündigungsschutz. 354

26.1.1 Kündigungsschutzklage 355
26.1.2 Betriebsbedingte Kündigung 355
26.1.3 Personenbedingte Kündigung 355
26.1.4 Verhaltensbedingte Kündigung 356
26.1.5 Beteiligung des Betriebsrats. 356
26.1.6 Auflösung des Arbeitsverhältnisses und Abfindung des Arbeitnehmers . 356

26.2 Mutterschutz 357

26.2.1 Gefahrenschutz 357
26.2.2 Arbeitsplatzschutz 358
26.2.3 Leistungen 359

26.3 Jugendarbeitsschutz 359

26.3.1 Verbot der Kinderarbeit 359
26.3.2 Arbeitszeit 360
26.3.3 Beschäftigungsverbote 361
26.3.4 Gesundheitliche Betreuung 361

26.4 Allgemeines Gleichbehandlungsgesetz 362

26.4.1 Anwendungsbereich des AGG 362
26.4.2 Zulässigkeit einer unterschiedlichen Behandlung 363
26.4.3 Maßnahmen und Pflichten des Arbeitgebers 363
26.4.4 Rechte der Beschäftigten 364
26.4.5 Schutz vor Benachteiligung im Zivilrechtsverkehr 364

26.5 Arbeitsschutzgesetz 364

26.5.1 Grundverantwortung des Arbeitgebers 364
26.5.2 Mitverantwortung der Beschäftigten 365

26.6 Arbeitszeitgesetz 365

26.6.1 Arbeitszeit 365
26.6.2 Ruhepause, Ruhezeit 366
26.6.3 Nacht- und Schichtarbeit 367
26.6.4 Sonn- und Feiertagsruhe 368
26.6.5 Bereitschaftsdienst 368
26.6.6 Notfälle 368
26.6.7 Aushang und Ordnungswidrigkeiten/Straftaten 369

27 Tarifvertragsrecht 370

27.1 Inhalt des Tarifvertrags 370

27.2 Bindungswirkung des Tarifvertrags 371

28 Betriebsverfassung 372

28.1 Personalrat 372

28.1.1 Größe und Zustandekommen des Personalrats 372
28.1.2 Aufgaben des Personalrats 372

28.2	**Personalversammlung**	373
28.3	**Jugendvertretung**	374

29 Zivilprozess ... 375

29.1 Mahnverfahren ... 375

29.1.1	Mahnbescheid	375
29.1.2	Vollstreckungsbescheid	376

29.2 Streitiges Verfahren – Klage ... 377

29.2.1	Klageerhebung	377
29.2.2	Klageerwiderung	378
29.2.3	Mündliche Verhandlung	378
29.2.4	Urteil	379
29.2.5	Rechtsmittel	380
29.2.6	Rechtskraft	380

29.3 Zwangsvollstreckung ... 381

29.4 Kosten des Rechtsstreits ... 381

29.5 Vertretung durch Rechtsanwalt ... 381

29.6 Besonderheiten des Arbeitsgerichtsprozesses ... 381

V Sozialrecht

30 Allgemeines ... 384

31 Krankenversicherung ... 387

31.1 Kreis der versicherten Personen ... 387

31.1.1	Versicherungspflicht	387
31.1.2	Versicherungsfreiheit	388
31.1.3	Familienversicherung	389

31.2 Träger der Krankenversicherung ... 390

31.3 Finanzierung der Krankenversicherung ... 390

31.4	**Leistungen der Krankenversicherung**	391
31.4.1	Leistungen zur Verhütung von Krankheiten	391
31.4.2	Leistungen zur Früherkennung von Krankheiten	392
31.4.3	Leistungen bei einer Krankheit	392
31.4.4	Leistungen bei Schwangerschaft und Mutterschaft	395

32 Pflegeversicherung — 397

32.1	**Kreis der versicherten Personen**	397
32.1.1	Versicherte in der gesetzlichen Krankenversicherung	398
32.1.2	Versicherte in der privaten Krankenversicherung	398
32.1.3	Familienversicherung	398
32.1.4	Weiterversicherung	398
32.2	**Träger der Pflegeversicherung**	398
32.3	**Finanzierung der Pflegeversicherung**	398
32.4	**Leistungen der Pflegeversicherung**	399
32.4.1	Pflegebedürftigkeit	399
32.4.2	Stufen der Pflegebedürftigkeit	401
32.4.3	Häusliche Pflege	404
32.4.4	Stationäre Pflege	406
32.4.5	Leistungen bei der „Pflegestufe 0"	408
32.4.6	Leistungen für die Pflegeperson, §§ 44, 45 SGB XI	408
32.5	**Pflegezeitgesetz**	409
32.5.1	Kurzzeitige Arbeitsverhinderung	410
32.5.2	Pflegezeit	410

33 Rentenversicherung — 411

33.1	**Kreis der versicherten Personen**	411
33.2	**Träger der Rentenversicherung**	411
33.3	**Finanzierung der Rentenversicherung**	412
33.4	**Leistungen der Rentenversicherung**	412
33.4.1	Rehabilitation	412
33.4.2	Rentenzahlungen	413

34 Unfallversicherung ... 418

34.1 Kreis der versicherten Personen ... 418

34.2 Träger der Unfallversicherung ... 419

34.3 Finanzierung der Unfallversicherung ... 419

34.4 Versicherungsfälle in der Unfallversicherung ... 419

34.4.1 Arbeitsunfall ... 420
34.4.2 Wegeunfall ... 421
34.4.3 Berufskrankheit ... 422

34.5 Leistungen der Unfallversicherung ... 422

34.5.1 Unfallverhütung und Erste Hilfe ... 422
34.5.2 Medizinische, berufsfördernde und ergänzende Leistungen ... 423
34.5.3 Renten und sonstige Geldleistungen ... 423

35 Arbeitsförderung ... 424

35.1 Kreis der versicherten Personen ... 425

35.2 Träger der Arbeitsförderung ... 425

35.3 Finanzierung der Arbeitsförderung ... 425

35.4 Leistungen der Arbeitsförderung ... 425

35.4.1 Beratung und Vermittlung ... 426
35.4.2 Leistungen an Arbeitnehmer ... 426
35.4.3 Leistungen an Arbeitgeber ... 430
35.4.4 Leistungen an Träger von Arbeitsförderungsmaßnahmen ... 430

36 Sozialhilfe ... 432

36.1 Grundsätze im Sozialhilferecht ... 432

36.1.1 Finalprinzip ... 433
36.1.2 Bedarfsdeckungsprinzip ... 433
36.1.3 Nachrang der Sozialhilfe ... 433

36.2 Leistungen der Sozialhilfe ... 433

36.2.1 Hilfe zum Lebensunterhalt ... 434
36.2.2 Hilfe in besonderen Lebenssituationen ... 436

37 Sonstige Sozialstaatsangebote ... 438

37.1 Ausbildungsförderung ... 438

37.1.1 Anspruchsberechtigter Personenkreis. ... 438
37.1.2 Leistungen nach dem BAföG ... 439

37.2 Kindergeld ... 439

37.3 Elterngeld und Elternzeit ... 440

VI Berufsrelevante Nebengesetze

38 Arzneimittelrecht ... 442

38.1 Begriffsbestimmungen ... 442

38.2 Anforderungen an Arzneimittel ... 443

38.3 Herstellung von Arzneimitteln ... 444

38.4 Zulassung von Arzneimitteln ... 444

38.5 Registrierung von homöopathischen Arzneimitteln ... 444

38.6 Abgabe von Arzneimitteln ... 445

38.7 Haftung für Arzneimittelschäden ... 445

39 Betäubungsmittelrecht ... 446

39.1 Betäubungsmittel ... 446

39.1.1 Betäubungsmittel der Anlage I ... 446
39.1.2 Betäubungsmittel der Anlage II ... 447
39.1.3 Betäubungsmittel der Anlage III ... 447

39.2 Verschreiben eines Betäubungsmittels ... 447

39.3 Aufbewahrung eines Betäubungsmittels ... 449

39.4 Strafbarkeit des Umgangs mit Betäubungsmitteln ... 449

40 Bestattungswesen 453

40.1 Bestattungszwang 453

40.2 Leichenschau 454

40.3 Bestattungszeitpunkt 454

41 Lebensmittelrecht 455

42 Medizinprodukte 456

42.1 Gegenstand und Inhalt des Medizinproduktegesetzes 456

42.1.1 Medizinprodukte 456
42.1.2 Verbote zum Schutz von Patienten, Anwendern und Dritten 457

42.2 Verordnungen beim Umgang mit Medizinprodukten 460

42.2.1 Verordnung über das Errichten, Betreiben und Anwenden von Medizinprodukten 460
42.2.2 Verordnung über Medizinprodukte 463
42.2.3 Verordnung über Vertriebswege für Medizinprodukte 463
42.2.4 Verordnung über die Verschreibungspflicht von Medizinprodukten 463
42.2.5 Verordnung über die Erfassung, Bewertung und Abwehr von Risiken bei Medizinprodukten 464

42.3 Pflichten und Aufgaben bestimmter Personen des Medizinprodukterechts 464

42.3.1 Hersteller 464
42.3.2 Sicherheitsbeauftragter für Medizinprodukte 465
42.3.3 Medizinprodukteberater 466
42.3.4 Betreiber 466
42.3.5 Medizinprodukte-Verantwortlicher 467
42.3.6 Medizinprodukte-Beauftragter 467
42.3.7 Medizintechniker 467
42.3.8 Anwender 467

43 Infektionsschutz 468

43.1 Zweck des Infektionsschutzgesetzes 468

43.1.1 Vorbeugung, Prävention 468
43.1.2 Frühzeitige Erkennung 469
43.1.3 Verhinderung der Weiterverbreitung 469

43.2	**Inhalt des Infektionsschutzgesetzes**	469
43.2.1	Begriffsbestimmungen	470
43.2.2	Koordinierung und Früherkennung	472
43.2.3	Meldewesen	473
43.2.4	Verhütung übertragbarer Krankheiten	478
43.2.5	Bekämpfung übertragbarer Krankheiten	481
43.2.6	Zusätzliche Vorschriften für Schulen u. Ä.	483
43.2.7	Beschaffenheit von Wasser	484
43.2.8	Beschäftigung im Lebensmittelbereich	484
43.2.9	Tätigkeit mit Krankheitserregern	485
43.2.10	Entschädigung	485
43.2.11	Straf- und Bußgeldvorschriften	486

44 Strahlenschutz — 487

44.1 Röntgenverordnung — 487

44.1.1	Röntgenanlage	488
44.1.2	Verantwortliche für den Umgang mit der Röntgeneinrichtung	489
44.1.3	Strahlenschutzbereiche	490
44.1.4	Anwendungsberechtigte Personen	491
44.1.5	Schutz der Patienten	492
44.1.6	Schutz der Beschäftigten	492

44.2 Strahlenschutzverordnung — 494

45 Personenstandsgesetz — 495

45.1 Eheregister — 496

45.2 Lebenspartnerschaftsregister — 496

45.3 Geburtenregister — 496

45.4 Sterberegister — 497

46 Unterbringungsgesetz — 498

46.1 Voraussetzungen einer Unterbringung — 498

46.1.1	Psychischer Zustand	498
46.1.2	Gefährdung der öffentlichen Sicherheit	500
46.1.3	Unfreiwilligkeit	500

46.2	Verfahren	501
46.3	Dauer der Unterbringung	501
46.4	Vollzug der Unterbringung	502
46.5	Rechtsschutz	503
46.6	Vorläufige Unterbringung	503
46.7	Sofortige vorläufige Unterbringung	504
46.8	Entlassung	504

Anhang

Antworten zu den Aufgaben im Textteil … 508

Prüfungsfragen … 528

Literatur … 543

Sachverzeichnis … 544

I Staatsbürgerkunde

1 Staat „Bundesrepublik Deutschland" *32*

2 Staats- und Regierungsform der Bundesrepublik Deutschland *37*

3 Grundrechte *49*

4 Wahlrecht *60*

5 Oberste Bundesorgane *69*

6 Gesetzgebung des Bundes *93*

7 Aufbau der Bundesrepublik Deutschland *102*

8 Wirtschaftsordnung der Bundesrepublik Deutschland *105*

9 Rechtsprechung in der Bundesrepublik Deutschland *109*

10 Europäische Union (EU) *113*

11 Vereinte Nationen (UN) *122*

1 Staat „Bundesrepublik Deutschland"

Ein funktionsfähiger demokratischer Staat setzt politisch informierte und kritische Staatsbürger voraus. Nur wenn der Einzelne über ein fundiertes Grundwissen verfügt, kann er die richtigen, seiner Überzeugung entsprechenden politischen Entscheidungen treffen.

Es ist daher die Aufgabe staatspolitischer Bildung, dieses Wissen bei dem Einzelnen zu schaffen, insbesondere bei jungen Menschen, die die Gesellschaft in der Zukunft gestalten und mitverantworten.

Die Staatsbürgerkunde soll über die reine Wissensvermittlung hinaus eine kritische, fundierte und unvoreingenommene Urteilsfähigkeit bei jungen Menschen erzeugen. Mit diesen Grundlagen können sie mit ihrem eigenen Gewissen und nach ihrer eigenen Überzeugung mitentscheiden und stellen nicht nur benutzbare Werkzeuge in der Hand der jeweils Regierenden dar.

Letztlich soll es ihnen dadurch ermöglicht werden, in freier Überzeugung unsere freiheitlich-demokratische Rechtsordnung zu bejahen und dafür einzustehen.

1.1 Wesen eines Staates

Damit man von einem Staat sprechen kann, müssen bestimmte Voraussetzungen erfüllt sein (▶ Abb. 1.1).

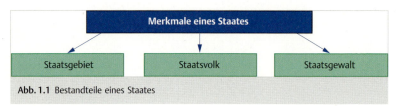

Abb. 1.1 Bestandteile eines Staates

1.1.1 Staatsgebiet

Das Staatsgebiet ist ein bestimmter abgegrenzter **Teil der Erdoberfläche,** wobei die Grenzen natürlich (z. B. Wasser) oder vom Menschen festgelegt (politische Staatsgrenzen) sein können. Zu diesem Gebiet zählt sowohl das *Erdinnere* (wichtig für Rohstoffe) als auch der sich über dem Gebiet befindliche *Luftraum*.

Bei Küstenstaaten gehören noch 12 Seemeilen des Meeres (sog. Hoheitsgewässer oder Küstenmeer) zum Staatsgebiet. Daran schließt sich eine Zone von 200 Seemeilen an – die sog. Wirtschaftszone –, innerhalb derer dem Anliegerstaat das alleinige Nutzungsrecht der Meeresschätze zusteht. Schiffe und Flugzeuge gehören auch dann zu dem betreffenden Staats*gebiet*, wenn sie sich auf hoher See oder im freien Luftraum befinden.

1.1.2 Staatsvolk

Ein Staat kann nur existieren, wenn in ihm Menschen leben, die sich zu ihm bekennen. Diese Menschen zeichnen sich durch gemeinsame Kultur, Geschichte und vor allem durch die gleiche **Staatsangehörigkeit** aus.

Erwerb der Staatsangehörigkeit

Die Staatsangehörigkeit kann entweder durch das **Abstammungsprinzip** – wie in der Bundesrepublik Deutschland – oder durch das **Territorialprinzip** – wie in den USA – erlangt werden (▶ Abb. 1.2). In der Praxis sind jedoch meist Mischformen zwischen diesen beiden Prinzipien zu finden.

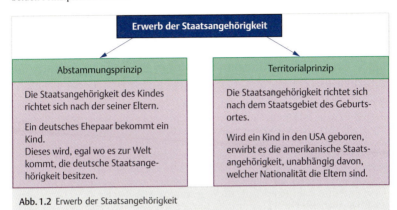

Abb. 1.2 Erwerb der Staatsangehörigkeit

> **Beispiel**
> Wird ein Kind deutscher Eltern in Frankreich geboren, erwirbt es aufgrund des Abstammungsprinzips die deutsche und aufgrund des Territorialprinzips die französische Staatsangehörigkeit (allerdings erst mit seiner Volljährigkeit, wenn es zu diesem Zeitpunkt in Frankreich seinen Wohnsitz hat und seit seinem 16. Lebensjahr dort wohnt). Es hat demnach eine doppelte Staatsangehörigkeit!

In Abweichung von diesem Abstammungsprinzip erwirbt seit dem 1.1.2000 ein **in Deutschland geborenes Kind ausländischer Eltern** die deutsche Staatsangehörigkeit (Territorialprinzip), wenn ein Elternteil seit acht Jahren rechtmäßig seinen Aufenthalt im Inland hat und ein unbefristetes Aufenthaltsrecht besitzt. In diesem Fall kann das Kind eine **doppelte Staatsangehörigkeit** haben. Es muss sich mit Vollendung des 18. Lebensjahres entscheiden, ob es die deutsche oder die ausländische Staatsangehörigkeit behalten will. Will es die ausländische Staatsangehörigkeit behalten, verliert es die deutsche. Dies gilt auch, wenn bis zur Vollendung des 23. Lebensjahres keine Erklärung abgegeben wird. Will es die deutsche Staatsangehörigkeit behalten, muss es die ausländische aufgeben. Hiervon sind jedoch Ausnahmen möglich.

Speziell die deutsche Staatsangehörigkeit kann außer durch Geburt noch durch **Adoption** und durch **Einbürgerung** erworben werden (Näheres regelt das Staatsangehörigkeitsgesetz). Bei Erwerb der Staatsangehörigkeit durch Geburt reicht es aus, wenn ein Elternteil die deutsche Staatsangehörigkeit besitzt.

1.1.3 Staatsgewalt

Die Staatsgewalt wird nur innerhalb des Staatsgebietes ausgeübt (Gebietshoheit). Sie ist erforderlich, um die notwendigen Rechtsnormen zu schaffen und deren Beachtung durchzusetzen bzw. deren Verletzung zu ahnden. Diese „ordnende Gewalt" wird vor allem durch Polizei und Justiz ausgeübt. Aber auch das Parlament verfügt über Macht, indem es Gesetze erlassen kann, an deren Beachtung der Einzelne gebunden ist.

1.2 Entstehung der Bundesrepublik Deutschland

1.2.1 Erste Entwicklungen nach dem Ende des Zweiten Weltkriegs

Mit der bedingungslosen Kapitulation am **8. Mai 1945** war der bis dahin furchtbarste Krieg, der Zweite Weltkrieg, zu Ende. Deutschland war an der „Stunde Null" angelangt. Bereits seit 1941 befand sich Deutschland mit den Großmächten USA, Sowjetunion, Großbritannien und Frankreich (den „Alliierten") im Kriegszustand. Im Februar 1945 trafen sich die politischen Führer der drei Hauptalliierten, **Roosevelt** (USA), **Churchill** (Großbritannien) und **Stalin** (Sowjetunion) in **Jalta**, wo sie Entscheidungen über den Kriegsgegner Deutschland trafen, u. a. die Aufteilung des Reichsgebiets in vier Besatzungszonen.

Der totale Zusammenbruch hatte zur Folge, dass die Alliierten die oberste Regierungsgewalt übernahmen. Die 4 Siegermächte Sowjetunion, USA, Großbritannien und Frankreich bildeten den **Alliierten Kontrollrat** mit Sitz in Berlin, in dem je ein Oberbefehlshaber der Siegermächte vertreten war. Weiter wurde die Hauptstadt Berlin in 4 Sektoren aufgeteilt.

In der **Konferenz von Potsdam** (17.7. bis 2.8.1945) beschlossen die 4 Siegermächte im Potsdamer Abkommen u. a., dass demokratische Parteien zugelassen werden und bis auf Weiteres keine zentrale deutsche Regierung entstehen sollte. Bereits nach dieser Potsdamer Konferenz bildeten sich zum ersten Mal wieder in allen deutschen Ländern demokratische Parteien, nachdem 1933 alle Parteien außer der NSDAP verboten worden waren. So kam es auch bereits 1946/47 zu den **ersten Landtagswahlen** und zur Bildung von Landtagen und Landesregierungen. Herausragende Persönlichkeiten waren:
- bei der SPD Kurt Schumacher,
- bei der CDU Konrad Adenauer,
- bei den Liberalen Theodor Heuss und
- bei der SED Walter Ulbricht.

Bereits bei der Konferenz von Potsdam wurde deutlich, dass die Sowjetunion bestrebt war, ihren Einflussbereich in Europa so weit wie möglich nach Westen auszudehnen. Sie war demzufolge gegen ein einheitliches Deutschland unter selbstständiger Führung. Ungeachtet dessen hielten die USA an den Bestrebungen des wirtschaftlichen Aufbaus fest und bezogen die westdeutschen Länder (französische, englische und amerikanische Zone) im Juli 1948 in die amerikanische Wirtschaftshilfe des **Marshallplans** (benannt nach dem damaligen US-Außenminister George Marshall) ein. Diese Bemühungen erfolgten auch aus Gründen ihrer Sicherheit gegenüber dem Weltkommunismus und ihrer eigenen Wirtschaft.

Zusätzlich zur wirtschaftlichen Vereinigung der unter den Westmächten stehenden Zonen Deutschlands wurde im Sommer 1948 die politische Einigung beschlossen. Die Sowjetunion hingegen ließ die Bildung eines gesamtdeutschen Staates nicht zu, was zur endgültigen Teilung Deutschlands führte.

Am 1.7.1948 übergaben in Frankfurt die drei westlichen Militärgouverneure den 11 westdeutschen Ministerpräsidenten die sog. **Frankfurter Dokumente**. Sie ermächtigten die Ministerpräsidenten, eine verfassungsgebende Versammlung einzuberufen.

1.2.2 Entstehung des Grundgesetzes

Am 1.9.1948 kam der so entstandene *Parlamentarische Rat* zu seiner ersten Sitzung in Bonn zusammen. Er bestand aus 65 Abgeordneten. Vorsitzender war *Konrad Adenauer* (CDU), Vorsitzender des Hauptausschusses war *Carlo Schmid* (SPD).

Bereits im August 1948 wurde auf Schloss Herrenchiemsee von Sachverständigen der Entwurf eines Grundgesetzes ausgearbeitet. Dieser war nun Grundlage für den Parlamentarischen Rat. Am 8.5.1949 wurde das Grundgesetz mit 53 gegen 12 Stimmen angenommen. Anschließend stimmten 10 Länderparlamente mit der erforderlichen Zweidrittelmehrheit zu. Nur der Bayerische Landtag versagte die Zustimmung, da ihm das Grundgesetz als zu zentralistisch erschien.

Am 23.5.1949 wurde das Grundgesetz (GG) verkündet, am **24.5.1949** trat es in Kraft. Damit war die Grundlage für einen neuen Staat, die Bundesrepublik Deutschland, geschaffen. Am 14.8.1949 wurde der erste Deutsche Bundestag gewählt (Sitzverteilung: CDU/CSU 139, SPD 131, FDP 52, Bayern-Partei 17, KPD 15). Am 12.9.1949 wurde *Dr. Theodor Heuss* zum Bundespräsidenten, am 15.9.1949 *Dr. Konrad Adenauer* zum Bundeskanzler gewählt. Damit war die Bundesrepublik mit ihren obersten Organen entstanden.

1.2.3 Entstehung der DDR

Im Gegenzug dazu entstand in der sowjetischen Besatzungszone (Ostzone) die *Deutsche Demokratische Republik* (DDR). Zwei deutsche Staaten existierten über 40 Jahre nebeneinander. Aus dem Vorkriegsdeutschland waren nun zwei selbstständige deutsche Staaten entstanden. Über 40 Jahre waren diese Staaten nicht nur durch unterschiedliche Ideologien (Demokratie, Kommunismus), sondern auch ab 1961 durch eine menschenverachtende Mauer getrennt. Die „**Berliner Mauer**" trennte Westberlin von Ostberlin und der übrigen DDR. Sie wurde am **13.8.1961** unter Walter Ulbricht erbaut. Die Gesamtlänge betrug 155 km, die Höhe 3,6 m und sie bestand aus Stahlbeton. Westdeutschland war durch den Wiederaufbau, eine florierende Wirtschaft und demokratische Freiheit geprägt, Ostdeutschland hingegen durch eine schlecht funktionierende Planwirtschaft und politische Unterdrückung.

1.3 Wiedervereinigung des geteilten Deutschlands

1.3.1 Die Rolle des Michail Gorbatschow

Die Wiedervereinigung ist untrennbar mit dem Namen Michail Gorbatschow verbunden, der 1985 zum Generalsekretär der KPdSU in der Sowjetunion gewählt wurde. Unter dem Stichwort „**Perestroika**" (Umbau) leitete er tief greifende Veränderungen ein. Die Wirtschaft sollte marktwirtschaftliche, die Politik demokratische Elemente erhalten. Darüber hinaus wollte er den Willensbildungsprozess in der Partei und im Staat durchsichtiger machen und die Öffentlichkeit mehr an den gesellschaftlichen Diskussionen beteiligen („**Glasnost**").

Im Zuge dieser Umgestaltung setzten sich auch in anderen Ostblockstaaten demokratische Kräfte durch, sodass es zu Reformen in Polen und Ungarn kam. Von dieser Politik distanzierte sich jedoch die politische Spitze der DDR, im Gegensatz zum Volk, welches die Zeichen der Zeit erkannte. Umso rascher entwickelte sich die politische Wirklichkeit.

1.3.2 Botschaftsbesetzungen, Massenflucht und Öffnung der Grenzen

Im **Sommer 1989 kam es zu einer Massenflucht,** als der Abbau der Grenzbefestigungen an der ungarisch-österreichischen Grenze begann. Diese Gelegenheit nutzten zunächst etwa 700 DDR-Urlauber in Ungarn zur Flucht. Weiterhin wurden von DDR-Bürgern vornehmlich bundesdeutsche **Botschaften besetzt** und anschließend die Ausreise erzwungen. Letztlich gelang im Jahr 1989 ca. 340.000 DDR-Bürgern auf diesem Weg die Flucht.

Während am 6.10.1989 zum 40. Jahrestag der DDR der Generalsekretär der SED, Erich Honecker, die DDR noch als Bollwerk des Sozialismus bezeichnete, mahnte sein Ehrengast Michail Gorbatschow Reformen an und formulierte den denkwürdigen Ausspruch: „Wer zu spät kommt, den bestraft das Leben".

In der gesamten DDR waren die Feierlichkeiten von massiven Protestkundgebungen begleitet. Der Staatssicherheitsdienst („Stasi") ging mit brutaler Gewalt gegen Zehntausende von Demonstranten vor.

Unter dem Einfluss der Kirche sowie der oppositionellen Gruppen kam es im **Oktober 1989 zu Massendemonstrationen** gegen das DDR-Regime. In vielen Großstädten fanden Demonstrationen für demokratische Reformen und Freiheit statt. Dies führte am 18.10.1989 zum Rücktritt von Erich Honecker.

Am **Abend des 9.11.1989** wurden völlig überraschend alle DDR-Grenzübergänge zur Bundesrepublik Deutschland und Westberlin geöffnet. Daraufhin statteten ca. 3 Millionen DDR-Bürger in den folgenden Tagen Westberlin und dem Bundesgebiet einen Besuch ab. Die rasche politische Entwicklung führte am 18.3.1990 zu Volkskammerwahlen. Die Wahlbeteiligung lag bei 93,38 %. Als Wahlsieger ging die CDU mit 40,59 % der Stimmen hervor. Dieses Wahlergebnis wurde so gewertet, dass die Mehrheit der DDR-Bürger für den raschen Anschluss an die Bundesrepublik war. Mit einem Staatsvertrag zwischen der Bundesrepublik und der DDR wurden die Einführung der DM (= Deutsche Mark) als offizielles Zahlungsmittel, die Übernahme der sozialen Marktwirtschaft und die Anpassung der Sozialversicherung an das bundesdeutsche Versicherungssystem beschlossen.

Am 23.8.1990 beschloss die Volkskammer den Beitritt der DDR zur Bundesrepublik. Der Einigungsvertrag wurde am 31.8.1990 von beiden Staaten unterzeichnet und trat am **3.10.1990** in Kraft. Mit dem Beitritt wurden Brandenburg, Mecklenburg-Vorpommern, Sachsen, Sachsen-Anhalt und Thüringen **neue Bundesländer** der Bundesrepublik Deutschland.

2 Staats- und Regierungsform der Bundesrepublik Deutschland

> §§
>
> „Die Bundesrepublik Deutschland ist ein demokratischer und sozialer Bundesstaat. Die Gesetzgebung ist an die verfassungsmäßige Ordnung, die vollziehende Gewalt und die Rechtsprechung sind an Gesetz und Recht gebunden." (Auszug aus Art. 20 GG)

> §§
>
> „Eine Änderung dieses Grundgesetzes, durch welche [...] die in Artikel [...] 20 niedergelegten Grundsätze berührt werden, ist unzulässig." (Art. 79 Abs. 3 GG)

Durch diese beiden Vorschriften im Grundgesetz wird die Staats- und Regierungsform unveränderbar festgelegt. Die Bundesrepublik Deutschland ist demnach:
- Republik,
- Demokratie,
- Sozialstaat,
- Rechtsstaat,
- Bundesstaat.

Jeder dieser Begriffe enthält ganz bestimmte Aussagen, an die der Staat mit seinen Organen bei der Ausübung der Macht gebunden ist.

2.1 Republik

Der Begriff der Republik bezeichnet die **Staatsform** eines Landes. Sie ist als Gegensatz zur Monarchie zu sehen (▶ Abb. 2.1). Diese sagt jedoch noch nichts über die tatsächlichen Herrschaftsverhältnisse aus. Eine Republik ist daher ein Staat, dessen Staatsoberhaupt kein Monarch ist, sondern ein **gewählter Präsident.** Gleichbedeutende Begriffe für Republik sind Freistaat oder Volksstaat. Der Begriff der Republik sagt noch nichts darüber aus,

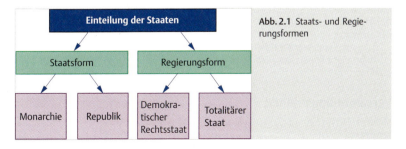

Abb. 2.1 Staats- und Regierungsformen

ob in dem betreffenden Staat freiheitliche und demokratische Verhältnisse vorzufinden sind. So herrschten z. B. in der ehemaligen DDR trotz des Begriffes „Deutsche Demokratische Republik" sicherlich keine freiheitlich-demokratischen Grundsätze.

Kennzeichen der Monarchie ist es, dass die Herrschaft von einem einzelnen Monarchen (König, Kaiser) ausgeübt wird. Seine Herrschaft kann ohne Beschränkung (absolute Monarchie) sein oder z. B. durch das Parlament beschränkt werden (beschränkte Monarchie, z. B. England). Der Monarch wird durch Erbfolge bestimmt.

2.2 Demokratie

> §§
> „Alle Staatsgewalt geht vom Volke aus." (Art. 20 Abs. 2 S. 1 GG).

Dieser Satz bedeutet, dass das Volk den Staat mitgestaltet. Dabei ist jeder Bürger zur Mitarbeit aufgerufen und soll zumindest durch Beteiligung an den Wahlen mitbestimmen. Die politische Herrschaft von Parlament und Regierung ist von der Mehrheit des Volkes anvertraute Macht. Diese ist in einer Demokratie zeitlich (für eine Wahlperiode) und sachlich (durch Gesetze) begrenzt. Weiterhin unterliegt sie der Kritik und der Kontrolle durch das Volk.

2.2.1 Merkmale einer Demokratie

Im Gegensatz zu einem totalitären Staat (▶ Abb. 2.1) kennzeichnen folgende Elemente entscheidend das Vorliegen einer Demokratie:
- Meinungsfreiheit,
- Versammlungsfreiheit,
- Mehrheitsprinzip,
- Wahlen,
- mehrere Parteien,
- Opposition,
- freie Meinungsäußerung.

Meinungsfreiheit

Politische Meinungen und Gegenmeinungen müssen sich frei gegenübertreten dürfen. Der Meinungsstreit darf nur mit geistigen Argumenten ohne Unterdrückung abweichender Meinungen geführt werden. Presse und Rundfunk müssen unabhängig sein, um ihrer Aufgabe nach umfassender Information des Bürgers gerecht werden zu können. Denn nur der informierte Bürger kann dem Staat kritisch gegenübertreten und seine Rechte geltend machen.

Versammlungsfreiheit

Mehrere Gleichgesinnte dürfen sich zusammenschließen und ihrer Meinung Ausdruck verleihen.

Mehrheitsprinzip

Falls keine Einigung erzielt wird, ist der Wille der Mehrheit zu akzeptieren. Die Minderheit ist entsprechend zu schützen.

Unmittelbare Willensbildung des Volkes durch Wahlen

Wahlen in einer Demokratie müssen den Grundsätzen (S. 61) einer freien, allgemeinen, unmittelbaren, gleichen und geheimen Wahl entsprechen. Hierzu gehört eine echte Wahlmöglichkeit zwischen mehreren politischen Gruppen und Richtungen.

Parteien

Nur bei gruppenmäßigen Zusammenschlüssen besteht die Möglichkeit, dass politische Vorhaben verwirklicht werden. Aufgabe der Parteien ist es, am politischen Prozess mitzuwirken, politische Führungskräfte heranzubilden und um eine Mehrheit für sie zu werben. Den Oppositionsparteien obliegt die Kritik, die Kontrolle und das Aufzeigen von Alternativen. So ist das Einparteiensystem, bei dem die Macht bei *einer* Partei konzentriert ist und es keine weitere Partei gibt, mit einer freiheitlichen Demokratie unvereinbar.

Funktionierende Opposition

Da die Regierung aus der Mehrheit des Parlamentes hervorgegangen ist, wird dieses die Regierung kaum scharf kontrollieren. Diese Aufgabe kann die Opposition weit wirkungsvoller übernehmen. Nachdem auch Verfassungsänderungen in der Regel nur mit Zustimmung der Opposition möglich sind, ist auch hier die Gewähr vorhanden, dass nicht nur einseitig die Interessen der Mehrheit berücksichtigt werden.

Demokratie findet sich demnach nur, wo die Gesellschaft durch organisierte Interessen (Verbände, Parteien) politisch aktiv zu werden vermag und wo das Volk sich seine politischen Konzeptionen und seine politischen Führungskräfte selbst wählt. Es gibt durchaus verschiedene Arten der Demokratie, die sich wie folgt darstellen (▶ Abb. 2.2).

2.2.2 Indirekte Demokratie

Eine **indirekte oder repräsentative Demokratie** kommt in zwei Erscheinungsformen vor:
- als parlamentarische Demokratie und
- als präsidiale Demokratie.

Die Bundesrepublik Deutschland ist eine *repräsentative Demokratie*. Das Volk trifft nicht unmittelbar die politischen Entscheidungen, sondern bestimmt zunächst in Wahlen seine Vertreter im Parlament, die dann ihrerseits das Volk repräsentieren. Die entscheidende politische Macht hat in diesem System das Parlament (parlamentarische Demokratie). Es erlässt Gesetze und wählt den Bundeskanzler zum Chef der Regierung.

Im Gegensatz zur Bundesrepublik Deutschland sind z. B. die USA eine präsidiale Demokratie. Hier wird der Präsident in einer eigenen Wahl vom Volk gewählt. Davon völlig unabhängig sind in den USA die Parlamentswahlen, was zur Folge haben kann, dass der Präsident nicht immer die Mehrheit des Parlamentes hinter sich hat.

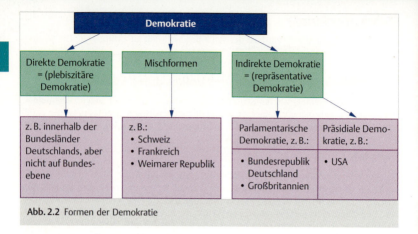

Abb. 2.2 Formen der Demokratie

2.2.3 Direkte Demokratie

Bei dieser Form der Demokratie würde jede anstehende politische Entscheidung durch direkte Stimmabgabe der Bürger getroffen werden. Sie ist u. a. aus praktischen Gründen in ihrer Reinform nicht anzutreffen. Eine *Mischform* der Demokratiearten findet man beispielsweise in der Schweiz.

Direkte demokratische Elemente sind in allen Bundesländern Deutschlands, nicht jedoch auf Bundesebene anzutreffen (z. B. Volksbegehren, Volksentscheid). Die Bundesrepublik ist eine *wertgebundene* und *abwehrbereite, streitbare Demokratie*. Das Grundgesetz sieht vor, dass bestimmte Grundwerte der Verfassung unveränderbar sind. Dazu gehören neben der Unantastbarkeit der Menschenwürde (Art. 1 GG) vor allem die Elemente, die die Staatsform der Bundesrepublik bestimmen (Art. 20 GG). Eine Abschaffung der Demokratie oder des Rechtsstaates wäre daher in jedem Fall verfassungswidrig. Im Gegensatz dazu konnte in der Weimarer Verfassung jede Bestimmung mit einer Zweidrittelmehrheit geändert werden.

Um dieses Grundgesetz zu schützen, hat es selbst für Abwehr gesorgt. So kann das Bundesverfassungsgericht eine politische Partei für verfassungswidrig erklären, wenn sie mit ihrer Absicht oder ihrem Verhalten darauf abzielt, die freiheitliche demokratische Grundordnung zu beeinträchtigen (Art. 21 Abs. 2 GG). Zudem sieht Art. 20 Abs. 4 GG, wenn andere Abhilfe nicht möglich ist, ein eigenes *Widerstandsrecht* gegen Kräfte vor, die versuchen, die republikanische, demokratische, sozialstaatliche, rechtsstaatliche und bundesstaatliche Ordnung zu beseitigen.

2.3 Rechtsstaat

§§
„Die Grundrechte binden Gesetzgebung, vollziehende Gewalt und Rechtsprechung als unmittelbar geltendes Recht." (Art. 1 Abs. 3 GG)
„Die Gesetzgebung ist an die verfassungsmäßige Ordnung, die vollziehende Gewalt und die Rechtsprechung sind an Gesetz und Recht gebunden." (Art. 20 Abs. 3 GG)

2.3.1 Auswirkungen des Rechtsstaatsprinzips

Das dient in erster Linie der Sicherung der Freiheit des einzelnen Bürgers. Sein Ursprung geht auf das 18. Jahrhundert zurück, die Zeit der Industrialisierung. Damals wehrten sich die Bürger gegen die allumfassende Herrschaft der Fürsten, die regierten wie sie wollten und an keine Gesetze gebunden waren. Sie regierten willkürlich. Um dieser Willkür Grenzen zu setzen, wurden Gesetze geschaffen, die die Herrscher beachten mussten. Diese **Bindung der Staatsgewalt** an die Grundrechte und an die Gesetze bringt das Grundgesetz zum Ausdruck. Diese Bestimmungen dürfen nicht geändert werden. Das Prinzip der Rechtsstaatlichkeit hat Auswirkungen, die in ▶ Abb. 2.3 dargestellt werden.

Abb. 2.3 Rechtsstaatlichkeit

Gesetzesvorbehalt

Jeder Eingriff und jede wesentliche Entscheidung des Staates und seiner Verwaltung bedürfen einer gesetzlichen Grundlage. Damit wird verhindert, dass der Staat nach Belieben in die Rechte des Bürgers eingreifen kann. Denn die Gesetze als solche werden ja wiederum vom Volk über seine Volksvertreter im Parlament erlassen.

Beispiel
Braucht der Staat z. B. mehr Geld, kann er nicht einfach die Steuern erhöhen. Es müssten vielmehr die entsprechenden Steuergesetze geändert werden. Hierfür zuständig ist der Gesetzgeber und damit der Bundestag und der Bundesrat. Deren Mitglieder wiederum wurden in Wahlen vom Volk bestimmt bzw. von den Regierungen der Bundesländer entsandt.

Staats- und Regierungsform der Bundesrepublik Deutschland

Rechtsschutz

Gegen jeden staatlichen Eingriff hat der Einzelne Rechtsschutz. Dies bedeutet, er kann **unabhängige Gerichte** anrufen und dort sein Recht einklagen. Für den Staat sind dann auch Urteile, die zu seinem Nachteil ergehen, bindend.

Gerichte, die letztlich auch gegen den Staat entscheiden müssen und oft auch entgegen der öffentlichen Meinung urteilen, müssen daher mit unabhängigen Richtern besetzt sein. Das Grundgesetz besagt in Art. 97 Abs. 1, dass Richter unabhängig und nur dem Gesetz unterworfen (S. 109) sind.

> **Beispiel**
> Der Krankenpflegeschüler Fritz beantragt nach erfolgreicher Ablegung seiner staatlichen Prüfung die Erlaubnis zum Führen der Berufsbezeichnung „Gesundheits- und Krankenpfleger". Die zuständige Regierung von Schwaben verweigert seine Zulassung mit der Begründung, er sei während seiner Ausbildungszeit des Öfteren mit einem Haschischjoint erwischt worden, sodass er für die Ausübung dieses Berufes ungeeignet sei. Fritz ist äußerst erbost, da er der Ansicht ist, dass hie und da ein Joint ihn keinesfalls unfähig macht, den Beruf auszuüben. Mit dieser Entscheidung der Regierung muss sich Fritz nicht begnügen. Er kann dagegen vor dem Verwaltungsgericht klagen und klären lassen, ob die Entscheidung zu Recht ergangen ist. Teilt das Gericht seine Ansicht, muss die Regierung ihm die Erlaubnis erteilen.

Verfahrensgrundsätze

Der Rechtsschutz beinhaltet auch die Einhaltung folgender Verfahrensgrundsätze: rechtliches Gehör, gesetzlicher Richter und fairer Prozess.

Rechtliches Gehör

Art. 103 Abs. 1 GG besagt, dass vor Gericht jedermann Anspruch auf rechtliches Gehör hat. Dies bedeutet nicht nur, dass vor jeder richterlichen Entscheidung der Einzelne anzuhören ist, sondern der Staat aufgrund dieses allgemeinen Grundsatzes den Bürger anzuhören hat, bevor er belastende Eingriffe vornimmt und auf das, was der Bürger sagt, auch einzugehen hat.

Gesetzlicher Richter

Art. 101 Abs. 1 Satz 1 GG besagt, dass niemand seinem gesetzlichen Richter entzogen werden darf. Dies bedeutet, dass von vornherein bestimmt sein muss, welcher Richter für welche Entscheidung zuständig ist. Damit soll verhindert werden, dass der Staat insofern manipuliert, als er den Richtern die Fälle so zuweist, wie es ihm genehm ist. Dies gilt insbesondere für Verfahren mit politischem Hintergrund.

Fairer Prozess

Dieser Grundsatz beinhaltet z. B., dass einem Angeklagten in schweren Fällen ein Pflichtverteidiger zur Seite gestellt wird, wenn er keinen eigenen Verteidiger ausgewählt hat. Auch soll ihm der Prozessablauf verständlich gemacht werden. So hat ein kranker Angeklagter Anspruch auf notwendige Pausen im Prozess. Schwierige Rechtsfragen werden erklärt. Der Angeklagte kann zu jedem Vorwurf Stellung nehmen. Er hat vor dem Urteil immer das letzte Wort.

2.3.2 Vertrauensschutz und Rückwirkungsverbot

Der Einzelne kann sich auf das geltende Recht verlassen. Damit darf der Staat nicht rückwirkend neue, insbesondere belastende Gesetze erlassen. Im Strafrecht bestimmt Art. 103 Abs. 2 GG, dass eine Tat nur bestraft werden kann, wenn die Strafbarkeit gesetzlich bestimmt war, *bevor die Tat begangen wurde.*

2.3.3 Gewaltenteilung

Mit den Mitteln des Rechtsstaates soll die Macht des Staates beschränkt werden. Damit der Staat diese Schranken nicht aufhebt und seine Macht missbraucht, hat bereits der Philosoph *Charles de Montesquieu* (1689–1755) gefordert, dass die Macht des Staates geteilt werden muss. Diese einzelnen Teile der Macht sollen sich dann gegenseitig *kontrollieren.* Die Gewaltenteilung sieht wie folgt aus:
- **Legislative** = gesetzgebende Gewalt: Parlament (Bundestag, Bundesrat),
- **Exekutive** = vollziehende Gewalt (Regierung, Verwaltung),
- **Judikative** = rechtsprechende Gewalt (Gerichte).

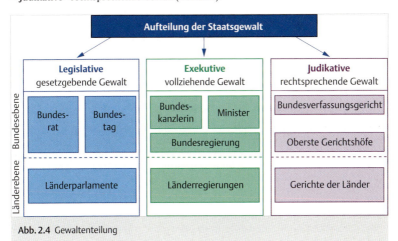

Abb. 2.4 Gewaltenteilung

> **Beispiel**
> Das Parlament, die Legislative, beschließt ein Gesetz. Gemäß Art. 1 Abs. 3 GG ist auch die Gesetzgebung an die Grundrechte gebunden. Das Bundesverfassungsgericht (BVerfG), die Judikative, kann nun überprüfen, ob das Gesetz verfassungsgemäß ist oder nicht. Im letzteren Fall würde es das Gesetz für nichtig erklären. So hat z. B. in den Jahren 1975 und 1993 das BVerfG jeweils die Neufassung des § 218 StGB (Strafbarkeit des Schwangerschaftsabbruchs) als zumindest teilweise für verfassungswidrig erklärt.

Das Parlament, die Legislative, kontrolliert die Regierung, die Exekutive, indem sie z. B. dem Regierungschef, dem Bundeskanzler, das Misstrauen (S. 85) aussprechen kann.

Das Bundesverfassungsgericht, die Judikative, ist mit unabhängigen Richtern besetzt. Diese werden für die Dauer von jeweils 12 Jahren jeweils zur Hälfte vom Bundesrat und vom Bundestag, der Legislative, gewählt. Dadurch ist auch seine Macht letztendlich einer zeitlichen Beschränkung unterworfen.

2.4 Sozialstaat

§§

„Die Bundesrepublik Deutschland ist ein [...] sozialer Bundesstaat." (Art. 20 Abs. 1 S. 1 GG)

2.4.1 Folgen der industriellen Revolution

Während der industriellen Revolution im 19. Jahrhundert kam es zu einer Verarmung und Verelendung weiter Kreise der Bevölkerung. Die Industrialisierung schuf zwei neue Gruppen der Gesellschaft: den kapitalbesitzenden Unternehmer und den besitzlosen Arbeiter. Die Betriebe in den Städten wurden größer, die Unternehmen auf dem Lande dadurch nicht mehr konkurrenzfähig. Dies bewirkte eine Landflucht und damit billige Arbeitskräfte in der Stadt. Niedrige Löhne zwangen wiederum den Arbeiter zu langen Arbeitszeiten und führten zu Kinder- und Frauenarbeit. Die Folgen waren Verelendung und Krankheit.

2.4.2 Entstehung des Sozialstaats

Als Antwort auf diese soziale Frage und um den entstandenen Unruhen zu begegnen, schuf der preußische Ministerpräsident *Otto von Bismarck* 1883 die Krankenversicherung der Arbeiter, 1884 die Unfallversicherung, 1889 die Alters- und Invalidenversicherung. 1913 kam die Krankenversicherung für Angestellte hinzu. Dies waren die ersten Ansätze einer staatlichen Sozialpolitik, die Entstehung des Sozialstaats.

Die Verpflichtung zum Sozialstaat bedeutet, dass der Staat für einen Ausgleich der sozialen Gegensätze und damit für eine gerechte Sozialordnung sorgen muss. Er muss seinen Bürgern eine soziale Sicherheit gewährleisten.

Im Sozialstaat ist es die Aufgabe des Staates, den sozial Schwachen zu schützen. Andererseits kann und darf der Sozialstaat nicht zum „Selbstbedienungsladen" werden, da die Sozialausgaben finanzierbar bleiben müssen. Steigende Sozialabgaben wirken leistungshemmend und bergen damit die Gefahr, dass die Leistungsbereitschaft und damit auch die Einnahmen des Staates sinken. In diesem Spannungsverhältnis muss ein vernünftiger Kompromiss gefunden werden. Wie stark der Staat in den einzelnen Fällen Hilfe leistet, hängt auch davon ab, wie hoch seine finanziellen Mittel sind. Hier besteht ein großer Gestaltungsspielraum. Insbesondere unterliegt es auch einer politischen Bewertung, wo der Staat seine Schwerpunkte setzt. Ein Verstoß gegen das Sozialstaatsprinzip liegt nur dann vor, wenn er der grundlegenden Daseinsvorsorge nicht mehr nachkommt.

Die Aufgabe des Staates, dem sozial Schwachen zu Hilfe zu kommen, übernehmen zum großen Teil die freien Träger der Wohlfahrtspflege:
- Arbeiterwohlfahrt,
- Diakonisches Werk,
- Deutscher Caritasverband e.V.,
- Deutsches Rotes Kreuz e.V. u.a.

2.4.3 Aufgaben des Sozialstaats

Die wesentlichen Aufgaben des Sozialstaates sind die Sicherung der menschlichen Existenz unter Beachtung der Menschenwürde, die Sicherung in sozialer Notlage, die Sicherung eines sozialen Ausgleiches und die Sicherung der Chancengleichheit.

Sicherung der menschlichen Existenz

Durch Gewährleistung der Sozialhilfe soll es jedem Bürger möglich sein, zumindest ein menschenwürdiges Leben führen zu können. Das Existenzminimum soll garantiert sein. So wie der Staat verpflichtet ist, dem mittellosen Bürger diese Mindestvoraussetzungen zu gewähren, darf er dem Bürger das selbst erzielte Einkommen bis zu diesem Betrag – dem Existenzminimum – nicht entziehen und hat es demzufolge steuerfrei zu belassen (so die Entscheidung des Bundesverfassungsgerichts am 29.5.1990).

Sicherung in sozialer Notlage

Es muss ein bestimmtes Maß an sozialer Sicherung in Notlagen (z.B. Krankheit, Arbeitslosigkeit) gewährleistet sein, wie es z.B. die Sozialversicherung (Krankenversicherung, Rentenversicherung, Arbeitslosenversicherung) bietet.

Sicherung eines sozialen Ausgleichs

Soweit Bürger unterschiedlich stark belastet sind, sorgt der Staat für einen gewissen Lastenausgleich wie z.B. bei Ausbildungsförderung, sozialem Wohnungsbau, Familienlastenausgleich (Kindergeld), Elterngeld.

Sicherung der Chancengleichheit

Staatliche Vor- und Fürsorge soll Gruppen der Gesellschaft gewährt werden, die in ihrer persönlichen und sozialen Entfaltung gehindert sind. So erhalten einkommensschwache Bürger vor Gericht Prozesskostenhilfe (früher: Armenrecht) oder in Fällen der Schwerkriminalität einen Pflichtverteidiger. Für entlassene Strafgefangene soll der Staat Hilfe zur Wiedereingliederung bereitstellen (wobei diese Resozialisierung wiederum der Gesellschaft zugutekommt, wenn der Täter nicht wieder rückfällig wird).

2.5 Bundesstaat

> §§
>
> „Die Bundesrepublik Deutschland ist ein [...] Bundesstaat." (Art. 20 Abs. 1 GG)

Die Bundesrepublik Deutschland ist ein Bundesstaat. Der Bundesstaat ist eine Gemeinschaft mehrerer **eigenständiger Länder** (Bundesländer). Diese bilden einen Bund, die Bundesrepublik Deutschland. Seit der Wiedervereinigung im Oktober 1990 besteht sie aus 16 Bundesländern (▶ Tab. 2.1).

Tab. 2.1 Die 16 Bundesländer der Bundesrepublik Deutschland

Bundesland	Landeshauptstadt	Einwohner in Mio.	Größe in km^2
Baden-Württemberg	Stuttgart	10,79	35 751
Bayern	München	12,60	70 551
Berlin	Berlin	3,50	891
Brandenburg	Potsdam	2,50	29 480
Bremen	Bremen	0,66	404
Hamburg	Hamburg	1,80	755
Hessen	Wiesbaden	6,09	21 114
Mecklenburg-Vorpommern	Schwerin	1,63	23 185
Niedersachsen	Hannover	7,91	47 625
Nordrhein-Westfalen	Düsseldorf	17,84	34 086
Rheinland-Pfalz	Mainz	4,00	19 853
Saarland	Saarbrücken	1,01	2 568
Sachsen	Dresden	4,14	18 418
Sachsen-Anhalt	Magdeburg	2,31	20 447
Schleswig-Holstein	Kiel	2,84	15 799
Thüringen	Erfurt	2,22	16 172
Insgesamt		ca. 81,84	ca. 357 000

2.5.1 Föderalismus

Das politische Prinzip des **Zusammenschlusses mehrerer gleichberechtigter Staaten** bezeichnet man als Föderalismus. Durch diese Art der Verbindung bleibt zum einen die Eigenständigkeit der Länder mit ihren kulturellen, sprachlichen und landsmannschaftlichen Eigenarten erhalten. Den einzelnen Ländern ist es auch viel leichter möglich, die oft landesspezifischen Probleme zu erkennen und zu lösen (z. B. Küstenregion im Norden, Bergbau im Westen, Alpenregion im Süden). Auf landeseigene Probleme kann daher viel schneller eingegangen werden. Zum anderen gewährleistet der durch den Zusammenschluss gebildete neue Staat nach außen hin ein geschlossenes Ganzes und wird als Wirtschaftspartner ernst genommen.

2.5 Bundesstaat

Ganz entscheidend ist, dass die Eigenständigkeit der Länder, d. h. der einzelnen Bundesländer, erhalten bleibt. So hat jedes Bundesland eine eigene Regierung (Landesregierung) mit einem eigenen Regierungschef (Ministerpräsident), ein eigenes Parlament (Landtag) und ein eigenes Staatsgebiet mit genau bestimmten Landesgrenzen.

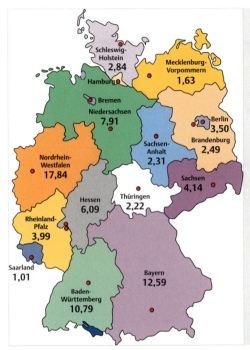

Abb. 2.5 Bundesländer der Bundesrepublik Deutschland und der jeweiligen Einwohnerzahl in Millionen

2.5.2 Verteilung von Kompetenzen und Zuständigkeiten

Die Bundesländer haben von ihrer Staatsgewalt bestimmte Kompetenzen an den Bund abgetreten. Dabei legt das Grundgesetz genau fest, wie die Aufgaben und Kompetenzen zwischen dem Bund und den Ländern verteilt sind.

Durch die Föderalismusreform, die die Beziehungen zwischen den Ländern und dem Bund betrifft, wurde die Kompetenzverteilung in einigen Bereichen neu geregelt. Die entsprechende Grundgesetzänderung trat am 1.9.2006 in Kraft. Im Wesentlichen sollte die Zahl der Gesetze, die der Zustimmung der Länder (durch den Bundesrat) benötigen, reduziert werden. Im Ausgleich dazu erhalten die Länder in verschiedenen Bereichen mehr bzw. die alleinige Gesetzgebungskompetenz.

Grundsätzlich soll der Bund nur die politischen Aufgaben übernehmen, die die Einzelstaaten nicht oder nicht genauso gut bewältigen können (sog. Subsidiaritätsprinzip). Die Kompetenzverteilung sieht dabei im Wesentlichen wie folgt aus:

- *Verwaltung.* Sie ist grundsätzlich Sache der Bundesländer.
- *Rechtsprechung* (S. 109). Diese wird überwiegend durch Gerichte der Länder ausgeübt. Die Einheitlichkeit der Rechtsprechung wird aber durch Gerichte des Bundes als oberste Instanzen sichergestellt (z. B. Bundesgerichtshof, Bundesarbeitsgericht).
- Gesetzgebung. (S. 93) Sie wird zum Teil vom Bund und zum Teil von den Ländern übernommen.

Auch bei der Willensbildung des Bundes sind die Länder beteiligt und zwar durch den Bundesrat (S. 76). Er besteht aus Mitgliedern der Länderregierungen. Über ihn wirken die Länder auch bei der Gesetzgebung des Bundes mit.

Der Bundesrat wählt ferner die Hälfte der Richter beim Bundesverfassungsgericht (S. 90). Bei der Wahl des Bundespräsidenten (S. 79) wirken die Länder ebenfalls mit, indem sie ihre Vertreter in die Bundesversammlung schicken, die wiederum den Bundespräsidenten wählt.

3 Grundrechte

3.1 Geschichte der Grundrechte

Die Geschichte der Grundrechte reicht zurück bis in die politische Philosophie der Antike.
Allerdings ist auch hier der Gedanke der rechtlichen und moralischen Sicherung menschlicher Würde und Freiheit eng verbunden mit den jeweiligen kulturellen Anschauungen. So kannte die Antike keine Rechte, die für alle Menschen gleichermaßen gelten sollten. Beispielsweise sah man die Sklaverei als völlig selbstverständlich an, ohne dass dabei an einen Verstoß gegen Menschenrechte gedacht wurde.

Als gegen Ende des Mittelalters der Gedanke an die Mäßigung der Herrschaft der Mächtigen verbunden mit dem Schutz des Einzelnen entstand, ging man daran, Rechtsansprüche und Forderungen des Einzelnen gegenüber den Herrschenden schriftlich niederzulegen. Dies begann, als im Jahre **1215** die englischen Barone ihrem König in der **Magna Charta Libertatum** das Recht abtrotzten, dass kein freier Mann verhaftet werden solle ohne ein gerichtliches Urteil.

Ein weiterer Meilenstein in der Entwicklung der Grundrechte war **1776 die amerikanische Unabhängigkeitserklärung**. In der Deklaration der Menschenrechte wird festgehalten, dass die Menschenrechte nicht vom Staat verliehen sind, sondern angeborene und unveräußerliche Naturrechte darstellen. Zur Sicherung dieser Rechte sind Regierungen eingesetzt, die ihre Macht aus der Zustimmung der Regierten herleiten.

Parallel dazu entstand in Europa am Ende der **französischen Revolution im Jahre 1789 die Erklärung der Menschen und Bürgerrechte**. In dieser – von der französischen Nationalversammlung verkündeten – Erklärung werden wichtige Rechte festgeschrieben: Recht auf Freiheit, Eigentum, Sicherheit und Widerstand gegen Unterdrückung, freie Meinungsäußerung, Religionsausübung, Freiheit der Presse. Die Schlagwörter lauteten: Freiheit, Gleichheit, Brüderlichkeit!

Aufgrund der Schreckensereignisse während der nationalsozialistischen Diktatur unter Adolf Hitler verfassten die Vereinten Nationen am **10.12.1948 die Allgemeine Erklärung der Menschenrechte**.

Am **23.5.1949 wurde das Grundgesetz für die Bundesrepublik Deutschland verkündet**. Die Väter des Grundgesetzes haben den Grundrechtskatalog gleich an den Anfang gestellt. Der wesentliche Unterschied zur Weimarer Verfassung besteht darin, dass die Gesetze im Rahmen der Grundrechte gelten und sich an ihnen messen lassen müssen und nicht umgekehrt. Auch die Staatsgewalt ist an diese Grundrechte gebunden.

3.2 Wesen der Grundrechte

Die Grundrechte stellen nicht nur ein Programm dar, sondern sind geltendes Recht und binden insbesondere die Gesetzgebung, die vollziehende Gewalt und die Rechtsprechung. Dies bedeutet, dass der Gesetzgeber nur solche Gesetze beschließen kann, die im Einklang mit den Grundrechten stehen. Ist dies nicht der Fall, kann das Gesetz durch das Bundesverfassungsgericht für nichtig erklärt werden!

Darüber hinaus kann der Einzelne, wenn er sich durch den Staat in seinen Grundrechten verletzt fühlt, letztlich das Bundesverfassungsgericht anrufen, wenn die anderen Rechtswege ihm nicht geholfen haben. Es gilt der Grundsatz: Grundrechte sind Abwehrrechte des einzelnen Bürgers gegen willkürliche Maßnahmen des Staates ihm gegenüber. Fraglich ist, wie weit Bürger untereinander sich auf Grundrechte berufen können (sog. Drittwirkung).

> **Aufgabe 1**
>
> Der Gesundheits- und Krankenpfleger Singh, indischer Staatsangehöriger, will in einer Disco seinen Geburtstag feiern. Als er zusammen mit seinen Freunden vom Türsteher mit den Worten „Ausländer haben keinen Zutritt" zurückgewiesen wird, beruft er sich auf Art. 3 Abs. 3 GG, dass niemand wegen seiner Herkunft benachteiligt werden darf. Daraufhin meint der Türsteher nur, das Grundgesetz ginge ihn nichts an. Hat er Recht?
> Erläuterung im Anhang, Aufgabe 1 (S. 508).

3.3 Geltungsbereich der Grundrechte

Kein Grundrecht kann völlig schrankenlos gewährt werden, da sonst ein friedliches Miteinander nicht möglich wäre. Einschränkungen der Grundrechte gibt es in unterschiedlicher Hinsicht (▶ Abb. 3.1):

Abb. 3.1 Einschränkung der Grundrechte

> **Beispiel**
>
> Rennfahrer Hurtig rast mit seinem Auto durch die Innenstadt. Als er von der Polizei wegen Überschreitung der zulässigen Höchstgeschwindigkeit angehalten wird, verwahrt er sich dagegen unter Berufung auf sein Grundrecht der freien Entfaltung seiner Persönlichkeit nach dem Motto: Freie Fahrt für freie Bürger!

3.3 Geltungsbereich der Grundrechte

3.3.1 Auslegung

Zunächst hat der Geltungsbereich eines Grundrechtes dort seine Grenze, wo seine Reichweite endet. Um diese zu bestimmen, muss durch Auslegung des Wortlautes der Inhalt des jeweiligen Grundrechtes untersucht werden.

Aufgabe 2

Zwei Krankenpflegeschüler setzen sich vor den Haupteingang des Krankenhauses, um dort für eine Lohnerhöhung zu „demonstrieren". Nachdem die vom Hausmeister gerufene Polizei beide auffordert, den Platz frei zu machen, berufen sich die Beiden auf ihr Grundrecht auf Versammlungsfreiheit. Mit Recht?
Erläuterung im Anhang, Aufgabe 2 (S. 508).

3.3.2 Grundrechtsimmanente Schranken

Diese Schranken sind in dem jeweiligen Grundrecht selbst enthalten und dem Wortlaut des jeweiligen Grundrechtsartikels zu entnehmen.

Aufgabe 3

Eine Gruppe von Gesundheits- und Krankenpflegern will am Rathausplatz gegen den Pflegenotstand und für bessere Arbeitsbedingungen demonstrieren. Während im Rahmen der Kundgebung der Landrat als Vertreter des Trägers des größten örtlichen Krankenhauses das Wort ergreift, fangen einige Demonstrationsteilnehmer an, ihn mit Zwischenrufen und Trillerpfeifen aus dem Konzept zu bringen. Andere werfen gar mit Farbeiern nach ihm, um ihn zu verletzen. Als die Polizei daraufhin die Versammlung auflösen will, berufen sich alle auf ihr Grundrecht der „Versammlungsfreiheit". Mit Recht?
Erläuterung im Anhang, Aufgabe 3 (S. 508).

3.3.3 Gesetzesvorbehalt

Bestimmte Grundrechte enthalten die Ermächtigung des Gesetzgebers, dass dieser aufgrund eines Gesetzes das Grundrecht beschränken darf.

Aufgabe 4

Ein zu lebenslanger Freiheitsstrafe verurteilter Mörder meint, dass durch die Haft in sein Grundrecht auf Freiheit der Person eingegriffen werde. Hat er damit Recht?
Erläuterung im Anhang, Aufgabe 4 (S. 508).

Der Gesetzgeber darf aber nun seinerseits nicht grenzenlos das Grundrecht beschränken. Dazu sagt das Grundgesetz in Art. 19 Abs. 2 GG, dass in keinem Falle ein Grundrecht in seinem Wesensgehalt angetastet werden darf. So wäre auch der Mörder in seinem Grundrecht auf Freiheit der Person beschränkt, wenn er überhaupt keine Aussicht mehr hätte, seine Freiheit zu erlangen. Daher sieht es das Strafgesetzbuch vor, dass auch ein Mörder unter bestimmten Voraussetzungen nach mindestens 15 Jahren Haft entlassen werden kann.

3.3.4 Verwirkung von Grundrechten

Wer bestimmte Grundrechte, wie Freiheit der Meinungsäußerung, Pressefreiheit und andere, die in Art. 18 GG abschließend aufgezählt sind, zum Kampf gegen die freiheitliche demokratische Grundordnung missbraucht, verwirkt diese Grundrechte. Diese Verwirkung kann nur vom Bundesverfassungsgericht ausgesprochen werden.

3.3.5 Gemeinschaftsvorbehalt

Eine natürliche Grenze der Reichweite eines Grundrechtes ist dort, wo die Rechte anderer beginnen. Mit anderen Worten kann jeder ein Grundrecht ausüben, soweit er nicht die Rechte anderer verletzt. Soweit zwei Grundrechte aufeinanderstoßen oder sich überschneiden, findet die Grundrechtsbegrenzung durch gegenseitiges Abwägen statt.

Aufgabe 5

Gesundheits- und Krankenpfleger Christof frönt gern der Freikörperkultur. Demzufolge legt er sich nackt zum Sonnenbaden an den Grünsee. Als die Gesundheits- und Krankenpflegerin Edith mit ihren kleinen Kindern ebenfalls an den Grünsee zum Baden geht, stellt sie entsetzt fest, dass dort Christof nackt liegt. Sie fordert nun von der Stadt, dass diese gegen das Nacktbaden vorgeht, da sie sich in ihrer freien Entfaltung der Persönlichkeit insofern beeinträchtigt glaubt, als sie sich dem nackten Körper dieses Mannes ausgesetzt sieht. Die Stadt meint, dass auch Christof ein Recht auf freie Entfaltung seiner Persönlichkeit hat. Wer ist im Recht?
Erläuterung im Anhang, Aufgabe 5 (S. 508).

3.4 Einteilung der Grundrechte

Die im Grundgesetz enthaltenen Grundrechte lassen sich in erster Linie in **Menschenrechte** und **Bürgerrechte** unterteilen (▶ Abb. 3.2):

3.4 Einteilung der Grundrechte

Abb. 3.2 Unterteilung der Grundrechte

3.4.1 Menschenrechte

Ausgangspunkt für diese Rechte ist die Würde des Menschen, die unveräußerlich und unverzichtbar ist. Die Menschenrechte sind dem Menschen *von Natur aus* gegeben und nicht erst vom Gesetzgeber geschaffen. Diese Rechte stehen **allen Menschen** zu:
- Menschenwürde,
- freie Entfaltung der Persönlichkeit,
- Recht auf Leben,
- Recht auf körperliche Unversehrtheit,
- Gleichheit vor dem Gesetz,
- Glaubens und Gewissensfreiheit,
- Meinungsfreiheit.

Die Menschenrechte lassen sich wieder – wie in ▶ Tab. 3.1 gezeigt – unterteilen:

Tab. 3.1 Einteilung der Menschenrechte

Freiheitsrechte	Gleichheitsrechte	Unverletzlichkeitsrechte	Soziale Rechte
z. B.: • freie Entfaltung der Persönlichkeit • Freiheit der Person • Glaubens- und Gewissensfreiheit • Meinungsfreiheit	z. B.: • Gleichheit vor dem Gesetz • Gleichberechtigung von Mann und Frau	z. B.: • Recht auf Leben und körperliche Unversehrtheit • Unverletzlichkeit der Wohnung • Gewährleistung von Eigentum	z. B.: • Schutz von Ehe und Familie • Erziehungsrecht der Eltern • Asylrecht

3.4.2 Bürgerrechte

Hierbei handelt es sich um spezielle Grundrechte:
- Versammlungsfreiheit,
- Vereinigungsfreiheit,
- Freizügigkeit,
- Freiheit der Berufswahl,
- Ausbürgerungs- und Auslieferungsverbot.

Sie stehen nur den Staatsangehörigen zu; d. h. die Bürgerrechte des Grundgesetzes **nur den Deutschen.**

3.5 Einzelne Grundrechte

Im Folgenden sollen einige wenige Grundrechte näher erläutert werden.

3.5.1 Schutz der Menschenwürde (Artikel 1 GG)

> §§
> „Die Würde des Menschen ist unantastbar." (Art. 1 Abs. 1 GG)

Hierin kommt der wichtigste und oberste Grundsatz des Grundgesetzes zum Ausdruck. **Jeder Mensch** ist wertvoll und Träger einer Würde, die ihm niemand nehmen darf und auf die er nicht verzichten kann. Diese Würde zu *achten* und zu *schützen* ist die Aufgabe und die Pflicht des Staates. Sie wäre dann verletzt, wenn der Mensch zu einem bloßen Objekt, zu einem Gegenstand, mit dem der Staat nach Belieben verfährt, herabgewürdigt würde. Alle nachfolgenden Rechte sind letztlich nur eine Konsequenz dieses Grundsatzes. Dieses Grundrecht darf nicht geändert werden!

Zur Menschenwürde gehört die Garantie des Existenzminimums. So hat der Staat in Verbindung mit dem Sozialstaatsprinzip dafür Sorge zu tragen, dass dem Einzelnen ein menschenwürdiges Leben möglich ist. Dies geschieht z. B. durch die Sozialhilfe.

> **Beispiel**
> Beispiele für Verletzungen der Menschenwürde sind: Folterung oder unfaire Vernehmungsmethoden, Bekanntgabe von Krankenunterlagen an dafür Unbefugte, Nichtbeachtung der Intimsphäre eines Menschen, Beherbergung von zwei Gefangenen in einer 8 m² großen Einzelzelle, Abschießen eines Flugzeuges, wenn dadurch unschuldige Menschen zu Tode kommen, auch wenn das Flugzeug von Terroristen entführt worden ist und von diesen zum Absturz gebracht werden soll, um eine Katastrophe herbeizuführen.

3.5.2 Freiheit der Person (Artikel 2 GG)

§§

Jeder hat das Recht auf freie Entfaltung seiner Persönlichkeit, soweit er nicht die Rechte anderer verletzt [...]. (Art. 2 Abs. 1 GG)
Jeder hat das Recht auf Leben und körperliche Unversehrtheit. Die Freiheit der Person ist unverletzlich. (Art. 2 Abs. 2 GG)

Das Recht auf Freiheit der Person ist das Hauptfreiheitsrecht im Grundgesetz. Immer dann, wenn kein spezielles Grundrecht eingreift, kann auf dieses zurückgegriffen werden. Es umfasst 4 Teilbereiche: freie Persönlichkeitsentfaltung, Recht auf Leben, Recht auf körperliche Unversehrtheit und Recht auf Freiheit (▶ Abb. 3.3).

Abb. 3.3 Inhalt des Grundrechts auf Freiheit der Person

Freie Entfaltung der Persönlichkeit

Mit dem Grundrecht auf freie Entfaltung der Persönlichkeit wird dem Menschen die größtmögliche Freiheit gewährt, und er hat das Recht, sein Leben selbst zu bestimmen, **soweit nicht die Rechte anderer verletzt werden.** Ob jemand einen Beruf erlernen will, ob er arbeiten oder als Bettler sein Leben führen will, ist seine eigene Entscheidung. Hat er aber ein Kind gezeugt, muss er für dessen Unterhalt sorgen. Dann steht es ihm nicht mehr frei, ob er arbeiten will oder nicht. Würde er nicht arbeiten, würde er in das Recht seines Kindes insofern eingreifen, als dieses nichts zu essen hätte oder die Allgemeinheit dafür aufkommen müsste.

Recht auf Leben, körperliche Unversehrtheit und Freiheit

Durch das Recht auf Leben, körperliche Unversehrtheit und Freiheit wird der Mensch vor Eingriffen in seine Person und seine Freiheit geschützt. In dieses Grundrecht darf nur durch ein Gesetz eingegriffen werden. Hierbei muss jedoch der Kern des Grundrechtes erhalten bleiben.

- Der Staat darf durch die Polizei bei einem Autofahrer, der möglicherweise alkoholisiert gefahren ist, zwangsweise eine Blutentnahme durchführen. Obwohl dessen Körper „verletzt" wird, ist dies zulässig, da der Eingriff durch ein Gesetz gedeckt ist.
- Der rechtlich anerkannte Rechtfertigungsgrund der Einwilligung macht den ärztlichen Heileingriff trotz Verletzung der körperlichen Unversehrtheit rechtmäßig.
- Die Fixierung eines Patienten ist dann zulässig, wenn sie durch Notwehr oder Einwilligung gerechtfertigt ist.

Grundrechte

3.5.3 Gleichheit vor dem Gesetz (Artikel 3 GG)

> §§
>
> Alle Menschen sind vor dem Gesetz gleich.
> Männer und Frauen sind gleichberechtigt. [...]
> Niemand darf wegen seines Geschlechtes, seiner Abstammung, seiner Rasse, seiner Sprache, seiner Heimat und Herkunft, seines Glaubens, seiner religiösen oder politischen Anschauungen benachteiligt oder bevorzugt werden.
> Niemand darf wegen seiner Behinderung benachteiligt werden. (Art. 3 GG)

Aus der Würde des Menschen ist abzuleiten, dass grundsätzlich jeder Mensch gleich wertvoll ist (▶ Abb. 3.4). Allerdings darf Gleichbehandlung nicht mit „Gleichmacherei" verwechselt werden. So soll **sachlich Gleiches gleich,** aber **sachlich Unterschiedliches** durchaus **ungleich** behandelt werden. Das Maß der ungleichen Behandlung ergibt sich dann aus dem zugrunde liegenden sachlichen Grund.

Abb. 3.4 Inhalt des Grundrechts auf Gleichheit der Menschen

> **Beispiel**
> Die Steuergesetzgebung muss berücksichtigen, dass die Bürger unterschiedlich stark belastet sind. So wäre es ein Verstoß gegen den Gleichbehandlungsgrundsatz, wenn ein lediger Alleinverdiener ohne Kinder den gleichen Steuersatz hätte wie der alleinverdienende Familienvater.
> Ein Beschuldigter, der der deutschen Sprache nicht mächtig ist, hat in jedem Stadium des Strafverfahrens einen Anspruch auf einen Dolmetscher. Dessen Honorar muss der Staat tragen, da sonst dem sprachunkundigen Beschuldigten Kosten auferlegt würden, die auf einen deutsch sprechenden Beschuldigten nicht zukommen würden.

An diesen Gleichbehandlungsgrundsatz sind alle 3 Staatsgewalten (Legislative, Exekutive, Judikative) gebunden. Die Gleichberechtigung von Mann und Frau (Art. 3 Abs. 2 GG) und das Diskriminierungsverbot (Art. 3 Abs. 3 GG) sind letztlich Unterfälle des Gleichbehandlungsgrundsatzes. Gerade das Bundesverfassungsgericht hat immer wieder Gesetze für verfassungswidrig erklärt, wenn diese Grundsätze verletzt wurden.

> **Beispiel**
> Soweit es früher verboten war, dass Arbeiterinnen zur Nachtzeit beschäftigt wurden, erklärte dies das Bundesverfassungsgericht mit Beschluss vom 28.1.1992 als mit dem Gleichberechtigungsgebot zwischen Mann und Frau nicht vereinbar. Die frühere Begründung, Arbeiterinnen litten wegen ihrer Konstitution stärker unter Nachtarbeit als männliche Arbeiter, habe die arbeitsmedizinische Forschung nicht bestätigt. Nachtarbeit sei grundsätzlich für jeden Menschen schädlich.
> Die Reaktion des Gesetzgebers bestand in der Aufhebung der Arbeitszeitordnung und dem Erlass des Arbeitszeitgesetzes (S. 365).

Mit Beschluss vom 19.1.1999 erklärte das Bundesverfassungsgericht eine seit dem Jahre 1896 (!) bestehende Regelung im Bürgerlichen Gesetzbuch für verfassungswidrig, nach der schreib- und sprechunfähige Personen kein Testament errichten können. Dies verstoße gegen den allgemeinen Gleichheitssatz und das Benachteiligungsverbot für Behinderte.

3.5.4 Meinungsfreiheit (Artikel 5 GG)

§§
Jeder hat das Recht, seine Meinung in Wort, Schrift und Bild frei zu äußern und zu verbreiten und sich aus allgemein zugänglichen Quellen ungehindert zu unterrichten. Die Pressefreiheit und die Freiheit der Berichterstattung durch Rundfunk und Film werden gewährleistet. Eine Zensur findet nicht statt. […]
Kunst und Wissenschaft, Forschung und Lehre sind frei […]. (Auszug aus Art. 5 GG)

Das Grundrecht auf Meinungsfreiheit ist eines der wichtigsten Grundrechte in einer freiheitlich demokratischen Grundordnung. Diese kann nur funktionieren, wenn die Vielfalt im Denken zum Ausdruck kommen und Kritik, auch am Staat, laut geäußert werden darf. Damit sich aber der Einzelne ein möglichst umfassendes Bild vom politischen Geschehen machen kann, muss sowohl die Informations- als auch die Pressefreiheit gewährleistet sein (▶ Abb. 3.5).

Abb. 3.5 Inhalt des Grundrechts auf Meinungsfreiheit

Wie jedes Freiheitsrecht enthält auch die Meinungsfreiheit Grenzen, die im Rahmen eines Gemeinwohles erforderlich sind. So besagt das Grundgesetz in Art. 5 Abs. 2 GG selbst, dass das Recht auf freie Meinungsäußerung beschränkt ist durch:

Allgemeine Gesetze

Beispiel
§ 203 StGB (Verletzung von Privatgeheimnissen) verbietet es der Gesundheits- und Krankenpflegerin, dass sie die Krankheitsgeschichte eines Patienten einer unbefugten Person weitererzählt. Durch dieses Verbot ist sie nicht in ihrer Meinungsfreiheit unzulässig beschränkt, da die Grenze durch das Strafgesetzbuch gezogen wird.

Bestimmungen zum Schutze der Jugend

Beispiel
Pornografische Schriften dürfen nicht an Jugendliche verbreitet werden.

Recht der persönlichen Ehre

Beispiel
Die Beleidigung eines anderen Menschen ist nicht durch die Meinungsfreiheit gedeckt.

3.5.5 Freiheit der Berufswahl (Artikel 12 GG)

> §§
> Alle Deutschen haben das Recht, Beruf, Arbeitsplatz und Ausbildungsstätte frei zu wählen.
> (Art. 12 Abs.1 S. 1 GG)

Das Grundrecht auf freie Berufswahl (▶ Abb. 3.6) ist ein Bürgerrecht und steht damit nur den deutschen Staatsbürgern zu. Es beinhaltet die freie Wahl des Berufes, des Arbeitsplatzes und der Ausbildungsstätte. Aufgrund der Mitgliedschaft der Bundesrepublik Deutschland in der Europäischen Union gilt die freie Berufswahl auch für Bürger der Mitgliedsstaaten der EU. Das Recht auf freie Berufswahl kann nicht grenzenlos gewährt werden. Wie bei jedem Grundrecht sind auch hier Einschränkungen zu beachten. Bedingungen der Zulassung zu einem bestimmten Beruf können z. B. Zuverlässigkeit, Eignung, Qualifikation oder bestimmte Altersgrenzen sein.

Abb. 3.6 Inhalt des Grundrechtes auf Berufsfreiheit

Die Freiheit der Berufsaufnahme, wozu auch die Wahl der Ausbildungsstätte gehört, kann beschränkt werden, wenn es zwingend notwendig ist, um besonders wichtige Gemeinschaftsgüter zu schützen. Ein solches wichtiges Gemeinschaftsgut kann z. B. die Volksgesundheit sein. Eine weitere Beschränkung ergibt sich daraus, dass unter Umständen die tatsächlichen Verhältnisse einen grenzenlosen Zugang zu einem bestimmten Beruf verbieten, wenn z. B. zu wenig Ausbildungsplätze vorhanden sind.

Aufgabe 6

Die 16-jährige Schülerin Katja will den Beruf der Gesundheits- und Krankenpflegerin erlernen. Als sie sich bei der Krankenpflegeschule bewirbt, wird sie nicht zugelassen, weil sie noch keine 17 Jahre alt ist. Katja meint, sie sei in ihrem Grundrecht auf freie Berufswahl verletzt. Hat sie Recht?
Erläuterung im Anhang, Aufgabe 6 (S. 509).

4 Wahlrecht

> §§
> Alle Staatsgewalt geht vom Volke aus. Sie wird vom Volke in Wahlen [...] ausgeübt. (Art. 20 Abs. 2 GG)

In einem demokratischen Staat entscheiden die Bürger darüber, wer die Macht innehat. Nach einer bestimmten Zeit (Legislaturperiode) soll das Volk die Gelegenheit haben, die „Machthaber" im Staat zu bestätigen oder durch andere Personen abzulösen, da es in einer Demokratie nur „Herrschaft auf Zeit" geben kann. In der Bundesrepublik Deutschland bestimmt das Volk durch die **Landtags-** (Abgeordnete im Landtag des jeweiligen Bundeslandes) und die **Bundestagswahlen** (Abgeordnete im Bundestag) die jeweiligen Machtträger. Die Legislaturperiode dauert beim Bundestag vier Jahre. Danach kann das Volk erneut seine Volksvertreter bestimmen. Hinzu kommen noch die Kommunalwahlen, bei denen die Wähler die Zusammensetzung des Gemeinderats und Kreistages (S. 103) bestimmen. Diese Vertreter oder Repräsentanten des Volkes üben dann die Staatsgewalt aus (repräsentative Demokratie). Im Grundgesetz (Art. 38 GG) sowie in den jeweiligen Landesverfassungen und den dazu gehörenden Wahlgesetzen sind die Regelungen enthalten, nach denen die Wahlen durchzuführen sind.

4.1 Wahlberechtigung

Die Wahlberechtigung enthält das Recht des einzelnen Bürgers, selbst zu wählen (aktives Wahlrecht) oder selbst gewählt zu werden (passives Wahlrecht). Sie bestimmt sich nach der Art der Wahl und hängt von den für die betreffende Wahl festgelegten Voraussetzungen ab (▶ Abb. 4.1).

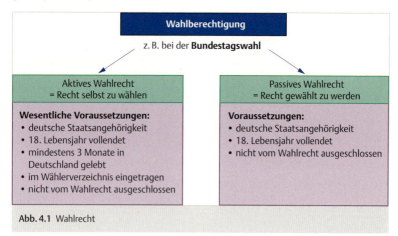

Abb. 4.1 Wahlrecht

4.1.1 Aktives Wahlrecht

Das aktive Wahlrecht bei Bundestagswahlen besitzt jeder deutsche Staatsangehörige mit Vollendung des 18. Lebensjahres. Mit Gesetz vom 27.4.2013 wurde bestimmt, dass nicht in Deutschland lebende Deutsche auch dann wahlberechtigt sind, wenn sie nach Vollendung ihres 14. Lebensjahres mindestens 3 Monate ununterbrochen in Deutschland gelebt haben und dieser Aufenthalt nicht länger als 25 Jahre zurückliegt oder aus anderen Gründen persönliche Vertrautheit mit den hiesigen politischen Verhältnissen erworben haben und von ihnen betroffen sind. Des Weiteren darf er nicht vom Wahlrecht ausgeschlossen sein. Dies kann bei Aberkennung des Wahlrechts durch eine strafgerichtliche Verurteilung (S. 151) (§ 45 StGB) oder bei Unterbringung in einem psychiatrischen Krankenhaus durch ein Strafgericht bei Schuldunfähigkeit der Fall sein. Ausgeschlossen vom Wahlrecht sind auch Menschen, für die zur Besorgung **aller** ihrer Angelegenheiten (S. 289) ein Betreuer bestellt ist (früher: Entmündigte).

4.1.2 Passives Wahlrecht

Das passive Wahlrecht bestimmt die Voraussetzungen, unter denen jemand für ein bestimmtes Amt gewählt werden kann. Sie hängen entscheidend von dem Amt ab, für das kandidiert wird. So kann jemand in den Bundestag gewählt werden, der das 18. Lebensjahr vollendet hat, deutscher Staatsangehöriger und nicht vom Wahlrecht ausgeschlossen ist (z.B. Aberkennung des Wahlrechtes durch Strafgericht, Unterbringung in einem psychiatrischen Krankenhaus). Für die Wahl zum Bundespräsidenten (S. 79) sieht das Grundgesetz vor, dass dieser mindestens das 40. Lebensjahr vollendet haben muss.

4.2 Wahlrechtsgrundsätze

> **§§**
>
> Die Abgeordneten des Deutschen Bundestages werden in allgemeiner, unmittelbarer, freier, gleicher und geheimer Wahl gewählt. (Art. 38 Abs. 1 Satz 1 GG)

Das Grundgesetz legt kein bestimmtes Wahlsystem fest. Es bestimmt jedoch in Art. 38 GG zum einen das Wahlalter, d.h. das Lebensalter, ab dem jemand wählen oder gewählt werden darf, und zum anderen gewisse Grundsätze, die bei einer Wahl der Volksvertreter (Bundestags, Landtags, Kreistags, Kommunalwahl) beachtet werden müssen (▶ Abb. 4.2).

Abb. 4.2 Wahlrechtsgrundsätze

4.2.1 Allgemeine Wahl

Das Wahlrecht muss **allen Bürgern** zustehen, wenn sie die gesetzlichen Voraussetzungen für die Wahlberechtigung erfüllen.

Aufgabe 7

Ein zu 6-monatiger Freiheitsstrafe verurteilter Deutscher befindet sich in Strafhaft und will in den Deutschen Bundestag gewählt werden. Der Leiter der Justizvollzugsanstalt ist dagegen, da er eine Teilnahme seines Gefangenen an den Sitzungen des Bundestages für nicht durchführbar hält. Mit Recht?
Erläuterung im Anhang, Aufgabe 7 (S. 509)

Die Voraussetzungen der Wahlberechtigung dürfen nur von sachlichen Kriterien abhängig gemacht werden, wie die Bindung an ein Mindestalter und an die deutsche Staatsangehörigkeit. Die Zulassung zur Wahl dürfte jedoch nicht von Geschlecht (wie bis in jüngster Zeit noch in manchem Schweizer Kanton), Einkommen, Sprache, Rasse, Bildung oder Konfession abhängig gemacht werden.

4.2.2 Unmittelbare Wahl

Der Wähler muss mit seiner Stimme unmittelbar, d. h. **direkt**, den Abgeordneten wählen und nicht über eine Zwischeninstanz wie z. B. Wahlmänner.

Anders ist es in den USA. Dort wählen die Bürger den Präsidenten nicht direkt und unmittelbar, sondern sie wählen zunächst eine bestimmte Anzahl von Wahlmännern. Diese wählen dann den Präsidenten. Dies wurde ursprünglich damit begründet, dass man es dem Volk nicht überlassen könne, den Präsidenten zu wählen. Andererseits sei das Volk in der Lage, erfahrene und umsichtige Männer in dem überschaubaren Bereich der einzelnen Bundesstaaten zu wählen und sie mit dem Auftrag auszustatten, in freier Gewissensentscheidung das Oberhaupt des Staates zu wählen.

4.2.3 Freie Wahl

Jeder muss bei seiner Stimmabgabe frei sein. Auf den Einzelnen darf kein Druck ausgeübt werden. Dabei muss es auch dem Einzelnen überlassen bleiben, ob er überhaupt wählt oder eine ungültige Stimme abgibt. Insbesondere muss der Wähler in seiner Wahlentscheidung frei sein.

Aufgabe 8

Nachdem das Interesse der Bürger an den Wahlen immer mehr nachlässt, beschließt der Bundestag, eine Wahlpflicht dergestalt einzuführen, dass jeder Wahlberechtigte zur Wahl gehen muss. Die Nichtwähler werden mit einem Ordnungsgeld belegt. Verstößt dieses Gesetz gegen den Grundsatz der freien Wahl?
Erläuterung im Anhang, Aufgabe 8 (S. 509)

4.2.4 Gleiche Wahl

Bei einer gleichen Wahl muss jede abgegebene Stimme **gleichen Wert** haben, es sei denn, sie ist ungültig.

> ### Aufgabe 9
> Ein Wahlgesetz sieht Folgendes vor:
> Wahlberechtigte, die ein Jahreseinkommen über 100.000 Euro haben, erhalten drei, Wahlberechtigte, die über 50.000 Euro haben, erhalten zwei und alle anderen eine Stimme. Der Grund hierfür liegt darin, dass die Bürger mit einem höheren Einkommen auch mehr Steuern zahlen müssen und damit ein höheres Mitspracherecht haben sollen. Wäre ein solches Gesetz verfassungsgemäß?
> Erläuterung im Anhang, Aufgabe 9 (S. 509)

Eine gleiche Wahl ist auch nur dann gewährleistet, wenn zwischen den einzelnen Kandidaten Chancengleichheit besteht.

> ### Aufgabe 10
> Eine Stadt untersagt einer bestimmten Partei, Wahlplakate aufzustellen, da sie mit deren Wahlprogramm nicht einverstanden ist. Darf sie das?
> Erläuterung im Anhang, Aufgabe 10 (S. 509)

Auch in den Medien wie Zeitung, Rundfunk und Fernsehen muss den einzelnen Parteien der gleiche Raum für die Wahlkampagne eingeräumt werden.

4.2.5 Geheime Wahl

Die Stimmabgabe darf nicht öffentlich erfolgen. Um wirklich frei wählen zu können, soll sich der Einzelne darauf verlassen können, dass niemand erfährt, wen er gewählt hat. Erst dann ist auch gewährleistet, dass dem Wähler aus seiner Stimmabgabe kein Nachteil erwächst.

Daher muss auch dafür Sorge getragen werden, dass in den Wahllokalen Kabinen vorhanden sind, die eine geheime Abgabe der Stimme ermöglichen.

4.3 Wahlsysteme

Das Wahlsystem hat die Aufgabe, dafür zu sorgen, dass sich der Wille des Wählers möglichst getreu im Wahlergebnis widerspiegelt. Hier stehen vor allem zwei Möglichkeiten zur Verfügung: das **Mehrheitswahlsystem** und das **Verhältniswahlsystem** (▶ Abb. 4.3).

Abb. 4.3 Wahlsysteme

4.3.1 Mehrheitswahlsystem

Einfache Mehrheit

Beim sog. **relativen** Mehrheitswahlsystem ist derjenige Kandidat gewählt, der die meisten Stimmen auf sich vereinen konnte.

> **Beispiel**
> Bei der Klassensprecherwahl stellen sich drei Schüler als Kandidaten zur Verfügung. Alle 24 Schüler geben eine gültige Stimme ab. Schüler 1 erhält 8 Stimmen, Schüler 2 erhält 10 Stimmen, Schüler 3 erhält 6 Stimmen.
> Gewählt ist Schüler 2, weil er mit 10 die meisten Stimmen auf sich vereinen konnte. Zu beachten ist, dass eigentlich die Mehrzahl der Schüler, nämlich 14, ihn nicht gewählt hat.

Absolute Mehrheit

Beim sog. **absoluten** Mehrheitswahlsystem ist derjenige Kandidat gewählt, der mehr als die Hälfte der abgegebenen Stimmen erhält. Damit muss er mehr Stimmen haben als alle anderen zusammen.

> **Beispiel**
> Im obigen Beispiel müsste ein Schüler für die absolute Mehrheit 13 Stimmen (= mehr als die Hälfte von 24) erhalten. Dies ist nicht der Fall. Bei Wahlverfahren, die dieses System vorsehen, ist dann meist eine Stichwahl zwischen den beiden mit den meisten Stimmen oder im zweiten Wahlgang eine relative Mehrheitswahl vorgesehen.

4.3.2 Verhältniswahlsystem

Sind mehrere Kandidaten zu wählen, wie z. B. die Bundestagsabgeordneten, so bekommt jede Partei so viele Sitze, wie es dem Prozentsatz der auf die jeweilige Partei entfallenen Stimmen entspricht.

> **Beispiel**
> Bekommt eine Partei 30 % der abgegebenen Stimmen, so erhält sie auch 30 % der zu verteilenden Sitze.

4.4 Bundestagswahl

Anhand der Wahl zum Deutschen Bundestag soll nun das hier geltende Wahlsystem erläutert werden. Ziel der Bundestagswahl ist es, 598 Abgeordnete zu bestimmen.

4.4.1 Personalisierte Verhältniswahl

Zunächst ist zu wiederholen, dass das Grundgesetz nur bestimmte Wahlrechtsgrundsätze (S. 61), nicht aber das Wahlsystem vorschreibt. Stellt man die Vor- und Nachteile der beiden Wahlsysteme gegenüber, wird man sehen, dass keines allein optimal ist (▶ Abb. 4.4).

Gegenüberstellung der Wahlsysteme

Mehrheitswahl	Verhältniswahl
Vorteile: • der Kandidat bemüht sich selbst, möglichst die meisten Stimmen zu bekommen, da er nur dann gewählt ist • die Bevölkerung wählt einen Kandidaten, den sie kennt und der ihr Vertrauen genießt • der Gewählte weiß die Stimmen der Wähler hinter sich und ist unabhängiger von seiner Partei **Nachteile:** • die Stimmen der unterlegenen Kandidaten werden überhaupt nicht berücksichtigt • die Zusammensetzung des Parlamentes entspricht nicht dem Spiegelbild der Meinung des Volkes • kleine und mittlere Parteien werden verdrängt, da meist der Kandidat der großen Partei gewinnt	**Vorteile:** • jede abgegebene Stimme zählt, da sie Einfluss auf die prozentuale Verteilung der Sitze hat • die Zusammensetzung des Parlamentes entspricht spiegelbildlich der Meinung des Volkes **Nachteile:** • da der Wähler hier nur eine Partei wählt, fehlt es am direkten Bezug zum Kandidaten • es kommt zu einer Vielzahl von Parteien, wodurch eine Mehrheitsbildung im Parlament erschwert wird

Abb. 4.4 Vor- und Nachteile der Wahlsysteme

Da die Mehrheitswahl aufgrund des Wegfalls der unterlegenen Stimmen als undemokratisch gilt, die Verhältniswahl zu einer Parteienzersplitterung führt, hat sich der Gesetzgeber im Bundeswahlgesetz für eine Kombination beider Wahlsysteme entschieden, die sog. **personalisierte Verhältniswahl**. Diese sieht so aus, wie in ▶ Abb. 4.4 dargestellt.

Jeder Wähler hat **2 Stimmen** für die Wahl der Bundestagsabgeordneten: eine Erststimme und eine Zweitstimme (▶ Abb. 4.6).

Wahlrecht

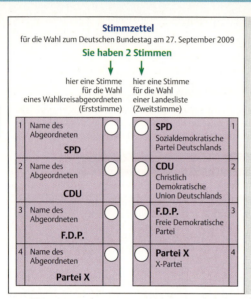

Abb. 4.5 Der Wahlschein (Stimmzettel)

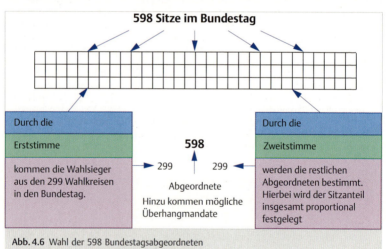

Abb. 4.6 Wahl der 598 Bundestagsabgeordneten

4.4.2 Erststimme

Mit der Erststimme kann der Wähler einen bestimmten Kandidaten aus seinem Wahlkreis wählen.

Zu diesem Zweck wird das gesamte Wahlgebiet, in diesem Fall die Bundesrepublik Deutschland, in **299 Wahlkreise** (die Hälfte der zu wählenden Bundestagsabgeordneten) aufgeteilt.

Pro Wahlkreis stellen sich nun mehrere Kandidaten zur Wahl (von den Parteien aufgestellt). Derjenige Kandidat, der die meisten Stimmen auf sich vereinen kann, ist Wahlkreissieger und zieht auf alle Fälle in den neuen Bundestag ein. Er erhält ein sog. Direktmandat. Hier kommt somit das sog. relative Mehrheitswahlrecht zur Geltung.

Allein mit den Erststimmen wird somit die Hälfte der Bundestagsabgeordneten (299) bestimmt.

4.4.3 Zweitstimme

Mit der Zweitstimme wird die andere Hälfte der Bundestagsmitglieder bestimmt. Noch entscheidender aber ist, dass mit dieser Stimme der **prozentuale Anteil der Parteien an den Sitzen im gesamten Bundestag** festgelegt wird. Hierbei handelt es sich damit um eine **Verhältniswahl**.

Jede Partei stellt eine sog. Landesliste auf. Dies bedeutet, dass eine Partei für jedes Bundesland eine Liste aufstellt, auf der die Kandidaten nach einer von der Partei bestimmten Reihenfolge festgelegt sind. Der Wähler kann sich nun für eine bestimmte Liste, nicht aber für einen bestimmten Kandidaten entscheiden. Er ist vor allem an die vorgegebene Reihenfolge der Kandidaten innerhalb der Liste gebunden.

Im Endergebnis hat dann jede Partei eine genau ausgezählte Stimmenzahl erhalten. Diese ist nun maßgebend für die Zahl der Sitze, die die Partei im Bundestag insgesamt erhält. Hat man die Anzahl der Zweitstimmen, berechnet man nach dem sog. „Sainte-Lague-Verfahren" (seit dem Jahre 2009 bei der Bundestagswahl angewendet) die Anzahl der Sitze. Zu diesem Zweck werden die Stimmenzahlen durch 1, 3, 5 etc. bzw. 0,5, 1,5, 2,5 etc. geteilt und die Sitze in der Reihenfolge der größten sich ergebenden Höchstzahlen zugeteilt (Höchstzahlverfahren).

> **Beispiel**
> Anzahl der zu vergebenden Sitze: 10; Gesamtzahl der Zweitstimmen: 22 000; Zahl der erhaltenen Zweitstimmen: Partei A (10 000), Partei B (8 000), Partei C (4 000).
> Um zu berechnen, wie viele Sitze eine Partei erhält, dividiert man bei jeder Partei die Zahl der erhaltenen Stimmen durch 1, 3, 5 etc. bis die 10 höchsten Zahlen erreicht sind. Anschließend wird dergestalt zugeteilt, dass die höchste Zahl die Ziffer 1 bekommt, die zweithöchste die Ziffer 2 usw. bis alle 10 Plätze vergeben sind.
>
> | Divisor | Partei A | Partei B | Partei C |
> | --- | --- | --- | --- |
> | 1 | 10 000 **(1)** | 8 000 **(2)** | 4 000 **(3)** |
> | 3 | 3 333,33 **(4)** | 2 666,67 **(5)** | 1 333,33 **(9)** |
> | 5 | 2 000 **(6)** | 1 600 **(7)** | 800 |
> | 7 | 1 428,57 **(8)** | 1 142,86 **(10)** | 571,43 |
> | 9 | 1 111,11 | 888,88 | 444,44 |
>
> Die Partei A erhält 4 Sitze, Partei B ebenfalls 4 Sitze und die Partei C 2 Sitze.
> Durch diese Berechnung wird die Sitzverteilung im gesamten Bundestag festgelegt. Auf diese Sitze werden dann die für jede Partei errungenen Direktmandate angerechnet.

4.4.4 Überhangmandate

Wenn nun eine Partei durch die Erststimmen in einem Bundesland mehr Abgeordnete in den Bundestag bekommt, als ihr Sitze nach den Zweitstimmen zustehen würde, behält sie die dadurch mehr erworbenen Sitze. Diese nennt man Überhangmandate. Durch sie erhöht sich die festgelegte gesetzliche Mitgliederzahl des Bundestages (so erhielt die CDU bei der Bundestagswahl 2009 21 Überhangmandate und die CSU 3 Überhangmandate, sodass der 17. Deutsche Bundestag 2009–2013 aus 622 Mitgliedern besteht).

Da durch die Überhangmandate das Ergebnis der Verhältniswahl verschoben wird, darf die Anzahl der Überhangmandate nicht so hoch sein, dass diese den Grundcharakter einer Verhältniswahl aufheben. Deshalb hat das Bundesverfassungsgericht mit Beschluss vom 25.7.2012 das damals geltende Bundeswahlgesetz für verfassungswidrig erklärt und ausgeführt, dass bei der derzeitigen Größe des Bundestages allenfalls noch 15 Überhangmandate hingenommen werden könnten.

Aufgrund dieser Entscheidung wurde das Bundeswahlgesetz mit Gesetz vom 3.5.2013 geändert. So entstehen zwar wie bisher Überhangmandate; diese werden aber durch zusätzliche „Ausgleichsmandate" kompensiert, d. h. es kommen zusätzlich gewählte Abgeordnete von den anderen Parteien, die keine oder weniger Überhangmandate bekommen haben, in den Bundestag. Damit entspricht das Sitzverhältnis, d. h. die Anzahl der Abgeordneten der verschiedenen Parteien exakt dem Zweitstimmenverhältnis. Allerdings gibt es dadurch wesentlich mehr Bundestagsabgeordnete.

4.4.5 5 %-Klausel

Um eine Parteienzersplitterung zu verhindern, sieht das Bundeswahlgesetz vor, dass eine Partei mindestens 5 % der gültigen Zweitstimmen oder mindestens drei Direktmandate erringen muss, um überhaupt als Partei bei Festlegung der Anzahl der Sitze anhand des Anteils der Zweitstimmen berücksichtigt werden zu können. Bekommt sie weniger als 5 % der Zweitstimmen, erringt aber ein oder zwei Direktmandate, ziehen diese Wahlkreissieger in den Bundestag ein.

5 Oberste Bundesorgane

Der Staat benötigt Organe, die für ihn die zahlreichen Aufgaben erfüllen.

> **§§**
>
> Sie (die Staatsgewalt) wird [...] durch besondere Organe der Gesetzgebung, der vollziehenden Gewalt und der Rechtsprechung ausgeübt. (Art. 20 Abs. 2 S. 2 GG)

Diese Organe sind im Grundgesetz aufgeführt und werden auch als oberste Verfassungsorgane bezeichnet (▶ Abb. 5.1), die sich gegenseitig kontrollieren. Es sind dies:
- Bundestag (Art. 38 ff. GG),
- Bundesrat (Art. 50 ff. GG),
- Bundespräsident (Art. 54 ff. GG),
- Bundesregierung (Art. 62 ff. GG),
- Bundesverfassungsgericht (Art. 92 ff. GG).

Daneben gibt es noch den *Gemeinsamen Ausschuss* (Art. 53a GG) und die *Bundesversammlung* (Art. 54 GG).

Abb. 5.1 Oberste Verfassungsorgane

5.1 Bundestag

Der Bundestag ist das einzige Bundesorgan, das direkt vom Volk gewählt wird und damit die eigentliche Volksvertretung. Da der Bundestag den Bundeskanzler wählt und dieser die Regierung bildet, hat das Volk entscheidenden Einfluss auf die Regierungspolitik der nächsten Wahlperiode.

5.1.1 Zusammensetzung des Bundestages

Der Bundestag besteht grundsätzlich aus **598 Mitgliedern (Abgeordneten)**. Hinzu kommen eventuell Überhangmandate (S. 68), sodass der 17. Deutsche Bundestag 622 Abgeordnete zum Zeitpunkt der Wahl aufwies. Nach dem geltenden Wahlsystem sollte der Bundestag ein Spiegelbild der Bevölkerung sein, was jedoch tatsächlich nicht der Fall ist. So werden z. B. die Frauen im Vergleich zum Bundesdurchschnitt unterrepräsentiert: Der Frauenanteil beträgt im 17. Deutschen Bundestag 32 %. Sieht man sich die Berufe der Abgeordneten an, muss man feststellen, dass überdurchschnittlich viele aus dem öffentlichen Dienst kommen. Dagegen sind nur wenige Arbeiter im Bundestag vertreten. Die Bundestagsabgeordneten werden **alle 4 Jahre** (Legislaturperiode) vom Volk gewählt (Bundestagswahlen). Gewählt werden kann jeder, der deutscher Staatsangehöriger ist, das 18. Lebensjahr vollendet hat und nicht vom Wahlrecht ausgeschlossen ist. Der Bundestag hat zur Erfüllung seiner Aufgaben folgende bedeutsame Organe:

Bundestagspräsident

Der Bundestagspräsident (seit 2005: Dr. Norbert Lammert, wiedergewählt am 27.10.2009) wird vom Bundestag mit absoluter Mehrheit für eine Legislaturperiode (4 Jahre) gewählt. Er hat im Wesentlichen folgende Aufgaben:
- Ausübung des Hausrechtes und der Polizeigewalt im Bundestagsgebäude,
- Vertretung des Bundestages,
- Wahrung der Würde und Rechte des Bundestags,
- Leitung der Bundestagssitzungen.

Wehrbeauftragter

Er wird für die Dauer von 5 Jahren vom Bundestag gewählt. Zu seinen Aufgaben gehört es, die Grundrechte der Bundeswehrsoldaten zu schützen sowie die parlamentarische Kontrolle über die Bundeswehr auszuüben. Jeder Soldat hat das Recht, sich ohne Einhaltung des Dienstweges vertraulich an den Wehrbeauftragten zu wenden.

Ausschüsse

Die Ausschüsse, die aus Bundestagsabgeordneten bestehen, sollen die Verhandlungen des Bundestages vorbereiten. In ihnen findet die eigentliche Erarbeitung von Gesetzen statt. So gibt es z. B. folgende Fachausschüsse:
- Innenausschuss,
- Verteidigungsausschuss,
- Finanzausschuss,
- Haushaltsausschuss,
- Petitionsausschuss.

Außer diesen **Fachausschüssen** kann der Bundestag und muss auf Antrag eines Viertels seiner Mitglieder einen **Untersuchungsausschuss** einsetzen. Dieser kann dann in öffentlicher Verhandlung bestimmte Sachverhalte untersuchen. Es stehen ihm zu diesem Zweck die Vorschriften über den Strafprozess zur Verfügung. Die Öffentlichkeit kann auch ausgeschlossen werden.

> **Beispiel**
> Untersuchung von Missständen in der Verwaltung, von politischen „Skandalen" (Parteispenden-Affäre).

Abb. 5.2 Bundestag

5.1.2 Rechtsstellung der Bundestagsabgeordneten

> §§
>
> Sie (die Abgeordneten) sind Vertreter des ganzen Volkes, an Aufträge und Weisungen nicht gebunden und nur ihrem Gewissen unterworfen. (Art. 38 Abs. 1 S. 2 GG)

Die Bundestagsabgeordneten sind **unabhängig** und nur ihrem Gewissen unterworfen. In der Realität sieht sich der einzelne Abgeordnete vielen Einflüssen ausgesetzt. Da sind zunächst einmal seine Wähler, die Wünsche an ihn haben. Diese will er auch erfüllen, um wiedergewählt zu werden. Ähnlich verhält es sich mit Interessenverbänden, die auf den Abgeordneten einwirken, um für ihre Mitglieder bestimmte Regelungen zu erwirken. Tritt er für diese Interessenverbände ein, kann er mit Wahlunterstützung rechnen. Zuletzt unterliegt der Abgeordnete in gewissem Umfang der **Fraktionsdisziplin.**

Fraktionen sind Vereinigungen von mindestens 5 % der Mitglieder des Bundestages, die derselben Partei (z. B. SPD-Fraktion) oder solchen Parteien angehören, die aufgrund gleichgerichteter politischer Ziele in keinem Land miteinander im Wettbewerb stehen (wie z. B. die CDU/CSU-Bundestagsfraktion). Diese Fraktionen sind nun geneigt, alle ihre Mitglieder zu einer einheitlichen Stimmabgabe zu bewegen, um möglichst geschlossen nach außen aufzutreten und das Parteiprogramm zu verwirklichen. Stimmt nun ein Abgeordneter häufiger nicht im Sinne seiner Fraktion ab, läuft er Gefahr, beim nächsten Wahlkampf nicht mehr unterstützt zu werden. Würde die Fraktion einen Abgeordneten zwingen, in ihrem Sinne abzustimmen (**Fraktionszwang**), wäre dies mit dem Grundgesetz nicht vereinbar und rechtswidrig. Um die Unabhängigkeit des Abgeordneten auch vor staatlichen Eingriffen zu schützen, wird ihm Indemnität und Immunität zugesichert.

Indemnität

> **§§**
>
> Ein Abgeordneter darf zu keiner Zeit wegen seiner Abstimmung oder wegen einer Äußerung, die er im Bundestage [...] getan hat, gerichtlich [...] verfolgt [...] werden. (Art. 46 Abs. 1 S. 1 GG)

Die **Meinungsfreiheit** des Abgeordneten soll völlig gewährleistet sein. Er soll nicht befürchten müssen, dass er aufgrund einer bestimmten Äußerung *im* Bundestag zur Rechenschaft gezogen wird, und zwar auch dann nicht, wenn er nicht mehr dem Bundestag angehört. Eine Ausnahme gilt nur für die verleumderische Beleidigung. Diese besagt, dass der Abgeordnete nicht wider besseres Wissen eine unwahre Tatsache behaupten darf, wenn diese geeignet ist, den anderen verächtlich zu machen (§ 187 StGB).

Immunität

> **§§**
>
> Wegen einer mit Strafe bedrohten Handlung darf ein Abgeordneter nur mit Genehmigung des Bundestages zur Verantwortung gezogen oder verhaftet werden, es sei denn, dass er bei Begehung der Tat oder im Laufe des folgenden Tages festgenommen wird. (Art. 46 Abs. 2 GG)

Nur solange ein Abgeordneter Mitglied im Bundestag ist, wird er vor Strafverfolgung geschützt. Dies gilt auch für Taten, die er außerhalb des Bundestages begangen hat. Ausnahmen bestehen nur dann, wenn der Bundestag im konkreten Fall die Verfolgung genehmigt hat oder der Abgeordnete bei Begehung der Tat oder im Laufe des folgenden Tages festgenommen wird. Nicht unter den Schutz der Immunität fallen daher die Anordnung einer Blutentnahme oder das Festhalten bei Begehen einer Straftat, wenn der Abgeordnete „auf frischer Tat ertappt" wird. Auch wird eine Genehmigung für den Erlass eines Bußgeldbescheids nicht für erforderlich gehalten.

5.1.3 Aufgaben und Befugnisse des Bundestags

Der Bundestag ist das Hauptorgan der politischen Willensbildung. Er hat eine Vielzahl von Aufgaben zu erfüllen, wobei ihm entsprechende Befugnisse zur Seite stehen (▶ Abb. 5.3).

Abb. 5.3 Die Aufgaben des Bundestags

Wahlfunktion

Der Bundestag ist bei der Wahl der anderen obersten Bundesorgane, mit Ausnahme des Bundesrats, beteiligt – so wählt er den **Bundeskanzler**, der seinerseits die Regierungsmitglieder vorschlägt. Bei der Wahl des **Bundespräsidenten** stellt er die Hälfte der Mitglieder der Bundesversammlung. Diese wählt dann den Bundespräsidenten. Die **Hälfte der Mitglieder des Bundesverfassungsgerichts** wird durch den Bundestag gewählt.

Gesetzgebung

Im Gesetzgebungsverfahren ist der Bundestag stark eingebunden. Dies ist seine Hauptaufgabe.
- Gesetzesvorlagen können von 5 % der Mitglieder des Bundestages eingebracht werden (Gesetzesinitiative).
- Über die vorgeschlagenen Gesetze berät und entscheidet der Bundestag.
- Wird ein Gesetz beschlossen, aber vom Bundesrat die erforderliche Zustimmung nicht erteilt, kann der Bundestag den Vermittlungsausschuss anrufen.

Kontrolle der Regierung

Eine sehr wichtige Aufgabe des Bundestags ist die Kontrolle der Bundesregierung. Hierfür stehen ihm eine Reihe von Befugnissen zu:
- Der Bundestag kann dem Bundeskanzler das Misstrauen aussprechen, indem er mit der Mehrheit seiner Mitglieder einen neuen Bundeskanzler wählt (Konstruktives Misstrauensvotum (S. 85)).
- Der Bundestag und seine Ausschüsse können die Anwesenheit jedes Mitgliedes der Bundesregierung verlangen (**Zitierungsrecht**).
- Bestimmte Verträge, die die Regierung mit anderen Staaten abschließt, bedürfen der Zustimmung des Bundestages (**Staatsverträge**).

- Der Bundestag kann einen **Untersuchungsausschuss** einsetzen.
- Der Bundestag genehmigt die finanziellen Mittel der einzelnen Bundesministerien im Haushaltsplan.
- Die Regierung muss dem Bundestag auf kleine, große sowie mündliche Anfragen Auskunft erteilen.

Politische Willensbildung

Der Bundestag soll die Bevölkerung in öffentlich geführten Debatten über anstehende Probleme informieren und aufklären. Insbesondere bei geplanten Änderungen des Grundgesetzes (z. B. Asylrecht) oder bei Themen, die die Bevölkerung bewegen (z. B. Einsatz der Bundeswehr im Ausland), soll der Bürger über die Vielfalt der Meinungen, die durch die Diskussionsbeiträge der einzelnen Abgeordneten vorgetragen werden, informiert werden. Dadurch kann er auch bei den nächsten Wahlen aus eigener Beurteilung die Parteien und deren Vorhaben besser einschätzen.

5.1.4 Abstimmung im Bundestag

Die Entscheidungen im Bundestag erfolgen entweder durch Abstimmungen oder durch Wahlen. Dabei sollte der Bundestag vor der Entscheidung beschlussfähig sein. **Beschlussfähig** ist der Bundestag, wenn mehr als die Hälfte seiner Mitglieder im Sitzungssaal anwesend ist (was nicht immer der Fall ist).

> **Beispiel**
> Hat der Bundestag 598 Mitglieder, müssen mindestens 300 Mitglieder anwesend sein, damit er beschlussfähig ist.

Die Beschlussfähigkeit wird jedoch *nur auf Antrag* einer Fraktion oder von 5 % der Bundestagsabgeordneten überprüft. Wird die Beschlussunfähigkeit festgestellt, hebt der Bundestagspräsident die Sitzung sofort auf.

Stimmt der Bundestag ab, geschieht dies in der Regel durch Heben einer Hand oder durch Aufstehen bzw. Sitzenbleiben der Abgeordneten. Nur bei Wahlen wird durch abgedeckte Stimmzettel abgestimmt.

Eine Besonderheit stellt der sog. **Hammelsprung** dar. Kann sich der Sitzungsvorstand über ein Abstimmungsergebnis nicht einigen, geschieht die Auszählung wie folgt: Alle Mitglieder des Bundestages verlassen den Sitzungssaal. Sie betreten den Saal wieder durch *3 Türen*, die mit „Ja", „Nein" oder „Enthaltung" bezeichnet sind. An jeder Tür befinden sich 2 Schriftführer, die zählen. Der Präsident und diese Schriftführer geben ihre Stimme öffentlich ab.

Stimmt der Bundestag nun ab, kommt es für die Abstimmung oder Wahl darauf an, welche Art von Mehrheit erforderlich ist (▶ Abb. 5.4). Je nach Abstimmung oder Wahl können folgende Mehrheitsverhältnisse herrschen:
- *Einfache Mehrheit*. Mehrheit der abgegebenen Stimmen.
- *Absolute Mehrheit*. Mehrheit der gesetzlichen Mitgliederzahl des Bundestages.
- *Einfache Zweidrittelmehrheit*. $^2/_3$ der abgegebenen Stimmen.
- *Qualifizierte Mehrheit*. $^2/_3$ der gesetzlichen Mitgliederzahl des Bundestags.

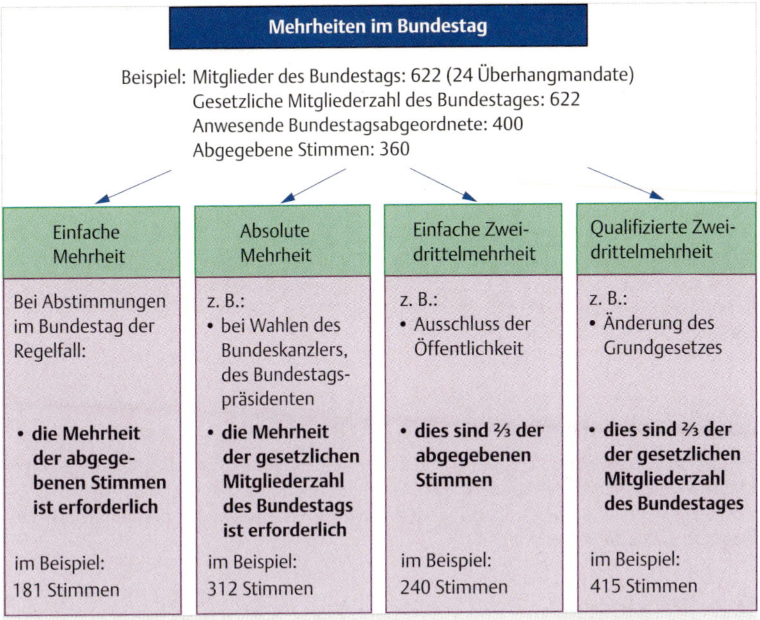

Mehrheiten im Bundestag

Beispiel: Mitglieder des Bundestags: 622 (24 Überhangmandate)
Gesetzliche Mitgliederzahl des Bundestages: 622
Anwesende Bundestagsabgeordnete: 400
Abgegebene Stimmen: 360

Einfache Mehrheit	Absolute Mehrheit	Einfache Zweidrittelmehrheit	Qualifizierte Zweidrittelmehrheit
Bei Abstimmungen im Bundestag der Regelfall:	z. B.: • bei Wahlen des Bundeskanzlers, des Bundestagspräsidenten	z. B.: • Ausschluss der Öffentlichkeit	z. B.: • Änderung des Grundgesetzes
• **die Mehrheit der abgegebenen Stimmen ist erforderlich**	• **die Mehrheit der gesetzlichen Mitgliederzahl des Bundestags ist erforderlich**	• **dies sind ⅔ der abgegebenen Stimmen**	• **dies sind ⅔ der der gesetzlichen Mitgliederzahl des Bundestages**
im Beispiel: 181 Stimmen	im Beispiel: 312 Stimmen	im Beispiel: 240 Stimmen	im Beispiel: 415 Stimmen

Abb. 5.4 Darstellung verschiedener Mehrheiten

5.1.5 Auflösung des Bundestags

Der Bundestag kann sich nicht selbst auflösen. Das Volk kann sich nicht innerhalb einer Legislaturperiode einfach ein neues Parlament wählen, auch wenn es mit dem amtierenden noch so unzufrieden ist. Allein der *Bundespräsident* kann in 2 Fällen den Bundestag auflösen (▶ Abb. 5.5).

Beide Fälle der Auflösung des Bundestags sind vor dem Hintergrund zu sehen, dass der gewählte Bundeskanzler nicht (mehr) die absolute Mehrheit der Bundestagsabgeordneten hinter sich hat. Damit kann er seine Politik im Bundestag nicht mehr durchsetzen.

Vertrauensfrage (Art. 68 Abs. 1 GG)

Der Bundeskanzler kann beantragen, dass ihm der Bundestag das Vertrauen ausspricht (Vertrauensfrage (S. 86)). Damit kommt es zu einer Abstimmung im Bundestag. Findet er keine absolute Mehrheit, kann er dem Bundespräsidenten vorschlagen, den Bundestag aufzulösen. Es kommt dann zu Neuwahlen. Dieses Recht erlischt jedoch, wenn der Bundestag mit absoluter Mehrheit einen neuen Bundeskanzler wählt.

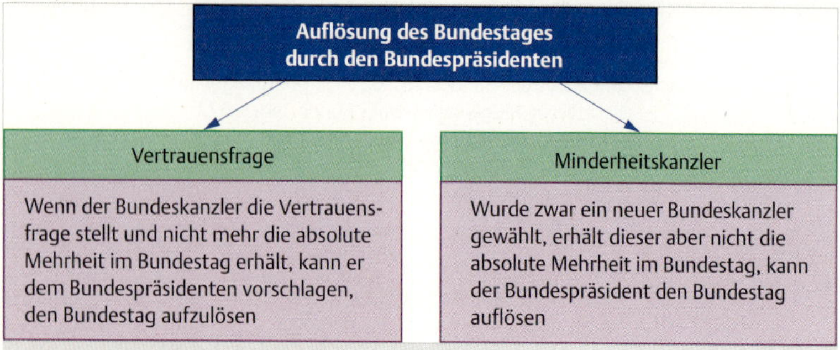

Oberste Bundesorgane

```
┌─────────────────────────────┐
│  Auflösung des Bundestages  │
│   durch den Bundespräsidenten│
└─────────────────────────────┘
         ↙           ↘
   Vertrauensfrage    Minderheitskanzler
```

Vertrauensfrage	Minderheitskanzler
Wenn der Bundeskanzler die Vertrauensfrage stellt und nicht mehr die absolute Mehrheit im Bundestag erhält, kann er dem Bundespräsidenten vorschlagen, den Bundestag aufzulösen	Wurde zwar ein neuer Bundeskanzler gewählt, erhält dieser aber nicht die absolute Mehrheit im Bundestag, kann der Bundespräsident den Bundestag auflösen

Abb. 5.5 Auflösung des Bundestags

Minderheitskanzler (S. 84) (Art. 63 Abs. 4 GG)

Der Bundestag wählt den Bundeskanzler mit absoluter Mehrheit. Kommt eine solche Mehrheit nicht zustande, sondern wird der Bundeskanzler mit einfacher Mehrheit gewählt, kann der Bundespräsident entweder diesen ernennen oder den Bundestag auflösen.

5.2 Bundesrat

Die Bundesrepublik Deutschland ist ein Bundesstaat (S. 46). Dies hat zur Folge, dass die einzelnen Bundesländer ein Mitspracherecht bei der Gesetzgebung, der Verwaltung und der Rechtsprechung haben.

5.2.1 Zusammensetzung des Bundesrats

§§
Der Bundesrat besteht aus Mitgliedern der Regierungen der Länder, die sie bestellen und abberufen. (Art. 51 Abs. 1 S. 1 GG)

Der Bundesrat hat derzeit **69 Mitglieder.** Diese Mitglieder werden nicht gewählt, sondern von den jeweiligen Regierungen der Bundesländer entsandt. Sie können jederzeit ausgetauscht oder von anderen Mitgliedern der Landesregierung vertreten werden. Es gibt keine Legislaturperiode.
- Wer Mitglied im Bundesrat wird, bestimmen ausschließlich die Regierungen der Bundesländer.
- Die in Betracht kommenden Personen müssen Mitglieder der Landesregierungen sein. Wer Mitglied der Landesregierung ist, richtet sich nach der jeweiligen Verfassung des Bundeslands. Es sind dies in der Regel der Ministerpräsident und die Minister und eventuell – wie in Bayern – auch die Staatssekretäre.

5.2 Bundesrat

- Durch Mehrheitsbeschluss der Länderregierung werden diese Regierungsmitglieder bestellt.
- Scheiden diese Personen in der Landesregierung aus, erlischt auch ihre Mitgliedschaft im Bundesrat.
- Nach jeder neuen Landtagswahl bildet sich eine neue Landesregierung. Dementsprechend erneuern sich die Mitglieder des Bundesrats ständig.

Auch wenn die Mitglieder des Bundesrats nicht vom Volk gewählt werden, sondern von den Landesregierungen geschickt sind, sind sie insofern demokratisch bestimmt, als die Landesregierungen ihrerseits aus den demokratisch gewählten Länderparlamenten hervorgegangen sind.

> **Beispiel**
> Das Bundesland Bayern wählt bei den Landtagswahlen einen neuen Landtag. Der neue Landtag wählt auf die Dauer von fünf Jahren den Ministerpräsidenten. Dieser wiederum bestimmt mit Zustimmung des Landtags seine Regierungsmitglieder (Minister und Staatssekretäre). Sie entsprechen daher letztendlich dem Willen des gewählten Landtags. Aus den Regierungsmitgliedern werden die sechs Personen bestimmt, die das Land Bayern im Bundesrat vertreten.

Die *69 Mitglieder* des Bundesrats setzen sich zahlenmäßig wie folgt zusammen:

> **§§**
> Jedes Land hat mindestens 3 Stimmen, Länder mit mehr als 2 Millionen Einwohnern haben 4, Länder mit mehr als 6 Millionen 5, Länder mit mehr als 7 Millionen Einwohnern 6 Stimmen. (Art. 51 Abs. 2 GG)

Der Stimmenanteil der Länder im Bundesrat entspricht nicht proportional der Größe des jeweiligen Bundeslands. Das Grundgesetz nimmt nur eine Größeneinteilung in vier Kategorien vor. Jedes Bundesland hat danach mindestens drei und maximal sechs Stimmen im Bundesrat (▶ Abb. 5.6).

Abb. 5.6 Die Bundesländer mit der Anzahl ihrer Mitglieder im Bundesrat

Die Rechtsstellung der Bundesratsmitglieder unterscheidet sich erheblich von der der Bundestagsabgeordneten:
- Sie sind bei ihrer Stimmabgabe **nicht frei**, sondern an die Weisungen der Landesregierungen gebunden.
- Alle Bundesratsmitglieder eines Landes können **nur einheitlich** abstimmen.
- Sie genießen weder Immunität (S. 72) noch Indemnität (S. 72).

Bundesratspräsident

Der *Bundesratspräsident* repräsentiert als wichtigstes Organ den Bundesrat. Er wird für die **Dauer eines Jahres** vom Bundesrat gewählt. Nach einem Abkommen der Ministerpräsidenten der Bundesländer aus dem Jahr 1950 wird jeweils der Ministerpräsident des Landes mit der größten Bevölkerungszahl Präsident. Nach Ablauf seiner einjährigen Amtsperiode wird der Ministerpräsident des nächstkleineren Landes Präsident. Erster Vizepräsident wird immer der Präsident des Vorjahrs. Zu den Aufgaben des Bundesratspräsidenten zählt neben der Einberufung und Leitung der Bundesratssitzungen vor allem die **Vertretung des Bundespräsidenten**.

5.2.2 Aufgaben und Befugnisse des Bundesrats

> §§
>
> Durch den Bundesrat wirken die Länder bei der Gesetzgebung und Verwaltung des Bundes und in Angelegenheiten der Europäischen Union mit. (Art. 50 GG)

Das Aufgabengebiet des Bundesrats erstreckt sich auf die beiden großen Gebiete Gesetzgebung und Verwaltung. Aber auch bei der Rechtsprechung hat er ein Mitspracherecht (▶ Abb. 5.7).

Abb. 5.7 Aufgaben des Bundesrats

Mitwirkung bei der Gesetzgebung

Der Bundesrat kann selbst Gesetzesvorlagen in den Bundestag einbringen, d. h., er kann ein Gesetz vorschlagen *(Gesetzesinitiative)*. Zu Gesetzesvorlagen der Bundesregierung kann er Stellung nehmen. Bei Gesetzen, die der **Zustimmung** *des Bundesrats* bedürfen (Mitwirkung bei Zustimmungsgesetzen (S. 97)), kann der Bundesrat die Zustimmung verweigern, mit dem Ergebnis, dass ein solches Gesetz nicht zustande kommt. Bei den übrigen, nicht zustimmungspflichtigen Gesetzen kann er **Einspruch** einlegen, sodass sich der Bundestag erneut mit der Sache befassen muss. Der Bundesrat kann in diesem Fall den Vermittlungsausschuss anrufen.

Mitwirkung bei der Verwaltung

Soweit die Bundesregierung *allgemeine Verwaltungsvorschriften* erlässt, bedürfen diese der Zustimmung des Bundesrats.

Mitwirkung bei der Rechtsprechung

Die Hälfte der Mitglieder des *Bundesverfassungsgerichts* wird vom Bundesrat gewählt.

5.2.3 Abstimmung im Bundesrat

Kommt es zu einer *Abstimmung im Bundesrat*, ist in der Regel die absolute Mehrheit der Stimmen (= die Mehrheit der gesetzlichen Mitgliederzahl, derzeit 35) erforderlich. Zur Änderung des Grundgesetzes bedarf es einer Zweidrittelmehrheit (46 Stimmen). Wie bereits erwähnt, können die Stimmen eines Landes nur einheitlich abgegeben werden. Daher erscheinen auch nicht immer alle Bundesratsmitglieder eines Landes zu den Sitzungen. Zur Stimmabgabe reicht ein Vertreter des jeweiligen Bundeslandes. Dieser hat dann maximal 6 Stimmen (je nach Bundesland verschieden, s. ▶ Abb. 5.6).

5.3 Bundespräsident

Der Bundespräsident ist der „Erste Mann" im Staat – er ist das **Staatsoberhaupt**. Anders als in der Weimarer Verfassung ist das Amt des Bundespräsidenten aber nicht das mächtigste. Er hat keine wesentlichen politischen Entscheidungsbefugnisse. Der Bundespräsident ist zur Neutralität verpflichtet. Er steht über den Parteien. Sein Amtssitz ist in Berlin im Schloss Bellevue.

5.3.1 Wahl des Bundespräsidenten

Der Bundespräsident wird nicht vom Volk gewählt, sondern von der **Bundesversammlung**, die nur zu diesem Zweck alle 5 Jahre zusammentritt (▶ Abb. 5.8).

Die Wahl durch die Bundesversammlung ist dennoch demokratisch, da das Volk durch Bundestags- und Landtagswahlen mittelbar die Zusammensetzung der Bundesversammlung beeinflusst. Die Bundesversammlung besteht aus:
- den Mitgliedern des Bundestags (in der Regel 598, hinzu kommen evtl. Überhangmandate) und
- einer gleichen Anzahl von Mitgliedern, die von den Volksvertretungen (Landtagen, Bürgerschaften) der Länder – nicht der Länderregierungen, wie die Mitglieder des Bundes-

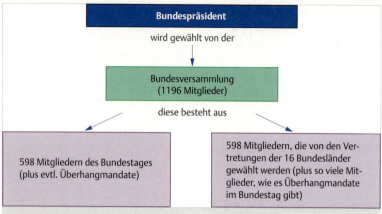

Abb. 5.8 Wahl des Bundespräsidenten

rats – gewählt werden, d. h. in der Regel noch einmal 598 plus Anzahl der Überhangmandate – (die Mitglieder der Volksvertretungen werden in Landtagswahlen gewählt).

Damit hat die Bundesversammlung in der Regel 1196 Mitglieder. Da der 17. Deutsche Bundestag durch Überhangmandate am 18.3.2012 620 Mitglieder aufwies, kamen noch einmal so viele Ländervertreter in die Bundesversammlung, sodass bei der Wahl zum Bundespräsidenten am 18.3.2012 die Bundesversammlung 1220 Mitglieder hatte. Zum Bundespräsidenten kann jeder Deutsche gewählt werden, der das 40. Lebensjahr vollendet hat und das Wahlrecht (S. 60) zum Bundestag besitzt. Die Amtsdauer beträgt **5 Jahre**. Es ist nur eine unmittelbare Wiederwahl zulässig. Findet ein Kandidat im ersten Wahlgang keine absolute Mehrheit, kommt es zu einem weiteren Wahlgang. Erst wenn auch hier keine absolute Mehrheit für einen Kandidaten zustande kommt, kommt es zu einem dritten, bei dem dann die einfache Mehrheit genügt.

Seit Bestehen der Bundesrepublik Deutschland gab es folgende Bundespräsidenten:

Theodor Heuss	1949 – 1959
Heinrich Lübke	1959 – 1969
Gustav Heinemann	1969 – 1974
Walter Scheel	1974 – 1979
Karl Carstens	1979 – 1984
Richard von Weizsäcker	1984 – 1994
Roman Herzog	1994 – 1999
Johannes Rau	1999 – 2004
Horst Köhler	2004 – 2010
Christian Wulff	2010 – 2012
Joachim Gauck	seit 2012

5.3.2 Aufgaben und Befugnisse des Bundespräsidenten

Als Staatsoberhaupt vertritt der Bundespräsident die Bundesrepublik Deutschland nach außen. Dies zeigt sich bei Staatsbesuchen oder dem Abschluss von Staatsverträgen, die er unterschreiben muss.

Innerhalb des Staates hat der Bundespräsident im Wesentlichen die in ▸ Abb. 5.9 dargestellten Aufgaben.

Abb. 5.9 Aufgaben des Bundespräsidenten

Mitwirkung bei der Gesetzgebung

Im Gesetzgebungsverfahren hat der Bundespräsident die Aufgabe, ein beschlossenes Gesetz auszufertigen (zu unterschreiben). Der Bundespräsident hat hierbei aber keine eigene Entscheidungsbefugnis. Er muss das Gesetz unterzeichnen, wenn es nicht gegen das Grundgesetz verstößt.

Mitwirkung bei der Verwaltung

Der Bundespräsident schlägt dem Bundestag einen Kandidaten zur Wahl des Bundeskanzlers vor und ernennt den anschließend Gewählten. Unter bestimmten Umständen kann er den Bundestag auflösen. Nähere Erläuterungen im Abschnitt Bundeskanzler (S. 83) bzw. Auflösung des Bundestags (S. 75).

Mitwirkung bei der Rechtsprechung

Der Bundespräsident ernennt die Bundesrichter, nachdem sie ordnungsgemäß gewählt wurden. Er übt das Begnadigungsrecht aus, wenn die Verurteilung durch ein Bundesgericht erfolgt ist.

5.3.3 Ende der Amtszeit

Die Amtszeit des Bundespräsidenten endet mit Ablauf seiner Legislaturperiode, d. h. nach 5 Jahren. Eine anschließende Wiederwahl ist nur einmal zulässig. Vor Ablauf der Legislaturperiode endet die Amtszeit in folgenden Fällen:
- Tod des Bundespräsidenten
- Verlustigerklärung des Amtes durch das Bundesverfassungsgericht (Präsidentenanklage)

Der Bundestag oder der Bundesrat können den Bundespräsidenten wegen vorsätzlicher Verletzung des Grundgesetzes oder eines anderen Bundesgesetzes vor dem Bundesverfassungsgericht anklagen. Der Antrag muss von mindestens einem Viertel der Mitglieder des Bundestages oder einem Viertel der Stimmen des Bundesrates gestellt werden. Der Beschluss auf Erhebung der Anklage bedarf der Mehrheit von zwei Dritteln der Mitglieder des Bundestages oder von zwei Dritteln der Stimmen des Bundesrates. Stellt das Bundesverfassungsgericht fest, dass der Bundespräsident einer vorsätzlichen Verletzung des Grundgesetzes oder eines anderen Bundesgesetzes schuldig ist, so kann es ihn des Amtes für verlustig erklären.

- Rücktritt des Bundespräsidenten (Demission)
  Der Bundespräsident kann von sich aus jederzeit von seinem Amt zurücktreten. Dies sieht das Grundgesetz zwar nicht ausdrücklich vor, wird aber als selbstverständlich angenommen. Bisher sind in der Bundesrepublik drei Mal Bundespräsidenten zurückgetreten:
  - 14.10.1968 Heinrich Lübke
  - 31.5.2010 Horst Köhler
  - 17.2.2012 Christian Wulff
- Verlust der Wählbarkeit
  Diese geht verloren, wenn der Bundespräsident die deutsche Staatsangehörigkeit oder das Wahlrecht verliert. Letzteres wäre der Fall, wenn bei ihm eine Betreuung (S. 293) zur Besorgung aller seiner Angelegenheiten angeordnet werden würde.

Eine Übersicht über alle Bundespräsidenten seit 1949:

Theodor Heuss, geboren am 31.1.1884, gestorben am 12.12.1963
Bundespräsident: 1949–1959

Heinrich Lübke, geboren am 14.10.1894, gestorben am 6.4.1972
Bundespräsident: 1959–1969

Gustav Heinemann, geboren am 23.7.1899, gestorben am 7.7.1976
Bundespräsident: 1969–1974

Walter Scheel, geboren am 8.7.1919
Bundespräsident: 1974–1979

Karl Carstens, geboren am 14.12.1914, gestorben am 30.5.1992
Bundespräsident: 1979–1984

Richard von Weizsäcker, geboren am 15.4.1920
Bundespräsident: 1984–1994

Roman Herzog, geboren am 5.4.1934
Bundespräsident: 1994–1999

Johannes Rau, geboren am 16.1.1931, gestorben am 27.1.2006
Bundespräsident: 1999–2004

Horst Köhler, geboren am 22.2.1943
Bundespräsident: 2004–2010

Christian Wulff, geboren am 19.6.1959
Bundespräsident: 2010–2012

Joachim Gauck, geboren am 24.1.1940
Bundespräsident seit 2012

Eine Übersicht über alle Bundeskanzler seit 1949:

Konrad Adenauer, geboren am 5.1.1876, gestorben am 19.4.1967
Bundeskanzler: 1949–1963

Ludwig Erhard, geboren am 4.2.1897, gestorben am 5.5.1977
Bundeskanzler: 1963–1966

Kurt Georg Kiesinger, geboren am 6.4.1904, gestorben am 9.3.1988
Bundeskanzler: 1966–1969

Willy Brandt, geboren am 18.12.1913, gestorben am 8.10.1992
Bundeskanzler: 1969–1974

Helmut Schmidt, geboren am 23.12.1918
Bundeskanzler: 1974–1982

Helmut Kohl, geboren am 3.4.1930
Bundeskanzler: 1982–1998

Gerhard Schröder, geboren am 7.4.1944
Bundeskanzler: 1998–2005

Angela Merkel, geboren am 17.7.1954
Bundeskanzlerin seit 2005

5.4 Bundesregierung

Die Bundesregierung ist mit der Leitung und Gestaltung der Politik der Bundesrepublik Deutschland betraut. An ihrer Spitze steht der **Bundeskanzler**. Dieser bildet zusammen mit seinen **Bundesministern** die Bundesregierung (▶ Abb. 5.10). Ihre Regierungsbefugnis erhält sie aufgrund der Wahl des Bundeskanzlers durch den Bundestag, der seinerseits wieder vom Volk gewählt ist.

Abb. 5.10 Zusammensetzung der Bundesregierung

5.4.1 Zusammensetzung der Bundesregierung

Bundeskanzler

§§

Der Bundeskanzler wird auf Vorschlag des Bundespräsidenten vom Bundestage ohne Aussprache gewählt.
Gewählt ist, wer die Stimmen der Mehrheit der Mitglieder des Bundestags auf sich vereint.
Der Gewählte ist vom Bundespräsidenten zu ernennen. (Art. 63 GG)

Oberste Bundesorgane

Jeder neu gewählte **Bundestag muss einen Bundeskanzler wählen**. Gewählt ist derjenige Kandidat, der die absolute Mehrheit auf sich vereinen kann. Die Wahl ist geheim.

Bereits vor der Bundestagswahl bringt jede Partei im Wahlkampf zum Ausdruck, wen sie im Falle eines Wahlsieges als Bundeskanzler wählen wird. Dadurch kann die Bundestagswahl einen stark personenbezogenen Charakter erhalten, da der Wähler sich oft einen bestimmten Bundeskanzler wünscht und er demzufolge dessen Partei wählt. Nach der Bundestagswahl kommt es zu einem Gespräch der Parteivorsitzenden mit dem Bundespräsidenten, in denen der aussichtsreichste Kandidat ermittelt wird. Diesen schlägt der Bundespräsident dann vor. Ein anderer Vorschlag hätte von vornherein keine Aussicht, die absolute Mehrheit zu erhalten.

Nachdem der Bundespräsident einen Kandidaten vorgeschlagen hat, führt der Bundestag die Wahl durch. Erhält der Kandidat die absolute Mehrheit (mindestens 300 Stimmen, wenn der Bundestag 598 Mitglieder hat), ist er gewählt und muss vom Bundespräsidenten ernannt werden. Erhält der Kandidat nicht die absolute Mehrheit, hat der Bundestag 14 Tage Zeit, in beliebig vielen Wahlgängen Kandidaten zu wählen, bis einer die absolute Mehrheit erhält.

Hat nach dieser Frist immer noch kein Kandidat die absolute Mehrheit, muss ein abschließender Wahlgang durchgeführt werden. In diesem ist dann gewählt, wer die meisten Stimmen (einfache Mehrheit) hat. Erreicht ein Kandidat in diesem Wahlgang die absolute Mehrheit, muss der Bundespräsident ihn zum Bundeskanzler ernennen. Wird diese Mehrheit nicht erreicht, kann der Bundespräsident ihn zum Bundeskanzler ernennen (**Minderheitskanzler**) oder den Bundestag auflösen. Danach würden Neuwahlen stattfinden.

Seit Bestehen der Bundesrepublik Deutschland gab es folgende Bundeskanzler:

Konrad Adenauer	1949–1963
Ludwig Erhard	1963–1966
Kurt Georg Kiesinger	1966–1969
Willy Brandt	1969–1974
Helmut Schmidt	1974–1982
Helmut Kohl	1982–1998
Gerhard Schröder	1998–2005
Angela Merkel	seit 2005

Die Aufgabe des Bundeskanzlers besteht in der Leitungs- und Lenkungsfunktion der Bundesregierung (Kanzlerprinzip).

§§
Der Bundeskanzler bestimmt die Richtlinien der Politik und trägt dafür die Verantwortung. (Art. 65 S. 1 GG)

Die Macht des Kanzlers ist am deutlichsten daran zu erkennen, dass er seine Minister bestimmen und auch entlassen kann. Daher kann er auch von seinen Ministern die Einhaltung seiner politischen Richtlinien fordern. Die Kehrseite dieser Machtfülle ist, dass der Kanzler auch die politische Verantwortung trägt. Er – und nicht die Bundesregierung oder die einzelnen Minister – kann auch vom Bundestag durch Wahl eines anderen Bundeskanzlers abgewählt werden *(konstruktives Misstrauensvotum)*.

Es gibt zwei Möglichkeiten, innerhalb einer Legislaturperiode den Kanzler abzulösen:
- das konstruktive Misstrauensvotum und
- die Vertrauensfrage.

Konstruktives Misstrauensvotum

Der Bundestag kann dem Bundeskanzler das Misstrauen nur dadurch aussprechen, dass er mit der Mehrheit seiner Mitglieder einen Nachfolger wählt [...]. (Art. 67 Abs. 1 S. 1 GG)

Ist der Bundestag mit dem Bundeskanzler oder seiner Politik nicht mehr zufrieden, kann er ihm sein Vertrauen entziehen (= Misstrauen aussprechen). Dazu genügt es aber nicht, wenn eine – noch so breite – Mehrheit ihn „abwählt". Der Bundestag muss **gleichzeitig einen neuen Kanzler** mit absoluter Mehrheit wählen (= konstruktiv). Hat er dies getan, muss der Bundespräsident den alten Kanzler entlassen und den neuen ernennen. Dieser bildet dann wieder seine Regierung durch Ernennung seiner Minister. Zwischen dem Antrag des Bundestages und der Wahl müssen 48 Stunden liegen. Der Sinn liegt darin, dass alle Abgeordneten die Möglichkeit haben sollen, an dieser entscheidenden Wahl teilzunehmen.

In der Geschichte der Bundesrepublik Deutschland wurde bisher erst zwei Mal ein Misstrauensvotum gestellt:
- Nach der Bundestagswahl am 28.9.1969 hatte die Regierungskoalition aus SPD und FDP die Regierungsmehrheit mit 254 Stimmen (Opposition: 242 Stimmen). Sie stellte mit Willy Brandt den Bundeskanzler.

  Aus dieser Regierungskoalition wechselten von Oktober 1970 bis April 1972 3 Abgeordnete zur CDU/CSU über. Damit verfügte die Opposition über 245, die Regierungskoalition über 251 Stimmen.

  Aufgrund teilweise hoher Stimmenverluste der SPD in den Landtagswahlen glaubte die Opposition, das konstruktive Misstrauensvotum gegen den Bundeskanzler Willy Brandt erfolgreich beantragen zu können. Sie schlug dem Bundestag vor, den CDU-Vorsitzenden Rainer Barzel zum neuen Bundeskanzler zu wählen. Die Opposition rechnete mit weiteren Stimmen aus der Regierungskoalition.

  Bei der Abstimmung am 27.4.1972 erhielt Rainer Barzel jedoch nur 247 Stimmen und verfehlte damit die absolute Mehrheit um 2 Stimmen. Das konstruktive Misstrauensvotum war gescheitert.
- Am 5.10.1980 gewann die Koalition aus SPD und FDP erneut die Bundestagswahl. Die Probleme innerhalb dieser Koalition nahmen zu. Den Gipfel erreichten sie, als der FDP-Wirtschaftsminister Otto Graf Lambsdorff härteste Eingriffe in den Sozialstaat forderte. Als Bundeskanzler Helmut Schmidt an dessen Entlassung dachte, traten die 4 FDP-Minister am 17.9.1982 geschlossen zurück. Die FDP schloss eine Koalition mit der CDU/CSU-Opposition.

Diese stellte nun zum zweiten Mal das Misstrauensvotum. Bei der Wahl am 1.10.1982 wählte der Bundestag mit 256 Stimmen den bisherigen Oppositionsführer Helmut Kohl zum neuen Bundeskanzler.

Vertrauensfrage

Findet ein Antrag des Bundeskanzlers, ihm das Vertrauen auszusprechen, nicht die Zustimmung der Mehrheit der Mitglieder des Bundestages, so kann der Bundespräsident auf Vorschlag des Bundeskanzlers binnen 21 Tagen den Bundestag auflösen. (Art. 68 Abs. 1 S. 1 GG)

Um seine politischen Vorstellungen wirkungsvoll umsetzen zu können, benötigt der Bundeskanzler eine Mehrheit im Bundestag, da dieser in erster Linie über Gesetzesvorhaben entscheiden muss. Glaubt er, diese Mehrheit nicht mehr zu besitzen, kann er durch Stellung der Vertrauensfrage darüber abstimmen lassen, ob er noch über genügend Rückhalt im Bundestag verfügt.

In der Geschichte der Bundesrepublik Deutschland wurde bisher fünf Mal die Vertrauensfrage gestellt:

- Nach dem gescheiterten Misstrauensvotum im Frühjahr 1972 verfügte die Regierungskoalition über keine Mehrheit mehr. Es herrschte ein parlamentarisches Patt.
Daraufhin stellte Bundeskanzler Willy Brandt am 20.9.1972 die Vertrauensfrage. Nach dem erwarteten Scheitern löste der Bundespräsident auf Vorschlag des Bundeskanzlers den Bundestag auf, sodass es am 19.11.1972 zu Neuwahlen kam. Aus diesen ging die bisherige Regierungskoalition gestärkt hervor.
- Bei der von Bundeskanzler Helmut Schmidt im Februar 1982 gestellten Vertrauensfrage wurde ihm vom Bundestag das Vertrauen ausgesprochen.
- Nach dem erfolgreichen Misstrauensvotum im Herbst 1982, stellte Bundeskanzler Helmut Kohl am 17.12.1982 die Vertrauensfrage, obwohl er an sich über eine ausreichende Mehrheit verfügte. Er vertrat jedoch die Ansicht, dass die neue Regierungskoalition keinen Wählerauftrag hatte. Sein Ziel waren Neuwahlen. Verabredungsgemäß enthielten sich dann die Abgeordneten der Regierungskoalition ihrer Stimme, sodass ihm nur 8 Abgeordnete das Vertrauen aussprachen (die Mehrheit von 248 Abgeordneten enthielten sich der Stimme). Es kam am 6.3.1983 zu Neuwahlen.
- Nach dem schrecklichen Terroranschlag auf das World Trade Center in New York am 11. 9. 2001 verurteilte auch der Deutsche Bundestag diese Anschläge aufs Schärfste und erklärte die Solidarität Deutschlands mit dem amerikanischen Volk. Nachdem der Sicherheitsrat der Vereinten Nationen die Anschläge als eine Bedrohung des internationalen Friedens und der Sicherheit gewertet hatte, war das Recht der individuellen und kollektiven Selbstverteidigung gegeben. In der Folgezeit entschlossen sich zahlreiche Staaten, mit militärischen Mitteln gegen die Terroristen und die sie beherbergenden Länder vorzugehen. Zu diesem Zweck sollte der Deutsche Bundestag den Einsatz bewaffneter deutscher Streitkräfte im Ausland (Afghanistan) bei der Unterstützung der gemeinsamen Reaktion auf terroristische Angriffe gegen die USA genehmigen. Es war fraglich, ob die Regierungskoalition, bestehend aus der SPD und Bündnis 90/Die Grünen, dies-

bezüglich über eine ausreichende Mehrheit verfügte, da mehrere Abgeordnete der Grünen angekündigt hatten, gegen einen Militäreinsatz der Bundeswehr in Afghanistan zu stimmen. Bundeskanzler Gerhard Schröder aber gab bekannt, er könne seinem Amt und seiner Verantwortung nur entsprechen, wenn seine Person und sein Programm die Zustimmung der ihn tragenden Mitglieder des Bundestages finde. Deshalb verknüpfte er die Abstimmung über den Militäreinsatz mit der Vertrauensfrage. So konnten die Abgeordneten nur einheitlich über beide Fragen abstimmen. In der Sitzung vom 16.11.2001 stimmten dann 336 Abgeordnete für den Militäreinsatz und sprachen dem Bundeskanzler gleichzeitig das Vertrauen aus, 326 stimmten dagegen.
- Am 22.5.2005 kam es nach 39 Jahren zu einem Regierungswechsel in Nordrhein-Westfalen. Die CDU gewann diese Landtagswahlen und übernahm die Landesregierung. Aufgrund der deutlichen Mehrheitsverhältnisse im Bundesrat entschlossen sich Bundeskanzler Gerhard Schröder und der SPD-Vorsitzende Franz Müntefering für eine vorgezogene Bundestagswahl. Nachdem sich aber der Bundestag nicht selbst auflösen kann, stellte der Bundeskanzler am 1.7.2005 die Vertrauensfrage mit dem Ziel, dass ihm das Vertrauen nicht mehr ausgesprochen wurde, was dann auch geschah. Bundespräsident Horst Köhler löste am 21.7.2005 den 15. Deutschen Bundestag auf und setzte für den 18.9.2005 Neuwahlen an. Am 22.11.2005 wurde Angela Merkel zur Bundeskanzlerin gewählt.

Darüber hinaus gibt es noch die Möglichkeit, dass der Bundeskanzler *freiwillig zurücktritt*. So erklärte Bundeskanzler Willy Brandt aufgrund der Guillaume-Affäre in einem Schreiben vom 6.5.1974 an den damaligen Bundespräsidenten Gustav Heinemann seinen Rücktritt vom Amt des Bundeskanzlers, woraufhin am 16.5.1974 Helmut Schmidt vom Bundestag zum Kanzler gewählt wurde. Guillaume war enger Mitarbeiter des Bundeskanzlers und zugleich Spion für die DDR. Willy Brandt übernahm „die politische Verantwortung für Fahrlässigkeiten im Zusammenhang mit der Agentenaffäre Guillaume".

Bundesminister

§§

Die Bundesminister werden auf Vorschlag des Bundeskanzlers vom Bundespräsidenten ernannt und entlassen. (Art. 64 Abs. 1 GG)

Die Bundesminister werden nicht gewählt, sondern vom Bundeskanzler ausgesucht und von ihm dem Bundespräsidenten zur Ernennung vorgeschlagen. Dieser muss den Vorgeschlagenen ernennen, sodass die eigentliche Auswahl der Bundeskanzler trifft. Bei seiner Auswahl ist der Bundeskanzler frei. In der Praxis allerdings muss er oftmals den Wünschen seiner Partei bzw. seines Koalitionspartners Rechnung tragen. Der einzelne Bundesminister ist nur gegenüber dem Bundeskanzler verantwortlich, nicht gegenüber dem Bundestag. Daher kann der Bundestag auch nicht seine Entlassung verlangen. Dies geht allenfalls dadurch, dass der Bundestag mit der Politik des Bundeskanzlers nicht mehr zufrieden ist und ihm deswegen das Misstrauen ausspricht. Die Anzahl der Bundesministerien, an deren Spitze der jeweilige Minister steht, ist gesetzlich nicht festgelegt. Die bedeutendsten davon sind:

- Außenministerium,
- Innenministerium,
- Justizministerium,
- Finanzministerium,
- Wirtschaftsministerium.

Dem Bundesminister nachgeordnet ist der **parlamentarische Staatssekretär**. Dieser ist Mitglied des Bundestages und gehört damit der Parlamentsmehrheit an. Er ist das Bindeglied zwischen dem Bundestag und dem Ministerium. Seine Amtszeit ist an die seines Ministers gekoppelt. Daneben gibt es den **beamteten Staatssekretär**. Er ist der höchste Beamte im Ministerium und nicht Mitglied des Bundestages. Seine Amtszeit ist unabhängig von der des Ministers.

5.4.2 Aufgaben und Befugnisse der Bundesregierung

Die Aufgaben und Befugnisse der Bundesregierung sind vielfältig. Es sollen hier nur die bedeutendsten erwähnt sein:

Im Verhältnis zum Bundestag und Bundesrat

- Die Bundesregierung kann durch den Bundeskanzler verlangen, dass der Bundestag oder der Bundesrat einberufen werden.
- Die Mitglieder der Bundesregierung haben zu allen Sitzungen des Bundestages und seiner Ausschüsse Zutritt und müssen gehört werden.

Im Verhältnis zur Gesetzgebung

- Die Bundesregierung hat die Gesetzesinitiative, d. h., sie kann dem Bundestag den Erlass eines Gesetzes vorschlagen; siehe auch Verfahren einer Gesetzesvorlage durch den Bundesrat (S. 96).
- Bei anderen Gesetzesvorlagen kann sie Stellung nehmen.
- Sie kann den Vermittlungsausschuss anrufen.
- Sie kann Rechtsverordnungen erlassen.

Im Verhältnis zur Verwaltung

- Die Bundesregierung kann Verwaltungsvorschriften erlassen.

Regierungsgewalt

Die *Regierungsgewalt* wird im Wesentlichen durch drei Strukturprinzipien gekennzeichnet (▶ Abb. 5.11):
- Richtlinienkompetenz des Bundeskanzlers (Kanzlerprinzip),
- Verantwortlichkeit des Ministers für sein Ressort (Ressortprinzip),
- Mehrheitsentscheidungen des Kabinetts (Kabinetts-/Kollegialprinzip).

5.4 Bundesregierung

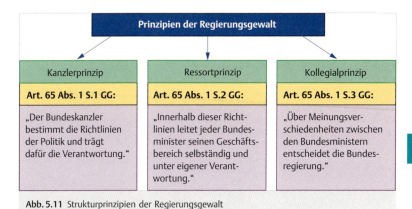

Abb. 5.11 Strukturprinzipien der Regierungsgewalt

Kanzlerprinzip

Der Bundeskanzler ist der *Chef der Regierung*. Er bestimmt die Ziele der Politik, wie er sie bereits im Wahlkampf formuliert hat, und weswegen er bzw. seine Partei auch von der Mehrheit gewählt wurde. Von den Mitgliedern seiner Regierung, die er sich selbst ausgesucht hat, fordert er die Verwirklichung dieser Politik durch Einhaltung der politischen Richtlinien.

Ressortprinzip

Die Arbeit des einzelnen Bundesministers wird durch obige Richtlinien nur in den Grundzügen festgelegt. Innerhalb dieses Rahmens ist der Minister völlig selbständig und arbeitet in eigener Verantwortung.

Kollegialprinzip

Zwar ist jeder Minister eigenständig, es gibt jedoch bestimmte Maßnahmen, die nicht in die Alleinzuständigkeit eines Bundesministers, sondern in die Zuständigkeit der Bundesregierung fallen. Hier muss sie als Kollegium, d. h. als „Team" entscheiden. Können sich die Bundesminister nicht einigen, wird abgestimmt, und die Mehrheit entscheidet.

> **Beispiel**
> Der Justizminister möchte die Strafe für Körperverletzung verschärfen. Dazu muss das Strafgesetzbuch geändert werden. Es bedarf eines Gesetzesvorschlages. Diesen kann der Justizminister allein nicht machen, sondern nur die Regierung insgesamt. Sind nun andere Minister dagegen, wird die Bundesregierung mit Mehrheit darüber beschließen, ob sie einen solchen Gesetzesvorschlag macht.

5.5 Bundesverfassungsgericht

Das Bundesverfassungsgericht ist der **„Oberste Hüter der Verfassung"**. In vielen Fällen kann es zur Entscheidung der Frage angerufen werden, ob eine bestimmte Maßnahme gegen das Grundgesetz verstößt. Der Sitz des Bundesverfassungsgerichtes ist in Karlsruhe.

5.5.1 Zusammensetzung des Bundesverfassungsgerichts

Das Bundesverfassungsgericht besteht aus 2 Senaten mit je 8 Richtern. Jeder Senat hat seine eigene Zuständigkeit (▶ Abb. 5.12).

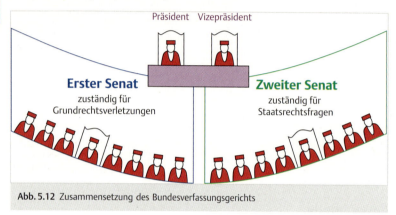

Abb. 5.12 Zusammensetzung des Bundesverfassungsgerichts

5.5.2 Wahl der Bundesverfassungsrichter

§§

Die Mitglieder des Bundesverfassungsgerichts werden je zur Hälfte vom Bundestag und vom Bundesrat gewählt. (Art. 94 Abs. 1 S. 2 GG)

Gewählt werden kann nur, wer das **40. Lebensjahr vollendet** hat, zum Bundestag wählbar ist, die Befähigung zum Richteramt besitzt und sich schriftlich bereit erklärt, Mitglied des Bundesverfassungsgerichts zu werden. Die Richter dürfen nicht dem Bundestag, dem Bundesrat, der Bundesregierung oder den entsprechenden Organen eines Bundeslands (z. B. Landtag, Landesregierung) angehören. Die **Amtszeit** der Richter dauert **12 Jahre**. Eine Wiederwahl ist ausgeschlossen. Mit der Vollendung des 68. Lebensjahres scheiden sie grundsätzlich aus.

Die Mitglieder des Bundesverfassungsgerichts werden abwechselnd je zur Hälfte vom Bundestag und vom Bundesrat gewählt. Den Präsidenten und den Vizepräsidenten des Bundesverfassungsgerichts wählen Bundestag und Bundesrat abwechselnd aus den Reihen der amtierenden Richter. Der Präsident ist zugleich Vorsitzender des ersten, der Vizepräsident Vorsitzender des zweiten Senats.

5.5.3 Aufgaben des Bundesverfassungsgerichts

Als „**Oberster Hüter der Verfassung**" entscheidet das Bundesverfassungsgericht in den Streitfragen, die die Verfassung, das Grundgesetz, betreffen. Hierunter fallen insbesondere Streitigkeiten zwischen den obersten Bundesorganen, zwischen den Bundesländern untereinander und zwischen ihnen und der Bundesrepublik sowie über Verfassungsbeschwerden des einzelnen Bürgers (▶ Abb. 5.13).

Abb. 5.13 Aufgaben des Bundesverfassungsgerichts

Verfassungsbeschwerde

Glaubt sich der einzelne Bürger in einem Grundrecht verletzt, kann er **nach Ausschöpfung des Rechtsweges** das Bundesverfassungsgericht anrufen. Die Verfassungsbeschwerde kann von jedermann mit der Behauptung erhoben werden, er selbst sei durch die öffentliche Gewalt in seinen Grundrechten verletzt worden.

Normenkontrolle

Hält ein Gericht (z. B. Zivilgericht oder Strafgericht) ein Gesetz für verfassungswidrig und kommt es bei einem konkreten Verfahren auf dieses Gesetz an, so kann es das Verfahren aussetzen und dem Bundesverfassungsgericht vorlegen. Dieses überprüft dann, ob das Gesetz verfassungswidrig ist (**konkrete Normenkontrolle**).

Auf Antrag der Bundesregierung, einer Landesregierung oder mindestens eines Drittels der Mitglieder des Bundestages muss das Bundesverfassungsgericht ein bestimmtes Gesetz auf die Verfassungsmäßigkeit überprüfen (**abstrakte Normenkontrolle**).

Streitigkeiten zwischen staatlichen Organen

Das Bundesverfassungsgericht entscheidet bei Streitigkeiten über Umfang der Rechte und Pflichten eines obersten Bundesorganes oder über Streitigkeiten zwischen den Bundesländern untereinander bzw. zwischen ihnen und dem Bund.

Wahlprüfungsverfahren

Im Falle einer Wahlprüfung der Bundestagswahl entscheidet zunächst der Bundestag selbst. Gegen dessen Entscheidung kann Beschwerde beim Bundesverfassungsgericht eingelegt werden.

Schutz der demokratischen Ordnung

Zum Schutz der demokratischen Ordnung sieht das Grundgesetz verschiedene Abwehrmöglichkeiten vor. Sie im konkreten Einzelfall anzuordnen, kann Aufgabe des Bundesverfassungsgerichts sein.

> **Beispiel**
> Parteiverbotsverfahren, Verwirkung von Grundrechten, Anklagen gegen den Bundespräsidenten oder einen Bundesrichter aufgrund vorsätzlicher Verletzung des Grundgesetzes.

6 Gesetzgebung des Bundes

Gesetze sollen ein geordnetes und geregeltes Zusammenleben in einem Staat ermöglichen. Es soll der Macht des Staates insofern eine Grenze gesetzt werden, als sich dieser an „seine" Gesetze halten muss. Auch soll der einzelne Bürger wissen, wonach er sich zu richten hat. Gesetze sind hoheitliche Anordnungen, die für eine Vielzahl von Personen zur Regelung einer Vielzahl von Fällen gelten. Sie sind daher **generell und abstrakt.**

6.1 Gesetzgebungskompetenz

Wie bereits ausgeführt, ist die Bundesrepublik Deutschland ein Bundesstaat (S. 46). Die einzelnen Bundesländer sind eigenständig und haben auch grundsätzlich das Recht, Gesetze zu erlassen. Erlässt die „Bundesrepublik" ein Gesetz, handelt es sich um ein **Bundesgesetz**. Daneben stehen die Gesetze der Länder als **Landesgesetze**. Behandeln beide den gleichen Regelungskomplex, gilt der Grundsatz (mit Ausnahmen): **Bundesrecht bricht Landesrecht.** Das Grundgesetz bestimmt nun, auf welchen Rechtsgebieten der Bund und auf welchen die Länder Gesetze erlassen dürfen.

Grundsätzlich ist es Sache der Länder, die staatlichen Aufgaben und Befugnisse zu erfüllen und auszuüben. Allerdings hat das Grundgesetz dem Bund eine Reihe von Befugnissen (= Kompetenzen) eingeräumt, selbst Gesetze zu erlassen.

Da gibt es zunächst Rechtsgebiete, in denen nur der Bund ein Gesetz erlassen kann (ausschließliche Gesetzgebung des Bundes), dann gibt es Gebiete, in denen das Land ein Gesetz erlassen kann, soweit der Bund auf diesem Gebiet kein Gesetz erlässt (konkurrierende Gesetzgebung) (▶ Abb. 6.1).

6.1.1 Ausschließliche Gesetzgebung des Bundes (Art. 73 GG)

Auf diesem Gebiet hat der Bund die *alleinige* Zuständigkeit zum Erlass von Gesetzen. In folgenden Bereichen kann daher nur die Bundesrepublik und kein einzelnes Bundesland ein Gesetz erlassen: Auswärtige Angelegenheiten, Verteidigung, Zivilschutz, Staatsangehörigkeit im Bund, Passwesen, Währungswesen, Post, Fernmeldewesen, Bundesbahn, Luftverkehr, Verfassungsschutz.

6.1.2 Konkurrierende Gesetzgebung (Art. 74 GG)

Nach der Föderalismusreform im Jahre 2006 wurde der Bereich der konkurrierenden Gesetzgebung neu geregelt.

Auszugehen ist von dem Grundsatz, dass in diesem die Länder die Gesetzgebungskompetenz haben, solange und soweit der Bund von seiner Zuständigkeit nicht Gebrauch macht und ein Gesetz erlässt. In bestimmten Bereichen (z. B. Aufenthaltsrecht, öffentliche Fürsorge, Wirtschaftsrecht etc.) hat der Bund die Gesetzgebungskompetenz, wenn und soweit die Herstellung gleichwertiger Lebensverhältnisse im Bundesgebiet oder die Wahrung der Rechts- oder Wirtschaftseinheit eine bundesgesetzliche Regelung erforderlich macht. Darüber hinaus gibt es Rechtsgebiete (z. B. Jagdwesen, Naturschutz, Hochschulzulassung etc.) bei denen die Länder ein Gesetz auch dann, mit abweichendem Inhalt erlassen können, wenn bereits ein Bundesgesetz vorliegt. In diesem Fall geht das jeweils spätere Gesetz vor.

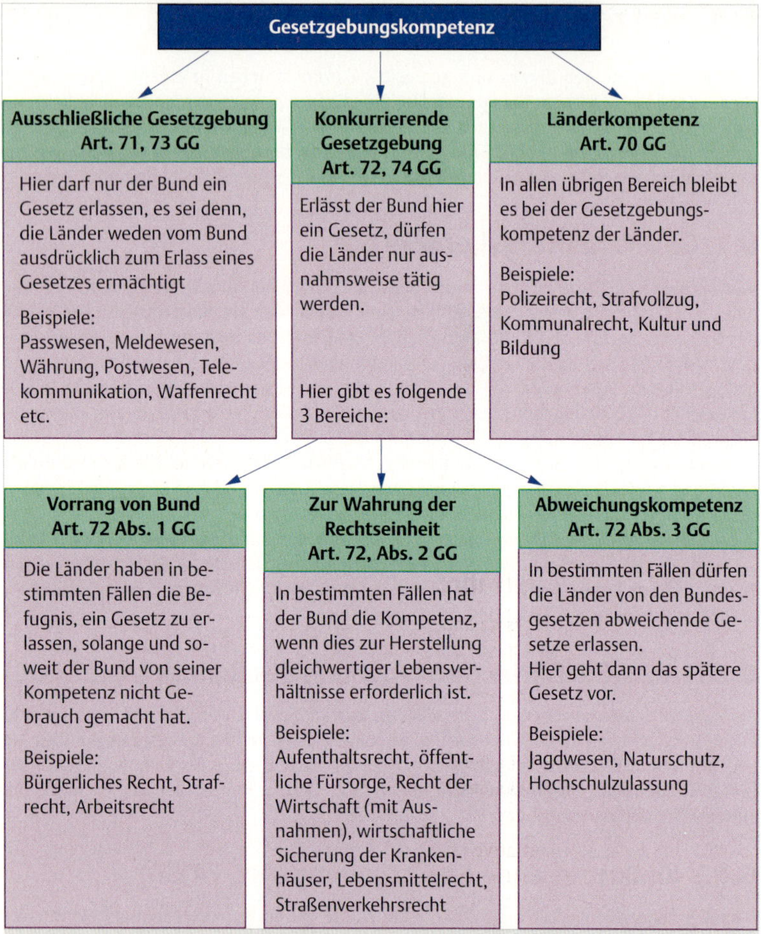

Gesetzgebung des Bundes

Gesetzgebungskompetenz

Ausschließliche Gesetzgebung Art. 71, 73 GG

Hier darf nur der Bund ein Gesetz erlassen, es sei denn, die Länder weden vom Bund ausdrücklich zum Erlass eines Gesetzes ermächtigt

Beispiele:
Passwesen, Meldewesen, Währung, Postwesen, Telekommunikation, Waffenrecht etc.

Konkurrierende Gesetzgebung Art. 72, 74 GG

Erlässt der Bund hier ein Gesetz, dürfen die Länder nur ausnahmsweise tätig werden.

Hier gibt es folgende 3 Bereiche:

Länderkompetenz Art. 70 GG

In allen übrigen Bereich bleibt es bei der Gesetzgebungskompetenz der Länder.

Beispiele:
Polizeirecht, Strafvollzug, Kommunalrecht, Kultur und Bildung

Vorrang von Bund Art. 72 Abs. 1 GG

Die Länder haben in bestimmten Fällen die Befugnis, ein Gesetz zu erlassen, solange und soweit der Bund von seiner Kompetenz nicht Gebrauch gemacht hat.

Beispiele:
Bürgerliches Recht, Strafrecht, Arbeitsrecht

Zur Wahrung der Rechtseinheit Art. 72, Abs. 2 GG

In bestimmten Fällen hat der Bund die Kompetenz, wenn dies zur Herstellung gleichwertiger Lebensverhältnisse erforderlich ist.

Beispiele:
Aufenthaltsrecht, öffentliche Fürsorge, Recht der Wirtschaft (mit Ausnahmen), wirtschaftliche Sicherung der Krankenhäuser, Lebensmittelrecht, Straßenverkehrsrecht

Abweichungskompetenz Art. 72 Abs. 3 GG

In bestimmten Fällen dürfen die Länder von den Bundesgesetzen abweichende Gesetze erlassen.
Hier geht dann das spätere Gesetz vor.

Beispiele:
Jagdwesen, Naturschutz, Hochschulzulassung

Abb. 6.1 Verteilung der Gesetzgebungszuständigkeit zwischen Bund und Länder

6.1.3 Ausschließliche Gesetzgebung der Länder

Art. 30 GG besagt, dass grundsätzlich die Ausübung der staatlichen Befugnisse und die Erfüllung der staatlichen Aufgaben (z.B. Gesetzgebung) Sache der Länder ist, soweit das Grundgesetz keine andere Regelung trifft. Nach dem Grundgesetz haben daher die Bundesländer überall dort das Recht und die Kompetenz, Gesetze zu erlassen, wo diese Kompetenz nicht auf den Bund übertragen wurde, wie z.B. bei der ausschließlichen oder der konkurrierenden Gesetzgebung. Die Zuständigkeit der Länder wird daher nicht einzeln aufgeführt. Sie betrifft vor allem die Bereiche Bildung und Kultur, das Polizeirecht und das Kommunalrecht.

6.2 Gesetzgebungsverfahren

Bei der Entstehung eines Gesetzes kann man grob drei Stufen (Einleitungs-, Beschluss- und Abschlussverfahren) unterscheiden (▶ Abb. 6.2):

Abb. 6.2 Grobeinteilung des Gesetzgebungsverfahrens

6.2.1 Einleitungsverfahren

Nicht jeder, der ein Bundesgesetz ändern oder ein neues erlassen will, kann dies wirksam vorschlagen. Nur 3 Staatsorgane können einen Gesetzesentwurf einbringen.

§§
Gesetzesvorlagen werden beim Bundestag durch die Bundesregierung, aus der Mitte des Bundestags oder durch den Bundesrat eingebracht. (Art. 76 Abs. 1 GG)

Somit kann die **Gesetzesinitiative** nur von der Bundesregierung, der „Mitte" des Bundestages oder durch den Bundesrat ergriffen werden (▶ Abb. 6.3). Einzelne Bundesländer sind zur Gesetzesvorlage genauso wenig befugt wie einzelne Abgeordnete oder Bürgerinitiativen.

Abb. 6.3 Recht zur Gesetzesinitiative

Gesetzesvorlage durch die Bundesregierung

Ca. die Hälfte der Gesetzesvorlagen erfolgt durch die Bundesregierung. Dies liegt u. a. daran, dass sie zusammen mit dem Bundeskanzler das Wahlprogramm verwirklichen will und weiß, dass sie im Bundestag über eine Mehrheit verfügt. Der Gesetzentwurf wird zunächst vom zuständigen Fachministerium bearbeitet. Die Bundesregierung entscheidet dann in einer Kabinettssitzung, ob sie das Gesetz so vorschlägt. Kommt eine Mehrheit zustande, wird der Gesetzentwurf dem Bundesrat zur Stellungnahme zugeleitet. Anschließend gelangt er in den Bundestag, wo dieser darüber abstimmt.

Gesetzesvorlage aus der „Mitte" des Bundestags

Nicht der Bundestag als solcher hat das Initiativrecht, sondern es genügt, wenn sich einige Abgeordnete zusammentun und einen Gesetzesvorschlag einbringen. Es müssen mindestens **5 % der Mitglieder des Bundestages** oder eine Fraktion sein. Somit kann auch die Opposition einen Gesetzesvorschlag einbringen.

Gesetzesvorlage durch den Bundesrat

Will der Bundesrat ein Gesetz vorschlagen, muss er selbst zunächst darüber abstimmen. Erst mit der Mehrheit seiner Mitglieder kommt ein wirksamer Gesetzesvorschlag zustande. Diese Gesetzesvorlage übersendet der Bundesrat der Bundesregierung, die ihn dann dem Bundestag zuleitet.

6.2.2 Beschlussverfahren

Im Beschlussverfahren findet eine **Abstimmung im Bundestag,** im Bundesrat und möglicherweise eine Beteiligung des Vermittlungsausschusses statt.

Beratung im Bundestag

Die im Bundestag eingebrachten Gesetzesentwürfe werden in 3 Beratungen (= Lesungen) erörtert.

In der **1. Lesung** wird der Gesetzesvorschlag allgemein begründet. Er wird den Bundestagsmitgliedern „vorgestellt" und seine Notwendigkeit erläutert. Eine allgemeine Aussprache findet jedoch nur ausnahmsweise statt. Am Schluss wird die Gesetzesvorlage in der Regel an einen oder mehrere Fachausschüsse überwiesen. Dort geschieht nun die Ausarbeitung der Einzelheiten unter Beteiligung von Sachverständigen und Vertretern von Interessenverbänden.

In der **2. Lesung** stellt der Berichterstatter des Ausschusses das Ergebnis vor. Hier können von einzelnen Abgeordneten Änderungsanträge gestellt werden. Es ist auch die Zurückverweisung an einen Ausschuss möglich.

Die **3. Lesung** kann sich unmittelbar an die 2. Lesung anschließen, wenn keine Änderungen vorgenommen worden sind. Änderungsanträge sind auch hier noch möglich, bedürfen aber einer Unterstützung von mindestens 5 % der Bundestagsmitglieder. Nun findet eine allgemeine Aussprache über das Gesetzesvorhaben statt. Die Sprecher der Fraktionen stellen ihre Standpunkte vor. Dies geschieht vor allem, um der Öffentlichkeit die Meinungen der jeweiligen Fraktionen bzw. Parteien vorzustellen. Am Schluss wird über das Gesetz abgestimmt.

Beratung im Bundesrat

Bei der Behandlung der Gesetze im Bundesrat ist zwischen den **Zustimmungsgesetzen** und den **Einspruchsgesetzen** zu unterscheiden (▶ Abb. 6.4).

Abb. 6.4 Unterschiedliche Mitwirkung des Bundesrats je nach Art des Gesetzes

Mitwirkung bei Zustimmungsgesetzen

Das Grundgesetz bestimmt selbst, in welchen Fällen es der Zustimmung des Bundesrates bedarf. Diese Gesetze nennt man Zustimmungsgesetze. Es handelt sich entweder um Gesetze, die das Grundgesetz ändern oder um solche, die das Finanzaufkommen der einzelnen Bundesländer betreffen. Der Bund soll nicht in die Belange der Länder hineinbestimmen, ohne dass diese einverstanden sind. Stimmt der Bundesrat dem Gesetz zu, so kommt es zustande. Versagt er die Zustimmung, kommt das Gesetz nicht zustande. Unter Umständen wird noch der Vermittlungsausschuss (S. 98) angerufen.

Beispiel
Betrifft ein Gesetz das Steueraufkommen, sodass den Bundesländern mehr oder weniger Steuern zufließen, müssen diese durch den Bundesrat dem Gesetzentwurf zustimmen.

Mitwirkung bei Einspruchsgesetzen

Bei den übrigen einfachen Gesetzen bedarf es keiner Zustimmung des Bundesrates. Der Bundesrat kann:
- untätig bleiben, das Gesetz kommt zustande,
- mit dem Gesetz einverstanden sein, das Gesetz kommt zustande,
- nach Abschluss des Vermittlungsverfahrens Einspruch einlegen. In diesem Fall kommt es darauf an, ob der Bundestag den Einspruch zurückweist.

Legt der Bundesrat gegen den Gesetzentwurf Einspruch ein, muss sich der Bundestag erneut mit dem Gesetz befassen. Er kann den Einspruch zurückweisen. Hat der Bundestag den Einspruch wirksam zurückgewiesen, ist das Gesetz zustande gekommen. Wird der Einspruch nicht mit der erforderlichen Mehrheit zurückgewiesen, ist das Gesetzesvorhaben gescheitert.

Vermittlungsausschuss

Sind sich bei einem Gesetzesvorhaben der Bundestag und der Bundesrat nicht einig, kann der Vermittlungsausschuss angerufen werden. Dieser soll nun vermitteln. Er kann eine Änderung des beabsichtigten Gesetzes oder die Aufhebung bzw. das Belassen des Entwurfs vorschlagen. Der Vermittlungsausschuss besteht aus **32 Mitgliedern,** wovon der Bundestag und der Bundesrat (je Bundesland ein Mitglied) je die Hälfte entsenden. Er wird nur tätig, wenn er einberufen ist. Das Recht zur Einberufung haben der Bundesrat und bei Zustimmungsgesetzen auch der Bundestag und die Bundesregierung.

6.2.3 Abschlussverfahren

Ist der Gesetzentwurf von Bundestag und Bundesrat angenommen worden, muss das Gesetz **vom Bundespräsidenten ausgefertigt** und **im Bundesgesetzblatt verkündet** werden. Erst danach ist es wirksam.

Ausfertigung durch den Bundespräsidenten

Die Ausfertigung geschieht dadurch, dass der Bundespräsident das Gesetz unterschreibt. Er muss das Gesetz unterschreiben, wenn es nach den Vorschriften des Grundgesetzes zustande gekommen ist, sonst muss er seine Unterschrift verweigern.

Verkündung im Bundesgesetzblatt

Das nun bestehende Gesetz muss veröffentlicht werden, damit es die Bürger auch einsehen können. Zu diesem Zweck erfolgt die Veröffentlichung des Gesetzes im Bundesgesetzblatt. Erst jetzt erlangt es Gültigkeit. Es tritt 14 Tage nach Ausgabe des Bundesgesetzblattes in Kraft, es sei denn, im Gesetz selbst ist ein anderer Zeitpunkt bestimmt.

6.2.4 Darstellung des Gesetzgebungsverfahrens

Siehe ▶ Abb. 6.5.

6.3 Bürgerbeteiligung an der Gesetzgebung

Die Bundesrepublik Deutschland ist eine repräsentative, d. h. indirekte Demokratie (S. 39). Das Volk ist an der politischen Entscheidungsfindung und Gesetzgebung nicht unmittelbar beteiligt, sondern mittelbar über die Volksvertretung, den Bundestag. Es gibt jedoch auch in unserem Staat die Möglichkeit der Bürger, sich unmittelbar, d. h. direkt an der Rechtsetzung und Gesetzgebung zu beteiligen (▶ Abb. 6.6).

6.3 Bürgerbeteiligung an der Gesetzgebung

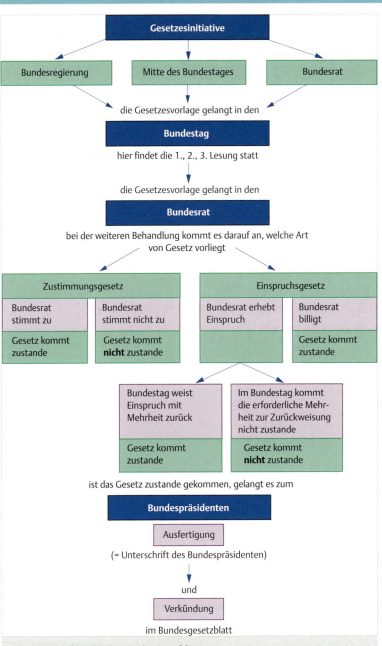

Abb. 6.5 Darstellung des Gesetzgebungsverfahrens

Gesetzgebung des Bundes

Abb. 6.6 Beteiligung der Bürger an der Gesetzgebung

6.3.1 Beteiligung der Bürger auf Bundesebene

Ein **Bundesgesetz** kann grundsätzlich nur durch die Bundesregierung, den Bundesrat oder aus der „Mitte" des Bundestags (S. 96) vorgeschlagen werden. Das Volk hat direkt keine Mitwirkungsmöglichkeit. Auch eine noch so große Anzahl von Bürgern kann keine Gesetzesinitiative ergreifen (z. B. durch Unterschriftensammlung).

Die einzige Ausnahme besteht bei einer Neugliederung des Bundesgebietes (Art. 29, 118, 118a GG), z. B. wenn die Grenzen einzelner Bundesländer neu festgelegt werden oder sich zwei Bundesländer zusammenschließen wollen.

6.3.2 Beteiligung der Bürger auf Länderebene

In allen Bundesländern besteht die Möglichkeit, dass sich das betreffende Volk am Zustandekommen eines **Landesgesetzes** beteiligen kann. So bestimmen die jeweiligen Landesverfassungen, dass Gesetzesvorlagen auch vom Volk eingebracht (**Volksbegehren**) und durch Abstimmung (**Volksentscheid**) angenommen werden können.

> **Beispiel**
> Diese Volksbeteiligung geschieht z. B. in Bayern in folgenden Schritten:
> *1. Zulassungsverfahren*
> Das Gesetzgebungsverfahren beginnt mit dem Zulassungsverfahren. Es sind erforderlich: schriftlicher Antrag an das Staatsministerium des Innern, ausgearbeiteter und mit Gründen versehener Gesetzentwurf, die Unterschrift von 25.000 Stimmberechtigten.
> Wenn keine rechtlichen Bedenken bestehen, ist der Antrag zuzulassen.
> *2. Volksbegehren*
> Innerhalb einer Eintragungsfrist können sich nun die wahlberechtigten Bürger (deutsche Staatsangehörigkeit) durch eigenhändige Unterschrift in die Eintragungsliste eintragen und sich damit für das Gesetz aussprechen. Zur Rechtsgültigkeit des Begehrens sind die Unterschriften von mindestens $1/10$ der stimmberechtigten Staatsbürger erforderlich.
> *3. Landtag*
> Rechtsgültige Volksbegehren werden nun dem Landtag vorgelegt. Dieser kann dem Gesetzentwurf zustimmen, sodass das Gesetz ohne Volksentscheid zustande kommt.
> *4. Volksentscheid*
> Lehnt der Landtag den Gesetzentwurf ab, ist das Volk zur Entscheidung aufgerufen. Mit der Stimmabgabe gibt der Abstimmende zu erkennen, ob er für das Gesetz ist oder dagegen. Das Gesetz kommt zustande, wenn die *Mehrheit der abgegebenen Stimmen* auf Zustimmung lautet.

So gelang es den Bürgern in Bayern mittels Volksbegehren und Volksentscheid, ein Rauchverbot in der Gastronomie ohne Ausnahmen einzuführen.

Für das Volksbegehren hatten sich 2009 13,9 % der Stimmberechtigten eingetragen. Damit war das Volksbegehren rechtsgültig. Der Bayerische Landtag lehnte das Volksbegehren am 14. April 2010 ab, sodass in einem Volksentscheid über das Rauchverbot abgestimmt wurde. Der Entscheid fand am 4. Juli 2010 statt. Die Mehrheit der abgegebenen Stimmen, nämlich 61 % stimmte für das Rauchverbot. Damit kam das gesetzliche Verbot zustande.

6.3.3 Beteiligung der Bürger auf kommunaler Ebene

Auf kommunaler Ebene, d. h. innerhalb einzelner Gemeinden, ist in allen Bundesländern ebenfalls die Beteiligung der Bürger (Angehörige der Gemeinde) vorgesehen. So sehen die **Gemeindeordnungen** vor, dass die Gemeindebürger über ihre Angelegenheiten (z. B. örtlicher Verkehr, Straßenbau, Wasser, Licht, Gasversorgung, Ortsplanung) mitbestimmen können. Dies geschieht in folgenden Schritten:

Bürgerbegehren

Zunächst bedarf eine beabsichtigte Regelung einer bestimmten Anzahl von Unterschriften der Einwohner (auch EU-Ausländer). Diese ist gestaffelt je nach der Gemeindegröße und beträgt z. B. in Bayern bei bis zu 10.000 Einwohnern 10 % und über 500.000 Einwohnern 3 % (Quorum des Bürgerbegehrens).

Bürgerentscheid

Über ein zulässiges Bürgerbegehren entscheiden die Gemeindebürger (auch EU-Ausländer) durch Mehrheit der abgegebenen Stimmen, wobei an diese Mehrheit bestimmte Mindestanforderungen gestellt werden können (z. B. Erreichen eines bestimmten Prozentsatzes der Stimmberechtigten, der von der Gemeindegröße abhängt – sog. „Quorum"). Entscheidet sich die Mehrheit der Bürger dafür, hat der Bürgerentscheid die Wirkung eines Beschlusses des Gemeinderats. Der Bürgerentscheid entfällt, wenn der Gemeinderat selbst die begehrte Maßnahme beschließt.

7 Aufbau der Bundesrepublik Deutschland

Die Bundesrepublik Deutschland besteht seit der Wiedervereinigung am 3.10.1990 aus **16 Bundesländern** (s. ▶ Tab. 2.1). Die Bundesländer Baden-Württemberg, Bayern, Hessen, Nordrhein-Westfalen und Sachsen sind zudem in Regierungsbezirke und die Flächenstaaten in (Land)kreise unterteilt. Derzeit gibt es 323 Kreise und zusätzlich 117 kreisfreie Städte, die keinem Kreis angehören.

So ist der Freistaat Bayern in 7 Regierungsbezirke eingeteilt (Oberbayern, Niederbayern, Oberpfalz, Oberfranken, Mittelfranken, Unterfranken, Schwaben). Jeder dieser Regierungsbezirke ist seinerseits in verschiedene Landkreise eingeteilt (z. B. Regierungsbezirk Schwaben: Aichach-Friedberg, Augsburg, Dillingen, Günzburg, Neu-Ulm, Lindau, Ostallgäu, Unterallgäu, Donau-Ries, Oberallgäu). Insgesamt weist der Freistaat Bayern 71 Landkreise auf. In den einzelnen Landkreisen bestehen selbstständige Gemeinden, die ihre Angelegenheiten selbst und eigenverantwortlich verwalten. Der Aufbau der Bundesrepublik kann auch von der kleinsten politischen Einheit aus, der Gemeinde betrachtet werden (▶ Abb. 7.1):

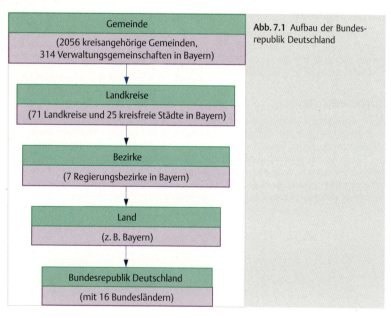

Abb. 7.1 Aufbau der Bundesrepublik Deutschland

7.1 Gemeinde

Die Gemeinde ist die kleinste politische Einheit des Staates. In Deutschland gibt es derzeit 12.700 Gemeinden. Das Hauptorgan ist der Gemeinderat mit dem Bürgermeister an der Spitze. Beide werden von den Bürgern in regelmäßigen Abständen gewählt (in Bayern alle 6 Jahre bei den Gemeinderatswahlen). Zu den Hauptaufgaben der Gemeinde zählen die sog. Pflichtaufgaben (z. B. Straßenbau, Grundschulen, Feuerwehr). Daneben gibt es eine Reihe von sog. freiwilligen Aufgaben (z. B. Sportstättenbau, Hallenbad, Erholungsplätze). Die Gemeinde erfüllt aber auch eine Vielzahl von Aufgaben, die ihr vom Staat zugewiesen wurden (z. B. Meldewesen, Standesamtswesen). Bei den Gemeinden ist zwischen den kreisangehörigen und den kreisfreien Gemeinden zu unterscheiden.

7.1.1 Kreisangehörige Gemeinden

Sie gehören zu einem bestimmten Landkreis und unterstehen der staatlichen Aufsicht der unteren staatlichen Verwaltungsbehörde (in Bayern: Landratsamt).

7.1.2 Kreisfreie Gemeinden

Sie sind quasi ihr eigener Landkreis. Sie unterstehen der staatlichen Aufsicht der staatlichen Mittelbehörde (in Bayern: Bezirksregierung). Ihre Aufgaben lassen sich mit denen des Landkreises vergleichen. Neben den selbstständigen Gemeinden gibt es außerdem die Verwaltungsgemeinschaften. Dabei handelt es sich um den Zusammenschluss benachbarter Gemeinden. Diese haben sich zusammengetan, um die anstehenden Aufgaben gemeinsam lösen zu können.

7.2 Landkreis

Seine Organe sind der Kreistag mit dem Landrat an der Spitze. Beide werden wieder vom Volk in bestimmten Abständen gewählt (Kreistagswahlen). Landkreise sind zur Erfüllung der überörtlichen Aufgaben zuständig. Hierbei handelt es sich überwiegend um Aufgaben, die die Leistungskraft der Gemeinde übersteigen, z. B. das Sozialhilfewesen, das Gesundheitswesen (Krankenhäuser) und das Sparkassenwesen. Der Landkreis hat auch Aufgaben wahrzunehmen, die ihm vom Staat übertragen wurden, wie die Abfallbeseitigung, der Katastrophenschutz und der Naturschutz.

7.3 Bezirk

Die Organe des Bezirkes sind der Bezirkstag mit seinem Bezirkstagspräsidenten. Während der Bezirkstag vom Volk gewählt wird, wird der Bezirkstagspräsident vom Bezirkstag selbst gewählt. Die Bezirke sind für Aufgaben zuständig, die die Leistungsfähigkeit der Landkreise übersteigen, z. B. für die Bezirkskrankenhäuser.

7.4 (Bundes-)Land

Jedes Bundesland verfügt über eine eigene Verfassung und eine eigene Regierung. Bei den in regelmäßigen Abständen stattfindenden Landtagswahlen (in Bayern alle 5 Jahre) werden die Landtagsabgeordneten bestimmt. Diese bilden den Landtag. Der Landtag wählt den Ministerpräsidenten. Dieser beruft und entlässt in Bayern mit Zustimmung des Landtages die Staatsminister und Staatssekretäre. Sie zusammen bilden in Bayern die Staatsregierung. Zu den Aufgaben eines Bundeslandes gehören vor allem diejenigen Bereiche, die einheitlich geregelt werden sollen und nicht in die Zuständigkeit der Bundesrepublik fallen, z. B. Regelungen im Schulwesen.

8 Wirtschaftsordnung der Bundesrepublik Deutschland

Unter der Wirtschaftsordnung eines Staates versteht man die Summe der Vorschriften über das Wirtschaftsleben, den Markt und den Handel. Es finden sich in der Praxis vor allem zwei Wirtschaftssysteme. Es handelt sich dabei zum einen um die **Planwirtschaft** und zum anderen um die **Marktwirtschaft.** Eine besondere Erscheinungsform der Marktwirtschaft ist die *soziale Marktwirtschaft* (▶ Abb. 8.1).

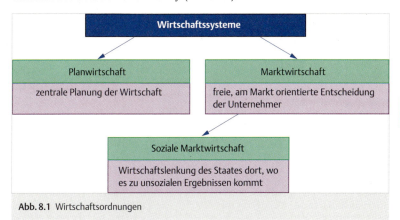

Abb. 8.1 Wirtschaftsordnungen

8.1 Planwirtschaft

Die Planwirtschaft ist durch eine **zentrale Planung** der Wirtschaftspolitik, begleitet mit entsprechender Lenkung, gekennzeichnet. Der Staat übernimmt dabei eine Kontrolle über Berufs- und Arbeitsplatzwahl, über die Festsetzung der Löhne und Arbeitsbedingungen. Die Produktionsmittel befinden sich dabei im Wesentlichen in Staatseigentum.

8.2 Marktwirtschaft

In der Marktwirtschaft überlässt der Staat die Wirtschaftspolitik der freien Entscheidung der einzelnen Unternehmer. Das entscheidende Regulativ stellen **Angebot und Nachfrage** dar. Die einzelnen Unternehmen treten einander in einem freien Wettbewerb gegenüber.

8.3 Soziale Marktwirtschaft

Die Wirtschaftsordnung der Bundesrepublik Deutschland entspricht der sozialen Marktwirtschaft.

8.3.1 Merkmale der sozialen Marktwirtschaft

Das Grundgesetz schreibt keine bestimmte Wirtschaftsordnung vor. Es enthält jedoch Grundrechte wie „Freiheit der Person", „Vereinigungsfreiheit", „Recht auf freie Berufswahl", „Gewährleistung des Eigentums" und das Sozialstaatsprinzip. Hieraus ergibt sich zwangsläufig, dass unter Beachtung dieser Grundrechte nur eine Marktwirtschaft, und zwar mit einer sozialen Komponente zulässig ist.

Die *soziale* Marktwirtschaft unterscheidet sich von der sog. freien Marktwirtschaft dadurch, dass der Staat bestimmte Korrekturen dort vornimmt, wo der freie Wettbewerb zu unsozialen Ergebnissen führt. So wird in der sozialen Marktwirtschaft dem Staat das Recht der **Wirtschaftslenkung** zuerkannt, soweit dies die Grundrechte noch zulassen.

Merkmale der sozialen Marktwirtschaft sind daher:
- Freiheit und Eigenverantwortung,
- freier Wettbewerb aller Kräfte,
- Garantie des Eigentums,
- Berufsfreiheit, Gewerbefreiheit,
- Produktions- und Handelsfreiheit,
- Schutz des Verbrauchers.

Die Steuerung in der Marktwirtschaft geschieht dadurch, dass die Verbraucher und die Unternehmer darüber entscheiden, welche Waren angeboten werden. Der Unternehmer möchte *Gewinn* machen. Demzufolge wird er das produzieren, wofür eine *Nachfrage der Verbraucher* besteht. Dies führt zur verbrauchsorientierten Produktion. Die Verbraucher werden dort einkaufen, wo das Angebot am günstigsten ist. Dies führt zu einem Wettbewerb unter den verschiedenen Unternehmern und damit zu einem verbraucherfreundlichen Preis. Die soziale Marktwirtschaft ist daher eine Kombination aus wirtschaftlicher Selbststeuerung (Angebot und Nachfrage) und aus Korrekturen mittels einer aktiven staatlichen Wirtschaftspolitik. Diese Korrektur erfolgt durch eine Vielzahl von Gesetzen und gesetzlichen Schutzvorschriften für den Verbraucher.

8.3.2 Wettbewerbs und Verbraucherschutz

Schutz des Wettbewerbs

Ein wesentlicher Ordnungsfaktor der Marktwirtschaft ist ein funktionierender Wettbewerb. Um die Existenz eines Wettbewerbs zu sichern, soll das **Gesetz gegen Wettbewerbsbeschränkungen** (GWB) verhindern, dass die Konkurrenz eingeschränkt oder beseitigt und dadurch die Freiheit anderer Marktteilnehmer beschränkt wird. Zu diesem Zweck sieht das Gesetz u. a. folgende Punkte vor:
- Verbot von Kartellen (= Absprachen von Unternehmen über gemeinsames Marktverhalten): z. B. Preiskartelle, die den Wettbewerb durch einheitliche Preisabsprachen ausschalten.
- Verbot einer vertikalen Preisbindung: Mit Ausnahme von Verlagserzeugnissen darf der Hersteller einer Ware nicht den Endverkaufspreis festlegen.
- Missbrauchsaufsicht des Bundeskartellamtes über marktbeherrschende Unternehmen: Verlangt z. B. ein marktbeherrschendes Unternehmen aufgrund seiner Marktstellung ungerechtfertigt hohe Preise, könnte das Kartellamt dies untersagen.

- Vorbeugende Fusionskontrolle: Zusammenschlüsse von Unternehmen müssen dem Kartellamt gemeldet werden, wenn sie eine bestimmte Größenordnung erreichen. Würde der Zusammenschluss zu einer marktbeherrschenden Stellung führen, kann das Kartellamt diesen untersagen.

Zur Sicherung der Qualität des Wettbewerbs sind im **Gesetz gegen den unlauteren Wettbewerb** (UWG) den Unternehmen Verhalten untersagt, die als unlauter gelten, d. h. welche den Leistungswettbewerb verzerren oder unterbinden. Untersagt sind daher:
- Beeinflussung des Kunden durch Täuschung und irreführende Angaben,
- vergleichende Werbung, wenn sie die Waren der betroffenen Mitbewerber herabsetzt,
- Behauptung und Verbreitung von Angaben über Mitbewerber.

Schutz des Verbrauchers

Zum Schutz der Verbraucher sieht das Bürgerliche Gesetzbuch (BGB) in den §§ 305–310 vor, dass unangemessene Vertragsklauseln unwirksam sind. Allgemeine Geschäftsbedingungen sind vorformulierte Vertragsbedingungen für eine Vielzahl von Verträgen (oftmals das „Kleingedruckte").

> **Beispiel**
> Sieht z. B. ein Formularvertrag vor, dass beim Kauf einer neuen Sache die Gewährleistung ausgeschlossen ist, so ist diese Klausel gemäß § 309 Nr. 8b BGB unwirksam. Es verbleibt dann beim gesetzlichen Gewährleistungsrecht.

Für entgeltliche Darlehensverträge zwischen einem Darlehensgeber und einem Verbraucher sieht das BGB in den §§ 491–498 bestimmte Verbraucherrechte vor, es sei denn es handelt sich um ein Darlehen, welches unter 200 Euro liegt. So muss der **Verbraucherdarlehensvertrag**, § 491 BGB, schriftlich abgeschlossen werden und die Höhe des Zinssatzes, des effektiven Jahreszinses und alle sonstigen Kosten des Darlehens enthalten. Darüber hinaus hat der Darlehensnehmer das Recht, den Vertrag schriftlich innerhalb von 2 Wochen zu widerrufen. Auf dieses Recht ist er schriftlich hinzuweisen. Erst nach Erhalt dieses Hinweises beginnt die Frist zu laufen. Ohne Belehrung endet die Frist nach 6 Monaten.

Auch **Ratenlieferungsverträge** bedürfen der Schriftform, es sei denn, wenn dem Verbraucher die Möglichkeit verschafft wird, alle Vertragsbestimmungen bei Vertragsschluss abzurufen und zu speichern (Einkauf über Internet). Innerhalb von 2 Wochen (Hinweispflicht des Verkäufers!) kann der Käufer den Vertrag widerrufen (Ausnahme: Die Teilzahlungen bis zum frühesten Kündigungszeitpunkt liegen nicht über 200 Euro).

Ein Vertrag zwischen einem Unternehmer und einem Verbraucher kann dann innerhalb von zwei Wochen ab schriftlicher Belehrung hierüber widerrufen werden, wenn ein sog. **Haustürgeschäft** (§ 312 BGB) vorliegt. Dies ist der Fall, wenn:
- der Verbraucher – ohne vorherige Bestellung – an seinem Arbeitsplatz oder im Bereich seiner Privatwohnung aufgesucht wird (z. B. Zeitschriftenwerber an der Haustür),
- der Vertrag bei einer Freizeitveranstaltung geschlossen wird, die vom Verkäufer veranstaltet wird (z. B. bei sog. „Kaffeefahrten")
- oder der Verbraucher überraschend in Verkehrsmitteln oder im Bereich öffentlich zugänglicher Verkehrsflächen angesprochen wird und den Vertrag abschließt.

Das Widerrufsrecht gilt nicht, wenn die Leistung sofort erbracht wird und das Entgelt den Betrag von 40 Euro nicht übersteigt.

Bei **Fernabsatzverträgen**, § 312b BGB, (Verträge über die Lieferung von Waren oder über die Erbringung von Dienstleistungen, die zwischen einem Unternehmer und einem Verbraucher unter ausschließlicher Verwendung von Fernkommunikationsmitteln abgeschlossen werden, „Käufe über das Internet") steht dem Käufer ein **Widerrufsrecht** zu.

Der Widerruf muss keine Begründung enthalten und ist in Textform oder durch Rücksendung der Sache innerhalb der Widerrufsfrist gegenüber dem Unternehmer zu erklären; zur Fristwahrung genügt die rechtzeitige Absendung. Die Widerrufsfrist beträgt 14 Tage, wenn dem Verbraucher spätestens bei Vertragsschluss eine entsprechende Widerrufsbelehrung in Textform mitgeteilt wird. Ansonsten beträgt die Widerrufsfrist einen Monat. Anstelle des Widerrufsrechts kann dem Verbraucher bei Verträgen über die Lieferung von Waren ein Rückgaberecht eingeräumt werden.

Das **Rückgaberecht** kann innerhalb der Widerrufsfrist (2 Wochen), die jedoch nicht vor Erhalt der Sache beginnt, durch Rücksendung der Sache ausgeübt werden. Das Widerrufsrecht besteht nicht u. a. bei Fernabsatzverträgen

- bei Spezialanfertigungen oder eindeutig auf die persönlichen Bedürfnisse des Verbrauchers zugeschnitten sind oder die aufgrund ihrer Beschaffenheit nicht für eine Rücksendung geeignet sind oder schnell verderben können oder deren Verfalldatum überschritten würde,
- zur Lieferung von Audio- oder Videoaufzeichnungen oder von Software, sofern die gelieferten Datenträger vom Verbraucher entsiegelt worden sind,
- zur Lieferung von Zeitungen, Zeitschriften und Illustrierten, es sei denn, dass der Verbraucher seine Vertragserklärung telefonisch abgegeben hat.
- zur Erbringung von Wett- und Lotterie-Dienstleistungen, es sei denn, dass der Verbraucher seine Vertragserklärung telefonisch abgegeben hat.

9 Rechtsprechung in der Bundesrepublik Deutschland

> **§§**
> Die rechtsprechende Gewalt ist den Richtern anvertraut; sie wird durch das Bundesverfassungsgericht, durch die in diesem Grundgesetz vorgesehenen Bundesgerichte und durch die Gerichte der Länder ausgeübt. (Art. 92 GG)

Das Bundesverfassungsgericht (S. 90) hat seinen Sitz in Karlsruhe und ist das höchste Gericht in der Bundesrepublik Deutschland. Es entscheidet dann, wenn es sich um eine Verletzung des Grundgesetzes handelt.

Neben dem Bundesverfassungsgericht gibt es **fünf oberste Gerichtshöfe**. Jeweils ein oberstes Gericht steht an der Spitze der folgenden Gerichtszweige:
- Ordentliche Gerichtsbarkeit
- Arbeitsgerichtsbarkeit
- Verwaltungsgerichtsbarkeit
- Sozialgerichtsbarkeit
- Finanzgerichtsbarkeit

Darunter gliedern sich die einzelnen *Gerichte der Länder* (▶ Abb. 9.1).

Die Aufgabe der Rechtsprechung besteht darin, in verbindlicher Form in Fällen, in denen das Recht verletzt oder bestritten ist, zu entscheiden. Sie dient der Wahrung und Fortbildung des Rechts. Insbesondere steht jeder staatliche Akt unter dem Vorbehalt der richterlichen Überprüfung.

9.1 Unabhängige Rechtsprechung

Damit die Rechtsprechung ihren Aufgaben gerecht wird und insbesondere neutral entscheiden kann, muss ihre Unabhängigkeit gewährleistet sein.

> **§§**
> Die Richter sind unabhängig und nur dem Gesetz unterworfen. (Art. 97 Abs. 1 GG)

Die Unabhängigkeit der Richter unterteilt sich in eine sachliche und persönliche Unabhängigkeit (▶ Abb. 9.2).

Rechtsprechung in der Bundesrepublik Deutschland

Abb. 9.1 Die Gerichtszweige

9.1.1 Sachliche Unabhängigkeit

Keinem Richter darf eine Weisung erteilt werden, wie er in der Sache zu entscheiden hat. Dies bedeutet, dass vor seiner Entscheidung kein Einfluss auf ihn ausgeübt werden darf, wie er zu urteilen hat oder wie es z. B. „zweckmäßig" oder „politisch opportun" wäre. Der Richter muss sich auch nach seiner Entscheidung niemandem gegenüber verantworten. Zur Korrektur seiner Entscheidung sind allein die Rechtsmittel und die übergeordneten Gerichte berufen, soweit die gesetzlichen Voraussetzungen vorliegen.

Abb. 9.2 Unabhängige Gerichtsbarkeit

9.1.2 Persönliche Unabhängigkeit

Die volle sachliche Unabhängigkeit ist nur gewährleistet, wenn der Richter auch persönlich unabhängig ist. Er soll daher keinesfalls befürchten müssen, bei einer missliebigen Entscheidung abgesetzt oder versetzt zu werden. Um dies sicherzustellen, garantiert ihm das Grundgesetz in Art. 97 Abs. 2 GG, dass ein Richter gegen seinen Willen weder vor Ablauf seiner Amtszeit (Richter sind in der Regel auf Lebenszeit ernannt) entlassen noch versetzt werden darf. Auswirkung dieser persönlichen Unabhängigkeit ist, dass Richter keine Beamten sind. Sie unterstehen zwar der Dienstaufsicht, dies jedoch nur, soweit ihre Unabhängigkeit nicht beeinträchtigt wird. So hat ein Richter weder eine Anwesenheitspflicht noch eine feste Arbeitszeit, in der er im Amt sein muss. Lediglich die von ihm gesetzten Termine muss er einhalten. Andererseits muss sich ein Richter innerhalb und außerhalb seines Amtes so verhalten, dass das Vertrauen in seine Unabhängigkeit nicht gefährdet wird.

9.2 Gesetzlicher Richter

Ein weiterer Grundsatz, der die Manipulierbarkeit der Rechtsprechung verhindern soll, ist die Garantie des gesetzlichen Richters. Gesetzlicher Richter ist derjenige Richter, der aufgrund gesetzlicher Vorschriften im Einzelfall zur Entscheidung eines bestimmten Rechtsstreits zuständig ist. Entscheidend ist, dass von vornherein feststeht, welcher Richter für einen bestimmten Fall zuständig ist. Zu diesem Zweck werden bei allen Gerichten Geschäftsverteilungspläne erlassen, die für ein Jahr im Voraus gelten.

9.3 Rechtsweggarantie

Jedermann hat das Recht, im Falle eines Rechtsstreites ein Gericht anzurufen. Dies folgt bereits aus dem Rechtsstaatsprinzip. Der Staat will nicht, dass sich der einzelne Bürger des „Faustrechts" bedient, um seine (vermeintlichen) Rechte durchzusetzen. Vor den Gerichten soll der Streit in friedlicher Weise und in einem geordneten Verfahren unter Schutz des Schwachen geschlichtet oder entschieden werden. Darüber hinaus bestimmt das Grundgesetz, dass jeder, der durch die öffentliche Gewalt in seinen Rechten verletzt ist, ebenfalls den Rechtsweg bestreiten kann. Damit ist garantiert, dass staatliche Akte (Handlungen) in rechtlicher und tatsächlicher Hinsicht der Überprüfung unabhängiger (auch vom Staat unabhängiger) Gerichte unterliegen.

9.4 Rechtliches Gehör

> **§§**
> Vor Gericht hat jedermann Anspruch auf rechtliches Gehör. (Art. 103 Abs. 1 GG)

Der Entscheidung der Gerichte dürfen nur solche Tatsachen zugrunde gelegt werden, zu denen die Beteiligten Stellung nehmen konnten. Diese Ausführungen muss das Gericht auch zur Kenntnis nehmen und auf ihre Stichhaltigkeit hin überprüfen. Verstößt ein Gericht gegen diesen Grundsatz, kann der Einzelne nach Ausschöpfung des Rechtsweges (d. h. Ausnutzung aller Rechtsmittel) diese Verletzung mit der Verfassungsbeschwerde vor dem Bundesverfassungsgericht geltend machen.

10 Europäische Union (EU)

In der EU leben rund 508 Millionen Einwohner und damit mehr als in den USA (315 Millionen).

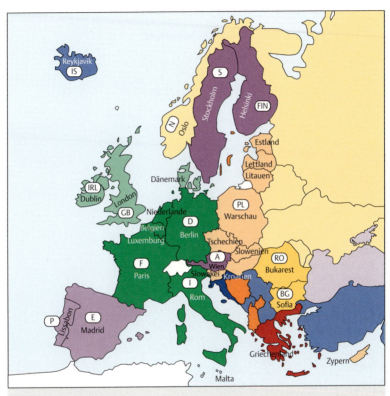

Abb. 10.1 Die Länder der EU

10.1 Entstehung der Europäischen Union und ihre Mitgliedstaaten

Die EU setzte sich ursprünglich aus drei verschiedenen Gemeinschaften zusammen, nämlich
- der Europäischen Gemeinschaft für Kohle und Stahl (EGKS, Montanunion), von 1952 bis zur Außerkraftsetzung 2002,
- der Europäischen Wirtschaftsgemeinschaft (EWG), in Kraft seit den sog. Römischen Verträgen von 1958 und

- der Europäischen Atomgemeinschaft (Euratom), ebenfalls in Kraft seit den sog. Römischen Verträgen von 1958.

Grundlage dieser Gemeinschaften sind jeweils Verträge zwischen den jeweiligen Mitgliedstaaten. Diese Verträge wurden in der Folgezeit weiterentwickelt und zwar vor allem in der Einheitlichen Europäischen Akte, in den Verträgen von Maastricht, Nizza und Lissabon.

Derzeit hat die Europäische Union **28 Mitgliedstaaten**:

Gründungsmitglieder seit 1952:
- Belgien
- Italien
- Deutschland
- Luxemburg
- Frankreich
- Niederlande

Norderweiterung 1973:
- Dänemark
- Irland
- Großbritannien

Weitere Mitgliedstaaten:
- Griechenland 1981
- Österreich 1995
- Portugal 1986
- Schweden 1995
- Spanien 1986
- Finnland 1995

Osterweiterung 2004:
- Estland
- Slowakei
- Lettland
- Ungarn
- Litauen
- Slowenien
- Polen
- Malta
- Tschechien
- Zypern

Seit dem 1.1.2007:
- Bulgarien
- Rumänien

Seit dem 1.7.2013:
- Kroatien

Seit dem 4.10.2005 führen die Türkei und Kroatien Beitrittsverhandlungen mit der EU. Seit den **Verträgen von Maastricht vom 7.2.1992** spricht man nicht mehr von der Europäischen Gemeinschaft, sondern von der *Europäischen Union*. Durch diese Verträge sind neben der wirtschaftlichen Zusammenarbeit weitere Bereiche hinzugekommen, z. B. eine gemeinsame Außen- und Sicherheitspolitik (GASP) und eine Zusammenarbeit in den Bereichen der Justiz (vor allem Asylpolitik, Grenzkontrollen, Bekämpfung internationaler Kriminalität).

Des Weiteren sehen die Vereinbarungen von Maastricht eine *Unionsbürgerschaft* („europäische Staatsbürgerschaft") vor. Unionsbürger ist, wer die Staatsangehörigkeit eines Mitgliedsstaats besitzt. Damit kann sich jeder Unionsbürger in jedem Mitgliedsstaat frei bewegen und aufhalten.

Im Zahlungsverkehr wurde ab 1.1.2002 die D-Mark als gesetzliches Zahlungsmittel von der europäischen Währung, dem Euro, ersetzt.

Der **Vertrag von Nizza** wurde am 26.2.2001 unterzeichnet. Aufgrund der Osterweiterung der Europäischen Union und der damit verbundenen Zunahme der Zahl der Mitgliedsstaaten von 15 auf 27 musste die Größe der Organe entsprechend angepasst werden. Auch genügte in vielen Bereichen bei der Beschlussfassung eine qualifizierte Mehrheit statt Einstimmigkeit.

Nachdem der Versuch gescheitert war, der Europäischen Union eine eigene Verfassung zu geben, wurden im **Vertrag von Lissabon** wesentliche Elemente des abgelehnten Verfassungsentwurfs übernommen. Der Vertrag von Lissabon wurde am 13.12.2007 von allen EU-Staaten unterzeichnet und trat am 1.12.2009 in Kraft. Er sieht u. a. folgende Neuerungen vor:

- Ausweitung der gesetzgeberischen Zuständigkeit des Europäischen Parlaments,
- Änderungen im Abstimmungsverfahren,
- die Einrichtung des Amtes eines ständigen **Präsidenten des Europäischen Rates** für zweieinhalb Jahre bei einmaliger Wiederwahlmöglichkeit,
- die Einführung eines **Hohen Vertreters der EU für Außen- und Sicherheitspolitik** (sog. EU-Außenminister),
- Formulierung eines Kompetenzkataloges, d. h. Abgrenzung der Zuständigkeiten zwischen der EU und den Mitgliedsstaaten (vergleichbar mit dem Kompetenzkatalog des Grundgesetzes),
- der Beitritt der EU zur Europäischen Menschenrechtskonvention,
- die Einführung eines europaweiten Bürgerbegehrens.

10.2 Hauptorgane der EU

Die Europäische Union verfügt über vier Hauptorgane, die in ▶ Abb. 10.2 aufgezeigt werden.

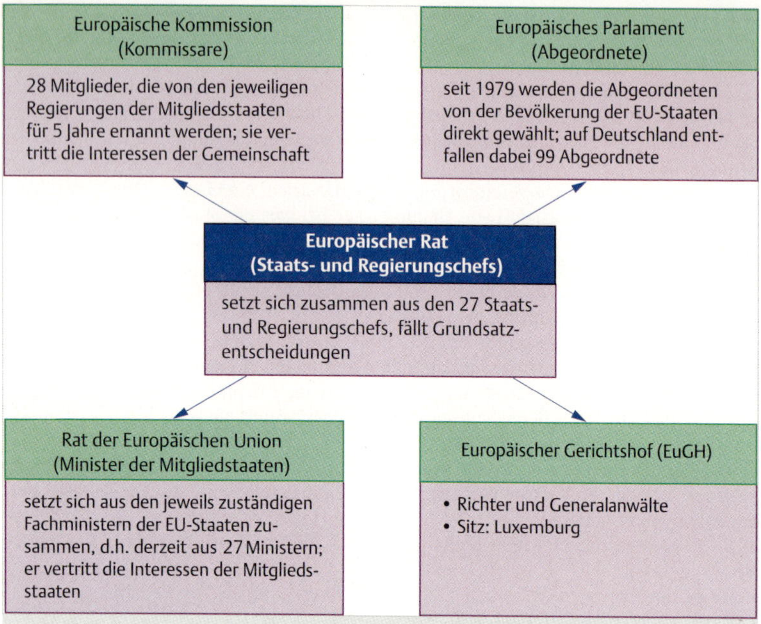

Europäische Union (EU)

Europäische Kommission (Kommissare)

28 Mitglieder, die von den jeweiligen Regierungen der Mitgliedsstaaten für 5 Jahre ernannt werden; sie vertritt die Interessen der Gemeinschaft

Europäisches Parlament (Abgeordnete)

seit 1979 werden die Abgeordneten von der Bevölkerung der EU-Staaten direkt gewählt; auf Deutschland entfallen dabei 99 Abgeordnete

Europäischer Rat (Staats- und Regierungschefs)

setzt sich zusammen aus den 27 Staats- und Regierungschefs, fällt Grundsatzentscheidungen

Rat der Europäischen Union (Minister der Mitgliedstaaten)

setzt sich aus den jeweils zuständigen Fachministern der EU-Staaten zusammen, d.h. derzeit aus 27 Ministern; er vertritt die Interessen der Mitgliedsstaaten

Europäischer Gerichtshof (EuGH)

- Richter und Generalanwälte
- Sitz: Luxemburg

Abb. 10.2 Die Organe der Europäischen Union

10.2.1 Europäisches Parlament

Das Europäische Parlament bildet das gemeinsame parlamentarische Organ der EU.
- *Sitz.* **Straßburg und Brüssel.**
- *Mitglieder.* Die 750 Abgeordneten aus den Mitgliedsländern werden vom Volk für 5 Jahre gewählt. Aus seiner Mitte wählt das Parlament den Präsidenten. Im Juni 2009 fanden die letzten Wahlen statt.
- *Funktion und Aufgaben.* Sehr eingeschränkte Entscheidungsrechte, Kontrolle der Kommission (Misstrauensantrag), Mitspracherecht in Haushaltsfragen, öffentliche Beratung über die Vorschläge der Kommission und Erarbeitung von Stellungnahmen.

10.2.2 Europäische Kommission

Die Europäische Kommission ist ein unabhängiges, nicht an Weisungen gebundenes Organ. Ihre Aufgaben und Befugnisse sind eng verbunden mit ihrer Stellung als „Hüterin der Verträge und Gemeinschaftsinteressen".
- *Sitz.* **Brüssel.**
- *Mitglieder:* Jeder Mitgliedstaat entsendet einen Kommissar, sodass die Kommission 27 Mitglieder (einschließlich eines Präsidenten, seit 2004: José Manuel Barroso) aufweist.

Für Deutschland ist seit 2010 Günther Oettinger als Kommissar in Brüssel. Die Kommissare werden mit Zustimmung des Europäischen Parlaments für 5 Jahre ernannt. Sie sind weisungsfrei und unabhängig und sollen allein die Interessen der EU vertreten. Vizepräsident ist der „Hohe Vertreter der EU für Außen- und Sicherheitspolitik".
- *Funktion und Aufgaben.* Entwicklung der Ideen und Vorschläge für Beschlüsse und Gesetze der EU.

Aufgrund ihrer weitreichenden Rechte (Vorschlagsrecht) wird die Europäische Kommission auch als Motor der Gemeinschaft bezeichnet. Innerhalb des Entscheidungsverfahrens kann sie ihre Vorschläge auch ändern oder zurückziehen. Zur Bewältigung dieser Aufgaben verfügt sie zurzeit über etwa 25.000 Beamte. Die Funktion der Europäischen Kommission lässt sich am ehesten mit der einer nationalen Regierung vergleichen.

10.2.3 Rat der Europäischen Union

Der Rat der Europäischen Union (Ministerrat) übt gegenüber der Kommission gewisse Kontrollfunktionen aus.
- *Sitz.* **Brüssel.**
  Mitglieder. Je nach Beratungsgegenstand entsenden die jeweiligen Mitgliedsstaaten ihren Agrar-, Umwelt- oder Außenminister oder den des entsprechenden Ressorts. Alle sechs Monate stellt ein anderer Mitgliedstaat den Präsidenten (EU-Ratspräsidentschaft). Generalsekretär ist seit 2011 Uwe Corsepius.
  Das Gewicht der einzelnen Stimme hängt von der Größe des jeweiligen Staates ab. So hat der deutsche Minister 29 Stimmen, sein luxemburgischer Kollege nur 4 Stimmen.
- *Funktion und Aufgaben.* Hier werden Rechtsakte (Verordnungen, Richtlinien, Entscheidungen) geschaffen.

Seit dem Vertrag von Lissabon gibt es das Amt des auf 5 Jahre gewählten **Hohen Vertreters der EU für Außen und Sicherheitspolitik** („EU-Außenminister"). Dieses neue Amt hat seit dem 1.12.2009 die Britin Catherine Ashton inne.

Mit diesem Amt und der dazugehörenden Behörde mit seinen bis zu 7 000 Beschäftigten und 130 Vertretungen weltweit soll eine Außenpolitik der EU aus einem Guss geschaffen werden. Europa soll mit einer Stimme nach außen auftreten und immer erreichbar sein. Alleingänge der einzelnen Mitgliedstaaten im Ausland sollen dadurch vermieden werden. Der Hohe Vertreter der EU für Außen- und Sicherheitspolitik übernimmt den Vorsitz im Außenministerrat (Rat für Auswärtige Angelegenheiten, der aus den Außenministern der Mitgliedstaaten besteht) und ist zugleich Vizepräsident der Europäischen Kommission.

Nachdem die Mitglieder vor allem die Interessen ihres Staates vertreten, kann man die Funktion des Ministerrates mit dem Bundesrat (S. 76) vergleichen, wenngleich der Rat der EU eine ungleich höhere Entscheidungsmacht innehat.

10.2.4 Europäischer Gerichtshof (EuGH)

Der Europäische Gerichtshof ist das Recht sprechende Organ. Er besteht aus 27 Richtern und 8 Generalanwälten.
- *Sitz.* **Luxemburg.**
- *Funktion und Aufgaben.* Entscheidung bei Streitigkeiten der EU-Organe untereinander, Entscheidung bei Klagen einzelner Personen gegen die sie betreffenden Maßnahmen der EU und Entscheidung über die Anwendung und Auslegung der EU-Verträge und Richtlinien.

Beispiel
So hat der EuGH mit Urteil vom 11.1.2000 auf Vorlage durch das Verwaltungsgericht Hannover entschieden, dass die Richtlinie 76/207/EWG des Rates vom 9.2.1976 zur Verwirklichung des Grundsatzes der Gleichbehandlung von Männern und Frauen hinsichtlich des Zugangs zur Beschäftigung, zur Berufsbildung […] der Anwendung nationaler Bestimmungen entgegensteht, die wie die des deutschen Rechts Frauen allgemein vom Dienst mit der Waffe ausschließen und ihnen nur den Zugang zum Sanitäts- und Militärmusikdienst erlauben.

Die Richter sind unabhängig und entscheiden allein auf der Grundlage ihres Rechts und Gerechtigkeitsverständnisses. Sie vertreten insbesondere nicht einseitig die Interessen der EU-Staaten.

10.2.5 Europäischer Rat

Der **Europäische Rat** wurde am 10.12.1974 gegründet. Mitglieder sind die Staats- und Regierungschefs der EU-Mitgliedstaaten sowie der Präsident der Europäischen Kommission. Sie treffen sich in der Regel vier Mal im Jahr beim sog. „EU-Gipfel".

Erst seit dem Vertrag von Lissabon ist er ein offizielles Organ der EU und hat einen für die Dauer von zunächst zweieinhalb Jahre gewählten Präsidenten, wobei eine Wiederwahl zulässig ist. Dies ist seit 1.1.2010 der Belgier Herman Van Rompuy.

Eine wesentliche Funktion des Europäischen Rates besteht in dem informellen und vertraulichen Gedankenaustausch zwischen den Regierungschefs. Hier werden auch alle wesentlichen Fragen der internationalen Politik erörtert und die allgemeinen politischen Zielvorstellungen und Prioritäten der EU festgelegt.

10.3 Europarat

Zu unterscheiden ist der Europäische Rat vom *Europarat*. Letzterer wurde am 5.5.1949 mit Sitz in Straßburg gegründet. Er umfasst derzeit 47 Mitgliedstaaten.

Der Europarat ist eine von der EU völlig unabhängige Einrichtung. Er war die erste politische Organisation nach dem Zweiten Weltkrieg mit dem Ziel, die Einheit und Zusammenarbeit in Europa zu fördern. Seine Arbeit konzentriert sich vor allem auf den Schutz der Menschenrechte, die Kultur und Gesellschaftsprobleme sowie die Suche nach Lösungen für die großen Probleme der europäischen Gesellschaft wie Rassismus, Intoleranz, Diskriminierung von Minderheiten, Drogenmissbrauch, Umweltschutz und organisierte Kriminalität. Fragen der nationalen Verteidigung sind ausdrücklich ausgeklammert.

Eine wichtige Einrichtung des Europarates ist der **Europäische Gerichtshof für Menschenrechte** in Straßburg.

Er entscheidet über Beschwerden von natürlichen Personen oder juristischen Personen und nichtstaatlichen Organisationen gegen einen Mitgliedstaat wegen einer Verletzung der Menschenrechtskonvention. Voraussetzung ist allerdings, dass die Rechtsmittel der jeweiligen Mitgliedstaaten ausgeschöpft sind. Dies bedeutet, dass z. B. in Deutschland zuerst alle Instanzen durchlaufen werden müssen und sogar noch das Bundesverfassungsgericht angerufen werden muss.

Jeder der 47 Mitgliedstaaten entsendet einen Richter. Zu diesem Zweck werden zunächst drei Vorschläge des jeweiligen Staates eingereicht, von denen dann ein Richter von der Parlamentarischen Versammlung des Europarates gewählt wird. Die Amtszeit beträgt 6 Jahre, eine Wiederwahl ist zulässig. Spätestens mit Erreichen des 70. Lebensjahres endet die Amtszeit jeden Richters. Es gibt Ausschüsse (3 Richter), Kammern (7 Richter) und eine Große Kammer (17 Richter). Daneben gibt es einen Präsidenten und zwei Vizepräsidenten.

> **Beispiel**
> Beispiele von Urteilen mit weitreichender Bedeutung:
> - Mit Urteil vom 17.2.1997 gegen Frankreich wurde festgestellt, dass ein Beschuldigter auch dann Akteneinsicht hat, wenn er keinen Verteidiger hat.
> - Mit Urteil vom 11.7.2006 gegen Deutschland wurde festgestellt, dass die zwangsweise Vergabe von Brechmitteln an einen potenziellen Drogenhändler, um ihn zum Erbrechen verschluckter Drogen zu veranlassen, eine unmenschliche und erniedrigende Behandlung darstellt (Verbot der Folter, Art. 3 Europäische Menschenrechtskonvention).
> - Mit Urteil vom 3.11.2009 gegen Italien hat das Gericht festgestellt, dass ein christliches Kreuz im Klassenzimmer einer Staatsschule die Religionsfreiheit der Schüler verletzt. Die Schüler könnten das Kreuz leicht als religiöses Zeichen interpretieren – und die Freiheit, keiner Religion anzugehören, brauche besonderen Schutz.
> - Am 3.12.2009 hat das Gericht in einem Verfahren gegen Deutschland festgestellt, dass die deutsche Regelung, wonach ledige Väter ein gemeinsames Sorgerecht nur mit Einwilligung der Mutter des Kindes erhalten können, gegen das Diskriminierungsverbot in der Europäischen Menschenrechtskonvention verstößt. Beim Bundesverfassungsgericht hatte der Vater noch erfolglos geklagt.

10.4 Wie wirken die Organe der Europäischen Union zusammen?

Beim Rechtssetzungsverfahren der EU wirken die Europäische Kommission, das Europäische Parlament und der Rat der Europäischen Union in verschiedener Weise zusammen. Dies hängt im Wesentlichen davon ab, um welches Thema der Gemeinschaftspolitik es sich handelt. Grundsätzlich lässt sich das Entscheidungsverfahren in drei Abschnitte gliedern:
- 1. Abschnitt: Initiative (Vorschlag durch die Kommission)
Bei der *Europäischen Kommission* liegt das alleinige *Initiativrecht*, d. h., sie erteilt Vorschläge und trifft die Vorbereitungen, die dann später Beratungsgegenstand sind. Will der Rat oder das Parlament, dass die EU in einem bestimmten Bereich tätig wird, kann er bzw. es die Kommission auffordern, einen entsprechenden Vorschlag auszuarbeiten.

- 2. Abschnitt: Beratung durch das Parlament
  Das *Europäische Parlament* führt anschließend die öffentliche *Beratung* über diese Vorschläge durch, bringt dabei die Positionen der dort vertretenen Parteien ein und erarbeitet Stellungnahmen in Form von Entschließungen. Bei bestimmten Verfahrensarten hat das Parlament ein Mitentscheidungsrecht, zum Teil ist sogar seine Zustimmung erforderlich.
- 3. Abschnitt: Entscheidung durch den Rat der Europäischen Union
  Zum Schluss beschließt der *Rat der Europäischen Union*. Der Grund hierfür ist darin zu sehen, dass der Rat (Mitglieder sind die zuständigen Minister der jeweiligen Mitgliedstaaten) das Bindeglied zwischen EU und den jeweiligen Mitgliedstaaten darstellt, auf deren Mitwirkung die EU angewiesen ist.

Gegenstand der Rechtssetzung sind vor allem *Verordnungen* und *Richtlinien* (z. B. Richtlinie 89/391/EWG -„Rahmenrichtlinie Arbeitsschutz").
- *Verordnungen* besitzen allgemeine Gültigkeit und gelten unmittelbar in jedem Mitgliedsstaat.
- Die *Richtlinien* verpflichten dagegen nur den betreffenden Mitgliedsstaat, überlassen es aber diesem, wie sie in nationales Recht umgesetzt werden (durch Umsetzung obiger Richtlinie entstand das Arbeitsschutzgesetz (S. 364)).

Für spezielle Bereiche gibt es besondere Arten der Zusammenarbeit, die sich vor allem im Zusammenwirken zwischen Parlament und Rat zeigen:
- So gibt es das *Anhörungsverfahren,* bei dem das Parlament nur angehört wird.
- Beim *Verfahren der Zusammenarbeit* kann der Rat gegen die absolute Mehrheit des Parlaments nur dann einen Beschluss fassen, wenn er einstimmig dafür ist.
- Weitere Möglichkeiten stellen das *Verfahren der Mitentscheidung* und das *Verfahren der Zustimmung* dar, wo kein Rechtsakt gegen die absolute Mehrheit des Parlaments erfolgen kann.

Welche Art des Verfahrens zur Anwendung kommt, ist in den Europäischen Verträgen geregelt.

10.5 Was spricht für eine europäische Einigung?

Bereits in der Präambel zum Grundgesetz für die Bundesrepublik Deutschland ist das Ziel verankert, „als gleichberechtigtes Glied in einem vereinten Europa dem Frieden der Welt zu dienen".
Gründe, die zur Entstehung der Gemeinschaft beigetragen haben, sind:
- Der Wunsch nach Sicherheit und Frieden zum einen vor einer kommunistischen Bedrohung, zum anderen vor nationalistischem kleinstaatlichem Denken, welches zum Ausbruch des Zweiten Weltkriegs beigetragen hat.
- Der Wunsch nach Freiheit und Mobilität, der nicht durch starre nationale Grenzen eingeschränkt werden sollte.
- Wirtschaftlicher Wohlstand, der in einem gemeinsamen europäischen Markt durch Intensivierung des Handels gefördert werden sollte.
- Wiedererlangung politischer Macht gegenüber den Großmächten wie USA und Russland durch gemeinsames und geschlossenes Auftreten nach außen.

10.5 Was spricht für eine europäische Einigung?

Diese Gründe haben nicht zuletzt durch die erfolgreiche Entspannungspolitik an Bedeutung verloren. An ihre Stelle sind andere Gründe getreten, die aktuell sind und übernationale Probleme darstellen. Hiervon sind die wichtigsten:
- Die gegenwärtigen Probleme sprengen die nationalen Grenzen und können von den einzelnen Nationen nicht mehr alleine gelöst werden. Als Beispiel sollen hier nur die Probleme des Umweltschutzes (insbesondere die Abfallbeseitigung) oder der begrenzten Energievorräte herangezogen werden.
- Auf dem Weltmarkt treten gewichtige Machtzentren auf, wie z. B. USA, Japan oder China, denen gegenüber jedes einzelne europäische Land für sich gesehen weder konkurrenzfähig noch überhaupt ein ernst zu nehmender Partner wäre.
- Europa hat bereits auf vielen Gebieten eine derartige Verflechtung erreicht, dass die damit verbundenen Probleme nicht mehr jedes Land für sich allein lösen kann. Hier sind insbesondere zu sehen die ökonomischen Verflechtungen, die Existenz multinationaler Konzerne, die Abhängigkeit auf dem Rohstoffmarkt von anderen Nationen, die internationale Kommunikation sowie das gemeinsame Problem der Abfallbeseitigung, nachdem weder Luft noch Wasser Grenzen kennen.
- Auch die internationale Verbrechensbekämpfung, insbesondere auf dem Gebiet der Wirtschaftskriminalität, kann nur effektiv sein, wenn nicht jeder Staat für sich allein versucht, das Problem zu lösen.
- Bekämpfung des Klimawandels.
- Energiesolidarität (z. B. Zusammenarbeit bei Energieversorgungsengpässen).

11 Vereinte Nationen (UN)

Die Vereinten Nationen sind eine Weltorganisation (**U**nited **N**ations **O**rganization, UNO oder UN) von derzeit 193 Staaten. Die UN hat es sich in erster Linie zum Ziel gesetzt, künftige Geschlechter vor der Geißel des Krieges zu bewahren. Die Vorgeschichte der Vereinten Nationen beginnt im Sommer 1941. Der Gedanke an ein weltweites Bündnis entstand vor dem Hintergrund der Kriegsereignisse des Zweiten Weltkrieges, sodass es bald nach dem Angriff Deutschlands auf die UdSSR im Juni 1941 zum Abschluss eines Bündnisvertrages zwischen Moskau und London gekommen war. 1945 fand in San Francisco die Gründungsversammlung statt. Am 26.6.1945 unterzeichneten dann die 51 Gründungsmitglieder die *Charta der Vereinten Nationen*. In diesem „Vertrag" sind alle wesentlichen Grundsätze enthalten. Die Charta trat am 24.10.1945 in Kraft. Die UN haben ihren Sitz in *New York*. Die Bundesrepublik Deutschland trat der UN gemeinsam mit der DDR am 18.9.1973 bei. Seit der Wiedervereinigung ist die Mitgliedschaft der DDR infolge ihres Beitritts zur Bundesrepublik erloschen.

11.1 Ziele und Grundsätze der UN

> §§
> „[...] künftige Geschlechter vor der Geißel des Krieges zu bewahren, die zweimal zu unseren Lebzeiten unsagbares Leid über die Menschheit gebracht hat." (Auszug aus der Präambel der Charta der UN)

Das wichtigste Ziel der UN ist die Schaffung eines dauerhaften **Weltfriedens** (▶ Abb. 11.1). Alle anderen in der Charta noch genannten Ziele sollen letztlich diesem obersten Ziel der Friedenssicherung dienen.

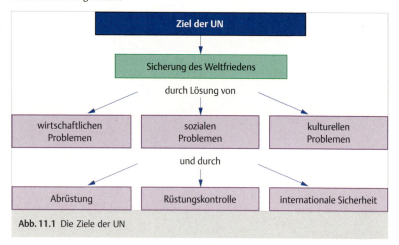

Abb. 11.1 Die Ziele der UN

11.1 Ziele und Grundsätze der UN

So sollen alle Völker nebeneinander gleichberechtigt sein und ihre Angelegenheiten selbst bestimmen können. Darüber hinaus ist ein dauerhafter Friede nur möglich, wenn die internationalen Probleme wirtschaftlicher, sozialer, kultureller und humanitärer Art gelöst und die Menschenrechte und Grundfreiheiten für alle ohne Unterschied der Rasse, des Geschlechts, der Sprache und der Religion gewährleistet werden. Gerade auch der Schutz der Menschenrechte war als Antwort auf die menschenverachtende Herrschaft des nationalsozialistischen Unrechtsstaats gedacht. Hierzu wurde die Menschenrechtskommission eingesetzt. Diese Ziele dürfen jedoch nur mit *friedlichen Mitteln* durchgesetzt werden (▶ Abb. 11.2).

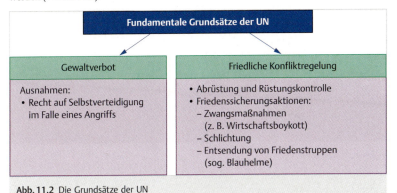

Abb. 11.2 Die Grundsätze der UN

Auch ist es den UN untersagt, in Angelegenheiten einzugreifen, die zur inneren Zuständigkeit eines Staates gehören (**Prinzip nationaler Souveränität**), es sei denn, alle am Konflikt Beteiligten und das Land, auf dessen Gebiet die UN-Truppen stationiert werden, stimmen zu.

Gerade diese beiden Grundsätze haben in der Vergangenheit immer wieder dazu geführt, dass die UN bei Konflikten und Kriegen nur beschränkt eingreifen kann. Um ihrer friedenspolitischen Rolle gerecht zu werden, bedienen sich die UN sog. **UN-Friedenstruppen.** Wegen der blauen Helme der UN-Soldaten heißen diese Einsätze auch „Blauhelm-Missionen" oder „Blauhelm-Einsätze" (▶ Abb. 11.3). Blauhelmsoldaten sind nur leicht bewaffnet und dürfen ihre Waffen nur zur Selbstverteidigung einsetzen. Ihre Aufgabe ist es meist, das Fortbestehen eines Waffenstillstandes zu gewährleisten. In jüngster Zeit hat sich dieser Aufgabenkreis jedoch wesentlich erweitert. Die Friedenstruppen werden nunmehr auch zur Überwachung von Wahlen, zur Aufrechterhaltung öffentlicher Dienste (z. B. Kambodscha), zur Überwachung von Wirtschaftssanktionen und Embargos, zur Verhinderung von Waffenschmuggel (z. B. im ehemaligen Jugoslawien) oder zur Absicherung von humanitären Aktionen und Schutzzonen (z. B. Somalia) eingesetzt.

Waren früher vor allem durch den Ost-West-Konflikt Gefahren für einen dauerhaften Frieden ausgegangen, so brechen nunmehr – befreit von der Klammer der militärischen Blöcke – ethnische, soziale und religiöse Konflikte allerorts auf. Hinzu kommen globale Probleme wie Verteilungskämpfe um die letzten noch unerschlossenen Rohstoffe, die zunehmende Kluft zwischen den Ländern der Dritten Welt und den reichen Industriestaa-

Vereinte Nationen (UN)

Abb. 11.3 Blauhelme

ten sowie die großen Flüchtlingsströme aufgrund politischer Verfolgung und wirtschaftlicher Not. Es zeigt sich aber auch, dass trotz Bestehens der UN seit 1945 weltweit 150 Kriege mit mehr als 25 Millionen Toten zu beklagen sind.

11.2 Hauptorgane der UN

In der Charta, der „Verfassung" der UN, sind 6 Organe vorgesehen, die in ▸ Abb. 11.4 dargestellt werden.

11.2.1 Generalversammlung

In der Generalversammlung sind alle **Mitgliedstaaten mit einem Sitz und einer Stimme** vertreten. Sie kann alle weltpolitischen Fragen erörtern. Darüber hinaus wirkt sie bei der Wahl der Mitglieder der anderen Organe mit. Die Generalversammlung fasst ihre Beschlüsse in Form von **Resolutionen,** die jedoch für die Mitgliedstaaten keine bindende Wirkung haben, sondern nur den Charakter von Empfehlungen. Andererseits darf die von ihnen ausgehende politische und moralische Wirkung nicht unterschätzt werden.

Die Generalversammlung trifft sich **einmal jährlich in New York** zu ihrer ordentlichen Jahrestagung, die traditionell am dritten Dienstag im September beginnt. Darüber hinaus können jederzeit Sondertagungen einberufen werden.

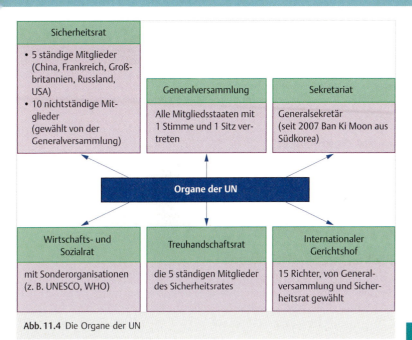

Abb. 11.4 Die Organe der UN

11.2.2 Sicherheitsrat

Der Sicherheitsrat besteht aus den **5 ständigen Mitgliedern** China, USA, Russische Föderation, Großbritannien, Frankreich und **10 nichtständigen Mitgliedstaaten,** die alle zwei Jahre von der Generalversammlung mit Zweidrittelmehrheit gewählt werden. Hierzu gehörte für die Amtszeit 2011/2012 auch Deutschland. Der Sicherheitsrat trägt die Hauptverantwortung für die Wahrung des Friedens. Zur Durchsetzung seiner Maßnahmen kann er Zwangsmaßnahmen nichtmilitärischer Art (z. B. Wirtschaftssanktionen) anordnen oder sogar mit Luft-, See- oder Landstreitkräften die erforderlichen Maßnahmen durchführen. Hierbei müssen die Mitgliedsstaaten Beistand leisten. Die Handlungsfähigkeit des Sicherheitsrates hat sich jedoch in der Vergangenheit insofern als eingeschränkt erwiesen, als bei der Anordnung von Maßnahmen die ständigen Mitglieder ein **Vetorecht** haben. Das bedeutet: Ist ein ständiges Mitglied gegen eine Anordnung, kann diese nicht durchgeführt werden.

> **Beispiel**
> Gerade in der Vergangenheit, als sich 2 Blöcke (Ost und West) gegenüberstanden, hatten meist die UdSSR oder die USA von ihrem Vetorecht Gebrauch gemacht.

11.2.3 Internationaler Gerichtshof (IGH)

Der Internationale Gerichtshof ist das Rechtsprechungsorgan der UN. Sein Sitz ist in **Den Haag**. Er besteht aus **15 Richtern**, die von der Generalversammlung und vom Sicherheitsrat für neun Jahre gewählt werden. Die Richter müssen 15 verschiedenen Staaten angehören. Der IGH entscheidet über zwischenstaatliche Rechtsstreitigkeiten und erstattet den UN und ihren Sonderorganisationen Rechtsgutachten zu völkerrechtlichen Fragen. Als Parteien können vor dem IGH nur Staaten auftreten.

11.2.4 Sekretariat

Dem Sekretariat (Hauptsitz: New York), dem ca. 9 000 Beschäftigte angehören, steht der Generalsekretär vor. Er wird von der Generalversammlung unter Zustimmung aller ständigen Mitglieder gewählt. Zu den Aufgaben des Generalsekretärs gehört es, die außerordentlichen Sitzungen des Sicherheitsrats und der Generalversammlung einzuberufen und die vorläufigen Tagesordnungen aufzustellen. Seit 2007 ist Ban Ki Moon aus Südkorea Generalsekretär der UN.

11.2.5 Treuhandschaftsrat

Der Treuhandschaftsrat beaufsichtigt die Verwaltung der Treuhandgebiete. Mit der Unabhängigkeit von Palau, dem letzten verbliebenen Treuhandgebiet, hat der Rat am 1.11.1994 formell seine Arbeit eingestellt. Seine fünf Mitglieder treten nur noch bei Bedarf zusammen.

11.2.6 Wirtschafts- und Sozialrat

Der Wirtschafts- und Sozialrat ist im Bereich der internationalen Zusammenarbeit auf wirtschaftlichem und sozialem Gebiet tätig. Er hat 54 Mitglieder, die von der Generalversammlung für drei Jahre gewählt werden.

11.3 Sonderorganisationen der UN

Zwischen einzelnen Nationen gibt es eine Vielzahl von Fachorganisationen, die durch Verträge mit den UN verbunden sind. Diesen Sonderorganisationen können auch Länder angehören, die nicht Mitglied der UN sind. Folgende Organisationen arbeiten mit den UN zusammen:
- Weltgesundheitsorganisation (WHO)
- Organisation der Vereinten Nationen für Erziehung, Wissenschaft und Kultur (UNESCO)
- Organisation für Ernährung und Landwirtschaft (FAO)
- Internationale Arbeitsorganisation (ILO)

11.3.1 Weltgesundheitsorganisation (WHO)

Die 1946 in New York einberufene Weltgesundheitskonferenz beschloss die Gründung der WHO (**W**orld **H**ealth **O**rganization). Deren Satzung trat am 7.4.1948 in Kraft. Zum Sitz der WHO wurde *Genf* bestimmt. Ziel der WHO ist es, in allen Völkern der Erde ein Höchstmaß an Gesundheit zu fördern und zu erhalten. Die Verwirklichung dieses Zieles erfolgt durch:
- Koordination der internationalen Gesundheitsarbeit,
- Unterstützung von Regierungen bei der Verbesserung und dem Ausbau nationaler Gesundheitsdienste,
- Leistung geeigneter technischer Hilfe,
- Seuchenbekämpfung,
- Verbesserung hygienischer Bedingungen,
- Förderung der medizinischen Forschung,
- Ausbildung von medizinischem Personal,
- Standardisierung von Heilmitteln.

11.3.2 Organisation der Vereinten Nationen für Erziehung, Wissenschaft und Kultur (UNESCO)

Die UNESCO, die UN-Sonderorganisation für Erziehung, Wissenschaft und Kultur, (**U**nited **N**ations **E**ducational, **S**cientific and **C**ultural **O**rganization) existiert seit 1945 und hat ihren Sitz in *Paris*. Ihr Hauptziel besteht darin, durch Förderung der Zusammenarbeit zwischen den Völkern auf den Gebieten der Erziehung, Wissenschaft und Kultur zur Aufrechterhaltung des Friedens und der Sicherheit beizutragen. Ein Hauptanliegen der UNESCO ist es daher, das Analphabetentum zu bekämpfen, da nur durch eine Erhöhung des Bildungsstandards eine umfassende technische und wirtschaftliche Entwicklung ermöglicht werden kann. Dies gilt insbesondere für große Teile der Dritten Welt.

Darüber hinaus ist die UNESCO um die Durchsetzung der Menschenrechte bemüht.

11.3.3 Organisation für Ernährung und Landwirtschaft (FAO)

Die FAO (**F**ood and **A**griculture **O**rganization of the UN), eine autonome Sonderorganisation der UN für Ernährung und Landwirtschaft, wurde 1945 in Quebec gegründet. Heute hat sie ihren Sitz in *Rom*.

Ziele der FAO sind:
- Verbesserung der Ernährungslage und der Lebensbedingungen der Bevölkerung ihrer Mitglieder,
- Erhöhung der Produktivität und eine bessere Verteilung aller Nahrungsmittel und Agrarprodukte,
- Verbesserung der Lebensbedingungen der Landbevölkerung,
- Entwicklung der Weltwirtschaft.

Sie hat sich insbesondere der Verbesserung der landwirtschaftlichen Produktion in der Dritten Welt und der Bekämpfung des Hungers angenommen.

11.3.4 Internationale Arbeitsorganisation (ILO)

Die ILO (International Labour Organization), die für Arbeit und Sozialpolitik zuständige Sonderorganisation der UN, existiert seit 1919 und beruht auf dem Gedanken, dass der Weltfriede dauerhaft nur auf sozialer Gerechtigkeit aufgebaut werden kann. Hauptaufgabe der ILO ist es daher, die Arbeitsbedingungen zu verbessern und den sozialen Frieden zu sichern, wie die Regelung der Arbeitszeiten, menschliche Arbeitsbedingungen, gerechte Entlohnung, Schutz von Frauen, Kindern und Jugendlichen und die Vorsorge für Alter und Invalidität. Sie hat Modelle für Arbeits- und Sozialgesetze erarbeitet, die von vielen Staaten übernommen wurden. Der Sitz des Internationalen Arbeitsamtes (Sekretariat der ILO) ist in *Genf.*

II Strafrecht

12 Wesen des Strafrechts *130*

13 Grundlagen der Strafbarkeit *134*

14 Rechtsfolgen einer Straftat *145*

15 Ausgewählte Straftatbestände für das Pflegepersonal *155*

16 Berufsrelevante Nebengesetze des Strafrechts *191*

17 Ausgewählte Strafrechtsprobleme im Bereich der Kranken- und Altenpflege *198*

18 Strafprozess *219*

12 Wesen des Strafrechts

Im Strafrecht begegnet der straffällig gewordene Bürger dem Staat und erfährt hier am deutlichsten die Auswirkungen der Staatsgewalt. Der Staat nämlich ist allein in einem Rechtsstaat dazu berufen, Sanktionen von einschneidender Natur gegenüber den Bürgern zu verhängen, falls die erforderlichen Voraussetzungen hierzu erfüllt sind.

Demgegenüber ist es dem Einzelnen untersagt, selbst „Rache" oder „Sühne" an seinem Schädiger zu verüben. Er ist darauf angewiesen, den Staat anzurufen, um Vergeltung für geschehenes Unrecht zu fordern.

So stehen sich im gesamten Strafverfahren der einzelne Bürger als Beschuldigter und der Staat in Gestalt des Staatsanwalts gegenüber. Anders als im Zivilrecht (S. 226) geht es in erster Linie nicht um Wiedergutmachung von verursachtem Schaden, sondern um Bestrafung, ausgehend von der persönlichen Schuld des Täters.

Das Strafrecht hat die Aufgabe, das Zusammenleben der Menschen innerhalb des Staates zu schützen. Dieser Schutz soll dadurch erreicht werden, dass Verletzungen von wichtigen Werten des Gemeinschaftslebens (Leben, Eigentum usw.) zu einer staatlichen Reaktion führen. Ziel dieser Reaktion ist es, den Verletzer zu treffen, um der Gesellschaft zu zeigen, dass der Staat nicht bereit ist, Verletzungen hinzunehmen. Die Reaktion des Staates ist der wesentliche Inhalt des Strafrechtes und führt zur Bestrafung des Täters.

12.1 Aufgabe und Inhalt des Strafrechts

Die folgenden Beispiele sollen zeigen, dass nicht jedes Unrecht auch eine vom Staat zu verfolgende Straftat darstellt.

Aufgabe 11
Otto spielt in seiner Freizeit Fußball. Während eines Spiels bekommt er wegen groben Fouls die „rote Karte" und vom Sportgericht eine Geldstrafe. Ist Otto nun vorbestraft?
Erläuterung im Anhang, Aufgabe 11 (S. 509)

Aufgabe 12
Die in Ausbildung befindliche Gesundheits- und Krankenpflegerin Angelika fährt mit ihrem Auto über eine Kreuzung, obwohl die Ampel bereits einige Zeit auf „Rot" stand. Sie erhält einen Bußgeldbescheid in Höhe von 125 Euro und zusätzlich einen Monat Fahrverbot. Ist sie nun vorbestraft? Muss sie dieses „Delikt" bei einer Bewerbung angeben?
Erläuterung im Anhang, Aufgabe 12 (S. 509)

Das Bundesverfassungsgericht hat in vielen Entscheidungen immer wieder betont, dass die Aufgabe des Strafrechtes darin besteht, die elementaren Werte des Gemeinschaftslebens zu schützen. Die wichtigsten Werte (Rechtsgüter) sind z. B. das Leben und die körperliche Unversehrtheit, die Freiheit, die sexuelle Selbstbestimmung und das Eigentum. Entsprechend dazu wäre die Verletzung dieser Güter Mord, Körperverletzung, Freiheitsberaubung, Vergewaltigung und Diebstahl. Die Verletzung (Strafbarkeit) wird den Werten in ▶ Abb. 12.1 gegenübergestellt.

Abb. 12.1 Wichtige, durch das Strafrecht gesicherte Werte (Rechtsgut) und deren Verletzung (Straftatbestand)

Diese Werte unterliegen wie alle Werte dem Wandel der Zeit. Daher können sich auch die Strafgesetze ändern. War z. B. bis 1969 der Ehebruch, die widernatürliche Unzucht mit Tieren oder die Unzucht zwischen erwachsenen Männern strafbar, so sind mit dem 1. Strafrechtsänderungsgesetz vom 1.9.1969 diese Straftatbestände aufgrund geänderter Moralanschauungen weggefallen.

Dagegen wurden aufgrund veränderter Gefahrensituationen neue Straftatbestände geschaffen, wie z. B. das „Stalking", bei dem seit 2007 unter Strafe gestellt wird, wer einem Menschen unbefugt nachstellt, indem er beharrlich seine Nähe aufsucht oder sonstigen Kontakt (Telekommunikation) hält und dadurch seine Lebensgestaltung schwerwiegend beeinträchtigt (§ 238 StGB).

Andererseits kann bereits strafbares Verhalten durch Schaffung neuer Tatbestände deutlich schwerer bestraft werden. So wird seit 2011 schwerer als nur bei Nötigung bestraft, wer einen Menschen mit Gewalt oder mit Drohung nötigt, die Ehe einzugehen (Zwangsheirat) (§ 237 StGB). Verschärft wurde auch der missbräuchliche Umgang mit Kindern (unter 14 Jahren) bei sexuellen Handlungen. Hier unterscheidet der Gesetzgeber auch nicht mehr zwischen weiblichen und männlichen Opfern.

Neben Strafgesetzen gibt es noch weitere Regelwerke, die das menschliche Zusammenleben regeln, wie etwa religiöse Anschauungen (Verstöße hiergegen werden als „Sünden" bezeichnet), Gebräuche, Anstandsregeln (z. B. „Tischmanieren") sowie Höflichkeitsregeln. Hierbei beinhalten diese Regelwerke unterschiedliche Folgen für das Zuwiderhandeln. Sie reichen von sozialer Missbilligung (Abmahnung, Sünde usw.) über Strafen allgemeiner Art (Bußgeld, Disziplinarmaßnahmen, Vereinsstrafen usw.) bis hin zur Strafe im kriminalpolitischen Sinn (Kriminalstrafe) bei Verletzung von wichtigen Werten (▶ Abb. 12.2).

Das Strafrecht befasst sich ausschließlich mit *Kriminalstrafen,* also mit der Verletzung wichtiger Werte. Dann erst greift die Staatsanwaltschaft in Vertretung des Staates ein.

Aber auch eine Verletzung von wichtigen Werten stellt nur dann eine Straftat dar, wenn sie unter ein Strafgesetz einzuordnen ist.

Wesen des Strafrechts

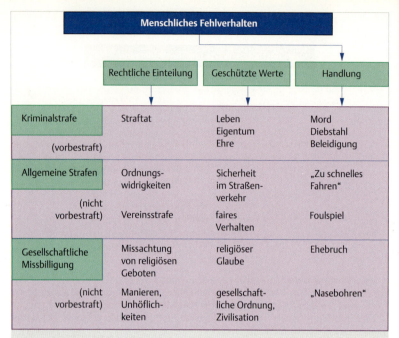

Abb. 12.2 Darstellung menschlichen Fehlverhaltens und dessen rechtliche Einteilung

Aufgabe 13

Der angehende Gesundheits- und Krankenpfleger Hans ist sehr erbost über seinen Rechtskundelehrer. Als dieser ihm auch noch sagt, er werde wegen Faulheit die Prüfung nicht bestehen, tritt er ihm gegenüber und will ihm eine Ohrfeige versetzen. Der Lehrer bückt sich, die Ohrfeige verfehlt ihr Ziel. Ist dieses Verhalten als versuchte Körperverletzung strafbar?
Erläuterung im Anhang, Aufgabe 13 (S. 509)

Aufgabe 14

Fall wie oben: Der Schüler will seinem Ärger Luft machen und beschimpft den Lehrer während des Unterrichts vor der ganzen Klasse mit den unzutreffenden Behauptungen, der Lehrer sei ungerecht und könne ihn nur nicht leiden. Hat sich der Schüler auch in diesem Fall strafbar gemacht?
Erläuterung im Anhang, Aufgabe 14 (S. 509)

12.2 Ziele der Strafe

„Denn, wie schon Plato sagt, straft kein Vernünftiger, weil gefehlt worden ist, sondern damit nicht gefehlt werde.
Was geschehen ist, kann nämlich nicht ungeschehen gemacht werden, was noch bevor steht, kann abgewendet werden." (Seneca)

Wie oben bereits ausgeführt, hat der Staat die Aufgabe, das Zusammenleben der Menschen auf engem Raum zu gewährleisten. Um dies zu erreichen, stellt er bestimmte („Spiel"-)Regeln auf. Bei Verstößen gegen wichtige Regeln sind bestimmte Strafen vorgesehen. Der Zweck (Sinn) der Strafe unterteilt sich im Wesentlichen in zwei Hauptüberlegungen wie in ▸ Abb. 12.3 gezeigt wird.

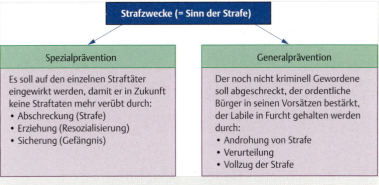

Abb. 12.3 Darstellung der beiden wichtigsten Strafzwecke

12.2.1 Spezialprävention

Sie hat zum Ziel, den Einzelnen von Straftaten abzuhalten. Dies wird durch *Abschreckung* in Form von Strafen, *Erziehung* in Form von Besserung und Wiedereingliederung des Täters in die Gesellschaft und *Sicherung* in Form von Gefängnisaufenthalt zu erreichen versucht.

12.2.2 Generalprävention

Sie will durch Abschreckung der Allgemeinheit erreichen, dass aus Furcht vor den Folgen keiner eine Straftat begeht. Die Abschreckung unterteilt sich in:
- *Androhung* der Strafe (im Gesetz),
- *Verurteilung* (durch das Gericht),
- *Vollzug* der Strafe (z. B. in der Justizvollzugsanstalt).

13 Grundlagen der Strafbarkeit

Bevor nun einzelne ausgewählte Straftaten dargestellt werden, sollen die notwendigen Voraussetzungen für eine Bestrafung behandelt werden. Zunächst muss ein Strafgesetz bestehen und danach das menschliche Fehlverhalten untersucht werden, welches die Grundlage einer Bestrafung sein kann.

13.1 Vorliegen eines Strafgesetzes

Einer der Grundsätze in unserem Rechtsstaat besteht darin, dass eine Tat nur bestraft werden kann, wenn ein Gesetz vorher die Tat unter Strafe stellt. Dieser Grundsatz hat folgende Auswirkungen:

13.1.1 Gesetzlichkeitsprinzip

Nulla poena sine lege (Keine Strafe ohne Gesetz).

Ob eine Handlung strafbar ist oder nicht, muss in einem geschriebenen Gesetz festgelegt sein. Es beinhaltet die Umstände, die letztlich eine Straftat ausmachen sowie die darauf folgende Strafe.

13.1.2 Rückwirkungsverbot

Das Strafgesetz muss bestehen, *bevor* die Straftat begangen wurde. Dies ergibt sich ganz einfach aus der Überlegung, dass der Täter vorher wissen muss (oder könnte, wenn er es im Gesetz nachlesen würde), ob sein Tun strafbar ist.

13.2 Menschliches Handeln bzw. Unterlassen

Aufgabe 15

Gesundheits- und Krankenpflegerin Monika muss einem Patienten eine Injektion verabreichen. Als sie bereits ansetzt, wird sie plötzlich von einer Biene gestochen, wodurch sie aus Schreck und Schmerz zusammenzuckt und die Spritze viel zu tief hineinsticht, sodass der Patient erheblich verletzt wird. Hat sich Monika strafbar gemacht?
Erläuterung im Anhang, Aufgabe 15 (S. 510)

Aufgabe 16

Wie Aufgabe 15, nur Monika sieht die Biene auf sich zukommen und will sie verscheuchen. Dabei sticht sie die Spritze wiederum zu tief in den Körper des Patienten. Hat sie sich jetzt strafbar gemacht?
Erläuterung im Anhang, Aufgabe 16 (S. 510)

Heute wird es als selbstverständlich angesehen, dass nur *von Menschen ausgeführte* Handlungen bestraft werden können. Dies ist nicht immer so gewesen.

Bis in das 17. Jahrhundert hat es Strafprozesse gegen Tiere gegeben, die dann auch mit einer Bestrafung der Tiere geendet haben (z. B. Tiere, die Angriffe gegen Menschen verübt hatten).

Verbände, Firmen oder ähnliche Zusammenschlüsse können nach Auffassung des deutschen Kriminalstrafrechtes nicht bestraft werden (anders in den USA oder England). Nur im Zivilrecht können Schadensersatzansprüche gegenüber derartigen Einrichtungen geltend gemacht werden.

Diese menschliche Handlung muss vom Willen getragen sein.

> **Beispiel**
> Keine Handlung im strafrechtlichen Sinne liegt bei folgenden Beispielen vor:
> - *Reflexbewegungen:* dabei handelt es sich um Körperreaktionen, die ohne Mitwirkung des Willens ausgelöst werden (z. B. Krämpfe, Erbrechen, Zuckungen).
> - „Tätigkeit" eines *Bewusstlosen* (Bewegungen eines narkotisierten Patienten).
> - Körperliches Verhalten, dass durch *unwiderstehliche Gewalt auf mechanische Weise* erzwungen wird (zwanghaftes Führen des Fingers zum Abzug der Pistole).
>
> Das Gemeinsame dieser Beispiele ist, dass der steuernde Wille ausgeschlossen ist.

Das menschliche, vom Willen gesteuerte Verhalten (Handlung) lässt sich in *Begehungs-* und *Unterlassungsdelikte* einteilen (▶ Abb. 13.1).

13.3 Straftat

Im nachfolgenden werden die drei wichtigsten Begehungsformen einer Straftat aufgezeigt, und zwar:
- vorsätzliche Straftat,
- fahrlässige Straftat,
- versuchte Straftat.

13.3.1 Vorsätzliche Straftat

Ob ein bestimmtes Tun eine vorsätzliche Straftat darstellt, hängt entscheidend davon ab, ob die Merkmale einer vorsätzlichen Straftat erfüllt sind. Diese lassen sich in drei große Kategorien einteilen, nämlich in Tatbestand (objektiver und subjektiver), Rechtswidrigkeit und Schuld (▶ Abb. 13.2).

Tatbestand

Man unterscheidet einen **objektiven** Tatbestand und einen **subjektiven** Tatbestand (▶ Abb. 13.3).

Der Tatbestand beschreibt das Verhalten und die Umstände, die eine Straftat darstellen.

Objektiver Tatbestand

In ihm werden die äußeren Geschehnisse einer Straftat durch Tatbestandsmerkmale umschrieben. Die Merkmale sind vom Gesetzgeber festgelegt und können im Gesetz nachgelesen werden.

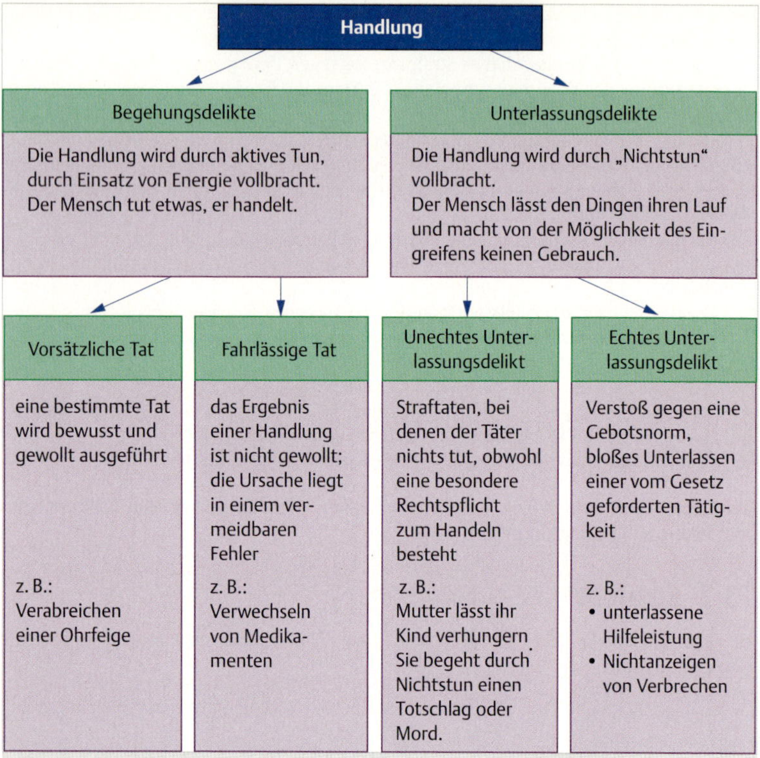

Handlung
Begehungsdelikte
Die Handlung wird durch aktives Tun, durch Einsatz von Energie vollbracht. Der Mensch tut etwas, er handelt.
Unterlassungsdelikte
Die Handlung wird durch „Nichtstun“ vollbracht. Der Mensch lässt den Dingen ihren Lauf und macht von der Möglichkeit des Eingreifens keinen Gebrauch.
Vorsätzliche Tat
eine bestimmte Tat wird bewusst und gewollt ausgeführt
z. B.: Verabreichen einer Ohrfeige
Fahrlässige Tat
das Ergebnis einer Handlung ist nicht gewollt; die Ursache liegt in einem vermeidbaren Fehler
z. B.: Verwechseln von Medikamenten
Unechtes Unterlassungsdelikt
Straftaten, bei denen der Täter nichts tut, obwohl eine besondere Rechtspflicht zum Handeln besteht
z. B.: Mutter lässt ihr Kind verhungern. Sie begeht durch Nichtstun einen Totschlag oder Mord.
Echtes Unterlassungsdelikt
Verstoß gegen eine Gebotsnorm, bloßes Unterlassen einer vom Gesetz geforderten Tätigkeit
z. B.:
• unterlassene Hilfeleistung
• Nichtanzeigen von Verbrechen

Abb. 13.1 Schematische Darstellung der verschiedenen strafbaren Handlungen

Vorsätzliche Straftat
Tatbestand
Rechtswidrigkeit
Schuld

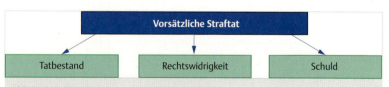

Abb. 13.2 Deliktaufbau einer vorsätzlichen Straftat

13.3 Straftat

Abb. 13.3 Untergliederung des Straftatbestandes

Um den objektiven Tatbestand des Diebstahls zu erfüllen, müssen also folgende Tatbestandsmerkmale vorliegen: fremd, beweglich, Sache, Wegnahme.

§§

Diebstahl: „Wer eine fremde bewegliche Sache einem anderen in der Absicht wegnimmt, die Sache sich oder einem Dritten rechtswidrig zuzueignen, wird mit Freiheitsstrafe bis zu fünf Jahren oder mit Geldstrafe bestraft." (§ 242 Abs. 1 StGB)

Aufgabe 17

Zwei Krankenpflegeschüler machen sich auf den Weg, bei einer stattfindenden Sperrmüllaktion Brauchbares für ihre Wohnung zu suchen. Als sie vor einem Gartentor eine bereitgestellte, wunderbare antike Truhe finden, kommen einem der beiden Bedenken, ob sie diese einfach mitnehmen dürfen, ohne einen Diebstahl zu begehen. Bestehen diese Bedenken zu Recht?
Erläuterung im Anhang, Aufgabe 17 (S. 510)

Subjektiver Tatbestand

In ihm werden die **inneren Geschehnisse**, d. h. die Gedanken, Motive, das Wissen und das Wollen einer Straftat umschrieben.

Vorsätzlich handeln heißt, trotz Kenntnis der objektiven Tatbestandsmerkmale diese Handlung auszuführen (**Vorsatz = Wissen und Wollen** der objektiven Tatbestandsmerkmale). Fehlt es am Vorsatz, entweder weil der Täter nicht alle objektiven Tatbestandsmerkmale kennt, oder weil er diese nicht erfüllen will, liegt keine vorsätzliche Straftat vor.

Aufgabe 18

Die Schülerin Kerstin geht in einen Supermarkt und nimmt aus dem Kosmetikregal einen Lippenstift. Als sie danach am Zeitschriftenstand eine Illustrierte zur Hand nimmt, steckt sie den Lippenstift ein, lediglich um die Hände frei zu haben. Anschließend verlässt sie das Kaufhaus, ohne den Lippenstift zu bezahlen. Hat sich Kerstin wegen Diebstahles strafbar gemacht?
Erläuterung im Anhang, Aufgabe 18 (S. 510)

Rechtswidrigkeit

Handlungen, die einen Straftatbestand erfüllen, sind rechtswidrig. Sie sind ausnahmsweise nicht strafbar, wenn die Tat gerechtfertigt und somit nicht rechtswidrig ist (▶ Abb. 13.4).
Rechtfertigungsgründe können u. a. sein:

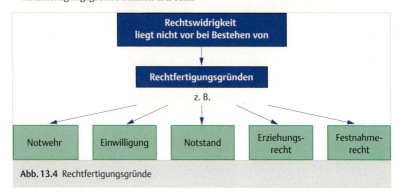

Abb. 13.4 Rechtfertigungsgründe

Notwehr

Notwehr ist die Verteidigung, die erforderlich ist, um einen gegenwärtigen Angriff von sich oder einem anderen abzuwenden.

Liegen die Voraussetzungen von Notwehr vor, darf der Angegriffene alles Erforderliche tun, um sich des Angriffs zu erwehren. Dabei dürfen jedoch die Grenzen nicht überschritten werden. Die Notwehrhandlung muss objektiv erforderlich und subjektiv vom Verteidigungswillen getragen sein. Unter verschiedenen Verteidigungsmöglichkeiten ist daher diejenige zu wählen, die den geringsten Schaden anrichtet.

Aufgabe 19

In der Nachtschicht besucht Oberarzt Dr. Mayer die diensthabende Nachtschwester Karin. In eindeutig sexueller Absicht will er ihr an den Busen fassen. Als Karin dies erkennt, kommt sie ihm zuvor und versetzt ihm eine schallende und schmerzhafte Ohrfeige. Hat sich Karin einer Körperverletzung strafbar gemacht?
Erläuterung im Anhang, Aufgabe 19 (S. 510)

Einwilligung

Die Einwilligung als Rechtfertigungsgrund ist ihrem Wesen nach ein Verzicht auf Rechtsschutz.

Auf die Einwilligung als Rechtfertigungsgrund kann man sich jedoch nur dort berufen, wo die Rechtsordnung dem Geschützten die Möglichkeit einräumt, von seinem Selbstbestimmungsrecht Gebrauch zu machen. Dabei müssen die Voraussetzungen für die

Wirksamkeit der Einwilligung (S. 159) vorliegen. Eine wirksam erteilte Einwilligung kann jederzeit zurückgenommen werden.

> **Aufgabe 20**
> Max muss sich einer Blinddarmoperation unterziehen. Er kommt ins Krankenhaus und unterschreibt den Aufnahmevertrag. Darin erklärt er auch schriftlich seine Einwilligung zur Operation. Als er am nächsten Tag in den Operationssaal geschoben wird, bekommt er Bedenken und will nicht mehr operiert werden. Das Ärzteteam steht jedoch schon bereit. Der Chefarzt meint, man könne jetzt nicht mehr den OP-Plan umwerfen, zumal der Blinddarm ohnehin irgendwann entfernt werden müsse. Daraufhin wird die Operation durchgeführt. Hat sich der Arzt strafbar gemacht?
> Erläuterung im Anhang, Aufgabe 20 (S. 510)

Notstand

Liegt kein Eingriff vor, sondern nur eine *gegenwärtige Gefahr für Leben, Leib, Freiheit, Ehre, Eigentum oder ein anderes Rechtsgut*, so handelt nicht rechtswidrig, wer hier eine Tat begeht, um die Gefahr von sich oder einem anderen abzuwenden, wenn bei Abwägung der widerstreitenden Interessen das geschützte Interesse das beeinträchtigte Interesse wesentlich überwiegt.

Erziehungsrecht

Die Erziehung der Kinder ist vor allem Aufgabe der Eltern. Sie haben insbesondere das Recht aber auch die Pflicht, das Kind zu pflegen, zu erziehen, zu beaufsichtigen und seinen Aufenthalt zu bestimmen. Allerdings haben die Kinder ein Recht auf gewaltfreie Erziehung. Körperliche Bestrafung, seelische Verletzung und andere entwürdigende Maßnahmen sind unzulässig. Damit sind die Grenzen der früher als Züchtigungsrecht bezeichneten Erziehungsmethoden bestimmt. Soweit daher Maßnahmen wie Hausarrest, Fernsehverbot, Kürzung des Taschengeldes oder Ähnliches die Straftatbestände der Freiheitsberaubung und Nötigung erfüllen, wären diese gerechtfertigt, soweit sie zur Erfüllung von Erziehungsmaßnahmen dienen.

Gemäß § 1627 BGB haben die Eltern die elterliche Sorge zum Wohl des Kindes auszuüben. Daher sind nur Erziehungsmaßnahmen gerechtfertigt, die dem Wohl des Kindes dienen. So kam das Landgericht Köln mit Urteil vom 7.5.2012 zu dem Ergebnis, dass die Beschneidung eines nicht einwilligungsfähigen 4-jährigen Knaben (Entfernung seiner Vorhaut) nicht dem Wohl des Kindes entspricht und daher die Einwilligung der Eltern in eine entsprechende ärztliche Maßnahme unwirksam ist. Als Folge dieser Entscheidung hat der Gesetzgeber mit dem Gesetz vom 20.12.2012, § 1631d BGB, bestimmt, dass die Personensorge auch das Recht umfasst, in eine medizinisch nicht erforderliche Beschneidung des nicht einsichtsfähigen männlichen Kindes einzuwilligen, wenn diese nach den Regeln der ärztlichen Kunst durchgeführt werden soll, es sei denn, dass durch die Beschneidung das Kindeswohl gefährdet würde. In den ersten 6 Monaten nach der Geburt des Kindes darf die Beschneidung sogar von einer von einer Religionsgemeinschaft dazu vorgesehenen Person durchgeführt werden, wenn sie dafür besonders ausgebildet ist.

Festnahmerecht

Vereinzelt sieht das Gesetz ausdrückliche Gründe vor, die eine an sich rechtswidrige Tat rechtfertigen. So steht *jedermann* das Recht zu, eine Person festzunehmen, wenn diese auf *frischer Tat* angetroffen oder verfolgt wird und der *Flucht verdächtig* ist oder ihre *Identität nicht sofort festgestellt* werden kann. Um von diesem Recht Gebrauch zu machen, ist es daher gerechtfertigt, jemanden durch Zupacken festzuhalten, ihn einzusperren oder anderweitig am Weglaufen zu hindern, was sonst als Körperverletzung, Nötigung oder Freiheitsberaubung strafbar wäre.

Schuld

Neben der Erfüllung des Straftatbestandes und der Rechtswidrigkeit muss der Täter schuldhaft gehandelt haben, damit die Tat bestraft werden kann. Nicht schuldhaft handelt, wer schuldunfähig ist oder wenn Entschuldigungsgründe vorliegen (▶ Abb. 13.5).

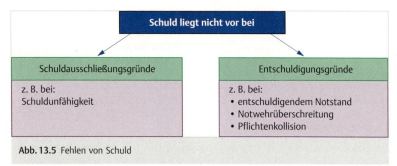

Abb. 13.5 Fehlen von Schuld

Schuldfähigkeit

Die Voraussetzung dafür, dass jemand für sein Handeln verantwortlich gemacht und schuldig werden kann, ist seine *Schuldfähigkeit* **zur Zeit der Tatbegehung.** Diese Schuldfähigkeit ist bei folgenden Personengruppen ausgeschlossen (§§ 19, 20 StGB):
- Kinder, die noch nicht 14 Jahre alt sind,
- Personen, bei denen die Einsichts- oder Steuerungsfähigkeit fehlt aufgrund krankhafter seelischer Störung, tiefgreifender Bewusstseinsstörung (u. U. bei hochgradigem Affekt, Volltrunkenheit), Schwachsinn (angeborene Intelligenzschwäche wie Idiotie, Imbezilität, Debilität), schwerer anderer seelischer Abartigkeit (z. B. Psychopathien, Neurosen, Triebstörungen).

Entschuldigungsgründe

Neben dem Vorliegen eines entschuldigenden Notstandes und der Notwehrüberschreitung kommt hier vor allem die entschuldigende Pflichtenkollision in Betracht. Ohne Schuld handelt, wem es aufgrund einer Pflichtenkollision unzumutbar ist, sich normgerecht zu verhalten.

Aufgabe 21

Gesundheits- und Krankenpflegerin Rosa befindet sich auf der Intensivstation, wo nur eine Herz-Lungen-Maschine vorhanden ist. Aufgrund eines schweren Verkehrsunfalles kommen u. a. zwei Personen ins Krankenhaus, die beide sterben würden, wenn sie nicht sogleich an eine solche Maschine angeschlossen werden. Der Arzt überlässt es Rosa, welchen der beiden sie anschließt. Wenige Stunden später stirbt der andere Patient, den sie nicht mehr hat anschließen können. Dessen Hinterbliebene bezichtigen nun Rosa der vorsätzlichen Tötung, weil sie es unterlassen habe, den Verstorbenen anzuschließen. Hat sich Rosa strafbar gemacht?
Erläuterung im Anhang, Aufgabe 21 (S. 510)

13.3.2 Fahrlässige Straftat

In vielen Fällen werden Straftaten begangen, ohne dass der Täter sich bewusst gegen das Recht entscheidet oder sich vielleicht darüber im Klaren ist, dass er eine Straftat begangen hat. All diesen Fällen ist gemeinsam, dass der Täter *ohne Vorsatz* gehandelt hat (im Gegensatz zur vorsätzlichen Straftat). Dennoch hat sich der Gesetzgeber dafür entschieden, in bestimmten Fällen solche Verhaltensweisen unter Strafe zu stellen. Der Grund hierfür ist die Verwirklichung eines Straftatbestandes durch eine *Vernachlässigung der Sorgfalt,* wenn auch ungewollt. Fahrlässigkeit liegt demnach vor, wenn jemand die Sorgfalt außer Acht lässt, zu der er nach den Umständen und nach seinen persönlichen Verhältnissen verpflichtet und fähig ist.

Strafbar ist fahrlässiges Handeln jedoch nur, wenn dies das Gesetz ausdrücklich vorsieht. So ist die fahrlässige Körperverletzung gem. § 229 StGB und die fahrlässige Tötung gem. § 222 StGB strafbar, dagegen die „fahrlässige Sachbeschädigung" mangels Vorliegen eines Strafgesetzes nicht.

Aufgabe 22

Dr. Huber operiert einen todkranken Krebspatienten. Beim Schließen der Bauchhöhle vergisst er eine Nadel im Körper des Patienten. Daraufhin kommt es zu starken Blutungen, infolge derer der Patient stirbt. Hat sich Dr. Huber einer fahrlässigen Tötung schuldig gemacht?
Erläuterung im Anhang, Aufgabe 22 (S. 511)

13.3.3 Versuchte Straftat

> **§§**
>
> Der Versuch eines Verbrechens ist strafbar, der Versuch eines Vergehens nur dann, wenn das Gesetz es ausdrücklich bestimmt. (§ 23 Abs. 1 StGB)

Ein Verbrechen liegt immer dann vor, wenn kraft Gesetzes für eine Straftat mindestens eine Freiheitsstrafe von einem Jahr vorgesehen ist. In den übrigen Fällen (Mindeststrafe unter einem Jahr) ist die versuchte Tat strafbar, wenn es im Gesetz ausdrücklich festgelegt ist.

Der Versuch ist allgemein dadurch gekennzeichnet, dass hier lediglich der objektive Tatbestand nicht erfüllt ist, wohingegen der subjektive Tatbestand (S. 137) vorhanden ist. Weder der Entschluss, eine Straftat zu begehen, noch die Vorbereitung einer Straftat werden unter Strafe gestellt. Der Versuch, und damit die Strafbarkeit, beginnt mit dem **unmittelbaren Ansetzen** zur Ausführung der Tat.

Solange sich der Täter im Versuchsstadium befindet, kann er vom Versuch zurücktreten, wenn er die weitere Ausführung der Tat *freiwillig* aufgibt (§ 24 StGB). In diesem Fall wird er nicht bestraft.

Hat der Täter jedoch schon so viel getan, dass die Tat ohne sein weiteres Zutun – quasi von selbst – beendet wird, reicht es für den Rücktritt nicht aus, wenn er nichts mehr tut. Nunmehr muss er aktiv die Vollendung verhindern, um wegen dieses Versuches straflos zu bleiben.

> **Aufgabe 23**
>
> Gesundheits- und Krankenpflegerin Erika arbeitet seit Jahren auf der Intensivstation und muss dort mitanschauen, wie ständig Menschen qualvoll sterben. Als wieder einmal ein todgeweihter Patient zu ihr auf Station kommt, entschließt sie sich, ihn zu töten. Sie zieht zu diesem Zweck eine Spritze mit einem tödlich wirkenden Mittel auf. Als sie sich unbeobachtet fühlt, betritt sie das Krankenzimmer. Sie schiebt die Bettdecke zurück und setzt die Spritze an.
> - *Fall a:* Erika verabreicht die Spritze. Der Patient stirbt jedoch nicht, weil Erika aus Versehen eine Kochsalzlösung aufgezogen hat.
> - *Fall b:* Unmittelbar bevor sie die Spritze setzt, betritt der Arzt das Zimmer und hält Erika von ihrem Vorhaben ab.
> - *Fall c:* Bevor Erika die Injektion durchführt, hat sie doch noch Mitleid mit dem Patienten und unterlässt ihr Vorhaben.
> - *Fall d:* Erika injiziert die tödliche Lösung.
>
> In welchen Fällen hat sich Erika strafbar gemacht?
> Erläuterung im Anhang, Aufgabe 23 (S. 511)

13.4 Täterschaft, Anstiftung und Beihilfe
13.4.1 Täterschaft

> **§§**
> Als Täter wird bestraft, wer die Straftat selbst oder durch einen anderen begeht. (§ 25 Abs. 1 StGB)

Begeht jemand eigenhändig eine Straftat oder hat er die völlige Herrschaft über das Tatgeschehen, ist er als unmittelbarer Täter anzusehen.

> **Beispiel**
> Gesundheits- und Krankenpflegerin Ilse verabreicht einem Patienten eine tödliche Injektion. Durch den Einstich führt sie eigenhändig die Tötungshandlung aus.

Begeht jemand die Straftat durch einen anderen, wobei er diesen quasi als Werkzeug benutzt, ist er ebenfalls als Täter anzusehen. Hier liegt eine mittelbare Täterschaft vor.

> **Beispiel**
> Ilse verabreicht die tödliche Injektion nicht selbst, sondern übergibt die Spritze dem völlig ahnungslosen Schüler Erwin, damit dieser auch einmal „üben" kann. Die Tötungshandlung wird nun durch Erwin vorgenommen, indem dieser das Mittel einspritzt. Dennoch wird Ilse als (mittelbare) Täterin angesehen.

Mittelbare Täterschaft liegt auch vor, wenn der Arzt dem Patienten auf dessen ausdrücklichen Wunsch ein tödliches Mittel zur Einnahme gibt, obwohl er weiß, dass dieser nicht mehr im Vollbesitz seiner geistigen Kräfte ist und die Folgen dieser Einnahme nicht übersehen kann.

Begehen mehrere in bewusstem und gewolltem Zusammenwirken eine Straftat, so liegt *Mittäterschaft* vor.

13.4.2 Anstiftung

> **§§**
> Als Anstifter wird gleich einem Täter bestraft, wer vorsätzlich einen anderen zu dessen vorsätzlich begangener rechtswidriger Tat bestimmt hat. (§ 26 StGB)

Der Unterschied zur Täterschaft liegt darin, dass der Anstifter die Tat als solche zwar will, er aber nicht selbst die Tat ausführt. Er hat somit nicht die Tatherrschaft. Seine Strafwürdigkeit ergibt sich daraus, dass durch ihn erst der Täter zur Tat bestimmt wird. Ohne den Anstifter gäbe es die konkrete Straftat nicht.

Aufgabe 24

Ein schwerkranker Patient wird eingeliefert. Seine Angehörigen bitten die Stationsschwester ernsthaft, dem Kranken eine tödliche Dosis zu injizieren. Diese kommt dem Verlangen nach. Wer hat sich hier strafbar gemacht?
Erläuterung im Anhang, Aufgabe 24 (S. 511)

13.4.3 Beihilfe

§§

Als Gehilfe wird bestraft, wer vorsätzlich einem anderen zu dessen vorsätzlich begangener rechtswidriger Tat Hilfe geleistet hat. (§ 27 Abs. 1 StGB)

Der Gehilfe hat weder Tatherrschaft noch will er die Tat für sich. Er hilft jedoch bewusst und gewollt dem Täter bei dessen Tatausführung. Gerade das Krankenpflegepersonal übt neben der Pflege eine Reihe von Hilfstätigkeiten aus, indem es die ärztliche Tätigkeit unterstützt. Liegt nun in dieser Tätigkeit des Arztes eine strafbare Handlung, macht sich die Hilfsperson bei Wissen dieser Umstände der Beihilfe strafbar. Hier hilft es dem Krankenpflegepersonal wenig, wenn es argumentiert, der Arzt hat es angeordnet. Das Pflegepersonal wird ausgebildet, um einen eigenständigen und selbstständigen Beruf ausüben zu können. Diese Eigenständigkeit hat auch eine Eigenverantwortung zur Folge.

Aufgabe 25

Eines Tages wird ein Patient eingeliefert, der über Bauchschmerzen klagt. Da der Operationssaal gerade frei ist, will Oberärztin Dr. Kerstin gleich zur Operation schreiten, um ein klares Bild vom Zustand des Patienten zu erhalten. Obwohl der Patient ansprechbar ist, hält Dr. Kerstin ein Gespräch mit ihm nicht für erforderlich, da es sich um einen Routineeingriff handelt. Schwester Helena soll dabei assistieren. Diese weiß jedoch, dass eine Einwilligung nötig wäre und weigert sich. Da aber die Oberärztin ihr mit arbeitsrechtlichen Schritten droht, erklärt sie sich bereit zu helfen. Hat sie korrekt gehandelt? Wer hat sich strafbar gemacht?
Erläuterung im Anhang, Aufgabe 25 (S. 511)

14 Rechtsfolgen einer Straftat

Bei der mannigfaltigen Art der Rechtsfolgen einer Straftat ergeben sich zwei verschiedene Einteilungskriterien. Wenn bei einer Straftat der Tatbestand und die Rechtswidrigkeit erfüllt sind, hängen die Rechtsfolgen der Straftat von der Schuldfähigkeit des Täters ab. Beim Vorliegen von Schuld ist die Rechtsfolge eine *Strafe* (im eigentlichen Sinn). Zusätzlich können u. U. Maßregeln der Besserung und Sicherung angeordnet werden. Liegt keine Schuldfähigkeit vor, so kann der Täter nicht bestraft werden. In diesem Fall können nur Maßregeln der Besserung und Sicherung als Rechtsfolgen verhängt werden, wenn deren Voraussetzungen gegeben sind. Es gibt Rechtsfolgen, die gegen Erwachsene verhängt werden *(Freiheitsstrafe, Geldstrafe, Nebenstrafe)*, und solche, die nur gegen Jugendliche bzw. Heranwachsende verhängt werden *(Erziehungsmaßregeln, Zuchtmittel, Jugendstrafe)*.

14.1 Rechtsfolgen gegen Jugendliche

14.1.1 Anwendbarkeit des Jugendstrafrechts

Über den Begriff des Jugendlichen und damit über die Anwendbarkeit von Jugendstrafrecht sagt das Jugendgerichtsgesetz (JGG) Folgendes aus:

> **§§**
>
> Jugendlicher ist, wer zur Zeit der Tat vierzehn, aber noch nicht achtzehn, Heranwachsender, wer zur Zeit der Tat achtzehn, aber noch nicht einundzwanzig Jahre alt ist. (§ 1 Abs. 2 JGG)

Damit ergibt sich für das Strafrecht folgende altersbedingte Einteilung (▶ Abb. 14.1):

Junge Menschen können für Straftaten, die sie **vor ihrem 14. Geburtstag** begangen haben, nicht bestraft werden, da sie kraft Gesetzes schuldunfähig sind (§ 19 StGB).

Ab dem 14. Geburtstag sind sie zunächst Jugendliche und können bestraft werden, es sei denn, sie sind in ihrer Entwicklung so weit zurück, dass sie das Unrecht ihrer Tat nicht einsehen oder nach dieser Einsicht handeln können. **Zwischen dem 14. und 18. Geburtstag** sind sie immer Jugendliche und unterliegen dem Jugendstrafrecht. Ab dem 18. Geburtstag sind sie zwar volljährig, dies bedeutet aber noch nicht, dass sie in ihrer Entwicklung immer einem Erwachsenen gleichstehen. Gerade die alltägliche Praxis zeigt, dass dies nicht der Fall ist, sondern dass bei jungen Menschen **zwischen dem 18. und 21. Geburtstag** (und oft noch darüber hinaus) enorme Entwicklungsrückstände zu beobachten sind. Dies bedeutet, dass der Jugendrichter in jedem Einzelfall prüfen muss, ob bei einem Täter im **Alter zur Tatzeit** zwischen 18 und 21 Jahren der Entwicklungsstand so war, dass Entwicklungsrückstände bestanden, oder ob es sich bei der Tat um eine Jugendverfehlung gehandelt hat. Kann er dies bejahen, wendet er auch bei dem an sich volljährigen Heranwachsenden Jugendstrafrecht an und stellt ihn auch bezüglich der Rechtsfolgen einem Jugendlichen gleich. Liegen weder Entwicklungsrückstände noch eine Jugendverfehlung vor, so wird der Heranwachsende wie ein Erwachsener behandelt. **Ab dem 21. Geburtstag** ist immer das allgemeine Strafrecht anzuwenden, unabhängig davon, wie im konkreten Einzelfall der Entwicklungsstand des Täters war. Bezüglich der Rechtsfolgen bei den Jugendlichen ist nun zu unterscheiden zwischen

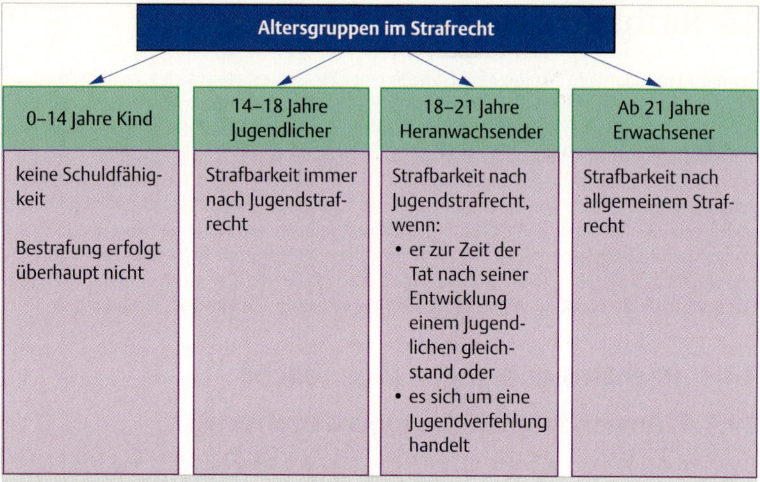

Altersgruppen im Strafrecht			
0–14 Jahre Kind	14–18 Jahre Jugendlicher	18–21 Jahre Heranwachsender	Ab 21 Jahre Erwachsener
keine Schuldfähigkeit Bestrafung erfolgt überhaupt nicht	Strafbarkeit immer nach Jugendstrafrecht	Strafbarkeit nach Jugendstrafrecht, wenn: • er zur Zeit der Tat nach seiner Entwicklung einem Jugendlichen gleichstand oder • es sich um eine Jugendverfehlung handelt	Strafbarkeit nach allgemeinem Strafrecht

Abb. 14.1 Altersbedingte Einteilung des Strafrechts

- den Sanktionen, die strafähnlichen Charakter haben und damit Schuld voraussetzen (s. ▶ Abb. 14.2) und
- den Maßregeln der Besserung und Sicherung (s. ▶ Abb. 14.2, ▶ Abb. 14.3).

14.1.2 Sanktionen mit strafähnlichem Charakter

Bei den Sanktionen mit strafähnlichem Charakter gibt es folgende Gruppierungen:

Erziehungsmaßregeln (§§ 9–12 JGG)

Hierbei handelt es sich um:
- *Erteilung von Weisungen*, wie das Ableisten gemeinnütziger Tätigkeiten (Arbeiten im Altenheim oder sonstigen karitativen Einrichtungen ohne Entgelt), Teilnahme an einem Verkehrsunterricht.
- *Anordnung, Hilfe zur Erziehung in Anspruch zu nehmen*, d. h., der Jugendrichter kann dem Jugendlichen nach Anhörung des Jugendamtes auferlegen, folgende Hilfen in Anspruch zu nehmen:
  - Erziehungsbeistandschaft (mit einem Erziehungsbeistand und Betreuungshelfer),
  - Heimerziehung in einer Einrichtung über Tag und Nacht oder
  - Wohnen in einer betreuten Wohnform.

14.1 Rechtsfolgen gegen Jugendliche

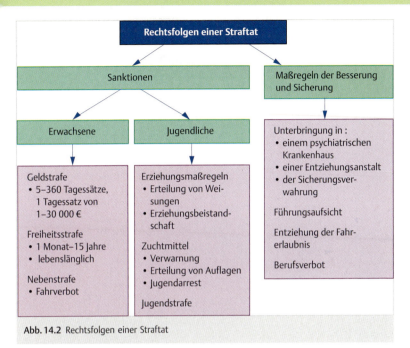

Abb. 14.2 Rechtsfolgen einer Straftat

Zuchtmittel (§§ 13–16 JGG)

Hierbei handelt es sich um:
- *Verwarnung*, sie ist in der Regel eine mündliche Zurechtweisung des Täters.
- *Erteilung von Auflagen* (z. B. Schadenswiedergutmachung, Entschuldigung beim Opfer, Zahlung eines Geldbetrages an eine gemeinnützige Einrichtung).
- *Jugendarrest*. Jugendarrest bedeutet die zeitweilige Freiheitsentziehung in einer Jugendarrestanstalt (sieht in der Praxis oft nicht anders aus als ein Gefängnis!): Freizeitarrest (1–2 Wochenenden), Kurzarrest (2–4 Tage), Dauerarrest (1–4 Wochen).

Jugendstrafe (§§ 17, 18 JGG)

Das Mindestmaß der Jugendstrafe beträgt 6 Monate, das Höchstmaß 10 Jahre. Auch bei Heranwachsenden beträgt das Höchstmaß 10 Jahre, wenn Jugendstrafrecht angewandt wird. Handelt es sich bei der Tat um einen Mord, so beträgt das Höchstmaß bei Heranwachsenden 15 Jahre.

Wird eine Jugendstrafe bis zu 2 Jahren verhängt, kann die Vollstreckung zur Bewährung für einen Zeitraum zwischen 2 und 3 Jahren ausgesetzt werden. Das bedeutet, dass der Jugendliche nicht sofort in die Jugendstrafanstalt muss, sondern sich zunächst bewähren kann. Unter bestimmten Voraussetzungen kann neben der Bewährung zusätzlich ein Jugendarrest verhängt werden (sog. „Warnschussarrest"). Während der Bewährungszeit

Rechtsfolgen einer Straftat

	Unterbringung in einem psychiatrischen Krankenhaus	Unterbringung in einer Entziehungsanstalt	Unterbringung in der Sicherungsverwahrung	Führungsaufsicht	Entziehung der Fahrerlaubnis	Berufsverbot
Geregelt in	§ 63 StGB	§ 64 StGB	§ 66 StGB	§ 68 StGB	§ 69 StGB	§ 70 StGB
Voraussetzungen	• rechtswidrige Tat im Zustand der Schuldunfähigkeit oder verminderten Schuldfähigkeit • vom Täter sind erhebliche rechtswidrige Taten zu erwarten, und er ist deshalb für die Allgemeinheit gefährlich	• wegen rechtswidriger Tat verurteilt, die im Rausch begangen wurde oder auf seinen Hang zurückgeht, oder nicht verurteilt, weil schuldunfähig • der Hang, alkoholische Getränke oder andere berauschende Mittel im Übermaß zu sich zu nehmen • Gefahr, dass infolge des Hanges erhebliche rechtswidrige Taten begangen werden	• trotz Verbüßung längerer Freiheitsstrafen wiederholte Begehung schwerer Straftaten • besonders gefährliche Sexualstraftäter • Hangtäter, die wiederholt schwere Straftaten begehen	• besondere im Strafgesetzbuch bei den jeweiligen Straftaten geregelte Fälle	• rechtswidrige Tat im Zusammenhang mit dem Führen eines Kraftfahrzeugs begangen • Ungeeignetheit zum Führen eines Kraftfahrzeugs	• rechtswidrige Tat unter Missbrauch des Berufes oder unter grober Verletzung der mit ihm verbundenen Pflichten • Gefahr, dass bei weiterer Ausübung des Berufes erhebliche rechtswidrige Taten begangen werden
Wirkungen	Unterbringung in psychiatrischem Krankenhaus	Unterbringung in der Entziehungsanstalt	nach Strafverbüßung weiterer Verbleib in der Justizvollzugsanstalt	der Verurteilte wird in Freiheit und untersteht einer Aufsichtsstelle	der Führerschein wird eingezogen und vernichtet, Fahrerlaubnis wird entzogen	der Täter darf den Beruf nicht mehr ausüben
Dauer	so lange, wie es der Zweck erfordert, ggf. lebenslänglich	höchstens 2 Jahre, kann aber verlängert werden	solange die Gefahr neuer erheblicher Straftaten besteht, Prüfung alle 2 Jahre	zwischen 2 und 5 Jahren (in Ausnahmefällen: unbefristet)	Sperrfrist für die Wiedererteilung einer Fahrerlaubnis von 6 Monaten bis zu 5 Jahren oder lebenslänglich	zwischen 1 und 5 Jahren oder lebenslänglich
Beispiel	geisteskranker Triebtäter	Alkoholiker, Drogensüchtiger	Hangtäter, Sexualstraftäter	Bankräuber nach Haftverbüßung	Trunkenheit im Straßenverkehr	Arzt nimmt strafbare Schwangerschaftsabbrüche vor

Abb. 14.3 Darstellung der Maßregeln der Besserung und Sicherung

sollte er nicht mehr straffällig werden und den Anordnungen seines Bewährungshelfers Folge leisten. Schafft er dies, wird seine Strafe nach Ablauf der Bewährungszeit erlassen, ansonsten wird die Strafaussetzung zur Bewährung widerrufen, und der Jugendliche muss seine Strafe in der Jugendstrafanstalt verbüßen.

14.1.3 Maßregeln zur Besserung und Sicherung

Bei den Maßregeln der Besserung und Sicherung (S. 151) darf gemäß § 7 JGG nur die Unterbringung in einem psychiatrischen Krankenhaus oder einer Entziehungsanstalt, die Führungsaufsicht oder die Entziehung der Fahrerlaubnis angeordnet werden, ausnahmsweise auch die Sicherungsverwahrung.

14.2 Rechtsfolgen gegen Erwachsene

Täter, die bei Begehung der Tat das 21. Lebensjahr vollendet haben, oder Heranwachsende, die nicht mehr unter das Jugendstrafrecht fallen, werden nach dem allgemeinen Strafrecht behandelt. Die Rechtsfolgen einer Straftat unterteilen sich wieder in solche,
- die eine Schuld voraussetzen (Freiheitsstrafe, Geldstrafe, Nebenstrafe) und
- die auch gegen einen Täter verhängt werden können, der ohne Schuld gehandelt hat, z. B. bei fehlender Schuldfähigkeit infolge psychiatrischer Erkrankung *(Maßregeln der Besserung und Sicherung)* (s. ▶ Abb. 14.2, ▶ Abb. 14.3).

14.2.1 Strafarten bei Erwachsenen

Gemäß Art. 102 GG ist die Todesstrafe abgeschafft.

Freiheitsstrafe

Die einschneidendste Maßnahme, die das Strafgesetz vorsieht, ist die Verhängung der Freiheitsstrafe. Mit dem Urteil des Gerichtes wird bestimmt, wie lange die Freiheitsstrafe dauert, die gegen den Täter verhängt wird und die er dann in einer Justizvollzugsanstalt verbringen muss. Die Höhe der Freiheitsstrafe richtet sich wie alle Strafen zunächst nach der zugrunde liegenden Straftat und der persönlichen Schuld des Täters. Die Dauer der Freiheitsstrafe kann zeitlich begrenzt oder unbegrenzt sein:
- *Zeitlich unbegrenzt.*
  Lebenslänglich, wenn es das Gesetz so vorsieht (z. B. bei Mord). Das bedeutet, dass der Täter zunächst einmal sein Leben lang eingesperrt wird. Die Dauer des Aufenthalts im Gefängnis ist zeitlich unbegrenzt. Frühestens nach 15 Jahren prüft dann ein Gericht, ob der Täter auf Bewährung vorzeitig entlassen werden kann.
  Auch wenn die wenigsten der zu „lebenslänglich" verurteilten Strafgefangenen bis zu ihrem Lebensende in Strafhaft bleiben, so beträgt ihre Haftzeit im Durchschnitt um die 20 Jahre. Eine Entlassung nach 15 Jahren ist daher eher selten.
- *Zeitlich begrenzt.*
  Mindestens ein Monat und höchstens 15 Jahre.

Wird bei einem Täter eine Freiheitsstrafe von **bis zu 2 Jahren** verhängt, entscheidet das Gericht zugleich, ob die Vollstreckung dieser Strafe zur **Bewährung** ausgesetzt wird.

Bewährung bedeutet, der Täter muss die gegen ihn verhängte Freiheitsstrafe noch nicht verbüßen, d. h., er muss zunächst nicht ins Gefängnis. Das Gericht legt eine bestimmte Zeit (2–5 Jahre) – die Bewährungszeit – fest, bis zu deren Ablauf sich der Täter bewähren kann. Damit erhält er die Chance zu zeigen, dass die bloße Verurteilung bei ihm genügt, ihn in Zukunft ein straffreies Leben führen zu lassen, und es eines Gefängnisaufenthalts nicht bedarf. Wird der Täter erneut straffällig oder verstößt er schuldhaft gegen Bewährungsauflagen (z. B. Zahlung eines bestimmten Geldbetrages an eine gemeinnützige Einrichtung oder Ableisten von unentgeltlicher Arbeit), kann das Gericht diese Aussetzung der Strafe widerrufen. Dies hat zur Folge, dass der Täter nunmehr seine bereits früher verhängte Freiheitsstrafe verbüßen und in das Gefängnis muss. Er hat es somit selbst „in der Hand", ob er im Fall einer Bewährung in das Gefängnis muss oder nicht.

Wird jemand zu einer Freiheitsstrafe von über 2 Jahren verurteilt, kann die Vollstreckung kraft Gesetzes nicht mehr zur Bewährung ausgesetzt werden.

Befindet sich der Strafgefangene in Haft, kann er unter Umständen vor Ablauf seiner Strafzeit entlassen werden. Soweit eine zeitlich begrenzte Freiheitsstrafe verhängt wurde, müssen folgende Voraussetzungen erfüllt sein:
- zwei Drittel der verhängten Strafe (jedoch mindestens 2 Monate) sind verbüßt (oder die Hälfte – jedoch mindestens 6 Monate –, wenn nicht mehr als zwei Jahre verhängt und der Verurteilte sich erstmals in Haft befindet oder wenn besondere Umstände vorliegen),
- die Entlassung kann unter Berücksichtigung des Sicherheitsinteresses der Allgemeinheit verantwortet werden (günstige Sozialprognose) und
- der Verurteilte willigt ein.

Bei Sexualstraftätern ist vor der Entlassung ein Gutachten über die Gefährlichkeit des Verurteilten einzuholen.

Bei einer lebenslangen Freiheitsstrafe kommt eine vorzeitige Entlassung in Betracht, wenn
- mindestens 15 Jahre der Strafe verbüßt sind,
- die besondere Schwere der Schuld des Verurteilten nicht die weitere Vollstreckung gebietet,
- dies unter Berücksichtigung des Sicherheitsinteresses der Allgemeinheit verantwortet werden kann (günstige Sozialprognose) und
- der Verurteilte einwilligt.

Vor der Entlassung ist ein Gutachten über die Gefährlichkeit des Verurteilten einzuholen.

Geldstrafe

Bei Straftaten im unteren Schuldbereich kommt bei nicht vorbestraften Tätern oft nur Geldstrafe in Betracht. Die Höhe der Geldstrafe bemisst sich nach dem Tagessatzprinzip, d. h. zum einen **nach der Schuld des Täters**, zum anderen nach dessen **wirtschaftlichen und persönlichen Verhältnissen**.

Um hier eine Gleichbehandlung zwischen „reichen" und „armen" Tätern zu erreichen, stellt man darauf ab, wie viel Geld dem jeweiligen Täter pro Tag zur Verfügung steht (= **Tagessatz**). Gleichzeitig wird dem Schuldgehalt entsprechend die Anzahl der Tagessätze festgelegt. Allein in dieser Anzahl ist das Maß des Verschuldens abzulesen und keinesfalls in der Gesamtsumme der Geldstrafe.

Das Gericht überlegt, wie hoch im vorliegenden Fall eine eventuelle Freiheitsstrafe zu bemessen wäre und kommt so zu einer bestimmten Anzahl von Tagen. Die Anzahl dieser Tage hängt entscheidend von der Schuld des Täters ab. Das Mindestmaß beträgt fünf, das Höchstmaß 360 Tagessätze.

Nun berechnet das Gericht die Höhe des einzelnen Tagessatzes. Ausgangspunkt hierfür ist das Nettoeinkommen, das der Täter durchschnittlich an einem Tag hat oder haben könnte.

Das monatliche errechnete Nettoeinkommen wird durch die Anzahl der Tage eines Monates (30) geteilt. Das Mindestmaß des einzelnen Tagessatzes beträgt 1 Euro, das Höchstmaß 30.000 Euro. Diese Art der Berechnung einer Geldstrafe nennt man **Tagessatzprinzip**.

Die Höhe des Geldbetrages, den der Täter insgesamt zu zahlen hat, errechnet sich dann aus dem Produkt zwischen der Anzahl der Tagessätze und der Höhe des einzelnen Tagessatzes.

Nebenstrafe

Das Strafgesetzbuch sieht nur noch eine echte Nebenstrafe vor, und zwar das **Fahrverbot**. Wird jemand wegen einer Straftat verurteilt, die er im Zusammenhang mit dem Führen eines Kraftfahrzeuges begangen hat, so kann ihm das Gericht für die Dauer von 1 Monat bis zu 3 Monaten verbieten, im Straßenverkehr ein Kraftfahrzeug zu führen (§ 44 StGB).

Unter den Begriff des *Kraft*fahrzeuges fallen neben dem Pkw auch Motorräder und Mofas, auch wenn zu deren Führen kein Führerschein erforderlich ist (ein Fahrrad ist kein Kraftfahrzeug). Für die Dauer des Fahrverbotes hat der Täter seinen Führerschein abzugeben. Er bekommt ihn dann automatisch nach Ablauf des Fahrverbotes ohne Weiteres wieder zurück. Nicht verwechselt werden darf hiermit die Entziehung der Fahrerlaubnis (S. 153).

Nebenfolgen

Das Strafgesetzbuch sieht in § 45 StGB unter bestimmten Voraussetzungen den Verlust der Amtsfähigkeit und Wählbarkeit sowie des Wahlrechtes vor. Dies kann jedoch nur bei höheren Freiheitsstrafen (nicht unter einem Jahr) erfolgen.

14.2.2 Maßregeln der Besserung und Sicherung

Begeht ein Täter eine Straftat, so reagiert der Staat mit der Verhängung einer Strafe, um zu bewirken, dass dieser Täter in Zukunft nicht mehr straffällig wird und die Allgemeinheit vor ihm geschützt wird. Da die Verhängung einer Strafe aber dem *Schuldprinzip* entsprechend immer an das Vorhandensein von Schuld knüpft, können Täter, die zum Zeitpunkt ihrer Tat schuldunfähig waren, nicht bestraft werden.

Schuldunfähige Täter können aber u. U. für die Gesellschaft eine genauso große Gefahr darstellen, wie die schuldfähigen. Darüber hinaus soll auf kranke Täter eine heilende Wirkung ausgeübt werden. Das Strafrecht sieht daher in diesen Fällen statt der Strafe eigene Maßnahmen (sog. *Maßregeln*) vor, die gegen diese Tätergruppe verhängt werden dürfen, ohne dass es sich hierbei um Strafen handelt – sog. Prinzip der Zweispurigkeit (▶ Abb. 14.2, ▶ Abb. 14.3). Diese Maßnahmen dürfen aber u. U. auch gegen Täter verhängt werden, die schuldhaft gehandelt haben.

Anders als Strafen knüpfen diese Maßregeln nicht an die Schuld, sondern an die *Sozialgefährlichkeit* des Täters an. Sie sollen die Allgemeinheit vor dem Täter *sichern* und diesen *bessern*.

Unterbringung in einem psychiatrischen Krankenhaus

Begeht jemand im Zustand der Schuldunfähigkeit oder der verminderten Schuldfähigkeit eine Straftat, wird er in einem psychiatrischen Krankenhaus untergebracht, wenn von ihm infolge seines Zustandes (z. B. einer Persönlichkeitsstörung) weitere erhebliche Straftaten zu erwarten sind und er deshalb für die Allgemeinheit gefährlich ist (§ 63 StGB). Diese Unterbringung dauert solange, wie es ihr Zweck erfordert, kann also auch lebenslänglich sein.

> **Beispiel**
> Lehrer Wagner (mit ihm begann die psychodynamische Wahnforschung) litt an Paranoia (Verfolgungswahn). In diesem Zustand tötete er im Jahre 1913 u. a. seine Ehefrau und seine vier Kinder. Er fühlte sich krankhaft verfolgt von seiner Familie und seinen Dorfnachbarn, was dazu führte, dass er sich an ihnen rächte. Wagner konnte nicht bestraft werden, da er schuldunfähig war und für seine Taten nicht verantwortlich gemacht werden konnte.

Unterbringung in einer Entziehungsanstalt

Liegt keine psychiatrische Erkrankung vor, besteht bei dem Täter aber der Hang, alkoholische Getränke (Alkoholiker) oder andere berauschende Mittel (z. B. Heroinabhängiger) im Übermaß zu sich zu nehmen, kommt die Unterbringung in einer Entziehungsanstalt gemäß § 64 StGB in Betracht, wenn er in diesem Zustand eine rechtswidrige Tat begangen hat und die Gefahr besteht, dass er infolge dieses Hanges weiter erhebliche Straftaten begehen wird.

Sicherungsverwahrung

Für sog. Hangtäter oder besonders gefährliche Sexualstraftäter kommt die Sicherungsverwahrung gemäß § 66 StGB in Betracht. Hangtäter sind solche Straftäter, die wiederholt schwere Straftaten begehen und sich auch durch lange Gefängnisaufenthalte nicht von weiterer Schwerkriminalität abhalten lassen.

Das Gericht kann die Sicherungsverwahrung neben einer Freiheitsstrafe bereits bei der Verurteilung aussprechen oder es sich im Strafurteil vorbehalten, die Anordnung der Sicherungsverwahrung später zu prüfen. Der Vorbehalt der Sicherungsverwahrung erfolgt insbesondere dann, wenn im Zeitpunkt des Urteils nicht mit hinreichender Sicherheit feststellbar ist, dass der Angeklagte für die Allgemeinheit gefährlich ist.

War die Sicherungsverwahrung weder im Urteil vorgesehen, noch hat sich das Gericht die Prüfung vorbehalten, kann nachträglich keine Sicherungsverwahrung mehr angeordnet werden (Verbot der nachträglichen Sicherungsverwahrung). Die im Jahre 2004 eingeführte Möglichkeit einer nachträglichen Anordnung der Sicherungsverwahrung ist am 13. Januar 2011 vom Europäischen Gerichtshof für Menschenrechte für menschenrechtswidrig erklärt worden.

Die **Dauer der Sicherungsverwahrung** hängt von verschiedenen Umständen ab. Zunächst wird jedes Jahr (nach 10 Jahren Sicherungsverwahrung alle 6 Monate) geprüft, ob die weitere Vollstreckung zur Bewährung auszusetzen oder für erledigt zu erklären ist. Dies ist dann der Fall, wenn zu erwarten ist, dass der Untergebrachte außerhalb der Sicherungsverwahrung keine rechtswidrigen Taten mehr begehen wird. Mit der Aussetzung tritt Führungsaufsicht ein.

Nach 10 Jahren wird er entlassen, wenn nicht die Gefahr besteht, dass der Untergebrachte erhebliche Straftaten begehen wird, durch welche die Opfer seelisch oder körperlich schwer geschädigt werden. Mit der Entlassung aus dem Vollzug der Unterbringung tritt Führungsaufsicht ein. Besteht diese Gefahr aber noch, wird er auch nach 10 Jahren nicht entlassen. Das Gericht prüft dann alle 6 Monate, ob die Gefahr noch besteht. Solange sie besteht, bleibt er verwahrt.

Die Sicherungsverwahrung dient allein dem **Zweck** der Vorbeugung vor künftigen Straftaten, während die Freiheitsstrafe eine Sanktion/Strafe für vergangene Straftaten darstellt. Bei der **Ausgestaltung** der Sicherungsverfahrung ist daher Folgendes zu beachten:

- Sie erfolgt in Einrichtungen, die dem Untergebrachten eine Betreuung, insbesondere eine psychiatrische, psycho- oder sozialtherapeutische Behandlung, die auf den Untergebrachten zugeschnitten ist, anbieten.
- Das Ziel soll sein, seine Gefährlichkeit für die Allgemeinheit so zu mindern, dass die Vollstreckung der Maßregel möglichst bald zur Bewährung ausgesetzt oder sie für erledigt erklärt werden kann.
- Der Vollzug der Sicherungsverwahrung muss in Einrichtungen erfolgen, die vom Strafvollzug getrennt sind, d. h. in besonderen Gebäuden oder Abteilungen (sog. Abstandsgebot).

Entziehung der Fahrerlaubnis

Gemäß § 69 StGB wird die Fahrerlaubnis entzogen, wenn im Zusammenhang mit dem Führen eines Kraftfahrzeuges eine Straftat begangen wird. Wird die Fahrerlaubnis entzogen, wird zugleich der Führerschein eingezogen (er „wandert" in den Reißwolf). Der Täter kann nach Ablauf der vom Gericht bestimmten Zeit (zwischen 6 Monaten und 5 Jahren) einen neuen Führerschein beantragen.

> **Beispiel**
> Ein betrunkener Autofahrer wird im Rahmen einer Verkehrskontrolle erwischt. Er hat 1,1 Promille Alkohol im Blut. Einerseits wird er wegen des nicht allzu hohen Schuldgehaltes beim ersten Mal nur zu einer Geldstrafe verurteilt. Andererseits wird ihm jedoch der Führerschein entzogen, da er gezeigt hat, dass er derart unzuverlässig ist, in diesem Zustand ein Kraftfahrzeug zu steuern. Für eine gewisse Zeit (mindestens 6 Monate) wird der Verwaltungsbehörde untersagt, ihm eine neue Fahrerlaubnis zu erteilen.

Führungsaufsicht

Führungsaufsicht wird gegen einen Verurteilten angeordnet, wenn er aufgrund einer vorsätzlichen Straftat eine Freiheitsstrafe von mindestens 2 Jahren vollständig verbüßt hat oder das Gesetz dies ausdrücklich vorsieht und der Täter mindestens zu einer Freiheitsstrafe von 6 Monaten verurteilt wurde. Nur ausnahmsweise kann davon abgesehen werden, wenn zu erwarten ist, dass er auch ohne Führungsaufsicht keine Straftaten mehr begehen wird. Für die Dauer der Führungsaufsicht (2–5 Jahre) bekommt der Verurteilte einen Bewährungshelfer. Das Gericht kann in dieser Zeit auch bestimmte Weisungen erteilen.

Berufsverbot

Wird jemand wegen einer Tat verurteilt, die er unter Missbrauch seines Berufes oder der damit verbundenen Pflichten begangen hat (oder wird er nur deshalb nicht verurteilt, weil er schuldunfähig ist), so kann ihm das Gericht die Ausübung seines Berufes für eine bestimmte Zeit oder für immer verbieten, § 70 StGB. Der Täter muss jedoch schwerwiegende Straftaten begangen haben.

> **Beispiel**
> Die Nachtschwester kann auf der Intensivstation dem qualvollen Leiden der Patienten nicht mehr länger zuschauen. Sie verabreicht mehreren Patienten eine tödliche Injektion und wird deshalb verurteilt. Hier kann das Gericht neben der Strafe ein Berufsverbot verhängen. So kann sie auch nach der Haftentlassung ihren Beruf nicht mehr ausüben.

15 Ausgewählte Straftatbestände für das Pflegepersonal

Abb. 15.1 Straftatbestände für das Pflegepersonal

15.1 Körperverletzung (§ 223 ff. StGB)

§§
Wer eine andere Person körperlich misshandelt oder an der Gesundheit schädigt, wird mit Freiheitsstrafe bis zu fünf Jahren oder mit Geldstrafe bestraft. Der Versuch ist strafbar. (§ 223 StGB)

15.1.1 Vorsätzliche Körperverletzung

Entsprechend den Ausführungen des objektiven und subjektiven Tatbestandes (S. 135) wird der Straftatbestand der Körperverletzung beispielhaft ausgeführt (▶ Abb. 15.2).

Tatbestand

Der objektive Tatbestand der vorsätzlichen Körperverletzung enthält zwei Tatbestandsmerkmale (▶ Abb. 15.2):

Abb. 15.2 Tatbestand einer Körperverletzung

Anderer Mensch

Ein anderer Mensch muss verletzt sein.
- Schutzgut der Körperverletzung ist das körperliche Wohl des Menschen.
Das Menschsein im Sinne des Strafgesetzbuches beginnt mit dem Geburtsakt. Dieser setzt mit den Eröffnungswehen ein, unabhängig davon, ob sie spontan oder künstlich hervorgerufen werden. Beim Kaiserschnitt dürfte auf die Eröffnung des Uterus abzustellen sein.
Das Menschsein (S. 166) endet mit dem Eintritt des Todes. Für das Strafrecht allein entscheidend ist der sog. Hirntod im Unterschied zum Herz- oder Kreislaufstillstand. Wann der Hirntod vorliegt, ist eine medizinisch zu beantwortende Frage.
- Die Tat muss gegen einen anderen Menschen gerichtet sein.
Damit ist die Selbstverletzung grundsätzlich straflos. Eine Ausnahme bildet hier lediglich § 109 StGB, der die Selbstverstümmelung zum Zweck der Wehrpflichtentziehung (Bundeswehr) unter Strafe stellt.

Körperliche Misshandlung

Eine körperliche Misshandlung ist eine üble, unangemessene Behandlung, durch die das Opfer in seinem körperlichen Wohlempfinden nicht unerheblich beeinträchtigt wird. Eine Schmerzerregung ist dabei nicht unbedingt erforderlich. Auch kann die Beeinträchtigung psychischer Natur sein.

> **Aufgabe 26**
>
> Der 8-jährige Felix liegt im Sterben. Seine Eltern, die in großer Sorge sind, besuchen ihn täglich. Das geht dem Gesundheits- und Krankenpfleger Fabian „langsam auf die Nerven", da sie ihn auch immer kritisieren. Als er es nicht länger aushält, berichtet er den Eltern eines Tages wahrheitswidrig, dass Felix gestorben sei. Die Eltern von Felix sind bestürzt und geschockt. Hat sich Fabian strafbar gemacht?
> Erläuterung im Anhang, Aufgabe 26 (S. 511)

Auch Verunstaltungen des Körpers können Misshandlungen sein.

15.1 Körperverletzung (§ 223 ff. StGB)

Aufgabe 27

Bei der Pflege kommen dem Gesundheits- und Krankenpfleger Fritz Bedenken aufgrund der sehr langen Haare eines Patienten. Er glaubt, dass dies den hygienischen Anforderungen auf der Krankenabteilung nicht entspricht. Obwohl der Patient nicht damit einverstanden ist, nimmt er kurz entschlossen die Schere und schneidet die Haare ab. Hat er sich strafbar gemacht?
Erläuterung im Anhang, Aufgabe 27 (S. 511)

Schädigung an der Gesundheit

Eine Schädigung an der Gesundheit liegt im Hervorrufen oder Steigern eines krankhaften Zustandes. Krankhaft ist ein Zustand dann, wenn er vom Normalzustand der körperlichen Funktionen nachteilig abweicht. Diese Beeinträchtigung braucht nicht von Dauer zu sein, darf aber auch nicht unerheblich sein. So führt die einmalige, kurzzeitige oder nur gelegentlich wiederholte ordnungsgemäße Anwendung von Röntgenstrahlen in der Regel zu keiner erheblichen Beeinträchtigung. Anders ist es aber, wenn die Zerstörung der Zellstrukturen durch Röntgenuntersuchungen die Gefahr des Eintritts von Langzeitschäden nicht nur unwesentlich erhöht. So stellt insbesondere das Röntgen in exzessiver Weise eine Körperverletzung dar, auch wenn klinisch erkennbare Schäden nicht oder nicht sogleich wahrnehmbar sind.

Aufgabe 28

Am Beispiel der Aufgabe 26 (S. 156):
- 28a Die Mutter von Felix ist an sich kerngesund. Die Todesnachricht bewirkt bei ihr einen Schock, womit eine psychische Beeinträchtigung *hervorgerufen* wird.
- 28b Der Vater von Felix leidet bereits an depressiver Verstimmung. Diese wird durch die vermeintliche Todesnachricht noch verschlimmert, sodass eine *Steigerung* dieses krankhaften Zustandes vorliegt.

Erläuterung im Anhang, Aufgabe 28 (S. 511)

Das Hervorrufen eines krankhaften Zustandes kann bereits *durch eine Infektion* entstehen, auch wenn die Krankheit erst nach einer längeren Inkubationszeit ausbricht und zwar spätestens dann, wenn eine pathologische Veränderung eintritt. So liegt bei einer **AIDS-Infektion** bereits bei der Infizierung eines anderen mit dem *HI-Virus* eine Gesundheitsschädigung vor. In der Regel tritt vier bis sechs Wochen nach dem infizierenden Kontakt das HI-Virus (Human immune deficiency Virus) auf. Bereits zu diesem Zeitpunkt weicht der körperliche Zustand in pathologisch auffälliger Weise vom Normalbild eines Gesunden ab. Damit liegt bereits eine Gesundheitsschädigung vor und nicht erst, wenn die Krankheit AIDS (Acquired immune deficiency Syndrome) u. U. erst nach bis zu 6 Jahren zum Ausbruch kommt.

Aufgabe 29

Paul ist mit dem HI-Virus infiziert und weiß dies auch. Obwohl er die Ansteckungsgefahr kennt, führt er mit seiner Freundin ungeschützten Geschlechtsverkehr durch, ohne sie über seine Infizierung aufzuklären. Wie nicht anders zu erwarten, wird nun auch seine Freundin infiziert. Hat sich Paul strafbar gemacht?
Erläuterung im Anhang, Aufgabe 29 (S. 511)

Bezüglich des *subjektiven Tatbestands* ist *Vorsatz* erforderlich. Dieser liegt vor, wenn der Täter weiß, dass die von ihm vorgenommene Handlung bei dem anderen Menschen eine körperliche Misshandlung oder eine Gesundheitsschädigung bewirkt, und er dies auch will, wobei hierfür ausreicht, dass er die körperliche Misshandlung oder die Gesundheitsschädigung billigend in Kauf nimmt. Im Fall der Aufgabe 29 weiß Paul, dass er durch den Geschlechtsverkehr seine Freundin infizieren kann. Wenn er nun trotzdem mit ihr verkehrt, nimmt er in Kauf, dass sie infiziert wird. Dies reicht für das Wollen der gesundheitlichen Beeinträchtigung aus.

Rechtswidrigkeit

Die Rechtswidrigkeit (S. 138) liegt bereits durch Begehen des objektiven Tatbestands vor. Sie kann allerdings durch einen Rechtfertigungsgrund ausgeschlossen sein. Der wichtigste Rechtfertigungsgrund ist hier die Einwilligung (S. 138) wie im Fall eines medizinischen Eingriffs durch Arzt und Pflegepersonal (S. 159).

Schuld (S. 140)

Aufgabe 30

Patient Severin leidet unter Verfolgungswahn. Als der Gesundheits- und Krankenpfleger Otto bei ihm am Bett erscheint, um ihn zu waschen, schlägt Severin nach ihm und trifft ihn im Gesicht. Otto verliert daraufhin einen Zahn. Kann Severin bestraft werden?
Erläuterung im Anhang, Aufgabe 30 (S. 512)

15.1.2 Körperverletzung durch Unterlassen

Auch durch *Unterlassen* kann eine Körperverletzung begangen werden, wenn der Täter durch sein Nichtstun eine körperliche Misshandlung oder eine Gesundheitsschädigung herbeiführt. Voraussetzung ist hierfür allerdings, dass er verpflichtet war, tätig zu werden.

15.1 Körperverletzung (§ 223 ff. StGB)

Aufgabe 31

Die Nachtschwester Inge bemerkt, dass ein Patient auf ihrer Station erhebliche Schmerzen hat. Auf sein Klagen äußert sie nur, dass er diese bis morgen aushalten müsse und dann den Arzt informieren soll. Begeht Inge eine Körperverletzung?
Erläuterung im Anhang, Aufgabe 31 (S. 512)

15.1.3 Medizinischer Eingriff durch Arzt und Pflegepersonal

Die ärztliche Heilbehandlung stellt juristisch einen Sonderfall der vorsätzlichen Körperverletzung dar. Bei ihr liegt in der Regel eine *Einwilligung des Patienten* vor. Während einer ärztlichen Heilbehandlung und Therapie sind oft zahlreiche Eingriffe in den menschlichen Körper vorzunehmen. Hierzu zählen neben operativen Eingriffen, bei denen der Eingriff in die Unversehrtheit des Körpers ganz offensichtlich ist, auch medikamentöse Behandlungen und sonstige die Heilbehandlung begleitende Maßnahmen wie Betäubung, Bestrahlung usw. In der Regel benötigt der Arzt zur Durchführung der Behandlung die Mitwirkung anderer, sei es als Hilfe zu den ärztlichen Maßnahmen oder als selbstständige, der Genesung dienende Pflege.

Bei all diesen Eingriffen stellt sich die Frage, ob in der Verletzung der körperlichen Unversehrtheit eine Körperverletzung im strafrechtlichen Sinn zu sehen ist, mit der Folge, dass bei den Hilfs- oder Unterstützungsmaßnahmen der Pflegekräfte eine Beihilfehandlung vorliegt.

Nach ständiger Rechtsprechung erfüllt jede ärztliche Maßnahme, soweit sie die körperliche Integrität berührt, den Tatbestand der **vorsätzlichen Körperverletzung.**

Dabei ist bei einer ärztlichen Heilbehandlung in der Regel die Rechtswidrigkeit ausgeschlossen, wenn eine Einwilligung des Patienten vorliegt.

Bei Durchführung einer ärztlichen Maßnahme liegt keine strafbare Körperverletzung vor, wenn der Patient in diesen Eingriff wirksam eingewilligt hat.

Aufgabe 32

Dr. Brinkmann befindet sich im Operationssaal, um den entzündeten Blinddarm eines leidenden Patienten zu entfernen. Schwester Gabi reicht ihm hierzu das Skalpell. Es kommt zum Schnitt. Haben sich die beiden strafbar gemacht?
Erläuterung im Anhang, Aufgabe 32 (S. 512)

Entscheidend für den ärztlichen Eingriff ist, wie bereits erwähnt, das Vorliegen einer **wirksamen Einwilligung.** Seit dem In-Kraft-Treten des Patientenrechtegesetzes am 26.2.2013 ist die Einwilligung als Voraussetzung für eine zulässige medizinische Maßnahme in § 630d BGB ausdrücklich gesetzlich geregelt. Davon hängt letztlich die Strafbarkeit wegen vorsätzlicher Körperverletzung des Arztes und damit untrennbar verbunden die Strafbarkeit der Hilfskräfte wegen Beihilfe zur Körperverletzung ab, falls sie vom Nichtvorliegen einer derartigen Einwilligung *Kenntnis* haben. Für eine wirksame Einwilligung müssen die folgenden Voraussetzungen vorliegen (▶ Abb. 15.3):

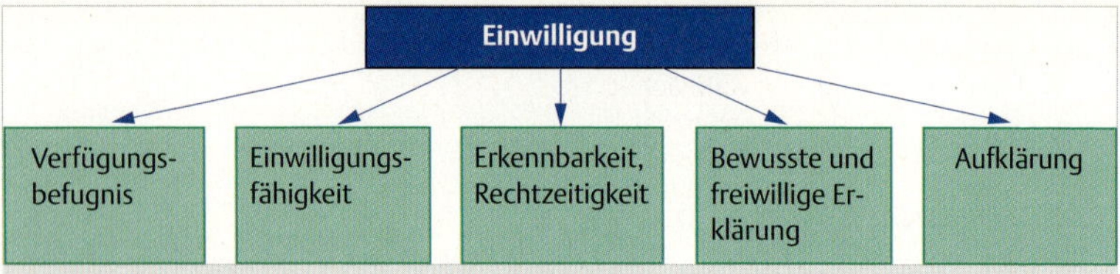

Ausgewählte Straftatbestände für das Pflegepersonal

Abb. 15.3 Voraussetzung einer wirksamen Einwilligung

Einwilligung:
- Verfügungsbefugnis
- Einwilligungsfähigkeit
- Erkennbarkeit, Rechtzeitigkeit
- Bewusste und freiwillige Erklärung
- Aufklärung

Verfügungsbefugnis

Der Einwilligende muss über das verletzte Rechtsgut verfügen können. Dies kann er z. B. bezüglich seines Lebens nicht. Es kann daher niemand in seine Tötung einwilligen. Hinsichtlich der Körperverletzung besagt § 228 StGB, dass eine Einwilligung in diese nur dann wirksam ist, wenn die Tat nicht gegen die guten Sitten verstößt. Dies ist z. B. der Fall bei Verstümmelung oder dauernder erheblicher Entstellung oder lebensgefährlicher Behandlung ohne berechtigten Grund, schwerwiegenden Körpereingriffen etwa zur Begehung eines Versicherungsbetruges oder zur Verdeckung von Straftaten.

Willigt der Vertreter eines Patienten in ärztliche Maßnahmen ein, wie es z. B. bei den Eltern bezüglich ihrer Kinder oder einem Betreuer bzw. Bevollmächtigten bzgl. seines Betroffenen der Fall ist, muss sich diese Einwilligung am Wohl des Patienten orientieren. So haben gemäß § 1627 BGB die Eltern die elterliche Sorge (S. 286) zum Wohl des Kindes auszuüben. Es sind daher nur Erziehungsmaßnahmen gerechtfertigt, die dem Wohl des Kindes dienen. Und nur soweit kann eine erteilte ärztliche Einwilligung in entsprechende Maßnahmen wirksam sein, s. auch zur Problematik der Beschneidung (S. 139).

Einwilligungsfähigkeit

Die Einwilligungsfähigkeit des Einwilligenden muss gegeben sein. Sie hängt weniger von bestimmten Altersgrenzen ab, als von einer **tatsächlichen oder natürlichen Einsichts- und Urteilsfähigkeit**. Entscheidend ist, dass der Einwilligende die Bedeutung und die Tragweite des Eingriffes erkennen kann.

Aufgabe 33

Der 6-jährige Florian hat eine Mandelentzündung. Der Kinderarzt kommt zur Überzeugung, dass es das Beste sei, die Mandeln operativ zu entfernen, um zukünftig keine Probleme mehr mit ihnen zu haben. Hierzu willigt die Mutter auch ein. Der Vater von Florian ist jedoch dagegen, da er die Mandeln für durchaus sinnvoll hält. Dies teilt er auch dem Kinderarzt mit. Ungeachtet dessen begibt sich die Mutter von Florian zum Kinderarzt, wo dann die Mandeln herausgenommen werden. Hierbei wird er von einer Gesundheits- und Krankenpflegerin unterstützt. Haben sich der Arzt und die Schwester strafbar gemacht? Erläuterung im Anhang, Aufgabe 33 (S. 512)

Bei **Volljährigen** liegt in der Regel die Einwilligungsfähigkeit vor. Ausnahmen können gegeben sein z. B. bei Geisteskranken oder Betrunkenen. Ist der Patient einwilligungsunfähig, ist die Einwilligung seines gesetzlichen Vertreters erforderlich. Dies kann bei volljährigen Personen nur entweder ein vom Betreuungsgericht bestellter Betreuer (S. 293) oder ein vom Patienten selbst bevollmächtigter Vertreter (Bevollmächtigter) sein. Letzteres liegt vor, wenn eine Vorsorgevollmacht existiert.

Bei **Minderjährigen** kommt es auf den individuellen Reifegrad an, der in Bezug auf den konkreten Eingriff zu beurteilen ist. Fehlt es hier an der Einwilligungsfähigkeit, kann die Einwilligung von dem gesetzlichen Vertreter erteilt werden. Bei alltäglichen Eingriffen (z. B. Blutentnahme) wird man die Einwilligungsfähigkeit ab dem 16. Lebensjahr annehmen können. Je schwerwiegender der Eingriff, desto höhere Anforderungen sind an die Einsichtsfähigkeit zu stellen. Dabei kommt es auch auf das mit dem Eingriff verbundene Risiko an. Stellt die Verweigerung der Einwilligung oder die Erteilung einen *Missbrauch des Sorgerechts* dar, kann das Familiengericht die erforderlichen Maßnahmen treffen und die Einwilligung ersetzen.

Erkennbarkeit und Rechtzeitigkeit

Die Einwilligung muss **vor der Tat** *nach außen* (d. h. für die Umwelt erkennbar) *bekundet* worden sein. Sie muss auch zum Zeitpunkt des Eingriffs noch bestehen. Die Einwilligung ist jederzeit frei und formlos *widerrufbar*.

Bewusste und freiwillige Erklärung

In der Regel muss der Patient vor dem Eingriff **bewusst und freiwillig** die Einwilligung erteilt haben. Bezüglich der Form der Einwilligung gibt es verschiedene Möglichkeiten:
- Ausdrückliche Einwilligung: mündliche Erklärung, schriftliche Erklärung oder stillschweigende Erklärung
- Mutmaßliche Einwilligung

Bei der ausdrücklichen Einwilligung wird der Wille des Patienten ausgedrückt. Dies kann nun mündlich geschehen, da die Einwilligungserklärung an keine bestimmte Form gebunden ist oder schriftlich. Um später die Einwilligung des Patienten beweisen zu können ist es allerdings nützlich, wenn die Erklärung schriftlich festgehalten wird.

Eine bestimmte Form der schriftlichen Einwilligung stellt die **Patientenverfügung** (S. 207) dar. Liegt eine solche wirksam vor, ist sie für die Behandlungsseite verbindlich (§ 1901a BGB).

„*Stillschweigend*" erfolgt die Einwilligung, wenn der Patient seinen Willen kundgibt, indem er weder etwas sagt noch schreibt, sozusagen „still bleibt", aber durch eindeutige Gesten zum Ausdruck bringt, dass er mit dem Eingriff einverstanden ist. Nähert sich z. B. die Gesundheits- und Krankenpflegerin dem Patienten mit einer „Spritze" und gibt sie ihm zu verstehen, dass jetzt bei ihm Blut abgenommen wird, so ist bereits die Einwilligung des Patienten darin zu sehen, dass er sich „frei macht" und den Arm der Schwester hinstreckt.

Die erklärte Einwilligung kann jederzeit widerrufen werden. Wurde sie schriftlich erteilt, kann sie dennoch mündlich widerrufen werden.

Bei der mutmaßlichen Einwilligung liegt keine ausdrückliche Erklärung vor. Der Wille des Patienten wird vermutet. Die Einwilligung des Patienten darf jedoch nur vermutet werden, wenn sie nicht rechtzeitig eingeholt werden kann und der Patient – könnte er gefragt werden – dem Eingriff zustimmen würde.

Eine Einwilligung kann z. B. dann nicht eingeholt werden, wenn der Patient bewusstlos oder so schwer verletzt ist, dass er nicht ansprechbar ist. Hier dürfen ohne Weiteres die nicht aufschiebbaren Eingriffe vorgenommen werden, von denen anzunehmen ist, dass der Patient zustimmen würde, falls er gefragt werden könnte. Diese Voraussetzungen liegen insbesondere im *Notfall* vor, wo lebenswichtige Eingriffe sofort erforderlich sind und keinen Aufschub dulden.

Die mutmaßliche Einwilligung kommt auch in den Fällen in Betracht, bei denen sich nach Beginn der Operation herausstellt, dass weitere Eingriffe erforderlich sind. Diese Operationserweiterung darf durchgeführt werden, wenn man davon ausgehen kann, dass der Patient bei Kenntnis des vollen Ausmaßes der Erweiterung zugestimmt hätte. Dies kann z. B. angenommen werden, wenn dem Patienten ohnehin keine andere Wahl geblieben wäre. Andererseits muss im Einzelfall geprüft werden, ob sich der Patient nicht vielleicht doch bei voller Kenntnis anders entscheiden würde.

Aufklärung

Der Patient kann nur wirksam in eine Maßnahme einwilligen, wenn er weiß, worum es geht, d. h. er muss wissen, worin er einwilligt. Die Wirksamkeit der Einwilligung setzt daher voraus, dass der Patient oder, wenn der Patient einwilligungsunfähig ist, sein Vertreter vor der Einwilligung aufgeklärt worden ist. Der Inhalt dieser Aufklärung ist nunmehr durch das Patientenrechtegesetz (S. 234) in § 630e BGB gesetzlich geregelt. Bei einem medizinischen Eingriff ist eine **umfassende Aufklärung** des Patienten *vor* der Einwilligung und daher vor dem Eingriff erforderlich. Der Patient muss über *Art, Bedeutung und Tragweite des Eingriffes* so weit informiert werden, dass er selbst in der Lage ist, das Für und Wider des Eingriffes abzuwägen.

Umfang der Aufklärung. Der Umfang der Aufklärung lässt sich nicht generell festlegen. Er hängt zum einen von der Art des Eingriffes und den damit verbundenen Risiken ab und zum anderen von der Person des Patienten. Auch wird der Umfang dadurch bestimmt, wie eilig die Maßnahme durchgeführt werden muss.

Die Aufklärung ist eine ärztliche Aufgabe. Aufklären muss daher in der Regel der Arzt, der den Eingriff vornimmt. Allerdings kann bei einfach gelegenen Maßnahmen diese Aufklärung auch an das Krankenpflegepersonal übertragen werden, wenn von ihm die Maßnahme durchgeführt wird, es fachlich kompetent ist und es Rückfragen des Patienten zutreffend beantworten kann. Dies zu überprüfen ist wiederum Aufgabe des Arztes.

Im Wesentlichen ist über Folgendes aufzuklären:
- *Behandlungsalternativen* bei unterschiedlichem Risiko (z. B. Vollnarkose oder Spinalanästhesie),
- *Folgen des Eingriffs* (z. B. Schmerzumfang, postoperativer Zustand, Auswirkungen auf zukünftiges Leben, Verhalten im Straßenverkehr),
- *Risiken und Nebenwirkungen* (auch seltene Komplikationen, wenn von gravierender Natur, Medikamentenwirkung),
- *Wirtschaftliche Folgen* (z. B. Kostentragung der Krankenkasse oder nicht).

Der Patient ist in schonender Weise aufzuklären. Diese Schonung kann im Einzelfall so weit gehen, dass eine Nichtaufklärung zugunsten des Patienten aus humanitären Gründen sinnvoll erscheint (humanitäres Prinzip). Die schonungslose Darstellung des zu behandelnden Leidens kann nämlich sogar einen Behandlungsfehler darstellen.

Rechtzeitigkeit der Aufklärung. Der Patient muss so rechtzeitig aufgeklärt werden, dass ihm noch Zeit zum Überlegen bleibt und er die Argumente für und gegen den Eingriff abwägen kann (§ 630e Abs. 2 Nr. 2 BGB). Dem Patienten ist eine ausreichende Überlegungsfreiheit ohne Zeitdruck zu belassen. Er soll gegebenenfalls mit einer Person seines Vertrauens Rücksprache halten können. Zu spät ist die Aufklärung jedenfalls dann, wenn sie erst auf dem Operationstisch stattfindet oder dem bereits unter bewusstseinsdämpfenden Mitteln stehenden Patienten erteilt wird. Der Bundesgerichtshof differenziert im Grundsatz wie folgt:

- Bei *kleineren, risikoarmen Eingriffen* ist die Aufklärung rechtzeitig
  - bei *stationärer* Behandlung am Vor*tag* des Eingriffes,
  - bei *ambulanten* Eingriffen und stationären Diagnoseeingriffen am Tag des Eingriffes, wenn die Aufklärung von der operativen Phase deutlich abgesetzt ist.
- Bei *schwierigen, risikoreichen* Eingriffen muss das Aufklärungsgespräch bei Festlegung des Operationstermins erfolgen.
- Bei *Narkoserisiken* braucht erst am Vor*abend* des Eingriffes aufgeklärt zu werden.

Ist eine Aufklärung vor dem Eingriff aus zeitlichen Gründen (Notfall) nicht möglich, muss der Patient unter Umständen nachträglich über die vorhandenen Gefahren und Risiken aufgeklärt werden (nachträgliche Selbstbestimmungs- und Sicherungsaufklärung).

Aufklärungsgespräch. Die Aufklärung des Patienten muss im Rahmen eines Gesprächs stattfinden (§ 630e Abs. 2 Nr. 1 BGB). Zwar können Broschüren oder Formblätter zur Aufklärung herangezogen werden, dies jedoch allenfalls unterstützend. Es gibt keine pauschale Aufklärung, sondern der Umfang hängt einerseits vom konkreten Eingriff ab und andererseits vom einzelnen Patienten. Erst im Gespräch merkt der Arzt, die Gesundheits- und Krankenpflegerin oder der Gesundheits- und Krankenpfleger, ob der Patient den Inhalt der Aufklärung verstanden hat bzw. ob er ausreichend aufgeklärt ist. Auch kann hier erst beurteilt werden, ob der Patient aufgrund seiner körperlichen und geistigen Fähigkeiten einwilligungsfähig ist oder ob er z. B. einen Dolmetscher benötigt.

So muss derjenige, der aufklären will, eine sprachkundige Person hinzuziehen, wenn nicht ohne Weiteres sicher ist, dass der Patient die deutsche Sprache so gut beherrscht, dass er die Erläuterungen, die er erhält, verstehen kann. Am besten dazu eignen sich allgemein vereidigte Dolmetscher, da diese der Schweigepflicht unterliegen. Es muss gesichert sein, dass die Gefahr von Missverständnissen ausgeschlossen ist. Auch dies kann man wohl erst in einem (Aufklärungs-)Gespräch feststellen.

Willigt z. B. ein Patient in eine Blutentnahme ein, ohne zu wissen, dass dieses Blut nachträglich auf HIV-Antikörper untersucht wird, stellt sich die Frage, ob die Blutentnahme noch von der Einwilligung gedeckt wird oder ob diese Einwilligung nicht so weit reicht und daher der „Einstich" rechtswidrig bleibt.

Dieser sog. *heimliche AIDS-Test* wird teilweise grundsätzlich für rechtswidrig gehalten, teilweise wird – wohl zutreffend – wie folgt differenziert:

- Zunächst sollte aus rechtlicher Sicht die HIV-Infektion nicht anders behandelt werden als andere schwere ansteckende Krankheiten auch.
- Wer sich nun in ärztliche Behandlung begibt, darf dann auf HIV untersucht werden, wenn aus ärztlicher Sicht ein solcher Test angezeigt ist, sei es infolge der anamnestischen Krankheitssymptome oder infolge der Zugehörigkeit des Patienten zu einer Hochrisikogruppe. In diesen Fällen gehört die Untersuchung sogar zu den Sorgfaltspflichten des Arztes bezüglich einer umfassenden diagnostischen Abklärung des Krankheitsbildes. Der Arzt kann dann in der Regel davon ausgehen, dass der Patient in eine derart indizierte Untersuchung einwilligt. Widerspricht aber der Patient einer solchen Untersuchung, darf der Arzt die Blutentnahme nicht vornehmen bzw. sie nicht nachträglich auf HIV untersuchen. Der Arzt darf dann seinerseits die Behandlung ablehnen.

- Gehört der Patient nicht der Risikogruppe an, muss eine Einwilligung zum AIDS-Test vorliegen, da es sich dann nicht mehr um eine Routineuntersuchung handelt. Wird der Test ohne die erforderliche Einwilligung durchgeführt, kann der Patient Schmerzensgeld wegen Verletzung des Persönlichkeitsrechts beanspruchen.
- **Fehlt die Einwilligung des Patienten** und liegt auch keine stillschweigende oder mutmaßliche Einwilligung (S. 161) vor, darf der medizinische Eingriff nicht vorgenommen werden. Insbesondere wenn der Patient einer Maßnahme ausdrücklich widerspricht, haben dies der Arzt und das Pflegepersonal hinzunehmen, wenn es der freie Wille des bei vollem Bewusstsein entscheidenden Patienten ist. Dies ist Inhalt des *Selbstbestimmungsrechts* des Menschen (Art. 2 GG). Die Entscheidung des Patienten ist zu respektieren, auch wenn sie wider alle ärztliche oder pflegerische Vernunft ist.

Es gibt keine Zwangsbehandlung gegen den frei verantwortlichen Willen eines Patienten.
So besteht nach mehreren Entscheidungen des Bundesverfassungsgerichts ein Recht auf „Freiheit zur Krankheit". Dies bedeutet, dass es dem frei verantwortlichen Patienten (und in gewissen Grenzen auch dem Betreuten) überlassen bleiben muss, ob er sich ärztlich behandeln lassen will oder nicht.

Eine Zwangsbehandlung (S. 312) ist allerdings in engen Grenzen zulässig bei untergebrachten Patienten.

Aufgabe 34

Ein Ehepaar ist Mitglied einer bestimmten religiösen Vereinigung und sehr gläubig. Als die Ehefrau nach der Geburt des vierten Kindes unter akutem Blutmangel leidet, lehnt sie es ab, sich ärztlichem Rat gemäß in eine Krankenhausbehandlung zu begeben und insbesondere eine Bluttransfusion vornehmen zu lassen. Der Ehemann unterließ es, auf seine Ehefrau einzuwirken. Beide glaubten fest an folgende Stelle in der Heiligen Schrift: „Ist jemand krank, der rufe zu sich die Ältesten der Gemeinde und lasse über sich beten, und das Gebet des Glaubens wird dem Kranken helfen." Die Ehefrau, die bis zuletzt bei klarem Bewusstsein war, verstarb. Hat sich der Ehemann strafbar gemacht, weil er auf seine Ehefrau nicht eingewirkt hat? Hätte die Frau trotz entgegenstehendem Willen behandelt werden dürfen?
Erläuterung im Anhang, Aufgabe 34 (S. 512)

Aufgabe 35

Eines Morgens betritt Schwester Veronika das Krankenzimmer, um die alltäglich erforderliche, subkutan zu verabreichende Injektion zur Vorbeugung einer Thrombosegefahr bei einem Patienten vorzunehmen. Dieser hat sich bereits seit längerem über diese morgendliche Prozedur geärgert, zumal er die Behandlung nicht einsieht. Als er nun zu Schwester Veronika sagt, dass er die Injektion nicht will, meint diese nur, er solle nicht so empfindlich sein, und im Übrigen werde sie es wohl besser wissen, was gut für ihn sei (was möglicherweise richtig ist). Aus Angst und Respekt vor der Autorität lässt der nunmehr eingeschüchterte Patient die Spritze über sich ergehen, obwohl er sie eigentlich gar nicht will. Hat sich Veronika strafbar gemacht?
Erläuterung im Anhang, Aufgabe 35 (S. 512)

15.1.4 Fahrlässige Körperverletzung (§ 229 StGB)

> **§§**
> Wer durch Fahrlässigkeit die Körperverletzung einer anderen Person verursacht, wird mit Freiheitsstrafe bis zu drei Jahren oder mit Geldstrafe bestraft. (§ 229 StGB)

Ist der Körper oder die Gesundheit eines Menschen verletzt worden, obwohl dies vom Täter nicht gewollt und schon gar nicht beabsichtigt war, liegt eine fahrlässige Körperverletzung vor, wenn die Schädigung dadurch entstanden ist, dass der Täter bestimmte Sorgfaltspflichten missachtet hat (s. auch fahrlässige Straftat (S. 141)).

> **Aufgabe 36**
> Die Gesundheits- und Krankenpflegeschülerin Pia wird von der Stationsleitung Paula gebeten, beim Patienten Max eine subkutane Injektion zu verabreichen. Paula geht davon aus, dass Pia, die sich im 3. Ausbildungsjahr befindet, diese Injektionsart beherrscht. Pia hat zwar die theoretischen Kenntnisse, jedoch bisher nur immer zugeschaut und traut sich nun nicht, Paula dies einzugestehen. Nachdem sie Max selbstständig die Injektion verabreicht hat, kommt es zu einem enormen Bluterguss, da sie ein Blutgefäß verletzt und dies wegen unterlassenem Aspirieren nicht bemerkt hat. Haben sich beide strafbar gemacht?
> Erläuterung im Anhang, Aufgabe 36 (S. 513)

Für das Pflegepersonal kommt hier eine Vielzahl von Sorgfaltspflichten in Betracht, die allesamt von einer ausgebildeten Pflegekraft als Standard verlangt werden.

15.1.5 Strafantrag oder öffentliches Interesse

Sowohl die vorsätzliche als auch die fahrlässige Körperverletzung können von der Justiz nur verfolgt werden, wenn das Opfer einen Strafantrag stellt oder die Staatsanwaltschaft wegen des besonderen öffentlichen Interesses an der Strafverfolgung ein Einschreiten für geboten hält, § 230 StGB. Der Strafantrag muss innerhalb von **3 Monaten** gestellt werden.

15.2 Tötungsdelikte (§§ 211 ff. StGB)

15.2.1 Totschlag, Tötung auf Verlangen (§§ 212, 216 StGB)

> **§§**
> Wer einen Menschen tötet, ohne Mörder zu sein, wird als Totschläger mit Freiheitsstrafe nicht unter fünf Jahren bestraft. (§ 212 Abs. 1 StGB)

§§

Ist jemand durch das ausdrückliche und ernstliche Verlangen des Getöteten zur Tötung bestimmt worden, so ist auf Freiheitsstrafe von sechs Monaten bis zu fünf Jahren zu erkennen. (§ 216 Abs. 1 StGB)

Die Tathandlung und damit der objektive Tatbestand liegt in der Verursachung des Todes eines anderen Menschen. Dabei spielt es keine Rolle, wie lange dieser Mensch noch zu leben gehabt hätte, sodass auch die Lebensbeendigung eines Todkranken, eines unheilbar Erkrankten oder eines im Koma liegenden Kranken eine Tötung darstellt.

Aufgabe 37

Schwester Rosa arbeitet seit vielen Jahren auf der Intensivstation. Sie ist sehr beliebt, weil sie sich aufopfernd um die Patienten kümmert, insbesondere um die todkranken. Vor allem diese Patienten tun ihr leid, da ihnen in vielen Fällen nicht mehr zu helfen ist. Eines Tages erfährt sie bei der Übergabe, dass ein neuer Patient da ist, der wohl die Nacht nicht überleben wird. Als dieser Patient nun in der Nacht über sehr große Schmerzen klagt und jammert, verabreicht ihm Rosa aus Mitleid, um sein qualvolles Dahinsiechen zu verkürzen, eine tödlich wirkende Injektion, an der der Patient wenig später stirbt. Liegt hier eine strafbare Handlung vor, wenn man davon ausgeht, dass der Patient auch ohne diese Spritze noch am gleichen Tag gestorben wäre, allerdings bis zu seinem Tod erhebliche Schmerzen hätte erleiden müssen?
Erläuterung im Anhang, Aufgabe 37 (S. 513)

Die Tathandlung kann sowohl durch physische Einwirkung (Erschießen, Vergiften usw.) als auch durch psychische Einwirkung (Erregung eines tödlichen Schockes) erfolgen. Sie kann durch aktives Tun oder auch durch Unterlassen erfolgen (Verhungern lassen eines Kindes durch die Mutter).

Der lebende Mensch

Geschütztes Rechtsgut ist der lebende Mensch. Mensch im Sinne des Strafgesetzbuches wird man mit Beginn des Geburtsaktes. Dieser beginnt mit dem Einsetzen der Eröffnungswehen, unabhängig davon, ob sie spontan oder künstlich hervorgerufen werden. Beim „Kaiserschnitt" dürfte die Öffnung des Uterus der Geburtsakt sein. Ein Embryo ist damit kein Mensch im strafrechtlichen Sinne. Seine „Tötung" wird als Schwangerschaftsabbruch behandelt, nicht als Totschlag.

Auch wenn das „Menschsein" im strafrechtlichen Sinn erst mit Geburt beginnt, steht der Mensch im biologischen Sinn als Träger der Menschenwürde, Art. 1 GG, ab Verschmelzung von Ei und Samenzelle (Embryo) unter besonderem staatlichen Schutz. Dieser ergibt sich vor der Einnistung des befruchteten Eis in der Gebärmutter aus dem Embryonenschutzgesetz (Gesetz zum Schutz von Embryonen [ESchG] (S. 191)) und nach der Einnistung des befruchteten Eis in der Gebärmutter aus den §§ 218 ff StGB (Strafbarkeit des Schwangerschaftsabbruchs)

15.2 Tötungsdelikte (§§ 211 ff. StGB)

Das Menschsein endet mit dem Eintritt des Todes. Für das Strafrecht allein entscheidend ist der sog. **Hirntod** im Unterschied zum Herz- und Kreislaufstillstand. Wann der Hirntod vorliegt, ist eine medizinisch zu beantwortende Frage. Er ist eingetreten, wenn die Funktion des Gesamthirnes aufgrund einer irreversiblen Zellschädigung erloschen ist. Wichtigstes Hilfsmittel zur Feststellung des Hirntodes ist das Elektroenzephalogramm (EEG) neben anderen Untersuchungen (z. B. Angiografie, evozierte Potenziale). Hier wird das Vorliegen eines sog. Null-Linien-EEGs gefordert. Die Dauer dieser Nulllinie hängt wiederum von der Diagnose ab, da es auch andere pathophysiologische Zustände (z. B. Barbituratvergiftung) gibt, die eine Nulllinie verursachen.

Straflosigkeit der Selbsttötung

Nachdem sich die Tötungshandlung gegen einen anderen Menschen richten muss, ist die Selbsttötung (Suizid) straflos. Da bei einem Suizid(versuch) keine Straftat vorliegt, ist auch die Teilnahme an ihm in Form der *Beihilfe* oder Anstiftung straflos. Voraussetzung ist jedoch, dass der Suizid auf einem *ernsthaften, freien und selbstverantwortlichen Willensentschluss* beruht. Dies ist vor allem beim sog. *Bilanzselbstmord* der Fall. Hier setzt ein psychisch Gesunder aus wohl überlegten Gründen und in freier Willensbestimmung seinem Leben ein Ende (*er bilanziert* sein bisheriges Leben und kommt zu dem Ergebnis, dass eine Fortsetzung sinnlos ist).

Die straflose *Beihilfe zum Selbstmord* ist abzugrenzen von der strafbaren *Tötung auf Verlangen* (§ 216 StGB). Straflose Beihilfe liegt vor, wenn dem Suizidenten nach der Unterstützungshandlung des anderen noch die *freie Entscheidung* über Leben und Tod verbleibt. Eine strafbare Tötung liegt dann vor, wenn der Täter die todbringende Handlung selbst ausführt.

Aufgabe 38

Seit Monaten liegt der Patient Müller auf der onkologischen Station. Er befindet sich im Endstadium seiner Krebserkrankung mit starken Schmerzen. Eine Heilung ist nicht mehr möglich. Daher entschließt er sich bei Vollbesitz seiner geistigen Kräfte, sein Leben zu beenden. Er bittet die ihm vertraute Nachtschwester, ihm ein tödlich wirkendes Mittel zu besorgen, das er einnehmen könnte. Die Nachtschwester besorgt ihm das Mittel und legt es ihm auf den Nachttisch. Der Patient nimmt es und stirbt unmittelbar darauf. Ohne Einnahme des Mittels würde er noch leben. Hat sich die Nachtschwester strafbar gemacht?
Erläuterung im Anhang, Aufgabe 38 (S. 513)

Aufgabe 39

Der Patient Müller hat seinen Entschluss, sein Leben zu beenden, später gefasst und liegt jetzt völlig apathisch im Bett. Er ist zwar geistig noch bei klarem Bewusstsein, aber körperlich nicht mehr fähig, das auf dem Nachttisch liegende Mittel selbst einzunehmen. Er bittet die Nachtschwester, ihm die Tabletten zu geben. Diese nimmt sie in die Hand, legt sie dem Patienten auf die Zunge, setzt ihm das Wasserglas an die Lippen und kippt das Glas, sodass das Wasser in den Mund läuft und die Tablette mit in den Magen spült. Daraufhin verstirbt der Patient wunschgemäß. Hat sich die Nachtschwester strafbar gemacht?
Erläuterung im Anhang, Aufgabe 39 (S. 513)

Die Suizidentscheidung ist solange als frei verantwortlich anzusehen, als keine Anzeichen für psychische Störungen oder Zwangsvorstellungen erkennbar sind, die die natürliche Einsichts- und Urteilsfähigkeit hinsichtlich der Tragweite dieses Schrittes beeinträchtigt haben könnten. In vielen Fällen liegt nur ein sog. *Appellsuizidversuch* vor, bei dem ein ernstliches Tötungsverlangen fehlt. Hier soll nur die Umwelt alarmiert werden, um eine gründliche Änderung der äußeren Situation zu erreichen. Ist der Suizident nicht *frei verantwortlich* oder das Tötungsverlangen nicht ernsthaft, macht sich derjenige, der dies erkennt und dennoch den Suizid veranlasst, unterstützt oder nicht verhindert, wegen Tötung oder unterlassener Hilfeleistung (S. 172) strafbar.

Zu dieser Thematik vgl. die Problematik der Sterbehilfe (S. 201).

15.2.2 Mord (§ 211 StGB)

§§

Der Mörder wird mit lebenslanger Freiheitsstrafe bestraft. Mörder ist, wer aus Mordlust, zur Befriedigung des Geschlechtstriebs, aus Habgier oder sonst aus niedrigen Beweggründen heimtückisch oder grausam oder mit gemeingefährlichen Mitteln oder um eine andere Straftat zu ermöglichen oder zu verdecken, einen Menschen tötet. (§ 211 StGB)

Begriffsmäßig setzt jeder Mord die Begehung eines Totschlags, d. h. die vorsätzliche Tötung eines anderen Menschen, voraus. Bezüglich des Tötens eines anderen Menschen kann daher auf obige Ausführungen beim Totschlag verwiesen werden. Totschlag wird dann zum Mord, wenn verschiedene Umstände hinzukommen, wie ein bestimmter Beweggrund, eine bestimmte Art und Weise der Tatbegehung, oder ein bestimmter Zweck, das Motiv der Tat. Diese Umstände müssen besonders verwerflich sein. Damit unterscheiden sich Mord und Totschlag nicht durch eine bestimmte geplante Vorgehensweise oder eine besonders hervorgehobene Absicht, sondern durch besonders verwerfliche Umstände (▶ Abb. 15.4).

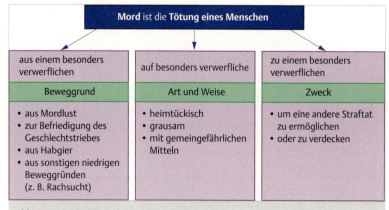

Abb. 15.4 Mordtatbestand mit seinen einzelnen Elementen (Mordmerkmale)

Folgende drei Beispiele sollen die komplizierten Unterschiede verdeutlichen:

Aufgabe 40

Schwester Rosa arbeitet seit Jahren in einer Sterbeklinik und muss oft mit ansehen, wie todkranke Patienten, die ohnehin nur noch dahinsiechen, ein qualvolles Ende erleben. Als sie eines Tages voll Mitleid ist und ein Patient große Schmerzen erleidet, nimmt sie, als der Patient schläft, eine Spritze und injiziert ihm eine tödliche Dosis eines Giftes. Wie hat sich Rosa strafbar gemacht?
Erläuterung im Anhang, Aufgabe 40 (S. 513)

Aufgabe 41

Schwester Rosa hat immer mehr Schwierigkeiten mit ihrem Ehemann. Auch wegen des dauernden Schichtdienstes als Gesundheits- und Krankenpflegerin kommt es zu immer häufigeren Auseinandersetzungen. Eines Tages beschließt sie, ihn zu töten. Da ihr Ehemann körperlich Rosa weit überlegen ist, besorgt sie sich ein schnell wirkendes Gift und gibt es in den morgendlichen Kaffee. Als ihr Ehemann davon trinkt, stirbt er. Wie hat sich Rosa strafbar gemacht?
Erläuterung im Anhang, Aufgabe 41 (S. 513)

Aufgabe 42

Der Ehemann von Rosa hat die ständigen Streitigkeiten auch satt. Er beschließt seinerseits, Rosa zu töten. Dazu nimmt er eine Pistole, tritt ihr gegenüber und drückt ab. Wie hat er sich strafbar gemacht?
Erläuterung im Anhang, Aufgabe 42 (S. 513)

15.2.3 Fahrlässige Tötung

§§
Wer durch Fahrlässigkeit den Tod eines Menschen verursacht, wird mit Freiheitsstrafe bis zu 5 Jahren oder mit Geldstrafe bestraft. (§ 222 StGB)

Aufgabe 43

Der noch junge belastbare Arzt Dr. Christoph hat den üblichen Bereitschaftsdienst von 20:00 bis 7:00 Uhr. Nachdem er zuvor normalen Tagdienst von 7:00 bis 16:00 Uhr und anschließend in der Zwischenzeit ebenfalls Dienst hatte, war er letztlich 24 Stunden ununterbrochen im Krankenhaus. Es war viel los, und er konnte nur wenige Stunden schlafen. Nun soll er noch eine einfache, nicht eilige, aber seit langem geplante Operation durchführen.

> Müde und abgespannt geht er ans Werk, da kein anderer Arzt da ist. Die Gesamtorganisation des Krankenhauses und insbesondere der Station, auf der Dr. Christoph tätig ist, sieht ein derartiges Tätigwerden des Bereitschaftsarztes vor. Dr. Christoph ist pflichtbewusst und führt die Operation trotz seiner Übermüdung durch. Dabei unterläuft ihm aufgrund seines körperlich geschwächten Zustandes ein Fehler, der den Tod des Patienten zur Folge hat. Hat sich Dr. Christoph strafbar gemacht?
> Erläuterung im Anhang, Aufgabe 43 (S. 513)

Der Straftatbestand der fahrlässigen Tötung (S. 141) besteht aus zwei Komponenten. Zum einen muss die Handlung des Täters zum Tod des Menschen geführt haben. Zum anderen hat der Täter fahrlässig gehandelt, d. h., er hat den Tod zwar nicht gewollt, diesen aber dadurch verursacht, dass er die im Verkehr erforderliche Sorgfalt verletzt hat. Er wäre persönlich aber in der Lage gewesen, die Sorgfaltspflichten zu beachten und sein Verhalten danach zu richten.

15.3 Aussetzung (§ 221 StGB)

> **§§**
>
> Wer einen Menschen
> 1. in eine hilflose Lage versetzt oder
> 2. in einer hilflosen Lage im Stich lässt, obwohl er ihn in seiner Obhut hat oder ihm sonst beizustehen verpflichtet ist,
>
>   und ihn dadurch der Gefahr des Todes oder einer schweren Gesundheitsschädigung aussetzt, wird mit Freiheitsstrafe von 3 Monaten bis zu 5 Jahren bestraft.
> Auf Freiheitsstrafe von einem Jahr bis zu zehn Jahren ist zu erkennen, wenn der Täter (...) durch die Tat eine schwere Gesundheitsschädigung des Opfers verursacht. (Auszug aus § 221 StGB)

Dieser Straftatbestand darf in seiner Bedeutung von den Angehörigen der Pflegeberufe und insbesondere auch in der Altenpflege nicht unterschätzt werden, da es gerade diese Berufsgruppen in der Regel mit „hilflosen Menschen" zu tun haben.

Aufgabe 44

> Altenpfleger Gerhard hat die Betreuung der 95-jährigen, nach einem Schlaganfall linksseitig gelähmten, bettlägerigen und in vollem Umfang auf fremde Hilfe angewiesenen Pia übernommen. Deren Gesundheitszustand war kritisch. Es war jederzeit mit einem plötzlichen Herzversagen oder einem weiteren Schlaganfall zu rechnen. Ohne sofortige Hilfe hätten derartige Ereignisse zum alsbaldigen Tod von Pia führen können. Dieser Gefahr hätte Gerhard bei steter Anwesenheit durch das Herbeirufen eines Notarztes entgegenwirken können. Dennoch verließ er Pia am gegen 20:30 Uhr und kehrte erst nach 14-stündiger Abwesenheit am nächsten Tag gegen 10:30 Uhr zurück. Inzwischen hatte die Enkelin die Betreuung von Pia übernommen, nachdem sie die Abwesenheit von Gerhard bemerkt hatte. Hat sich Gerhard strafbar gemacht?
> Erläuterung im Anhang, Aufgabe 44 (S. 514)

15.3 Aussetzung (§ 221 StGB)

Aufgabe 45

Auf der feuchtfröhlichen Examensfeier bei Gesundheits- und Krankenpfleger Peter feiert Silvia aus der gleichen Klasse heftig mit. Peter verabreicht ihr derart viel Alkohol, dass sie letztendlich schwer betrunken ist. Peter, der diesen Zustand erkennt, bietet ihr an, ein Taxi zu besorgen. Silvia lehnt das Angebot ab und torkelt nach draußen. Peter hilft ihr und stützt sie. Obwohl sie allein kaum stehen kann, lässt Peter sie am Bürgersteig allein und geht in seine Wohnung zurück. Hat sich Peter strafbar gemacht?
Erläuterung im Anhang, Aufgabe 45 (S. 514)

Aufgabe 46

Zur Aufbesserung ihres Einkommens übernimmt die Schwesternschülerin Carolin am Wochenende die „Nachtwache" am örtlichen Krankenhaus. Sie tritt ihren Dienst am Samstagabend gegen 20:00 Uhr in der Intensivstation an. Der Abend verläuft ruhig und ohne besondere Vorkommnisse. Deshalb begibt sie sich kurz auf die Nachbarstation, um dort mit der Nachtschwester eine Tasse Kaffee zu trinken. Hat Carolin sich strafbar gemacht?
Erläuterung im Anhang, Aufgabe 46 (S. 514)

Der Tatbestand umfasst zum einen das **Versetzen in eine hilflose Lage** und zum anderen das **Im-Stich-Lassen trotz bestehender Obhuts- oder Beistandspflicht** (▶ Abb. 15.5).

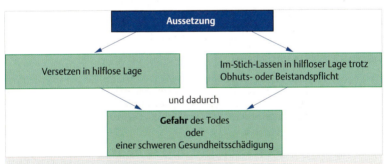

Abb. 15.5 Tatbestandsvoraussetzungen der Aussetzung

15.3.1 Hilflose Lage

Das Opfer muss sich zum Zeitpunkt der Tat in einer hilflosen Lage befinden. Dies ist dann der Fall, wenn es sich nicht selbst schützen oder helfen kann. Es kommt nicht darauf an, ob die Hilflosigkeit verschuldet oder unverschuldet, dauernd oder nur vorübergehend ist. In einer hilflosen Lage befinden sich z. B. Neugeborene und nicht selbst versorgungsfähige Kinder, Personen, die an einem Gebrechen leiden, das ihre Bewegungsfreiheit einschränkt (Altersschwäche, Taubstummheit, Blindheit) oder Menschen, die infolge Krankheit oder sonstiger Störung ihrer Gesundheit nicht in der Lage sind, sich selbst zu helfen, unabhängig von der Ursache ihrer Störung (z. B. starker Rauschzustand, Bewusstlosigkeit). In den Aufgabenbeispielen liegt jeweils eine Hilflosigkeit wegen Alters, bei Pia (s. Aufgabe 44 (S. 170)) eventuell auch wegen Gebrechlichkeit vor. Silvia (s. Aufgabe 45 (S. 171)) befindet sich in einem derart starken Rauschzustand, dass dieser von der Rechtsprechung einer Krankheit gleichgesetzt wird. Auch Patienten auf der Intensivstation (s. Aufgabe 46 (S. 171)) befinden sich in aller Regel in einer hilflosen Lage.

15.3.2 Versetzen in hilflose Lage/Im-Stich-Lassen in hilfloser Lage

Die Tat ist dadurch gekennzeichnet, dass der Kontakt zu der Person, von der in einer Notlage Hilfe erwartet werden könnte, abgeschnitten ist. Die typische Opfersituation liegt darin, dass sich dieser Schutzbedürftige allein nicht helfen kann. Die zwischen dem Täter und dem Opfer bestehende räumliche Nähe, die Sicherheit und Geborgenheit bietet, wird aufgehoben. Dies kann geschehen, indem der Täter das Opfer *in eine hilflose Lage versetzt* (z. B.: Taxifahrer weist betrunkenen Fahrgast auf offener Strecke aus dem Fahrzeug und lässt ihn allein zurück) oder es in einer hilflosen Lage *im Stich lässt* (s. Aufgabe 44 (S. 170), Aufgabe 45 (S. 171), Aufgabe 46 (S. 171)).

15.3.3 Obhuts- und Beistandspflicht

Ein Verlassen wird erst dann strafbar, wenn eine *Obhutspflicht* vorliegt. Diese besteht, wenn ein Vertrag (z. B. Arbeitsvertrag des Kranken- oder Altenpflegepersonals) oder eine tatsächliche Übernahme bestehen (z. B. Nachbarin verspricht, auf den Säugling aufzupassen).

15.3.4 Gefahr des Todes oder einer schweren Gesundheitsschädigung

Durch diese Tat muss der Schutzbedürftige in eine Lage geraten, die ihn einer Lebensgefahr oder der Gefahr einer Gesundheitsschädigung aussetzt. Eine solche Lage besteht dann, wenn es nur vom Zufall abhängt, ob das Opfer gerettet wird oder nicht. Zur Verwirklichung der Gefahr, d. h. zu einem Schaden braucht es dabei nicht zu kommen.

15.4 Unterlassene Hilfeleistung (§ 323c StGB)

> **§§**
>
> Wer bei Unglücksfällen oder gemeiner Gefahr oder Not nicht Hilfe leistet, obwohl dies erforderlich und ihm den Umständen nach zuzumuten, insbesondere ohne erhebliche eigene Gefahr und ohne Verletzung anderer wichtiger Pflichten möglich ist, wird mit Freiheitsstrafe bis zu einem Jahr oder mit Geldstrafe bestraft. (§ 323c StGB)

Bei einem schweren Unglück ist jedermann verpflichtet, im Rahmen des Erforderlichen und Zumutbaren Hilfe zu leisten. Dies entspringt der mitmenschlichen Solidarität und der allgemeinen Hilfspflicht. Die 2 Säulen dieses Tatbestandes bestehen aus der entstandenen Notlage und der erforderlichen Hilfspflicht (▶ Abb. 15.6).

15.4 Unterlassene Hilfeleistung (§ 323c StGB)

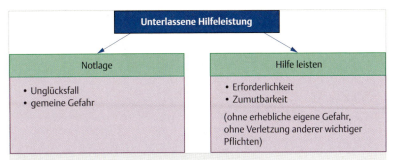

Abb. 15.6 Tatbestandsmerkmale der unterlassenen Hilfeleistung

15.4.1 Notlagen

Unglücksfall

Als *Unglücksfall* ist jedes *plötzlich eintretende Ereignis* zu sehen, das einen erheblichen Personen- oder Sachschaden anrichtet oder zu verursachen droht. Dazu zählen z. B. Verkehrsunfälle, spontan eintretende, sich steigernde Schmerzen innerhalb einer bestehenden Krankheit, Selbstmord, Notfälle im Krankenhaus sowie die plötzliche und unvorhergesehene Verschlimmerung einer Krankheit.

Gemeine Gefahr

Gemeine Gefahr bezieht sich auf eine Notlage, die die Allgemeinheit betrifft, wie z. B. eine Überschwemmung oder Feuer.

15.4.2 Hilfe leisten

Erforderlichkeit

Die Hilfeleistung ist erforderlich, wenn ohne sie die Gefahr besteht, dass ein weiterer Schaden eintritt.

Aufgabe 47

Auf der Heimfahrt von seinem Schichtdienst trifft Kurt auf einen Verkehrsunfall, bei dem mehrere Personen verletzt wurden. Hier gibt er sich als Gesundheits- und Krankenpfleger zu erkennen und ergreift die notwendigen Sofortmaßnahmen. Unter anderem bittet er einen nicht am Unfall beteiligten Autofahrer, ärztliche Hilfe über sein Autotelefon anzufordern. Dieser meint dagegen, Kurt solle sich nicht so „aufspielen" und verweist auf andere Passanten, die viel früher am Unfallort waren. Macht er sich strafbar?
Erläuterung im Anhang, Aufgabe 47 (S. 514)

Zumutbarkeit

Hier kommt es auf die Umstände des Einzelfalles an. Entscheidend sind auch die physischen und geistigen Kräfte des Helfenden, seine Lebenserfahrung und andererseits die Gefahren, die in der Notsituation drohen.

Aufgabe 48

Der Gesundheits- und Krankenpfleger Rudi hat seinen verdienten Feierabend erreicht. Gerade als er nach Hause gehen will, kommt der Rettungswagen und liefert einen Notfallpatienten von einem Verkehrsunfall ein. Dieser blutet stark, es muss sofort etwas geschehen. Der Dienst habende Arzt bittet Rudi zu bleiben, da Personalmangel herrsche und kein anderer Pfleger zur Verfügung stehe. Rudi meint jedoch, dass er ein Recht auf seinen Feierabend habe und ihm ein weiterer Dienst schon deshalb nicht zuzumuten wäre, weil er schon 8 Stunden Schichtdienst hinter sich habe. Als er zudem erfährt, dass der Patient an AIDS erkrankt ist, hält er jegliche Hilfe aufgrund der damit zusammenhängenden Ansteckungsgefahr sowieso für unzumutbar. Hat er Recht?
Erläuterung im Anhang, Aufgabe 48 (S. 514)

15.5 Schwangerschaftsabbruch (§ 218 StGB)

§§

Wer eine Schwangerschaft abbricht, wird mit Freiheitsstrafe bis zu 3 Jahren oder mit Geldstrafe bestraft. (218 Abs. 1 S. 1 StGB)

Die Diskussion über die Zulässigkeit des Schwangerschaftsabbruches hat eine lange Vergangenheit und ist geprägt von den beiden verfassungsrechtlich geschützten Positionen des ungeborenen Lebens und des freien Entscheidungsrechts der (schwangeren) Frau.

Aufgabe 49

Die 17-jährige Karin lernt in ihrem Urlaub einen jungen Mann kennen und wird von ihm ungewollt schwanger. Sie will das Kind nicht austragen, da diese Beziehung bereits wieder beendet ist und sie jetzt ihre Ausbildung fortsetzen will. Ihre Eltern sind gegen eine Abtreibung. Nun fragt Karin ihre Freundin, die Gesundheits- und Krankenpflegerin ist, was sie tun muss, um die Schwangerschaft zu beenden, ohne sich strafbar zu machen, und wer die Kosten hierfür trägt.
Erläuterung im Anhang, Aufgabe 49 (S. 514)

Das Bundesverfassungsgericht hat in seinen Entscheidungen immer wieder betont, dass das Ungeborene sich nicht zum Menschen, sondern als Mensch entwickelt, **menschliches Leben ab Befruchtung der Eizelle** besteht, dessen Menschenwürde gemäß Art. 1 GG zu achten ist. Daraus ergibt sich das grundsätzliche Verbot des Schwangerschaftsabbruches für die gesamte Dauer der Schwangerschaft. Diesem Verbot entspricht die Rechtspflicht der Mutter zum Austragen bis zur Zumutbarkeitsgrenze. Geschütztes Rechtsgut ist daher das ungeborene menschliche Leben nach Abschluss der Einnistung des befruchteten Eies in der Gebärmutter (Nidation, ca. 13–14 Tage nach der Befruchtung). Die vornidative Lebensphase, beginnend mit der Befruchtung, wird durch das Gesetz zum Schutz von Embryonen (ESchG) (S. 191) geschützt (▶ Abb. 15.7).

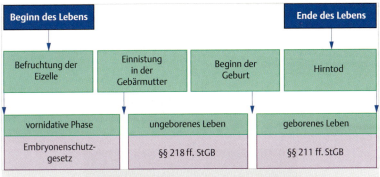

Abb. 15.7 Phasen des menschlichen Lebens im Hinblick auf strafrechtlichen Schutz

Der *objektive Tatbestand* des unerlaubten Schwangerschaftsabbruches besteht im *Abbruch einer Schwangerschaft.*

15.5.1 Bestehen einer Schwangerschaft

Gemäß § 218 Abs. 1 S. 2 StGB gelten Handlungen, deren Wirkung vor Abschluss der Einnistung des befruchteten Eies in der Gebärmutter (Nidation) eintreten, nicht als Schwangerschaftsabbruch. Damit sind nidationshemmende Maßnahmen („Pille danach", Intrauterinpessar, Spirale u. Ä.) nicht strafbar. Anders verhält es sich mit der Abtreibungspille „Mifegyne" (vormals RU 486), da hier bereits eine Einnistung stattgefunden hat. Dieses Medikament bewirkt eine künstliche Fehlgeburt und ist daher nur unter den Voraussetzungen eines zulässigen Schwangerschaftsabbruchs anzuwenden. Wegen fehlender Einnistung in der Gebärmutter fällt auch die Beendigung der sog. Eileiter-„Schwangerschaft" nicht unter diesen Tatbestand.

Damit sind praktisch alle Schwangerschaftseingriffe innerhalb eines Zeitraumes von vier Wochen seit der letzten Periode straflos. In diesem Zeitraum ist der Embryo strafrechtlich nur durch das Gesetz zum Schutz von Embryonen (ESchG) (S. 191) geschützt. Eine *Schwangerschaft* im strafrechtlichen Sinn besteht vom Zeitpunkt der Einnistung des Eies in der Gebärmutter bis zum Beginn des Geburtsaktes. Unerheblich ist dabei die Art der Zeugung (natürlich oder künstlich, in utero, in vitro). Die Schwangerschaft kann auch noch bestehen, wenn die Mutter bereits hirntot ist. Stellt man bei ihr organerhaltende Medizingeräte ab, was auch zum Absterben der Frucht führt, stellt dies einen Schwangerschaftsabbruch dar. Die Schwangerschaft endet (S. 166) mit dem Beginn der Geburt. Diese

Abgrenzung ist deshalb so entscheidend, weil bei einem fahrlässig fehlerhaften Eingriff, der das Ableben des geborenen oder ungeborenen Kindes zur Folge hat, Ersterer wegen fahrlässiger Tötung strafbar ist und Letzterer mangels Strafbarkeit eines fahrlässigen Schwangerschaftsabbruches keine strafrechtlichen Folgen hat, soweit es nur das Ungeborene betrifft.

15.5.2 Abbruch einer Schwangerschaft

Abbrechen einer Schwangerschaft ist jede Einwirkung auf die Schwangere oder die Frucht, die darauf gerichtet ist, das Absterben der noch lebenden Frucht im Mutterleib herbeizuführen, und dies dann auch erreicht. Methoden für den Abbruch können sein: Dilatation, Kürettage, Vakuumaspiration (Absaugen), Injektion von Salzwasser, Hysterotomie, Einnahme von Medikamenten.

15.5.3 Straflosigkeit des Schwangerschaftsabbruchs

Unter bestimmten Voraussetzungen ist der Schwangerschaftsabbruch nicht strafbar. Hier sind 3 Fallgruppen zu unterscheiden (▶ Abb. 15.8).

Abb. 15.8 Die Straflosigkeit des Schwangerschaftsabbruchs

15.5 Schwangerschaftsabbruch (§ 218 StGB)

Fristenregelung mit Beratungspflicht

Eine Bestrafung wegen Schwangerschaftsabbruchs kann nicht erfolgen, wenn folgende Voraussetzungen gegeben sind:
- Die Schwangere muss den Abbruch ausdrücklich und ernsthaft **verlangen**. Eine bloße Einwilligung reicht nicht. Bei minderjährigen Schwangeren muss man sorgfältig prüfen, ob sie über die erforderliche Einsichts- und Urteilsfähigkeit verfügen.
- Die Schwangere hat dem abbrechenden Arzt nachzuweisen, dass sie sich *mindestens* **3 Tage vor dem Eingriff** *von einer anerkannten* **Beratungsstelle** *hat beraten lassen*. Zu diesem Zweck legt sie ihm die Beratungsbescheinigung vor.
Die Beratung dient dem Schutz des ungeborenen Lebens. Sie soll der Frau helfen, eine verantwortliche und gewissenhafte Entscheidung zu treffen. Die Angaben der Frau unterliegen der Schweigepflicht.

Der Arzt hat nur zu prüfen, ob die Bescheinigung von einer anerkannten Beratungsstelle ordnungsgemäß ausgestellt ist und die darin bestätigte Beratung drei Tage zurückliegt.
- Der Abbruch muss von einem approbierten **Arzt** vorgenommen werden.
- Seit der Empfängnis dürfen nicht mehr als **12 Wochen** vergangen sein. Hierüber muss sich der Arzt, der den Abbruch vornimmt, selbst vergewissern.

Gleichwohl bleibt ein unter diesen Voraussetzungen durchgeführter Schwangerschaftsabbruch rechtswidrig. Die Folge davon ist, dass die gesetzlichen Krankenkassen nicht verpflichtet sind, die Kosten des Abbruches zu tragen. Diese muss die Frau selbst übernehmen. Kann sie die Kosten nicht bezahlen und liegt ihr Einkommen und Vermögen unterhalb bestimmter Grenzen (das Einkommen des Ehemannes, der Eltern oder anderer Unterhaltspflichtiger spielt dabei keine Rolle), so werden diese auf Antrag von der gesetzlichen Krankenkasse übernommen. Die Krankenkasse erhält jedoch diese Kosten vom jeweiligen Bundesland rückerstattet. Besteht keine Versicherung bei einer gesetzlichen Krankenkasse, kann die Frau den Träger der gesetzlichen Krankenkasse am Ort ihres Wohnsitzes wählen. Wird die Frau nach dem Abbruch krankgeschrieben, hat sie in jedem Fall Anspruch auf Lohnfortzahlung nach dem Entgeltfortzahlungsgesetz.

Medizinisch-soziale Indikation

Ein Schwangerschaftsabbruch ist nicht rechtswidrig und damit auch nicht strafbar, wenn er medizinisch notwendig ist. Folgende Voraussetzungen müssen erfüllt sein:
- *Einwilligung* der Schwangeren.
- Abbruch von *Arzt* vorgenommen.
- Der Schwangerschaftsabbruch muss – unter Berücksichtigung der gegenwärtigen und zukünftigen Lebensverhältnisse der Schwangeren – nach ärztlicher Erkenntnis angezeigt sein, um eine Gefahr für das Leben oder die Gefahr einer schwerwiegenden Beeinträchtigung des körperlichen oder seelischen Gesundheitszustandes der Schwangeren abzuwenden.
- Diese Gefahr kann nicht auf andere für die Schwangere zumutbare Weise abgewendet werden.
- Es besteht weder Beratungspflicht noch ist eine Frist zu beachten.

Kriminologische Indikation

Sprechen dringende Gründe für die Annahme, dass die Schwangerschaft die Folge eines Sexualverbrechens gegen die Schwangere ist, ist der Abbruch unter folgenden Voraussetzungen nicht rechtswidrig und damit straflos:
- *Einwilligung* der Schwangeren.
- Der Abbruch wird von einem *Arzt* vorgenommen.
- Nach ärztlicher Erkenntnis wurde an der Schwangeren eine sexuelle Nötigung, eine Vergewaltigung oder dergleichen begangen.
- Dringende Gründe sprechen für die Annahme, dass die Schwangerschaft auf einem Sexualverbrechen beruht.
- Seit der Empfängnis dürfen nicht mehr als 12 Wochen vergangen sein.
- Es besteht keine Beratungspflicht.

Die Kosten des Abbruchs bei Vorliegen einer medizinisch-sozialen oder einer kriminologischen Indikation trägt die Krankenkasse.

Straflosigkeit für die Schwangere bis zur 22. Woche

Darüber hinaus ist der Schwangerschaftsabbruch *für die Schwangere nicht strafbar*, wenn er nach Beratung von einem Arzt vorgenommen worden ist und seit der Empfängnis nicht mehr als 22 Wochen verstrichen sind. Die Tat bleibt rechtswidrig und strafbar für die anderen Beteiligten (wie z. B. den abbrechenden Arzt), es sei denn, es treffen die oben erwähnten Ausnahmen zu.

15.5.4 Weitere Straftaten des Arztes in Zusammenhang mit dem Abbruch

Man macht sich auch dann wegen eines Schwangerschaftsabbruches strafbar – nicht jedoch die Schwangere selbst –, wenn man trotz Vorliegens der medizinischen oder kriminologischen Indikation den Eingriff vornimmt, ohne dass eine schriftliche Feststellung eines Arztes, der nicht selbst den Abbruch vornimmt, vorgelegen hat, ob die Voraussetzungen dieser Indikation gegeben sind, § 218b StGB. Des Weiteren macht sich ein Arzt gemäß § 218c StGB strafbar, wenn er eine Schwangerschaft abbricht,
- ohne der Frau Gelegenheit gegeben zu haben, ihm die Gründe für ihr Verlangen nach Abbruch der Schwangerschaft darzulegen,
- ohne die Schwangere über die Bedeutung des Eingriffs, insbesondere über Ablauf, Folgen, Risiken, mögliche physische und psychische Auswirkungen ärztlich beraten zu haben,
- ohne sich zuvor in den Fällen, in denen eine Frist besteht, aufgrund eigener ärztlicher Untersuchung von der Dauer der Schwangerschaft selbst überzeugt zu haben oder
- obwohl er selbst die bei der Frau erforderliche Pflichtberatung durchgeführt hat.

Neben dem Schwangerschaftsabbruch selbst ist auch die Werbung für den Abbruch einer Schwangerschaft gemäß § 219a StGB sowie das Inverkehrbringen von Mitteln zum Abbruch der Schwangerschaft gemäß § 219b StGB unter gewissen Voraussetzungen strafbar.

Auch wenn ein nicht strafbarer Schwangerschaftsabbruch vorliegt, ist kraft Gesetzes *niemand verpflichtet, an einem solchen mitzuwirken,* es sei denn, dies ist notwendig, um von der Frau eine nicht anders abwendbare Gefahr des Todes oder einer schweren Gesundheitsbeschädigung abzuwenden.

15.6 Verletzung von Privatgeheimnissen (§ 203 StGB)

> **§§**
>
> Wer unbefugt ein fremdes Geheimnis, namentlich ein zum persönlichen Lebensbereich gehörendes Geheimnis (...), offenbart, das ihm als
> 1. Arzt, (...) oder Angehörigen eines anderen Heilberufes, der für die Berufsausübung oder die Führung der Berufsbezeichnung eine staatlich geregelte Ausbildung erfordert,
> 2. (...) anvertraut worden war oder sonst bekannt geworden ist, wird mit Freiheitsstrafe bis zu einem Jahr oder mit Geldstrafe bestraft.
> Den in Absatz 1 Genannten stehen ihre berufsmäßig tätigen Gehilfen und die Personen gleich, die bei ihnen zur Vorbereitung auf den Beruf tätig sind. (...) (Auszug aus § 203 StGB)

Dieser Vorschrift kommt in den Pflegeberufen erhöhte Bedeutung zu, da das Pflegepersonal eine Menge von privaten und intimen Dingen der ihm anvertrauten Menschen erfährt. Gerade bei den Heilberufen ist es von entscheidender Wichtigkeit, dass zwischen den Patienten und dem Pflegepersonal ein **Vertrauensverhältnis** entsteht, da sich der Patient regelmäßig in einer Ausnahmesituation befindet, in der er sich meist ausgeliefert fühlt. Müsste er nun darum fürchten, dass intime Einzelheiten aus seinem persönlichen Umfeld anderen Personen offenbart werden, könnte er nicht all dies mitteilen, was aber wichtig für seinen Gesundheitsprozess wäre. So ist insbesondere bei Durchführung der sog. **Pflegevisite** darauf zu achten, dass im Krankenzimmer anwesende Mitpatienten nichts von dem erfahren, was der Patient nur dem Krankenhauspflegepersonal mitteilen will.

Der Tatbestand der Verletzung von Privatgeheimnissen ist bei Vorliegen der in ▶ Abb. 15.9 aufgeführten Merkmale erfüllt.

Der Täter muss „Geheimnisträger" sein, und er muss ein ihm **anvertrautes Geheimnis** unbefugt, d. h. unberechtigt, jemandem **offenbaren** (weitergeben). Liegt nun eine Verletzung von Privatgeheimnissen vor, kann diese Straftat nur verfolgt werden, wenn der Verletzte (z. B. der Patient) *Strafantrag* stellt.

15.6.1 Geheimnisträger

Nur ein bestimmter Personenkreis kann sich einer Verletzung von Privatgeheimnissen strafbar machen. Dieser zeichnet sich dadurch aus, dass die oben angeführte Vertrauensstellung bei ihm zum wichtigen Bestandteil des Berufes gehört. Unter diese Geheimnisträger fallen vor allem die Heilberufe wie Ärzte, (Kinder-)Krankenpflegepersonal, Physiotherapeuten, Altenpfleger (zumindest soweit sie heilend tätig sind), aber auch die in Ausbildung zu diesen Berufen befindlichen Schüler. Andere Geheimnisträger sind z. B. Apo-

Abb. 15.9 Tatbestand der Verletzung von Privatgeheimnissen

theker, Hebammen, Berufspsychologen, Rechtsanwälte, Steuerberater, Erziehungsberater, Sozialarbeiter, Beamte, Richter, Logopäden, Ergotherapeuten, medizinisch und pharmazeutisch-technische Assistenten, Masseure oder Rettungsassistenten. Dagegen fallen Heilpraktiker, Reinigungspersonal, Schüler und Studenten nicht unter den Kreis der Schweigepflichtigen, soweit ihre Tätigkeit nicht zur Ausbildung zu den oben genannten Berufen gehört. Gerade beim Reinigungspersonal ist daher zu beachten, dass patientenbezogene Daten nicht herumliegen sollten und somit für diese Personengruppe frei einsehbar wären.

Berufsmäßige Helfer der Schweigepflichtigen

Die berufsmäßig tätigen Gehilfen der Geheimnisträger werden diesen gleichgestellt, sodass z.B. auch die Sprechstundengehilfin, der Zivildienstleistende im Krankenhaus oder die mit der Dokumentation befassten Stellen der Schweigepflicht unterliegen.

15.6.2 Geheimnis

Geheimnisse sind Tatsachen, die nicht jedermann oder nur einem beschränkten Personenkreis bekannt sind und die derjenige, den sie betreffen, aus „verständlichem" Interesse geheim halten will. Für die Angehörigen der Heilberufe kommen hier zunächst alle mit der Krankenbehandlung im Zusammenhang stehenden Umstände wie Krankheitsgeschichte, Untersuchungsbefunde, Aufzeichnungen des Arztes, Röntgenaufnahmen oder Ähnliches in Betracht. Aber auch im außermedizinischen Bereich wird das Pflegepersonal eine Vielzahl von Tatsachen über den Patienten erfahren, an denen er ein Geheimhaltungsinteresse hat. So kann bereits der Umstand, dass jemand einen Arzt oder ein Krankenhaus aufgesucht hat (einschließlich seiner Personalien), unter den Geheimnisschutz fallen.

Aufgabe 50

Schwester Jutta arbeitet auf der gynäkologischen Abteilung eines Krankenhauses, als dort eines Tages die berühmte ledige Sängerin Isabella zur Behandlung eines Abganges eingeliefert wird. Jutta erhält sogar ein Autogramm und zeigt dieses stolz ihrer Busenfreundin. Diese will nun wissen, wie Jutta zu dem Autogramm kommt. Was darf Jutta ihr sagen?
Erläuterung im Anhang, Aufgabe 50 (S. 514)

15.6.3 Anvertraut

Nicht alles, was eine Gesundheits- und Krankenpflegerin erfährt, ist ihr anvertraut. Das Geheimnis muss ihr *in ihrer Eigenschaft als Angehörige ihrer Berufsgruppe* mitgeteilt worden sein. *Anvertraut* ist ein Geheimnis dann, wenn es der Schwester oder dem Arzt im Zusammenhang mit der Ausübung des Berufes vermittelt wurde, wobei es unerheblich ist, ob dies mündlich, schriftlich oder in sonstiger Weise geschieht. Weiterhin besteht Schweigepflicht auch dann, wenn der Geheimnisträger in seiner Freizeit, d. h. nicht während der Ausübung seiner beruflichen Tätigkeit, ein Geheimnis *als Angehöriger seines Berufsstandes* erfahren hat.

Aufgabe 51

Der Gesundheits- und Krankenpfleger Ernst trifft seine alten Freunde auf einem Kegelabend. Im Verlauf des Abends teilt ihm sein Mitspieler mit, dass er HIV-positiv sei und will nun von ihm als Gesundheits- und Krankenpfleger den weiteren Verlauf der Krankheit erfahren. Ein anderer Mitspieler namens Willi erzählt ihm „im Vertrauen", dass er sich auf der letzten Thailand-Reise „einen Tripper" geholt habe und dass Ernst bei seinem nächsten Urlaub diesbezüglich aufpassen soll. Ernst fragt sich nun, ob er diese Informationen seiner Freundin erzählen darf.
Erläuterung im Anhang, Aufgabe 51 (S. 515)

Die Schweigepflicht besteht nur in dem Umfang, in dem der Arzt, die Schwester usw. die Tatsachen in beruflicher Eigenschaft erfahren haben. Haben sie diese Umstände aus anderen Gründen schon früher gekannt oder ist ihnen das Gleiche später anderweitig bekannt geworden, unterliegen die Tatsachen insoweit nicht der Schweigepflicht.

Aufgabe 52

Schwester Maria erfährt von ihrer Nachbarin, dass deren Ehemann wieder einmal wegen starker Bauchschmerzen in das Krankenhaus eingeliefert wurde. Sie meint zudem, dass dies bei dem täglichen Alkoholkonsum kein Wunder sei. Im Krankenhaus wird der Nachbar zufällig auf die Station von Schwester Maria gelegt. Daher erfährt sie auch, dass bei ihm eine schwere Leberzirrhose diagnostiziert wurde. Welche Informationen darf Maria nun ihrem Ehemann mitteilen?
Erläuterung im Anhang, Aufgabe 52 (S. 515)

15.6.4 Sonst bekannt geworden

Der Geheimnisträger erfährt das Geheimnis anders als durch Anvertrauen, jedoch ebenfalls in innerem Zusammenhang mit der Ausübung seines Berufs (sog. **„Drittgeheimnisse"**). Es sind Tatsachen, die der Geheimnisträger sowohl bei Ausübung seiner beruflichen Tätigkeit erfährt (Untersuchung des Patienten und Feststellung einer dem Patienten selbst unbekannten Erkrankung) als auch solche, die er nur deswegen erfährt, weil er diesen Beruf ausübt. Zieht ein Arzt oder eine Schwester bei der Untersuchung aufgrund des Befundes Rückschlüsse auf körperliche Eigenschaften der Eltern des Untersuchten oder macht er bei einem Hausbesuch Beobachtungen, so fallen diese ebenfalls unter die Schweigepflicht.

15.6.5 Offenbaren

Offenbart ist das Geheimnis, wenn die geheime Tatsache als solche *und* die Person, die diese Tatsache betrifft, in irgendeiner Weise einem anderen mitgeteilt worden sind. Eine Mitteilung, aus der die betreffende Person nicht hervorgeht, sondern anonym bleibt, begründet daher noch kein Offenbaren.

Aufgabe 53

Schwester Adelheid erzählt in ihrer Mitteilungsfreude daheim ganz aufgeregt, dass sie einen jungen Menschen in ihrem Alter auf Station bekommen habe, der sich bereits im Endstadium von Krebs befindet. Hat sie ihre Schweigepflicht verletzt?
Erläuterung im Anhang, Aufgabe 53 (S. 515)

Für das Offenbaren spielt es keine Rolle, wie die Mitteilung geschieht (mündlich, schriftlich, in sonstiger Weise) und an wen die Mitteilung erfolgt.

Aufgabe 54

Zufällig wird auf die Station von Schwester Andrea die Sekretärin ihres Ehemannes Heinz eingeliefert. Dieser weiß davon und will nun den Grund erfahren. Auf seine verständliche Frage an Andrea, ob es etwas Ernsteres sei und er mit längerer Abwesenheit rechnen müsse, nickt Andrea lediglich mit dem Kopf. Heinz will aus Rücksicht auf die Schweigepflicht nicht näher auf seine Ehefrau eindringen. Hat sich Andrea bereits strafbar gemacht?
Erläuterung im Anhang, Aufgabe 54 (S. 515)

Ein Offenbaren liegt auch dann vor, wenn das Geheimnis einem anderen, seinerseits zur Verschwiegenheit Verpflichteten, mitgeteilt wird. So bedarf auch die Weitergabe von Krankenunterlagen an einen anderen Arzt (z. B. Praxisverkauf) des Einverständnisses der Patienten. Auch die Mitteilung an *nahe Angehörige* (auch im engsten Familienbereich) ist ein Offenbaren und damit grundsätzlich unbefugt. Allerdings kann hier eine stillschweigende oder mutmaßliche Einwilligung vorliegen, die den Arzt oder die Schwester befugt, Geheimnisse mitzuteilen, so z. B. wenn der Patient mit seinem Angehörigen in der Praxis, bei der Untersuchung oder auf Station erscheint und über seine Krankheit zu sprechen beginnt.

15.6.6 Unbefugt

Die Offenbarung des Geheimnisses ist strafbar, wenn sie unbefugt geschieht. Es gibt nun eine Vielzahl von „Befugnissen", die es erlauben, diese Geheimnisse anderen mitzuteilen. Hier kommt insbesondere die *Zustimmung* desjenigen in Betracht, den das Geheimnis betrifft, aber auch einige andere *Rechtfertigungsgründe* (▶ Abb. 15.10).

Abb. 15.10 Befugnis zum Offenbahren eines Geheimnisses

Zustimmung, Einwilligung

Diese Zustimmung des Patienten nennt man auch **Entbindung von der Schweigepflicht.** Näheres s. Wirksamkeit der Einwilligung (S. 159).

Es muss die Zustimmung desjenigen vorliegen, den das Geheimnis betrifft. Dies ist im Bereich der Krankenpflege der Patient, und zwar auch dann, wenn der Schweigepflichtige die Information von einem Dritten hat.

Bei *minderjährigen Patienten* (unter 18 Jahren) kommt es für die Wirksamkeit der Zustimmung auf die natürliche Einsichts- und Urteilsfähigkeit an. Als grober Anhaltspunkt wird man davon ausgehen können, dass bei Minderjährigen unter 14 Jahren in der Regel die erforderliche Einsichtsfähigkeit für eine wirksame Zustimmung nicht vorhanden ist, mit der Folge, dass hier der Erziehungsberechtigte zustimmen müsste. Andererseits würde eine Mitteilung an den Erziehungsberechtigten kein unbefugtes Offenbaren darstellen. Im Alter zwischen 14 und 18 Jahren kommt es auf den Einzelfall an, der von der Art des Eingriffs und den eventuellen Nachwirkungen der Behandlung abhängt.

Aufgabe 55

Die 15-jährige Katja geht zur selben Frauenärztin wie ihre Mutter. Als die Ärztin auf Bitten von Katja ihr die „Pille" (zum Zweck der Empfängnisverhütung) verschreibt, teilt sie dies der Mutter bei deren nächsten Besuch mit, weil sie meint, die Mutter müsse wissen, was die Tochter „treibt". Wenige Monate später hat Katja – trotz Pille – einen Abort. Auch dies teilt die Ärztin der Mutter mit. Hat sich die Frauenärztin strafbar gemacht?
Erläuterung im Anhang, Aufgabe 55 (S. 515)

Die Zustimmung der Offenbarung ist an keine Form gebunden; sie kann schriftlich, mündlich oder auch in sonstiger Weise (z. B. schlüssiges Verhalten) erfolgen. Lässt sich ein Patient für eine Lebensversicherung untersuchen, so ist darin auch die Einwilligung zur

Weitergabe des Untersuchungsergebnisses an die Versicherung zu sehen. Auch ist die Zustimmung jederzeit und ohne Weiteres widerrufbar. Sie kann auch auf bestimmte Tatsachen beschränkt werden.

Mutmaßliche Einwilligung

Eine solche liegt dann vor, wenn der Patient, könnte er gefragt werden, seine Zustimmung erteilen würde, oder wenn ohne Weiteres davon ausgegangen werden kann, dass er einverstanden ist (hier wird die Einwilligung vermutet). So wird man davon ausgehen können, dass der Patient damit einverstanden ist, wenn das Pflegepersonal vom Arzt erfährt, welche Diagnose vorliegt, da dies wiederum Voraussetzung für eine Erfolg versprechende Pflege ist. Bei der Mitteilung an Ehegatten und Angehörige des Patienten wird man allerdings nicht in jedem Fall davon ausgehen können, dass der Patient einverstanden ist.

Soweit erkennbar ein Wille der Offenbarung entgegensteht, ist dieser stets zu beachten, auch wenn dies noch so unvernünftig erscheinen mag, und kann jedenfalls nicht durch eine mutmaßliche Einwilligung ersetzt werden.

> **Beispiel**
> Eine Patientin wird mit starken Unterbauchschmerzen in das Krankenhaus eingeliefert. Es stellt sich bald heraus, dass eine Eileiterschwangerschaft besteht. Die Patientin wird sofort operiert. Nach der Operation trifft die Stationsschwester Anna den sorgenvollen Ehemann, der sie sogleich befragt, wie es seiner Ehefrau geht und was ihr fehlt. Anna teilt ihm daraufhin, um ihn zu beruhigen, mit, dass es seiner Ehefrau gut gehe und eine sofortige Operation nötig war, da es aufgrund der Eileiterschwangerschaft zu starken inneren Blutungen gekommen sei. Daraufhin verlässt der Ehemann bestürzt das Krankenhaus, da er seit Monaten keinen sexuellen Kontakt mehr mit seiner Ehefrau hatte.
> Dieser Fall zeigt deutlich, dass man sehr vorsichtig mit der mutmaßlichen Einwilligung umgehen muss. Die Ehefrau hatte ein befruchtetes Ei, jedoch war der Samen nicht von ihrem Ehemann. Daher dürfte sie wohl mit der Offenbarung ihres Geheimnisses durch die Schwester nicht einverstanden gewesen sein. Anna hat sich strafbar gemacht.

Notstand (§ 34 StGB)

Aus Notstand kann die Offenbarung gerechtfertigt sein, wenn es um die Abwendung ernstlicher Gefahren für Leib und Leben geht. Dies setzt voraus, dass dem Wunsch des Patienten auf Verschwiegenheit ein anderes wichtiges, höherwertiges Rechtsgut gegenübersteht. In diesem Fall ist der Schweigepflichtige (Schwester, Pfleger) berechtigt, jedoch nicht verpflichtet, sein Wissen preiszugeben. Bevor der Arzt das Geheimnis offenbart, muss er jedoch alles versuchen, den Patienten selbst dazu zu bewegen, andere nicht zu gefährden. D.h., er muss den Patienten darauf aufmerksam machen, dass von ihm eine Gefahr ausgeht und wie er dieser Gefahr begegnen kann. Unter diesen Voraussetzungen darf der Arzt z.B. schwere Leiden (Augenleiden, Alkoholabhängigkeit, Epilepsie etc.), die die Verkehrstüchtigkeit des Patienten einschränken, der Verkehrsbehörde mitteilen, wenn der Patient trotz ärztlicher Belehrung uneinsichtig bleibt und weiter Auto fährt. Unter dieser Voraussetzung kann er auch einen Lebenspartner oder den Arbeitgeber über eine schwere ansteckende Krankheit informieren.

Aufgabe 56

Jungunternehmer Meyer wird wegen starken Hustens vom Arzt untersucht. Nach Durchführung diverser Untersuchungen wird bei ihm eine offene Lungentuberkulose diagnostiziert. Er wird in ein Sanatorium eingewiesen. Als Mitglieder seines Freundeskreises ihn besuchen wollen, teilt ihnen die Gesundheits- und Krankenpflegerin mit, dass Ansteckungsgefahr besteht und die Freunde keinen Kontakt mit ihm haben dürfen. Herr Meyer ist darüber sehr erbost und will wegen Verletzung der Schweigepflicht Strafanzeige gegen die Schwester erstatten. Wird er Erfolg haben?
Erläuterung im Anhang, Aufgabe 56 (S. 515)

Aufgabe 57

Kumpel Rudi ist alkoholkrank. Ungeachtet dessen und entgegen ärztlicher Bitte fährt er ständig mit seinem Pkw zur Arbeit und von dort zu seinen Außenstellen. Er ist auf seinen Führerschein angewiesen. Sein Hausarzt kennt diese Umstände und die Tatsache, dass Rudi ständig alkoholisiert fährt. Er überlegt, ob er der Führerscheinbehörde dies mitteilen darf.
Erläuterung im Anhang, Aufgabe 57 (S. 516)

Bei der Behandlung von *AIDS-Infizierten* oder Infektionsträgern kann sich die Frage stellen, ob der Arzt Dritte informieren darf, wenn der Patient trotz Belehrung und Ermahnung diese gefährdet (z. B. durch den Gebrauch gemeinsamer Nadeln bei Drogensüchtigen oder ungeschützten Geschlechtsverkehr). Hier kommt es sicherlich auf den Einzelfall an. Eine Befugnis zur Information wird man in der Regel bejahen können, wenn man dadurch die Gefahr bei Dritten verhindern kann. Dies kann sogar so weit gehen, dass gegenüber den Familienmitgliedern eine Pflicht vonseiten des Krankenhausträgers besteht, diese von der Möglichkeit einer Infektion zu unterrichten, jedenfalls dann, wenn keine Gewähr dafür besteht, dass der Patient selbst seine Angehörigen informiert oder geeignete Schutzmaßnahmen trifft.

Befugnis aufgrund gesetzlicher Vorschriften

Gemäß § 138 StGB besteht eine Verpflichtung für jedermann zur Anzeige von bestimmten geplanten Verbrechen. Diese Pflicht trifft auch den Schweigepflichtigen. Es handelt sich dabei um gravierende, einzeln aufgeführte Straftaten. Hierzu zählen Vorbereitung eines Angriffskrieges, Hochverrat, Geldfälschung, Menschenhandel, Mord und Totschlag, Raub u. Ä. Dagegen unterliegen bereits begangene Straftaten der Schweigepflicht, es sei denn es handelt sich um besonders schwere, mit einer nachhaltigen Störung des Rechtsfriedens verbundene Verbrechen oder wenn die Gefahr besteht, dass der Täter weiterhin erhebliche Straftaten begehen wird. Im Übrigen besteht die Schweigepflicht grundsätzlich auch gegenüber der Polizei. So fällt die bloße Anwesenheit eines Patienten im Krankenhaus oder die dortige ambulante Behandlung bereits unter die Schweigepflicht und darf gegenüber der Polizei nur bei besonders schweren Straftaten offenbart werden. Auch bei Einlieferung Bewusstloser oder Schwerstkranker ins Krankenhaus darf hierüber nur Auskunft erteilt werden, wenn vermutet werden kann, dass der Patient einverstanden ist (z. B. Benachrichtigung Angehöriger). Das Infektionsschutzgesetz (S. 468) und das Personenstandsgesetz (S. 495) enthalten weitere Bestimmungen, die trotz bestehender Schweigepflicht eine Befugnis bzw. Pflicht enthalten, bestimmte Geheimnisse an Behörden mitzuteilen.

Wahrung eigener Interessen

Zur Wahrung seiner eigenen Interessen ist der Schweigepflichtige berechtigt, Umstände zu offenbaren, die seiner Verteidigung oder der Durchsetzung zivilrechtlicher Ansprüche dienen.

> **Beispiel**
> Bezichtigt der Patient die Gesundheits- und Krankenpflegerin der fahrlässigen Körperverletzung wegen Verabreichung einer Injektion ohne vorherige Einwilligung, darf diese – ohne die Schweigepflicht zu verletzen – mithilfe ihrer Unterlagen oder Zeugen beweisen, dass sie den Patienten aufgeklärt und er seine Einwilligung erteilt hat. Bezahlt der Patient die Arztrechnung nicht, darf der Arzt die Bezahlung einklagen, wobei er hier die Art der Behandlung schildern darf, soweit diese Einfluss auf die Höhe des Honorars hat.

15.6.7 Zeugnisverweigerungsrecht

Im Prozessrecht spiegelt sich die Schweigepflicht im Zeugnisverweigerungsrecht wider. Darf ein Arzt oder das Krankenpflegepersonal ein Geheimnis nicht offenbaren, so steht ihm im Prozess als Zeuge das Recht zu, die Aussage hierüber zu verweigern. Dies ist geregelt für den Zivilprozess (S. 375) in § 383 Abs. 1 Nr. 6 ZPO und für den Strafprozess (S. 219) in §§ 53 Abs. 1 Nr. 3, 53a I StPO. Im *Zivilprozess* steht das Zeugnisverweigerungsrecht jedem Angehörigen des Pflegepersonals selbst zu, d. h. es ist ein eigenständiges Recht, über dessen Anwendung die Gesundheits- und Krankenpflegerin oder der Pfleger selbst entscheiden kann. Im *Strafprozess* dagegen entscheidet der Arzt, ob seine „Berufshelfer" von ihrem Zeugnisverweigerungsrecht Gebrauch machen oder nicht. Dieses Zeugnisverweigerungsrecht steht ihnen aber nicht mehr zu, wenn sie von der Schweigepflicht wirksam entbunden sind. Ist im *Strafprozess* der Arzt von der Schweigepflicht entbunden, so gilt dies auch für seine Hilfspersonen, d. h. das Pflegepersonal.

15.6.8 Pflegevisite

Soweit in Krankenhäusern eine Pflegevisite durchgeführt wird, ist darauf zu achten, dass im Mehrbettzimmer anwesende Mitpatienten keinerlei Dinge erfahren, die der Patient nicht offenbaren will. So stellt die Erörterung seines Krankenzustands eindeutig eine **Schweigepflichtsverletzung** dar, wenn sie sich auf Umstände bezieht, die der Patient geheim halten will und seine Mitpatienten nicht wissen. Man kann keinesfalls davon ausgehen, dass der Patient mit der Weitergabe seiner Daten an den Mitpatienten einverstanden ist. Dies gilt auch für Informationen privater Natur. Das Krankenpflegepersonal soll daher entweder seine Äußerungen darauf beschränken, worauf der Patient offensichtlich kein Geheimhaltungsinteresse hat. Es kann aber auch bereits bei der Aufnahme das Einverständnis des Patienten darüber eingeholt werden, dass, soweit der Patient von sich aus Fragen stellt oder Umstände mitteilt und dies von Mitpatienten gehört werden kann, darauf eingegangen werden darf, da insofern kein Geheimnis mehr vorliegt.

15.6.9 Beendigung der Schweigepflicht

Grundsätzlich endet die Schweigepflicht **nicht mit dem Tod des Patienten**. Das Persönlichkeitsrecht des Patienten genießt auch nach seinem Tod noch Schutz, sodass auch die Erben nicht ohne Weiteres das ärztliche Personal von der Schweigepflicht entbinden können. Nachdem der verstorbene Patient seine Einwilligung nicht mehr erteilen kann, kommt es auf seinen mutmaßlichen Willen an.

15.6.10 Exkurs: Verletzung des Briefgeheimnisses

Zu einer Verletzung der Schweigepflicht kann es auch kommen, wenn Mitarbeiter im Krankenhaus oder Pflegeheim Post öffnen, die nicht für sie bestimmt ist. Die Strafbarkeit ergibt sich zudem aus § 202 StGB, der Verletzung des Briefgeheimnisses. Danach macht sich u. a. strafbar, wer *unbefugt einen verschlossenen Brief, der nicht zu seiner Kenntnis bestimmt ist, öffnet*. Aber auch der eigentliche Adressat kann sich strafbar machen, wenn er dies zulässt. Es kommt nicht darauf an, ob der Inhalt der Post gelesen wird. Bereits das Öffnen ist strafbar. Entscheidend ist, dass die Post nicht für denjenigen bestimmt ist, der sie aufmacht. Daher kommt es auf den richtigen Adressaten an, der allein vom Absender bestimmt wird. Dies ist aus den Adressangaben ersichtlich.

Ist z. B. ein Brief allgemein an das Krankenhaus adressiert, bringt der Absender zum Ausdruck, dass die Post für keine bestimmte Person bestimmt ist. Sie kann daher auch von einer eventuell vorhandenen Poststelle geöffnet und anschließend weitergeleitet werden. Bringt der Absender durch einen Zusatz zum Ausdruck, dass die Post nur für eine bestimmte Person, wenn auch angestellt im Krankenhaus, bestimmt ist, so darf sie ausschließlich von dieser Person geöffnet werden. Solche Zusätze können sein: „persönlich", „vertraulich", „zu Händen von". In diesen Fällen ist der Wille des Absenders ausschlaggebend. Soweit es daher üblich ist, alle eingehenden Briefe automatisch zu öffnen, ist dies problematisch und überdies strafbar, wenn ein Öffnen durch eine beliebige Person vom Absender nicht gewollt war und er dies durch einen Zusatz auch erkennbar gemacht hat.

15.6.11 Datenschutz

Gerade in Krankenhäusern und großen Arztpraxen hält die Datenerfassung und -verarbeitung zunehmend Einzug. Einerseits ist die Erhebung bestimmter Daten für die Gesundheitspflege erforderlich, andererseits birgt sie die Gefahr, das Patientengeheimnis zu verletzen. Die Gefahr liegt insbesondere in der enormen Ansammlung der Daten und der raschen Verfügbarkeit durch die elektronische Datenverarbeitung, insbesondere in Verbundsystemen.

Grundsätzlich steht fest, dass Ärzte und Krankenhäuser nicht beliebig über die Namen und Daten von Patienten verfügen dürfen. Sie sind hierdurch einerseits durch die ärztliche Schweigepflicht, andererseits durch das Bundesdatenschutzgesetz und die einzelnen Datenschutzgesetze der Länder gehindert. Die Datenschutzgesetze gelten für die Erhebung, Verarbeitung und Nutzung *personenbezogener Daten*. Je nach Träger dieser Daten ist zu unterscheiden, ob das Bundesdatenschutzgesetz oder das Datenschutzgesetz des einzelnen Bundeslandes anzuwenden ist.

Das *Bundesdatenschutzgesetz* ist anzuwenden, wenn es sich um Bundesbehörden handelt oder um öffentliche Stellen des Bundes sowie um *nicht öffentliche Stellen* (= private Einrichtungen) wie vor allem bei den privaten Krankenanstalten und Arztpraxen.

Die *Landesdatenschutzgesetze* finden Anwendung auf alle öffentlichen Stellen und Behörden des Bundeslandes oder der Gemeinden wie z. B. Krankenhäuser der Städte/Gemeinden, der Landkreise oder Bezirke.

Voraussetzung für die Anwendung der Datenschutzgesetze ist das Vorliegen von *personenbezogenen Daten*. Hierbei handelt es sich um Einzelangaben über persönliche oder sachliche Verhältnisse einer bestimmten oder bestimmbaren Person. Keine personenbezogenen Daten sind daher Angaben, die derart *anonymisiert* sind, dass sich ein Bezug zu einer bestimmten Person nicht mehr herstellen lässt (z. B. Daten in der medizinischen Forschung, Krebsregister).

15.7 Freiheitsberaubung (§ 239 StGB)

> **§§**
>
> Wer einen Menschen einsperrt oder auf andere Weise der Freiheit beraubt, wird mit Freiheitsstrafe bis zu fünf Jahren oder mit Geldstrafe bestraft. Der Versuch ist strafbar. (§ 239 Abs. 1, 2 StGB)

Zweck dieser Vorschrift ist der Schutz der persönlichen **Fortbewegungsfreiheit** des Menschen, wobei das Alter dieses Menschen genauso unerheblich ist, wie die Tatsache, ob er zurechnungsfähig ist. Es kommt nur auf seinen natürlichen Willen an, seinen Aufenthaltsort zu verändern.

15.7.1 Freiheit auf Fortbewegung

Keinen Fortbewegungswillen haben z. B. Kinder in einem Alter, in dem sie noch nicht laufen können, Schlafende oder Bewusstlose. Andererseits können Menschen, die ihren Aufenthaltsort nur mit Hilfe anderer oder mit Hilfsmitteln verlassen können, der Freiheit dadurch beraubt werden, dass man ihnen die Hilfsmittel wegnimmt. Als Mittel, die Freiheit zu berauben, kommen vor allem das *Einsperren*, aber auch das *Festbinden* oder die *Fesselung* („**Fixierung**") in Betracht. Gerade in der Krankenpflege, aber auch in der Altenpflege kommt es immer wieder vor, dass Patienten oder alte, möglicherweise verwirrte Menschen kurzzeitig oder über einen längeren Zeitraum eingesperrt bzw. festgehalten werden müssen, da sie sich sonst selbst oder anderen ungewollt Schaden zufügen würden.

Fixierungen kommen in Form von Fuß-, Körper- oder Handfesseln vor. Aber auch das Anbringen eines Gitters am Bett eines alten Menschen ist als Freiheitsberaubung zu sehen, wenn er dieses Gitter nicht selbst überwinden kann. Sogar so selbstverständliche Maßnahmen wie Narkose, Anbinden des Armes beim Anlegen einer Infusionslösung oder Festbinden eines Körperteils während der Operation stellen eine „Beraubung" der persönlichen Fortbewegungsfreiheit dar. Die Maßnahmen des Pflegepersonals sind dann nicht strafbar, wenn diesbezüglich ein Rechtfertigungsgrund vorliegt und sich die Maßnahmen innerhalb dessen Grenzen bewegen.

15.7.2 Gerechtfertigte „Beraubung" der Fortbewegungsfreiheit

Einwilligung

Willigt der Patient in die Maßnahme wirksam ein, darf seine Freiheit beschränkt werden. Regelmäßig wird eine Einwilligung vorliegen, wenn während einer Behandlung ein Körperteil des Patienten fixiert wird und der Patient trotz voller Einsichtsfähigkeit nicht widerspricht (Festschnallen des Armes vor Injektion). Auch bei der Narkose willigt der Patient wirksam ein, wenn er zuvor aufgeklärt wurde. Näheres hierzu s. Kapitel „Bewusste und freiwillige Erklärung (S. 161)". Ist der Patient im Vollbesitz seiner geistigen Kräfte und willigt er in eine vernünftige und für ihn notwendige Behandlung nicht ein, darf er nicht gegen seinen Willen festgehalten werden, auch wenn dies zu seinem eigenen Schaden ist.

> **Aufgabe 58**
>
> Ein alkoholkranker Patient begibt sich wiederholt freiwillig und auf ärztliches Anraten in eine stationäre Therapie. Nachdem er den Entzug hinter sich gebracht hat, glaubt er, seine Sucht selbst in den Griff zu bekommen. Obwohl die behandelnden Ärzte ihm dringend raten, die Entwöhnungsphase im Krankenhaus zu verbringen, und hierzu auch ein Konzept entwickelt haben, will der Patient das Krankenhaus verlassen. Der diensthabende Oberarzt weist den Gesundheits- und Krankenpfleger an, den Patienten zurückzuhalten, da ansonsten der ganze Entzug umsonst gewesen sei. Darf der Pfleger die Weisung ausführen?
> Erläuterung im Anhang, Aufgabe 58 (S. 516)

> **Aufgabe 59**
>
> Susanne wird am Magen operiert. Gleich nach der Operation, als sie sich von der Narkose erholt hat und im Vollbesitz ihrer geistigen Kräfte ist, will sie das Krankenhaus verlassen. Bestürzt eilt der Gesundheits- und Krankenpfleger Bernd herbei und erklärt ihr, dass sie als Frischoperierte keinesfalls aufstehen dürfe. Auch sei die Wunde noch ganz frisch. Zudem könnten Blutungen beim sofortigen Verlassen des Bettes entstehen. Ungeachtet dessen macht Susanne Anstalten, das Bett zu verlassen. Bernd weiß sich nicht anders zu helfen, als Susanne zu fixieren. Macht er sich strafbar?
> Erläuterung im Anhang, Aufgabe 59 (S. 516)

Ist bei einem Patienten oder einem alten Menschen die Einwilligungsfähigkeit nicht mehr vorhanden, kommt es auf die Einwilligung seines gesetzlichen Vertreters oder Betreuers an. Diese Einwilligung ist notfalls auch einzuholen. Zur gesamten Problematik siehe Kapitel Betreuungsrecht (S. 293) und Rechtsfolgen der Betreuung (S. 302).

Aufgabe 60

Der bekannte Professor Dr. K. wird völlig hilflos aufgefunden. Er ist in einem desolaten Zustand. Aufgrund wirrer Äußerungen kommt er in die psychiatrische Abteilung des nächsten Krankenhauses. Dort stellt man eine Geisteskrankheit fest, die den Verlust der Einsichtsfähigkeit zur Folge hat. Dennoch will Dr. K. das Krankenhaus sofort wieder verlassen. Wie kann er am Verlassen gehindert werden?
Erläuterung im Anhang, Aufgabe 60 (S. 516)

Notstand (§ 34 StGB)

Ist von dem Patienten zwar kein Angriff zu befürchten, geht von ihm aber unmittelbar und gegenwärtig eine ernsthafte Gefahr aus, so dürfen freiheitsberaubende Maßnahmen ergriffen werden, wenn dadurch die Gefahr für Leib, Leben, Freiheit, Ehre, Eigentum oder ein anderes Rechtsgut abgewendet werden kann. Eine derartige Gefahr kann z. B. dann von ihm ausgehen, wenn es sich um einen verwirrten Patienten handelt, der sich den lebenswichtigen Infusionsschlauch aus der Vene ziehen will. In diesem Fall darf er fixiert werden.

Notwehr (§ 32 StGB)

Auch Notwehr kann die Fixierung rechtfertigen, wenn sie erforderlich ist, um einen gegenwärtigen rechtswidrigen Angriff von sich oder anderen abzuwenden. So z. B., wenn ein Patient aggressiv wird und das Personal, Mitpatienten oder Besucher angreift.

Besondere gesetzliche Befugnisse

Verschiedene Gesetze enthalten besondere Befugnisse, die eine zulässige „Beraubung" der Freiheit vorsehen. Als solche kommen insbesondere in Betracht die Verhaftung und vorläufige Festnahme (§§ 112, 127 StPO), die einstweilige Unterbringung (§ 126a StPO), die zwangsweise Blutentnahme (§ 81a StPO), die Unterbringungsgesetze der einzelnen Bundesländer und das Infektionsschutzgesetz. Freiheitsberaubende Maßnahmen können durch bestimmte Gründe gerechtfertigt sein. Dies aber nur so lange, wie die Voraussetzungen der Rechtfertigungsgründe vorliegen. So kann eine zunächst durch Notwehr gebotene Fixierung rechtswidrig werden, wenn kein gegenwärtiger Angriff mehr zu befürchten ist. Für alle Fälle, in denen dennoch länger andauernde Maßnahmen der Freiheitsentziehung erforderlich sind, können diese nur aufgrund richterlicher Anordnung, so bei der freiheitsentziehenden Unterbringung oder Fixierung erfolgen. Näheres zur Thematik der Unterbringung s. auch Kapitel Unterbringung von Betreuten (S. 305), Voraussetzungen einer Unterbringung (S. 498), sowie unterbringungsähnliche Maßnahmen (Fixierung).

16 Berufsrelevante Nebengesetze des Strafrechts

16.1 Gesetz zum Schutz von Embryonen (ESchG)

Die **Fortpflanzungsmedizin** und die **Humangenetik** bewegen sich zwischen den Spannungsfeldern von unterschiedlichen Lebensauffassungen und Wertmaßstäben einerseits und der Undeutlichkeit bzw. Unvollständigkeit der derzeitigen Gesetzeslage andererseits, die seit Erlass des Gesetzes im Jahre 1990 unverändert fortbesteht.

16.1.1 Das befruchtete Ei als Träger der Menschenwürde

In diesen Bereichen der Medizin sah der Gesetzgeber die Gefahr, dass das grundgesetzlich geschützte Leben missbraucht und manipuliert werden könnte.

Zu diesen Techniken zählen die Verfahren der Reproduktionsbiologie wie die „**In-Vitro-Fertilisation**" (IVF) (Befruchtung der Eizelle außerhalb des Körpers) mit anschließendem Embryotransfer (ET) (Einführung des Embryos in die Gebärmutterhöhle), die **Kryokonservierung** (Tiefgefrieren von Eizellen, Samen oder Embryos), die **Präimplantationsdiagnostik** sowie die **Gentherapie**. Dies alles bietet der Menschheit neue Chancen, aber auch Gefahren. So kann durch künstliche Befruchtung dem unerfüllten Kinderwunsch bei Sterilität eines oder beider Partner begegnet werden.

Bereits hier wird deutlich, dass dem medizinisch Machbaren Grenzen gesetzt werden müssen. Es wäre nämlich ohne Weiteres möglich, bei Sterilität beider Partner ein Kind durch Samenspende und Eizellspende (zwei genetische Elternteile) „in vitro" zu befruchten, die befruchtete Eizelle einer austragenden Mutter zu übertragen und anschließend das geborene Kind den Wunscheltern zu überlassen. Auf diese Weise würde das Kind über fünf verschiedene Elternteile verfügen. Denkbar sind jedoch auch Gefahren wie das Klonen eines Menschen sowie die Geschlechtswahl der geplanten Kinder oder die gezielte Veränderung des Erbgutes. Der Gesetzgeber hat diese Entwicklung gesehen. Er will nun einerseits dem Fortschritt in der Medizin nicht im Wege stehen, muss aber andererseits dort die Grenze des Erlaubten ziehen, wo die Menschenwürde in Gefahr ist.

Träger der Menschenwürde ist schon die befruchtete Eizelle (ab Kernverschmelzung). Dabei ist es unerheblich, ob die Befruchtung der Eizelle in der Gebärmutter oder „in vitro", d. h. außerhalb des menschlichen Körpers (z. B. im Kulturgefäß) stattfindet. So gilt nach dem ESchG als Embryo die bereits befruchtete, entwicklungsfähige menschliche Eizelle vom Zeitpunkt der Kernverschmelzung an.

16.1.2 Straftaten im Umgang mit Embryonen

Um dem Missbrauch und einer Verletzung der Menschenwürde zu begegnen, hat der Gesetzgeber im ESchG eine Vielzahl von Verboten vorgesehen. Verstöße dagegen werden als Straftaten geahndet. Im Folgenden werden die wesentlichen näher gezeigt (▶ Abb. 16.1).

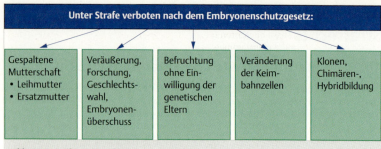

Abb. 16.1 Straftaten aus dem Embryonenschutzgesetz

Gespaltene Mutterschaft

Das ESchG verbietet die Übertragung einer *fremden unbefruchteten Eizelle* auf eine Frau (Eizellspende). Es würden sonst die genetische (leibliche) Mutter und die austragende „Mutter" zwei verschiedene Personen sein (**Leihmutterschaft**). Insofern werden negative Auswirkungen auf das Kind befürchtet, das sowohl durch die Erbanlagen als auch durch die in der Schwangerschaft bestehenden Beziehungen geprägt wird. Dagegen ist die Übertragung einer befruchteten Eizelle auf eine "fremde" Frau (Embryonenspende) durch das Gesetz nicht ausdrücklich untersagt.

Ebenfalls verboten ist es, eine Frau künstlich zu befruchten oder auf sie einen menschlichen Embryo zu übertragen, wenn diese von vornherein bereit ist, ihr Kind nach der Geburt Dritten auf Dauer zu überlassen (**Ersatzmutter**). Im Unterschied zur Leihmutterschaft sind hier die genetische und die austragende Mutter identisch. Es ist jedoch bereits im Zeitpunkt der Befruchtung klar, dass sie das Kind nicht behalten will. Es sind somit die leibliche/austragende Mutter und „soziale Mutter" zwei verschiedene Personen.

Dagegen ist die **„gespaltene Vaterschaft"** nicht verboten. Dazu kann es kommen, wenn der Ehemann der zukünftigen Mutter unfruchtbar ist und die Eizelle von einem Dritten befruchtet wird (z. B. Fremdsamen von der Samenbank). In dem Fall wären der genetische Vater und der „Erzieher" des Kindes zwei verschiedene Personen. Es gibt hier die „*homologe*" und die „*heterologe*" Insemination.

Eine sog. „*heterologe Insemination*" liegt immer dann vor, wenn eine Frau mit dem Samen eines Mannes künstlich befruchtet wird, der **nicht ihr Ehemann** ist (Befruchtung einer Ehefrau mit dem Samen eines Dritten oder die Befruchtung einer unverheirateten Frau). Gemäß § 1592 BGB gilt der Mann als Vater, der zum Zeitpunkt der Geburt mit der Mutter verheiratet ist. In diesem Fall kann weder die Mutter, noch deren Ehemann die Vaterschaft anfechten, wenn das Kind mit Einwilligung von beiden durch künstliche Befruchtung mittels Samenspende eines Dritten gezeugt worden ist. Die Aufwendungen für die heterologe Insemination werden von der Krankenkasse nicht übernommen und sind auch nicht von der Steuer als außergewöhnliche Belastungen absetzbar. Die berufsständischen Richtlinien der Ärzte (Richtlinien zur Durchführung der assistierten Reproduktion der Bundesärztekammer aus dem Jahr 1999) lehnen grundsätzlich eine heterologe Insemination ab, wobei Ausnahmen bei nicht verheirateten Paaren in stabiler Partnerschaft nach vorheriger Beratung durch eine spezielle Kommission möglich sind.

Um eine *homologe Insemination* handelt es sich, wenn die künstliche Befruchtung der Ehefrau mit dem Samen ihres Ehemannes stattfindet. Gemäß § 27a SGB V werden von der gesetzlichen Krankenkasse die Kosten für die homologe Insemination bei Vorliegen einer medizinischen Indikation übernommen.

Veräußerung, Forschung

Die künstliche Befruchtung menschlicher Embryonen darf ausschließlich *im Dienste der menschlichen Fortpflanzung* stehen. Eine Eizelle darf nur zu dem Zweck künstlich befruchtet werden, um eine Schwangerschaft bei der Frau herbeizuführen, von der die Eizelle stammt. Es ist verboten, einen extrakorporal erzeugten oder einer Frau vor Abschluss seiner Einnistung in der Gebärmutter entnommenen menschlichen Embryo zu veräußern. Auch darf ein Embryo zu keinem Zweck als seiner Erhaltung abgegeben, erworben oder verwendet werden.

Damit besteht das Problem, was mit überzähligen Embryonen zu geschehen hat, wenn sich z. B. der Zweck der Herbeiführung einer Schwangerschaft nicht realisieren lässt. Die aktive Vernichtung ist jedenfalls unzulässig. (Dies wäre eine „Verwendung", die nicht der Herbeiführung einer Schwangerschaft dient.) Allerdings ist diese Lösung nicht ganz konsequent, wenn man bedenkt, dass die eingenistete Eizelle innerhalb der ersten 12 Wochen ohne größere Hindernisse durch Abbruch der Schwangerschaft (S. 176) „abgetrieben" werden kann, was auch zu einer Vernichtung führt. Demzufolge geht der Schutz des „in vitro" lebenden Embryos derzeit weiter als der von bereits eingenisteten. Damit ist auch jegliche Forschung mit Embryonen untersagt, da dies eine „Verwendung" wäre, die nicht unmittelbar dazu dient, eine Schwangerschaft herbeizuführen.

Präimplantationsdiagnostik (PID)

Da auch die *Präimplantationsdiagnostik* (PID bzw. Preimplantation Genetic Diagnosis, PGD) je nach Ausgang der Untersuchung befruchtete Eizellen vernichtet, war lange Zeit umstritten, ob sie zulässig ist. Mit Gesetz vom 21.11.2011 wurde die Zulässigkeit der PID gesetzlich geregelt. § 3a Abs.1 EschG besagt, dass die **Präimplantationsdiagnostik grundsätzlich strafbar ist. Ausnahmen:**
- Besteht aufgrund der genetischen Disposition der Frau, von der die Eizelle stammt, oder des Mannes, von dem die Samenzelle stammt, oder von beiden für deren Nachkommen das hohe Risiko einer schwerwiegenden Erbkrankheit, dürfen – mit schriftlicher Einwilligung der Frau, von der die Eizelle stammt –, Zellen des Embryos in vitro vor dem intrauterinen Transfer auf die Gefahr dieser Krankheit genetisch untersucht werden.
- Erlaubt ist die PID auch, wenn sie – mit schriftlicher Einwilligung der Frau, von der die Eizelle stammt –, zur Feststellung einer schwerwiegenden Schädigung des Embryos durchgeführt wird, die mit hoher Wahrscheinlichkeit zu einer Tot- oder Fehlgeburt führen wird.

Die erlaubte PID darf nur von einem Arzt durchgeführt werden. Zuvor ist die Frau über die medizinischen, psychischen und sozialen Folgen der genetischen Untersuchung aufzuklären. Danach muss eine **Ethikkommission** die Einhaltung der Zulässigkeitsvoraussetzungen geprüft haben.

Geschlechtswahl

Bestraft wird, wer es unternimmt, eine menschliche Eizelle mit einer Samenzelle künstlich zu befruchten, die nach dem Geschlecht ausgewählt worden ist. Dies ist lediglich dann zulässig, wenn die Auswahl der Samenzelle dazu dient, das Kind vor der Erkrankung einer schwerwiegenden geschlechtsgebundenen Erbkrankheit (z. B. Muskeldystrophie vom Typ Duchenne) zu bewahren. Andererseits gilt es Folgendes zu bedenken: Wollen die Eltern nur ein Kind bestimmten Geschlechts, so können sie im Wege der Pränataldiagnostik vor Ablauf der 12. Schwangerschaftswoche das Geschlecht des Embryos bestimmen lassen. Vom Ergebnis abhängend kann dann eine Abtreibung innerhalb der ersten 12 Wochen durchgeführt werden, die nach der derzeitigen Rechtslage zwar rechtswidrig aber straflos wäre. Vgl. hierzu auch Kapitel über die Straflosigkeit des Schwangerschaftsabbruchs (S. 176).

Verhinderung von „Embryonenüberschuss"

Um zu verhindern, dass mehr Embryonen erzeugt werden, als zur Sterilitätsbehandlung nötig sind, dürfen *innerhalb eines Zyklus nicht mehr als 3 Embryonen* erzeugt und auf eine Frau übertragen werden. Die oben erwähnten Richtlinien der Bundesärztekammer raten darüber hinaus an, bei Patientinnen unter 35 Jahren nur 2 Eizellen zu befruchten und nur zwei Embryonen zu übertragen, um so dem erhöhten Risiko der Drillingsschwangerschaft vorzubeugen.

Befruchtung ohne Einwilligung der genetischen Eltern

Es ist verboten, eine Eizelle künstlich zu befruchten, ohne dass die Frau, deren Eizelle befruchtet wird oder der Mann, dessen Samenzelle zur Befruchtung verwendet wird, eingewilligt haben. Auch darf einer Frau ohne ihre Einwilligung kein Embryo übertragen werden. Des Weiteren darf eine Eizelle nicht mit dem Samen eines Mannes *nach dessen Tod* (z. B. Samen von der Samenbank) künstlich befruchtet werden (postmortale Insemination). Hier kommt es auf die Einwilligung der Frau nicht an. Dadurch soll vor allem verhindert werden, dass ein Kind gezeugt wird, dessen biologischer Vater bereits zu diesem Zeitpunkt verstorben ist und welches damit mit Sicherheit ohne ihn aufwächst.

Veränderung der Keimbahnzellen

Wer die Erbinformation einer menschlichen Keimbahnzelle künstlich verändert, wird bestraft.

Keimbahnzellen (Gameten) sind die Fortpflanzungszellen (Sperma und Eizelle), die die *Erbinformation* an die nächste Generation weitergeben. Sie unterscheiden sich damit von allen anderen Zellen des menschlichen Körpers, den sog. *Somazellen*. Bei Letzteren ist ein Eingriff mittels Gentherapie zulässig, da dieser Eingriff nur den jeweils behandelten Menschen betrifft und keinen Einfluss auf die Nachkommen hat. Ein derartiger Eingriff in die Keimbahnzellen hat Auswirkungen auf die nächste Generation. So könnte mittels genetischen Eingriffs in diese Zellen dafür gesorgt werden, dass die Nachkommen von an Erbkrankheiten leidenden Eltern von diesen Krankheiten befreit wären. Dies käme natürlich im Wege der Vererbung auch den Kindeskindern zugute. Andererseits begegnet die Keimbahntherapie insofern Bedenken, als damit unmittelbar in den genetischen Code zukünftiger Nachkommen eingegriffen werden kann. Damit wäre eine Manipulation bzw. gezielte Veränderung bestimmter Gene nicht mehr zu verhindern.

Klonen

Das ESchG will das Klonen von Menschen verbieten. Es untersagt daher die Erschaffung eines menschlichen Embryos mit der gleichen Erbinformation, wie sie ein anderer Mensch schon besitzt (genetisch identische Zwillinge). Zugleich wird bestraft, wer einen solchen Embryo auf eine Frau überträgt, was jedoch nicht unbedenklich ist, da wohl auch dieser Embryo den Schutz der Menschenwürde genießt und bei nicht erfolgter Übertragung in eine Gebärmutter zum Tode verurteilt wäre!

Nachdem wie bereits oben ausgeführt als Embryo die befruchtete Eizelle gilt, ist fraglich, ob das bestehende gesetzliche Verbot des Klonens auch eine Technik umfasst, bei der es zu keiner Befruchtung kommt. Dies ist der Fall bei der sog. *Kerntransplantation* (Kerntransfer). Hier entsteht ein Individuum, dessen Existenz nicht auf die Befruchtung einer Eizelle mit einer Samenzelle zurückzuführen ist. Es wird vielmehr die Erbinformation, die in jedem Zellkern einer Körperzelle steckt, durch Übertragung des Kerns dieser Zelle in eine entkernte Eizelle übertragen. Dadurch kommt es zu neuem Leben mit dem genetischen Programm des Lebewesens, von dem der entnommene Zellkern stammt. Dies wurde erstmals erfolgreich bei dem Schaf Dolly durchgeführt. Dolly, geboren am 5.7.1996, war das erste Säugetier, das ohne Befruchtung gezeugt wurde. Es entstand durch Fusion einer entkernten unbefruchteten Eizelle mit einer Spenderzelle, die der Milchdrüse eines erwachsenen Schafes entnommen wurde. Dolly war damit das genetische Ebenbild eines anderen erwachsenen Schafes.

Chimärenbildung, Hybridbildung

Das ESchG verbietet die Vereinigung eines menschlichen Embryos mit einem genetisch anderen Embryo. Solche Lebewesen, die aus einem Zellverband hervorgegangen sind, der nicht nur die Zellen des ursprünglichen Embryos enthält, nennt man *Chimäre* (hervorgegangen aus 2 Embryonen von 2 verschiedenen Elternpaaren.) Der Begriff entstammt der griechischen Mythologie. Bei der Chimäre handelt es sich um ein Feuer speiendes Monster, bei dem Kopf und Schulter einem Löwen, der Rumpf einer Ziege und das Hinterteil einem Drachen ähnelte. Auf natürliche Weise entstehen menschliche Chimären, wenn zur gleichen Zeit 2 Eizellen derselben Mutter befruchtet werden (was üblicherweise zu zweieiigen Zwillingen führt) und die dann zu einem Embryo verschmelzen.

Ebenso ist die *Hybridbildung* untersagt. Hierbei handelt es sich um Wesen, die entweder durch die Befruchtung einer menschlichen Eizelle mit dem Samen eines Tieres oder durch Befruchtung einer tierischen Eizelle mit dem Samen eines Menschen entstanden sind.

Durch den Gesetzeswortlaut nicht erfasst ist die bloße Befruchtung einer tierischen Eizelle mit menschlichen Samen, wenn diese Eizelle nicht weiterentwickelt wird. Dies geschieht z.B. beim sog. *Goldhamstertest*, bei dem die Fähigkeit des Samens, die äußere Eihülle zu durchdringen, festgestellt werden kann. Da die Eihülle bei einer Frau die gleichen Eigenschaften aufweist, wie die Eihülle eines Goldhamsters, kann man mit dem zu untersuchenden menschlichen Samen Penetrationsversuche durchführen, um so einen eventuellen Grund der Unfruchtbarkeit des Mannes festzustellen.

Arztvorbehalt, freiwillige Mitwirkung

Eine zulässige künstliche Befruchtung darf nur von einem Arzt vorgenommen werden. Gleiches gilt für die Übertragung eines menschlichen Embryos auf eine Frau und die Konservierung eines menschlichen Embryos sowie einer menschlichen Eizelle, in die bereits eine menschliche Samenzelle eingedrungen oder künstlich eingebracht worden ist. Das ESchG bestimmt ausdrücklich, dass *niemand verpflichtet ist,* eine künstliche Befruchtung, die Übertragung eines Embryos oder eine Konservierung vorzunehmen oder an diesen Maßnahmen mitzuwirken. Damit soll ausdrücklich dem Umstand Rechnung getragen werden, dass jemand aus Gewissensgründen gegen Maßnahmen dieser Art ist.

16.1.3 Ausschau

Wie bereits anfangs angedeutet, handelt es sich bei dem EschG von 1990 um ein eher **fragmentarisches Gesetz**, welches versucht, dem Lebensschutz Vorrang gegenüber der Freiheit von Wissenschaft und Forschung einzuräumen. Dabei bleiben viele Fragen unbeantwortet, neue Fragen entstanden mit der Klonierung des Schafes „Dolly" und den fortschreitenden Möglichkeiten der Technik. So finden derart gewichtige Methoden wie die *In-vitro-Fertilisation (IVF)* oder die *Kryokonservierung* keine Behandlung durch den Gesetzgeber. Dieser überließ die Durchführung und damit die Zulässigkeit dem ärztlichen Berufsstand. Demnach ist die IVF, d. h. die künstliche Befruchtung der Eizelle außerhalb des Körpers, grundsätzlich nur verheirateten Paaren offen. Dies erscheint ebenso fragwürdig wie das gesetzliche Verbot der Eizellenspende, was im Unterschied zur zulässigen Samenspende zu einer Ungleichbehandlung von Mann und Frau führt. Die Kryokonservierung (Einfrieren von Samen, Eizelle oder Embryo auf -196 °C) ist, da gesetzlich nicht verboten, unbeschränkt durch Ärzte zulässig. Dennoch ist der Gesetzgeber aufgerufen, hier eine Entscheidung zu treffen, da tiefgefrorene Embryos einer ungewissen Zukunft entgegengehen und andererseits die Gefahr besteht, dass die Geburt generationenversetzter Menschen ermöglicht wird.

16.2 Gesetz über freiwillige Kastration und andere Behandlungsmethoden

> **§§**
>
> Kastration im Sinne dieses Gesetzes ist eine gegen die Auswirkungen eines abnormen Geschlechtstriebs gerichtete Behandlung, durch welche die Keimdrüsen eines Mannes absichtlich entfernt oder dauernd funktionsunfähig gemacht werden. (§ 1 KastrG)

Die Kastration geschieht durch operative Entfernung der Keimdrüsen oder Funktionsausschaltung durch Bestrahlung. Folgen davon sind das Fehlen der Geschlechtskraft und des Geschlechtsempfindens sowie eine Beeinflussung der Hormonbildung. Die Kastration im juristischen Sinne schließt eine medikamentöse (vorübergehende und reversible) Kastration nicht ein.

16.2 Gesetz über freiwillige Kastration und andere Behandlungsmethoden

Die Kastration ist von der *Sterilisation* zu unterscheiden, bei der der Geschlechtstrieb nicht berührt wird, sondern nur die Fortpflanzungsfähigkeit eines Mannes oder einer Frau auf Dauer aufgehoben wird. Hier werden lediglich der Samenstrang oder die Eileiter unterbrochen, ein Einfluss auf die Fähigkeit zum Sexualverkehr besteht nicht. Gravierende Einwirkungen auf die Persönlichkeit des Menschen sind hier im Gegensatz zur Kastration nicht zu erwarten. Die ▶ Abb. 16.2 gibt einen Überblick über die Voraussetzungen der Zulässigkeit der Kastration. Nicht unter dieses Gesetz fallen die Fälle, in denen *aufgrund einer Krankheit* (z. B. Krebs) Hoden bzw. Eierstöcke entfernt werden müssen. Da die Kastration ein erheblicher Eingriff in die Natur des Menschen ist, ist sie an bestimmte Voraussetzungen gebunden. Werden diese nicht beachtet, macht sich der Arzt eines Verbrechens der schweren Körperverletzung gemäß § 226 StGB schuldig. Für das Krankenpflegepersonal, welches hier mithilft, kommt eine Beihilfe zu diesem Verbrechen in Betracht.

Kastration durch den Arzt

Kastration aus medizinischen Gründen § 2 Abs. 1 KastrG
- Einwilligung des Betroffenen
- Behandlung medizinisch angezeigt, um bei dem Betroffenen schwerwiegende Krankheiten, die mit seinem abnormen Geschlechtstrieb zusammenhängen, zu verhüten, zu heilen oder zu lindern
- der Betroffene hat das 25. Lebensjahr vollendet
- es sind keine körperlichen oder seelischen Nachteile zu erwarten, die zu dem angestrebten Erfolg außer Verhältnis stehen
- die Behandlung wird nach den Erkenntnissen der medizinischen Wissenschaft vorgenommen

Kastration aus kriminologischen Gründen § 2 Abs. 2 KastrG
- Eiwilligung des Täters
- der Täter hat das 25. Lebensjahr vollendet
- es sind keine körperlichen oder seelischen Nachteile zu erwarten, die zu dem angestrebten Erfolg außer Verhältnis stehen
- die Behandlung wird nach den Erkenntnissen der medizinischen Wissenschaft vorgenommen
- der abnorme Geschlechtstrieb lässt nach der Persönlichkeit und bisherigen Lebensführung des Täters die Begehung bestimmter sexuell motivierter Delikte erwarten
- die Kastration ist nach den Erkenntnissen der medizinischen Wissenschaft angezeigt, um diesen Gefahren zu begegnen und dem Täter bei seiner künftigen Lebensführung zu helfen

Abb. 16.2 Arten der zulässigen Kastration

17 Ausgewählte Strafrechtsprobleme im Bereich der Kranken- und Altenpflege

17.1 Verabreichen von Injektionen

Sehr häufig entsteht im Rahmen der Delegation die Frage, ob und gegebenenfalls unter welchen Voraussetzungen das Kranken- und Altenpflegepersonal und seine Schüler Injektionen vornehmen dürfen. Diese Frage lässt sich jedoch nicht mit ja oder nein beantworten. Um dem Problem umfassend gerecht zu werden, müssen zunächst verschiedene Rechtsbereiche unterschieden werden.

- So gibt es die *standesrechtliche* bzw. *berufspolitische Überlegung*, welche Injektionsart zum Tätigkeitsbereich der beruflich Pflegenden und welche zum Tätigkeitsbereich des Arztes gehören bzw. unter welchen Voraussetzungen und an wen sie delegiert werden können.
- *Arbeitsrechtlich* ergibt sich die Problematik, inwieweit derartige Weisungen befolgt werden müssen bzw. was geschieht, wenn Pflegekräfte entgegen innerbetrieblicher Anordnung Injektionen erteilen (Ermahnung, Abmahnung, Kündigung, Schadenersatz).
- *Berufsrechtlich* spielt diese Frage insofern eine Rolle, als bei Unzuverlässigkeit der Pflegekraft die Erlaubnis zum Führen der Berufsbezeichnung widerrufen werden kann, was bei schuldhaftem Fehlverhalten in Betracht kommt.
- Zivilrechtliche und damit haftungsrechtliche Folgen können sich ergeben, wenn die Injektion beim Patienten zu Schäden führt und zwar sowohl für den Arzt, der delegiert hat, als auch für die ausführende Pflegekraft.
- Schließlich bleibt noch die *strafrechtliche* Verantwortung, da jede Injektion den Tatbestand der Körperverletzung erfüllt und nur dann straflos bleibt, wenn sie von einer Einwilligung des Patienten gedeckt ist und ordnungsgemäß ausgeführt wurde.

17.1.1 Delegieren von Injektionen auf das Pflegepersonal

Im Folgenden soll nur die Zulässigkeit der Injektion aus dem Blickwinkel des Zivilrechts (Haftung) und Strafrechts betrachtet werden. Wichtig ist zunächst die Feststellung, dass keine gesetzlichen oder tarifvertraglichen Vorschriften bestehen, die die Zulässigkeit des Verabreichens von Injektionen durch das Pflegepersonal regeln. Dennoch hat die Rechtsprechung bestimmte Grundsätze aufgestellt, die beachtet werden müssen. Wie jeder medizinische Eingriff durch Arzt und Pflegepersonal (S. 159) stellt auch die Injektion einen Eingriff in die körperliche Integrität des Patienten dar. Nach Ansicht der Rechtsprechung fällt daher die Verabreichung einer Injektion in den **Aufgaben und Verantwortungsbereich des Arztes**. Dementsprechend trägt er auch die **Gesamtverantwortung**, d. h. er ist trotz Delegation weiter verantwortlich für die Anordnung, Auswahl und Überwachung des Krankenpflegepersonals.

Die Durchführung der Injektion darf im Rahmen der ärztlichen Anordnung dem medizinischen Assistenzpersonal übertragen werden, wenn es die hierfür **erforderlichen theoretischen Kenntnisse und praktischen Erfahrungen** besitzt und der Eingriff wegen der besonderen Gefährlichkeit im Einzelfall nicht das persönliche Handeln des Arztes erfordert. Bei dieser Delegation werden drei verschiedene Verantwortungsbereiche unterschieden (▶ Abb. 17.1).

17.1 Verabreichen von Injektionen

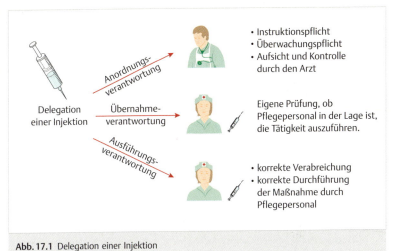

Abb. 17.1 Delegation einer Injektion

Anordnungsverantwortung

Die Anordnung von Injektionen jeglicher Art liegt im alleinigen Zuständigkeitsbereich des Arztes (Anordnungsverantwortung). Dies bedeutet, dass der Arzt allein bestimmt, ob, wann und welche Injektion verabreicht wird. Diese Verantwortung umfasst auch eine Instruktions- und Überwachungspflicht gegenüber dem ausführenden Pflegepersonal. Er muss sich vergewissern, ob die Pflegekraft über die erforderlichen theoretischen Kenntnisse und praktischen Erfahrungen verfügt. Des Weiteren muss er sie überwachen.

Übernahmeverantwortung

Die Pflegeperson trifft die Übernahmeverantwortung. Dies bedeutet, dass sie nach gesunder Selbsteinschätzung zu prüfen hat, ob sie sich im Moment der Übernahme der Tätigkeit in der Lage fühlt, die übertragene Aufgabe zu erledigen. Fühlt sie sich – warum auch immer – hierzu nicht in der Lage, darf sie die Tätigkeit nicht übernehmen. Sie darf sich und muss sich sogar weigern, die Aufgabe auszuführen, muss dies jedoch sofort dem anordnenden Arzt gegenüber mitteilen. Neben dieser Weigerungspflicht gibt es auch die Remonstrationspflicht. Diese beinhaltet die Pflicht, auftretende Bedenken gegen die ärztliche Anordnung dem Arzt gegenüber mitzuteilen. Wird die Anordnung trotzdem aufrechterhalten, muss sie allerdings ausgeführt werden, es sei denn es läge eine Straftat vor.

Durchführungsverantwortung

Für die Durchführung der Maßnahme ist derjenige verantwortlich, der eigenhändig die delegierte Tätigkeit ausführt. Diese Durchführungsverantwortung umfasst die korrekte Vorbereitung wie Desinfektion sowie die technisch richtige Durchführung der Injektion.

Auch muss die Pflegekraft auftretende Komplikationen beherrschen bzw. solche erkennen und in der Lage sein, die erforderlichen Maßnahmen zu treffen, um diesen entgegenzuwirken. Grundsätzlich ist Folgendes festzuhalten: Je höher die Qualifikation des Assistenzpersonals ist, desto eher darf es zur Injektion herangezogen werden und desto geringer sind die Anforderungen des Arztes an die Pflicht der Überwachung. Je geringer die Qualifikation, desto weniger darf der Betroffene mit den hier fraglichen Eingriffen betraut werden und desto höhere Anforderungen sind an die Kontroll- und Überwachungspflicht zu stellen.

17.1.2 Qualifikation des Pflegepersonals

Eine Gesundheits- und Krankenpflegerin darf eine Injektion nur verabreichen, wenn sie aufgrund ihrer Kenntnisse und ihrer Erfahrung sowohl die *Technik des Injizierens* beherrscht, als auch über theoretische Grundkenntnisse des zu verabreichenden Medikamentes verfügt. Damit kann keinesfalls von einer generellen Eignung einer geprüften Gesundheits- und Krankenpflegerin ausgegangen werden. Die Erlaubnis zum Führen einer Berufsbezeichnung (Gesundheits- und Krankenpflegerin, Arzthelferin usw.) reicht als Qualifikationsnachweis ebenso wenig aus wie umgekehrt bestimmten Assistenzberufen die Befähigung von vornherein abgesprochen werden kann. Entscheidend ist vielmehr der Grad der durch die vorgeschriebene Berufsausbildung und die Zusatzausbildung erworbene Fähigkeit, die gerade zum Zeitpunkt des Eingriffes noch vorliegen muss. So kann es im konkreten Einzelfall ohne Weiteres möglich sein, dass eine Krankenpflegehelferin durch langjährige Berufserfahrung die Fähigkeit besitzt, eine bestimmte Injektion zu verabreichen, während im gleichen Fall eine examinierte Gesundheits- und Krankenpflegerin diese Injektion nicht setzen darf (weil sie z. B. lange Jahre diese Tätigkeit nicht mehr ausgeübt und damit ihre diesbezügliche Fähigkeit verloren hat).

17.1.3 Art der Injektion

Je höher die Gefährlichkeit des Injizierens ist, desto eher muss sie der Arzt selbst durchführen. Diese Gefährlichkeit kann sich aus der Art der Injektion ergeben (intrakutane, subkutane, intramuskuläre, intravenöse Injektion) oder aus dem Medikament, welches durch die Injektion verabreicht wird. Von der Gefährlichkeit hängt auch ab, wie hoch die Qualifikation der Schwester sein muss, wenn sie selbst die Injektion durchführen will bzw. muss. Das bedeutet demzufolge, dass eine Schwester befugt sein kann, eine subkutane Injektion zu verabreichen, nicht jedoch eine intravenöse.

17.1.4 Ärztliche Überwachung

Soweit der Arzt das Verabreichen einer Injektion an die Gesundheits- und Krankenpflegerin delegiert, hat er diese sorgfältig **auszuwählen**, sie erforderlichenfalls **anzuleiten** und dann, falls nötig, zu **überwachen**. Der Umfang dieser Aufgaben hängt wieder davon ab, um welche Art der Injektion es sich handelt bzw. welche Gefahren hiermit verbunden sind. Für den Arzt genügt es nicht, wenn er sich einen „Spritzenschein" zeigen lässt, ohne nachzufragen, ob der ausgewiesene Wissensstand noch bei der Schwester vorhanden ist. Kennt er die Schwester jedoch und ihre Fähigkeit zum Injizieren, kann er natürlich darauf vertrauen, dass sie diese Fähigkeit nicht „über Nacht" verloren hat.

Wie oben bereits erwähnt, gibt es verschiedene Injektionen (intrakutan, subkutan, intravenös und intramuskulär) und daneben noch Infusion, Transfusion und die Blutentnahme.

Es kann nicht grundsätzlich gesagt werden, welche Arten von Injektionen durchgeführt werden dürfen und welche nicht. Entscheidend ist und bleibt der Einzelfall, d. h. die individuelle Gesundheits- und Krankenpflegerin und deren Kenntnisstand. Allerdings spricht eine gewisse Vermutung dafür, dass z. B. die Verabreichung einer intramuskulären Injektion durch Krankenpflegehelfer unzulässig ist, da sie zumindest nach der Ausbildungs- und Prüfungsordnung hierfür nicht ausgebildet sind und deren fehlerhafte Ausführung zu typischen schwerwiegenden Schäden führen kann. Zulässig ist die Injektion jedoch, wenn die Helferin oder der Helfer ausnahmsweise besonders qualifiziert und über das allgemeine Ausbildungsziel hinaus geübt ist. Unabhängig von diesen Ausführungen bleibt es dem Krankenhausträger als dem Arbeitgeber des Pflegepersonales unbenommen, innerbetriebliche Regelungen zu treffen. So kann z. B. grundsätzlich das Übertragen der intravenösen Injektion auf die Schwester durch den Arzt untersagt werden, mit der Konsequenz, dass diese auch dann nicht „spritzen" muss bzw. darf, wenn sie es könnte. Weigert sie sich unter Berufung auf diese Regelung zu injizieren, handelt sie richtig (Ausnahme: Notfall). Andererseits kann **eine** innerbetriebliche Regelung niemals zum Gegenstand haben, dass z. B. eine examinierte Schwester intravenös spritzen muss (was ja dann auch bei derjenigen gelten würde, die es überhaupt nicht kann).

Für die strafrechtliche Verantwortung bedeuten diese Ausführungen nun Folgendes:

Bei jeder Art der Injektion liegt wegen des Einstichs zunächst der Tatbestand der Körperverletzung vor. Diese ist jedoch dann nicht rechtswidrig (und damit nicht strafbar), wenn der Patient eine wirksame Einwilligung erteilt. Vor der Erteilung der Einwilligung muss der Patient aufgeklärt werden. Diese Aufklärung muss zum einen die mit der Injektion verbundenen Risiken umfassen. Zum anderen geht jeder Patient selbstverständlich davon aus, dass derjenige, der die Injektion verabreicht (Krankenpflegepersonal oder Arzt), über die erforderlichen theoretischen und praktischen Kenntnisse verfügt. Ist dies nicht der Fall, müsste er hierüber zusätzlich aufgeklärt werden, da dies für den Patienten von Bedeutung ist. Eine Einwilligung ohne diese Aufklärung wäre von vorneherein unwirksam.

17.2 Sterbehilfe

Seit die Medizin derartige Fortschritte macht, dass der Zeitpunkt des Todes teilweise entscheidend vom Gebrauch der modernen Medizin samt ihrer Apparaturen abhängig gemacht wird, drängt sich die Frage auf, wo die Grenzen der Manipulierbarkeit des Todes liegen. Hier ist insbesondere das **Selbstbestimmungsrecht** über das eigene Leben und darüber hinaus zu respektieren, nachdem der Mensch nicht zum bloßen Objekt der Medizin degradiert werden darf. Die Sterbehilfe bewegt sich in einem Spannungsfeld zwischen den beiden gleichermaßen durch das Grundgesetz geschützten Werten

- der *Menschenwürde* (keine Lebenserhaltung gegen den Willen des Menschen um jeden Preis – Recht auf menschenwürdigen Tod) und
- des *Rechtes auf Leben* (keine gezielte Lebensverkürzung gegen den Willen des Menschen).

Die folgenden Ausführungen sollen die *Sterbehilfe aus strafrechtlicher Sicht* darstellen und der Frage nachgehen, wann Sterbehilfe strafbar ist und unter welchen Voraussetzungen nicht. Hier sollen keine moralischen, ethischen oder berufs- bzw. standespolitischen Erwägungen erfolgen, die den Rahmen dieses Buches über Gesetzeskunde sprengen würden und ebenso wenig rechtlich bindend wären wie die bereits bestehenden Richtlinien von Berufsverbänden zu diesem Thema. Diese stellen allenfalls strafrechtlich unverbindliche Verhaltensanweisungen an den Arzt dar. Die Frage, ob Sterbehilfe strafbar ist, kann nicht mit ja oder nein beantwortet werden. Hier muss man zwischen den einzelnen Formen der Sterbehilfe unterscheiden (▶ Abb. 17.2).

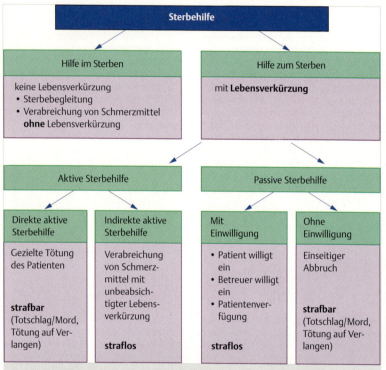

Abb. 17.2 Strafrechtliche Einteilung der Sterbehilfe

Zunächst ist festzuhalten, dass in der Rechtsprechung und der Literatur keine einheitliche Terminologie bezüglich der unterschiedlichen Arten von Sterbehilfe existiert. So spricht der Bundesgerichtshof in seiner Entscheidung vom 13.9.1994 (1 StR 357/94 sog. Kemptener-Urteil) davon, *Sterbehilfe setze voraus, dass das Grundleiden eines Kranken nach ärztlicher Überzeugung unumkehrbar (irreversibel) ist, einen tödlichen Verlauf angenommen hat und der Tod in kurzer Zeit eintreten wird.* Fehle es an einer derartigen Prognose, insbesondere das Merkmal „Todesnähe", so habe der Sterbevorgang noch nicht eingesetzt, sodass es sich bei dem Patienten überhaupt noch nicht um einen Sterbenden handele. Es läge dann Sterbehilfe im weiteren Sinn vor. Diesem Urteil folgten weitere grundsätzliche Entscheidungen des Bundesgerichtshofes, wonach es für die Zulässigkeit der Sterbehilfe nicht mehr zwingend erforderlich sei, dass der Tod des Sterbenden unmittelbar bevorstehe.

Abweichend von den Vorauflagen erscheint es daher nicht mehr erforderlich, zwischen der Sterbehilfe im engeren Sinn und der Sterbehilfe im weiteren Sinn zu unterscheiden. Um Sterbehilfe handelt es sich daher grundsätzlich, wenn einem Sterbenden insofern Hilfe geleistet wird, als sein Sterbeprozess erleichtert oder beschleunigt wird. Ein Sterbender ist ein Patient, der unheilbar (irreversibel) an einem Grundleiden erkrankt ist und dessen Krankheit einen tödlichen Verlauf angenommen hat. Diese Hilfe kann nun darin bestehen, dass der Sterbende während seines Sterbeprozesses begleitet wird (psychischer Beistand und Schmerzbekämpfung), ohne dass sein Leben dadurch verkürzt wird (**Hilfe im Sterben**).

Die Sterbehilfe kann aber auch darin bestehen, dass das Leben des Sterbenden bewusst abgekürzt wird (**Hilfe zum Sterben**). Dies kann dadurch geschehen, dass der Arzt bestimmte Maßnahmen durchführt, d. h. aktiv hilft, um das Leben zu verkürzen (**aktive Sterbehilfe**) oder Behandlungsmaßnahmen unterlässt (**passive Sterbehilfe**), um das Leben vorzeitig zu beenden. Hier stellt sich die Frage, ob und unter welchen Voraussetzungen eine derartige Hilfe zulässig ist.

Aufgabe 61
Der Patient ist bewusstlos. Er wird künstlich ernährt. Die Krankheit ist irreversibel und verläuft tödlich. Darf hier ein Abbruch der künstlichen Ernährung vorgenommen werden?
Erläuterung im Anhang, Aufgabe 61 (S. 516)

17.2.1 Hilfe im Sterben

Die Hilfe im Sterben soll dem Patienten den eintretenden Tod **erleichtern.** Arzt und Pflegepersonal haben die Aufgabe, einen im Sterben liegenden Patienten zu betreuen und seinen Schmerz sowie seine Angst zu lindern. Das Sterben soll ihm erträglich gemacht werden. Diese **Sterbebegleitung** ist ein selbstverständliches Gebot der Humanität, und eine dementsprechende Medikation ist eine Verpflichtung aufgrund des Behandlungsvertrages. Werden dazu *Medikamente eingesetzt, die keine lebensverkürzende Wirkung haben*, spricht man von einer Hilfe *im* Sterben. Sie ist nicht strafbar.

> **Beispiel**
> Dem Patienten wird ein Beruhigungsmittel verabreicht, das unschädlich ist, aber seine Schmerzen lindert.

17.2.2 Hilfe zum Sterben

Bei der Hilfe zum Sterben unterscheidet man zwischen der *aktiven* und *passiven Sterbehilfe*.

Aktive Sterbehilfe

Aktive Sterbehilfe leistet jemand, der eine Maßnahme (aktiv) durchführt, die – gewollt oder ungewollt – **das Leben des Patienten verkürzt**.

> **Beispiel**
> Der Arzt verabreicht dem Sterbenden eine tödliche Injektion. Unmittelbar durch das aktive Tun des Arztes tritt der Tod ein.

Bei der aktiven Sterbehilfe unterscheidet man zwischen der *direkten* aktiven Sterbehilfe und der *indirekten* aktiven Sterbehilfe.

Direkte aktive Sterbehilfe

Eine direkte aktive Sterbehilfe liegt in der **gezielten Tötung** des Patienten. Dabei ist es unerheblich, aus welchen Motiven diese Tötung erfolgt, ob aus Mitleid oder aufgrund eines Wunsches des Patienten. Auch die schmerzlose gezielte Tötung eines Menschen, der qualvoll dahinsiecht und sein Leben für unerträglich und sinnlos hält, stellt eine direkte Sterbehilfe dar. Diese Form der Sterbehilfe ist *strafbar* und zwar als Mord gemäß (§ 211 StGB), wenn ein Mordmerkmal vorliegt, ansonsten als Totschlag gemäß § 212 StGB oder als Tötung auf Verlangen gemäß § 216 StGB, wenn sie auf ausdrücklichen und ernsthaften Wunsch des Patienten geschieht.

Seit April 2002 ist erstmals in den Niederlanden die aktive direkte Sterbehilfe gesetzlich geregelt. Demnach macht sich ein Arzt nicht strafbar, wenn er
- zu der Überzeugung gelangt ist, dass der Patient freiwillig und nach reiflicher Überlegung um Sterbehilfe gebeten hat,
- zu der Überzeugung gelangt ist, dass der Zustand des Patienten aussichtslos und sein Leiden unerträglich war,
- den Patienten über seinen Zustand und dessen Aussichten informiert hat,
- mit dem Patienten zu der Überzeugung gelangt ist, dass es in dem Stadium, in dem sich der Patient befand, keine angemessene andere Lösung gab,
- mindestens einen anderen unabhängigen Arzt hinzugezogen hat, der den Patienten gesehen und ein schriftliches Urteil über die in obigen Punkten bezeichneten Sorgfaltskriterien abgegeben hat, und
- die Lebensbeendigung medizinisch sorgfältig ausgeführt hat.

Ähnliche Regelungen bestehen nun auch in anderen Ländern.
In Deutschland ist die direkte aktive Sterbehilfe strafbar.
Diese Art von strafbarer Tötung muss von der straflosen Beihilfe zum Suizid unterschieden werden. Letztere liegt dann vor, wenn der Patient die letzte zur Tötung führende Handlung selbst und eigenverantwortlich vornimmt, er somit bis zuletzt die Tatherrschaft über sein Tun innehat. Siehe hierzu auch die Ausführungen zur Straflosigkeit der Selbsttötung (S. 167).

Aufgabe 62

Schwester Erika kann nicht mehr zusehen, wie der krebsleidende Patient schmerzgekrümmt dahinsiecht. Auf sein Flehen, sein Leben zu beenden, verabreicht ihm Erika eine tödliche Injektion. Macht sie sich strafbar?
Erläuterung im Anhang, Aufgabe 62 (S. 516)

Auch die „Vernichtung sog. lebensunwerten Lebens" (**Euthanasie**) ist als direkte aktive „Sterbehilfe" strafbar. Der Begriff wurde vor allem durch die Vernichtung menschlichen Lebens durch die NS-Euthanasie-Aktionen geprägt. Bei dem betroffenen Personenkreis handelte es sich nicht um Sterbende, sondern um Menschen mit oft geistigen oder körperlichen Missbildungen oder Menschen, die für den Staat angeblich ohne Wert waren. Eine derartige Lebensverkürzung ist ohne Ausnahme strafbar.

Indirekte aktive Sterbehilfe

Werden dem Patienten *Schmerzmittel verabreicht, die als unerwünschte oder* **unvermeidbare Nebenfolge eine Lebensverkürzung** *bewirken*, spricht man von indirekter Sterbehilfe. Sie ist straflos. Die Verabreichung solcher Medikamente ist zulässig, wenn keine weniger eingreifenden Mittel vorhanden sind, um den Schmerz ebenso effektiv zu bekämpfen, und eine Einwilligung des Patienten oder des Betreuers hierzu vorliegt. Es muss sich um eine gebotene schmerzlindernde Medikation handeln.

Aufgabe 63

Ein Patient liegt im Sterben. Wegen unerträglicher Schmerzen bittet er um ein Schmerzmittel. Nachdem er bereits seit längerer Zeit Schmerzmittel bekommt und sich der Körper daran gewöhnt hat, gibt ihm die Gesundheits- und Krankenpflegerin bzw. der Arzt ein derart starkes Mittel, dass damit auch eine Beschleunigung des Todeseintrittes verbunden ist. Der Patient stirbt aufgrund des Mittels früher. Ist die Handlung von Arzt und Gesundheits- und Krankenpflegerin strafbar?
Erläuterung im Anhang, Aufgabe 63 (S. 516)

Passive Sterbehilfe

Passive Sterbehilfe liegt vor, wenn eine ärztliche **lebenserhaltende Behandlungsmaßnahme unterlassen** oder **abgebrochen** wird.

Bei der passiven Sterbehilfe wird der Tod des unheilbar Erkrankten, dessen Krankheitsverlauf irreversibel ist, nicht durch eine aktive Handlung herbeigeführt, sondern dadurch, dass der Arzt eine lebensverlängernde Maßnahme gar nicht erst vornimmt oder eine solche Maßnahme beendet.

> **Beispiel**
> Bei dem Patienten A wird die maschinelle Beatmung erst gar nicht eingeleitet. Beim Patienten B wird die künstliche Ernährung eingestellt (Behandlungsabbruch). In beiden Fällen stirbt der Patient nicht unmittelbar durch ein aktives Tun des Arztes, sondern weil es dieser unterlässt, eine Behandlung einzuleiten bzw. fortzusetzen.

Die passive Sterbehilfe ist ein *Sterbenlassen durch Verzicht auf – weitere – lebensverlängernde Maßnahmen,* sowohl bei moribunden Patienten als auch bei irreversiblen Bewusstlosen.

Im Unterschied zur strafbaren Tötung auf Verlangen, bei der das Leben des Patienten aktiv beendet wird, wird bei der passiven Sterbehilfe durch die Beendigung lebensverlängernder Maßnahmen dem natürlichen Prozess der tödlichen Krankheit „nicht in den Arm gefallen" sondern seinen Lauf gelassen. Unerheblich ist dabei, ob die laufende Verabreichung von lebenserhaltenden Medikamenten eingestellt, die künstliche Ernährung abgestellt wird oder technische, das Leben aufrechterhaltende Geräte abgeschaltet werden. In all diesen Fällen liegt ein *Behandlungsabbruch* vor, der dann zum Todeseintritt führt. Die bekanntesten Anwendungsfälle sind hier Patienten, die im Wachkoma liegen bzw. am apallischen Syndrom leiden.

Diesem Behandlungsabbruch gleichgestellt wird der Fall, dass eine derartige lebensverlängernde Behandlung gar nicht erst aufgenommen wird. Zunächst ist als selbstverständlich zu betonen, dass Arzt und Pflegekraft alles ausschöpfen müssen, um den Krankheitszustand zu verbessern. Ist dann eine Grenze erreicht, ab der es nur noch darum geht, den Tod hinauszuschieben, stellt sich die Frage, ob eine weitere Behandlung durchgeführt werden muss oder ob eine begonnene Behandlung abgebrochen werden darf. Die Antwort auf diese Frage hängt einzig und allein davon ab, ob der Patient/Sterbende mit der passiven Sterbehilfe einverstanden ist oder nicht. Der Wille des Sterbenden ist zu respektieren. Dies ergibt sich direkt aus der Menschenwürde (Art. 1 GG) und aufgrund des Selbstbestimmungsrechts des Patienten. Die passive Sterbehilfe ist demzufolge zulässig und straflos, wenn der Sterbende einwilligt. Bezüglich dieser erforderlichen Einwilligung ist wie folgt zu unterscheiden:

Einwilligungsfähiger Patient
Beim einwilligungsfähigen Patienten kommt es ausschließlich auf **seinen** Willen an.
- Lehnt der Patient trotz ausführlicher Aufklärung eine Behandlung ausdrücklich ab (mündlich, schriftlich oder durch Gestik) und ist er einwilligungsfähig, darf die Behandlung nicht durchgeführt bzw. muss sie abgebrochen werden.
Es gibt *keinen Behandlungszwang* (eines einwilligungsfähigen Patienten)!
Der nach angemessener Aufklärung erklärte Wille eines urteilsfähigen Patienten ist zu respektieren. Dies folgt aus dem Selbstbestimmungsrecht des Patienten, welches von der Rechtsprechung höher als sein Wohl und seine Gesundheit eingestuft wird. Daher ist auch eine Behandlung abzubrechen, wenn es der Patient bei dieser Sachlage verlangt.
- Will der Patient weiterbehandelt werden, so darf eine indizierte Behandlung in keinem Fall abgebrochen werden.

Einwilligungsunfähiger Patient
Ist der Patient im Zeitpunkt der Entscheidung über eine Weiterbehandlung oder einen Behandlungsabbruch nicht mehr entscheidungsfähig (einwilligungsunfähig), so bedarf er eines Vertreters (entweder eines Betreuers oder eines Bevollmächtigten). Dieser hat jetzt zu entscheiden.
- *Vorliegen einer Patientenverfügung*
  Seit dem 1.9.2009 sind die Patientenverfügung und ihre Bedeutung in § 1901a BGB gesetzlich geregelt.

17.2 Sterbehilfe

Eine Patientenverfügung ist die schriftliche Festlegung des Willens eines volljährigen Patienten – vgl. Anlage 3 zum Betreuungsrecht (S. 317). Im Zeitpunkt der Abfassung der Patientenverfügung muss der Patient einwilligungsfähig sein; Geschäftsfähigkeit ist dagegen nicht erforderlich. Der Patient legt hier für den Fall seiner Einwilligungsunfähigkeit fest, ob er in bestimmte, zum Zeitpunkt der Festlegung noch nicht unmittelbar bevorstehende Untersuchungen seines Gesundheitszustandes, Heilbehandlungen oder ärztliche Eingriffe einwilligt oder sie untersagt, § 1901a Abs. 1 BGB.

Diese Willenserklärung des Patienten muss sich auf konkrete Umstände und Maßnahmen beziehen. Nicht genügen würde der Wunsch, „wenn ich einmal sehr krank und nicht mehr in der Lage bin, ein für mich erträgliches umweltbezogenes Leben zu führen, möchte ich würdevoll sterben dürfen".

Die Patientenverfügung ist jederzeit, ohne besondere Form, widerrufbar.

Liegt nun eine solche vor, prüft der Betreuer, ob sie in der vorliegenden Situation anzuwenden ist. Ist dies der Fall, hat der Betreuer dem Willen des Patienten Ausdruck und Geltung zu verschaffen. Dies bedeutet für den Behandlungsabbruch, dass der Betreuer hierin einwilligen muss, sofern der Patient dies in seiner Patientenverfügung für diesen Fall bestimmt hat.

Liegt eine wirksame Patientenverfügung vor und ist kein Betreuer bestellt bzw. ein Bevollmächtigter vorhanden, so ist fraglich, ob es zur Umsetzung der Patientenverfügung eines Betreuers bedarf. Nach dem am 26.2.2013 in Kraft getretenen Patientenrechtegesetz besagt § 630d BGB Folgendes:

„Ist der Patient einwilligungsunfähig, ist die Einwilligung eines hierzu Berechtigten einzuholen, **soweit nicht eine Patientenverfügung die Maßnahme gestattet oder untersagt.**" Demzufolge wäre die Patientenverfügung allein bindend, ohne dass es noch der Bestellung eines Betreuers bedürfte.

- *Frühere mündliche Erklärung des Patienten*
  Liegt keine Patientenverfügung vor, hat der Betreuer den früher erklärten Willen des Patienten zu respektieren, wenn dieser in klarer und bestimmter Form abgegeben wurde. Diese mündliche Erklärung ist für den Betreuer bindend, wenn der Patient sie im Zustand seiner Einwilligungsfähigkeit abgegeben hat.
  Der Nachteil dieser lediglich mündlichen Erklärung liegt allerdings darin, dass sowohl ihre Existenz als auch ihr Inhalt schwer nachweisbar sind.

- *Mutmaßlicher Wille des Patienten*
  Kann der Patient seinen Willen nicht mehr äußern und liegt weder eine frühere mündliche Erklärung noch eine Patientenverfügung vor, kommt es auf seinen mutmaßlichen Willen an. Diesen hat der Betreuer festzustellen und dann in diesem Sinne zu entscheiden.
  Zur Feststellung des mutmaßlichen Willens des Patienten hat der Betreuer frühere Äußerungen des Patienten heranzuziehen und seine Lebensphilosophie, religiöse Vorstellungen und Wertvorstellungen zu berücksichtigen. Er kann zu diesem Zweck auch Gespräche mit Angehörigen und Nahestehenden führen, die ihm bei der Feststellung des vermuteten Willens des Patienten helfen können.

- Unabhängig davon, ob eine Patientenverfügung vorliegt, es auf frühere mündliche Erklärungen des Patienten oder ob es auf seinen mutmaßlichen Willen ankommt:
  In jedem dieser Fälle gelten obige Ausführungen bei einwilligungsunfähigen Patienten

unabhängig von Art und Stadium einer Erkrankung des Patienten, § 1901a Abs. 3 BGB. Der Gesetzgeber hat hier eine klare Regelung getroffen, die nicht nur im Fall der Sterbehilfe anzuwenden ist. Sie gilt unabhängig davon, ob der Sterbeprozess bereits begonnen hat, in allen Fällen.

- *Beteiligung des Betreuungsgerichts*
Eine Beteiligung des Betreuungsgerichts sieht seit dem 1.9.2009 § 1904 Abs. 2, 3 BGB in folgenden Fällen vor:
Die Nichteinwilligung (untersagte Behandlungsaufnahme) oder der Widerruf der Einwilligung (Behandlungsabbruch) des Betreuers in eine Untersuchung des Gesundheitszustandes, eine Heilbehandlung oder einen ärztlichen Eingriff bedarf der Genehmigung des Betreuungsgerichts, wenn die Maßnahme medizinisch angezeigt ist und die begründete Gefahr besteht, dass der Patient aufgrund des Unterbleibens oder des Abbruchs der Maßnahme stirbt.
Mit anderen Worten: Willigt der Betreuer in eine **angebotene** indizierte Behandlung nicht ein und kann dies zum Tod des Patienten führen, muss diese Nichteinwilligung des Betreuers vom Betreuungsgericht genehmigt werden.
Gleiches gilt, wenn der Betreuer die einmal erteilte Einwilligung (sowohl wenn er sie selbst erteilt hat, als auch wenn der Betroffene sie noch im Zustand seiner Einwilligungsfähigkeit erteilt hat) später widerrufen will, z. B. um medizinische Geräte bei einem Komapatienten abzuschalten.
Ausnahme: Die Genehmigung durch das Betreuungsgericht ist gem. § 1904 Abs. 4 BGB jedoch dann nicht erforderlich, wenn zwischen dem Betreuer und dem behandelndem Arzt Einvernehmen darüber besteht, dass die Nichterteilung oder der Widerruf der Einwilligung dem Willen des Betreuten entspricht, der in der Patientenverfügung zum Ausdruck kommt.

- *Liegt keine Einwilligung* des Patienten oder des Betreuers zum Behandlungsabbruch vor, darf dieser grundsätzlich nicht vorgenommen werden. Ein Abbruch wäre strafbar. Letztlich kann die fehlende Einwilligung immer entweder vom Patienten selbst oder von einem zu bestellenden Betreuer eingeholt werden. Dessen Entscheidung ist dann zu respektieren. Verweigert der Betreuer rechtsmissbräuchlich seine Einwilligung, besteht für das Betreuungsgericht die Möglichkeit, ihn gemäß § 1908b Abs. 1 BGB zu entlassen.

- Der Arzt ist jedoch auch bei zulässiger Anwendung der passiven Sterbehilfe verpflichtet, palliativmedizinische Versorgung und Basisversorgung zu gewährleisten. Hierzu gehört eine menschenwürdige Unterbringung genauso wie Zuwendung, Körperpflege, Lindern von Schmerzen, Atemnot und Übelkeit sowie Stillen von Hunger und Durst.

Beispiel
Soll eine zusätzlich auftretende Krankheit (z. B. Lungenentzündung, Infektion o. Ä.) noch behandelt werden?
Soll die maschinelle Beatmung eingestellt werden?
Soll die künstliche Nahrungszufuhr eingestellt werden?
Soll eine PEG-Sonde gelegt werden?
Alle diese Maßnahmen bedürfen der Einwilligung des Patienten bzw. bei dessen Einwilligungsunfähigkeit der Einwilligung des Betreuers bzw. des Bevollmächtigten.

Kommen nun Betreuer/Bevollmächtigter und behandelnder Arzt aufgrund der Patientenverfügung bzw. des mutmaßlichen Willens des Patienten *einvernehmlich* zu dem Ergebnis, dass der Patient keine Weiterbehandlung wünscht, **ist** dieser Wunsch umzusetzen. Einer gerichtlichen Genehmigung bedarf es nicht.
Kommen sie zu einem unterschiedlichen Ergebnis, muss die Einwilligung bzw. der Widerruf der Einwilligung vom Betreuungsgericht genehmigt werden. Dies ist der Fall, wenn der Arzt weiterbehandeln will und der Betreuer seine Einwilligung hierzu verweigert.

17.2.3 Sog. Früheuthanasie

Bei schwerstgeschädigten Neugeborenen stellt sich die Frage, ob unter allen Umständen eine Behandlungspflicht besteht. Grundsätzlich ist jedoch auch hier von einer Unzulässigkeit gezielter Lebensverkürzung auszugehen. Inwieweit alle Behandlungsmöglichkeiten ausgeschöpft werden müssen, wenn das Leben auf Dauer nicht erhalten werden kann, richtet sich wohl nach den Grundsätzen des *Behandlungsabbruchs bei Sterbenden*. Im Einzelnen ist hier jedoch vieles umstritten.

17.3 Organtransplantation

Mit dem Transplantationsgesetz vom 5.11.1997 liegt eine gesetzliche Regelung über die Organtransplantation vor. Es gilt für die *Spende* und *Entnahme* von menschlichen Organen oder Geweben zum Zweck der Übertragung auf andere Menschen sowie für die *Übertragung* der Organe, einschließlich der Vorbereitung dieser Maßnahmen. Ferner verbietet es den Handel mit menschlichen Organen (Organhandel).

Keine Anwendung findet das Gesetz für Blut und Blutbestandteile. Die Krankenkassen wurden vom Gesetzgeber verpflichtet, die Bevölkerung über die Organspende aufzuklären und mit eigenem Organspendeausweis ab dem 16. Lebensjahr die Bereitschaft zur Spende zu erhöhen. Seit dem 1.11.2012 sind die Krankenkassen verpflichtet, ihre Versicherten, die das 16. Lebensjahr vollendet haben, aufzufordern, eine Erklärung zur Organspende abzugeben. Allerdings besteht für die Bürger keine Pflicht, diese Erklärung abzugeben. Eine Erklärung zur Organspende kann dabei so aussehen, dass der Betroffene in eine Organspende – wobei diese auf bestimmte Organe beschränkt sein kann – einwilligt, ihr widerspricht oder die Entscheidung hierüber einer namentlich benannten Person überträgt. Die Einwilligung und Übertragung der Entscheidung können vom vollendeten 16. Lebensjahr, der Widerspruch kann vom vollendeten 14. Lebensjahr an erklärt werden.

Für den *Empfänger des Organes* stellt sich der Eingriff als Heilmaßnahme dar. Bei ihm ist der Eingriff zulässig, wenn er einwilligt – vgl. hierzu die Ausführungen zur Wirksamkeit der Einwilligung (S. 159). Bei der *Entnahme eines Organes* liegt dagegen kein Heileingriff vor. Diese ist an die strengen Voraussetzungen des Transplantationsgesetzes gebunden. Dabei ist zwischen der Entnahme beim *toten Spender* und der Entnahme beim *lebenden Spender* zu unterscheiden.

17.3.1 Organentnahme beim toten Spender

Die Entnahme eines Organes bei einem Verstorbenen setzt voraus, dass dessen Tod festgestellt ist und der Verstorbene zu seinen Lebzeiten eingewilligt hat bzw. sein nächster Angehöriger zustimmt, wenn keine Erklärung des Verstorbenen vorliegt (▶ Abb. 17.3). Der Eingriff muss von einem Arzt vorgenommen werden.

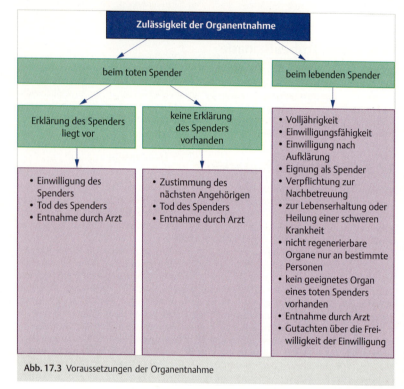

Abb. 17.3 Voraussetzungen der Organentnahme

Einwilligung des Spenders

Die Organentnahme beim Toten setzt die Einwilligung des Spenders zu seinen Lebzeiten voraus. Diese ausdrückliche Erklärung ist an keine Form gebunden und kann schriftlich oder mündlich erteilt werden, auch bereits von einem Minderjährigen, sofern er das 16. Lebensjahr vollendet hat. Eine solche Einwilligung kann wie erwähnt z. B. in einem **Organspendeausweis** festgehalten werden. Die Einwilligung kann auf bestimmte Organe beschränkt werden, nicht aber auf bestimmte Empfänger. Liegt die Einwilligung des Verstorbenen vor, bedarf es keiner Zustimmung der Angehörigen und Hinterbliebenen mehr. Sie können einer Organentnahme dann auch nicht mehr widersprechen. Hat der Verstorbene bereits zu Lebzeiten einer Organentnahme widersprochen, können sich nach seinem Tod die Angehörigen nicht über diesen Willen hinwegsetzen und die Zustimmung erteilen. Eine dennoch erteilte Einwilligung wäre unwirksam. Das Selbstbestimmungsrecht des Verstorbenen erlischt nicht mit seinem Tod. Daher gilt grundsätzlich Folgendes: *Der vor seinem Tod erklärte Wille des Verstorbenen gilt nach dem Tode fort und ist in jedem Fall verbindlich.*

Tod des Spenders

Vor der Organentnahme muss der Spender tot sein. Die Feststellung seines Todes erfolgt nach den Regeln, die dem Stand der Erkenntnisse der medizinischen Wissenschaft entsprechen. Um den Tod festzustellen, gibt es zwei Möglichkeiten:
- *Hirntod* (Feststellung durch zwei Ärzte).
  Bei der Feststellung des Todes kommt es zunächst auf den irreversiblen Hirntod an. Dieser wird beschrieben als endgültiger nicht behebbarer Ausfall der Gesamtfunktion des Großhirns, des Kleinhirns und des Hirnstamms. Ab diesem Zeitpunkt endet die menschliche Persönlichkeit trotz noch aufrechterhaltener Kreislauffunktion im übrigen Körper.
  Dieser Hirntod ist durch zwei dafür qualifizierte Ärzte festzustellen, die den Organspender unabhängig voneinander untersucht haben.
  Auch *schwerst missgebildete Neugeborene* (z. B. Anenzephale, bei denen die Schädeldecke mit ausgedehnten Teilen des Gehirns fehlt, die aber einen funktionstüchtigen Gehirnstamm besitzen und lebend zur Welt kommen können) sind lebende Wesen, bei denen vor Organentnahme der Hirntod festgestellt werden muss.
- *Herz- und Kreislaufstillstand* (Feststellung durch einen Arzt), der 3 Stunden zurückliegen muss. Der Tod des Organspenders kann aber auch dann festgestellt werden, wenn der endgültige, nicht behebbare Stillstand von Herz und Kreislauf eingetreten ist und seitdem mehr als 3 Stunden vergangen sind. In diesem Fall genügt die Untersuchung und Feststellung durch einen Arzt, da hier der Nachweis des Todes anhand der herkömmlichen Todeszeichen (z. B. Leichenflecken, beginnende Leichenstarre) sicher erbracht werden kann.

Diejenigen Ärzte, die den Tod festzustellen haben, dürfen weder an der Entnahme noch an der Übertragung der Organe des Organspenders beteiligt sein. Sie dürfen auch nicht den Weisungen eines Arztes unterstehen, der an diesen Maßnahmen beteiligt ist. Das Untersuchungsergebnis ist zu dokumentieren.

Entnahme durch Arzt

Die Entnahme eines Organes muss auch bei einem toten Spender *von einem Arzt* vorgenommen werden. Der Arzt hat den nächsten Angehörigen des Organspenders über die beabsichtigte Organentnahme zu unterrichten. Er hat anschließend Ablauf und Umfang der Organentnahme aufzuzeichnen. Der nächste Angehörige hat das Recht auf Einsichtnahme in diese Unterlagen.

Zustimmung des nächsten Angehörigen

Liegt dem Arzt, der die Organentnahme vornehmen soll, *weder eine schriftliche Einwilligung noch ein schriftlicher Widerspruch* des möglichen Organspenders vor, so ist dessen nächster Angehöriger zu befragen, ob ihm vom Toten eine Erklärung zur Organspende bekannt ist. Soweit diesem keine Erklärung des Toten bekannt ist, ist die Organentnahme nur zulässig, wenn der Arzt den nächsten Angehörigen über die Entnahme unterrichtet und dieser ihr zugestimmt hat (zusätzlich muss natürlich der Tod festgestellt und die Entnahme von einem Arzt durchgeführt sein).

Bei seiner Entscheidung hat der nächste Angehörige den mutmaßlichen (vermuteten) Willen des Verstorbenen zu beachten. Ist ein solcher nicht erkennbar, hat er nach eigenem, ethisch verantwortbarem Ermessen zu entscheiden. Als *nächste Angehörige* gelten in folgender Reihenfolge: Ehegatte/eingetragener Lebenspartner, volljährige Kinder, Eltern (bzw. Sorgeinhaber), volljährige Geschwister und Großeltern. Bei der Zustimmung ist derjenige Angehörige der Nächste, der in der Reihenfolge weiter oben steht. Dabei ist er nur dann entscheidungsbefugt, wenn er in den letzten zwei Jahren vor dem Tod des Organspenders zu diesem persönlichen Kontakt hatte. Als nächster Angehöriger ist auch eine volljährige Person anzusehen, die dem Spender bis zu seinem Tode in besonderer persönlicher Verbundenheit offenkundig nahe gestanden hat, wie dies vor allem bei einem Lebenspartner oder Verlobten der Fall sein wird. Bei mehreren gleichrangigen Angehörigen genügt es, wenn einer befragt wird und dieser zustimmt. Widerspricht jedoch ein anderer gleichrangiger Angehöriger, so ist der Widerspruch zu beachtlich und die Entnahme unzulässig. Ist ein vorrangiger Angehöriger innerhalb angemessener Zeit nicht erreichbar, genügt die Zustimmung des nächsterreichbaren nachrangigen Angehörigen.

17.3.2 Organentnahme bei lebendem Spender

Die Organentnahme beim lebenden Spender stellt keinen Heileingriff dar. Sie setzt ausnahmslos die Einwilligung des Spenders voraus. Hinzu kommen noch diverse Voraussetzungen, die einem Missbrauch vorbeugen sollen (▶ Abb. 17.3).

Volljährigkeit des Spenders

Ein Organ kann nur bei einem volljährigen Spender entnommen werden. Minderjährige Spender können daher nicht wirksam in eine Organentnahme einwilligen. Dies gilt auch dann, wenn sie aufgrund ihrer persönlichen Entwicklung und Reife einwilligungsfähig wären. Auch der gesetzliche Vertreter, d. h. die Eltern, können nicht in die Organentnahme ihres minderjährigen Kindes einwilligen. Eine Ausnahme gilt bei der Entnahme von Knochenmark. Diese ist bei minderjährigen Personen zulässig, wenn

- die Verwendung des Knochenmarks für Verwandte 1. Grades oder Geschwister der minderjährigen Person vorgesehen ist,
- die Übertragung geeignet ist, eine lebensbedrohende Krankheit zu heilen,
- ein geeigneter volljähriger Spender nicht zur Verfügung steht,
- die minderjährige Person und der gesetzliche Vertreter vom Arzt aufgeklärt wurden **und** wenn
- der gesetzliche Vertreter und die minderjährige Person (bei Einwilligungsfähigkeit) einwilligen.

Einwilligungsfähigkeit des Spenders

Die Entnahme eines Organes bei einem lebenden Spender, der nicht einwilligungsfähig ist, ist unzulässig. Damit ist klargestellt, dass die Organentnahme auch bei Erwachsenen nicht möglich ist, die nicht in der Lage sind, die Bedeutung und Tragweite eines derartigen Eingriffs zu erkennen. Für sie kann auch der gesetzliche Vertreter, d. h. der Betreuer, nicht wirksam einwilligen.

Einwilligung nach Aufklärung

Der Organspender muss vor der Organentnahme schriftlich oder mündlich in die Entnahme einwilligen. Diese Einwilligung ist jederzeit widerrufbar. Vor der Einwilligung muss der Organspender durch einen Arzt aufgeklärt werden über
- die Art und den Umfang des Eingriffs,
- die möglichen Folgen,
- die zu erwartende Erfolgsaussicht der Organübertragung und
- sonstige Umstände, denen er erkennbar eine Bedeutung für die Organspende beimisst.

Die Aufklärung hat in Anwesenheit eines weiteren Arztes, der weder an der Entnahme noch an der Übertragung beteiligt oder einem derartigen Arzt unterstellt sein darf, zu erfolgen. Der Inhalt der Aufklärung und die Einwilligungserklärung sind schriftlich festzuhalten.

Eignung als Spender

Eine Entnahme eines Organes bei einem Lebenden setzt voraus, dass dieser aus ärztlicher Sicht als Spender geeignet ist. Es muss feststehen, dass er voraussichtlich nicht über das Operationsrisiko hinaus gefährdet oder durch die Spätfolgen gesundheitlich schwer beeinträchtigt wird. Die Entnahme eines Organes oder Teilen davon ist trotz Einwilligung des Spenders unzulässig, wenn sie zu einer schweren Eigengefährdung oder gar zum Tod des Spenders führen würde. Eine solche Einwilligung wäre wegen Sittenwidrigkeit gemäß § 228 StGB unwirksam; vgl. hierzu die Ausführungen zur Wirksamkeit der Einwilligung (S. 159). Demzufolge wäre die Entnahme eines paarigen Organes dann unzulässig, wenn das verbleibende Organ die Funktion des entnommenen Organes nicht übernehmen könnte, genauso wie die Hornhautentnahme, wenn diese vom einzig gesunden Auge des Spenders genommen wird. Letzteres ist jedoch für den Fall umstritten, dass der Spender nur noch wenige Zeit zu leben hat und mit seiner Spende einen Angehörigen von der Blindheit befreien kann. Hier wird man wohl eine Abwägung unter Berücksichtigung aller Umstände vornehmen müssen, insbesondere die Heilungschancen des Empfängers mit den Risiken des Spenders.

Verpflichtung zur Nachbetreuung

Die Entnahme von Organen darf erst durchgeführt werden, nachdem sich der Organspender und der Organempfänger zur Teilnahme an einer ärztlich empfohlenen Nachbetreuung bereit erklärt haben.

Spende zur Lebenserhaltung oder Heilung einer schweren Krankheit

Die Übertragung des Organes muss nach ärztlicher Beurteilung geeignet sein, das Leben des Empfängers zu erhalten oder bei ihm eine schwerwiegende Krankheit zu heilen, ihre Verschlimmerung zu verhindern oder ihre Beschwerden zu lindern.

Nicht regenerierbare Organe nur an bestimmte Personen

Die Entnahme von Organen, die sich nicht wieder bilden können (z. B. Niere, Lunge, Bauchspeicheldrüse, Darm) ist nur zulässig zum Zweck der Übertragung auf
- Verwandte 1. oder 2. Grades (Eltern und Kinder, Enkel und Großeltern, Geschwister des Spenders),
- Ehegatten bzw. eingetragenen Lebenspartner,
- Verlobte oder auf
- andere Personen, die dem Spender in besonderer Verbundenheit offenkundig nahe stehen (z. B. Lebenspartner).

Grundlage einer besonderen Verbundenheit ist in der Regel eine gemeinsame Lebensplanung mit innerer Bindung, im Unterschied zu bloßen ökonomisch motivierten Wohngemeinschaften.

Kein geeignetes Organ eines toten Spenders vorhanden

Die Entnahme von Organen einer lebenden Person kommt erst in Betracht, wenn zum Zeitpunkt der Entnahme keine geeigneten Organe eines toten Spenders vorhanden sind. Die Entnahme von Organen bei Toten ist daher vorrangig. Die Lebendspende spielt hauptsächlich bei der Übertragung von Nieren und Teilen von Leber, Lunge und Bauchspeicheldrüse eine Rolle.

Entnahme durch Arzt

Wie bei der Organentnahme vom toten Spender ist auch hier der Eingriff nur zulässig, wenn er von einem Arzt vorgenommen wird.

Gutachten über die Freiwilligkeit der Einwilligung

Vor der Entnahme muss die zuständige Kommission gutachtlich dazu Stellung nehmen, ob begründete tatsächliche Anhaltspunkte dafür vorliegen, dass die Einwilligung des Spenders in die Organentnahme nicht freiwillig erfolgt oder das Organ Gegenstand verbotenen Organhandels ist. Dieser Kommission gehören ein Arzt, der an der Entnahme und Übertragung nicht beteiligt ist, ein Jurist und eine in psychologischen Fragen erfahrene Person an.

17.3.3 Durchführung der Organentnahme

Die Entnahme von Organen bei **verstorbenen** Spendern darf nur in **Entnahmekrankenhäusern** durchgeführt werden. Entnahmekrankenhäuser sind bestimmte Krankenhäuser, die nach ihrer räumlichen und personellen Ausstattung in der Lage sind, Organentnahmen von toten Spendern zu ermöglichen. So kommen grundsätzlich alle Krankenhäuser in Betracht, die über eine Intensivstation mit Beatmungsplätzen und einen Operationssaal verfügen. Dies betrifft zurzeit ca. 1350 Kliniken von ungefähr 2000 Krankenhäusern bundesweit. Die Entnahmekrankenhäuser sind verpflichtet, den Hirntod von Patienten, die nach ärztlicher Beurteilung als Organspender in Betracht kommen, festzustellen und der Koordinierungsstelle unverzüglich mitzuteilen.

Die Entnahmekrankenhäuser bestellen mindestens einen **Transplantationsbeauftragten**, der für die Erfüllung seiner Aufgaben fachlich qualifiziert ist. Er ist insbesondere dafür verantwortlich, dass die Angehörigen von toten Spendern in angemessener Weise begleitet werden, die Zuständigkeiten und Handlungsabläufe in den Entnahmekrankenhäusern zur Erfüllung der Verpflichtungen aus diesem Gesetz festgelegt werden sowie das ärztliche und pflegerische Personal im Entnahmekrankenhaus über die Bedeutung und den Prozess der Organspende regelmäßig informiert wird. Er stellt auch das Bindeglied zur Koordinierungsstelle (DSO – Deutsche Stiftung Organtransplantation) dar.

Die Entnahme von Organen bei **lebenden** Spendern darf nur in **Transplantationszentren** durchgeführt werden. Transplantationszentren sind Krankenhäuser oder Einrichtungen an Krankenhäusern, die für die Übertragung von Organen verstorbener Spender sowie für die Entnahme und Übertragung von Organen lebender Spender zugelassen sind. Dabei sind Schwerpunktkrankenhäuser für die Übertragung dieser Organe zu bilden, um eine bedarfsgerechte, leistungsfähige und wirtschaftliche Versorgung zu gewährleisten und die erforderliche Qualität der Organübertragung zu sichern. Die Transplantationszentren sind verpflichtet,
1. Wartelisten der zur Übertragung von vermittlungspflichtigen Organen angenommenen Patienten zu führen sowie unverzüglich über die Annahme eines Patienten zur Organübertragung und seine Aufnahme in die Warteliste zu entscheiden und den behandelnden Arzt darüber zu unterrichten, ebenso über die Herausnahme eines Patienten aus der Warteliste,
2. über die Aufnahme in die Warteliste nach Regeln zu entscheiden, die dem Stand der Erkenntnisse der medizinischen Wissenschaft entsprechen, insbesondere nach Notwendigkeit und Erfolgsaussicht einer Organübertragung,
3. die Regelungen zur Organentnahme einzuhalten,
4. vor der Organübertragung festzustellen, dass die Organ- und Spendercharakterisierung abgeschlossen und dokumentiert ist und die Bedingungen für die Konservierung und den Transport eingehalten worden sind,
5. jede Organübertragung unverzüglich so zu dokumentieren, dass eine lückenlose Rückverfolgung der Organe vom Empfänger zum Spender ermöglicht wird,
6. die durchgeführten Lebendorganspenden aufzuzeichnen und
7. vor und nach einer Organübertragung Maßnahmen für eine erforderliche psychische Betreuung der Patienten im Krankenhaus sicherzustellen.

Die Organentnahme wird durch die Koordinierungsstelle organisiert und erfolgt durch die von ihr beauftragten Ärzte. Die Koordinierungsstelle (DSO – Deutsche Stiftung Organtransplantation) organisiert die Zusammenarbeit der Entnahmekrankenhäuser und der Transplantationszentren. Sie klärt, ob die Voraussetzungen für eine Organentnahme vorliegen. Hierzu erhebt sie die Personalien dieser möglichen Organspender und weitere für die Durchführung der Organentnahme und -vermittlung erforderliche personenbezogene Daten. Die Entnahmekrankenhäuser sind verpflichtet, diese Daten an die Koordinierungsstelle zu übermitteln.

17.3.4 Zulässigkeit der Organübertragung (Implantation)

Die Übertragung (d. h. die Implantation, Einpflanzung) von Organen darf nur in *Transplantationszentren* vorgenommen werden. Die Übertragung vermittlungspflichtiger Organe (Herz, Lunge, Leber, Niere, Bauchspeicheldrüse und Darm) ist darüber hinaus nur zulässig, wenn die Organe durch die Vermittlungsstelle unter Beachtung der gesetzlichen Regelungen vermittelt worden sind (▶ Abb. 17.4).

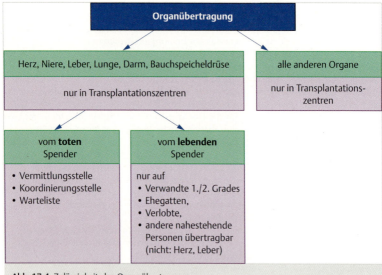

Abb. 17.4 Zulässigkeit der Organübertragung

Die Vermittlungsstelle (Eurotransplant in Leiden/Niederlande) ist eine Einrichtung zur Vermittlung der vermittlungspflichtigen Organe. Sie muss die Gewähr dafür bieten, dass die Organvermittlung nach den Vorschriften dieses Gesetzes erfolgt. Soweit sie Organe vermittelt, die in Ländern entnommen werden, die nicht Mitgliedstaaten der Europäischen Union sind, muss sie auch gewährleisten, dass die zum Schutz der Organempfänger erforderlichen Maßnahmen nach dem Stand der Erkenntnisse der medizinischen Wissenschaft durchgeführt und die Qualitäts- und Sicherheitsanforderungen erfüllt werden und dass eine lückenlose Rückverfolgung der Organe sichergestellt ist. Es dürfen nur Or-

17.3 Organtransplantation

gane vermittelt werden, die im Einklang mit den am Ort der Entnahme geltenden Rechtsvorschriften entnommen worden sind, soweit deren Anwendung nicht zu einem Ergebnis führt, das mit wesentlichen Grundsätzen des deutschen Rechts, insbesondere mit den Grundrechten, offensichtlich unvereinbar ist.

Die vermittlungspflichtigen Organe sind von der Vermittlungsstelle nach Regeln, die dem Stand der Erkenntnisse der medizinischen Wissenschaft entsprechen, insbesondere nach Erfolgsaussicht und Dringlichkeit für geeignete Patienten zu vermitteln. Die Wartelisten der Transplantationszentren sind dabei als eine einheitliche Warteliste zu behandeln. Die Vermittlungsentscheidung ist für jedes Organ unter Angabe der Gründe zu dokumentieren und dem Transplantationszentrum und der Koordinierungsstelle zu übermitteln, um eine lückenlose Rückverfolgung der Organe zu ermöglichen. Beteiligt an der holländischen Stiftung „Eurotransplant" in Leiden sind derzeit folgende 7 Staaten: Belgien, Deutschland, Kroatien, Luxemburg, Niederlande, Österreich und Slowenien.

Da die Organentnahme eine Gemeinschaftsaufgabe aller Transplantationszentren und der Entnahmekrankenhäuser ist, übernimmt es die Koordinierungsstelle (z. B. Deutsche Stiftung Organtransplantation-DSO), diese zu organisieren. Die DSO übernimmt dabei die Verantwortung für den gesamten Organspendeprozess einschließlich des Transports, der Betreuung der Angehörigen und der Fortbildung des Krankenhauspersonals. Die Kranken-

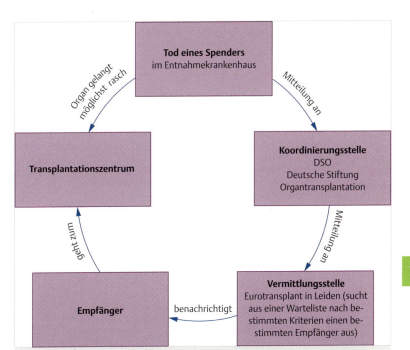

Abb. 17.5 Der Weg eines vermittlungspflichtigen Organs vom Spender zum Empfänger

häuser sind verpflichtet, den Tod (Hirntod) von Patienten, die als Spender vermittlungspflichtiger Organe in Betracht kommen, dem Transplantationszentrum mitzuteilen, das die Koordinierungsstelle unterrichtet. Dabei klären beide Stellen, ob die Voraussetzungen für eine Organentnahme vorliegen.

> **Beispiel**
> Verlauf einer Organspende bei totem Spender:
> Ein Motorradfahrer verunglückt bei einem Verkehrsunfall und wird in ein Krankenhaus eingeliefert. Dort verstirbt er auf der Intensivstation. Sein Hirntod wird von zwei Ärzten festgestellt. Kommt nun aus medizinischer Sicht eine Organspende in Betracht, führt der Arzt ein Gespräch mit den Angehörigen, um festzustellen, ob die Zustimmung des Toten zur Organentnahme vorliegt (Organspendeausweis) oder ob bei Nichtvorliegen einer Erklärung des Toten die Angehörigen zustimmen. Währenddessen wird die künstliche Beatmung aufrechterhalten.
> Gleichzeitig wird die DSO (Deutsche Stiftung Organtransplantation) informiert. Sie nimmt die Meldung des möglichen Organspenders entgegen und sorgt dafür, dass alle notwendigen medizinischen und organisatorischen Schritte vollzogen werden, damit die Organe entnommen, an geeignete Patienten vermittelt und transplantiert werden können. Zu diesem Zweck nimmt sie Kontakt mit Eurotransplant in Leiden (Niederlande) auf, um einen geeigneten Empfänger zu finden. Dort gibt es eine Warteliste aller sieben Mitgliedstaaten. Das gemeldete Organ wird nun nach genau festgelegten Kriterien durch den Computer verteilt. Anschließend wird der Empfänger benachrichtigt.
> Nach der Entnahme eines geeigneten Organs erfolgt der Transport zu dem Transplantationszentrum, wo bereits der verständigte Organempfänger auf die bevorstehende Organübertragung wartet.

17.3.5 Straf- und Bußgeldvorschriften

Grundsätzlich ist jeder *Handel mit Organen*, die für eine Transplantation bestimmt sind, verboten und unter Strafe gestellt. Dabei spielt es keine Rolle, ob es sich um ein Organ eines toten oder lebenden Spenders handelt. Damit ist jeglicher *gewinnorientierte Umgang* mit menschlichen Organen verboten. Es soll unterbunden werden, dass mögliche Spender aus finanziellen Gründen ihre Gesundheit gefährden. Diese Straftat umfasst auch die *Entnahme* sowie die *Übertragung* oder das sich *Übertragen Lassen* eines Organes, welches Gegenstand verbotenen Organhandels ist.

Kein strafbarer Organhandel liegt vor, wenn bezüglich der Entnahme oder Übertragung ein Entgelt gewährt oder angenommen wird, das den angemessenen Ersatz für die Erreichung des Ziels der für die Heilbehandlung gebotenen Maßnahmen nicht übersteigt (z. B. Vergütung der mit der Transplantation zusammenhängenden Tätigkeiten, Ersatz von entstandenen Aufwendungen wie Verdienstausfall, Fahrt- oder Unterbringungskosten). Des Weiteren sind Organentnahmen ohne Vorliegen der oben genannten Voraussetzungen strafbar.

18 Strafprozess

Der Strafprozess ist das Verfahren, in dem mit rechtsstaatlichen Mitteln versucht wird, eine begangene Straftat und den Straftäter zu ermitteln *(Ermittlungsverfahren)*, den Täter anschließend zu verurteilen *(Hauptverfahren)* sowie die verhängte Strafe zu vollstrecken *(Vollstreckungsverfahren)* (▶ Abb. 18.1).

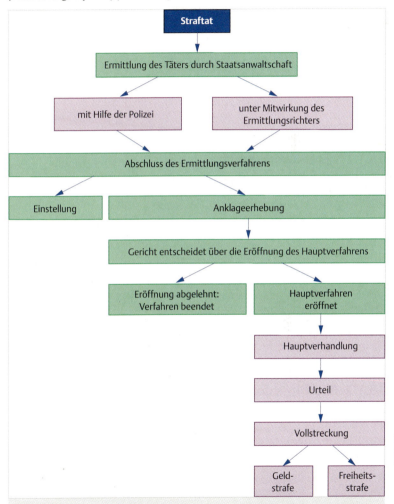

Abb. 18.1 Ablauf des Strafverfahrens

18.1 Ermittlungsverfahren

Wird eine Straftat begangen, bedarf es zunächst der Ermittlung, d. h. der Feststellung des Täters. Damit beginnt das Ermittlungsverfahren. Dieses wird von der Staatsanwaltschaft geführt. Sie ist verpflichtet, wegen aller verfolgbaren Straftaten einzuschreiten, sofern zureichende tatsächliche Anhaltspunkte für eine solche vorliegen. Dabei bedient sie sich zum einen der Hilfe der Polizei.

Diese vernimmt Zeugen, stellt Spuren und sonstige Beweismittel sicher und fahndet nach flüchtigen Tätern. Leiter des Ermittlungsverfahrens bleibt jedoch die Staatsanwaltschaft. Sie erteilt die erforderlichen Weisungen.

Zum anderen bedarf die Vornahme bestimmter Ermittlungsmaßnahmen der Anordnung oder Bestätigung durch den *Ermittlungsrichter*.

Hierzu zählen u. a. die Beschlagnahme von Gegenständen, die als Beweismittel dienen können, die Telefonüberwachung, die Postbeschlagnahme oder der Einsatz eines verdeckten Ermittlers. Nur bei „Gefahr im Verzug" kann die Staatsanwaltschaft oder die Polizei die Maßnahme selbst durchführen, bedarf jedoch in der Regel anschließend der Bestätigung durch den Richter.

18.1.1 Untersuchungshaft

Nach der Verhaftung des Beschuldigten kann eine *Untersuchungshaft* durch den Ermittlungsrichter angeordnet werden. Die Anordnung der Untersuchungshaft setzt voraus,
- dass der Beschuldigte einer Straftat dringend verdächtig ist *(dringender Tatverdacht)* und
- ein *Haftgrund* (Flucht, Fluchtgefahr, Verdunkelungsgefahr, Wiederholungsgefahr bestimmter Straftaten) besteht.
- Darüber hinaus darf die Untersuchungshaft im Verhältnis zur Bedeutung der Sache und der zu erwartenden Strafe nicht außer Verhältnis stehen.

Die Polizei kann bei Gefahr im Verzug einen Beschuldigten vorläufig festnehmen, wenn die Voraussetzungen der Untersuchungshaft vorliegen. Im Übrigen kann *jedermann* einen Täter vorläufig festnehmen, wenn er ihn auf frischer Tat antrifft oder ihn verfolgt und der Täter fliehen will oder seine Identität nicht sofort festgestellt werden kann.

In jedem Fall ist der Beschuldigte nach Festnahme unverzüglich, *spätestens am Tag nach seiner Festnahme* dem Ermittlungsrichter vorzuführen, der dann über die Inhaftierung entscheidet. Bleibt der Beschuldigte in Haft, erlässt der Ermittlungsrichter einen *Haftbefehl*.

18.1.2 Abschluss der Ermittlungen: Einstellung oder Anklageerhebung

Nach Abschluss der Ermittlungen prüft der zuständige Staatsanwalt, ob er Anklage erhebt oder das Verfahren einstellt. Ist aufgrund des Ermittlungsstandes die Verurteilung des Beschuldigten wahrscheinlich, erhebt der Staatsanwalt *Anklage* beim zuständigen Gericht.

Welches Gericht zuständig ist, richtet sich im Wesentlichen nach der zu erwartenden Strafhöhe. Ist eine Strafe von mehr als vier Jahren Freiheitsstrafe zu erwarten, wird die Anklage zum Landgericht geleitet. Im Übrigen erfolgt Anklageerhebung zum Amtsgericht (Einzelrichter oder Schöffengericht).

Erhebt der Staatsanwalt keine Anklage, stellt er das Verfahren ein.

Voraussetzungen für die *Einstellung eines Ermittlungsverfahrens*:
- Die Einstellung des Ermittlungsverfahrens erfolgt insbesondere dann, wenn keine Straftat vorliegt, ein Strafverfolgungshindernis besteht (z. B. Verjährung, fehlender Strafantrag) oder die Tat dem Beschuldigten nicht nachgewiesen werden kann.
- Das Ermittlungsverfahren kann aber auch eingestellt werden, wenn sowohl Straftat als auch Täter feststehen, jedoch die Schuld des Täters gering ist. Hier kann die Einstellung mit oder ohne Auflagen erfolgen. Als Auflagen, die der Beschuldigte zu erfüllen hat, kommen in Betracht: Wiedergutmachung des Schadens, Zahlung eines Geldbetrages an eine gemeinnützige Einrichtung, Leistung gemeinnütziger Arbeit.
- Darüber hinaus gibt es noch eine Reihe von Möglichkeiten, das Verfahren einzustellen (z. B. Einstellung unwesentlicher Nebenstraftaten).

18.1.3 Strafbefehl

Liegt ein Vergehen vor, kann der Staatsanwalt einen Strafbefehl bei Gericht beantragen, wenn nur eine Geldstrafe oder Freiheitsstrafe bis zu einem Jahr mit Bewährung in Betracht kommt. Mit diesem wird der Beschuldigte praktisch auf „schriftlichem Weg" bestraft, ohne dass eine Hauptverhandlung durchgeführt wird.

Gegen den vom Gericht erlassenen Strafbefehl kann der Beschuldigte innerhalb von zwei Wochen Einspruch einlegen. Dann kommt es dennoch zur Hauptverhandlung.

18.2 Hauptverfahren

Erhebt der Staatsanwalt Anklage, schickt er die Akten mit seiner Anklageschrift an das zuständige Gericht. Dieses wird nun „Herr des Verfahrens".

18.2.1 Eröffnungsverfahren

Das Gericht teilt die Anklageschrift dem Angeschuldigten mit und gibt ihm die Möglichkeit, Einwendungen zu erheben. Spätestens in diesem Stadium erhält der Angeschuldigte in bestimmten Fällen einen Rechtsanwalt als *Verteidiger*, wenn er sich selbst noch keinen ausgesucht hat *(Pflichtverteidiger)*. Die Kosten werden zunächst vom Staat übernommen. Der Angeklagte kann sich den Pflichtverteidiger aussuchen. Der Pflichtverteidiger wird u. a. in folgenden Fällen bestellt:
- Dem Angeklagten liegt ein Verbrechen (Freiheitsstrafe von mindestens 1 Jahr) zur Last.
- Der Angeklagte ist taub oder stumm.
- Der Angeklagte befindet sich in Untersuchungshaft.
- Die Mitwirkung eines Verteidigers ist wegen der Schwere der Tat oder wegen der Schwierigkeit der Sach- und Rechtslage notwendig.

In allen anderen Fällen muss sich der Angeklagte selbst um einen Verteidiger kümmern, sofern er einen möchte. Anschließend entscheidet das Gericht, ob es die Eröffnung des Hauptverfahrens beschließt. Lehnt das Gericht die Eröffnung des Hauptverfahrens ab, kann die Staatsanwaltschaft Beschwerde einlegen. Das übergeordnete Gericht hat dann erneut über die Eröffnung zu entscheiden. Eröffnet das Gericht das Hauptverfahren, weil es den Angeschuldigten der Straftat für hinreichend verdächtig hält, bestimmt es zugleich einen Termin zur Durchführung der Hauptverhandlung. Nun wird der Angeschuldigte zum Angeklagten.

18.2.2 Hauptverhandlung

Die *Hauptverhandlung* ist das Kernstück des gesamten Strafprozesses. In ihr soll festgestellt werden, ob der Angeklagte die ihm in der Anklageschrift zur Last gelegte Straftat begangen hat und wie er zu bestrafen ist. Der *Ablauf der Hauptverhandlung* sieht im Wesentlichen wie folgt aus:

- Feststellung der *Anwesenheit des Angeklagten*. Ist der Angeklagte trotz ordnungsgemäßer Ladung unentschuldigt nicht erschienen, ordnet das Gericht seine Vorführung an (es erlässt einen Vorführbefehl, mit dem die Polizei den Angeklagten zwangsweise vorführen kann) oder erlässt einen Haftbefehl (Festnahme des Angeklagten durch die Polizei). Nur in wenigen Ausnahmefällen kann in Abwesenheit des Angeklagten verhandelt werden.
- Vernehmung des Angeklagten über seine persönlichen Verhältnisse.
- Verlesung des Anklagesatzes durch den Staatsanwalt.
- Vernehmung des Angeklagten zur Sache. Zuvor wird der Angeklagte darauf hingewiesen, dass es ihm frei steht, sich zur Sache zu äußern oder nicht.
- Feststellung der Vorstrafen.
- Mit der Beweisaufnahme soll dem Angeklagten die Tat nachgewiesen werden. Als Beweismittel stehen zur Verfügung: Zeugen, Urkunden, Augenschein und Sachverständige.
- Eventuelle Verständigung, d. h. Einigung („Deal") zwischen Gericht und den Verfahrensbeteiligten über den weiteren Fortgang und das Ergebnis des Verfahrens (z. B. Strafmaß). Bestandteil jeder Verständigung soll ein Geständnis sein.
- Schlussvorträge (Plädoyers) des Staatsanwalts und des Verteidigers.
- Letztes Wort des Angeklagten.
- Urteilsberatung.
- Besteht das Gericht aus mehreren Mitgliedern (z. B. Schöffengericht mit Berufsrichter und zwei Schöffen), besitzt jedes eine gleichberechtigte Stimme. Das Gericht entscheidet nach seiner freien Überzeugung, der es all das zugrunde legen darf, was Gegenstand der Hauptverhandlung war.
- Verkündung des Urteils
- Das Urteil ergeht „im Namen des Volkes". Es folgen die Urteilsformel (ob der Angeklagte und weswegen er verurteilt oder freigesprochen wurde sowie das Strafmaß) und die Rechtsmittelbelehrung.

Der Angeklagte kann das Urteil annehmen, dann wird es rechtskräftig, er kann aber auch Rechtsmittel einlegen. Gegen *Urteile des Amtsgerichts* (Einzelrichter, Schöffengericht) ist die *Berufung* (hierüber entscheidet das Landgericht) oder die *Revision* (hierüber entscheidet das Oberlandesgericht) zulässig. Das Rechtsmittel muss *innerhalb einer Woche ab Verkündung* eingelegt werden.

- Bei der *Berufung* kommt es zu einer neuen Hauptverhandlung mit neuer Beweisaufnahme. Das Berufungsgericht entscheidet somit auch über die Tatsachen neu.
- Bei der *Revision* wird lediglich geprüft, ob das Recht richtig angewendet wurde. Eine Beweisaufnahme findet nicht mehr statt.

Gegen *Urteile des Landgerichts* und des Oberlandesgerichts (soweit dieses in erster Instanz entschieden hat) ist die *Revision* zulässig. Hierüber entscheidet der Bundesgerichtshof. Sie muss innerhalb einer Woche ab Verkündung des Urteils eingelegt werden und ist innerhalb eines Monats ab Zustellung des schriftlichen Urteils durch einen Rechtsanwalt oder zu Protokoll der Geschäftsstelle zu begründen. Sind alle Rechtsmittel ausgeschöpft, oder hat der Angeklagte kein Rechtsmittel eingelegt, wird das Urteil *rechtskräftig*.

18.3 Vollstreckungsverfahren

Die Vollstreckung rechtskräftiger Strafurteile liegt bei der Staatsanwaltschaft (Strafvollstreckung). Zu vollstrecken sind vor allem die verhängten Geldstrafen und Freiheitsstrafen. Wurde gegen den Verurteilten eine Geldstrafe (S. 150) verhängt, wird er aufgefordert, die errechnete Geldsumme an die Staatskasse zu bezahlen. Falls der Verurteilte dieser Aufforderung nicht nachkommt, wird der Gerichtsvollzieher beauftragt, die Geldsumme beizutreiben. Auf Antrag des Verurteilten kann ihm auch Ratenzahlung bewilligt werden.

Hat der Verurteilte kein Geld, die Strafe zu bezahlen, kann die Ersatzfreiheitsstrafe angeordnet werden. Der Verurteilte muss dann zur Abbüßung seiner Geldstrafe so lange in Haft, wie Tagessätze gegen ihn verhängt wurden. Der Verurteilte hat jedoch *keine Wahl* zwischen Bezahlung der Strafe und Ersatzfreiheitsstrafe. Solange er zahlen kann bzw. der Gerichtsvollzieher mit Erfolg pfänden kann, wird versucht, auf diesem Weg die Begleichung der Geldstrafe zu erreichen.

Ist gegen den Verurteilten eine *Freiheitsstrafe* verhängt worden, bekommt er eine *Ladung zum Strafantritt*. Leistet er dieser keine Folge, ergeht ein Vollstreckungshaftbefehl und der Verurteilte wird von der Polizei zwangsweise in die Justizvollzugsanstalt gebracht.

Unter bestimmten Voraussetzungen kann dem Verurteilten Haftaufschub bewilligt werden. Dies geschieht auch dann, wenn er haftunfähig (Geisteskrankheit oder Lebensgefahr beim Verurteilten infolge Inhaftierung) ist. Nach Verbüßung der Hälfte bzw. von zwei Dritteln der Strafe wird geprüft, ob der Verurteilte auf Bewährung entlassen werden kann.

III Zivilrecht

19	Schuldrecht	226
20	Rechtsstellung des Patienten	234
21	Haftung und Schadensersatz	244
22	Erbrecht	260
23	Familienrecht	278
24	Betreuungsrecht	293

19 Schuldrecht

*Das Zivilrecht (Privatrecht) regelt die Rechtsbeziehungen der Bürger untereinander. Während im öffentlichen Recht und im Strafrecht auf der einen Seite der Staat steht und auf der anderen Seite der Bürger, stehen sich im Zivilrecht die Bürger selbst gegenüber. Die wichtigste Rechtsquelle des Zivilrechtes ist das **Bürgerliche Gesetzbuch** (BGB). Es ist am 1.1.1900 in Kraft getreten. Das Zivilrecht gliedert sich wieder in verschiedene Rechtsgebiete auf, wie z. B. Schuldrecht (hier stehen sich Schuldner und Gläubiger gegenüber), Familienrecht (Ehepartner stehen sich gegenüber), Arbeitsrecht (Arbeitgeber gegen Arbeitnehmer). Die Rechtsstreitigkeiten (Prozesse) werden vor den Zivilgerichten (einschl. Arbeitsgerichten) ausgetragen.*

Das Schuldrecht ist ein Teil des Zivilrechtes und regelt die rechtlichen Beziehungen zwischen Personen, die in einem Schuldverhältnis zueinander stehen. Dieses Schuldverhältnis entsteht meist durch einen Vertrag, den die beteiligten Personen miteinander schließen (z. B. Kaufvertrag, Mietvertrag, Werkvertrag).

> **Beispiel**
> Der 16-jährige Schüler Bernd kauft sich ein neues Mofa. Zwei Wochen später stellt er fest, dass die Bremse defekt ist. Nun will er, dass das neuwertige Mofa kostenlos repariert wird. Alle Fragen, die hier auftauchen können (Kam mit dem minderjährigen Bernd überhaupt ein Vertrag zustande? Hat er Rechte aus Gewährleistung wegen des Mangels?), sind Gegenstand des Schuldrechtes.

19.1 Zustandekommen eines Vertrags

Der Vertrag wird zwischen zwei Personen geschlossen, wenn das Angebot des einen vom anderen verbindlich angenommen wird. Dabei müssen die Vertragspartner geschäftsfähig sein.

19.1.1 Geschäftsfähigkeit

Die Geschäftsfähigkeit ist die Fähigkeit eines Menschen, Rechtsgeschäfte (z. B. Vertrag) selbstständig rechtswirksam vornehmen zu können. Es gibt drei Formen der Geschäftsfähigkeit (▶ Abb. 19.1).

Volle Geschäftsfähigkeit

Der Gesetzgeber geht davon aus, dass jeder Mensch ab Vollendung seines 18. Lebensjahres voll geschäftsfähig ist. Dies ist ein Grundsatz, der nur dann nicht gilt, wenn der Betroffene sich in einem Zustand befindet, der ihm eine freie Willensentschließung nicht ermöglicht (z. B. Geisteskrankheit, Demenz).

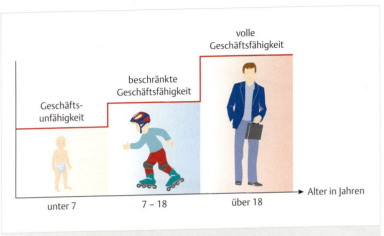

Abb. 19.1 Die verschiedenen Formen der Geschäftsfähigkeit

Beschränkte Geschäftsfähigkeit

Beschränkt geschäftsfähig sind Minderjährige, die das 7. Lebensjahr aber noch nicht das 18. Lebensjahr vollendet haben. Diese Beschränkung der Geschäftsfähigkeit hat folgenden Inhalt:
- Der Minderjährige bedarf zu einer Willenserklärung (z. B. Abschluss eines Vertrages) der Einwilligung seines gesetzlichen Vertreters (in der Regel seiner Eltern). Hat der Minderjährige einen Vertrag abgeschlossen, und willigt sein gesetzlicher Vertreter nicht ein, kommt der Vertrag nicht zustande. Willigt der gesetzliche Vertreter ein, kommt der Vertrag mit dem *Minderjährigen* zustande. Diese Einwilligung kann vor Abschluss des Vertrags (Zustimmung) oder nach Abschluss (Genehmigung) erteilt werden. Bis zur Genehmigung des Vertrages ist der andere Teil zum Widerruf berechtigt. Der Widerruf kann auch dem Minderjährigen gegenüber erklärt werden.
- Der Minderjährige kann ohne Einwilligung seines gesetzlichen Vertreters einen Vertrag abschließen, wenn er seinen Teil der Leistung mit Mitteln bewirkt, die ihm zu diesem Zweck oder zur freien Verfügung überlassen wurden (sog. „Taschengeldparagraf").

> **Beispiel**
> *Der 16-jährige Severin* erhält ein monatliches Taschengeld von 25 Euro. Davon kauft er sich 2 CDs. Dieser Kaufvertrag ist wirksam, da Severin seine Leistung mit dem Taschengeld bewirkt hat, welches ihm zur freien Verfügung belassen wurde. Wird dem Minderjährigen von seinem Erziehungsberechtigten erlaubt, ein Arbeitsverhältnis einzugehen, so ist er für Rechtsgeschäfte, die damit in Zusammenhang stehen, unbeschränkt geschäftsfähig. Er kann auch selbst kündigen. Hierunter fällt allerdings nicht die Berufsausbildung.
> *Der 17-jährige Tobias* ist in der Ausbildung zum Gesundheits- und Krankenpfleger. Nebenbei haben ihm seine Eltern erlaubt, sich als Zeitungsausträger etwas hinzuzuverdienen. Tobias kann nun eigenständig und ohne Einwilligung seiner Eltern den Arbeitsvertrag bezüglich des Zeitungsaustragens kündigen. Für diese Kündigung ist er unbeschränkt geschäftsfähig – seine Ausbildung darf er aber nicht ohne Zustimmung der Eltern beenden.

Geschäftsunfähigkeit

Geschäftsunfähig sind **Kinder unter 7 Jahren** oder wer *geisteskrank* ist und dadurch keine freie Willensbestimmung hat. Die Erklärung eines Bewusstlosen, Volltrunkenen, unter Drogeneinfluss, Fieber oder Hypnose Stehenden ist ebenfalls nichtig. Geschäftsunfähige können keine Rechtsgeschäfte abschließen. Tun sie es dennoch, sind ihre Willenserklärungen nichtig.

19.1.2 Vertragsschluss

Ein Vertrag kommt zustande, wenn ein Partner dem anderen ein Angebot unterbreitet und dieser es annimmt. Angebot und Annahme sind Willenserklärungen, die übereinstimmen müssen (▶ Abb. 19.2).

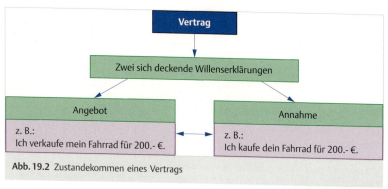

Abb. 19.2 Zustandekommen eines Vertrags

Die Übereinstimmung von Angebot und Annahme muss in allen wesentlichen Punkten vorliegen. Hierzu gehören beim Kaufvertrag vor allem der Kaufpreis und der Zustand der Ware. Weichen die Vorstellungen der beiden Partner voneinander ab, kommt kein Vertrag zustande.

> **Beispiel**
> Gesundheits- und Krankenpflegerin Gabi kauft nach Feierabend im Supermarkt ein. Dabei entdeckt sie ein vermeintliches Sonderangebot von 500 g Kaffee zum Preis von 3 Euro. Diesen beschließt sie zu kaufen und legt ihn in ihren Wagen. An der Kasse stellt sich heraus, dass die Preisauszeichnung fehlerhaft war und der Kaffee 4 Euro kostet. Gabi meint, der Preis von 3 Euro sei bereits bindend. Im Supermarkt kommt der Kaufvertrag an der Kasse zustande.
> *Angebot:* Gabi sagt: „Ich möchte den Kaffee zum Preis von 3 Euro kaufen."
> *Annahme:* Supermarkt (Verkäuferin) sagt: „Ich verkaufe den Kaffee für 4 Euro."
> Da sich Angebot und Annahme in einem wesentlichen Punkt nicht decken, kommt kein Kaufvertrag zustande. Die einmal vorgenommene Auszeichnung ist nicht bindend. Das „Ausstellen" der Ware im Regal, Schaufenster oder im Katalog stellt rechtlich nur eine „Einladung" dar, ein Kaufangebot abzugeben. Dieses Angebot kann der Verkäufer dann annehmen oder nicht.

Ein Vertragspartner kann sich bei Abschluss des Vertrags auch vertreten lassen. Dennoch kommt der Vertrag zwischen dem Vertragspartner und dem Vertretenen zustande.

19.1 Zustandekommen eines Vertrags

> **Beispiel**
> Die Gesundheits- und Krankenpflegerin Gabi schließt einen Arbeitsvertrag mit dem Pflegeleiter Otto ab. Vertragspartner sind Gabi und das Krankenhaus bzw. sein Träger und nicht Otto. Dieser handelt nur als Vertreter.

Verträge werden formlos geschlossen. Sie brauchen weder schriftlich abgefasst zu sein, noch ist die Unterschrift der Vertragspartner erforderlich. Allein das gesprochene Wort gilt. Bei vielen alltäglichen Geschäften ist dies selbstverständlich (z. B. Einkauf im Supermarkt). Häufig fällt bei dieser Art von Geschäften nicht einmal ein Wort; der Vertragsschluss kommt durch schlüssiges Handeln zustande.

> **Beispiel**
> Am Zigarettenautomaten kommt ebenfalls ein Kaufvertrag zustande, das Aufstellen des Automaten ist ein Angebot an jedermann. Es wird durch Einwerfen der richtigen Münze angenommen. Aber auch wenn Sachen von höherem Wert gekauft werden, ist kein schriftlicher Kaufvertrag nötig, allerdings aus Beweiszwecken oft sinnvoll.

Aufgabe 64
Eines Tages besucht Otto seinen Freund Heiko. Im Laufe des Gespräches vereinbaren beide ernsthaft, dass Otto seinen neuen Mercedes zum Preis von 40.000 Euro an Heiko verkauft. Einen schriftlichen Vertrag fertigen sie nicht an. Als Otto am nächsten Tag von Heiko 40.000 Euro will, meint dieser, Otto scherze wohl, da er doch niemals so viel Geld habe. Im Übrigen läge kein Kaufvertrag vor, und es gäbe ja auch keine Zeugen. Hat Heiko damit recht?
Erläuterung im Anhang, Aufgabe 64 (S. 516)

Ausnahmsweise sieht das Gesetz in bestimmten Fällen die Schriftform vor. In diesen Fällen ist der Vertrag unwirksam, wenn die Schriftform nicht eingehalten wurde.

> **Beispiel**
> Ein Grundstückskaufvertrag bedarf der notariellen Beurkundung. Ein Ehevertrag muss schriftlich abgefasst und notariell beurkundet sein.

Hat sich einer der beiden Vertragspartner bei Abgabe seiner Willenserklärung (Angebot oder Annahme) **geirrt**, kann er diese Erklärung **anfechten**. Bei wirksamer Anfechtung fällt die Willenserklärung weg, und der Vertrag kommt rückwirkend nicht zustande. Möglicherweise macht sich aber der Anfechtende schadensersatzpflichtig.

> **Beispiel**
> Schwester Kerstin bestellt 20 Gros Rollen WC-Papier (= 3 000 Rollen) in der Annahme, es handele sich um 20 große Rollen. Die Bestellung ist eine Willenserklärung. Kerstin hat sich geirrt. Sie kann die Erklärung anfechten und muss nicht die 3 000 Rollen abnehmen.

19.2 Inhalt eines Vertrags

Im Rahmen der Rechtsordnung ist jeder Mensch frei, seine Lebensverhältnisse zu gestalten. Damit hat er auch die Freiheit, jegliche Art von Verträgen zu schließen. Diese Vertragsfreiheit (▶ Abb. 19.3) beinhaltet sowohl die Freiheit, einen Vertrag überhaupt abzuschließen (Abschlussfreiheit), als auch die Freiheit, den Inhalt eines Vertrages frei zu gestalten (Inhaltsfreiheit).

Abb. 19.3 Inhalte der Vertragsfreiheit

19.2.1 Abschlussfreiheit

Grundsätzlich ist niemand gezwungen, einen bestimmten Vertrag abzuschließen.

> **Beispiel**
> In einer Großstadt weigert sich der Wirt einer Gaststätte, einen Ausländer zu bedienen. Er weist ihn ohne Grund aus dem Lokal. Der Gast beschwert sich und meint, er müsse wie alle anderen gleich behandelt werden.
> Ein an Grippe erkrankter Privatpatient begibt sich zu einem Arzt für Allgemeinmedizin, um behandelt zu werden. Der Arzt weigert sich ohne Grund und meint, er solle zu einem anderen Arzt gehen.
> In den beiden Fällen ist weder der Wirt noch der Arzt verpflichtet, einen Bewirtungs- oder Behandlungsvertrag abzuschließen. Zwar ist das Verhalten des Wirtes und des Arztes nicht zu akzeptieren, es bewegt sich aber noch innerhalb der Abschlussfreiheit.

Ausnahmen von der Abschlussfreiheit bestehen dort, wo die Versorgung der Menschen mit wichtigen Gütern sichergestellt werden muss und es nur einen Anbieter gibt (Monopolstellung). Einen Abschlusszwang gibt es daher im Bereich der Grundversorgung (z. B. Strom, Gas, Wasser) und dort, wo lebenswichtige Güter angeboten werden, ohne die Möglichkeit, den Bedarf anderweitig zu decken.

> **Beispiel**
> In einem Dorf gibt es nur einen Allgemeinarzt. Die nächste Praxis ist in der 20 km entfernten Stadt. Kommt nun der Patient mit Grippe zu ihm, liegt zwar kein Notfall vor (er könnte ja mit dem Taxi in die Stadt fahren), es ist aber für den Patienten nicht zumutbar, mit Grippe einen anderen Arzt aufzusuchen. Der Arzt darf aber ablehnen, wenn er einen sachlichen Grund hat (z. B. wenn er selbst krank ist).

19.2.2 Inhaltsfreiheit

Grundsätzlich unterliegt die inhaltliche Ausgestaltung eines Vertrages keinen Grenzen. Es gibt jedoch folgende Ausnahmen:
- Ein Vertrag darf nicht gegen ein gesetzliches Verbot verstoßen (§ 134 BGB).
  Beispiel
  Abschluss eines Behandlungsvertrages zwischen Patienten und Arzt zur Vornahme eines strafbaren Schwangerschaftsabbruchs.
- Ein Vertrag, der gegen die guten Sitten verstößt, ist nichtig (§ 138 BGB).
  Beispiel
  Vertrag über die Amputation von Gliedmaßen ohne medizinische Indikation (z. B. zur Begehung eines Versicherungsbetrugs).

19.3 Vertragstypen

Nach dem Inhalt der Verträge kann man bestimmte Vertragstypen unterscheiden, die eigenen gesetzlichen Vorschriften unterliegen. Die wichtigsten sollen kurz vorgestellt werden (▶ Abb. 19.4):

Abb. 19.4 Verschiedene Vertragsarten

19.3.1 Kaufvertrag

Durch einen Kaufvertrag verpflichtet sich der Verkäufer einer Sache, diese dem Käufer zu übergeben und ihm das Eigentum daran zu verschaffen. Der Käufer verpflichtet sich gegenüber dem Verkäufer, den vereinbarten Kaufpreis zu bezahlen und die Sache abzunehmen (§ 433 BGB).

Beispiel
Max ist Eigentümer eines neuen Autos. Dieses will er Moritz für 20.000 Euro verkaufen. Beide sind sich einig. Damit ist ein Kaufvertrag zustande gekommen. Max ist nun verpflichtet, Moritz das Auto zu geben, Moritz ist verpflichtet, 20.000 Euro zu bezahlen und das Auto abzunehmen.

Bei Übergabe der Sache an den Käufer muss diese mangelfrei sein, d. h., sie muss bei Übergabe die vereinbarte Beschaffenheit aufweisen. Soweit nichts Besonderes vereinbart wurde, liegt Mangelfreiheit vor, wenn die Sache sich für die nach Vertrag vorausgesetzte oder gewöhnliche Verwendung eignet. Ein Mangel liegt auch vor, wenn der Verkäufer eine andere Sache oder eine zu geringe Menge liefert (§ 434 BGB). Ist die Sache mit einem Mangel behaftet, kann der Käufer folgende Rechte (**Gewährleistungsansprüche**) geltend machen:

- *Nacherfüllung*
  Der Käufer kann vom Verkäufer verlangen, dass dieser den Mangel beseitigt (**Nachbesserung**) oder eine mangelfreie Sache liefert (**Ersatzlieferung**), es sei denn, dies ist für den Verkäufer nur mit unverhältnismäßigen Kosten möglich. Die Wahl zwischen beiden Rechten trifft der Käufer.
- *Rücktritt vom Vertrag*
  Der Käufer kann vom Kaufvertrag zurücktreten, wenn der Verkäufer nach Ablauf einer angemessenen Frist den Mangel nicht beseitigt oder eine mangelfreie Sache geliefert hat. Eine Fristsetzung ist nicht nötig, wenn der Verkäufer die Nachbesserung oder Ersatzlieferung ernsthaft oder endgültig verweigert, die Nachbesserung fehlgeschlagen oder dem Käufer nicht zumutbar ist.
- *Minderung des Kaufpreises*
  Anstelle des Rücktritts (Fristsetzung beachten) kann der Käufer den Kaufpreis mindern, d. h. ihn in dem Verhältnis herabsetzen, in welchem der Wert der Sache beeinträchtigt ist. Hat er den Kaufpreis schon bezahlt, kann er den Mehrbetrag zurückverlangen.
- *Schadensersatz*
  Hat der Verkäufer eine vertragliche Pflicht schuldhaft verletzt und der Käufer hierdurch Schaden erlitten, muss er dem Käufer gegenüber Schadensersatz leisten.

Aufgabe 65

Max kauft sich ein Paar neue Schuhe. Als er sie eine Woche getragen hat, merkt er, dass die Sohle abgeht, weil bei der Herstellung des Schuhes zu wenig Kleber verwendet wurde. Was kann Max nun tun?
Erläuterung im Anhang, Aufgabe 65 (S. 517)

Obige Ansprüche können nur innerhalb einer Frist von zwei Jahren ab Ablieferung der Sache geltend gemacht werden (**Verjährungsfrist**). Bei gebrauchten Sachen kann diese Frist im Kaufvertrag auf ein Jahr abgekürzt werden.

Diese gesetzlichen Gewährleistungsansprüche dürfen nicht mit den oft üblichen Umtauschmöglichkeiten verwechselt werden, die insbesondere Kaufhäuser ihren Kunden *kulanzhalber* gewähren. Hier gibt es die Möglichkeit, dass sich der Vertragspartner freiwillig bereit erklärt, eine bestimmte Ware ohne hierzu verpflichtet zu sein wieder zurückzunehmen bzw. im Gegenzug einen Gutschein auszuhändigen. Es kann aber auch sein, dass im Kaufvertrag der Umtausch vereinbart wurde. In diesem Fall hätte der Käufer einen vertraglichen Anspruch auf „Umtausch".

19.3.2 Mietvertrag

Durch den Mietvertrag verpflichtet sich der Vermieter, dem Mieter den Gebrauch der vermieteten Sache während der Mietzeit zu gewähren. Der Mieter ist verpflichtet, die Miete zu bezahlen (§ 535 BGB). Nach Beendigung muss der Mieter die gleiche Sache wieder zurückgeben. Das Mietverhältnis endet mit dem Ablauf der Zeit, für die es eingegangen wurde oder durch Kündigung. Die Kündigungsfristen sind abhängig vom Inhalt des Mietvertrages und von der Dauer des Mietverhältnisses.

19.3.3 Leihvertrag

Durch einen Leihvertrag wird der Verleiher einer Sache verpflichtet, dem Entleiher den Gebrauch der Sache unentgeltlich (sonst läge eine Miete vor) zu gestatten (§ 598 BGB). Der Entleiher ist verpflichtet, die geliehene Sache nach Ablauf der bestimmten Zeit wieder zurückzugeben.

> **Beispiel**
> Max leiht sich von Moritz einen Rasenmäher. Dafür braucht Moritz nichts zu bezahlen. Allerdings muss er den Rasenmäher wieder zurückgeben, wenn ihn Moritz braucht, es sei denn, es ist eine bestimmte Zeit vereinbart.

19.3.4 Darlehensvertrag

Wenn der *Darlehensnehmer* vom *Darlehensgeber* Geld oder andere Sachen erlangt, so ist er verpflichtet, dem Darlehensgeber *vergleichbare* Sachen wieder zurückzugeben (§ 607 BGB). Beide können vereinbaren, dass für dieses Darlehen Zinsen zu zahlen sind. Entscheidend für das Darlehen ist jedoch, dass die überlassene Sache selbst nicht wieder zurückgegeben werden muss.

> **Beispiel**
> Max leiht sich von Moritz ein Pfund Kartoffeln aus, um daraus Knödel zu machen und diese zu essen. Damit kann er aber die erhaltenen Kartoffeln natürlich nicht mehr zurückgeben. Er ist aber verpflichtet, vergleichbare Kartoffeln zurückzugeben. Es liegt ein Darlehen und keine Leihe vor.

19.3.5 Dienstvertrag

Im Dienstvertrag verpflichtet sich eine Person, vereinbarte Dienste zu leisten, die andere zur Zahlung der Vergütung (§ 611 BGB). Entscheidend ist beim Dienstvertrag, dass nur die Dienste (= menschliche Arbeitskraft) als solche geschuldet werden, nicht dagegen das Ergebnis dieser Tätigkeit. Der bedeutendste Dienstvertrag ist der **Arbeitsvertrag.** Hier verspricht der Arbeitnehmer, seine Dienste zur Verfügung zu stellen. Auch der *Arzt- oder Behandlungsvertrag* ist ein Dienstvertrag, da der Arzt nur seine Dienste verspricht, nicht aber den Behandlungserfolg. Tritt der Erfolg nicht ein, bleibt der Anspruch auf Lohn erhalten.

19.3.6 Werkvertrag

Im Werkvertrag verspricht der Unternehmer die Herstellung eines Werkes, der Besteller die Entrichtung der vereinbarten Vergütung (§ 631 BGB). Entscheidend ist hierbei, dass der Vertag erst erfüllt ist, wenn das versprochene Werk hergestellt ist. Vorher braucht die Vergütung nicht bezahlt zu werden.

> **Beispiel**
> Max will sich ein Haus bauen. Dazu beauftragt er ein Bauunternehmen. Dieses schuldet das fertige Haus. Bevor die vereinbarten Bauabschnitte nicht ordnungsgemäß fertig gestellt sind und damit „der Erfolg" vorliegt, braucht er nicht zu bezahlen. Seine Ehefrau lässt sich beim Frisör „Dauerwellen" machen. Auch dies ist ein Werkvertrag mit der Folge, dass sie nichts bezahlen muss, bevor die Haartracht ordnungsgemäß gefertigt ist.

20 Rechtsstellung des Patienten

Bei einem Patienten handelt es sich um einen kranken Menschen, der sich in ärztliche Behandlung begibt. Diese Behandlung schafft eine Rechtsstellung des Patienten zum Arzt und zum Krankenhaus sowie deren Gehilfen. Sie ist durch bestimmte Besonderheiten gekennzeichnet.

Mit dem am 26.2.2013 in Kraft getretenen „Gesetz zur Verbesserung der Rechte von Patientinnen und Patienten" (**Patientenrechtegesetz**) wurde ein neuer besonderer Dienstvertragstyp geschaffen, der in den §§ 630a–630h BGB nunmehr gesetzlich geregelt ist. Hier werden die speziellen Rechte und Pflichten des Behandlungsvertrages einschließlich der in Haftungsfällen wichtigen Beweislastfragen festgeschrieben. Richtschnur war das bisherige Recht und die dazu ergangene Rechtsprechung. Mit dem Patientenrechtegesetz wurden die bisherigen richterrechtlich entwickelten Grundsätze des Arzthaftungs- und Behandlungsrechts gesetzlich im BGB geregelt. Die Patienten sollen ihre wichtigsten Rechte, die sich bisher im Wesentlichen aus der Rechtsprechung ergeben haben, möglichst selbst im Gesetz nachlesen können. Die neuen Bestimmungen sollen Folgendes festlegen:

- die Informations- und Aufklärungspflichten gegenüber den Patienten,
- die Pflicht zur Dokumentation der Behandlung,
- das Akteneinsichtsrecht der Patienten sowie
- die Grundzüge der Beweislast bei Fehlern.

20.1 Rechtsbeziehung zwischen Arzt und Patient

20.1.1 Behandlungsvertrag als Dienstvertrag

Bei der Aufnahme einer ärztlichen Behandlung kommt es in der Regel zu vertraglichen Beziehungen zwischen dem niedergelassenen Arzt und dem Patienten. Dieser Vertrag ist ein Dienstvertrag (§ 630a, 630b BGB). In diesem Dienstvertrag verpflichtet sich der Arzt, seine Dienste zu erbringen, d. h., die versprochene Behandlung durchzuführen. Dagegen verspricht er keinen bestimmten Erfolg. Auch bei einer Operation steht eindeutig die Dienstleistung und nicht der Erfolg im Vordergrund. Damit steht der Arzt nicht für den Erfolg seiner Behandlung ein oder mit anderen Worten, der Arzt hat auch dann Anspruch auf sein Honorar, wenn die Behandlung zu keinem Erfolg führt. Auch haftet er nicht, wenn der Erfolg ausbleibt, es sei denn, es trifft ihn daran ein Verschulden.

Auf der anderen Seite ist der Patient verpflichtet, das vereinbarte Honorar selbst oder durch die Versicherung zu entrichten sowie an der Behandlung mitzuwirken (▶ Abb. 20.1).

> ### Aufgabe 66
> Helmut begibt sich zu seinem Urologen Dr. Martin und will sich sterilisieren lassen. Dr. Martin ist einverstanden. Lange Zeit nach Durchführung der Operation zeugt Helmut dennoch ein Kind. Nun ist er der Ansicht, dass Dr. Martin keinen Anspruch auf das Honorar hat und zudem schadensersatzpflichtig ist und den Mangel beseitigen muss. Hat er Recht?
> Erläuterung im Anhang, Aufgabe 66 (S. 517)

Abb. 20.1 Rechtsbeziehung zwischen Arzt und Patienten

Soweit sich der Arzt der Hilfe anderer Personen bedient, um seinen Pflichten aus dem Vertrag nachzukommen, kommt zwischen dem Patienten und diesen Personen kein Vertrag zustande. Diese sind nur als **Erfüllungsgehilfen** anzusehen. So kommt zwischen der Sprechstundengehilfin oder der Arzthelferin und dem Patienten kein Vertrag zustande.

20.1.2 Zustandekommen des Behandlungsvertrags

Der Vertrag zwischen dem Arzt und einem voll geschäftsfähigen Patienten kommt zustande, wenn der Patient eine Behandlung wünscht, der Arzt zusagt und sich beide über das Honorar einig sind. Dabei spielt es keine Rolle, ob der Patient bei einer gesetzlichen Krankenkasse versichert ist (Kassenpatient) oder nicht (Privatpatient). In beiden Fällen kommt zwischen Arzt und Patient ein Dienstvertrag zustande.

> **Beispiel**
> Während der Privatpatient selbst verpflichtet ist, das Honorar zu entrichten (er kann es dann von seiner Versicherung wieder zurückverlangen), hat der Arzt gegenüber dem Kassenpatienten keinen Honoraranspruch, sondern nur gegenüber der kassenärztlichen Vereinigung.
> Anders sieht es bei den „Individuellen Gesundheitsleistungen" (sog. IGeL-Leistungen) aus. Hierbei handelt es sich um Leistungen, die nicht im Leistungskatalog der gesetzlichen Krankenversicherung enthalten sind und dementsprechend vom Kassenpatienten selbst bezahlt werden müssen.

Der Vertrag zwischen Arzt und Patient kommt auch bereits dadurch zustande, dass sich der Patient in die Praxisräume des Arztes begibt und sich dort behandeln lässt. Hinsichtlich des Vertrages brauchen dabei keine Worte zu fallen. Auch ist es nicht erforderlich, den Vertrag schriftlich abzufassen. Behandelt der Arzt einen *Geschäftsunfähigen* (bewusstloser Patient oder ein Kind unter 7 Jahren), kommt mit diesem kein Vertrag zustande. Der Vertragsschluss kann jedoch insofern nachgeholt werden, als die Eltern des Kindes in die Behandlung einwilligen oder der zunächst ohnmächtige Patient bei Wiedererlangung seines Bewusstseins die Behandlung fortsetzen lässt.

> ## Aufgabe 67
> Bei einem Motorradunfall erleidet Helmut einen Schädelbasisbruch und wird im Zustand der Bewusstlosigkeit im Krankenhaus versorgt. Als er sein Bewusstsein wiedererlangt hat, bleibt er im Krankenhaus und lässt sich weiterbehandeln. Bei seiner Entlassung weigert er sich zu bezahlen, da er glaubt, es sei kein Vertrag zustande gekommen. Hat er damit Recht?
> Erläuterung im Anhang, Aufgabe 67 (S. 517)

Bei einem *beschränkt Geschäftsfähigen* (Minderjährige zwischen 7 und 18 Jahren) kommt der Vertrag zwischen ihm und dem Arzt zustande, wenn der gesetzliche Vertreter nachträglich zustimmt, oder der Minderjährige das Honorar mit Mitteln finanziert, die ihm hierfür zur Verfügung gestellt wurden.

> **Beispiel**
> Die in der Ausbildung befindliche 15-jährige Katja lässt sich die Pille verschreiben. Sie kann diese mit ihrer Ausbildungsvergütung bezahlen. Der Vertrag kommt hier zwischen ihr und dem Arzt zustande.

Auch bei dem Zustandekommen eines Behandlungsvertrags herrscht grundsätzlich Abschlussfreiheit, d. h. der Arzt ist nicht verpflichtet, einen Patienten zu behandeln. Hiervon gibt es Ausnahmen:
- Liegt ein Notfall vor, muss der Arzt behandeln. Dies ergibt sich schon aus der Pflicht zur Hilfeleistung, deren Unterlassung strafbar wäre.
- Liegt kein Notfall vor, muss der Arzt behandeln, wenn der Patient ansonsten ohne ärztliche Hilfe bleiben würde.
- Liegen konkrete Verdachtsmomente für eine HIV-Infizierung vor, darf der Arzt die Behandlung davon abhängig machen, ob sich der Patient einem Aids-Test unterzieht, wenn die Behandlung mit Blutkontakten verbunden ist.

20.1.3 Inhalt des Behandlungsvertrags

Nach Abschluss des Arztvertrages treffen *den Arzt und den Patienten* bestimmte vertragliche *Haupt- und Nebenpflichten*. Dabei ist es unerheblich, ob es sich um einen Kassenpatienten oder einen Privatpatienten handelt. Beim Kassenpatienten unterliegt der Arzt allerdings dem kassenärztlichen Wirtschaftlichkeitsgebot (§ 12 Abs. 1 S. 1 SGB V). Dies bedeutet, dass der Versicherte keinen Anspruch auf nicht notwendige oder unwirtschaftliche Leistungen hat. Grundsätzlich haben der Arzt und der Patient zur Durchführung der Behandlung zusammenzuwirken (§ 630c Abs. 1 BGB).

Hauptpflichten des Arztes
Behandlungspflicht

Die wesentliche Hauptpflicht des Arztes besteht in der Behandlung des *Patienten*. Der Arzt muss die ärztliche Behandlung nach den Regeln der ärztlichen Kunst durchführen. Sie hat nach den zum Zeitpunkt der Behandlung bestehenden, allgemein anerkannten fachlichen Standards zu erfolgen, soweit nicht etwas anderes vereinbart ist (§ 630a Abs. 2 BGB). Diese

Behandlung beinhaltet Anamnese, Untersuchung, Erhebung von Befunden, Diagnose, Behandlung und Indikation. Die Grenzen der Vertragsfreiheit liegen dort, wo die ärztliche Behandlung gegen die guten Sitten oder gegen ein Gesetz verstößt. So kann (und darf) sich ein Arzt nicht dazu verpflichten, zum Zweck der Transplantation einem lebenden Spender ein lebenswichtiges, nichtpaariges Organ zu entnehmen.

Weitere Pflichten des Arztes

Außer der Behandlungspflicht ergeben sich aus dem Arztvertrag für diesen noch eine Reihe von weiteren Pflichten (▶ Abb. 20.2):

Abb. 20.2 Pflichten des Arztes

Dokumentationspflicht

Der Arzt ist zur Dokumentation seiner Tätigkeit einschließlich pflegerischer Maßnahmen verpflichtet (§ 630f BGB). Diese Dokumentation muss er ausführlich, sorgfältig und vollständig in Papierform (Patientenakte) oder elektronisch durchführen, und zwar in unmittelbaren zeitlichen Zusammenhang mit der Behandlung.

Art, Inhalt und Umfang der Dokumentation sind vom Dokumentationszweck abhängig. Die Dokumentation der Therapie soll sicherstellen, dass ein mit oder nachbehandelnder Arzt über die Krankengeschichte und die Medikation informiert ist. Dies hat zur Folge, dass der Arzt alles über die Anamnese, die Diagnose und die Therapie dokumentieren muss, unabhängig davon, ob es sich um Fakten handelt, die dem Patienten nicht zugänglich sein dürfen (▶ Abb. 20.3).

In zunehmendem Maße nimmt auch die Bedeutung der **Pflegedokumentation** zu. So unterliegt das Pflegepersonal der Dokumentationspflicht sowohl hinsichtlich der „Behandlungspflege" als auch der „Grundpflege". Dieser Anspruch des Patienten ergibt sich als Nebenpflicht aus dem Behandlungsvertrag. Bereits das Unterlassen erforderlicher Dokumentation kann einen Sorgfaltsverstoß darstellen.

Ein wesentlicher Aspekt der Dokumentation (neben der Sicherung von Pflegequalität) ist aus rechtlicher Sicht die Beweissicherung bei gerichtlichen Verfahren. Inhalt und Umfang der Dokumentation müssen sich daher an der Erfüllung dieses Zwecks messen lassen. Die Aufzeichnungen müssen in erster Linie vom Aufzeichnenden selbst und den übrigen mit der Behandlung und Pflege betrauten Personen verstanden werden. Dabei genügt oft eine stichwortartige Darstellung dessen, was wichtig ist und worauf es ankommt. Trotz

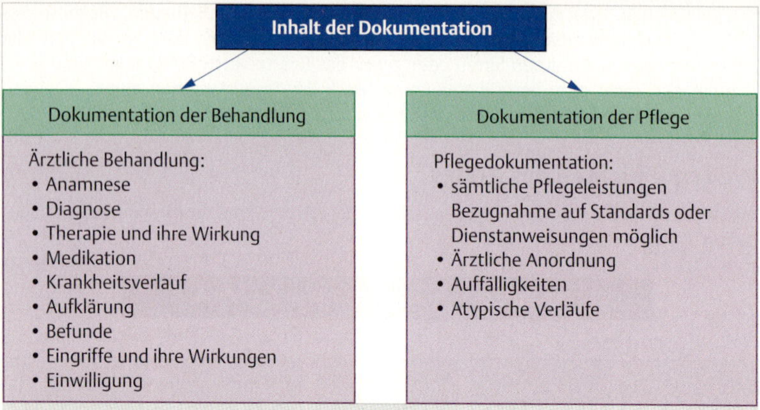

Inhalt der Dokumentation

Dokumentation der Behandlung

Ärztliche Behandlung:
- Anamnese
- Diagnose
- Therapie und ihre Wirkung
- Medikation
- Krankheitsverlauf
- Aufklärung
- Befunde
- Eingriffe und ihre Wirkungen
- Einwilligung

Dokumentation der Pflege

Pflegedokumentation:
- sämtliche Pflegeleistungen Bezugnahme auf Standards oder Dienstanweisungen möglich
- Ärztliche Anordnung
- Auffälligkeiten
- Atypische Verläufe

Abb. 20.3 Inhalt der Dokumentation

Beweissicherungscharakter kommt es nur darauf an, was für die Weiterführung der Behandlung oder Pflege benötigt wird. Maßgebend ist dabei das *Wohl des Patienten*.

So sind neben den wesentlichen Behandlungs- und Pflegemaßnahmen insbesondere Auffälligkeiten und atypische Verläufe zu dokumentieren, während selbstverständliche Maßnahmen nicht dokumentiert zu werden brauchen. Auch sollte das Pflegepersonal *mündliche Anordnungen* des Arztes sowie deren Ausführung sorgfältig und zeitnah dokumentieren, um im Haftungsfall die Beweisführung zu erleichtern.

Gleiches gilt bei telefonischen Anordnungen durch einen Arzt. Hier empfiehlt es sich zusätzlich, die ärztliche Anordnung zu wiederholen, um Missverständnisse auszuschließen. Danach sollte diese mündliche Anordnung dokumentiert werden und bei nächster Gelegenheit (zeitnah!) vom anordnenden Arzt abgezeichnet werden. Hierzu ist der Arzt verpflichtet.

Soweit in der Pflege bestimmte **Standards** vorliegen, braucht auf diese und deren Durchführung nur hingewiesen werden. Der Inhalt ist dann nicht zu dokumentieren, wenn im Nachhinein eindeutig festgestellt werden kann, was dieser Pflegestandard zum Zeitpunkt der Durchführung der Pflegeleistung beinhaltet hat. Das Gleiche gilt, wenn **schriftlich Dienstanweisungen** für stets wiederkehrende Behandlungssituationen bestehen und diese eingehalten werden. Verantwortlich für die Durchführung der Pflegedokumentation ist grundsätzlich die Pflegekraft, die die Pflegemaßnahme durchführt. Die Stationsschwester oder Pflegedienstleitung hat dabei die Pflicht, regelmäßig die richtige Führung der Dokumentation zu kontrollieren.

Die Patientenakte (und damit die gesamte Dokumentation) ist für die Dauer von 10 Jahren nach Abschluss der Behandlung aufzubewahren, soweit nicht nach anderen Vorschriften andere Aufbewahrungsvorschriften (z.B. 30 Jahre nach der Röntgen- und Strahlenverordnung) bestehen (§ 630f Abs.3 BGB). Berichtigungen und Änderungen von Eintragungen in der Patientenakte sind nur zulässig, wenn neben dem ursprünglichen Inhalt erkennbar bleibt, wann und von wem sie vorgenommen worden sind. Dies ist auch für elektronisch geführte Patientenakten sicherzustellen (§ 630f Abs.1 BGB). Durch die

Eintragung patientenbezogener Daten in die Patientenakte wird diese zu einer Urkunde. Eine strafbare *Urkundenfälschung* gem. § 267 StGB liegt somit vor, wenn
- jemand solche Daten in den Unterlagen verändert, die nicht von ihm selbst verfasst wurden oder
- jemand die von ihm selbst aufgenommenen Daten verändert, *nachdem* der Patient einen Anspruch auf den unveränderten Bestand der Urkunde erworben hat.

Dies betrifft nicht Änderungen, die nur offensichtliche Schreibfehler oder vergleichbare Unrichtigkeiten betreffen.

Einsicht in die Patientenakte

Dem Patienten ist auf Verlangen unverzüglich Einsicht in die vollständige, ihn betreffende Patientenakte zu gewähren, soweit der Einsichtnahme nicht erhebliche therapeutische Gründe (z. B. in Bereichen der Psychiatrie oder Psychotherapie) oder sonstige erhebliche Rechte Dritter entgegenstehen (§ 630 g BGB). Er kann auch Kopien seiner Akte oder elektronische Abschriften von der Patientenakte verlangen. In allen Fällen hat er dem Behandelnden die entstandenen Kosten zu erstatten. Im Fall des Todes des Patienten steht das **Einsichtsrecht seinen Erben** zu, soweit es um vermögensrechtliche Interessen geht. Die nächsten Angehörigen des Patienten haben ein Einsichtsrecht, soweit sie immaterielle Interessen geltend machen. Die Rechte sind ausgeschlossen, soweit der Einsichtnahme der ausdrückliche oder mutmaßliche Wille des Patienten entgegensteht.

Schweigepflicht

Vgl. die entsprechenden Ausführungen im Kapitel Verletzung von Privatgeheimnissen (S. 179).

Aufklärung

Die Pflicht der Behandlungsseite, den Patienten umfassend aufzuklären ergibt sich seit dem 26.2.2013 (Patientenrechtegesetz) nunmehr direkt aus den §§ 630c Abs. 2-4 und 630e BGB. Zunächst bestehen ganz **allgemeine Informationspflichten**, die die Behandlung im weiten Sinne betreffen. So ist der Behandelnde verpflichtet, dem Patienten in verständlicher Weise zu Beginn der Behandlung und, soweit erforderlich, in deren Verlauf sämtliche für die Behandlung wesentlichen Umstände zu erläutern, insbesondere die Diagnose, die voraussichtliche gesundheitliche Entwicklung, die Therapie und die zu und nach der Therapie zu ergreifenden Maßnahmen. Sind für den Behandelnden Umstände erkennbar, die die Annahme eines **Behandlungsfehlers** begründen, hat er den Patienten über diese auf Nachfrage oder zur Abwendung gesundheitlicher Gefahren zu informieren.

Weiß der Behandelnde, dass eine vollständige Übernahme der **Behandlungskosten** durch die Krankenkasse nicht gesichert ist oder ergeben sich nach den Umständen hierfür hinreichende Anhaltspunkte, muss er den Patienten vor Beginn der Behandlung über die voraussichtlichen Kosten der Behandlung in Textform informieren. Dies betrifft insbesondere die sog. IGeL-Leistungen („Individuelle Gesundheitsleistungen"), die im Leistungskatalog der gesetzlichen Krankenkassen nicht vorgesehen sind.

Der Information des Patienten bedarf es nicht, soweit diese ausnahmsweise aufgrund besonderer Umstände entbehrlich ist (wenn der Patient z. B. selbst sachkundiger Arzt ist),

insbesondere wenn die Behandlung unaufschiebbar ist oder der Patient auf die Information ausdrücklich verzichtet hat. Darüber hinaus ist der Behandelnde vor einem konkreten Eingriff verpflichtet, den Patienten über sämtliche für die Einwilligung wesentlichen Umstände aufzuklären (§ 630e BGB). Dazu gehören insbesondere:
- Art, Umfang, Durchführung der Behandlung,
- zu erwartende Folgen und Risiken der Maßnahme,
- Notwendigkeit, Dringlichkeit der Maßnahme,
- Eignung und Erfolgsaussichten im Hinblick auf die Diagnose oder die Therapie,
- Hinweis auf Alternativen zur Maßnahme, wenn mehrere medizinisch gleichermaßen indizierte und übliche Methoden zu wesentlich unterschiedlichen Belastungen, Risiken oder Heilungschancen führen können.

Die Aufklärung muss
- **mündlich** durch den Behandelnden oder durch eine Person erfolgen, die über die zur Durchführung der Maßnahme notwendige Ausbildung verfügt; ergänzend kann auch auf Unterlagen Bezug genommen werden, die der Patient in Textform erhält,
- so rechtzeitig erfolgen, dass der Patient seine Entscheidung über die Einwilligung wohlüberlegt treffen **kann**,
- für den Patienten **verständlich** sein.

Dem Patienten sind Abschriften von Unterlagen, die er im Zusammenhang mit der Aufklärung oder Einwilligung unterzeichnet hat, auszuhändigen. Ist die Einwilligung des gesetzlichen Vertreters (Eltern oder Betreuer) oder des Bevollmächtigten einzuholen, ist dieser aufzuklären. Sofern der Patient nicht einwilligungsfähig ist, sind ihm trotzdem die wesentlichen Umstände der Behandlung entsprechend seinem Verständnis zu erläutern, soweit er aufgrund seines Entwicklungsstandes und seiner Verständnismöglichkeiten in der Lage ist, die Erläuterung aufzunehmen, und soweit dies seinem Wohl nicht zuwider läuft (§ 630e Abs.5 BGB). Dies betrifft sowohl Jugendliche, die noch nicht einwilligungsfähig sind, als auch behinderte und alte Menschen, für die ein Betreuer einwilligt, weil sie nicht einwilligen können.

Pflichten des Patienten

Aus dem Behandlungsvertrag ergeben sich auch Pflichten des Patienten (▶ Abb. 20.4).

Abb. 20.4 Vertragspflichten des Patienten

Mitwirkungspflicht

Der Patient ist aufgrund des Behandlungsvertrages verpflichtet, an der Behandlung mitzuwirken. Diese umfasst auch eine Duldung der Untersuchung und Behandlung. Bei der Anamnese muss er wahrheitsgetreue Angaben machen und anschließend die ärztlichen Anordnungen befolgen.

Die Mitwirkungspflicht des Patienten kann vom Arzt allerdings nicht erzwungen und nicht eingeklagt werden. Der Arzt kann aber im Falle des Scheiterns der Behandlung bei einem eventuellen Schadensersatzanspruch des Patienten die unterlassene Mitwirkung geltend machen und gegebenenfalls die Behandlung beenden bzw. den Behandlungsvertrag kündigen.

> **Beispiel**
> Ein Patient nimmt die vom Arzt verordneten Medikamente zur Vorbeugung eines Herzinfarktes nicht ein. Weigert er sich nachhaltig, kann der Arzt seinerseits die Behandlung beenden.

Honorarzahlung

Beim Kassenpatienten ist der Honoraranspruch nicht gegenüber dem Patienten, sondern gegenüber der kassenärztlichen Vereinigung begründet. Beim Privatpatienten regelt sich die Höhe des Honorars nach der *Gebührenordnung für Ärzte (GOÄ)* in Verbindung mit dem Gebührenverzeichnis. Die Gebührenordnung sieht für ärztliche Maßnahmen Mindest- und Höchstsätze vor.

20.1.4 Beendigung des Behandlungsvertrages

Das Vertragsverhältnis zwischen Arzt und Patient endet, wenn der Zweck des Behandlungsvertrages erreicht und die Behandlung abgeschlossen ist. Das Vertragsverhältnis endet aber auch, wenn eine der beiden Vertragsparteien stirbt oder beide einvernehmlich diesen Vertrag aufheben. Die bis dahin erbrachten Teilleistungen des Arztes müssen allerdings honoriert werden. Gegebenenfalls geht die Honorarzahlungspflicht auf die Erben des Patienten über. Das Vertragsverhältnis kann aber auch von einer der beiden Seiten gekündigt werden. Hier ist zwischen der Kündigung durch den Patienten und durch den Arzt zu unterscheiden:

Kündigung durch den Patienten. Sie ist grundsätzlich **jederzeit** möglich. Dies gilt sowohl für den Privatpatienten als auch für den Kassenpatienten, für letzteren allerdings mit der Einschränkung, dass er bei einer Kündigung ohne wichtigen Grund die durch die Kündigung entstandenen Mehrkosten selbst zu tragen hat.

Kündigung durch den Arzt. Diese ist ebenfalls jederzeit möglich, allerdings mit folgenden Einschränkungen:
- Er kann jederzeit (ohne wichtigen Grund) kündigen, wenn die nötige Behandlung des Patienten anderweitig sichergestellt ist.
- Er darf ebenso kündigen, wenn ein *wichtiger Grund* vorliegt. Ein solcher kann z. B. sein: Nichteinnahme verschriebener Medikamente, Verleumdung, Beschimpfung, Bedrohung des Arztes.
- Er kann nicht kündigen, soweit er zur Hilfeleistung in einem Notfall verpflichtet ist.

20.2 Rechtsbeziehung zwischen Krankenhaus und Patient

Begibt sich ein Patient in das Krankenhaus, so will er die ärztliche Behandlung und die Versorgung in Anspruch nehmen. Aus diesem doppelten Anspruch ergeben sich drei verschiedene Vertragstypen (▶ Abb. 20.5).

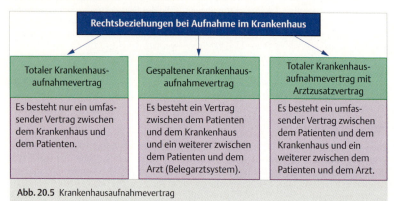

Abb. 20.5 Krankenhausaufnahmevertrag

20.2.1 Totaler Krankenhausaufnahmevertrag

Beim totalen Krankenhausaufnahmevertrag schließt der Patient **einen einzigen Vertrag** mit dem Krankenhausträger ab. Dieser beinhaltet sowohl die ärztliche Behandlung als auch die Versorgung mit Pflege, Nahrung und Unterkunft. Es liegt ein gemischter Vertrag vor, der Elemente des Beherbergungsvertrages, Mietvertrages (Zimmer), Kaufvertrages, Werkvertrages (Verpflegung) und Dienstvertrags (Arzt) beinhaltet. Das Krankenhaus schuldet demnach sowohl die Versorgung als auch die ärztliche Behandlung. Die jeweiligen Ärzte werden nur als Erfüllungsgehilfen tätig. Gegen sie bestehen keine vertraglichen Ansprüche.

20.2.2 Gespaltener Krankenhausaufnahmevertrag

Beim gespaltenen Krankenhausaufnahmevertrag kommen **zwei Verträge** zustande. Der eine wird zwischen dem Krankenhausträger und dem Patienten und der andere zwischen dem Patienten und dem Arzt (oder mehreren Ärzten) geschlossen. In diesem Fall schuldet das Krankenhaus nur die Versorgung und der Arzt persönlich die ärztliche Behandlung. Dieser Vertragstyp liegt vor allem beim sog. **Belegarztsystem** vor, bei dem das Krankenhaus frei praktizierenden Ärzten die Betten mit Versorgung des Patienten zur Verfügung stellt. Die Ärzte selbst sind nicht beim Krankenhaus angestellt.

20.2.3 Totaler Krankenhausaufnahmevertrag mit Arztzusatzvertrag

Hier kommt zum totalen Krankenhausaufnahmevertrag noch ein zusätzlicher Vertrag zwischen dem Patienten und seinem Arzt zustande. Dieser kann dann eigens dem Patienten gegenüber abrechnen. Bei diesem zusätzlichen Arzt handelt es sich meist nicht um einen Belegarzt, sondern um einen bestimmten Arzt des Krankenhauses (z. B. Chefarzt). Aus dem Krankenhausaufnahmevertrag ergeben sich für den Krankenhausträger neben diesen Hauptpflichten (Versorgung und evtl. ärztliche Behandlung) vertragliche Nebenpflichten. So besteht auch für den Krankenhausträger die Dokumentationspflicht (S. 237) der ärztlichen und pflegerischen Versorgung. Im Rahmen der Versorgung des Patienten besteht ferner die Pflicht, für eine *Verwahrung* der vom Patienten eingebrachten Sachen zu sorgen. Dabei genügt es, wenn es dem Patienten ermöglicht wird, seine Wertsachen bei der Verwaltung abzugeben oder wenn ihm ein Wertfach auf der Station zur Verfügung gestellt wird. Soweit sich der Krankenhausträger zur Erfüllung seiner vertraglichen Pflichten der Hilfe anderer Personen bedient, kommt zwischen diesen und dem Patienten kein Vertrag zustande. Sie sind nur Erfüllungsgehilfen des Krankenhausträgers.

Beispiel
Die Gesundheits- und Krankenpflegerin verabreicht dem Patienten eine Injektion auf Anordnung des Belegarztes und bringt ihm das Essen. Beide Fälle bedeuten keine vertraglichen Beziehungen zwischen Gesundheits- und Krankenpflegerin und Patienten; im ersten Fall ist sie Erfüllungsgehilfe des Arztes, im zweiten Fall des Krankenhausträgers.

21 Haftung und Schadensersatz

Wird einem Menschen durch einen anderen ein Schaden zugefügt, stellt sich die Frage, ob er hierfür Ersatz bekommt (= Schadensersatz). Diese Frage lässt sich im Einzelfall und konkret nur beantworten, wenn feststeht, dass bezüglich eines bestimmten Schadenereignisses die Voraussetzungen für eine Haftung vorliegen. Keinesfalls darf man davon ausgehen, dass immer dann, wenn ein Schaden vorliegt, auch jemand haften muss.

Gerade im Arzthaftungsbereich und Pflegebereich gewinnen die Haftungsfälle immer mehr an Bedeutung. Dies liegt zum einen an dem wachsenden Rechtsbewusstsein der Patienten (weniger kritiklose Hinnahme von Fehlern des Personals im Krankenhaus, aufgeklärtere Patienten, Zunahme des Anspruchdenkens in der Gesellschaft und vermehrte Regressansprüche der Krankenkassen aufgrund knapper werdender Kassen) und zum anderen an den strenger gewordenen Anforderungen in der Rechtsprechung (Aufklärungspflicht, Dokumentationspflicht, Verkehrssicherungspflichten, Organisationsverschulden).

21.1 Grundsätzliches zum Haftungsrecht

Erleidet ein Mensch einen Schaden, der von einem anderen verursacht wurde, kann er grundsätzlich von diesem Schadensersatz verlangen, wenn den Schädiger ein Verschulden trifft.

Zwingende Voraussetzung eines Schadensersatzanspruchs ist damit das Vorliegen eines Schadens und eines Verschuldens des Schadensverursachers (▶ Abb. 21.1).

Abb. 21.1 Voraussetzungen der Haftung

21.1.1 Allgemeine Voraussetzungen

Voraussetzung jeglicher Haftung ist das Vorliegen eines Schadens; wo kein Schaden, da keine Haftung! Als **Schaden** kommen sämtliche wirtschaftliche Nachteile in Betracht, die der Geschädigte aufgrund des schädigenden Ereignisses erlitten hat. Es werden aber nicht nur materielle Schäden ersetzt wie Sachschaden, Körperschaden, Lohnausfall oder Unterhaltsausfall, sondern auch immaterielle Schäden wie Schmerzen (Schmerzensgeld) oder erhebliche psychische Beeinträchtigungen.

21.1 Grundsätzliches zum Haftungsrecht

Aufgabe 68
Schwester Franziska schließt bei Patient Fabian eine Infusion an. Aus Versehen nimmt sie eine bereits angebrochene Flasche von Patient Severin, die noch mit dem schon benutzten Infusionsschlauch neben dem Bett stand. Der Irrtum wurde sofort bemerkt und anschließend durchgeführte Blutuntersuchungen bei Fabian und Severin ergaben eine Woche später, dass eine Infektion ausgeschlossen werden konnte. Hat Fabian trotzdem einen Schadensersatzanspruch?
Erläuterung im Anhang, Aufgabe 68 (S. 517)

Zwingende Voraussetzung für einen Schadensersatzanspruch ist weiter das Vorliegen eines **Verschuldens** beim Schädiger. Nur ausnahmsweise sieht unsere Rechtsordnung vor, dass jemand ohne Verschulden haftet. Diese sog. Gefährdungshaftung trifft insbesondere den Halter eines Tieres oder eines Kraftfahrzeuges. Hier haftet der Halter allein deswegen, weil durch sein Tier oder sein Kfz bei einem anderen ein Schaden entstanden ist. Auf ein Verschulden kommt es nicht an.

Zwei Formen des Verschuldens kennt das Gesetz:
- Vorsatz und
- Fahrlässigkeit.

Vorsätzliches Handeln setzt voraus, dass der Schädiger mit Wissen und Wollen handelt. Er kennt die Umstände, die zum Schaden führen und will den Schaden auch herbeiführen.
Fahrlässig handelt, wer die im Verkehr erforderliche Sorgfalt außer Acht lässt. Dies setzt voraus, dass die in der konkreten Lage erforderlichen Sorgfaltspflichten beachtet werden müssen.

Im Unterschied zum Strafrecht gilt im Haftungsrecht kein individueller, subjektiver Sorgfaltsmaßstab, sondern ein objektiver. Dies bedeutet, dass sich der Schädiger nicht auf fehlende Fachkenntnis, Verstandeskräfte oder Geschicklichkeit berufen kann. Entscheidend ist, welche Pflicht er schuldet. Der andere darf darauf vertrauen, dass der Schädiger die für die Erfüllung dieser Pflicht erforderlichen Fähigkeiten und Kenntnisse besitzt.

Darüber hinaus unterscheidet der Gesetzgeber zwei Arten – d. h. Möglichkeiten – der Haftung insofern, als der Geschädigte und der Anspruchsgegner in einem vertraglichem Verhältnis stehen (vertragliche Haftung) oder nicht (deliktische Haftung); s. ▶ Abb. 21.2.

Beide Haftungsarten stehen völlig selbstständig nebeneinander und können, wenn ihre jeweiligen Voraussetzungen vorliegen, auch gleichzeitig erfüllt sein.

21.1.2 Vertragliche Haftung

Besteht zwischen zwei Personen eine vertragliche Beziehung (z. B. Arzt oder Krankenhaus und Patient durch den Behandlungsvertrag) und fügt der eine dem anderen einen Schaden zu, so ist der Vertragspartner schadensersatzpflichtig, wenn ihn oder seinem Erfüllungsgehilfen ein Verschulden trifft. Folgende Voraussetzungen müssen erfüllt sein:

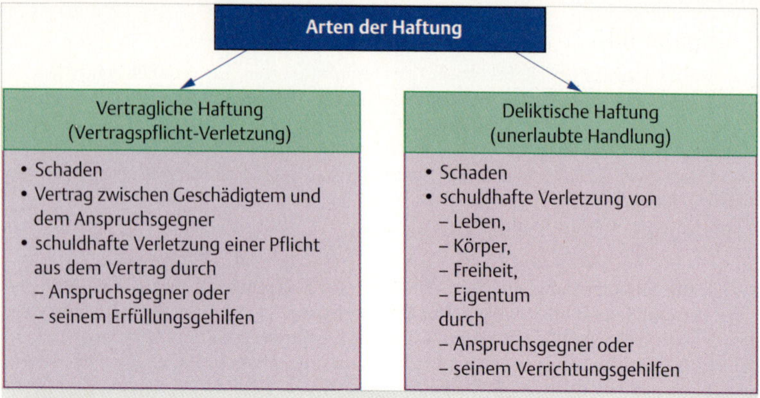

Haftung und Schadensersatz

Arten der Haftung

Vertragliche Haftung (Vertragspflicht-Verletzung)
- Schaden
- Vertrag zwischen Geschädigtem und dem Anspruchsgegner
- schuldhafte Verletzung einer Pflicht aus dem Vertrag durch
  - Anspruchsgegner oder
  - seinem Erfüllungsgehilfen

Deliktische Haftung (unerlaubte Handlung)
- Schaden
- schuldhafte Verletzung von
  - Leben,
  - Körper,
  - Freiheit,
  - Eigentum
  durch
  - Anspruchsgegner oder
  - seinem Verrichtungsgehilfen

Abb. 21.2 Arten der Haftung

Bestehen eines Vertrages

Zwischen dem Geschädigten und dem Anspruchsgegner muss ein wirksamer Vertrag bestehen.

> **Aufgabe 69**
> Die erfahrene Arzthelferin Franziska arbeitet in einer Arztpraxis. Auf Weisung von Dr. Severin verabreicht sie dem Patienten Fabian eine Injektion. Dabei vergisst sie, die Spritze zu desinfizieren. Fabian erleidet ein Spritzenabszess. Der Arm muss später amputiert werden. Gegen wen kann Fabian vorgehen?
> Erläuterung im Anhang, Aufgabe 69 (S. 517)

Verletzung einer vertraglichen Pflicht

Der Anspruchsgegner (= Vertragspartner) muss eine Pflicht aus diesem Vertrag verletzt haben. Jeder Vertrag enthält eine Vielzahl von Pflichten. Die Verletzung jeder einzelnen Pflicht kann zum Schadensersatz führen, wenn durch diese Pflichtverletzung der konkrete Schaden entstanden ist.

Verschulden

Diese vertragliche Pflicht muss schuldhaft verletzt worden sein. Schuldhaft bedeutet hier, dass der Vertragspartner gegen eine Pflicht vorsätzlich (d. h. mit Wissen und Wollen) oder fahrlässig (d. h. unter Verletzung der im Verkehr erforderlichen Sorgfalt) verstoßen hat.

> **Beispiel**
> In dem obigen Beispiel müsste Dr. Severin eine vertragliche Pflicht verletzt haben. Auf das offensichtlich vorliegende Verschulden von Franziska kommt es hier nicht an, da sie ja nicht Anspruchsgegner sein kann. Sie ist nicht Vertragspartner. Ein Verschulden bei Dr. Severin ist nicht erkennbar. Auch musste er Franziska nicht jedes Mal überwachen, da sie erfahren war.

Haftung für den Erfüllungsgehilfen

Zur Erfüllung des Vertrages bedienen sich die Vertragspartner oft der Hilfe von anderen Personen. Diese *Gehilfen* helfen, den Vertrag zu *erfüllen* (Erfüllungsgehilfen). Dabei kann es sich um Angestellte desjenigen handeln, der die Leistung zu erfüllen hat oder um selbstständige Personen. Entscheidend ist nur, dass sie dem anderen mit dessen Einverständnis bei der Erfüllung dieses Vertrages helfen.

> **Beispiel**
> So ist in obigem Beispiel Franziska die Erfüllungsgehilfin von Dr. Severin. Sie hilft ihm durch das Verabreichen der Injektion bei der Erfüllung des Behandlungsvertrags mit Fabian.

Das Verschulden des Erfüllungsgehilfen wird nun demjenigen zugerechnet, dem er bei der Erfüllung des Vertrages hilft. Man tut so, als hätte der Vertragspartner des Geschädigten selbst eine Pflicht des Vertrages schuldhaft verletzt. Der Vertragspartner haftet daher für fremdes Verschulden, nämlich für das Verschulden seines Erfüllungsgehilfen.

> **Beispiel**
> In obigem Beispiel haftet daher Dr. Severin für das Verhalten von Franziska. Sie ist seine Erfüllungsgehilfin. Ihr Vergessen, die Spritze zu desinfizieren, wird ihm zugerechnet.

21.1.3 Deliktische Haftung

Wird einem Menschen ein Schaden zugefügt, ohne dass zwischen ihm und dem Schädiger eine vertragliche Beziehung besteht, kommt eine Haftung aus unerlaubter Handlung, d. h. eine deliktische Haftung in Betracht. Folgende Voraussetzungen müssen erfüllt sein.

Rechtsgutverletzung

Die Rechtsordnung schützt ganz bestimmte wichtige Rechtsgüter, indem sie bei deren Verletzung dem Inhaber dieser Rechtsgüter einen Schadensersatzanspruch zugesteht. Dazu zählen vor allem Leben, Körper, Gesundheit, Freiheit, Eigentum. Wer nun diese Rechtsgüter schuldhaft verletzt, ist dem anderen zu Schadensersatz verpflichtet. Dabei braucht in diesen Fällen kein Vertrag vorzuliegen.

> **Beispiel**
> An einer Kreuzung übersieht ein Autofahrer den auf der Hauptstraße fahrenden Fahrradfahrer und fährt ihn an. Dieser stürzt. Das Fahrrad ist beschädigt, die Kleidung verschmutzt, das Bein gebrochen und der Radfahrer kann vier Wochen lang nicht zur Arbeit fahren. All diese Schäden, einschließlich Schmerzensgeld und Lohnausfall, muss der Autofahrer bzw. dessen Versicherung ersetzen.

Verschulden

Die Rechtsgutverletzung muss schuldhaft geschehen sein. Hier kommen wieder der **Vorsatz** und die **Fahrlässigkeit** in Betracht, wobei auch hier wie bei der vertraglichen Haftung ein objektiver Fahrlässigkeitsbegriff gilt.

Verrichtungsgehilfen

Auch bei der deliktischen Haftung stellt sich die Frage, ob das Verschulden eines Gehilfen einem anderen zugerechnet werden kann.

> **Beispiel**
> Eine Gesundheits- und Krankenpflegerin schüttet aus Versehen dem Besucher heißen Tee ins Gesicht. Der Besucher erleidet erhebliche Verbrennungen und hat Schmerzen. Er möchte nun Schmerzensgeld vom Krankenhaus. (Gegenüber der Schwester hat er auch einen Schmerzensgeldanspruch, der ihm jedoch nichts hilft, wenn diese kein Geld hat und zudem nicht versichert ist.) Zum Krankenhaus hat der Besucher keine vertraglichen Beziehungen, sodass eine vertragliche Haftung ausscheidet.

Im Deliktsrecht gilt nun Folgendes: Wer einen anderen zu einer Verrichtung bestellt, ist zum Ersatz des Schadens verpflichtet, den der andere in Ausführung der Verrichtung einem Dritten widerrechtlich zufügt. Dieser andere nennt sich Verrichtungsgehilfe. Der Verrichtungsgehilfe steht im Unterschied zum Erfüllungsgehilfen in einer gewissen Abhängigkeit gegenüber demjenigen, der ihn bestellt hat. Es kann aber sehr gut ein und die gleiche Person Erfüllungsgehilfe und Verrichtungsgehilfe sein.

> **Beispiel**
> Versorgt die Gesundheits- und Krankenpflegerin den Patienten, ist sie insofern Erfüllungsgehilfe, als sie dem Krankenhaus hilft, den Krankenhausaufnahmevertrag zu erfüllen. Gleichzeitig ist sie aber auch Verrichtungsgehilfe des Krankenhauses, da sie bestellt wurde, um den Patienten zu versorgen. Soweit sie in obigem Beispiel den Besucher verletzt, ist sie nicht Erfüllungsgehilfe, da zwischen dem Besucher und dem Krankenhaus kein Vertrag besteht, der erfüllt werden müsste. Sie ist aber Verrichtungsgehilfe, da das Krankenhaus sie u. a. bestellt hat, um dem Patienten Tee ans Bett zu bringen. Ihr Verschulden wird daher dem Krankenhaus zugerechnet.

Während das Verschulden des Erfüllungsgehilfen demjenigen, dem er hilft, ausnahmslos zugerechnet wird, besteht beim Verrichtungsgehilfen eine Entlastungsmöglichkeit. Eine Zurechnung des Verschuldens erfolgt hier nämlich nicht, wenn der Geschäftsherr (derjenige, der den Verrichtungsgehilfen bestellt hat) die richtige Person als Verrichtungsgehilfen **ausgewählt** und diese sorgfältig **überwacht** hat. Bezüglich der richtigen Auswahl des Verrichtungsgehilfen muss darauf geachtet werden, dass dieser die für die betreffende Tätigkeit erforderliche Sachkunde und Geschicklichkeit sowie Charakterstärke und Besonnenheit hat. Bei der Überwachung ist eine fortgesetzte Prüfung erforderlich, ob der Verrichtungsgehilfe noch zu den ihm übertragenen Tätigkeiten befähigt ist. Hierzu gehört eine planmäßige, unauffällige Überwachung mit unerwarteten Kontrollen. Ist sowohl die Auswahl richtig getroffen als auch der Verrichtungsgehilfe sorgfältig überwacht worden, haftet der Geschäftsherr nicht.

Beispiel
In obigem Beispiel bekommt daher der Besucher kein Schmerzensgeld vom Krankenhaus, wenn die Schwester für die Tätigkeit des Überbringens von Tee grundsätzlich geeignet war (richtige Auswahl), sie hierbei auch gelegentlich überwacht wurde und ihr so etwas noch nie passiert ist.

21.2 Schadensersatzanspruch des Patienten

Beispiel
Ernst muss wegen einer Blinddarmoperation ins Krankenhaus. Dort passiert ihm Folgendes: Vor der Operation bittet Gesundheits- und Krankenpflegerin Anne, dass Ernst seine Armbanduhr auf dem Nachttisch ablegt. Dort wird sie von Schwester Susanne gestohlen. Während der Operation vergisst Oberarzt Dr. Richard eine Nadel in der Bauchhöhle, da er vom vorhergehenden Nachtdienst übermüdet war. Es kommt daraufhin zu weiteren inneren, schmerzhaften Verletzungen. Als Schwester Kerstin ihm eines Morgens Kaffee bringt, schüttet sie ihm diesen aus Versehen über das Gesicht.

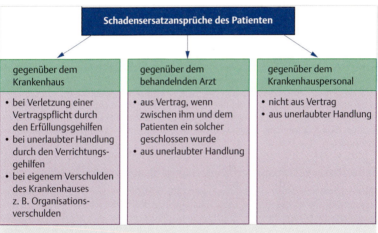

Abb. 21.3 Verschiedene Schadensersatzansprüche des Patienten

21.2.1 Schadensersatzansprüche des Patienten gegenüber dem Krankenhaus

Schadensersatzanspruch wegen Vertragsverletzung

Hat der Patient mit dem Krankenhaus einen „totalen Krankenhausaufnahmevertrag (S. 242)" geschlossen, so hat er gegenüber dem Krankenhaus einen Anspruch auf ärztliche Behandlung, Pflege und auf Versorgung. Wird bei Erfüllung dieser Pflichten dem Patienten schuldhaft ein Schaden zugefügt, haftet das Krankenhaus. Das Krankenhaus bedient sich zur Erfüllung seiner Pflichten verschiedener Personen wie Arzt und Pflegepersonal

(Erfüllungsgehilfen). Soweit diese bei Erfüllung der Vertragspflicht ein Verschulden trifft, wird dies dem Krankenhaus zugerechnet.

Im Ausgangsfall ist das Krankenhaus bei der Versorgung des Patienten verpflichtet, dass dessen Eigentum und insbesondere seine Wertsachen verwahrt werden. Dies ist nicht geschehen. Ernst bekommt daher seine Uhr erstattet. Hätte Schwester Anne die Uhr übrigens ordnungsgemäß verwahrt und wäre sie dort von Schwester Susanne gestohlen worden, würde Ernst die Uhr vom Krankenhaus nicht ersetzt bekommen. Das Krankenhaus träfe nämlich kein Verschulden. Schwester Susanne ist auch nicht bei ihrem Diebstahl in Erfüllung einer vertraglichen Pflicht tätig geworden, sodass ihr Verhalten nicht dem Krankenhaus zugerechnet werden kann.

Im Rahmen der ärztlichen Behandlung wird Dr. Richard für das Krankenhaus tätig. Der Behandlungsfehler wird dem Krankenhaus zugerechnet. Ernst werden alle Schäden vom Krankenhaus erstattet, die aus dem Behandlungsfehler entstanden sind. Auch Schwester Kerstin wird für das Krankenhaus tätig. Ihr Missgeschick wird ebenfalls dem Krankenhaus zugerechnet. Ernst bekommt daher den Schaden ersetzt, der durch das Verschütten des Kaffees entstanden ist.

Schadensersatzanspruch aus unerlaubter Handlung

Das Krankenhaus selbst haftet für unerlaubte Handlungen seiner Beschäftigten (Verrichtungsgehilfen z. B. Arzt, Pflegepersonal). Allerdings haftet es nicht mehr, wenn es bei der Auswahl und Überwachung derjenigen Person, die den Schaden verursacht hat, die erforderliche Sorgfalt hat walten lassen. Im Ausgangsfall kommt nur eine Haftung des Krankenhauses für seine Verrichtungsgehilfen (Arzt und Schwester) in Betracht. Kann es allerdings geltend machen, dass es bei der Auswahl und Überwachung dieser Personen ordnungsgemäß vorgegangen ist, haftet es nicht mehr. Dann hat Ernst keinen Anspruch gegenüber dem Krankenhaus wegen unerlaubter Handlung und damit auch nicht auf Schadensersatz.

Schadensersatzanspruch wegen Organisationsverschulden

Die Rechtsprechung stellt an die Organisationspflichten des Krankenhausträgers hohe Anforderungen. Sie nimmt keine Rücksicht darauf, dass personelle oder sachliche Engpässe bisweilen eine ordnungsgemäße Organisation verhindern, dass fehlende Ausbildung und Erfahrung Fehler produzieren, dass Eil- und Notfälle den ärztlichen Standard oft wesentlich herabsetzen oder dass nicht nur dem besten Arzt, sondern auch dem besten Verwaltungsleiter Fehler unterlaufen können. Der Patient hat keinen Anspruch auf die besten Behandlungsbedingungen und die neuesten Methoden sowie die modernsten Geräte. Jeder Krankenhausträger hat aber grundsätzlich für einen gewissen **Mindeststandard** einzustehen.

So liegen Organisationsfehler vor, wenn ein Arzt nach einem anstrengenden Nachtdienst zur Operation eingeteilt, eine nicht hinreichende Pflegekraft allein zur Überwachung einer Aufwachphase abgestellt oder statt der erforderlichen Überwachung durch einen Assistenzarzt ein Medizinstudent eingesetzt wird. Ein Organisationsverschulden liegt auch vor, wenn das Krankenhaus personell unterbesetzt ist und der Krankenhausträger nicht mehr den Mindeststandard gewährleisten kann (hier müssten die Patienten an andere Krankenhäuser verwiesen werden). So besteht auch die Pflicht, genügend fachlich qualifiziertes Pflegepersonal für den *Nachtdienst* bereitzustellen.

Im Ausgangsfall haftet daher das Krankenhaus für den Fehler von Dr. Richard, da es versäumt hat, durch geeignete Organisationsmaßnahmen sicherzustellen, dass keine durch einen anstrengenden Nachtdienst übermüdeten Ärzte zu Operationen eingeteilt werden.

Zu den Organisationspflichten gehört auch die Durchführung der **Fachaufsicht**. So hat der Krankenhausträger bei stationärer Behandlung den Chefarzt zu überwachen und dabei zu überprüfen, ob er die ihm übertragene Organisation fachgerecht wahrnimmt. Diesem wiederum obliegt die Überwachung der Assistenzärzte und Oberärzte. Des Weiteren hat z. B. bei Intensivpflege der Arzt das Pflegepersonal fachgerecht anzuweisen und die Ausführung seiner Anordnungen zu überprüfen. Der Krankenhausträger hat weiter dafür zu sorgen, dass die für Diagnose, Therapie und Operation benötigten *medizinischen Geräte* bereitgestellt werden und durch regelmäßige **Wartung** funktionstüchtig bleiben. Hierzu gehört auch, dass die Funktionstüchtigkeit und ordnungsgemäße Handhabung der Geräte durch Wartung und entsprechende **Schulung** des Personals sichergestellt wird. Die Organisationspflichten umfassen auch eine Überprüfung der ordnungsgemäßen **Dokumentation** hinsichtlich Aufklärung und Behandlung. Näheres hierzu vgl. Ausführungen zur Dokumentationspflicht (S. 237).

Zu den Organisationspflichten zählt auch die **Sicherung des Eigentums der Patienten**. So hat der Krankenhausträger geeignete Verwahrungsmöglichkeiten zu schaffen und dem Patienten unaufgefordert die Möglichkeit zu geben, hiervon Gebrauch zu machen.

Die **notfallmäßige Versorgung** des aufgenommenen Patienten muss auch außerhalb der Notfallaufnahme und der Intensivstation organisiert werden und die notwendige personelle und sachliche Ausstattung hierfür bereitgehalten werden.

Neben dieser organisatorischen Pflicht des Krankenhauses ist das Pflegepersonal verpflichtet, bei einem Notfall die erforderlichen Hilfsmaßnahmen einzuleiten und durchzuführen. Bei Verletzung dieser Pflicht droht neben einem zivilrechtlichen Schadensersatzanspruch auch eine Bestrafung wegen unterlassener Hilfeleistung (S. 172) oder Körperverletzung wegen Unterlassens.

Aus dem Grundsatz, dass der Krankenhausträger geeignete Maßnahmen zu treffen hat, die vermeiden, dass aufgenommene Patienten zu Schaden kommen, folgt, dass er auch der **Aufsichtspflicht** über die von ihm aufgenommenen behandlungsbedürftigen Kinder nachkommt. Daher hat er z. B. Maßnahmen zu treffen, die verhindern, dass diese Patienten unerlaubt die Station verlassen können. Auch auf der Station sind Kinder entsprechend zu beaufsichtigen.

Eine Aufsichtspflicht besteht auch gegenüber Patienten, die wegen ihres geistigen oder körperlichen Zustands der Beaufsichtigung bedürfen. So muss z. B. in psychiatrischen Kliniken sichergestellt sein, dass eine Selbstgefährdung der Patienten durch evtl. vorhersehbare Suizidhandlungen weitestgehend ausgeschlossen ist.

21.2.2 Schadensersatzansprüche des Patienten gegenüber dem Arzt

Schadensersatzanspruch wegen Vertragsverletzung

Da beim „totalen Krankenhausaufnahmevertrag (S. 242)" kein Vertrag zwischen dem Arzt und dem Patienten besteht, kommt auch keine vertragliche Haftung in Betracht.

Beim „gespaltenen Krankenhausaufnahmevertrag (S. 242)" schließt der Patient einen Vertrag mit dem Arzt. Wird dieser Behandlungsvertrag von diesem nun verletzt, macht sich der Arzt schadensersatzpflichtig. Soweit er sich zur Erfüllung seines Behandlungsvertrages eines Gehilfen bedient, wird dem Arzt dessen Verhalten zugerechnet.

Liegt im Ausgangsfall ein totaler Krankenhausaufnahmevertrag vor, dann besteht zwischen dem Arzt und dem Patienten kein Vertrag; folglich kommt es zu keiner vertraglichen Haftung. Falls ein Vertrag zwischen dem Arzt und dem Patienten besteht (gespaltener Krankenhausaufnahmevertrag), haftet Dr. Richard für seinen Behandlungsfehler. Für das Verschwinden der Uhr und das Verschütten des Kaffees haftet Dr. Richard nicht, da Susanne und Kerstin nicht in Erfüllung seiner Behandlungspflicht gehandelt haben.

Schadensersatzanspruch aus unerlaubter Handlung

Die Haftung aus unerlaubter Handlung tritt ein, wenn der Arzt oder sein Verrichtungsgehilfe ein Rechtsgut des Patienten verletzt.

Im Ausgangsfall haftet Dr. Richard für die Schäden, die durch das Vergessen der Nadel entstanden sind (evtl. Kosten einer Nachoperation). Auch muss er Ernst ein Schmerzensgeld bezahlen.

21.2.3 Schadensersatzansprüche des Patienten gegenüber dem Pflegepersonal

Schadensersatzanspruch wegen Vertragsverletzung

Ein Schadensersatzanspruch wegen Vertragsverletzung kommt hier nicht in Betracht, da in keinem Fall zwischen dem Patienten und dem Krankenpflegepersonal ein Vertrag zustande kommt.

Schadensersatzanspruch aus unerlaubter Handlung

Aus unerlaubter Handlung haftet das Pflegepersonal immer, wenn es schuldhaft ein Rechtsgut des Patienten verletzt. Dann kommt auch ein Schmerzensgeld in Betracht. Im Ausgangsfall haften sowohl Schwester Susanne, da sie durch den Diebstahl das Eigentum von Ernst „verletzt" hat, als auch Schwester Kerstin, da sie durch das Verschütten von Kaffee die Gesundheit von Ernst beeinträchtigt hat. Im letzteren Fall muss Kerstin auch ein Schmerzensgeld bezahlen. Ein derartiges Fehlverhalten kann z. B. in der Verabreichung eines falschen Medikamentes (Verwechslung), in der fehlerhaften Bedienung eines medizinischen Gerätes oder im zu sorglosen Umgang mit dem Patienten liegen.

Eine weitere Fallgruppe von Fehlverhalten liegt im sog. **„Übernahmeverschulden"**. Ein solches liegt vor, wenn das Pflegepersonal Tätigkeiten übernimmt, für die es nicht ausgebildet ist und die es dementsprechend auch nicht beherrscht. So ist ein Fehlverhalten in der Regel in dem Fall zu sehen, dass die Kompetenzen der Pflegekraft dahingehend überschritten werden, dass sie ärztliche Tätigkeiten wahrnimmt. Beim Eintreten von ernstlichen Komplikationen ist grundsätzlich der zuständige Arzt zu verständigen. Auf einer Kinderstation würde eine mangelhafte Durchführung der **Aufsichtspflicht** ebenfalls zu einem Fehlverhalten führen, welches Haftungsansprüche nach sich ziehen würde, wenn z. B. ein Kind unbemerkt die Station verlässt und anschließend einen Schaden verursacht oder gar selbst erleidet.

21.2.4 Haftung für Schäden aus dem „Voll beherrschbaren Risikobereich"

Erleidet ein Patient einen Schaden bei Durchführung einer ärztlichen oder pflegerischen Maßnahme, so gilt hier wie auch im Übrigen Haftungsrecht, dass er die Voraussetzungen seines Schadensersatzanspruches selbst darlegen und beweisen muss. Dies bedeutet, dass der Patient zum einen das Entstehen des Schadens beweisen muss und zum anderen die zu dem Schaden führende Pflichtverletzung und das Verschulden des Schädigers. Nur dann, wenn den Verursacher ein grober Behandlungsfehler trifft, kann sich die Beweislast umkehren, was bedeutet, dass dann der Verursacher (Arzt oder Pflegekraft) seinerseits nachweisen muss, die Pflichtverletzung nicht verschuldet zu haben, so seit dem 26.2.2013 ausdrücklich in § 630h Abs. 5 BGB geregelt.

Mit dem neuen Patientenrechtegesetz ist in § 630h Abs. 1 BGB bestimmt, dass „ein Fehler des Behandelnden vermutet wird, wenn sich ein allgemeines Behandlungsrisiko verwirklicht hat, das für den Behandelnden **voll beherrschbar** war und das zur Verletzung des Lebens, des Körpers oder der Gesundheit des Patienten geführt hat". Bei Risiken aus dem Pflegeheim- oder Krankenhausbereich, die voll beherrscht werden können und müssen, ergibt sich, wenn der Patient in diesem Gefahrenbereich zu Schaden kommt, zu seinen Gunsten eine Beweiserleichterung. Folgende Voraussetzungen müssen vorliegen:

- Der Bewohner eines Heimes oder Patient in einem Krankenhaus befindet sich in einer konkreten Gefahrensituation.
  Dies ist z. B. dann der Fall, wenn ein sturzgefährdeter Patient vom Bett aufsteht und sich auf einen Toilettenstuhl setzen will. Dies kann aber auch der Fall sein, wenn dem Patienten eine Spritze verabreicht wird.
- Die konkrete Gefahrensituation löst eine gesteigerte Sicherungs- bzw. Schutzpflicht aus. So lange ein sturzgefährdeter Patient im Bett liegt, ist keine gesteigerte Sicherungspflicht vorhanden. Steht er allerdings auf, ändert sich die Situation gravierend.
- Die Gefahrensituation ist für das Pflegeheim oder das Krankenhaus beherrschbar. Beherrschbar ist die Situation dann, wenn eine Pflegekraft gerade deswegen eingesetzt wird, um die konkrete Gefahrensituation des Bewohners zu beherrschen. Dies ist z. B. der Fall, wenn die Pflegekraft die Bewohnerin versucht zu stützen, weil diese sturzgefährdet ist, um sie vom Bett auf den Toilettenstuhl zu setzen.
- Bei einem Bewohner oder Patienten kommt es trotz alledem zu einem Schaden.

Liegen alle beschriebenen Voraussetzungen vor und kann ein Schaden nachgewiesen werden, braucht entgegen der grundsätzlichen Beweislastregel der Patient oder Bewohner nicht mehr nachweisen, dass die Pflegekraft den Schaden schuldhaft verursacht hat, sondern die Pflegekraft müsste nun ihrerseits nachweisen, dass sie alles richtig gemacht hat und dass sie an dem unfallverursachenden Geschehen keinerlei Schuld trifft. Dieser Nachweis ist in der Praxis äußerst schwer, wenn überhaupt, zu führen. Folgende Fälle sollen obige Ausführungen verdeutlichen:

Sturz auf der Toilette
Ein sturzgefährdeter Bewohner eines Pflegeheimes, äußerst pflegebedürftig und sehr gangunsicher, kann nicht mehr alleine gehen, ohne zu stürzen. Aus diesem Grund begleitet ihn eine Pflegekraft auf die Toilette. Nachdem der Bewohner fertig ist und sich von der Toilette erhebt, stürzt er und bricht sich den Oberschenkelhals. Die Pflegekraft saß unmittelbar dane-

ben, konnte das Geschehene jedoch nicht verhindern. Wie es zum Sturz kam, kann nicht mehr aufgeklärt werden.

In diesem Beispielsfall sind alle 4 Voraussetzungen erfüllt, nämlich:
1. *Der Bewohner befand sich auf der Toilette in einer konkreten Gefahrensituation, da er sehr gangunsicher und äußerst pflegebedürftig war.*
2. *Das Sitzen auf der Toilette, was vorhersehbar zur Folge hat, dass der Bewohner nach Beendigung des Vorganges auch aufstehen wird, begründet eine gesteigerte Sicherungs- bzw. Schutzpflicht.*
3. *Diese Gefahrensituation ist für die anwesende Pflegekraft voll beherrschbar, da sie gerade zu dem Zweck eingesetzt war, der Gangunsicherheit des Bewohners zu begegnen und diesen zu stützen.*
4. *Der Bewohner kam dennoch zu Schaden.*

Ergebnis: Auch wenn nicht nachgewiesen werden kann, ob die Pflegekraft in der konkreten Situation ein Verschulden trifft oder nicht, so kann sie jedenfalls – und dies ist die Folge der Beweislastumkehr – nicht nachweisen, dass sie kein Verschulden trifft. Dementsprechend ist die Haftung zu bejahen.

Sturz am Waschbecken
Eine schwer pflegebedürftige Bewohnerin eines Heimes bzw. eines Krankenhauses wird wegen ihrer Gangunsicherheit von einer Pflegekraft in das Badezimmer geführt. Dort fordert sie die Bewohnerin auf, an dem Waschbecken im Zimmer stehen zu bleiben und sich an den Haltegriffen, welche sich neben dem Waschbecken befinden, festzuhalten. Anschließend wendet sich die Pflegekraft ab, um den Toilettenstuhl herbei zu holen. In diesem Moment stürzt die Bewohnerin und zieht sich einen Oberschenkelhalsbruch zu.

Auch in diesem Fall sind alle Voraussetzungen für eine Beweislastumkehr erfüllt. Das Ereignis geschah im voll beherrschbaren Risikobereich.
1. *Die Bewohnerin befand sich, während sie am Waschbecken stand, in einer konkreten Gefahrensituation aufgrund ihrer Gangunsicherheit.*
2. *Dieses Stehen am Waschbecken löste für die Pflegekraft eine erhöhte Sicherungs- bzw. Schutzpflicht aus.*
3. *Die Situation war für die Pflegekraft beherrschbar. Sie kannte das Risiko, sie wusste um die Gefahr und war gerade deswegen bei der Bewohnerin, um der Bewohnerin zu helfen, damit sich das Risiko nicht verwirklicht.*
4. *Dennoch kam es zum Schaden (Oberschenkelhalsbruch).*

Ergebnis: Die Pflegekraft und das Altenheim bzw. das Krankenhaus haften, da die Pflegekraft als Erfüllungsgehilfin nicht beweisen kann, dass sie an dem Sturz keinerlei Verschulden trifft.

Bei allen Stürzen, die sich im Rahmen von Transportmaßnahmen, Umlagerungsmaßnahmen, eines Toilettenganges oder einer sonstigen Pflegemaßnahme ereignen und jeweils in Begleitung und Anwesenheit einer Pflegekraft geschehen, wird die Beweislastumkehr aufgrund eines voll beherrschbaren Risikos anwendbar sein. Dies bedeutet, dass zugunsten des geschädigten Bewohners bzw. Patienten vermutet wird, dass der Sturz im Zusammenhang mit einem Pflegefehler steht.

Im Unterschied dazu sind folgende Fälle anders zu beurteilen:
a) Ein alter und dementer Bewohner steht eines Nachts von seinem Bett auf und stürzt auf dem Weg zur Toilette. Dabei bricht er sich den Oberschenkelhals.
b) Eine Bewohnerin kommt entweder in der Einrichtung oder außerhalb bei einem Spaziergang zu Sturz, wobei keine Pflegekraft anwesend ist.

In diesen Fällen befindet sich der jeweilige Bewohner zwar in einer konkreten Gefährdungssituation. Diese würde auch für das Pflegepersonal eine gesteigerte Sicherungs- bzw. Schutzpflicht auslösen, wenn die Gefährdung als solche erkennbar ist. Der jeweilige Sturz ereignete sich jedoch nicht im voll beherrschbaren Bereich, da zum konkreten Geschehenszeitpunkt keine Pflegekraft anwesend war, um gerade dieser Gefahr zu begegnen.

Eine Haftung des Pflegepersonals bzw. des entsprechenden Heimes käme unter Beachtung der üblichen Beweislastregeln nur dann in Betracht, wenn die Gefährdungssituation erkennbar gewesen wäre und dennoch keinerlei geeignete Schutzmaßnahmen getroffen worden waren. In diesen Fällen muss jedoch der geschädigte Bewohner seinerseits nachweisen, dass dem Heim- bzw. dem Pflegepersonal ein Verschulden trifft.

Als voll beherrschbarer Bereich werden von der Rechtsprechung u. a. weitere folgende Konstellationen anerkannt:
- Funktionstüchtigkeit technischer Geräte.
- Zurückbleiben eines Fremdkörpers (z. B. Tupfer) im Operationsgebiet.

Als unbedingt zu beachtender Sicherheitsstandard zur Vermeidung von vergessenen Fremdkörpern wie Tupfern, Klemmen o. Ä. muss eine penible Zählkontrolle des OP-Personals vor und nach dem Eingriff stattfinden. Wurde ein Fremdkörper im Bauchraum eines Patienten vergessen, muss letztlich die Behandlungsseite nachweisen, dass ihr hieran kein Verschulden trifft. Dieser Nachweis dürfte in der Regel nicht gelingen.
- Richtige Lagerung des Patienten.

Dies gilt sowohl für außergewöhnliche Operationshaltungen wie der Knie-Ellbogen-Lage (sogenannte Häschenstellung), die anfällig für Schädigungen im Halswirbelsäulenbereich sind, als auch für die Rückenlage, wo darauf geachtet werden muss, dass die Arme sachgerecht und in einem Winkel von weniger als 90° ausgelagert werden, um einer Schädigung des Nervus ulnaris oder einer Plexusschädigung vorzubeugen. Ebenso verlangt eine längere Bettlägerigkeit nach Maßnahmen zur Vorbeugung von Druckgeschwüren (Dekubitus).

All diesen Aspekten ist gemeinsam, dass objektiv eine Gefahr besteht, deren Quelle jeweils festgestellt werden kann, und die deshalb objektiv beherrschbar ist.

Fälle aus der Rechtsprechung

Aufgabe 70

1. Fall: Sturz eines verwirrten Altenheimbewohners
(Nach einem Urteil des OLG Koblenz vom 21.3.2002)
Die 88 Jahre alte Bewohnerin Rosa eines Altenheimes steht unter Betreuung. Der Betreuer lehnt nach ausführlicher Erörterung eine Fixierung am Stuhl ab.
Am Unfalltag wird Rosa in ihrem Rollstuhl sitzend an den Tisch im Speisesaal des Altenheimes geschoben. Dort erhebt sie sich aus dem Rollstuhl, will einen Schritt vorwärts gehen, bleibt aber mit dem Fuß am Tischbein hängen und stürzt zu Boden. Dabei zieht sie sich Verletzungen zu, die zu Krankenbehandlungskosten führen.
Es steht fest, dass Rosa die Angewohnheit hatte, sich am Tisch zu erheben und an Ort und Stelle eine Weile stehend zu verharren. Dass sie darüber hinaus eigenmächtig versuchen würde zu gehen, war noch nie vorgekommen. Hat Rosa einen Schadensersatzanspruch gegenüber dem Altenheim?
Erläuterung im Anhang, Aufgabe 70 (S. 517)

Haftung und Schadensersatz

Aufgabe 71

2. Fall: Haftung bei formunwirksamen Patiententestament (Organisationsverschulden)
(Nach einem Urteil des BGH vom 8.6.1989)
Die 78-jährige Patientin Johanna liegt aufgrund eines unheilbaren Krebsleidens im Krankenhaus. Als sie spürt, dass ihr Leben zu Ende geht, äußert sie gegenüber Stationsarzt Dr. Müller und Gesundheits- und Krankenpflegerin Silke den Wunsch, ein Testament zu errichten. Wegen ihrer Krankheit ist sie nicht mehr in der Lage, selbst handschriftlich ein Schriftstück zu verfassen. Daraufhin diktiert sie Dr. Müller ihren letzten Willen und bestimmt, dass ihr Lebensgefährte Rudi aus der Erbmasse 10.000 Euro erhalten soll. Im Übrigen verbleibt es bei der gesetzlichen Erbfolge mit ihrer Tochter als Alleinerbin. Dieses Schriftstück unterzeichnen Dr. Müller, Gesundheits- und Krankenpflegerin Silke und die Patientin selbst. Kurz darauf verstirbt sie.
Nunmehr beruft sich die Tochter auf die Unwirksamkeit des Testamentes und verweigert die Auszahlung des Geldes an den Lebensgefährten Rudi. Kann Rudi vom Krankenhaus Schadensersatz verlangen?
Erläuterung im Anhang, Aufgabe 71 (S. 518)

Aufgabe 72

3. Fall: Überwachungs- und Kontrollpflichten der Behandlungsseite nach ambulanter Behandlung
(Nach einem Urteil des BGH vom 08.04.2003)
Der 40 Jahre alte Rechtsanwalt Rudi begibt sich wegen einer Magenspiegelung ins Krankenhaus. Diese soll ambulant durchgeführt werden. Bereits bei seinem Hausarzt und auch noch vor der nun folgenden Sedierung wird er über die Risiken aufgeklärt und insbesondere darüber belehrt, dass er nach dem Eingriff aufgrund der Sedierung kein Kraftfahrzeug mehr führen dürfe. Ungeachtet dessen kommt Rudi mit dem eigenen Wagen ins Krankenhaus, verspricht aber, mit dem Taxi nach Hause fahren zu wollen. Nach dem Aufklärungsgespräch bekommt der 100 kg schwere Rudi zur Sedierung 20 mg Buscopan und 30 mg Dormicum (Wirkstoff Midazolam). Die Magenspiegelung wird um 10:00 Uhr durchgeführt. Danach verbleibt Rudi eine halbe Stunde im Untersuchungszimmer unter Aufsicht. Danach wird ihm 0,5 mg Anexate (Wirkstoff Flumazenil) intravenös verabreicht. Anschließend hält er sich auf dem Flur vor den Diensträumen des Chefarztes auf, der wiederholt Blick- und Gesprächskontakt zu ihm hat. Die ebenfalls im Krankenhaus beschäftigte Gesundheits- und Krankenpflegerin Evelyn wird zudem vom Chefarzt gebeten, gelegentlich nach Rudi zu sehen.
Um 12:30 Uhr entfernt sich Rudi unbemerkt aus dem Krankenhaus und fährt entgegen seines ursprünglichen Versprechens mit seinem Kraftfahrzeug weg. Wenig später gerät er aus ungeklärter Ursache auf die Gegenfahrbahn, stößt mit einem Lastzug zusammen und verstirbt noch an der Unfallstelle. Er war bei dieser Fahrt nicht angeschnallt.
Die hinterbliebene Ehefrau von Rudi will Schadensersatz wegen entgangenen Unterhalts. Hat sich der Chefarzt, das Krankenhaus oder die zur Überwachung eingeteilte Schwester Evelyn schadensersatzpflichtig gemacht?
Erläuterung im Anhang, Aufgabe 72 (S. 518)

21.2 Schadensersatzanspruch des Patienten

Aufgabe 73

4. Fall: Sturz im Krankenhaus (Umkehr der Beweislast)
(Nach einem Urteil des BGH vom 18.12.1990)
Der 73 Jahre alte Patient Fabian befindet sich stationär im Krankenhaus und wird dort behandelt. Er ist halbseitig gelähmt. Als ihn die Gesundheits- und Krankenpflegerin Franziska vom Nachtstuhl auf die Bettkante setzen will, kommt er zu Fall. Dabei zieht er sich einen Oberschenkelhalsbruch zu. Die Ursache des Sturzes kann nicht geklärt werden. Hat Fabian einen Schadensersatzanspruch gegenüber dem Krankenhaus?
Erläuterung im Anhang, Aufgabe 73 (S. 519)

Aufgabe 74

5. Fall: Erfrierungen durch Eiswickel
(Aus dem Bereich des „vollbeherrschbaren Risikos")
Die 61-jährige Patientin Hanna muss sich wegen einer schweren Lungenentzündung intensiv medizinisch behandeln lassen. Auf der Intensivstation eines Krankenhauses werden ihr wegen ihres hohen Fiebers Wadenwickel und Eiskühlungen verabreicht. Hierbei kommt es zu erheblichen Erfrierungen an beiden Unterschenkeln mit Nekrosen. Nach Entlassung aus dem Krankenhaus begehrt Hanna von der sie behandelnden Gesundheits- und Krankenpflegerin Evelyn Schmerzensgeld. Sie ist der Ansicht, Evelyn habe es versäumt, ihre Beine mit einem Tuch oder Ähnlichem abzudecken, sodass die Eisbeutel direkt in Kontakt mit den Unterschenkeln getreten seien. So sei es zu den Erfrierungen gekommen. Die entstandenen Verletzungen wurden im Krankenhaus dokumentiert. Ob Schwester Evelyn ein Verschulden trifft, konnte nicht geklärt werden. Hat Hanna einen Schmerzensgeldanspruch?
Erläuterung im Anhang, Aufgabe 74 (S. 520)

Aufgabe 75

6. Fall: Sturz bei Begleitung
(Aus dem Bereich des „vollbeherrschbaren Risikos".)
Schwester Evelyn begleitet die schwerst pflegebedürftige und sturzgefährdete Bewohnerin Ludmila nach Beendigung ihres Abendessens vom Speisesaal in ihr Zimmer. Aus später nicht mehr aufklärbaren Gründen kommt bei diesem Gang Ludmila zu Sturz und bricht sich den Oberschenkelhals. Sie begehrt vom Pflegeheim Schmerzensgeld. Sind das Pflegeheim und Evelyn schadensersatzpflichtig?
Erläuterung im Anhang, Aufgabe 75 (S. 520)

Aufgabe 76

7. Fall: Infizierung bei Behandlung

(Aus dem Bereich des „vollbeherrschbaren Risikos", nach einem Urteil des BGH vom 20.3.2007)

Die 26-jährige Bankangestellte Silke begibt sich eines Tages wegen Verspannungen im Nackenbereich zu ihrem Hausarzt. Dort wird sie von der Arzthelferin Evelyn infiziert, die, von ihr selbst unbemerkt, an einer Staphylokokken-Infektion erkrankt war. Ausgangsträger der Keime war in der Tat Schwester Evelyn, die seinerzeit an Heuschnupfen litt und Silke die Injektion verabreichte.

Aufgrund der Infektion und dem daraus entstandenen Spritzenabszess leidet Silke an anhaltenden Schmerzen, Schlafstörungen und Depressivität. Sie ist arbeitsunfähig. Bekommt Silke von der Arztpraxis Schmerzensgeld?

Erläuterung im Anhang, Aufgabe 76 (S. 521)

Aufgabe 77

8. Fall: Obhuts- und Verkehrssicherungspflichten des Pflegeheimträgers beim Sturz einer Bewohnerin (Grenzen der Sorgfaltspflichten)

(Nach einem Urteil des BGH vom 28.4.2005, sog. „Berliner-Fall")

Die über 80 Jahre alte Rentnerin Rosa lebt seit 4 Jahren in einem Pflegeheim. Sie steht unter Betreuung. Bereits drei Jahre zuvor stürzte sie und erlitt eine Oberschenkelfraktur, weswegen sie nur noch mit einer Gehstütze gehen kann. Bei einem weiteren Sturz kurz vor ihrer Aufnahme in das Pflegeheim erlitt sie ein Schädel-Hirn-Trauma ersten Grades und bei ihrem dritten Sturz ein Jahr nach der Aufnahme in das Pflegeheim ein solches zweiten Grades.

Darüber hinaus ist sie hochgradig sehbehindert, zeitweise desorientiert und verwirrt. Ihr Gang ist sehr unsicher. Sie ist der Pflegestufe III zugeordnet.

Im Heim wohnt sie in einem Zimmer zusammen mit zwei weiteren Bewohnerinnen. Neben ihrem Bett befindet sich eine Klingel. Außerdem kann sie sich durch Rufe bemerkbar machen. Das Pflegepersonal schaut regelmäßig jede Stunde, zu den Mahlzeiten und zur Inkontinenzversorgung nach ihr. Mit dem Anbringen eines Bettgitters ist sie nicht einverstanden. Der von der Krankenkasse beauftragte ärztliche Gutachter hat zwar schwere Einschränkungen des Stütz- und Bewegungsapparates diagnostiziert (Liegen, Sitzen, Stehen mit Hilfe, Gehen mit Hilfe und Gehstütze, sehr unsicher und kleinschrittig), aber gleichwohl besondere Sicherungsmaßnahmen beim Liegen im Bett nicht in Erwägung gezogen.

Eine Stunde nach der letzten Kontrolle wird Rosa von der zuständigen Pflegekraft in ihrem Zimmer vor dem Bett liegend aufgefunden. Sie hat sich eine Oberschenkelhalsfraktur zugezogen. Mit einem hochgezogenen Bettgitter und insbesondere einer Fixierung oder einer „Rund-um-die-Uhr"-Bewachung wäre der Sturz aus dem Bett vermieden worden. Haben sich das Pflegeheim bzw. deren Beschäftigte schadensersatzpflichtig gemacht?

Erläuterung im Anhang, Aufgabe 77 (S. 521)

Aufgabe 78

9. Fall: Sturz im Treppenhaus

Die 80-jährige Margot ist pflegebedürftig und auf einen Rollstuhl angewiesen. Sie wohnt in einem Pflegeheim. Eines Tages gelangt sie in einem unbeobachteten Moment mit ihrem Rollstuhl in das Treppenhaus und stürzte dort die Treppe hinunter. Die Tür zum Treppenhaus ist nicht versperrt. Dies war das erste Mal, dass sich Margot eigenmächtig auf den Flur begab. Durch den Sturz erleidet sie erhebliche Verletzungen. Margot begehrt nun Schmerzensgeld, mit dem Hinweis darauf, dass das Heim seine Aufsichtspflicht verletzt habe. Zum einen hätte die Gangtür versperrt sein müssen, zum anderen hätte man sie fortlaufend und ununterbrochen überwachen müssen. Als Alternative zu diesen Maßnahmen wäre die Zuweisung eines Pflegers für ihre alleinige Betreuung erforderlich gewesen. Ist die Haftung des Heimes bzw. seiner Pflegekräfte begründet?

Erläuterung im Anhang, Aufgabe 78 (S. 522)

22 Erbrecht

22.1 Wesen und Umfang des Erbrechtes

Das Erbrecht befasst sich mit der Frage, was mit dem Vermögen eines Menschen nach dessen Tod geschieht. Die Antwort hierauf enthält im Wesentlichen das *Bürgerliche Gesetzbuch* (BGB) in den §§ 1922–2385.

Stirbt ein Mensch, so nennt man diesen den **Erblasser**. Sein Tod löst den **Erbfall** aus. All sein Vermögen, das er hinterlässt, nennt man **Erbschaft** oder **Nachlass**. Mit dem Erbfall geht das gesamte Vermögen auf den **Erben** über. Sind mehrere Erben vorhanden, bilden sie eine **Erbengemeinschaft**. Erben kann jeder Mensch, unabhängig von seinem Alter (auch Kinder können erben), seiner Staatsangehörigkeit oder seines Wohnsitzes. Es genügt, wenn er zur Zeit des Erbfalles gezeugt, aber noch nicht geboren ist. Allerdings muss er nach dem Erbfall lebend geboren werden. Stirbt er unmittelbar nach der Geburt, ist er noch Erbe geworden und vererbt nun seinerseits.

Auch juristische Personen, wie z. B. der eingetragene Verein, können erben. Dagegen können Tiere nicht erben. Der Erbe tritt nun zum Zeitpunkt des Erbfalls vollständig an die Stelle des Erblassers. Er übernimmt das gesamte Vermögen (einschließlich der Schulden), so wie es zum Zeitpunkt des Todes des Erblassers vorhanden war, d. h. mit allen Rechten und Pflichten. Alle Rechte und Pflichten des Erblassers lassen sich in **vermögensbezogene** und in **höchstpersönliche** (eng an die individuelle Person gebundene) Rechte einteilen. Erstere fallen alle in den Nachlass, Letztere erlöschen mit dem Tod des Erblassers.

Aufgabe 79

Als der Erblasser stirbt, hinterlässt er nur den einzigen Sohn. Der Nachlass besteht aus folgenden Teilen: Grundstück mit Haus, vermietete Eigentumswohnung, Bargeld, Girokonto, Wertpapiere, offene Werkstattrechnung, noch nicht abgeschlossener Behandlungsvertrag mit dem Zahnarzt, bestelltes Auto, Mitgliedschaft im Sportverein. Welche Teile des Nachlasses gehen nun auf den Sohn über?
Erläuterung im Anhang, Aufgabe 79 (S. 523)

22.2 Erbfolge

Im Falle des Todes hinterlässt jeder Erblasser einen oder mehrere Erben. Diese kann er zu seinen Lebzeiten selbst bestimmen (**testamentarische Erbfolge**). Ist dies nicht der Fall, bestimmt das Gesetz, wer Erbe wird (**gesetzliche Erbfolge**) (▶ Abb. 22.1). Sind keine Angehörigen des Erblassers mehr vorhanden und hat er keine Erben bestimmt, erbt letztendlich der Staat.

Der *letzte Wille* des Erblassers hat Vorrang. Wird nach seinem Ableben ein Testament vorgefunden, richtet sich die Erbfolge ausschließlich nach dessen Inhalt. Soweit nahe Angehörige nicht berücksichtigt wurden, steht ihnen allenfalls ein Pflichtteil zu.

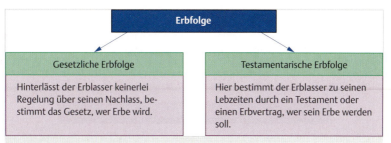

Abb. 22.1 Regelung der Erbfolge

Beispiel
Der Großbauer Helmut hinterlässt seine junge Ehefrau mit den gemeinsamen drei Kindern. Zu seinem Vermögen zählen eine erhebliche Barschaft und ein großer landwirtschaftlicher Besitz. In seinem Testament bestimmt er: „Im Falle meines Todes soll alles der örtliche Sportverein erben.". Hier hat Helmut praktisch seine gesamte Familie enterbt. Sein gesamtes Vermögen geht auf den Sportverein über. Nur dieser wird Erbe. Die Ehefrau und seine Kinder erhalten nur den Pflichtteil.

22.3 Gesetzliche Erbfolge

Als gesetzliche Erben kommen nur die *(Bluts-)***Verwandten** des Erblassers und sein *Ehegatte* sowie der Lebenspartner nach dem Lebenspartnerschafts-Gesetz (eingetragener Lebenspartner) in Betracht.
- Mit dem Erblasser verschwägerte Personen können keine gesetzlichen Erben werden.
- Adoptierte Kinder sind wie eigene, blutsverwandte Kinder zu behandeln.
- Der geschiedene Ehegatte erbt nicht mehr. Dies gilt auch dann, wenn zum Zeitpunkt des Erbfalles die Voraussetzungen der Scheidung gegeben sind (die Ehe muss zerrüttet sein) und der Erblasser die Scheidung beantragt oder ihr zugestimmt hat.

Die gesetzliche Erbfolge wird im Wesentlichen von 3 Grundprinzipien bestimmt: das Ordnungsprinzip, das Stammesprinzip und das Repräsentationsprinzip (▶ Abb. 22.2).

Abb. 22.2 Die 3 Grundprinzipien, die die gesetzliche Erbfolge prägen

22.3.1 Ordnungsprinzip

Die Verwandten des Erblassers werden nun in bestimmte Gruppen (sog. „Ordnungen") eingeteilt. Diese Ordnungen bestimmen die Reihenfolge, in der die Verwandten zum Zuge kommen. Das Vermögen des Erblassers soll nämlich nicht auf alle Verwandten gleichermaßen verteilt werden, sondern es sollen die **näheren Verwandten bevorzugt** werden (▶ Abb. 22.3).

Abb. 22.3 Ordnungsprinzip

Erben 1. Ordnung

Die Erben 1. Ordnung sind die **Abkömmlinge** des Erblassers, d. h. seine eigenen (und adoptierten) Kinder und die Kinder seiner Kinder (Enkel und Urenkel des Erblassers usw.).

Erben 2. Ordnung

Erben der 2. Ordnung sind die **Eltern des Erblassers und deren Abkömmlinge.** Das sind neben seinen Eltern die Geschwister des Erblassers und deren Kinder (Neffen und Nichten des Erblassers). Lebt nur noch ein Elternteil, erbt dieser allein, wenn keine Abkömmlinge der Eltern da sind. Sind aber Abkömmlinge des verstorbenen Elternteils da, so treten sie an die Stelle des verstorbenen Elternteils.

Erben 3. Ordnung

Die Erben der 3. Ordnung sind die **Großeltern des Erblassers und deren Abkömmlinge.** Zu diesen gehören sowohl Onkel und Tante des Erblassers als auch deren Kinder, nämlich der Cousin (Vetter) und die Cousine (Base) des Erblassers sowie deren Kinder usw.

Erben 4. Ordnung

Erben der 4. Ordnung sind die **Urgroßeltern des Erblassers und deren Abkömmlinge.**
So lassen sich alle Verwandten des Erblassers in Ordnungen einteilen. Die fünfte und weitere Ordnungen ergeben sich nach dem gleichen Prinzip. Es geht immer zurück auf die Voreltern und deren Abkömmlinge. Auch wenn die Voreltern schon lange nicht mehr leben, können doch Abkömmlinge von ihnen da sein (auch wenn sie der Erblasser noch nie gesehen hat und von deren Existenz nichts weiß).

22.3 Gesetzliche Erbfolge

Hat man die Verwandten in Ordnungen eingeteilt, so gilt folgender Grundsatz: **So lange Verwandte einer näheren Ordnung vorhanden sind, schließen sie Verwandte einer ferneren Ordnung aus** (*Ordnungsprinzip*). Sind Kinder des Erblassers (Erben 1. Ordnung) vorhanden, werden die Eltern des Erblassers (Erben 2. Ordnung) von der Erbfolge ausgeschlossen (▶ Abb. 22.4).

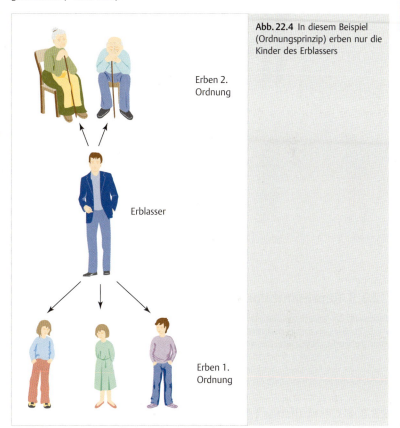

Abb. 22.4 In diesem Beispiel (Ordnungsprinzip) erben nur die Kinder des Erblassers

22.3.2 Stammesprinzip

Nach der Einteilung der Verwandten in verschiedene Ordnungen kommt ein weiterer Grundsatz zur Anwendung: **Sind innerhalb der gleichen Ordnung mehrere Erben vorhanden, bildet jeder Abkömmling einen Stamm. Jeder Stamm erbt zu gleichen Teilen** (*Stammesprinzip*). Sind 3 Kinder des Erblassers vorhanden, bildet jedes Kind einen Stamm. Alle drei erben zu gleichen Teilen (▶ Abb. 22.5).

Abb. 22.5 Beispiel für das Stammesprinzip

Stamm 1   Stamm 1   Stamm 1

22.3.3 Repräsentationsprinzip

Innerhalb des jeweiligen Stammes kommt der dritte Grundsatz zur Anwendung: **Sind innerhalb eines Stammes mehrere Erben vorhanden, so erbt der dem Erblasser am nächsten stehende Verwandte.** *Die weiter entfernten sind ausgeschlossen (Repräsentationsprinzip).* Haben die Kinder des Erblassers ihrerseits Kinder (Enkel des Erblassers), schließen die Kinder des Erblassers die Enkel von der Erbfolge aus. Ist jedoch ein Kind verstorben, kommen die Enkel innerhalb dieses Stammes wieder zum Zuge (▸ Abb. 22.6).

22.3.4 Gesetzliches Erbrecht des Ehegatten

Als gesetzliche Erben kommen an sich nur die Blutsverwandten des Erblassers in Betracht. Da der Ehegatte mit dem Erblasser nicht verwandt ist, ist sein Erbrecht eigenständig in § 1931 BGB geregelt (▸ Abb. 22.7).

Bei der Berechnung des Erbteiles kommt es auf zwei entscheidende Umstände an:
- auf das Vorhandensein weiterer Erben
- und den Güterstand der Ehegatten.

22.3 Gesetzliche Erbfolge

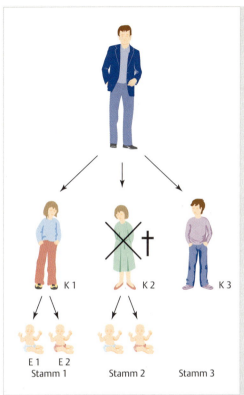

Abb. 22.6 Alle drei Stämme erben zu gleichen Teilen (s. Stammesprinzip). Innerhalb des ersten Stammes schließt das lebende Kind 1 die Enkel 1 und 2 von der Erbfolge aus. Bei Stamm 2 leben nur noch die Enkel. Sie erhalten den gesamten Anteil des Stammes 2 in zwei gleichen Teilen.

\	Der überlebende Ehegatte erhält:		
den gesamten Nachlass	ein Viertel vom Nachlass	die Hälfte vom Nachlass	die Hälfte vom Nachlass
wenn außer ihm weder Verwandte der 1. oder 2. Ordnung noch Großeltern vorhanden sind	wenn noch Verwandte der 1. Ordnung vorhanden sind	wenn nur Verwandte der 2. Ordnung vorhanden sind	wenn von der 3. Ordnung nur noch die Großeltern vorhanden sind
plus ein Viertel vom Nachlass, falls Ehegatte und Erblasser in Zugewinngemeinschaft gelebt haben			

Abb. 22.7 Erbteil des überlebenden Ehegatten

Ehegatte neben Verwandten der 1. Ordnung

Der überlebende Ehegatte erhält neben Verwandten der 1. Ordnung (Abkömmlinge des Erblassers) ein Viertel der Erbschaft. Des Weiteren erhält er die Hochzeitsgeschenke und die zum ehelichen Haushalt gehörenden Gegenstände, soweit er sie zur Führung eines angemessenen Haushaltes benötigt.

Ehegatte neben Verwandten der 2. Ordnung

Neben Verwandten der 2. Ordnung, d. h., wenn kein Erbe der 1. Ordnung mehr vorhanden ist, erhält der überlebende Ehegatte die Hälfte der Erbschaft, die Hochzeitsgeschenke und die Haushaltsgegenstände in vollem Umfang.

Ehegatte neben Verwandten der 3. Ordnung

Bei den Verwandten der 3. Ordnung (weder Verwandte der 1. noch der 2. Ordnung sind vorhanden) kommt es darauf an, ob die Großeltern des Erblassers noch leben oder ein Teil von ihnen. Ist dies der Fall, erhält der überlebende Ehegatte die Hälfte des Nachlasses (einschließlich der Hochzeitsgeschenke und der Haushaltsgegenstände).

Leben die Großeltern nicht mehr, erhält der überlebende Ehegatte *die ganze Erbschaft* auch dann, wenn noch Abkömmlinge der Großeltern (und damit Verwandte der 3. Ordnung) da wären.

Sind nur noch Erben 4. oder entfernterer Ordnungen da, erbt der Ehegatte alles.

Diese gesetzlichen Erbteile erhält der überlebende Ehegatte in jedem Fall, unabhängig davon, in welchem Güterstand er mit dem Erblasser gelebt hat.

Einfluss des Güterstands

Lebte der überlebende Ehegatte mit dem Erblasser in **Zugewinngemeinschaft** (S. 279), erhält er im Fall des Todes **pauschal ein weiteres Viertel des Erbes als Zugewinnausgleich** dazu. Sein gesetzlicher Erbteil erhöht sich damit um ein Viertel. Damit erbt der überlebende Ehegatte neben den Kindern ein Viertel und ein weiteres Viertel, somit die Hälfte des Nachlasses (▶ Abb. 22.8).

> **Beispiel**
> Der Erblasser hinterlässt seinen Ehegatten, mit dem er in Zugewinngemeinschaft gelebt hat, seine Eltern und zwei Kinder. Vater und Mutter des Erblassers erben nichts, da sie Verwandte der 2. Ordnung sind und noch Verwandte der 1. Ordnung da sind. Neben Verwandten der 1. Ordnung erhält der Ehegatte ein Viertel plus ein Viertel als pauschalen Zugewinnausgleich und damit die Hälfte des Nachlasses. Die Kinder erhalten die andere Hälfte je zu gleichen Teilen, also jedes ein Viertel. Wären im obigen Beispiel keine Kinder da, würde der Ehegatte neben den Eltern des Erblassers (Erben der 2. Ordnung) die Hälfte plus ein Viertel als pauschalen Zugewinnausgleich und somit drei Viertel des Nachlasses erhalten. Die Eltern des Erblassers bekämen insgesamt das restliche Viertel, d. h. jeder ein Achtel.

War zwischen dem Erblasser und dem Ehegatten **Gütertrennung** (S. 280) vereinbart, gilt folgende Besonderheit: Ein Zugewinnausgleich findet nicht statt. Sind neben dem überlebenden Ehegatten ein oder zwei Kinder des Erblassers vorhanden, so erben der überle-

22.3 Gesetzliche Erbfolge

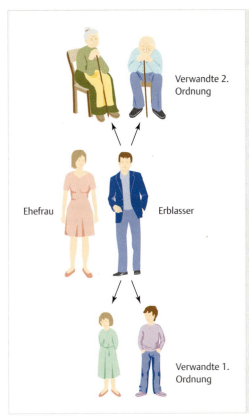

Abb. 22.8 Beispiel für den Erbteil bei Zugewinngemeinschaft

bende Ehegatte und jedes Kind zu gleichen Teilen. An die Stelle von verstorbenen Kindern treten deren Abkömmlinge. Sind mehr Kinder vorhanden, bleibt es bei dem Viertel, welches der Ehegatte erhält.

Beispiel
Hinterlässt der Erblasser ein Kind und seinen Ehegatten, erhalten beide die Hälfte des Erbes. Hinterlässt er zwei Kinder nebst Ehegatten, erhalten alle drei je ein Drittel des Nachlasses. Sind mehr Kinder vorhanden, bekommt der Ehegatte ein Viertel. Den Rest teilen sich die Kinder zu gleichen Teilen.

Bestand zwischen dem Erblasser und dem überlebenden Ehegatten **Gütergemeinschaft** (S. 280), so erbt der überlebende Ehegatte neben Verwandten der 1. Ordnung ein Viertel, neben Verwandten der 2. Ordnung und den Großeltern die Hälfte des Nachlasses. Zu diesem zählen das Sondergut, das Vorbehaltsgut und der Anteil des Erblassers am Gesamtgut. Die Ehegatten können auch vereinbart haben, dass die Gütergemeinschaft nach dem

Tod mit den gemeinschaftlichen Kindern fortgesetzt wird. Dann fällt der Gesamtgutanteil nicht in den Nachlass.

22.3.5 Erbrecht des Lebenspartners

Zwei Personen gleichen Geschlechts können eine Lebenspartnerschaft begründen, wenn sie vor der zuständigen Behörde (z. B. Standesamt oder Notar) erklären, dass sie auf Lebenszeit eine Partnerschaft führen wollen. Diese Partnerschaft wird dann registriert, d. h. in den Lebenspartnerschaftsbüchern eingetragen. Stirbt nun ein Lebenspartner erhält der überlebende Partner seinen gesetzlichen Erbteil, soweit die gesetzliche Erbfolge zum Tragen kommt. Das Erbrecht des überlebenden Partners ist weitgehend dem gesetzlichen Erbteil des überlebenden Ehegatten angeglichen. Die Höhe des Anteils neben anderen gesetzlichen Erben berechnet sich daher genauso wie beim Ehegattenerbrecht.

22.3.6 Erbrecht des nichtehelichen Kindes

Erst seit dem Gesetz über die rechtliche Stellung der nichtehelichen Kinder vom 19.8.1969 gelten das nichteheliche Kind und sein Vater als verwandt. Seit dem am 1.4.1998 in Kraft getretenen Gesetz zur erbrechtlichen Gleichstellung nichtehelicher Kinder sind nun aus erbrechtlicher Sicht die ehelichen und die nichtehelichen Kinder gleich zu behandeln. Sie sind als *Abkömmlinge des Erblassers* an der Erbengemeinschaft beteiligt. Dies gilt auch dann, wenn sie nicht in der Familiengemeinschaft gelebt haben.

22.3.7 Ausgleichungspflicht bei besonderen Leistungen eines Abkömmlings

Ein Abkömmling, der durch Mitarbeit im Haushalt, Beruf oder Geschäft des Erblassers während längerer Zeit, durch erhebliche Geldleistungen oder in anderer Weise in besonderem Maße dazu beigetragen hat, dass das Vermögen des Erblassers erhalten oder vermehrt wurde, kann bei der Auseinandersetzung unter mehreren Erben einen Ausgleich unter den Abkömmlingen verlangen, die mit ihm als gesetzliche Erben zur Erbfolge gelangen. Dies gilt auch für einen Abkömmling, der den Erblasser während längerer Zeit gepflegt hat. Ein Ausgleich kann nur dann nicht verlangt werden, wenn für die Leistungen ein angemessenes Entgelt gewährt oder vereinbart worden ist. Die Höhe des Ausgleichs ist so zu bemessen, wie es mit Rücksicht auf die Dauer und den Umfang der Leistungen und auf den Wert des Nachlasses der Billigkeit entspricht.

> **Beispiel**
> Der verwitwete Erblasser wird von seiner Tochter gepflegt. Der Sohn kümmert sich nicht um ihn. Der Erblasser stirbt, ohne ein Testament hinterlassen zu haben. Der Nachlass beträgt 10.000 Euro. Die Pflegeleistungen sind mit 2.000 Euro zu bewerten. Grundsätzlich erben die Kinder je zur Hälfte, d. h. jedes 5.000 Euro. Die Tochter kann nun einen Ausgleich für ihre Pflegeleistungen verlangen. Von dem Nachlass wird zugunsten der Tochter der Ausgleichsbetrag abgezogen und der Rest nach der Erbquote verteilt (10.000 – 2.000 = 8.000). Von den 8.000 Euro erhalten beide die Hälfte. Im Ergebnis erhält die Schwester also 6.000 Euro.

22.4 Testamentarische Erbfolge

Abweichend von der gesetzlichen Erbfolge kann der Erblasser zu seinen Lebzeiten bestimmen, wer sein Vermögen oder Teile davon erben soll. Diese, auf dem *Willen des Erblassers* beruhende Bestimmung, nennt man *„letztwillige Verfügung"*. Sie hat gegenüber der gesetzlichen Erbfolge Vorrang. Als letztwillige Verfügung kommen insbesondere das Testament oder der Erbvertrag in Betracht.

22.4.1 Testierfähigkeit

Die Fähigkeit, ein Testament errichten zu können, nennt man Testierfähigkeit. Sie ist bei einem Minderjährigen gegeben, wenn er das **16. Lebensjahr** vollendet hat (mit der Einschränkung, dass er nur ein notarielles Testament (S. 270) errichten kann). Bei Volljährigen liegt sie uneingeschränkt vor. Ist jemand aufgrund einer Geisteskrankheit, Geistesschwäche oder Bewusstseinsstörung nicht in der Lage, die Bedeutung einer Willenserklärung einzusehen, kann er ein Testament nicht errichten. Steht jemand unter Betreuung (S. 293), so kann aus seiner Betreuungsbedürftigkeit nicht generell auf seine Testierunfähigkeit geschlossen werden. Es kommt vielmehr entscheidend darauf an, ob er aus den oben genannten Gründen in der Lage ist, die Bedeutung einer abgegebenen Erklärung zu verstehen.

22.4.2 Eigenhändiges Testament

Das eigenhändige Testament kann von jedermann, der volljährig und im Besitz seiner geistigen Kräfte ist, zu seinen Lebzeiten selbst verfasst werden. Damit ist sichergestellt, dass das gesamte Vermögen oder Teile davon unabhängig von der gesetzlichen Erbfolge denjenigen zufließen, die der Erblasser bestimmt hat. Voraussetzung ist lediglich, dass das Testament **eigenhändig geschrieben** und **unterschrieben** ist (▶ Abb. 22.9).

Abb. 22.9 Voraussetzungen des eigenhändigen Testaments

Eigenhändig geschrieben

Das Testament muss vollständig handschriftlich geschrieben sein. Damit soll die Echtheit dieses Schriftstückes sichergestellt werden. Ist das Testament mit der Schreibmaschine verfasst oder hat sich der Erblasser – vielleicht aus Schwäche – die Hand führen lassen, ist es ungültig, auch wenn es unterschrieben ist.

Unterschrieben

Durch die eigenhändige Unterschrift bestätigt der Erblasser, dass das Testament von ihm ist, er es so gewollt hat und es sich nicht um einen bloßen Entwurf handelt. Dabei genügt als Unterschrift der Vorname oder Nachname, ja sogar der Künstlername oder ein Kosename, wenn die Bezeichnung eindeutig ist. Zur Abfassung eines handschriftlichen Testamentes benötigt man weder einen Notar noch Zeugen. Man kann es zu Hause aufbewahren und jederzeit ändern oder vernichten. Hat der Erblasser später ein anderes Testament verfasst, gilt dieses und macht das frühere ungültig, soweit es zum späteren in Widerspruch steht. Daher ist es sinnvoll, das Testament mit einem *Datum* zu versehen, damit unzweifelhaft ist, welches das spätere ist. Wirksamkeitsvoraussetzung ist das Datum jedoch nicht. Um dieses Testament vor dem Zugriff Unberechtigter zu schützen, kann es beim Amtsgericht des Wohnsitzes des Erblassers hinterlegt werden. Damit ist sichergestellt, dass es nicht verfälscht, nicht vernichtet und auch im Erbfall gefunden wird. Die Gebühren sind gering und richten sich nach dem Wert des Nachlasses.

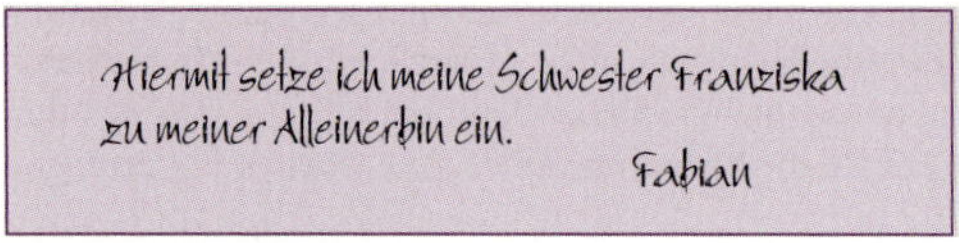

Hiermit setze ich meine Schwester Franziska zu meiner Alleinerbin ein.
Fabian

Abb. 22.10 Beispiel für ein eigenhändig unterschriebenes Testament

22.4.3 Notarielles Testament

Das Testament kann auch vor einem Notar errichtet werden (sog. *öffentliches Testament*). Hierzu genügt es, wenn der Erblasser das 16. Lebensjahr vollendet hat und im Vollbesitz seiner geistigen Kräfte ist. Die Zustimmung des gesetzlichen Vertreters ist hier nicht erforderlich. Er kann dem Notar gegenüber seinen letzten Willen erklären oder ihm eine Schrift mit dieser Erklärung übergeben. Der Vorteil des notariellen Testamentes liegt darin, dass es vor einer Fälschung sicher ist. Der Notar ist auch verpflichtet, das Testament in amtliche Verwahrung beim Amtsgericht zu geben.

Ist jemand des Schreibens unkundig oder zwischen 16 und 18 Jahre alt, ist er sogar auf die Mitwirkung eines Notars angewiesen.

Eine bestimmte Form der Erklärung des Erblassers gegenüber dem Notar sieht das Gesetz nicht mehr vor. Dies bedeutet, dass die Erklärung nicht nur mündlich – egal in welcher Sprache – erfolgen kann sondern auch in einer eindeutigen Gestik oder Gebärdensprache. Dies erlaubt auch behinderten Menschen, die blind, taub oder stumm sind, die Errichtung eines Testamentes. Auch bei einer Mehrfachbehinderung ist der Erblasser in der Lage, allein durch entsprechende Beantwortung der Fragen des Notars, seinen letzten Willen zu erklären, solange er noch in der Lage ist, sich überhaupt zu verständigen.

22.4.4 3-Zeugen-Testament

Außer den ordentlichen Testamenten (eigenhändiges und notarielles Testament) gibt es auch außerordentliche, sog. Nottestamente. Neben dem Nottestament vor dem Bürgermeister und dem Seetestament gibt es hier vor allem das sog. *3-Zeugen-Testament*. Bestimmte Voraussetzungen müssen dabei beachtet werden (▶ Abb. 22.11).

Abb. 22.11 Voraussetzungen des 3-Zeugen-Testaments

Beispiel
Fabian Schwarz befindet sich wegen seines unheilbaren Krebsleidens im Krankenhaus. Nach wochenlanger treusorgender Pflege durch die Gesundheits- und Krankenpflegerin Franziska spürt Fabian den Tod kommen. Er befindet sich im letzten Stadium und wird die Nacht nicht mehr überleben. Noch klar bei Verstand beschließt er, Franziska abweichend von der gesetzlichen Erbfolge, zu seiner Alleinerbin einzusetzen. Aufgrund seiner Gebrechlichkeit kann er nicht mehr schreiben sondern nur noch mühsam seinen letzten Willen erklären. Weder Notar noch Bürgermeister sind in dieser Nacht zu erreichen. Für Fabian besteht damit nur noch die Möglichkeit, ein sog. 3-Zeugen-Testament zu errichten.

Erblasser in naher Todesgefahr

Derjenige, der das Testament errichten will, muss sich zum Zeitpunkt des Entschlusses in einer nahen Todesgefahr befinden. Dieser Todesgefahr gleichbedeutend ist die Befürchtung des Eintritts einer bis zum Tod fortdauernden Testierunfähigkeit.

Weder Notar noch Bürgermeister rechtzeitig erreichbar

Die Todesgefahr muss so nahe sein, dass vor dem Ableben nicht mehr rechtzeitig ein Notar oder der Bürgermeister der Gemeinde, in der sich der Erblasser befindet, verständigt werden kann. Kann eine dieser Personen verständigt werden, so ist ein solches Nottestament zu erstellen und ein 3-Zeugen-Testament wäre unzulässig.

Mündliche Erklärung vor drei Zeugen

Die Erklärung des Erblassers muss mündlich erfolgen. Die Übergabe eines Schriftstückes reicht nicht. Die Erklärung muss vor drei Personen abgegeben worden sein. Diese drei Zeugen müssen während der gesamten Dauer des Testiervorganges ständig anwesend sein. Ein Austausch ist nicht gestattet. Bei diesen Zeugen ist zu beachten, dass sie oder ihre Angehörigen nicht durch das Testament bedacht werden dürfen, sonst scheiden sie als Zeugen aus. Über die mündliche Erklärung des Erblassers muss eine Niederschrift aufgenommen werden.

Zwingender Inhalt der Niederschrift

In der Niederschrift müssen enthalten sein: Bezeichnung des Erblassers (Name und Vorname), Bezeichnung der 3 Zeugen (Name und Vorname), Erklärung des Erblassers, Eigenhändige Unterschrift der drei Zeugen nach Vorlesen der Niederschrift in Gegenwart des Erblassers, Unterschrift des Erblassers, soweit dieser dazu in der Lage ist.

Vorlesen und Genehmigung der Erklärung

Die Niederschrift muss in Gegenwart des Erblassers und der 3 Zeugen vorgelesen und vom Erblasser gebilligt werden. Auch dieser Vorgang soll in der Niederschrift festgehalten werden (▶ Abb. 22.12). Sind seit der Errichtung des Nottestaments drei Monate vergangen und lebt der Erblasser noch, wird das Testament ungültig. Daher ist auch die Angabe des Datums der Errichtung im Testament wichtig.

```
anwesend:  der Erblasser: Fabian Schwarz
           als Zeugen:    Christian Mayer,
                          Teresa Rombach,
                          Helena Riedel
Der Erblasser erklärt:
„Meine alleinige Erbin soll meine Krankenschwester
Franziska sein."

Christian Mayer    Teresa Rombach    Helena Riedel
```

Abb. 22.12 Beispiel eines 3-Zeugen-Testaments unter Beachtung der Minimalanforderungen

22.4.5 Gemeinschaftliches Testament

Ein gemeinschaftliches Testament kann nur von Ehegatten und eingetragenen Lebenspartnern errichtet werden. Wird vor dem Erbfall die Ehe geschieden, wobei es ausreicht, wenn die Voraussetzungen der Scheidung gegeben waren und der Erblasser die Scheidung beantragt oder ihr zugestimmt hat, wird das Testament ungültig.

Das gemeinschaftliche Testament kann in der Form eines eigenhändigen Testaments abgefasst werden. Hier genügt es, wenn ein Ehegatte das Testament handschriftlich verfasst und der andere auch mit unterschreibt (▶ Abb. 22.13). Diese Art von Testament kann auch als „Nottestament" errichtet werden.

```
Wir setzen uns gegenseitig zu Erben ein.
   Elisabeth        Martin
```

Abb. 22.13 Beispiel eines gemeinschaftlichen Testaments unter Beachtung der Minimalanforderungen

Eine besondere Form des gemeinsamen Testamentes ist das sog. *Berliner Testament*. Hier setzen sich die Ehegatten erst als Alleinerben ein und bestimmen für den Fall des Ablebens des zunächst Überlebenden, dass die gemeinsamen Kinder erben sollen (▶ Abb. 22.14).

> Wir setzen uns gegenseitig zu Erben ein.
> Nach dem Tod des Überlebenden soll unser Nachlass
> an die gemeinsamen Kinder fallen.
> Elisabeth   Martin

Abb. 22.14 Beispiel für das sog. Berliner Testament

22.4.6 Inhalt des Testaments

Das Testament soll den letzten Willen des Erblassers wiedergeben. So bestimmt er, wer sein Vermögen oder bestimmte einzelne Teile davon nach seinem Tod erhalten soll (▶ Abb. 22.15).

Abb. 22.15 Wesentlicher Inhalt eines Testaments

Erbeinsetzung

Der Erblasser bestimmt in seinem Testament, wer Erbe seines Vermögens werden soll. Dies kann eine einzelne Person (Alleinerbe) oder können mehrere Personen (Erbengemeinschaft) sein. In letzterem Fall kann der Erblasser zugleich bestimmen, zu welchen Bruchteilen die Erben eingesetzt werden. Zum Zeitpunkt des Erbfalles werden die Erben automatisch kraft Gesetzes Eigentümer der hinterlassenen Vermögensgegenstände. Dabei spielt es keine Rolle, ob sie überhaupt etwas von dem Erbfall oder ihrer Erbenschaft wissen. Sie „schlüpfen" quasi zum Zeitpunkt des Erbfalles in die Haut des Erblassers und sind sofort Träger der Rechte und Pflichten, wie sie der Erblasser zu seinen Lebzeiten war. Auch Schulden und Verpflichtungen werden vererbt. Hiervon ausgenommen sind nur dessen höchstpersönliche Rechte und Pflichten (S. 260).

Teilungsanordnung

Hinterlässt der Erblasser mehrere Vermögensgegenstände und mehrere Erben, so steht jedem einzelnen Erben das gesamte Eigentum an allen diesen Gegenständen zu.

> **Beispiel**
> Der Erblasser hinterlässt ein Haus, ein Auto, ein wertvolles Gemälde und ein Fahrrad. Erben werden seine 3 Kinder Anton, Berta, Cäsar. Zum Zeitpunkt des Erbfalles wird jedes einzelne der 3 Kinder Eigentümer des Hauses, des Autos, des Gemäldes und des Fahrrades insgesamt. Kein Kind kann einzelne Teile dieser Erbschaft verkaufen, da diese Teile auch den anderen gehören. Es kann nur seinen Anteil an der Erbschaft insgesamt veräußern.

Der Erblasser kann in seinem Testament anordnen, wie sein Nachlass auf die einzelnen Erben verteilt werden soll. Allerdings ist diese Anordnung für die Erben nicht zwingend. Falls sie sich einig sind, können sie das Vermögen auch anders verteilen. In obigem Beispiel könnte der Erblasser bestimmen: Das Haus soll Anton, das Gemälde Berta und das Fahrrad Cäsar erhalten. Jetzt sind zwar alle 3 weiterhin Miterben, mit dem Ergebnis, dass jedem jeder Gegenstand gehört. Bei der Erbauseinandersetzung aber hat der Einzelne einen Anspruch auf den ihm zugedachten Gegenstand. Sind sich jedoch alle drei einig, können sie die Gegenstände auch anders verteilen.

Vermächtnis

Der Erblasser kann in einem Testament bestimmen, dass ein bestimmter Gegenstand oder ein bestimmter Geldbetrag einer Person zugute kommen soll, ohne dass diese Erbe wird. Im Erbfall gehört nun zunächst den Erben das gesamte Vermögen des Erblassers, mithin auch die Stereoanlage. Heiko kann aufgrund seines Vermächtnisses von den Erben verlangen, dass er die Stereoanlage erhält.

> **Beispiel**
> Der Erblasser Otto bestimmt in seinem Testament, dass seine Ehefrau und seine Tochter sein Vermögen erben sollen. Gleichzeitig will er aber seinem langjährigen Freund Heiko seine Stereoanlage hinterlassen, ohne dass er diesen aber zu seinem Erben machen will. Das Testament sieht dann so aus (▶ Abb. 22.16):

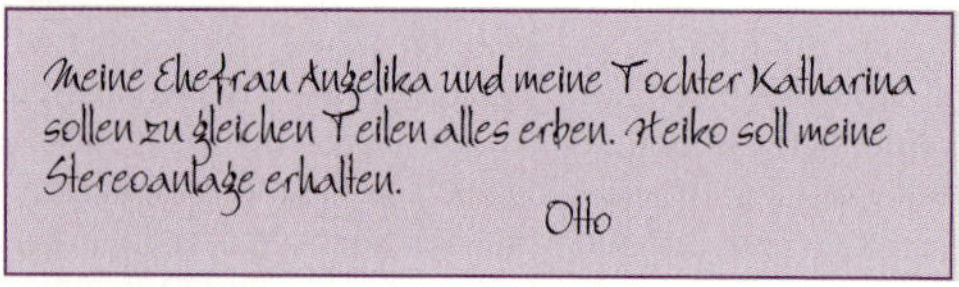

Meine Ehefrau Angelika und meine Tochter Katharina sollen zu gleichen Teilen alles erben. Heiko soll meine Stereoanlage erhalten.
Otto

Abb. 22.16 Beispiel für ein Vermächtnis

Auflagen

Der Erblasser kann auch in seinem Testament bestimmen, dass der Erbe oder ein Vermächtnisnehmer eine bestimmte Leistung zu erbringen hat.

> **Beispiel**
> Der Erblasser Otto bestimmt in seinem Testament, dass Heiko dafür, dass er die Stereoanlage erhält, für die nächsten zwei Jahre den Kundendienst am Fahrzeug, welches Otto seiner Ehefrau hinterlässt, kostenfrei durchführen soll. Die Erben können nun dafür sorgen, dass diese Auflage durchgeführt wird.

22.5 Gesetzliches Erbrecht des Staates

Ist weder durch Testament ein Erbe bestimmt, noch ein gesetzlicher Erbe vorhanden bzw. kann keiner ermittelt werden, gilt das Bundesland, in dem der Erblasser seinen letzten Wohnsitz hatte, als gesetzlicher Erbe. Es kann dieses Erbe nicht ausschlagen. Für Nachlassverbindlichkeiten haftet es allerdings nur beschränkt in Höhe des Erbes.

22.6 Ausschlagung des Erbes

Wird jemand Erbe (gesetzlicher oder testamentarischer), so ist er nicht verpflichtet, dieses Erbe anzunehmen. Er kann es ausschlagen. Dies geschieht durch eine Erklärung gegenüber dem Nachlassgericht am Ort des Erblassers. Auch das Vermächtnis kann ausgeschlagen werden. Dies ist gegenüber dem Erben zu erklären.

Wichtig. Diese Erklärung muss innerhalb einer **Frist von 6 Wochen** ab dem Zeitpunkt erfolgen, ab dem der Erbe weiß, dass er Erbe geworden ist. Eine Verlängerung dieser Frist ist nicht möglich. Sie findet auch dann Anwendung, wenn der Erbe diese Frist nicht kennt. Schlägt ein Pflichtteilsberechtigter sein Erbe aus, kann er anschließend trotzdem seinen Pflichtteil geltend machen.

> **Beispiel**
> Der Erblasser Otto bestimmt, dass seine Ehefrau und seine Tochter Katharina Alleinerben werden sollen. Dies verbindet er mit der Auflage, dass Katharina die lebenslange Pflege ihrer Mutter übernehmen muss. Katharina wägt nun ab und kommt zu dem Schluss, dass sie derartige Verpflichtungen nicht eingehen will. Sie kann ihre Erbschaft ausschlagen und nur den Pflichtteil verlangen.

22.7 Rechte und Pflichten des Erben

Der Erbe tritt vollständig in die Rechte und Pflichten des Erblassers ein. Er kann demzufolge mit dem Nachlass machen, was er will.

Sind mehrere Personen Erben geworden, stehen ihnen *gemeinsam* diese Rechte und Pflichten zu. Der oder die Erben haften aber auch für die Nachlassverbindlichkeiten, d. h. für die Schulden, die der Erblasser hinterlassen hat bzw. die aufgrund des Erbfalles entstanden sind (z. B. Beerdigungskosten, Vermächtnisse, Pflichtteilsansprüche). Der Erbe haftet hierbei nicht nur mit dem Nachlass, sondern mit seinem gesamten Vermögen! Der Erbe kann seine Haftung aber auch auf den Nachlass beschränken. Diese Beschränkung geschieht durch das Nachlassinsolvenzverfahren oder Nachlassverwaltung.

> **Beispiel**
> Ein Nachlassinsolvenzverfahren kommt in Betracht, wenn feststeht, dass der Nachlass zur Tilgung der Verbindlichkeiten nicht ausreicht. Ist dies noch zweifelhaft, wird von den Erben eine Nachlassverwaltung beantragt. Die Durchführung erfolgt dann durch einen Nachlassverwalter.

22.8 Auseinandersetzung der Erbengemeinschaft

Hat der Erblasser sein Vermögen mehreren Erben hinterlassen, bilden diese zunächst eine Erbengemeinschaft. Da kein Erbe für sich allein über den Nachlass oder Teile davon verfügen kann, muss die Gemeinschaft früher oder später auseinandergesetzt werden. Die Auseinandersetzung erfolgt dadurch, dass sich die Erben über die Aufteilung der Nachlassgegenstände einigen. Dabei sollte eine Teilungsanordnung des Erblassers beachtet werden. Können sich die Erben nicht einigen, kann jeder Erbe das Nachlassgericht um Vermittlung anrufen. Daraufhin wird das Nachlassgericht einen Teilungsplan vorlegen, der allerdings von den Erben nicht akzeptiert werden muss. Findet zwischen den Erben auch durch Vermittlung des Nachlassgerichtes keine Einigung statt, kann jeder Erbe die übrigen Miterben, soweit sie sich der Auseinandersetzung widersetzen, verklagen, in einen Auseinandersetzungsplan einzuwilligen.

22.9 Pflichtteil

Die Frage nach einem Pflichtteil entsteht nur bei der testamentarischen Erbfolge. Hinterlässt der Erblasser kein Testament, kommt die gesetzliche Erbfolge zur Anwendung, auch wenn dies im Ergebnis noch so ungerecht ist und dem Willen des Erblassers nicht entspricht.

> **Beispiel**
> Otto und Angelika leben seit Jahren zusammen wie ein Ehepaar. Beide sorgen füreinander, auch als Otto pflegebedürftig erkrankt. Sie haben nun vor, zu heiraten. Der Hochzeitstermin steht bereits fest, als Otto stirbt. Er hinterlässt kein Testament. Die einzige Verwandte, die Otto hat, ist eine Enkelin seiner Urgroßmutter, die er noch niemals gesehen hat. Sie wird nun Alleinerbin. Angelika geht leer aus. Wäre überhaupt kein Verwandter da, würde der Staat erben.

22.9.1 Pflichtteilsberechtigte Personen

Die Freiheit des Erblassers, in seinem Testament über sein Vermögen zu verfügen, findet seine Grenze im Pflichtteilsrecht. Zunächst kann der Erblasser in seinem Testament die Personen bezeichnen, die seinen Nachlass erben sollen. Damit ist festgelegt, wer Erbe wird. Alle anderen Personen, insbesondere Verwandte, die der Erblasser nicht bedacht hat, kommen als Erbe nicht mehr in Betracht. Sie sind quasi **enterbt**. Nun hat der Gesetzgeber entschieden, dass die nächsten Angehörigen des Erblassers zumindest einen Teil des Erbes erhalten sollen. Diese nächsten Angehörigen nennt man Pflichtteilsberechtigte. **Pflichtteilsberechtigt** sind nur die **Abkömmlinge des Erblassers**, sein **Ehepartner** sowie seine **Eltern, wenn keine Abkömmlinge vorhanden sind.**

Andere Personen gehen bei Nichtberücksichtigung im Testament leer aus, auch wenn sie zum Erblasser verwandt waren oder sich bis zu seinem Tod um ihn gekümmert haben. Andererseits kann der Erblasser nicht ohne Weiteres einen Pflichtteilsberechtigten „enterben". Auch wenn der Erblasser in seinem Testament ausdrücklich bestimmt, dass eine bestimmte Person bei seinem Ableben nichts bekommen soll, hat dies nur zur Folge, dass diese nicht Erbe wird. Einen eventuellen Pflichtteil kann sie jedoch geltend machen.

> **Beispiel**
> Als Hans stirbt, hinterlässt er ein ansehnliches Vermögen. Kinder hat er keine. In seinem Testament bestimmt er seine Ehefrau Angelika zur Alleinerbin, da er zu seinen Lebzeiten mit seinen Eltern im Streit gelebt hat. Diese wollten auch nichts mehr von ihm wissen. Ausdrücklich nimmt er im Testament auf, dass sie nichts bekommen sollen. Aufgrund des Testamentes erbt Angelika alles. Die Eltern von Hans sind jedoch pflichtteilsberechtigt. Diesen Pflichtteil konnte Hans ihnen auch durch das Testament nicht nehmen.

Es gibt jedoch unter engen Voraussetzungen die Möglichkeit, dass der Erblasser den Pflichtteilsberechtigten auch den Pflichtteil *entzieht*. Die Entziehung des Pflichtteiles geschieht durch Testament. Voraussetzung ist jedoch, dass Entziehungsgründe vorliegen. Hierbei handelt es sich um schwerwiegende Gründe wie Tötungsversuch, körperliche Misshandlung oder ein sonstiges Verbrechen gegen den Erblasser oder gegen seine nächsten Angehörigen.

Der Erblasser kann den Pflichtteil auch entziehen, wenn der Pflichtteilsberechtigte wegen einer vorsätzlichen Straftat zu einer Freiheitsstrafe von mindestens einem Jahr ohne Bewährung (oder einer Unterbringung in einem psychiatrischen Krankenhaus oder einer Entziehungsanstalt) rechtskräftig verurteilt wird und die Teilhabe des Pflichtteilsberechtigten am Nachlass deshalb für den Erblasser unzumutbar ist.

Eine weitere Möglichkeit, den Pflichtteil zu verlieren, ist der Umstand, dass der Erbe *erbunwürdig* ist.

Die Erbunwürdigkeit wird durch denjenigen geltend gemacht, dem der Wegfall des Erbunwürdigen zustatten kommt. Dieser muss innerhalb eines Jahres den Erbschaftserwerb durch eine Klage bei Gericht anfechten. Gründe, die eine Anfechtung des Erbschaftserwerbes rechtfertigen, können z. B. sein: Tötung des Erblassers, Verhinderung des Abfassens eines Testamentes durch den Erblasser, Testamentsfälschung.

Beispiel
Ein Ehemann tötet seine wohlhabende Ehefrau, um sie anschließend zu beerben. Verwandte der Ehefrau können nun den Erbschaftserwerb durch den Ehemann anfechten. Hinterlässt die Ehefrau keine Verwandten, kann der Staat als immer möglicher Erbe die Anfechtung wegen Erbunwürdigkeit geltend machen.

22.9.2 Pflichtteilshöhe

Die Höhe des Pflichtteiles beträgt die Hälfte **des gesetzlichen Erbteiles** und kann nur in Geld ausbezahlt werden. Dies bedeutet, dass der Pflichtteilsberechtigte nicht Erbe und zwar auch nicht Erbe zur Hälfte seines gesetzlichen Anteiles wird. Er hat nur einen Anspruch gegenüber den Erben auf den Geldbetrag, der wertmäßig der Hälfte seines gesetzlichen Erbteiles entspricht. Auf einzelne Gegenstände aus der Erbschaft hat er keinen Anspruch.

Schenkungen, die der Erblasser zu seinen Lebzeiten getätigt hat, schmälern sein Vermögen. Um zu verhindern, dass der Erblasser auf diese Weise dafür sorgt, dass dem Pflichtteilsberechtigten nichts mehr zufließt, hat der Gesetzgeber Folgendes bestimmt: Schenkungen, die der Erblasser **innerhalb der letzten 10 Jahre** vor dem Erbfall getan hat, bleiben bei der Berechnung des Erbes unberücksichtigt, d. h. bei der Berechnung des Nachlasswertes werden diese Schenkungen hinzugezählt.

Aufgabe 80

Der Erblasser hinterlässt nur 2 Söhne, Fabian und Severin. Mit Severin überwirft er sich derart, dass er ihn „enterben" will. Er setzt in seinem Testament Fabian als Alleinerben ein. Zudem schenkt er ihm 2 Jahre vor seinem Tod sein Haus im Wert von 250.000 Euro. Die Erbschaft beziffert sich im Übrigen auf 50.000 Euro Bargeld und ein Auto im Wert von 20.000 Euro. Wie hoch ist der Pflichtteil von Severin?
Erläuterung im Anhang, Aufgabe 80 (S. 523)

Der Pflichtteilsanspruch verjährt nach 3 Jahren von dem Zeitpunkt an, zu welchem der Pflichtteilsberechtigte vom Erbfall und der ihn betreffenden Umstände bezüglich des Pflichtteilsrechtes Kenntnis erlangt.

23 Familienrecht

Die Familie ist die kleinste Einheit unseres Staates. Als solche genießt sie auch in Art. 6 GG verfassungsmäßigen Schutz. Das Familienrecht selbst beschäftigt sich nun mit den rechtlichen Beziehungen zwischen den Ehepartnern, die den Kern der Familie bilden, und den dazugehörigen Kindern. Ergänzt werden diese Regelungen durch das Vormundschaftsrecht, wenn die elterliche Fürsorge im Einzelfall wegfällt und das Betreuungsrecht, wenn eine volljährige Person nicht mehr in der Lage ist, für sich selbst zu sorgen. Damit gliedert sich das Familienrecht in die vier großen Teile: Eherecht, Kindschaftsrecht, Vormundschaftsrecht bei Minderjährigen und das Betreuungsrecht.

23.1 Eherecht

Die Ehe ist rechtlich gesehen ein Vertrag zwischen einem Mann und einer Frau (Ehepartner bzw. Verlobte), der auf Lebenszeit geschlossen wird (§ 1353 BGB). Gehen zwei gleichgeschlechtliche Partner einen Bund fürs Leben ein, können sie dies tun und ihre Lebenspartnerschaft vor einem Standesbeamten oder Notar schließen und diese registrieren lassen (sog. eingetragene Lebenspartnerschaft).

23.1.1 Zustandekommen der Ehe

Für das Zustandekommen einer Ehe müssen im Wesentlichen 3 Voraussetzungen vorliegen (▶ Abb. 23.1):
- die beiden Verlobten müssen ehefähig sein,
- es dürfen keine Eheverbote vorliegen,
- es müssen die besonderen Formvorschriften der Eheschließung beachtet werden.

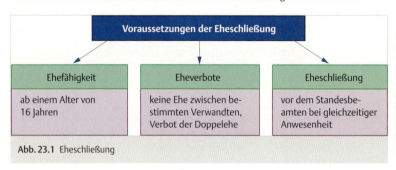

Abb. 23.1 Eheschließung

Ehefähigkeit

Eine Ehe *soll* nicht vor Eintritt der Volljährigkeit (mit Vollendung des 18. Lebensjahres) eingegangen werden. Das Familiengericht kann jedoch hiervon auf Antrag eine Befreiung erteilen, wenn einer der beiden Verlobten das 16. Lebensjahr vollendet hat und der andere volljährig ist. Damit ist die Ehefähigkeit grundsätzlich ab dem 16. Lebensjahr gegeben.

Allerdings ist hier die Einwilligung des gesetzlichen Vertreters erforderlich. Häufigster Anwendungsfall für diese Ausnahmeregelung ist der Umstand, dass beide Verlobte ein gemeinsames Kind erwarten. Hier wird das Familiengericht nach reiflicher Prüfung u. U. eine Ausnahme erteilen.

Eheverbote

Das derzeitig geltende Recht untersagt die Eheschließung in folgenden Fällen:
- Keine Ehe zwischen Verwandten in gerader Linie (z. B. Vater und Tochter).
- Keine Ehe zwischen (Halb-)Geschwistern.
  Ausnahme. Besteht zwischen den Geschwistern das Verwandtschaftsverhältnis aufgrund einer Adoption, so kann von diesem Eheverbot eine Befreiung erteilt werden.
- Keine neue Ehe, bevor die frühere oder eine bestehende eingetragene Lebenspartnerschaft aufgelöst ist (Verbot der Doppelehe).
- Keine gleichgeschlechtliche Ehe.
  Die sog. „Homo-Ehe" (Ehe zwischen zwei gleichgeschlechtlichen Partnern) ist in Deutschland, im Unterschied zu vielen anderen Ländern, noch nicht möglich. Für gleichgeschlechtliche Menschen, die sich aneinander binden wollen, ist die Rechtsform der „Lebenspartnerschaft (S. 496)" geschaffen worden. Stark diskutiert wird darüber, inwieweit die Rechte von Ehepartnern und Lebenspartnern einander angeglichen werden sollen. So hat das Bundesverfassungsrecht mit einer Entscheidung am 19. Februar 2013 die Rechte gleichgeschlechtlicher Paare gestärkt. Zukünftig dürfen Homosexuelle, die in einer eingetragenen Partnerschaft leben, die bereits von ihrem Partner bzw. ihrer Partnerin angenommenen Kinder adoptieren. Des weiteren hat im Juni 2013 der Bundestag die steuerliche Gleichbehandlung der ca. 34 000 eingetragenen Lebenspartnerschaften mit der klassischen Ehe beschlossen (sog. Ehegattensplitting).

Eheschließung

Eine Ehe kann nur vor einem Standesbeamten geschlossen werden. Hierbei müssen beide Verlobte anwesend sein. Eine Vertretung ist nicht möglich. Vor dem Standesbeamten müssen sie bei gleichzeitiger Anwesenheit erklären, die Ehe miteinander eingehen zu wollen.

23.1.2 Eheliches Güterrecht

Das eheliche Güterrecht beschäftigt sich mit der Frage, welche vermögensrechtlichen Wirkungen die Ehe auf das Vermögen der Ehegatten hat. Hier gibt es 3 unterschiedliche Modelle (▶ Abb. 23.2).

Zugewinngemeinschaft

Vereinbaren die beiden Ehegatten keinen besonderen Güterstand, dann leben sie kraft Gesetzes im Güterstand der Zugewinngemeinschaft, welchen das Gesetz als Normalfall ansieht. Bei der Zugewinngemeinschaft gibt es **zwei getrennte Vermögensmassen**. Das Vermögen des Mannes und das der Frau werden nicht gemeinsames Vermögen der Ehegatten. Dies gilt auch für das Vermögen, das die Ehegatten nach der Eheschließung erwerben. Streng genommen kann man auch bei bestehender Ehe jeden Gegenstand dem

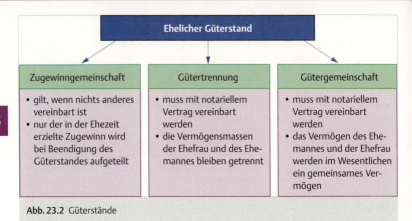

Abb. 23.2 Güterstände

Eigentum der Frau oder des Mannes zuordnen. Die Besonderheit dieses Güterstandes wirkt sich erst im Fall der Scheidung oder des Todes eines Ehegatten aus. Im Fall der Scheidung ist der während der Ehezeit von den Ehegatten erzielte Zugewinn, d. h. das hinzuerworbene Vermögen, zu teilen. Der Gesetzgeber geht davon aus, dass beide Ehegatten im gleichen Teil dazu beigetragen haben, dieses „Mehr" an Vermögen zu schaffen. An diesem Gewinn sollen dann auch beide hälftig beteiligt werden. Im Todesfall eines Ehegatten wird der Zugewinnausgleich pauschal in der Form durchgeführt, dass der gesetzliche Erbteil des überlebenden Ehegatten um ein Viertel des Nachlasses erhöht wird.

Gütertrennung

Abweichend vom gesetzlichen Güterstand können die Verlobten vor der Ehe oder die Ehegatten nach der Eheschließung durch einen notariellen Vertrag den Güterstand der Gütertrennung vereinbaren. Haben die Ehegatten Gütertrennung vereinbart, stehen beide in vermögensrechtlicher Hinsicht so, als wenn keine Ehe bestehen würde. Jedem Ehegatten steht sein Eigentum zu. Im Fall der Scheidung oder des Todes eines Ehegatten findet kein Ausgleich mehr statt. Allenfalls beerbt im Wege der Erbfolge der eine Ehegatte den anderen.

Gütergemeinschaft

Auch dieser Güterstand kann vor oder nach der Eheschließung von beiden Partnern notariell vereinbart werden. Der wesentliche Inhalt der Gütergemeinschaft ist der Umstand, dass das Vermögen des Mannes und das Vermögen der Frau gemeinschaftliches Vermögen beider Ehegatten wird. Auch das während der Ehezeit hinzukommende Vermögen wird gemeinschaftliches Vermögen (Gesamtgut).

23.1.3 Ehescheidung

Die Scheidung der Ehe bedeutet die Aufhebung des einmal abgeschlossenen lebenslangen Vertrages. Sie kann nur und ausschließlich durch eine gerichtliche Entscheidung (Beschluss) erfolgen. Die Ehescheidung ist unter bestimmten **Voraussetzungen** möglich (▶ Abb. 23.3). Danach kann eine Ehe **auf Antrag** eines oder beider Ehegatten geschieden werden, wenn sie **gescheitert** ist. Bei der Antwort, ob eine Ehe gescheitert ist, kommt es nicht darauf an, wen von beiden Ehegatten ein Verschulden an diesem Scheitern trifft. Allein der objektive Umstand des Scheiterns der Ehe ist für die Scheidung maßgebend. Die Ehe muss zerrüttet sein *(Zerrüttungsprinzip)*. Es gilt folgender Grundsatz:

§§

Die Ehe ist gescheitert, wenn die Lebensgemeinschaft der Ehegatten nicht mehr besteht und nicht erwartet werden kann, dass die Ehegatten sie wiederherstellen. (§ 1565 Abs. 1 S. 2 BGB)

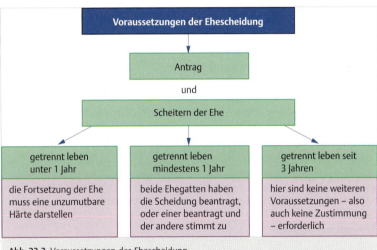

Abb. 23.3 Voraussetzungen der Ehescheidung

Wichtige Begriffe des Scheidungsrechtes sind das Scheitern der Ehe und das Getrenntleben.

Scheitern bedeutet, dass es zwischen beiden Ehegatten zum endgültigen Bruch gekommen und eine Heilung dieses Bruches nicht mehr möglich ist. Nach außen hin ist dies an dem Umstand erkennbar, dass die eheliche Lebensgemeinschaft nicht mehr besteht und eine Wiederherstellung nicht zu erwarten ist. Dabei spielen die Gründe dieses Scheiterns keine Rolle. Die Lebensgemeinschaft besteht nicht mehr, wenn die beiden Ehegatten über einen bestimmten Zeitraum voneinander getrennt leben.

Die Ehegatten **leben getrennt,** wenn zwischen ihnen keine häusliche Gemeinschaft besteht und ein Ehegatte sie erkennbar nicht herstellen will, weil er die eheliche Lebensgemeinschaft ablehnt. Die häusliche Gemeinschaft besteht auch dann nicht mehr, wenn die Ehegatten innerhalb der gemeinsamen Wohnung getrennt leben.

Scheidung wegen unzumutbarer Härte

Dieser Scheidungsgrund ist der absolute Ausnahmefall, da schon sehr schwerwiegende Tatbestände erfüllt sein müssen. Es ist dabei an schwere körperliche oder seelische Misshandlung des einen Ehegatten durch den anderen zu denken. In diesem Fall brauchen sie das Trennungsjahr nicht einhalten. Bei einer einmaligen körperlichen Auseinandersetzung liegt noch keine unzumutbare Härte vor, es sei denn, es handelte sich um eine gravierende Auseinandersetzung (z. B. versuchte Tötung).

Scheidung nach einem Trennungsjahr

Leben beide Ehegatten seit 1 Jahr (vom Auseinandergehen bis zum Zeitpunkt der mündlichen Verhandlung im Scheidungsprozess) getrennt, kann die Ehe geschieden werden, wenn beide Ehegatten dies wollen (sog. *einvernehmliche Scheidung*). Weitere Voraussetzungen, insbesondere ein Verschulden eines Ehegatten am Scheitern der Ehe, sind nicht notwendig.

Scheidung nach drei Trennungsjahren

Wenn die Ehegatten ein Jahr getrennt gelebt haben, einer der Ehegatten sich aber nicht scheiden lassen will, muss der andere nachweisen, dass die Ehe gescheitert ist. Dies wird oft nur in Ausnahmefällen gelingen (z. B. Alkoholmissbrauch des anderen Ehegatten). Gelingt dem scheidungswilligen Ehegatten dieser Nachweis nicht, muss er zumindest 3 Jahre vom anderen Ehegatten getrennt leben. Nach 3 Trennungsjahren ist die Scheidung auch dann möglich, wenn sich ein Ehegatte weigert, sich scheiden zu lassen.

Auch wenn eine Ehe gescheitert ist, darf sie nicht geschieden werden, wenn und so lange die Aufrechterhaltung der Ehe im Interesse der minderjährigen Kinder ausnahmsweise notwendig ist oder wenn die Scheidung für den, der sie ablehnt, eine schwere Härte darstellen würde. Diese **Härteklausel** ist nur für extreme Ausnahmefälle gedacht.

Scheidungsfolgen

Jede Scheidung einer Ehe hat neben möglichen seelischen Folgen auch rechtliche Konsequenzen (▶ Abb. 23.4). Dabei muss das Familiengericht neben der Scheidung zwingend über zwei Punkte entscheiden:
- das Sorgerecht für die gemeinschaftlichen minderjährigen Kinder, auf Antrag eines Elternteils,
- den Versorgungsausgleich.

Weitere Folgen können die Ehepartner unter sich regeln oder durch das Familiengericht regeln lassen, wie den Unterhalt des geschiedenen Ehegatten, den Zugewinnausgleich bei der Zugewinngemeinschaft und die Aufteilung des Hausrats und der Ehewohnung.

Abb. 23.4 Rechtliche Konsequenzen der Scheidung

Elterliches Sorgerecht

Wird eine Ehe geschieden, so bleibt es zunächst beim gemeinsamen Sorgerecht der Eltern. Jeder Elternteil kann aber beantragen, dass ihm das Familiengericht die elterliche Sorge allein überträgt. Diesem Antrag ist stattzugeben, wenn
- der andere Elternteil zustimmt, es sei denn, dass das Kind das 14. Lebensjahr vollendet hat und der Übertragung widerspricht, oder
- zu erwarten ist, dass die Aufhebung der gemeinsamen Sorge und die Übertragung auf den Antragsteller dem Wohl des Kindes am besten entsprechen.

Ausschlaggebend für die Entscheidung über das Sorgerecht ist **das Wohl des Kindes.** Hierbei sind seine Bindungen insbesondere an die Eltern und Geschwister zu berücksichtigen. Zu diesem Zweck werden die Kinder, wenn sie alt genug sind, vom Familienrichter angehört. Diese Anhörung findet in Abwesenheit der Eltern statt. Zusätzlich holt das Gericht die Stellungnahme des Jugendamtes ein, das die häuslichen Verhältnisse an Ort und Stelle überprüft.

Die einmal getroffene Sorgerechtsentscheidung kann später abgeändert werden, wenn sich die Umstände dementsprechend ändern. Dem anderen Elternteil bleibt ein **Umgangs- und Besuchsrecht.** Hierüber entscheidet das Familiengericht nur, wenn sich die Eltern nicht einigen können. Dabei hat das Kind nicht nur ein Recht auf Umgang mit jedem Elternteil, sondern jeder Elternteil ist auch zum Umgang mit dem Kind verpflichtet und berechtigt. Die Eltern haben alles zu unterlassen, was das Verhältnis des Kindes zum jeweils anderen Elternteil beeinträchtigt oder die Erziehung erschwert. Daneben haben auch die Großeltern und Geschwister ein eigenes Recht auf Umgang, wenn dieser dem Wohl des Kindes dient.

Versorgungsausgleich

Das herkömmliche Bild der Ehe und der Familie sieht so aus, dass der Ehemann durch seine Arbeitsleistungen in einem Beschäftigungsverhältnis und die Ehefrau durch die Führung des Haushaltes und die Erziehung der Kinder zum gemeinsamen Unterhalt beitragen. Dabei erwirbt nur der erwerbstätige Ehepartner Rentenansprüche. Diese Versorgungsrechte werden nach heutigem Verständnis der Ehe als gemeinsam erwirtschaftetes Gut angesehen, das nach Beendigung der Ehe zu gleichen Teilen auf beide Ehepartner zu verteilen ist.

Ausgleichspflichtige Versorgungsansprüche (z. B. Rente) sind dabei nur solche, die durch Arbeit während der Ehezeit erworben worden sind. Hierzu gehören in erster Linie beamtenrechtliche Versorgungsansprüche (sog. Pensionen), Ansprüche aus der gesetzlichen Rentenversicherung (Renten bei Arbeitern und Angestellten), Ansprüche aus einer betrieblichen Altersversorgung und evtl. private Rentenversicherungen. Dieser Ausgleich findet im Prinzip so statt, dass die Hälfte der von einem Ehegatten während der Ehezeit erworbenen Versorgungsansprüche zum Zeitpunkt der Scheidung auf den anderen übertragen wird. Haben beide Ehegatten Versorgungsansprüche während der Ehezeit erworben, findet der Ausgleich so statt, dass die Hälfte des Differenzbetrages auf denjenigen übertragen wird, der weniger Versorgungsansprüche erworben hat.

Beispiel
Hat der Ehemann Rentenansprüche während der Ehezeit in Höhe von monatlich 400 Euro erworben und seine Ehefrau keine, so findet ein Ausgleich statt, indem 200 Euro monatliche Rentenansprüche auf das Rentenkonto der Ehefrau übertragen werden.

Zugewinnausgleich

Im Scheidungsfall müssen die Vermögensverhältnisse der Ehegatten getrennt werden. Beim Güterstand der *Gütertrennung* ist dies unproblematisch, da ja ohnehin getrennte Vermögensmassen vorhanden sind. Bei dem Güterstand der *Gütergemeinschaft* wird nach Bereinigung der Verbindlichkeiten das Gesamtgut zwischen den Ehegatten aufgeteilt.

Beim Güterstand der *Zugewinngemeinschaft* muss ein Zugewinnausgleich durchgeführt werden. Sind sich die Ehepartner einig, braucht hierfür nicht das Gericht bemüht zu werden, was letztendlich kostengünstiger ist. Beim Ausgleich kommen folgende Grundsätze zur Anwendung: Zunächst ist zu wiederholen, dass während der Ehezeit jeder Ehegatte für sich selbst Gegenstände zum Eigentum erworben hat. Jeder zieht nun Bilanz. Zugewinn ist der Betrag, um den das Endvermögen eines Ehegatten das Anfangsvermögen übersteigt.

Anfangsvermögen ist das Vermögen, das einem Ehepartner bei Beginn der Ehe zustand. **Endvermögen** ist das Vermögen, das einem Ehepartner zum Zeitpunkt der Scheidung zusteht. Anfangsvermögen und Endvermögen können auch weniger als „Null" sein, wenn z. B. nur Schulden vorhanden sind.

Zugewinn = Endvermögen minus Anfangsvermögen

Soweit der Zugewinn des einen Ehegatten den Zugewinn des anderen übersteigt, muss er die Hälfte des Überschusses an den anderen ausbezahlen.

Beispiel
Evi und Helmut lassen sich scheiden. Sie führen den Zugewinnausgleich wie folgt durch: Helmut muss an Evi 35.000 Euro ausbezahlen (▶ Abb. 23.5).

Teilung des Hausrats

Auch die Hausratsteilung unterliegt der gütlichen Einigung der beiden Ehepartner. Gelingt dies nicht, muss das Familiengericht entscheiden. Zum Hausrat gehört die gesamte Wohnungseinrichtung sowie alle Gegenstände, die zum Haushalt gehören (z. B. Fernseher, Bücher, Wäsche, Vorräte usw.). Nur soweit die Gegenstände höchstpersönlichen Charakter haben (z. B. Schmuck, Familienandenken) bleiben diese ausgeklammert. Auch darüber, wem die Ehewohnung zustehen soll, müssen sich die Ehepartner einigen oder das Gericht muss dies entscheiden.

Evi		**Helmut**	
Anfangsvermögen:		Anfangsvermögen:	
Auto	2 000 €	Auto	30 000 €
Bargeld	48 000 €	Bargeld	0 €
Summe	50 000 €	Summe	30 000 €
Endvermögen:		Endvermögen:	
Hausanteil	300 000 €	Hausanteil	300 000 €
Guthaben Bank	10 000 €	Guthaben Bank	60 000 €
– Schulden	200 000 €	– Schulden	200 000 €
Summe:	110 000 €	Summe:	160 000 €
Endvermögen	110 000 €	Endvermögen	160 000 €
Anfangsvermögen	–50 000 €	Anfangsvermögen	–30 000 €
Zugewinn:	**60 000 €**	**Zugewinn:**	**130 000 €**

Ausgleich des Zugewinnes:	
Zugewinn Helmut	130 000 €
minus Zugewinn Evi	60 000 €
	70 000 €
Hälfte:	35 000 €

Abb. 23.5 Beispiel für eine Zugewinnausgleichsrechnung

Unterhalt

Kann ein Ehegatte nach der Scheidung nicht selbst für seinen Unterhalt sorgen, so hat er gegen den anderen Ehegatten einen Anspruch auf Unterhalt. Gründe hierfür können sein:
- Krankheit,
- Alter,
- Vorhandensein von Kindern, wegen deren Betreuung der Ehegatte keiner Erwerbstätigkeit nachkommen kann.

Hauptanwendungsfall der Unterhaltspflicht gegenüber einem geschiedenen Ehegatten ist der Unterhalt für Betreuung eines Kindes. So kann ein geschiedener Ehegatte von dem anderen wegen der Pflege oder Erziehung eines gemeinschaftlichen Kindes für mindestens 3 Jahre nach der Geburt Unterhalt verlangen (sog. **Betreuungsunterhalt**). Die Dauer des Unterhaltsanspruchs verlängert sich, so lange und so weit dies der Billigkeit entspricht. Dabei sind die Belange des Kindes und die bestehenden Möglichkeiten der Kinderbetreuung zu berücksichtigen. Unter bestimmten Umständen kann ein Ehepartner vom anderen den Unterhalt für eine Ausbildung verlangen. Die Höhe des Unterhaltes bestimmt sich nach den ehelichen Lebensverhältnissen. Er umfasst den gesamten Lebensbedarf. Zur Berechnung bedient sich die Praxis der **„Düsseldorfer Tabelle"**.

Nach dieser Tabelle hat ein unterhaltsberechtigter Ehegatte Anspruch auf drei Siebtel des anrechnungsfähigen Nettoeinkommens des Unterhaltspflichtigen. Auch der Unterhalt für die Kinder kann der „Düsseldorfer Tabelle" entnommen werden. Der Unterhalts-

anspruch kann bei grober Ungerechtigkeit ausgeschlossen sein. Hier sieht das Gesetz 7 Ausschlussgründe vor. Beispiele hierfür sind:
- Kurze Dauer der Ehe (Ehezeit weniger als 2–3 Jahre),
- schwere Straftaten gegen den Unterhaltspflichtigen,
- mutwillige Herbeiführung der Bedürftigkeit,
- Fehlverhalten des Unterhaltsberechtigten gegenüber dem Unterhaltspflichtigen.

Der Unterhaltsanspruch erlischt auch mit der *Wiederheirat* des Berechtigten.

23.2 Wichtige Bestimmungen aus dem Familienrecht

Aus der Fülle des Familienrechts sollen im Weiteren nur noch die wichtigsten Bestimmungen und Begriffe erläutert werden.

23.2.1 Elterliche Sorge

Die elterliche Sorge (▶ Abb. 23.6) ist eine Folge des Erziehungsrechtes der Eltern und unterliegt dem Schutz des Grundgesetzes in Art. 6 GG. Inhaber der elterlichen Sorge sind grundsätzlich die Eltern gemeinsam, aber auch u. U. ein Elternteil allein.

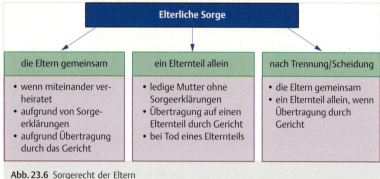

Abb. 23.6 Sorgerecht der Eltern

Sind beide Eltern bei Geburt des Kindes *verheiratet*, steht ihnen das **gemeinsame** Sorgerecht kraft Gesetzes zu.

Sind die Eltern bei der Geburt des Kindes *nicht miteinander verheiratet*, so steht ihnen die elterliche Sorge nur dann gemeinsam zu, wenn sie
- erklären, dass sie die Sorge gemeinsam übernehmen wollen *(Sorgeerklärungen)*,
- einander heiraten oder
- soweit ihnen das Familiengericht die elterliche Sorge gemeinsam überträgt.

Liegen diese Voraussetzungen nicht vor, hat die Mutter die alleinige elterliche Sorge. Mit seiner Entscheidung am 3.12.2009 hat der Europäische Gerichtshof für Menschenrechte die Rechte lediger Väter in Deutschland gestärkt. Nach bisheriger Rechtslage haben unver-

23.2 Wichtige Bestimmungen aus dem Familienrecht

heiratete Väter ohne die Zustimmung der Mutter keine Möglichkeit, gemeinsam oder alleine das Sorgerecht zu erhalten. Dies verstößt nach Auffassung des Gerichts gegen das Diskriminierungsverbot und das Recht auf Achtung des Privat- und Familienlebens. Nachdem auch das Bundesverfassungsgericht mit Beschluss vom 21.7.2010 entschieden hat, dass diese Regelung das Elternrecht des Vaters eines nichtehelichen Kindes verletzt, war der Gesetzgeber gezwungen, das bestehende Gesetz zu ändern.

Mit Gesetz vom 16.4.2013 gilt nunmehr folgende Regelung: Neben der gemeinsamen Sorgeerklärung oder Heirat der Eltern kann den nicht miteinander verheirateten Eltern vom Familiengericht das Sorgerecht auf Antrag eines Elternteiles gemeinsam übertragen werden, wenn die Übertragung dem Kindeswohl nicht widerspricht. Auf den Widerspruch der Mutter kommt es daher nicht mehr an. Auch kann durch gerichtliche Entscheidung das Sorgerecht ganz allein auf den Vater übertragen werden. Entscheidend ist das Wohl des Kindes.

Bei Meinungsverschiedenheiten müssen die Eltern versuchen, sich zu einigen. Gelingt ihnen das in einer Angelegenheit nicht, die für das Kind von erheblicher Bedeutung ist, so kann das Familiengericht auf Antrag eines Elternteiles die Entscheidung einem Elternteil übertragen (§ 1628 BGB). Das Gericht entscheidet daher in dieser Frage nicht selbst. Wichtige Entscheidungen können z. B. sein: Bestimmung des Religionsbekenntnisses, die Art der Ausbildung, Durchführung einer Impfung. Das *gemeinsame* Sorgerecht bewirkt, dass die Eltern das Kind nur gemeinschaftlich vertreten können. Die Einwilligung zu einem ärztlichen Heileingriff bei einem Kind muss daher von *beiden* Elternteilen eingeholt werden.

Leben die *Eltern* **auf Dauer getrennt**, bestimmt das Familiengericht auf Antrag eines Elternteiles, wem das Sorgerecht zusteht. Im Falle der **Scheidung** **der Eltern** muss das Gericht diese Frage auf Antrag entscheiden. Das Gesetz unterscheidet nicht mehr zwischen ehelichen und nicht ehelichen Kindern. Auch bei nicht ehelichen Kindern kann das Sorgerecht gemeinsam den Eltern zustehen. Wird das körperliche, geistige oder seelische Wohl des Kindes durch **missbräuchliche Ausübung der elterlichen Sorge,** durch Vernachlässigung des Kindes oder durch Versagen der Eltern gefährdet, kann das Familiengericht die erforderlichen Maßnahmen treffen (§ 1666 BGB).

Ein *Sorgerechtsmissbrauch* kann vorliegen bei körperlicher Misshandlung des Kindes, Weigerung, bei dem Kind eine erforderliche Operation vornehmen zu lassen, Uneinsichtigkeit bei der Befolgung ärztlich angeordneter Medikamentierung, Ablehnung einer erforderlichen psychiatrischen Unterbringung, Anhalten zu Straftaten.

Die elterliche Sorge umfasst die *Personensorge* und die *Vermögenssorge* (▶ Abb. 23.7), § 1626 Abs. 1 S. 2 BGB.

Personensorge

Die Personensorge umfasst die Sorge für das leibliche Wohl des Kindes (Verpflegung, Bekleidung, Behandlung im Krankheitsfall), die Erziehung, die Aufsicht, die Bestimmung des Aufenthaltes und die Regelung des Umganges. Soll das Kind untergebracht werden (S. 305), ist zusätzlich die Genehmigung des Familiengerichts erforderlich.

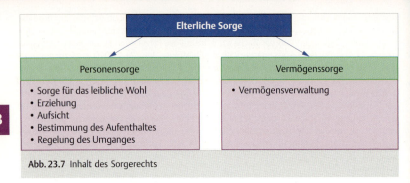

Abb. 23.7 Inhalt des Sorgerechts

Vermögenssorge

Im Wesentlichen wird das gesamte Vermögen des Kindes von seinen Eltern verwaltet. Die Eltern können auch das Vermögen oder Eigentum des Kindes in Besitz nehmen und dem Kind entziehen, notfalls auch mit Gewalt. Dabei ist stets das Wohl des Kindes zu beachten.

23.2.2 Adoption

Die Adoption eines minderjährigen Kindes bewirkt, dass das Kind die rechtliche Stellung eines ehelichen Kindes des Annehmenden einnimmt. Mit der Adoption erlischt das Verwandtschaftsverhältnis des Kindes und seiner Abkömmlinge zu den bisherigen Verwandten (§ 1755 BGB).

Die folgenden Voraussetzungen müssen bei einer Adoption vorliegen. Der Annehmende muss voll geschäftsfähig und mindestens 25 Jahre alt sein (bei einem Ehepaar genügt es, wenn ein Partner 25, der andere mindestens 21 Jahre alt ist). Die Interessen bereits vorhandener leiblicher Kinder dürfen nicht gefährdet werden und umgekehrt. In die Adoption müssen **einwilligen:**

- **das zu adoptierende Kind.** Ist das Kind geschäftsunfähig oder noch nicht 14 Jahre alt, ist die Einwilligung des gesetzlichen Vertreters erforderlich. Im Übrigen muss das Kind selbst einwilligen, bedarf jedoch der Zustimmung seines gesetzlichen Vertreters.
- **die Eltern des zu adoptierenden Kindes.** Dabei kommt es nicht darauf an, ob die Eltern verheiratet sind. Die Einwilligung der Eltern kann erst erteilt werden, wenn das Kind acht Wochen alt ist. Die Einwilligung des mit der Mutter des Kindes nicht verheirateten Vaters kann bereits vor der Geburt des Kindes abgegeben werden. Die Einwilligung eines Elternteils kann unter bestimmten Voraussetzungen vom Familiengericht ersetzt werden.
- **der Ehegatte des Annehmenden.** Diese Einwilligung kann unter bestimmten Voraussetzungen vom Familiengericht ersetzt werden.

Sämtliche Einwilligungserklärungen bedürfen der notariellen Beurkundung und müssen dem Familiengericht vorgelegt werden. Die Adoption *soll* erst ausgesprochen werden, wenn das Kind bei den zukünftigen Adoptiveltern eine angemessene Zeit in Pflege gelebt hat. Die Entscheidung über die Adoption trifft das Familiengericht. Es beschließt die Adoption, wenn neben den obigen Voraussetzungen die Adoption dem Wohl des Kindes dient und zu erwarten ist, dass zwischen dem Annehmenden und dem Kind ein Eltern-Kind-Verhältnis entsteht. Zur Beantwortung dieser Fragen kann sich das Familiengericht der Hilfe des Jugendamtes und der Adoptionsvermittlungsstelle bedienen. Die Vermittlung von Adoptionen von minderjährigen Kindern darf nur durch die zuständigen Stellen betrieben werden. Dies sind in erster Linie die von den Jugendämtern eingerichteten Adoptionsvermittlungsstellen sowie die entsprechenden Stellen des Diakonischen Werkes, des Caritasverbandes und der Arbeiterwohlfahrt.

Von der Adoption ist die **Aufnahme eines Pflegekindes** zu unterscheiden. Pflegekinder sind Kinder unter 16 Jahren, die sich dauernd oder regelmäßig für einen Teil des Tages in fremder Pflege befinden.

23.2.3 Vormundschaft

Das Vormundschaftsrecht umfasst drei unterschiedliche Bereiche (▶ Abb. 23.8): Die Vormundschaft über Minderjährige, die Betreuung Erwachsener und die Pflegschaft.

Abb. 23.8 Bereiche der Vormundschaft

Vormundschaft über Minderjährige

Ein Minderjähriger erhält einen **Vormund,** wenn er nicht unter elterlicher Sorge steht. Dies ist z. B. der Fall, wenn beide Eltern tot sind oder wenn ihnen die elterliche Sorge (z. B. wegen Missbrauchs) entzogen wurde. Dies gilt auch für den Fall, dass die Eltern zur Vertretung des Minderjährigen nicht berechtigt sind. Das kann der Fall sein, wenn die elterliche Sorge ruht (z. B. die Eltern befinden sich in einer Justizvollzugsanstalt). Der Vormund wird zum **gesetzlichen Vertreter** seines *Mündels*. Die Vormundschaft und der Vormund werden vom Familiengericht angeordnet bzw. bestellt. Haben die Eltern vor ihrem Tod durch Testament einen Vormund benannt, so ist dieser als Vormund zu berufen. Im Übrigen sind bei der Auswahl unter mehreren geeigneten Personen der mutmaßliche Wille der Eltern, die persönlichen Bindungen des Mündels, die Verwandtschaft oder Schwägerschaft mit dem Mündel sowie das religiöse Bekenntnis des Mündels zu berücksichtigen.

Betreuung Erwachsener

Für Volljährige, die aufgrund einer psychischen Krankheit, einer körperlichen, geistigen oder seelischen Behinderung ihre Angelegenheiten ganz oder teilweise nicht besorgen können, bestellt das Betreuungsgericht einen **Betreuer.** Dieses Recht über die Betreuung Erwachsener hat die frühere Entmündigung abgelöst. War früher der Entmündigte weitgehend ohne Rechte, sind nunmehr Eingriffe in Rechte der Betroffenen nur so weit zulässig, als dies erforderlich ist. Bei der Bestellung des Betreuers soll das Betreuungsgericht die Wünsche des Betroffenen berücksichtigen, soweit dies seinem Wohlergehen nicht zuwiderläuft. Auch der Betreuer hat den Wünschen des Betreuten zu entsprechen, soweit dies dessen Wohl nicht zuwiderläuft und dem Betreuer zuzumuten ist. Einzelheiten hierzu s. Kap. Betreuungsrecht (S. 293).

Pflegschaft

Im Unterschied zur Vormundschaft, die die Fürsorge für *alle* Angelegenheiten umfasst, greift die Pflegschaft nur in bestimmte Bereiche ein. So gibt es v. a. in folgenden Bereichen eine Pflegschaft:
- *Ergänzungspflegschaft.* Für den Pflegling, der unter elterlicher Sorge oder unter Vormundschaft steht, wird ein Pfleger für Angelegenheiten bestellt, an deren Besorgung die Eltern oder der Vormund verhindert sind.
- *Pflegschaft für eine Leibesfrucht.* Bereits für die Leibesfrucht kann ein Pfleger zur Wahrung der zukünftigen Rechte des Kindes bestellt werden, wenn der künftige elterliche Sorgeberechtigte diese Rechte nicht wahrnehmen kann.

Beispiel
Im Strafprozess soll das Kind gegen seinen Vater als Zeuge aussagen. Kann es über sein Zeugnisverweigerungsrecht nicht selbst entscheiden, wäre an sich sein gesetzlicher Vertreter für die Entscheidung zuständig. Dieser ist aber hier verhindert. Bei der Klage eines Kindes gegen beide Eltern wegen Unterhaltes sind seine gesetzlichen Vertreter verhindert. In diesen Fällen wird ein Pfleger bestellt, der die Vertretung des Kindes übernimmt.

23.2.4 Unterhaltspflichten

Das Gesetz sieht Unterhaltspflichten vor für Ehegatten untereinander, geschiedene Ehegatten gegenseitig, nichtehelicher Vater gegenüber der Mutter des Kindes sowie zwischen Verwandten in gerader Linie (Kind/Eltern) (▶ Abb. 23.9).

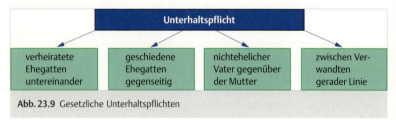

Abb. 23.9 Gesetzliche Unterhaltspflichten

Bei jeder Unterhaltspflicht ist es erforderlich, dass der Unterhaltsberechtigte *bedürftig* und der Unterhaltsverpflichtete *leistungsfähig* ist.
Bedürftig ist, wer außerstande ist, sich selbst zu unterhalten, sei es aufgrund mangelnden Einkommens oder mangelnden Vermögens. Falls möglich, ist der Bedürftige grundsätzlich gehalten, seine Arbeitskraft einzubringen.

Leistungsfähig ist, wer Unterhalt zahlen kann, ohne seinen eigenen angemessenen Unterhalt zu gefährden. Den Mindestbetrag, der dem Unterhaltspflichtigen in jedem Fall selbst zusteht, nennt man *Selbstbehalt*. Die Höhe des Selbstbehaltes hängt zum einen davon ab, ob der Unterhaltspflichtige erwerbstätig ist, und zum anderen vom Verwandtschaftsgrad zum Unterhaltsberechtigten.

Unterhaltspflicht zwischen verheirateten Ehegatten

Die Ehegatten sind einander verpflichtet, durch ihre Arbeit und mit ihrem Vermögen die Familie angemessen zu unterhalten. Ist einem Ehegatten die Haushaltsführung überlassen (Hausfrau, Hausmann), so erfüllt er durch diese Tätigkeit seine Unterhaltspflicht. Leben die Ehegatten getrennt, so kann der eine Ehegatte von dem anderen ebenfalls Unterhalt verlangen. Der Nichterwerbstätige braucht nicht zu arbeiten, wenn dies von ihm nach seinen persönlichen Verhältnissen (z. B. wegen Kinderbetreuung) nicht erwartet werden kann.

Unterhaltspflicht zwischen geschiedenen Ehegatten

Kann ein geschiedener Ehegatte nicht selbst für seinen Unterhalt (S. 285) sorgen, so hat er gegen den anderen Ehegatten einen Anspruch auf Unterhalt. Unterhaltsansprüche kommen in der Regel in Betracht, wenn ein Ehegatte das gemeinsame Kind zu versorgen hat und ihm wegen des Alters des Kindes eine Berufstätigkeit nicht zugemutet werden kann.

Unterhaltspflicht des nichtehelichen Vaters gegenüber der Mutter

Die Mutter des nichtehelichen Kindes kann von dessen Vater die Entbindungskosten und die durch Schwangerschaft und Entbindung entstandenen notwendigen Aufwendungen verlangen, soweit nicht der Arbeitgeber oder die Krankenversicherung eintritt. Des Weiteren ist der Vater des Kindes der Mutter für die Dauer von 6 Wochen vor und 8 Wochen nach der Geburt zum Unterhalt verpflichtet. Dieser Zeitraum verlängert sich auf 3 Jahre nach der Entbindung, wenn von der Mutter wegen der Pflege oder Erziehung des Kindes keine Erwerbstätigkeit erwartet werden kann. Der Zeitraum kann nochmals verlängert werden, wenn es v. a. unter Berücksichtigung der Belange des Kindes grob unbillig wäre, einen Unterhaltsanspruch nach Ablauf dieser Frist zu versagen.

Unterhaltspflicht zwischen Verwandten in gerader Linie

Verwandte in gerader Linie sind verpflichtet, einander Unterhalt zu leisten. Diese Unterhaltspflicht besteht besonders zwischen Kindern (auch nicht ehelichen) und ihren Eltern, aber auch zwischen Großeltern und Enkeln. Nicht unterhaltspflichtig sind sich Geschwister. Die Unterhaltspflicht dauert so lange wie ihre Voraussetzungen vorliegen. Zwischen mehreren Unterhaltsverpflichteten besteht auch eine Rangfolge der Art, dass Abkömmlinge vor den Verwandten der aufsteigenden Linie unterhaltspflichtig sind. In erster Linie ist jedoch der Ehepartner unterhaltspflichtig.

> **Beispiel**
> Wird eine alleinstehende Mutter unterhaltsbedürftig, müssen zunächst ihre Kinder für den Unterhalt sorgen und dann erst die Eltern der Mutter.

Der Unterhaltsanspruch des Kindes umfasst auch die Kosten einer **angemessenen Ausbildung**. Hier ist jedoch nur eine sinnvolle, den Anlagen und Fähigkeiten des Kindes entsprechende und zu einer Berufsmöglichkeit hinführende Ausbildung zu berücksichtigen. Hat das Kind bereits einen Beruf erlernt, stellt sich die Frage, ob eine weitere Ausbildung von den Eltern finanziert werden muss. Diese Frage wird bei einer weiterführenden Ausbildung eher zu bejahen sein, während auf eine zweite, andere Ausbildung nur ausnahmsweise ein Anspruch besteht. Die Eltern können grundsätzlich unverheirateten Kindern gegenüber frei bestimmen, in welcher Art sie den Unterhalt gewähren wollen. Bei minderjährigen Kindern hängt die Art der Unterhaltsgewährung unmittelbar mit der Erziehung zusammen. So wird Unterhalt in erster Linie in Form von Verpflegung, Wohnung und Kleidung im Haushalt der Eltern geleistet. Hierzu gehört auch ein angemessenes Taschengeld. Als Folge des elterlichen Erziehungsrechtes kann der Unterhalt auch unter bestimmten Umständen beschränkt werden, z. B. durch Kürzung des Taschengelds.

Nicht anders zu beurteilen ist grundsätzlich der **Unterhaltsanspruch des nicht ehelichen Kindes** gegenüber seinen Eltern.

In der Regel wird die Mutter ihre Unterhaltspflicht dadurch erfüllen, dass sie die Pflege und Erziehung des Kindes übernimmt. Anstelle der bisherigen Regelbetragsverordnung bestimmt sich der Mindestunterhalt eines minderjährigen Kindes gegenüber dem Elternteil, mit dem es nicht in einen Haushalt lebt, nach § 1612a BGB und ist altersabhängig.

Ab dem 14.11.2011 ergaben sich z. B. folgende Beträge (ohne Berücksichtigung des Kindergelds):

- Kinder bis 5 Jahre: 317 Euro,
- Kinder zwischen 6 und 11 Jahren: 364 Euro,
- Kinder zwischen 12 und 17 Jahren: 426 Euro.

24 Betreuungsrecht

Das Entmündigungs-, Vormundschafts- und Pflegschaftsrecht für **Volljährige** wurde durch eine Änderung des Bürgerlichen Gesetzbuches (BGB) am 1.1.1992 grundlegend reformiert. Das Ziel der Reform war es vor allem, die Rechtsstellung der Betroffenen zu verbessern und die Selbstbestimmung des Kranken und Betreuten und seine Grundrechte zu verwirklichen. Folgende wichtige Punkte haben sich daher im Vergleich zum früheren Recht geändert:
- Abschaffung der Entmündigung (mit der automatischen Folge der Geschäftsunfähigkeit des Entmündigten),
- „Betreuung" anstelle von Vormundschaft und Pflegschaft,
- Bestellung eines *Betreuers* nur für bestimmte Aufgabenkreise,
- persönliche Betreuung anstelle anonymer Verwaltung,
- verstärkte Beachtung der Wünsche des Betreuten,
- verstärkte Einbindung des Betreuten in das Verfahren,
- Befristung der Betreuerbestellung auf max. *sieben Jahre.*

Seit dem 1.9.2009 sind die Vormundschaftsgerichte abgeschafft. Sie wurden ersetzt durch die *Betreuungsgerichte.* Durch die „Betreuung" soll dem Kranken oder Behinderten unter weitestgehender Aufrechterhaltung seiner Rechte ein Betreuer zur Seite gestellt werden, wenn er seine eigenen Angelegenheiten ganz oder teilweise nicht mehr besorgen kann und konkreter Handlungsbedarf besteht. Im Jahre 2011 betrug die Zahl der Betreuungen in Deutschland ca. 1,3 Millionen. Die Bedeutung der Betreuung nimmt immer mehr zu. Auch wenn die Zahl der Betreuungsverfahren nur noch leicht steigt, haben immer mehr Menschen einen Betreuer oder einen Bevollmächtigten, der sie vertritt. Dies liegt zum großen Teil daran, dass die Menschen älter werden und daher z. B. die Zahl der an Demenz Erkrankten zunimmt. Gerade sie machen mit einem Anteil von ca. 20 % den Großteil der Betreuten aus.

24.1 Voraussetzungen einer Betreuung

Für einen Volljährigen wird eine Betreuung angeordnet, wenn er aufgrund einer psychischen Krankheit oder körperlichen, geistigen oder seelischen Behinderung vorübergehend oder auf Dauer nicht mehr in der Lage ist, seine Angelegenheiten ganz oder teilweise zu besorgen, § 1896 BGB (▶ Abb. 24.1). Es gibt 2 Komponenten, die einen Betreuungsfall kennzeichnen:
- das Vorliegen einer Krankheit oder Behinderung
- und der durch sie bedingten Unfähigkeit des Betroffenen, seine eigenen Angelegenheiten wahrzunehmen.

Damit ist auch klargestellt, dass nicht jede „Behinderung" („soziale" Behinderung oder „Neigung" zu Straftaten) ausreicht, um eine Betreuung anzuordnen. Zwischen beiden muss daher auch ein *ursächlicher Zusammenhang* bestehen, was bedeutet, dass das Vorliegen einer Krankheit oder Behinderung allein noch nicht ausreicht, um eine Betreuung anzuordnen. Es muss feststehen, dass der Betroffene gerade durch sie unfähig ist, eigene Angelegenheiten zu besorgen. Eine Betreuung kann auch bereits bei einem Minderjährigen angeordnet werden, wenn anzunehmen ist, dass sie bei Eintritt der Volljährigkeit erforderlich wird und er das 17. Lebensjahr vollendet hat (§ 1908a BGB). Die Betreuung wird jedoch erst mit Eintritt der Volljährigkeit wirksam. Vor diesem Zeitpunkt wird er von seinem gesetzlichen Vertreter, in der Regel die Eltern, vertreten.

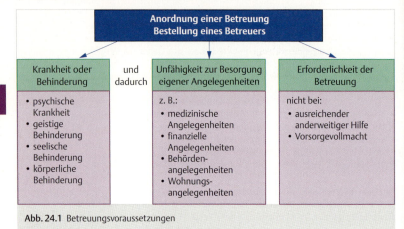

Abb. 24.1 Betreuungsvoraussetzungen

24.1.1 Krankheit oder Behinderung

Psychische Krankheit: Als psychische Krankheiten kommen hier besonders in Betracht:
- endogene und exogene Psychosen (z. B. Schizophrenien, zyklothyme Psychosen, Wahnvorstellungen, schizoaffektive Psychosen),
- hirnorganische Erkrankungen (z. B. senile Demenz, Alzheimer Krankheit, Hirngefäßerkrankungen),
- Abhängigkeitskrankheiten (z. B. Alkohol, Medikamente und Drogenabhängigkeit) wenn sie über die bloße Abhängigkeit hinaus als psychische Erkrankungen einzuordnen sind. Eine geistige oder seelische Krankheit oder Behinderung muss entweder als Ursache oder als Folge der Alkohol- oder Drogenabhängigkeit feststellbar sein (z. B. drogeninduzierte Psychose),
- Psychopathien (z. B. Neurosen).

Geistige Behinderung: Bei den geistigen Behinderungen handelt es sich um angeborene oder frühkindlich erworbene Intelligenzdefekte (häufig Schädigungen des Gehirns, vor, während und nach der Geburt) verschiedener Schweregrade.

Seelische Behinderung: Seelische Behinderungen liegen vor bei bleibenden psychischen Beeinträchtigungen infolge von psychischen Erkrankungen, wie z. B. der geistige Abbau infolge einer Demenzerkrankung.

Wichtig: Eine Betreuung darf durch das Gericht nur angeordnet werden, wenn eine dieser Krankheiten beim Betroffenen positiv festgestellt wurde. Bloße Verdachtsdiagnosen genügen nicht. Auch besondere negative „Auffälligkeiten" wie Altersstarrsinn, Messie-Syndrom oder Ähnliches genügen nicht, so lange sie keinen Krankheitswert haben. Ebenfalls kann allein wegen Vorliegens eines sehr hohen Alters – mag der Betroffene noch so schwach sein – kein Betreuer bestellt werden. So lange Bewusstseinsklarheit besteht ist die „senile Verlangsamung" durch mehr Geduld der Mitmenschen auszugleichen!

Körperliche Behinderung: Für einen Betroffenen, der *nur* körperlich behindert ist, darf eine Betreuung nur angeordnet werden, wenn er selbst dies beantragt. Ausnahme: Der nur körperlich Behinderte kann seinen Willen nicht mehr kundtun, was eigentlich nur bei einer Lähmung ab dem dritten Halswirbel der Fall sein kann.

Gegen den *freien Willen* des Betroffenen darf in keinem Fall ein Betreuer bestellt werden. Der Staat hat nicht das Recht, seine erwachsenen und zur freien Willensbestimmung fähigen Bürger zu erziehen, zu „bessern" oder zu hindern, sich selbst zu schädigen. **Insofern gibt es keine Zwangsbetreuung!**

24.1.2 Unfähigkeit zur Besorgung eigener Angelegenheiten

Entscheidend ist hier, ob der Betroffene *seine* Angelegenheiten noch erledigen kann. Das Betreuungsgericht hat daher genau zu prüfen, welche Angelegenheiten *aus der Sicht des Betroffenen* für ihn überhaupt regelungsbedürftig sind und ob dann diese *aufgrund* der Krankheit oder Behinderung nicht mehr vom Betroffenen erledigt werden können. Es können daher diese Angelegenheiten – je nach Betroffenem – unterschiedlicher Art sein. So hat z. B. ein noch berufstätiger Betroffener andere Angelegenheiten zu erledigen als ein chronisch Kranker. Auch hängt der Umfang der Angelegenheiten davon ab, in welchem sozialen Umfeld der Betroffene lebt, ob er Sozialhilfeempfänger ist oder über umfassendes Vermögen verfügt. Eine Betreuung ist darüber hinaus nur zulässig, wenn sie für den Betroffenen **erforderlich** ist und **keine anderen Hilfen** zur Verfügung stehen (Grundsatz der Erforderlichkeit und Nachrangigkeit). Eigene Angelegenheiten können dabei folgende Bereiche des Betroffenen sein: Gesundheit, Vermögen, Umgang mit Behörden, Versicherungen, Unterhaltsverpflichtungen, Fixierung, Unterbringung in einem Heim, etc.

24.1.3 Erforderlichkeit der Betreuung

Eine Betreuung ist trotz Vorliegens einer Krankheit oder Behinderung und der Unfähigkeit zur Besorgung eigener Angelegenheiten nicht erforderlich, wenn der Betroffene jemanden hat, der für ihn handelt und der von ihm zu diesem Zweck bevollmächtigt wurde. Dieser **Bevollmächtigte** tritt dann als Vertreter des Betroffenen auf. Die Vollmacht, die hier zugrunde liegt, nennt man **Vorsorgevollmacht** (S. 314).

Voraussetzung einer wirksamen Vorsorgevollmacht ist, dass der Betroffene im Zeitpunkt der Erteilung voll geschäftsfähig ist und die Vollmacht genau bezeichnet, wozu sie ermächtigen soll.

Einer bestimmten Form bedarf es nicht. Es ist aber äußerst sinnvoll und nützlich, aus Gründen der Klarheit und Beweiskraft diese schriftlich abzufassen. Eine schriftliche Vollmacht ist allerdings dann erforderlich, wenn sie die Berechtigung enthält, den Betroffenen unterzubringen bzw. über Fixierungsmaßnahmen bei ihm zu entscheiden. Eine notarielle Vollmacht ist darüber hinaus erforderlich, wenn sie zum Erwerb oder Verkauf eines Grundstücks berechtigen soll.

Ist die Vorsorgevollmacht umfassend und deckt sie alle Angelegenheiten ab, bedarf es keiner Betreuung mehr. Deckt sie nur bestimmte Bereiche ab, muss für die noch erforderlichen Aufgaben zusätzlich eine Betreuung angeordnet werden. Die Vorsorgevollmacht kann jederzeit vom Betroffenen widerrufen werden. Dies setzt jedoch voraus, dass er im Zeitpunkt der Widerrufserklärung voll geschäftsfähig ist.

Zur Aufbewahrung kann man die Vorsorgevollmacht gebührenpflichtig beim Zentralen Vorsorgeregister online (www.vorsorgeregister.de) oder brieflich registrieren lassen. Dies hat den Vorteil, dass das Betreuungsgericht vor Anordnung einer Betreuung hiervon immer Kenntnis erhält und damit keine Betreuung anordnet. Sie sollte natürlich auch dem Bevollmächtigten ausgehändigt werden, damit dieser die Vollmacht im Bedarfsfalle vorzeigen kann. Als andere Hilfen kommen sowohl private Unterstützung als auch öffentliche Hilfen in Betracht. Reichen diese aus, um dem Betroffenen zu helfen, darf keine Betreuung angeordnet werden.

Private Hilfen können sein: Angehörige, Freunde, Nachbarn, private Institutionen wie Wohlfahrtsverbände, Vereine u. Ä. (z. B. Behindertenhilfe und Altenhilfe wie „Essen auf Rädern", Fahrdienste, Sozialstationen).

Öffentliche Hilfen sind meist bei den Kommunen (z. B. Dorfhelferin), Landkreisen oder Gesundheitsämtern angesiedelt.

24.2 Der Betreuer

Ausgangspunkt ist der Gedanke des Gesetzgebers, dass es sich bei der Betreuung um ein Ehrenamt handelt. Der Betreuer soll sich bei Erledigung seiner Arbeit an den Wünschen und am Wohl des Betreuten orientieren. Daher liegt es nahe, dass in erster Linie Angehörige für die Person des Betreuers in Betracht kommen. Sie üben das Amt ehrenamtlich aus und bekommen keine Vergütung sondern nur ihre Aufwendungen (Telefon, Porto, Benzinkosten etc.) ersetzt (sog. **ehrenamtliche Betreuer**). Natürlich kann auch jemand, der geeignet ist, ehrenamtlich für eine oder mehrere andere Personen eine Betreuung übernehmen (sog. ehrenamtlicher **Fremdbetreuer**).

Erst wenn ehrenamtliche Betreuer nicht zur Verfügung stehen, bestellt das Betreuungsgericht sog. **Berufsbetreuer**, d. h. Personen, die hauptberuflich Betreuungen durchführen und dementsprechend vom Betreuten bzw. von der Staatskasse zu vergüten sind. Daneben gibt es die Betreuungsvereine, die staatlich anerkannt sind und hauptamtliche Mitarbeiter beschäftigen, die Betreuungen übernehmen. Diese sog. **Vereinsbetreuer** werden im Verein weitergebildet und gefördert. Sie sind in der Regel ebenfalls Berufsbetreuer.

24.2.1 Auswahl des Betreuers

Oberster Grundsatz bei der Bestimmung des Betreuers ist für das Gericht **das Wohl des Betroffenen**. Die Person des Betreuers muss geeignet sein, die Angelegenheiten des Betroffenen zu *besorgen* und ihn hierbei im erforderlichen Umfang zu *betreuen*.

Fachlich muss der Betreuer in der Lage sein, die Angelegenheiten des Betroffenen, die sehr vielschichtig sein können, zu organisieren bzw. zu erledigen. Hierbei kann er sich natürlich der Hilfe anderer bedienen, da er nur zur Organisation notwendiger Hilfen, jedoch nicht zur persönlichen Pflege des Betreuten oder zur hauswirtschaftlichen Versorgung verpflichtet ist. Er kann sich all der Hilfen bedienen, die auch der Betroffene selbst in Anspruch nehmen könnte, zu der er lediglich infolge seiner Krankheit oder Behinderung nicht mehr in der Lage ist.

24.2 Der Betreuer

> **Beispiel**
> Ist der Betroffene nicht mehr in der Lage, sich ausreichend zu verpflegen, hat sein Betreuer, wenn es zu seinem Aufgabenbereich gehört, z. B. das „Essen auf Rädern" für ihn zu organisieren. Er braucht aber nicht für ihn zu kochen.

Persönlich in der Lage sein bedeutet, dass der Betreuer vor allem die Zeit hat, sich um den Betreuten zu kümmern. So sollte zwischen dem Betreuer und dem Betreuten auch ein Vertrauensverhältnis entstehen.

Bei der Auswahl des Betreuers sind insbesondere auch die **Wünsche des Betreuten** zu berücksichtigen. Schlägt der Betroffene eine Person vor, so ist diesem Vorschlag zu entsprechen, wenn es seinem Wohl nicht zuwiderläuft. Das bedeutet auch hier, dass „das Wohl des Betroffenen" oberste Richtschnur für das Auswahlverfahren ist und trotz Wunsch des Betroffenen keine Person Betreuer werden kann, die hierzu nicht geeignet ist. Der Wunsch des Betreuten kann in einer sog. **Betreuungsverfügung** (S. 316) enthalten sein. Hier hält der Betreute zu Zeiten, in denen er noch seinen Willen erklären kann, schriftlich fest, dass eine bestimmte Person im Betreuungsfall als Betreuer bestimmt werden soll. Schlägt er vor, eine bestimmte Person nicht zu bestellen, so soll auch hierauf Rücksicht genommen werden.

Das Gericht soll in erster Linie eine Person und nicht eine Institution (z. B. das Landratsamt als Betreuungsbehörde) zum Betreuer bestellen. Dabei kommen vorrangig Angehörige des Betroffenen wie z. B. sein Ehegatte, seine Kinder oder seine Eltern in Betracht. Bei komplizierten Angelegenheiten und schwierigen Betreuungen ist aber auch an professionelle Betreuer (z. B. Rechtsanwalt) zu denken. Dabei kann das Gericht sogar mehrere Betreuer bestellen, wenn dies erforderlich ist.

Bei der Suche nach einem geeigneten Betreuer bedient sich das Betreuungsgericht der Hilfe der **Betreuungsbehörde.** Dies ist eine staatliche Institution, zu deren Aufgabe es gehört, Betreuer und Bevollmächtigte zu beraten, zu unterstützen und diese fortzubilden sowie dem Betreuungsgericht zu helfen, einen geeigneten Betreuer zu finden. Die Betreuungsbehörde versucht auch aufzuklären, inwieweit und in welchem Umfang eine Betreuung erforderlich ist oder anderweitige Hilfe in Betracht kommt.

Nur wenn sich eine geeignete Person (noch) nicht findet, kann das Gericht einen anerkannten Betreuungsverein oder die zuständige Betreuungsbehörde zum Betreuer bestellen. Diese Institutionen sind dann ihrerseits gehalten, die Wahrnehmung der Betreuung einer Einzelperson zu übertragen. Nicht zum Betreuer darf bestellt werden, wer zu einer Einrichtung (z. B. Altenheim, Krankenhaus), in welcher der Betroffene wohnt, in einem Abhängigkeitsverhältnis oder in einer anderen engen Beziehung steht (z. B. Gesundheits- und Krankenpfleger, Altenpfleger).

Der vom Betreuungsgericht Ausgewählte ist nun verpflichtet, die Betreuung zu übernehmen, wenn ihm dies zugemutet werden kann. Diese Übernahmepflicht kann aber nicht zwangsweise durchgesetzt werden. Durch die Bestellung zum Betreuer wird dieser in seinem Aufgabenkreis (S. 299) zum **gesetzlichen Vertreter** des Betroffenen. Dies hat jedoch keine Auswirkungen auf die Geschäftsfähigkeit des Betroffenen.

24.2.2 Pflichten des Betreuers

Für den Betreuer ist das **Wohl des Betroffenen** oberste Richtschnur, § 1901 Abs. 1 BGB (▶ Abb. 24.2).

Abb. 24.2 Das Wohl des Betroffenen

Persönliche Betreuung

Der Betreuer hat den persönlichen Kontakt zu seinem Betreuten zu suchen und zu pflegen, da nur dadurch gewährleistet ist, dass er seine Bedürfnisse erkennt und eine erforderliche Vertrauensbasis geschaffen werden kann.

Wünsche des Betreuten

Er hat den Wünschen des Betroffenen zu entsprechen, soweit dies dessen Wohl nicht zuwiderläuft und dem Betreuer zuzumuten ist.

Besprechungspflicht

Wichtige Angelegenheiten des Betreuten hat der Betreuer mit diesem zu besprechen, bevor er sie erledigt oder eine Entscheidung trifft. Damit stellt der Gesetzgeber klar, dass die Betreuung weit mehr sein sollte als die bloße Verwaltung des Betreuten, so wie es der früheren Praxis oft entsprach. Wie weit sich jedoch die Realität diesen Zielvorstellungen anpasst, hängt insbesondere vom persönlichen Engagement des Betreuers ab. Wie weit der Betreuer diesen Pflichten entsprechen muss, hängt ganz entscheidend vom Einzelfall und von der Person des Betreuten ab. So ist auch hier immer zu beachten, dass das Wohl des Betreuten oberste Richtlinie bleibt und der Betreuer Wünsche des Betroffenen gar nicht erfüllen darf, wenn sie seinem Wohl zuwiderlaufen.

24.2.3 Entlassung des Betreuers

Die Bestellung eines Betreuers ist **aufzuheben,** wenn:
- die Voraussetzungen einer Betreuung nicht mehr vorliegen,
- bei nur körperlicher Behinderung der Betreute die Aufhebung beantragt,
- die Eignung des Betreuers nicht mehr gegeben ist,
- der Betreute eine andere, gleich geeignete, bereitwillige Person vorschlägt,

- nach der Bestellung des Betreuers Umstände eintreten, die eine Betreuung unzumutbar machen und der Betreuer seine Entlassung verlangt,
- ein anderer wichtiger Grund vorliegt.

24.3 Umfang der Betreuung

Der Umfang der Betreuung hängt entscheidend davon ab, wie weit eine Betreuung für den Betroffenen *erforderlich* ist. Nur für diese Aufgabenbereiche darf ein Betreuer bestellt werden, § 1896 Abs. 2 S. 1 BGB. Die bedeutendsten **Aufgabenkreise** sind dabei:
- Aufenthaltsbestimmung,
- Vermögensverwaltung,
- Gesundheitsfürsorge,
- Unterbringung,
- Behörden und Versicherungsangelegenheiten.

Dabei können jedoch diese Aufgabenkreise weiter eingegrenzt und sogar auf einzelne Maßnahmen beschränkt werden.

Aufgabe 81

Die 70-jährige Rentnerin Helene wird infolge eines Sturzes ins Krankenhaus eingeliefert. Sie hat einen Oberschenkelhalsbruch erlitten. Aufgrund ihres Alters und des Schocks des Unfalles ist sie verwirrt und nicht ansprechbar. Für die anstehende Operation kann sie daher keine wirksame Einwilligung erteilen. Wie muss vorgegangen werden?
Erläuterung im Anhang, Aufgabe 81 (S. 523)

Die gesetzliche Vertretung des Betreuers bezieht sich demzufolge nur auf Aufgaben innerhalb des Kreises. Nur in diesem Umfang kann er Handlungen für den Betreuten vornehmen. Darüber hinaus ist der Betroffene selbstständig und eigenverantwortlich. Insbesondere wird durch die Anordnung der Betreuung nicht die Geschäftsfähigkeit des Betreuten berührt. Ob er voll geschäftsfähig ist oder nicht, hängt ganz vom Einzelfall ab und ob er „sich in einem die freie Willensbestimmung ausschließenden Zustand krankhafter Störung der Geistestätigkeit befindet, sofern nicht sein Zustand seiner Natur nach ein vorübergehender ist", § 104 Ziff. 2 BGB. Dies ist der Fall, wenn der Betroffene nicht mehr in der Lage ist, seine Entscheidungen von vernünftigen Erwägungen abhängig zu machen. In „lichten Augenblicken" besteht dagegen Geschäftsfähigkeit. Kommt es daher zu zwei widersprechenden Willenserklärungen zwischen dem Betreuten und seinem Betreuer, sind grundsätzlich beide Willenserklärungen wirksam, soweit der Betreuer innerhalb seines Aufgabenbereiches tätig wird. Eine Ausnahme besteht dort, wo das Betreuungsgericht einen sog. **Einwilligungsvorbehalt** anordnet. Dies geschieht dann, wenn es zur Abwendung einer erheblichen Gefahr für die Person oder das Vermögen des Betreuten erforderlich ist. In diesem Fall bedarf es für die Wirksamkeit der Willenserklärung des Betreuten in jedem Fall der Einwilligung des Betreuers.

24.4 Betreuungsverfahren

Zuständig für die Durchführung des Betreuungsverfahrens ist das Betreuungsgericht bei dem Amtsgericht des Ortes, in dem der Betroffene seinen gewöhnlichen Aufenthalt hat. Das Verfahren wird entweder von Amts wegen oder auf Antrag eingeleitet; vgl. hierzu Anlage 4 zum Betreuungsrecht (S. 318). Die Anordnung einer Betreuung bzw. die Prüfung, ob eine Betreuung erforderlich ist, geschieht dann, wenn das Betreuungsgericht Kenntnis von einem eventuellen Betreuungsbedürfnis erlangt. Die notwendigen weiteren Schritte tätigt das Gericht von sich aus. Es kann jedoch nur tätig werden, wenn man dem Gericht von einem solchen Bedürfnis Mitteilung macht. Hierzu ist jeder befugt, ob Angehöriger, Nachbar oder eine Institution (z. B. Sozialbehörden), ja sogar der Betroffene selbst. Nur wenn der Betroffene lediglich körperlich behindert ist, ist ein Antrag oder seine Zustimmung notwendig, es sei denn, er kann seinen Willen nicht mehr kundtun. Der Betroffene ist in diesem Verfahren voll verfahrensfähig und kann daher auch selbstständig Rechtsmittel einlegen.

24.4.1 Persönliche Anhörung

Vor der Bestellung eines Betreuers sieht das Gesetz zwingend die persönliche Anhörung des Betreuten in seiner üblichen Umgebung durch den Betreuungsrichter vor. Hierbei soll sich der Richter einen unmittelbaren Eindruck vom Betroffenen machen. Dabei ist die Anwesenheit einer Person, zu der der Betroffene Vertrauen hat, gestattet. Die übliche Umgebung ist häufig die Wohnung des Betroffenen, kann aber auch – bei längerem Aufenthalt – im Krankenhaus oder Altenheim sein.

24.4.2 Absehen von der persönlichen Anhörung

Von der persönlichen Anhörung kann nur abgesehen werden, wenn durch die Anhörung erhebliche Nachteile für die Gesundheit des Betroffenen zu befürchten sind oder der Betroffene offensichtlich nicht in der Lage ist, seinen Willen kundzutun. Ob solche Nachteile zu erwarten sind, muss sich aus einem ärztlichen Gutachten ergeben. Trotzdem muss sich der Richter durch einen unmittelbaren Eindruck vom Betroffenen davon überzeugen, ob dieser in der Lage ist, seinen Willen kundzutun.

24.4.3 Gutachten eines Sachverständigen

Ein Betreuer darf erst bestellt werden, nachdem das Gutachten eines Sachverständigen über die Notwendigkeit der Bestellung eines Betreuers eingeholt worden ist. Das Gutachten soll nicht nur über die Krankheit bzw. Behinderung des Betroffenen Aufschluss geben, sondern vor allem auch zu der Frage Stellung nehmen, inwieweit dadurch die Fähigkeit des Betroffenen, seine eigenen Angelegenheiten zu besorgen, aufgehoben ist.

24.4.4 Schlussgespräch

Nach Vorliegen des Gutachtens findet eine mündliche Erörterung mit dem Betroffenen statt, das sog. Schlussgespräch. Hier soll mit ihm das Ergebnis des Gutachtens, der Umfang des Aufgabenbereiches und die Person des Betreuers besprochen werden.

24.4.5 Verfahrenspfleger

Das Gericht hat dem Betroffenen für das gesamte Verfahren einen eigenen Verfahrenspfleger zu bestellen, soweit dies zur Wahrung seiner Interessen erforderlich ist. Dies ist insbesondere dann der Fall, wenn:
- von der persönlichen Anhörung abgesehen wurde,
- ein Betreuer zur Besorgung aller Angelegenheiten bestellt werden soll oder
- Gegenstand des Verfahrens die Einwilligung zur Sterilisation ist.

24.5 Dauer der Betreuung

Bei der Anordnung des Betreuers wird unter anderem zugleich festgelegt, zu welchem Zeitpunkt das Gericht spätestens über die Aufhebung oder Verlängerung der Anordnung zu entscheiden hat. Eine Überprüfung hat *spätestens* **in sieben Jahren** zu geschehen.

24.6 Vorläufige Betreuungsanordnung

Bis zur endgültigen Entscheidung über die Anordnung einer Betreuung verstreicht in der Regel ein erheblicher Zeitraum.

Allein die Suche nach einem geeigneten Betreuer benötigt einen erheblichen Zeitaufwand. Hier sind sowohl Gespräche mit dem Betroffenen als auch mit seinen Angehörigen erforderlich, um unter Berücksichtigung vieler Aspekte eine Person zu finden, die sowohl willens als auch in der Lage ist, die Betreuung des Betroffenen zu übernehmen. Auch die Erstellung des Gutachtens durch einen Psychiater dauert, wobei nach Erstellung des Gutachtens der Betroffene und eventuell weitere Verfahrensbeteiligte Gelegenheit erhalten sollen, hierzu Stellung nehmen zu können.

Nachdem in der Praxis aber oftmals nicht so lange gewartet werden kann, kann das Gericht *einstweilig anordnen,* dass ein Betreuer bestellt wird. Diese vorläufige Betreuerbestellung kann innerhalb eines Tages erfolgen, wenn das Gericht davon ausgeht, dass ein dringendes Bedürfnis für ein sofortiges Tätigwerden besteht. Eine Betreuung kann insbesondere dann in kürzester Zeit angeordnet werden, wenn folgende Voraussetzungen und Unterlagen vorliegen:
- Krankheit oder Behinderung, die dazu führt, dass der Betroffene bestimmte eigene Angelegenheiten nicht selbst erledigen kann (z. B. Einwilligung in eine Operation),
- ein ärztliches Attest über **diese** Krankheit (kein zeitaufwendiges Gutachten nötig),
- Vorschlag, wer als geeigneter Betreuer in Betracht kommt (Name und Anschrift z. B. eines nahen Angehörigen) und
- Begründung der Eilbedürftigkeit

Ist in diesem Fall die vorherige Anhörung des Betroffenen aus Zeitgründen nicht möglich, kann sie nachgeholt werden. Gerade in Krankenhäusern, wo oft eilige Entscheidungen getroffen werden müssen, kann mit der Anordnung einer vorläufigen Betreuung den Belangen des Betroffenen schnell Rechnung getragen werden; siehe hierzu Anlage 4 zum Betreuungsrecht (S. 318).

Diese Anordnung darf aber die *Höchstdauer von sechs Monaten* nicht übersteigen. Ist ein Betreuer noch nicht bestellt, oder ist der Betreuer an der Erfüllung seiner Pflichten verhindert, so kann das Betreuungsgericht in ganz eiligen Fällen selbst die im Interesse des Betroffenen erforderlichen Maßnahmen treffen, §§ 1908i, 1846 BGB.

24.7 Aufhebung der Betreuung

Eine Betreuung wird dann aufgehoben, wenn ihre Voraussetzungen weggefallen sind. Dies ist z. B. dann der Fall, wenn der Betroffene wieder so weit gesund geworden ist, dass er seine persönlichen Angelegenheiten wieder selbst erledigen kann.

24.8 Rechtsfolgen der Betreuung

Der Betreuer ist innerhalb des Aufgabenbereiches gesetzlicher Vertreter des Betroffenen, § 1902 BGB. Der Betreute ist nicht mehr automatisch vom Wahlrecht ausgeschlossen, sondern erst, wenn ein Betreuer zur Besorgung *aller seiner Angelegenheiten* angeordnet ist. Dies ist in der Praxis äußerst selten und betrifft Betroffene, die wohl ohnehin an keiner Wahl mehr teilnehmen wollen. Die Betreuerbestellung hat keine Auswirkungen auf die Geschäftsfähigkeit des Betreuten. Sie hat insbesondere nicht zur Folge, dass der Betreute geschäftsunfähig oder in seiner Geschäftsfähigkeit beschränkt wird. Ob Geschäftsunfähigkeit vorliegt, richtet sich ausschließlich nach den Bestimmungen des allgemeinen Schuldrechts (S. 226) und liegt vor, wenn der Betroffene sich in einem Zustand befindet, in dem seine freie Willensbildung wegen krankhafter Störung seiner Geistestätigkeit ausgeschlossen ist. Ob dies der Fall ist, kann nicht allgemein gesagt, sondern muss im Einzelfall entschieden werden.

> **Beispiel**
> Helene leidet an Verfolgungswahn. Sie steht unter Betreuung (Aufgabenkreis: Vermögensverwaltung). Zu ihrem vermeintlichen Schutz erwirbt sie eine Waffe, um sich verteidigen zu können. Darüber hinaus bestreitet sie ihren Lebensunterhalt u. a. durch Kauf von Lebensmitteln selbstständig. Obwohl Helene bezüglich aller Vermögensangelegenheiten unter Betreuung steht, ist sie nur beim Kauf der Waffe (höchstwahrscheinlich) geschäftsunfähig gewesen. Dieser Kaufvertrag war daher nichtig. Im Übrigen kann sie wirksame Verträge schließen.

24.9 Heilbehandlung von Betreuten

Wie bereits ausgeführt, bedarf jeder ärztliche Eingriff der Einwilligung des Patienten (S. 159). Auch Betroffene, die unter Betreuung stehen, müssen **selbst** in ihre Behandlung einwilligen, sogar dann, wenn der Aufgabenkreis Gesundheitsfürsorge angeordnet ist. Dies setzt voraus, dass der Betroffene einwilligungsfähig ist. Entscheidend ist, ob er über eine **natürliche Einsichtsfähigkeit** und Steuerungsfähigkeit verfügt. Einwilligungs*unfähigkeit* liegt dann vor, wenn der Betroffene Art, Bedeutung und Tragweite der Maßnahme – nach entsprechender ärztlicher Aufklärung und Beratung – nicht mehr erfassen kann und seinen Willen hiernach nicht mehr zu bestimmen vermag. Sie ist in der Regel für jede einzelne Maßnahme zu überprüfen.

Willigt der *einwilligungsfähige* Betreute in eine Heilbehandlung nicht ein, kann und darf die fehlende Einwilligung nicht durch den Betreuer ersetzt werden!

Ist der Betreute nicht mehr einwilligungsfähig, bedarf es der Einwilligung des Betreuers, wobei zu beachten ist, dass dies zum Aufgabenkreis des Betreuers zählen muss. Ist noch kein Betreuer bestellt, muss zunächst eine (zumindest vorläufige) Betreuung angeordnet (S. 293) werden. Die Einwilligung eines Betreuers bedarf zusätzlich in folgenden

Fällen der Genehmigung des Betreuungsgerichts, wenn es sich um lebensgefährliche oder gesundheitsgefährdende Maßnahmen handelt (▶ Abb. 24.3).

Abb. 24.3 Genehmigung der Einwilligung des Betreuers durch das Gericht

24.9.1 Heilbehandlung

Eine Heilbehandlung stellt jede auf Beseitigung, Besserung, Verhütung der Verschlimmerung einer Krankheit oder Linderung ihrer Folgen gerichtete Maßnahme dar.

24.9.2 Untersuchung

Eine Untersuchung ist jede Maßnahme der Diagnose und Anamnese insbesondere durch Arzt und ärztliches Hilfspersonal.

24.9.3 Ärztlicher Eingriff

Hierbei handelt es sich um jede ärztliche Maßnahme, die keinen Heileingriff darstellt, z.B. Schönheitsoperation, Schwangerschaftsabbruch.
- *Lebensgefährlicher Eingriff*: Eine Genehmigung des Gerichts für diese Maßnahmen ist nur erforderlich, wenn die Gefahr besteht, dass der Betreute aufgrund der Maßnahme stirbt oder einen schweren und länger dauernden gesundheitlichen Schaden erleidet.
  - Als *genehmigungspflichtige Untersuchungen* kommen in Betracht: Pneumenzephalografie, Leberblindpunktion, Bronchoskopie Herzkatheterisierung, Liquorentnahme aus Gehirn oder Rückenmark, Angiografie sowie bei alten bzw. gebrechlichen Menschen je nach Einzelfall die Arthroskopie.
  - Als *genehmigungspflichtige Operationen* kommen in Betracht: Herzoperationen, Transplantationen, neurochirurgische Operationen, gefäßchirurgische Eingriffe, Operationen am Gehirn und Rückenmark sowie Operationen am offenen Thorax.
  - Als *genehmigungsbedürftige sonstige Behandlungen* kommen in Betracht: Chemotherapie, Strahlenbehandlungen, Dauerkatheterisierung der Harnblase. Auch die Langzeitbehandlung mit Neuroleptika und Antikonvulsiva kann genehmigungspflichtig sein.

- *Absehen der Genehmigung bei Gefahr im Verzug*: Eine Genehmigung ist dann entbehrlich, wenn Gefahr im Verzug besteht. Dies ist der Fall, wenn eine Genehmigung aus zeitlichen Gründen nicht mehr eingeholt werden kann, ohne dass es zu einer Gefahr für den Betroffenen kommt.

Die Genehmigung durch das Gericht darf erst nach Einholung eines Sachverständigengutachtens zur Frage der Einwilligungsfähigkeit erteilt werden. Dabei darf der begutachtende Arzt nicht identisch mit dem behandelnden Arzt sein. Bei einfachen Behandlungen ohne Lebensgefahr genügt die Einwilligung des Betreuers. Hier ist eine Genehmigung durch das Gericht entbehrlich.

> **Beispiel**
> Christoph leidet an einer schweren Psychose und steht unter Betreuung (u. a. mit dem Aufgabenkreis Gesundheitsfürsorge).
> a) Es ist die Verabreichung eines Psychopharmakons angezeigt, welches jedoch stark persönlichkeitsverändernden Charakter hat.
> b) Nach einem gescheiterten Suizidversuch (Sprung von einer Brücke) müssen sofort lebensrettende Maßnahmen ergriffen werden, so auch Blutstillung. Eine erlittene Oberschenkelhalsfraktur muss operativ behoben werden.
> c) Nach seiner Genesung von dem Unfall begibt sich Christoph wegen Zahnschmerzen zum Zahnarzt und lässt sich behandeln.
> Sein Betreuer überlegt nun, welche Einwilligungen bzw. Genehmigungen bezüglich der einzelnen Maßnahmen erforderlich sind.
> a) Mit derartigen Psychopharmaka ist die Gefahr eines schweren und länger dauernden gesundheitlichen Schadens verbunden. Bevor der Betreuer daher zustimmt, braucht er die Genehmigung des Betreuungsgerichts.
> b) Ist die Blutstillung lebensrettend und sofort nötig, darf sie der Arzt sogar ohne ausdrückliche Einwilligung durchführen. Er darf von einer mutmaßlichen Einwilligung ausgehen. Bei der Operation, die ja nicht sofort notwendig ist, bedarf es der Einwilligung des Betreuers (bei Christoph dürfte wohl die Einsichtsfähigkeit bezüglich einer derart schweren Operation fehlen). Eine Genehmigung dieser Einwilligung durch das Gericht ist nur dann erforderlich, wenn dadurch Lebensgefahr bestünde.
> c) Bei diesem harmlosen Eingriff genügt wohl die Einwilligung von Christoph selbst, da er wohl trotz seiner Psychose die Reichweite der Zahnarztbehandlung einsehen kann.

Seit dem 1.9.2009 bedarf gem. § 1904 Abs. 2 BGB auch die **Nichteinwilligung** oder der **Widerruf der Einwilligung** des Betreuers in eine Untersuchung, eine Heilbehandlung oder einen ärztlichen Eingriff der Genehmigung durch das Betreuungsgericht, wenn die medizinische Maßnahme angezeigt ist und die Gefahr besteht, dass der Betreute aufgrund des Unterbleibens oder des Abbruchs der Maßnahme stirbt. Diese Genehmigungspflicht kommt insbesondere im Rahmen der passiven Sterbehilfe (S. 205) in Betracht.

Diese Genehmigungspflichten gelten auch für einen **Bevollmächtigten**, d. h. wenn eine Vorsorgevollmacht vorliegt, die diese Maßnahmen ausdrücklich umfasst und schriftlich abgefasst ist.

Achtung:
Eine Genehmigung der Einwilligung oder der Nichteinwilligung bzw. des Widerrufs einer Einwilligung ist dann nicht erforderlich, wenn zwischen Betreuer und behandelndem Arzt Einvernehmen darüber besteht, dass dies dem Willen des Betreuten ent-

spricht. Zur Feststellung des Willens des Betreuten kann auch auf eine Patientenverfügung (S. 207) **zurückgegriffen werden;** vgl. auch Anlage 3 zum Betreuungsrecht (S. 317).

24.10 Sterilisation von Betreuten

Ein besonderer ärztlicher Eingriff ist die Sterilisation des Betreuten. Diese ist nur bei Vorliegen ganz enger Voraussetzungen zulässig (§ 1905 BGB). Unter der Sterilisation versteht man die **operative Unfruchtbarmachung durch Unterbrechung der Ei- oder Samenleiter.** Als ärztlicher Eingriff benötigt die Sterilisation die Einwilligung des Betroffenen. Ist der Betroffene nicht einwilligungsfähig, muss der Betreuer einwilligen.

Aber: Eine Sterilisation ist gegen den Willen des Betroffenen nicht möglich, d. h. kann der – auch einwilligungsunfähige – Betroffene auf irgendeine Art und Weise zum Ausdruck bringen, dass er nicht einverstanden ist, dann darf der Eingriff nicht durchgeführt werden.

Eine Sterilisation darf nur dem Eigeninteresse des Betreuten dienen. Sie darf nicht zum Ziel haben, behinderten Nachwuchs zu verhindern. Durch Aufklärung über Verhütungsmittel muss versucht werden, die Möglichkeit einer Schwangerschaft anderweitig zu verhindern. Ist dies möglich, darf die Sterilisation nicht durchgeführt werden.

Willigt nun der Betreuer ein, bedarf es der Genehmigung dieser Einwilligung. Die Sterilisation darf erst 2 Wochen nach dem Eintritt der Wirksamkeit der Genehmigung durch das Betreuungsgericht durchgeführt werden.

Die **Sterilisation eines Minderjährigen** ist vollständig verboten (§ 1631c BGB). In diese können weder das Kind selbst noch seine Eltern einwilligen. Die einzige denkbare Ausnahme wäre, wenn eine strenge medizinische Indikation vorläge.

Durch das neue Betreuungsrecht ist auch die Diskussion über die **Sterilisation geistig Behinderter** abschließend gesetzlich geregelt. Nachdem eine Zwangssterilisation und die Sterilisation von Minderjährigen unzulässig ist, bleibt nur noch Raum für die Sterilisation von volljährigen geistig Behinderten, wenn diese nicht widersprechen und die sonstigen Voraussetzungen erfüllt sind. Einer Sonderbehandlung dieser Menschen bedarf es daher nicht.

24.11 Unterbringung von Betreuten

Da bereits eine ärztliche Behandlung nur mit Einwilligung des Betroffenen vorgenommen werden darf, ist eine solche erst recht notwendig, wenn der Betroffene in einem Krankenhaus oder einem Heim festgehalten wird (Unterbringung, die mit Freiheitsentziehung verbunden ist). Dabei ist wieder von entscheidender Bedeutung, ob der Betroffene einwilligungsfähig ist oder nicht (▶ Abb. 24.4).

Bei dieser Art der Unterbringung geht es in erster Linie um das Wohl des Betroffenen. Sie wird beantragt vom Betreuer und hat ihre Rechtsgrundlage im Zivilrecht. Daher wird sie auch als *zivilrechtliche Unterbringung* bezeichnet (im Unterschied zur öffentlich-rechtlichen Unterbringung (S. 498)).

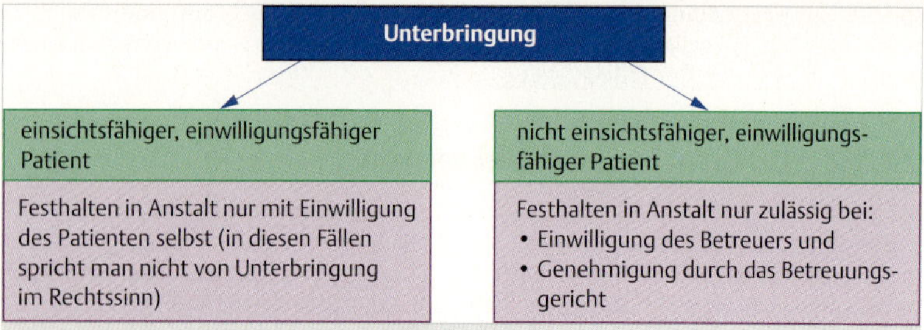

Unterbringung

einsichtsfähiger, einwilligungsfähiger Patient

Festhalten in Anstalt nur mit Einwilligung des Patienten selbst (in diesen Fällen spricht man nicht von Unterbringung im Rechtssinn)

nicht einsichtsfähiger, einwilligungsfähiger Patient

Festhalten in Anstalt nur zulässig bei:
- Einwilligung des Betreuers und
- Genehmigung durch das Betreuungsgericht

Abb. 24.4 Unterbringung eines Betreuten

24.11.1 Einsichtsfähiger Betroffener

Ist der Betroffene einsichts- und einwilligungsfähig, muss er selbst in diese Maßnahme einwilligen. Tut er es nicht, darf er nicht gegen seinen Willen festgehalten werden. Willigt er ein, ist sein Aufenthalt freiwillig, und es liegt keine Unterbringung im Rechtssinne vor.

24.11.2 Nicht einsichtsfähiger Betroffener

Ist der Betroffene nicht einsichts- und einwilligungsfähig, muss an seiner Stelle der Betreuer einwilligen. Ist kein Betreuer bestellt, muss dies erst nachgeholt werden. Bevor der Betreuer in die Unterbringung einwilligt, bedarf er hierzu der *Genehmigung des Betreuungsgerichts*.

Ausnahmsweise ist eine Unterbringung bei Gefahr im Verzug ohne betreuungsgerichtliche Genehmigung zulässig. Sie ist allerdings unverzüglich nachzuholen.

Eine Unterbringung, die mit Freiheitsentziehung verbunden ist, liegt vor, wenn:
- die Insassen einer Anstalt, eines Krankenhauses oder eines Heimes auf einem beschränkten Raum *festgehalten* werden,
- ihr Aufenthalt ständig überwacht und
- die Aufnahme des Kontaktes mit Personen außerhalb des Raumes durch Sicherheitsmaßnahmen verhindert wird.

Eine derartige Unterbringung eines Betreuten, die mit Freiheitsentziehung verbunden ist, ist gem. § 1906 BGB nur unter folgenden Voraussetzungen zulässig (▶ Abb. 24.5).

Einwilligung des Betreuers

Da der Betroffene mangels Einwilligungsfähigkeit nicht einwilligen kann, muss dies ein Betreuer für ihn vornehmen. Dazu ist erforderlich, dass dies überhaupt zu seinem Aufgabenkreis gehört. Gegebenenfalls muss der Aufgabenkreis auf die Aufenthaltsbestimmung bzw. Entscheidung über freiheitsentziehende Unterbringung erweitert werden. Ist noch kein Betreuer vorhanden, der Betroffene gleichwohl einwilligungsunfähig, muss ein Betreuer bestellt werden.

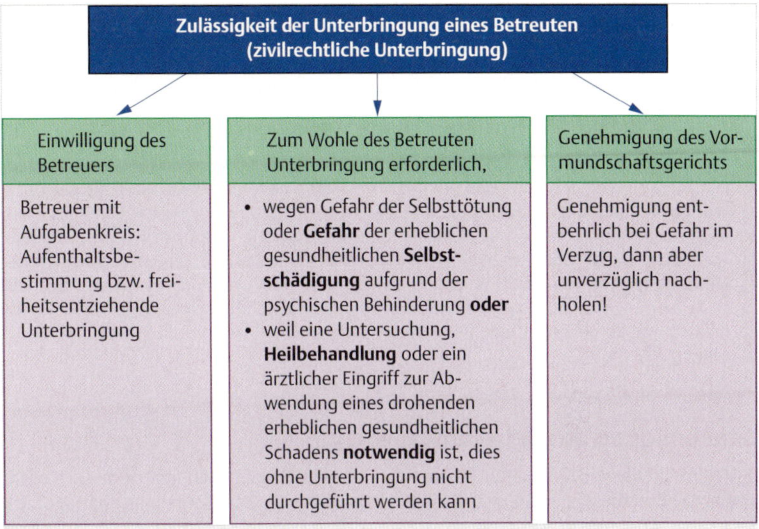

24.11 Unterbringung von Betreuten

Zulässigkeit der Unterbringung eines Betreuten (zivilrechtliche Unterbringung)

Einwilligung des Betreuers	Zum Wohle des Betreuten Unterbringung erforderlich,	Genehmigung des Vormundschaftsgerichts
Betreuer mit Aufgabenkreis: Aufenthaltsbestimmung bzw. freiheitsentziehende Unterbringung	• wegen Gefahr der Selbsttötung oder **Gefahr** der erheblichen gesundheitlichen **Selbstschädigung** aufgrund der psychischen Behinderung **oder** • weil eine Untersuchung, **Heilbehandlung** oder ein ärztlicher Eingriff zur Abwendung eines drohenden erheblichen gesundheitlichen Schadens **notwendig** ist, dies ohne Unterbringung nicht durchgeführt werden kann	Genehmigung entbehrlich bei Gefahr im Verzug, dann aber unverzüglich nachholen!

Abb. 24.5 Voraussetzungen der Unterbringung eines Betreuten

Zum Wohl des Betroffenen

Auch bei der Unterbringung ist als oberstes Gebot das *Wohl des Betreuten* zu beachten. Geht es weniger um das Wohl des Betroffenen, sondern vielmehr um die Abwendung einer Gefahr für die öffentliche Sicherheit oder Ordnung, kommt eine öffentlich-rechtliche Unterbringung (S. 498) in Betracht. Die Unterbringung ist daher nur zulässig, solange sie zu dessen Wohl erforderlich ist, weil
- aufgrund einer psychischen Krankheit oder geistigen oder seelischen Behinderung des Betreuten die Gefahr besteht, dass er sich selbst tötet oder sich erheblichen gesundheitlichen Schaden zufügt.

> **Beispiel**
> *Die allein lebende 75-jährige Anna* ist an Demenz im fortgeschrittenen Stadium erkrankt. Aufgrund ihrer krankheitsbedingten Gedächtnisstörungen ist sie nach Verlassen ihrer Wohnung orientierungslos und findet nicht mehr nach Hause zurück. Trotz dieses Umstandes ist sie noch äußerst rüstig und bestrebt, die Wohnung zu verlassen und spazieren zu gehen. Aufgrund ihrer Demenz erkennt Anna nicht, in welche Gefahr sie sich begibt. Durch die Orientierungslosigkeit läuft Anna Gefahr, nicht mehr nach Hause zu finden, was gerade in den Wintermonaten lebensgefährlich werden kann. Anna ist zu ihrem Schutz in einem geschlossenen Heim unterzubringen. Ohne diese Unterbringung hätte Anna niemanden, der auf sie achtet. Sie ist stark selbstgefährdet.

- eine Untersuchung des Gesundheitszustands, eine Heilbehandlung oder ein ärztlicher Eingriff nötig ist, die ohne die Unterbringung des Betreuten nicht durchgeführt werden kann und der Betreute aufgrund seiner Behinderung die Notwendigkeit der Unterbringung nicht erkennen oder nicht dieser Einsicht entsprechend handeln kann. Diese Untersuchung oder Behandlung muss erforderlich sein, um einen drohenden erheblichen gesundheitlichen Schaden vom Betroffenen abzuwenden.

> **Beispiel**
> *Der 25-jährige Uwe* leidet an einer paranoiden Schizophrenie. Bei regelmäßiger Medikamenteneinnahme sind die Auswirkungen der Krankheit nicht weiter gravierend. Nach einiger Zeit – Uwe geht es ganz gut – nimmt er keine Medikamente mehr, da er der Ansicht ist, es gehe ihm auch so ganz gut. Durch die Nichteinnahme der Medikamente verstärken sich die Symptome wieder. Uwe „hört" Stimmen, die ihm Befehle erteilen. Die Einsicht, dass er krank ist und die Medikamente braucht, fehlt Uwe gerade wegen der Krankheit. Nachdem es immer schlimmer wird, kann Uwe untergebracht werden, bis die regelmäßige Medikamenteneinnahme seinen Zustand wieder gebessert hat. Ohne Unterbringung würde Uwe sich in erheblichem Maße selbst gefährden.

Genehmigung des Betreuungsgerichts

Zusätzlich zu obigen Voraussetzungen ist die Genehmigung der Maßnahme des Betreuers durch das Betreuungsgericht erforderlich; siehe Anlage 6 zum Betreuungsrecht (S. 320). Sie ist nur dann entbehrlich, wenn eine akute Gefahr besteht, sodass auch eine vorläufige Genehmigung durch das Gericht zu spät käme. In diesem Fall ist die Genehmigung unverzüglich nachzuholen. Auch hier hat das Gericht vor der Entscheidung
- den Betroffenen persönlich anzuhören,
- sich einen persönlichen Eindruck vom Betroffenen in der üblichen Umgebung zu machen und
- ein Gutachten von einem Sachverständigen einzuholen.

Die Unterbringung darf zunächst höchstens ein Jahr (ausnahmsweise zwei Jahre) dauern. Sie kann jedoch verlängert werden.

Vorläufige Unterbringung

Wenn aller Voraussicht nach die Voraussetzungen für eine Unterbringung vorliegen und ein Aufschub bis zur endgültigen Entscheidung mit einer Gefahr für den Betroffenen verbunden wäre, so darf dieser vorläufig untergebracht werden. Auch diese Maßnahme ist vom Gericht zu genehmigen, nach Anhörung des Betroffenen. Die maximale Dauer dieser vorläufigen Unterbringung dauert 6 Wochen und kann auf 3 Monate verlängert werden. Hier ist kein Gutachten nötig, es reicht das Attest eines Psychiaters.

24.12 Unterbringungsähnliche Maßnahmen (Fixierung)

Eine Freiheitsentziehung kann auch vorliegen, wenn dem Betroffenen ob untergebracht oder nicht auf andere Art und Weise seine (Fort-)Bewegungsfreiheit entzogen wird. Hierbei handelt es sich um sog. unterbringungsähnliche Maßnahmen (Fixierung) (▶ Abb. 24.6).

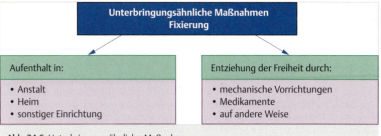

Abb. 24.6 Unterbringungsähnliche Maßnahmen

24.12.1 Begriff

Unterbringungsähnliche Maßnahmen verdanken ihren Begriff dem Umstand, dass sie ähnlich wie die Unterbringung den Betroffenen daran hindern, den Ort zu verlassen, an den dieser durch die Fixierungsmaßnahme gebunden ist. Bei genauer Betrachtung ist dieser Eingriff in die Rechte des Betroffenen sogar noch gravierender als die bloße Unterbringung, bei der sich der Betroffene wenigstens noch innerhalb der Einrichtung bzw. der Station frei bewegen kann. Von unterbringungsähnlichen Maßnahmen spricht man jedoch nur, wenn sich der Betroffene in einem Heim, einer Anstalt oder in einer sonstigen Einrichtung (z. B. einem Krankenhaus) befindet und dort die freiheitsentziehenden Maßnahmen angewendet werden (§ 1906 Abs. 4 BGB) (▶ Abb. 24.6). Finden „Fixierungsmaßnahmen" in der Wohnung des Betroffenen statt, liegen keine unterbringungsähnlichen Maßnahmen vor.

Eine Freiheitsentziehung und damit eine Fixierung liegen aber nicht vor, wenn der Betroffene ohnehin bewegungsunfähig ist. Dies kann z. B. dann der Fall sein, wenn er so schwer erkrankt ist, dass er unter keinen denkbaren Umständen mehr aus eigener Kraft das Bett verlassen kann. Wird hier ein Bettgitter angebracht, liegt keine Fixierung vor.

Aufenthalt in einer Einrichtung

Hier ist nicht notwendig, dass sich der Betreute in einer psychiatrischen Einrichtung befindet. Auch der Aufenthalt in einem Heim, einer Anstalt oder sonstigen Einrichtung (z. B. Krankenhaus) genügt.

Freiheitsentziehung

Die Freiheitsentziehung ist durch mechanische Vorrichtungen, Medikamente oder auf andere Weise gegeben (**Fixieren**).

Beispiel
Beispiele der Freiheitsentziehung: Fesselung an Bett oder Stuhl, Bettgitter verhindert das Verlassen des Bettes, Absperren des Zimmers, Schlafmittel, um ein Verlassen der Einrichtung zu verhindern, Bauchgurt.

24.12.2 Zulässigkeit der Fixierung

Nachdem es sich bei den unterbringungsähnlichen Maßnahmen (Fixierungen) um ganz gravierende Eingriffe in die Rechte des Betroffenen handelt und sie seine Fortbewegungsfreiheit rauben, bedürfen sie einer staatlich anerkannten Rechtfertigung, da ansonsten eine strafbare Freiheitsberaubung (S. 188) vorliegt. Die Fixierung erfüllt ohne Weiteres den objektiven und subjektiven Tatbestand der Freiheitsberaubung. Hat die Freiheitsentziehung (Fixierung) über eine Woche gedauert, so liegt das Strafmaß gem. § 239 Abs. 3 StGB sogar zwischen einem und zehn Jahren. Als Rechtfertigungsgründe kommen neben Notwehr (S. 190) (z. B. schlägt ein psychisch schwer gestörter Mensch wild um sich) vor allem die Einwilligung (S. 189) in Betracht (▶ Abb. 24.7).

Einwilligungsfähiger Betroffener

Ist der Betroffene einwilligungsfähig, kommt es nur und ausschließlich darauf an, dass er selbst nach entsprechender Aufklärung einwilligt. Natürlich kann diese Einwilligung auch mündlich erklärt werden. Der Betroffene kann diese Einwilligung auch zu einem früheren Zeitpunkt erteilen, wenn sie sich auf eine konkrete Situation und eine konkrete Maßnahme bezieht (z. B. Erteilung der Einwilligung vor einer Operation im Hinblick auf Fixierung der Extremitäten nach der Operation in der postoperativen Phase). Einer Genehmigung durch ein Gericht bedarf es hier selbstverständlich nicht. Es erscheint jedoch sinnvoll, sowohl das Vorliegen der Einwilligungsfähigkeit als auch die erteilte Einwilligung zu dokumentieren.

Einwilligungsunfähiger Betroffener

Ist der Betroffene nicht einwilligungsfähig, bedarf es der Einwilligung seines gesetzlichen Vertreters (= Betreuer bei Volljährigen) oder Bevollmächtigten (S. 293). Dementsprechend ist auch der Betreuer oder Bevollmächtigte aufzuklären. Die Einwilligung des Betreuers oder Bevollmächtigten ist nur wirksam, wenn sie durch seinen Aufgabenkreis gedeckt ist. Dabei genügt es nicht, wenn dieser lediglich die *Gesundheitsfürsorge* oder *Aufenthaltsbestimmung* umfasst. Der Aufgabenkreis muss die Entscheidung über unterbringungsähnliche Maßnahmen beinhalten.

Beteiligung des Betreuungsgerichts

Ist bei einem Betroffenen wegen seiner Einwilligungsunfähigkeit die Einwilligung des Betreuers oder seines Bevollmächtigten erforderlich, bedarf diese Einwilligung zu ihrer Wirksamkeit der Genehmigung durch das Betreuungsgericht, wenn die Fixierung über einen längeren Zeitraum oder regelmäßig vorgenommen wird – vgl. Anlage 5 zum Betreuungsrecht (S. 319). Ein längerer Zeitraum liegt jedenfalls dann vor, wenn die Maßnahme über mehrere Tage angelegt ist und eine Beendigung nach dem Krankheitsbild in nächster Zukunft nicht zu erwarten ist. Eine regelmäßig wiederkehrende Freiheitsentziehung liegt vor, wenn sie aufgrund eines wiederkehrenden Anlasses durchgeführt wird oder immer wieder zur selben Zeit erfolgt.

24.12 Unterbringungsähnliche Maßnahmen

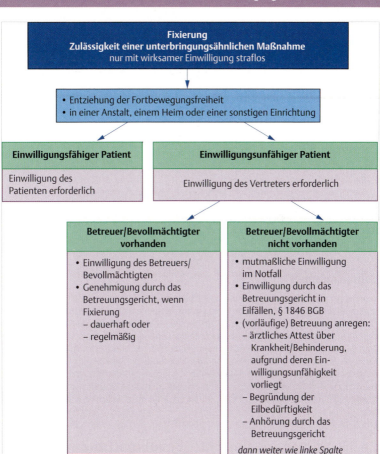

Abb. 24.7 Zulässigkeitsvoraussetzungen der Fixierung

Beispiel
Verwendung eines Bauchgurtes während der Nachtzeit, regelmäßiges Absperren des Krankenzimmers während bestimmter Stunden, Fixieren bei bestimmten wiederkehrenden Anlässen (z. B.: Mahlzeiten).

Fixierung von Untergebrachten

Auch wenn der Betreute mit gerichtlicher Genehmigung und Einwilligung des Betreuers untergebracht ist, umfasst diese Genehmigung nur solche Einschränkungen der körperlichen Bewegungsfreiheit, die normalerweise mit der Unterbringung in einer geschlossenen Einrichtung verbunden sind. Wird dort die Freiheit jedoch darüber hinaus beschränkt (Fixierung), bedarf es auch hierzu neben der Einwilligung durch den Betreuer einer gerichtlichen Genehmigung.

> **Aufgabe 82**
> Severin ist infolge einer schweren Psychose mit gerichtlicher Genehmigung in einem Heim untergebracht. Nun kommt er ins Krankenhaus und befindet sich in einer Abteilung, die ständig verschlossen ist, um ihn am Weglaufen zu hindern. Darüber hinaus wird er regelmäßig nachts im Bett fixiert, um sich nicht selbst zu gefährden. Bedarf es einer erneuten richterlichen Genehmigung?
> Erläuterung im Anhang, Aufgabe 82 (S. 523)

Eilmaßnahmen

Besteht bei einem einwilligungsunfähigen Betroffenen ein akutes Bedürfnis, Fixierungsmaßnahmen sofort durchzuführen und ist ein Betreuer nicht vorhanden oder nicht erreichbar, kann das Betreuungsgericht, wenn es von dem Umstand erfährt, auch selbst die erforderlichen und im Interesse des Betroffenen liegenden Maßnahmen (hier die Einwilligung) treffen (§§ 1908i, 1846 BGB). Ist auch das Gericht nicht erreichbar (z. B. nachts), kann die erforderliche Fixierung durch eine mutmaßliche Einwilligung (S. 184) gerechtfertigt sein. Keinesfalls darf eine notwendige Fixierung mit der Begründung unterlassen werden, das Gericht habe noch nicht entschieden. Gerade in Notfällen und wenn ein sofortiges Handeln erforderlich ist, kann die mutmaßliche Einwilligung angenommen werden.

24.13 Vorsorgevollmacht – Bevollmächtigter

Liegt eine Vorsorgevollmacht (S. 314) vor, die die betreffenden Aufgabenkreise wie „Unterbringung" und „unterbringungsähnliche Maßnahmen" umfasst, ist die Anordnung einer Betreuung nicht erforderlich, sodass der Betroffene keinen Betreuer hat, der einwilligen könnte. Ist der Betroffene einwilligungsunfähig, ist die Einwilligung des Bevollmächtigten erforderlich. Diese Einwilligung ist jedoch nur wirksam, wenn die **Vorsorgevollmacht schriftlich** erteilt ist.

24.14 Zwangsbehandlung von Betreuten

Ob ein Betreuer zwangsweise, d. h. gegen seinen natürlichen Willen mit Zwang behandelt werden darf, hängt zuerst davon ab, ob er einwilligungsfähig ist oder nicht. Da der Patient das Recht auf „Freiheit zur Krankheit (S. 164)" hat, scheidet die zwangsweise Behandlung eines einwilligungsfähigen Patienten von vorneherein aus. Hier kommt es allein auf seinen Willen an.

Ist der Patient nicht einwilligungsfähig, so ist eine Zwangsbehandlung nur unter ganz engen Voraussetzungen zulässig. Nachdem der Bundesgerichtshof am 20.6.2012 in zwei Entscheidungen festgestellt hat, dass die bis dahin geltende Gesetzeslage keine Grundlage für eine betreuungsrechtliche Zwangsbehandlung enthielt und deshalb der Betreuer auch im Rahmen einer geschlossenen Unterbringung keine Zwangsbehandlung veranlassen durfte, musste der Gesetzgeber möglichst schnell eine neue gesetzliche Grundlage für die Zwangsbehandlung schaffen. Dies geschah mit Gesetz vom 18.2.2013. Gemäß § 1906 Abs. 2 BGB müssen nunmehr für eine zulässige Zwangsbehandlung (ärztliche Maßnahme gegen den natürlichen Willen des Patienten) folgende Voraussetzungen erfüllt sein:

- Es liegt die Einwilligung des Betreuers (mit entsprechendem Aufgabenkreis) oder Bevollmächtigten (bei schriftlicher Vorsorgevollmacht) vor.
- Der Patient wurde in die geschlossene Einrichtung untergebracht.
- Der Patient kann aufgrund einer psychischen Krankheit oder einer geistigen oder seelischen Behinderung die Notwendigkeit der ärztlichen Maßnahme nicht erkennen oder nicht nach dieser Einsicht handeln.
- Die ärztliche Zwangsmaßnahme ist im Rahmen dieser Unterbringung zum Wohle des Betreuten erforderlich, um einen drohenden erheblichen gesundheitlichen Schaden von ihm abzuwenden.
- Der erhebliche gesundheitliche Schaden kann durch keine andere zumutbare Maßnahme abgewendet werden.
- Der zu erwartende Nutzen der ärztlichen Zwangsmaßnahme überwiegt die zu erwartenden Beeinträchtigungen deutlich.
- Das Betreuungsgericht genehmigt die Einwilligung in die ärztliche Zwangsmaßnahme.

Bei der Zwangsbehandlung ist der Verhältnisgrundsatz zu beachten, d.h. der therapeutische Nutzen einer unter Zwang durchgeführten Maßnahme ist kritisch zu prüfen. Die Nachteile, die ohne Behandlung entstehen würden, müssen die Schwere der Freiheitsentziehung und des Eingriffs überwiegen. Eine weitere Möglichkeit Patienten zwangsweise zu behandeln besteht, wenn diese öffentlich-rechtlich untergebracht sind.

24.15 Anlagen 1–6 zum Betreuungsrecht

Die Anlagen 1–3 enthalten Vorschläge, wie man eine Vorsorgevollmacht, eine Betreuungsverfügung oder eine Patientenverfügung abfassen könnte, wobei selbstverständlich nicht gewünschte Passagen durchgestrichen werden können. Daneben gibt es auch diverse andere Vorschläge, insbesondere auf der Homepage des Bundesministeriums der Justiz. Diese Vorschläge können den individuellen Gegebenheiten angepasst werden. Die Anlagen 4–6 enthalten Vorschläge, wie man die Bestellung eines Betreuers anregen und Fixierungsmaßnahmen bzw. eine geschlossene Unterbringung bei Gericht genehmigen lassen kann.

24.15.1 Anlage 1 zum Betreuungsrecht
24.15.2 Vorsorgevollmacht

Hiermit erteile ich:
    Name, Vorname:
    Geburtsdatum:
    Straße:
    Postleitzahl, Wohnort:
    Telefon:

Vollmacht an:
    Name, Vorname:
    Geburtsdatum:
    Straße:
    Postleitzahl, Wohnort:
    Telefon:

Diese Person (Bevollmächtigter) wird hiermit bevollmächtigt, mich in allen folgenden Angelegenheiten zu vertreten. Die Vollmacht bleibt in Kraft, wenn ich nach ihrer Errichtung geschäftsunfähig werden sollte. Sie soll auch über meinen Tod hinaus gelten.

Gesundheitssorge
Der Bevollmächtigte darf in allen Angelegenheiten der Gesundheitssorge entscheiden, ebenso über alle Einzelheiten einer ambulanten oder stationären Pflege.
Er darf insbesondere in sämtliche Maßnahmen zur Untersuchung des Gesundheitszustandes, in Heilbehandlungen und ärztliche Eingriffe einwilligen oder derartige Einwilligungen verweigern.
Er darf somit auch die Einwilligung zum Unterlassen oder Beenden lebensverlängernder Maßnahmen erteilen.
Ich entbinde alle mich behandelnden Ärzte und nichtärztliches Personal gegenüber meinem Bevollmächtigten von der Schweigepflicht.
Er darf über meine Unterbringung mit freiheitsentziehender Wirkung und über freiheitsentziehende Maßnahmen (z.B. Bettgitter, Bauchgurt oder ähnliche Fixierungsmaßnahmen) entscheiden.

Aufenthalt- und Wohnungsangelegenheiten
Der Bevollmächtigte darf meinen Aufenthalt bestimmen, Rechte und Pflichten aus dem Mietvertrag über meine Wohnung einschließlich einer Kündigung wahrnehmen sowie meinen Haushalt auflösen. Er darf einen neuen Mietvertrag abschließen und kündigen.
Er darf einen Heimvertrag abschließen und kündigen.

Behörden
Der Bevollmächtigte darf mich bei Behörden, Versicherungen, Renten und Sozialleistungsträgern vertreten.

Vermögenssorge
Der Bevollmächtigte darf mein Vermögen verwalten und hierbei alle Rechtshandlungen und Rechtsgeschäfte im In- und Ausland vornehmen, Erklärungen aller Art abgeben und entgegennehmen sowie Anträge stellen, abändern, zurücknehmen, namentlich über Vermögensgegenstände jeder Art verfügen, Zahlungen und Wertgegenstände annehmen, Verbindlichkeiten eingehen, Willenserklärungen bezüglich meiner Konten, Depots und Safes abgeben. Er darf mich im Geschäftsverkehr mit Kreditinstituten vertreten. Er darf Schenkungen in dem Rahmen vornehmen, der einem Betreuer rechtlich gestattet ist.

Post- und Fernmeldeverkehr
Der Bevollmächtigte darf die für mich bestimmte Post – auch mit dem Zusatz „eigenhändig" – entgegennehmen und öffnen sowie über den Fernmeldeverkehr entscheiden. Er darf alle hiermit zusammenhängenden Willenserklärungen (z.B. Vertragsabschlüsse, Kündigungen) abgeben.

Vertretung vor Gericht
Der Bevollmächtigte darf mich gegenüber Gerichten vertreten sowie Prozesshandlungen aller Art vornehmen.

....
(Ort, Datum) (Unterschrift des Vollmachtgebers) (Unterschrift des Bevollmächtigten)

24.15.3 Anlage 2 zum Betreuungsrecht

24.15.4 Betreuungsverfügung

Hiermit bestimme ich:
 Name, Vorname:
 Geburtsdatum:
 Straße:
 Postleitzahl, Wohnort:
 Telefon:

für den Fall, dass ich infolge Krankheit oder Behinderung meine Angelegenheiten teilweise oder ganz nicht mehr selbst erledigen kann und deswegen ein Betreuer für mich bestellt werden muss, dass
Herr/Frau
 Name, Vorname:
 Geburtsdatum:
 Straße:
 Postleitzahl, Wohnort:
 Telefon:

als Betreuer/in vom Amtsgericht eingesetzt wird.

Sollte diese Person nicht zum Betreuer bestimmt werden können, schlage ich folgende weitere Person vor:
 Name, Vorname:
 Geburtsdatum:
 Straße:
 Postleitzahl, Wohnort:
 Telefon:

Auf keinen Fall darf folgende Person zu meinem Betreuer bestellt werden:
 Name, Vorname:
 Geburtsdatum:
 Straße:
 Postleitzahl, Wohnort:
 Telefon:

....
 (Ort, Datum)   Unterschrift

24.15.5 Anlage 3 zum Betreuungsrecht
24.15.6 Patientenverfügung

Für den Fall, dass ich:
    Name, Vorname:
    Geburtsdatum:
    Straße:
    Postleitzahl, Wohnort:
    Telefon:

in den unten angeführten Situationen nicht mehr in der Lage bin, meinen Willen zu bilden oder verständlich zu äußern, soll Folgendes gelten:

Ich will
- keine lebenserhaltenden Maßnahmen, die nur den Eintritt des Todes verzögern und dadurch mögliches Leiden unnötig verlängern würden.
- keine Wiederbelebungsmaßnahmen.
- keine künstliche Ernährung.
- keine Flüssigkeitsgabe.

Dies soll in den folgenden Situationen gelten:
- Wenn ich unheilbar erkrankt bin und mich im unmittelbaren Sterbeprozess befinde, unabhängig davon, ob der Todeszeitpunkt absehbar ist oder nicht.
- Wenn ich infolge eines sehr weit fortgeschrittenen Hirnabbauprozesses auch mit ausdauernder Hilfestellung nicht mehr in der Lage bin, Nahrung und Flüssigkeit auf natürliche Weise zu mir zu nehmen.
- Wenn mein Gehirn geschädigt ist und dadurch meine Fähigkeit Einsichten zu gewinnen, Entscheidungen zu treffen und mit anderen Menschen in Kontakt zu treten aller Wahrscheinlichkeit nach unwiderruflich erloschen ist, selbst wenn der Todeszeitpunkt noch nicht absehbar ist.

....
(Ort, Datum)   Unterschrift

24.15.7 Anlage 4 zum Betreuungsrecht

24.15.8 Anregung zur Bestellung eines (vorläufigen) Betreuers

Ich rege an, für Herrn/Frau
      Name, Vorname:
      Geburtsdatum:
      Straße:
      Postleitzahl, Wohnort:
      Telefon:
einen Betreuer zu bestellen.

Begründung:
Der Betroffene ist krankheitsbedingt bzw. aufgrund einer Behinderung nicht mehr in der Lage, ganz oder teilweise für sich selbst zu sorgen.

Er leidet an folgender Krankheit: (Schilderung des Krankheitsbilds)

Er kann folgende Tätigkeiten nicht mehr eigenständig erledigen:

Eine Betreuerbestellung ist eilig geboten, weil...

Ich schlage folgende Person als Betreuer vor:
(Name, Vorname, Anschrift, Tel.-Nr.)

....
(Ort, Datum)   Unterschrift

Ein ärztliches Attest über die Krankheit, die zur Betreuungsbedürftigkeit geführt hat, liegt bei.

24.15.9 Anlage 5 zum Betreuungsrecht

24.15.10 Genehmigung unterbringungsähnlicher Maßnahmen (Fixierung)

Absender:
Name, Vorname
Straße
PLZ, Ort

Amtsgericht Augsburg   Augsburg, den (Datum)
– Betreuungsgericht –
Am Alten Einlass 1
86150 Augsburg

Betreuung für:

Sehr geehrte Damen und Herren,

als Betreuer/in / Bevollmächtigte/r rege ich an, gemäß § 1906 Abs. 4 BGB, folgende unterbringungsähnliche Maßnahme zu genehmigen:

☐ Bettgitter ☐ Bauchgurt im Bett ☐ Gurt am Stuhl ☐ Tisch/Brett am Stuhl (Therapiestuhl)
☐ Fixierung der Extremitäten _____

Die Maßnahme ist ☐ über einen längeren Zeitraum ☐ regelmäßig erforderlich.
Begründung (ist die Maßnahme verhältnismäßig, gibt es humanere Alternativen?):
_____
_____

Ein ärztliches Attest, aus dem sich die Notwendigkeit der Maßnahme aus medizinischer Sicht und die vorliegende psychische Erkrankung ergibt,
☐ liegt bei wird bis ☐ spätestens _____ nachgereicht.

Mit freundlichen Grüßen

....
(Ort, Datum)   (Unterschrift des Betreuers
   oder Bevollmächtigten)

24.15.11 Anlage 6 zum Betreuungsrecht
24.15.12 Antrag auf geschlossene Unterbringung

Absender:
Name, Vorname
Straße
PLZ, Ort

Amtsgericht Augsburg
– Betreuungsgericht –
Am Alten Einlass 1
86150 Augsburg

Augsburg, den (Datum)

Betreuung für:

Antrag auf Genehmigung der freiheitsentziehenden Unterbringung in der geschlossenen Abteilung in ☐ einer psychiatrischen Klinik ☐ einer sonstigen stationären Einrichtung.

Sehr geehrte Damen und Herren,

in o.g. Betreuung stelle ich den Antrag, die Unterbringung
von Herrn/Frau _____ im _____
_____ betreuungsgerichtlich zu genehmigen.

Begründung:
_____
_____
_____
_____
_____

Zur weiteren Begründung nehme ich Bezug auf das beiliegende/bereits vorliegende ärztliche Attest/Gutachten von _____
_____ vom _____

....
(Ort, Datum)   (Unterschrift des Betreuers
                                                 oder Bevollmächtigten)

24.16 Beispielfälle aus der täglichen Praxis des Betreuungsgerichts

Fall 1: Betreuung bei beginnender Demenz
Die 76-jährige Rosa wirkt in letzter Zeit zusehends verwirrt und desorientiert. Den Überblick über ihre finanziellen Verhältnisse hat sie verloren. Die Ratschläge ihres Hausarztes versteht sie nicht mehr bzw. vergisst, sich daran zu halten. Ihr Sohn Otto bekommt weder auf der Bank Auskunft, noch kann der Arzt mit ihm ohne Verletzung der Schweigepflicht über Rosa reden. Was ist zu tun?

Otto kann die Angelegenheiten von Rosa nur erledigen, wenn er Betreuer ist. Als Sohn hat er keine Rechte, die ihm hier weiterhelfen würden. Läge eine Vorsorgevollmacht vor, d. h. hätte Rosa noch im Zustand der Geschäftsfähigkeit eine andere Person bevollmächtigt, könnte diese für sie die Besorgungen auf der Bank erledigen oder die Gespräche mit dem Arzt führen. Sollte Rosa jetzt noch geschäftsfähig sein, könnte sie natürlich Otto eine Vollmacht ausstellen. Ist sie jedoch nicht mehr geschäftsfähig, bedarf es nunmehr einer Betreuung.

Otto muss beim Betreuungsgericht eine Betreuung anregen. Dabei wird er auch den gesundheitlichen Zustand seiner Mutter und ihre Schwierigkeiten schildern. Das Gericht wird der Anregung nachgehen, zumal der Verdacht besteht, dass Rosa an einer senilen Demenz erkrankt ist. Es wird entweder gleich ein Gespräch mit Rosa führen oder einen Sachverständigen beauftragen, die medizinischen Voraussetzungen einer Betreuung zu prüfen. Gleichzeitig wird es die Betreuungsbehörde bitten, einen geeigneten Betreuer zu finden, wobei hier in erster Linie wohl Otto in Betracht kommt.

Sind alle Voraussetzungen erfüllt, liegt das Gutachten vor, führt das Gericht mit Rosa noch ein Schlussgespräch und bestellt z. B. Otto zum Betreuer für ganz konkrete Aufgabenbereiche (Gesundheitsfürsorge, Vermögenssorge etc.). In der Folge bekommt Otto einen Betreuerausweis, mit dem er beweisen kann, dass er in bestimmtem Umfang der gesetzliche Vertreter von Rosa ist.

Fall 2: Betreuung bei psychischer Erkrankung
Hertha leidet an einem sog. Vermüllungssyndrom und zieht sich immer mehr in ihre eigene Behausung zurück. Außenkontakte hat sie so gut wie keine mehr. Dies stellt auch ihr Nachbar Fritz fest. Er macht sich Sorgen, da er bei den seltenen Sichtkontakten, die er mit Hertha noch hat, auch eine gewisse Verwahrlosung und Mangelernährung feststellt. Auch sind die „Düfte", die aus der Wohnung von Hertha kommen, „beunruhigend". Was kann Fritz tun?

Aus der Sicht von Fritz liegen Anhaltspunkte vor, die auf eine psychische Erkrankung hindeuten und die Zweifel aufkommen lassen, ob Hertha noch all ihre eigenen Angelegenheiten selbst erledigen kann. Fritz kann sich an die Betreuungsbehörde oder das Betreuungsgericht wenden, die dann prüfen, ob die Voraussetzungen einer Betreuung vorliegen. Dazu wird man in erster Linie einmal ein Gespräch mit Hertha führen und sie befragen, wie es ihr geht und was sie von einer Betreuung hält.

Teilt Fritz den Sachverhalt wahrheitsgemäß mit, kommen selbstverständlich keine Kosten auf ihn zu, auch wenn tatsächlich die Voraussetzungen einer Betreuung nicht vorliegen oder Hertha gegen eine Betreuung ist.

Betreuungsrecht

Fall 3: Betreuung bei bloßer körperlicher Behinderung
Der 50-jährige Severin ist blind. Im Übrigen ist er vollkommen gesund. Er hat keinerlei Vertrauenspersonen, denen er eine Vorsorgevollmacht erteilen kann. Andererseits bräuchte er jemanden, der sich um ihn kümmert. Was kann er tun?

Severin könnte jede andere Person bevollmächtigen, für ihn bestimmte einzelne Angelegenheiten zu besorgen oder sogar dieser Person eine umfassende Vollmacht erteilen, da er voll geschäftsfähig ist. Er kann aber auch selbst bei der Betreuungsbehörde oder dem Betreuungsgericht eine Betreuung beantragen, da er körperlich behindert ist. Man wird nun prüfen, ob man Severin anderweitig helfen kann („Essen auf Räder" etc.). Genügen diese Hilfen nicht, bekommt er auf seinen Wunsch hin einen Betreuer, mit dem er einverstanden ist.

Fall 4: Vorläufige (rasche) Betreuung bei Unfall
Fabian ist 22 Jahre alt und frischer Inhaber des Motorradführerscheins. Bei einer gemütlichen Fahrt kommt ihm auf seiner Spur ein betrunkener Autofahrer entgegen und stößt mit ihm frontal zusammen. Fabian erleidet u. a. ein Schädel-Hirn-Trauma und muss auf der Intensivstation im Koma liegend bzw. schwer sediert künstlich beatmet werden. Nach einiger Zeit beabsichtigt der behandelnde Arzt einen Luftröhrenschnitt, um Fabian langsam wieder auf natürliche Atmung umzustellen. Für diesen Schnitt, der eine Körperverletzung darstellt, benötigt der Arzt die Einwilligung des Patienten. Fabian kann eine Einwilligung aber nicht mehr erteilen. Was ist zu tun?

Da Fabian mit seinen jungen Jahren noch nicht an eine Vorsorgevollmacht gedacht hat, hat er jetzt keinen gesetzlichen Vertreter, d. h. niemanden, der für ihn die Einwilligung erteilen kann. Seine Eltern sind jedenfalls nicht mehr befugt, ihn zu vertreten. Die Annahme einer mutmaßlichen Einwilligung reicht hier nicht zulässig, da der Luftröhrenschnitt nicht sofort erforderlich ist. Es muss so schnell wie möglich ein Betreuer bestellt werden. Zu diesem Zweck wird der behandelnde Arzt beim Betreuungsgericht eine Betreuung anregen. Damit keine unnötig Zeit verstreicht, empfiehlt es sich, dass der Arzt per Fax dem Gericht folgende Punkte mitteilt:
- Name und Anschrift des Patienten (es sei denn, diese Daten sind unbekannt),
- Attest über die Krankheit, die bei Fabian zur Einwilligungsunfähigkeit geführt hat (hier: Schädel-Hirn-Trauma),
- Begründung, warum eine Betreuung jetzt sofort erforderlich ist (notwendiger Luftröhrenschnitt),
- Vorschlag, wer als Betreuer in Betracht kommt (z. B. vorhandene Angehörige).

Sind diese Unterlagen vollständig (und leserlich!), kann das Gericht sofort tätig werden und einen Betreuer (vorläufig aufgrund des Attestes, ohne Gutachten) innerhalb kürzester Zeit bestellen. Aus Zeitgründen kann die Anhörung des Patienten (persönlicher Eindruck trotz Koma nötig) auch so bald wie möglich nachgeholt werden.

Fall 5: Betreuung bei jungen Behinderten
Die 17-jährige Franziska leidet am sog. Down-Syndrom. Bisher kümmerten sich die Eltern um sie und würden dies auch weiterhin gerne machen. Andererseits wird Franziska mit 18 Jahren volljährig und damit verlieren ihre Eltern das Sorgerecht. Daran ändert sich auch durch ihre Behinderung nichts. Was ist zu tun?

24.16 Beispielfälle aus der täglichen Praxis des Betreuungsgerichts

Die rechtliche Stellung der Eltern als gesetzliche Vertreter endet tatsächlich mit Eintritt der Volljährigkeit. Sie können damit Franziska nicht mehr rechtlich vertreten. Mangels voller Geschäftsfähigkeit aufgrund ihrer Behinderung kann Franziska auch keine Vollmacht erteilen. Eine Betreuung ist erforderlich!

Bei Kenntnis der Sachlage (Anregung der Betreuung durch Franziska selbst oder durch ihre Eltern) wird das Gericht schon vor dem 18. Geburtstag das Verfahren betreiben und einen Betreuer bestellen. Hier kommen als Betreuer natürlich in erster Linie beide Elternteile in Betracht, die die Betreuung auch gemeinsam führen können. Dann werden beide zum Betreuer bestellt. Wirksam wird die Betreuung allerdings erst mit Vollendung des 18. Lebensjahres.

Fall 6: Betreuung und Unterbringung bei Verwirrtheit und Weglaufgefahr

Wie im Fall 1 (S. 321). Rosa ist stark dement. Als sie eines Tages ihre Wohnung verlässt, findet sie nicht mehr zurück. Erst Stunden später und völlig unterkühlt wird sie von der Polizei aufgegriffen und zurückgebracht. Nachdem der berufstätige Sohn Otto keine Zeit hat, auf seine Mutter den ganzen Tag aufzupassen und auch sonst keine Betreuungsperson zur Verfügung steht, will er sie in ein geschlossenes Heim verbringen. Was ist zu tun?

Zunächst muss festgehalten werden, dass eine Unterbringung in einem Heim gegen oder ohne den Willen der Betreffenden eine Freiheitsberaubung darstellt. Als stark demente Frau kann Rosa selbst nicht mehr wirksam einwilligen. Als Erstes müsste Otto daher versuchen, Betreuer mit entsprechendem Aufgabenkreis zu werden, wie im Fall 1 (S. 321) erläutert. Nun kann er in die Unterbringung einwilligen. Die Einwilligung in eine derartige Maßnahme bedarf zudem der Genehmigung durch das Betreuungsgericht. Sofern die Unterbringung von Rosa eilbedürftig ist, kann sowohl eine vorläufige Betreuung als auch eine vorläufige Unterbringung angeordnet werden. Hierzu bedarf es dann lediglich eines ärztlichen Attestes eines Psychiaters, der die starke Demenz mit fehlender Einwilligungsfähigkeit und die Weglaufgefahr mit Selbstgefährdung bescheinigt.

Auch wenn Otto bereits eine Vorsorgevollmacht hätte, müsste seine Einwilligung in die Unterbringung vom Betreuungsgericht erst genehmigt werden.

Fall 7: Unterbringungsähnliche Maßnahmen – Fixierung

Wie Fall 4 (S. 322). Bei Fabian wurde der Luftröhrenschnitt erfolgreich durchgeführt. Nun besteht die Gefahr, dass er sich mit den Händen diverse Schläuche vom Körper reißt, da er die Bedeutung dieser „lästigen" Dinge in seinem Zustand nicht erfasst. Der behandelnde Arzt will die Hände festbinden (fixieren). Was ist zu tun?

Fixierungsmaßnahmen sind Freiheitsberaubung und bedürfen daher der Einwilligung des Patienten. Sofern Fabian nicht selbst einwilligen kann, muss dies sein Betreuer tun. Hat er noch keinen, muss schnellstmöglich einer bestellt werden. Soll nun diese Fixierungsmaßnahme länger durchgeführt werden, muss die Einwilligung des Betreuers vom Betreuungsgericht noch genehmigt werden. Der Betreuer oder der Arzt (schließlich braucht er den Rechtfertigungsgrund der wirksamen Einwilligung) sollten daher so schnell wie möglich das Betreuungsgericht informieren und um Genehmigung nachsuchen. Bis zur Erteilung der Genehmigung kann selbstverständlich fixiert werden und zwar mit dem Rechtfertigungsgrund der sog. mutmaßlichen Einwilligung (S. 184).

Sollte Fabian jemandem eine Vorsorgevollmacht erteilt haben, könnte dieser einwilligen. Aber auch dessen Einwilligung muss vom Betreuungsgericht genehmigt werden.

Betreuungsrecht

Fall 8: Demente Heimbewohnerin mit Sturzgefahr – Fixierung im Heim
Wie Fall 6 (S. 323). Rosa wurde jetzt mit Einwilligung ihres Betreuers und mit Unterbringungsbeschluss des Betreuungsgerichts in einem geschlossenen Seniorenheim untergebracht. Dort gefällt es ihr auch gut. Sie wird jedoch zunehmend gebrechlich und bedarf einer ständigen Gehhilfe. Bei einem Sturz zog sie sich schon einmal einen Oberschenkelhalsbruch zu. Aufgrund ihrer Demenz kann sie ihren Zustand nicht mehr beurteilen und steht regelmäßig eigenmächtig vom Bett auf. So begibt sie sich ständig in eine Sturzgefahr. Das Heim will ein Bettgitter anbringen, um Rosa vom eigenmächtigen Verlassen des Bettes zu hindern. Was ist zu tun?

Diese Fixierungsmaßnahme bedarf der Einwilligung durch den Betreuer bzw. Bevollmächtigten und, da sie regelmäßig angebracht wird – immer nachts –, der Genehmigung durch das Betreuungsgericht. Der bereits bestehende Unterbringungsbeschluss umfasst die Fixierung nicht automatisch.

Der Betreuer und das Gericht sind daher zu informieren. Liegt die Einwilligung des Betreuers und ein entsprechendes ärztliches Attest (über die fehlende Einwilligungsfähigkeit und die Erforderlichkeit des Bettgitters) vor, wird das Gericht nach persönlicher Anhörung von Rosa diese Maßnahme genehmigen.

Fall 9: Zwangsernährung (wie Zwangsbehandlung)
Die 20-jährige Isabella verliert immer mehr Körpergewicht. Die Eltern vermuten eine Magersucht (Anorexia nervosa). Als die Gewichtsabnahme lebensbedrohlich wird, kommt Isabella mit dem Notarzt ins Krankenhaus. Was ist zu tun?

Ist die Diagnose zutreffend, liegt eine psychische Störung vor, bei der Isabella krankheitsbedingt nicht mehr in der Lage ist, selbst für ihre Gesundheit zu sorgen. Sie muss unter Umständen zwangsernährt werden. Dies bedeutet, dass Isabella zuerst einen Betreuer mit dem Aufgabenkreis „Gesundheitsfürsorge" benötigt. Wenn sie sich allerdings nachhaltig weigert, Nahrung zu sich zu nehmen, muss sie zwangsernährt und zu diesem Zweck gegen ihren Willen in einem Krankenhaus untergebracht werden. Der Betreuer muss sowohl in die Unterbringung als auch in die Zwangsernährung einwilligen. Beides muss dann vom Betreuungsgericht genehmigt werden. Dies geschieht nach ausführlicher Begutachtung durch einen Psychiater und nach der Anhörung von Isabella durch das Gericht, wenn nur durch die Zwangsernährung ihr Leben gerettet werden kann. Die Zwangsernährung darf auch nur solange durchgeführt werden, bis keine Lebensgefahr mehr besteht.

Fall 10: Betreuerwechsel
Wie Fall 8 (S. 324). Das Seniorenheim, in dem sich Rosa befindet, klagt darüber, dass sich Otto nicht um seine Mutter kümmert, nie zu Besuch kommt und auch sonst für das Heim nie erreichbar ist. Was ist zu tun?

Wenn das Seniorenheim diese Umstände dem Betreuungsgericht mitteilt, kann dieses prüfen, ob Otto noch als Betreuer von Rosa geeignet ist. Stellt sich nach umfangreicher Prüfung heraus, dass er seine Pflichten schwer vernachlässigt, kann das Gericht nach Anhörung von Rosa und Otto ihn als Betreuer entlassen und einen anderen Betreuer bestellen.

IV Arbeitsrecht

25	Arbeitsverhältnis	326
26	Arbeitnehmerschutz	354
27	Tarifvertragsrecht	370
28	Betriebsverfassung	372
29	Zivilprozess	375

25 Arbeitsverhältnis

Das Arbeitsrecht behandelt die Rechtsbeziehungen, die zwischen dem Arbeitnehmer und dem Arbeitgeber bestehen. Diesen Beziehungen kommt insofern Bedeutung zu, als eine Vertragspartei (der Arbeitnehmer) sich in einer Lage befindet, die durch die persönliche Abhängigkeit vom anderen Vertragspartner (Arbeitgeber) geprägt ist. Deshalb ist das Arbeitsrecht in weiten Bereichen als Schutzrecht der Arbeitnehmer zu verstehen.

Dem Arbeitsverhältnis liegt immer ein Arbeitsvertrag zugrunde. Hierin verpflichtet sich der Arbeitnehmer zur Leistung von abhängiger, d. h. unselbstständiger Arbeit, deren Inhalt vom Arbeitgeber bestimmt wird, die unter Leitung des Arbeitgebers steht und nach seinen Weisungen erfolgt. Andererseits ist der Arbeitgeber verpflichtet, den vereinbarten Lohn zu bezahlen.

25.1 Zustandekommen des Arbeitsvertrags

Der Arbeitsvertrag kommt durch zwei übereinstimmende Willenserklärungen dergestalt zustande, dass über die wesentlichen Teile der Beschäftigung eine Einigung erzielt wird. Hierzu gehören vor allem die Art und der Umfang der zu leistenden Arbeit. Der Abschluss des Arbeitsvertrags ist grundsätzlich an keine bestimmte Form gebunden. Er kann schriftlich, mündlich oder auch durch schlüssiges Handeln abgeschlossen werden.

> **Beispiel**
> Gesundheits- und Krankenpflegerin Martha bewirbt sich für eine ausgeschriebene Stelle im Krankenhaus. Nach Einigung mit der Leitung fängt sie am 1.6.2013 an. Erst im September kommt die Verwaltung dazu, einen schriftlichen Vertrag zu verfassen. Das Arbeitsverhältnis beginnt dennoch bereits am 1.6.2013.

Hiervon gibt es jedoch Ausnahmen, die gesetzlich oder in einem Tarifvertrag geregelt sind. So besagt z. B. das Krankenpflegegesetz, dass der Träger der Ausbildung mit dem Schüler einen schriftlichen Ausbildungsvertrag zu schließen hat. Unabhängig von dieser Bestimmung ist der Arbeitgeber aufgrund des *Nachweisgesetzes* verpflichtet, spätestens einen Monat nach dem vereinbarten Beginn des Arbeitsverhältnisses die *wesentlichen Vertragsbedingungen* schriftlich niederzulegen, die Niederschrift zu unterzeichnen und diese dem Arbeitnehmer auszuhändigen. Die Wirksamkeit des Arbeitsvertrages hängt jedoch nicht vom Vorhandensein der Niederschrift ab.

Zwar gilt auch bei Arbeitsverträgen die Vertragsfreiheit. Dies bedeutet, dass es jedem freisteht, ob und mit wem er einen Arbeitsvertrag abschließen will. Andererseits gibt es zum Schutz bestimmter Arbeitnehmer Vorschriften, die den Abschluss eines Arbeitsvertrages verbieten.

> **Beispiel**
> Beispiele für Abschluss- und Beschäftigungsverbote:
> - Verbot der Beschäftigung Jugendlicher; nach § 25 Jugendarbeitsschutzgesetz dürfen Arbeitgeber, die sich bestimmter Straftaten schuldig gemacht haben, keine Jugendlichen beschäftigen.
> - Verbot der Beschäftigung von Kindern (unter 15 Jahren).

25.1.1 Freistellungsanspruch und Vorstellungskosten

In aller Regel geht dem Zustandekommen eines Arbeitsverhältnisses eine Bewerbung oder eine Vorstellung bei dem neuen Arbeitgeber voraus.

> **Aufgabe 83**
>
> Gesundheits- und Krankenpflegerin Veronika ist in einem Augsburger Krankenhaus beschäftigt. Als ihr Freund nach Hamburg versetzt wird, kündigt sie und bewirbt sich dort um eine entsprechende Stelle im Krankenhaus. Daraufhin wird sie von einem Hamburger Krankenhaus gebeten, sich persönlich vorzustellen.
> Veronika hat nun folgende Fragen:
> - Muss sie in Augsburg Urlaub nehmen, um nach Hamburg zu fahren?
> - Wer zahlt die Reisekosten und den Verdienstausfall während der Fahrt nach Hamburg?
>
> Erläuterung im Anhang, Aufgabe 83 (S. 524)

Steht der Arbeitnehmer zum Zeitpunkt einer Bewerbung für eine neue Arbeitsstelle noch in einem Beschäftigungsverhältnis (hierzu gehört auch ein Berufsausbildungsverhältnis), welches aber bereits gekündigt ist, hat er gegenüber seinem bisherigen Arbeitgeber Anspruch auf Freistellung unter Lohnfortzahlung für die Vorstellung bei einem eventuellen neuen Arbeitgeber (§§ 629, 616 BGB). Fordert der möglicherweise zukünftige neue Arbeitgeber den Bewerber auf, zu einem Vorstellungsgespräch zu erscheinen, hat er die dem Bewerber erwachsenden Auslagen zu erstatten. Dies gilt auch dann, wenn das neue Arbeitsverhältnis später nicht zustande kommt. Dieser Anspruch besteht auch bei einem befristeten Arbeitsverhältnis ab dem Zeitpunkt, zu dem es ohne Bestehen eines Endtermins hätte gekündigt werden müssen und bei Abschluss eines Aufhebungsvertrages während eines der Kündigungsfrist entsprechenden Zeitraumes.

25.1.2 Fragerecht bei Bewerbung

Bei der Einstellung hat der neue Arbeitgeber ein Interesse daran, den Bewerber näher kennen zu lernen. Er wird hierzu ein Einstellungsgespräch führen und/oder einen Einstellungsfragebogen vorlegen. Hier stellt sich dann schnell die Frage, wo die Grenzen des Fragerechts sind.

> **Aufgabe 84**
>
> Bei dem Vorstellungsgespräch in Hamburg wird Veronika unter anderem gefragt, ob sie schwanger sei oder beabsichtige zu heiraten. Darüber hinaus will der evtl. neue Arbeitgeber ihre Zeugnisse sehen und wissen, ob sie vorbestraft ist. Muss Veronika die gestellten Fragen ehrlich beantworten?
>
> Erläuterung im Anhang, Aufgabe 84 (S. 524)

Dabei gilt grundsätzlich, dass nur solche Fragen gestellt werden dürfen, die mit dem Arbeitsplatz oder der Tätigkeit im Zusammenhang stehen. Stellt der Arbeitgeber eine unzulässige Frage, braucht sie der Bewerber nicht zu beantworten. Beantwortet sie der Bewer-

ber bewusst falsch, dürfen ihm daraus keine Nachteile erwachsen. Fragen nach folgenden Punkten kommen beispielsweise in Betracht:
- **Beruflicher Werdegang** (Leistungsnachweis, Zeugnisse). Hiernach darf gefragt werden.
- **Krankheiten.** Hiernach darf nur gefragt werden, wenn eine bestehende oder zurückliegende Krankheit Einfluss auf die vorgesehene Arbeitsleistung haben könnte.
- **Gewerkschaftszugehörigkeit.** Hiernach darf nicht gefragt werden.
- **Heirat.** Hiernach darf nicht gefragt werden.
- **Religions- und Parteizugehörigkeit.** Hiernach darf nur gefragt werden, wenn konfessionelle Krankenhäuser oder partei- oder religionspolitisch gebundene Betriebe (sog. Tendenzbetriebe) einstellen.
- **Schwangerschaft.** Nach jüngsten Entscheidungen des Europäischen Gerichtshofes ist die Frage nach einer bestehenden Schwangerschaft grundsätzlich unzulässig, da eine darauf beruhende Nichteinstellung zu einer Diskriminierung von schwangeren Frauen führen würde. Nach Ansicht des Gerichts ist der Zustand der Schwangerschaft vorübergehend und die dadurch bedingte Belastung des Arbeitgebers hinzunehmen.
- **Vorstrafen.** Hiernach darf nur gefragt werden, wenn die zu besetzende Stelle dies erfordert (bei Bewerbung für die Stelle als Kraftfahrer darf nach verkehrsrechtlichen, bei einem Kassierer nach vermögensrechtlichen und bei der Einstellung eines Krankenpflegepersonals u. a. nach betäubungsmittelrechtlichen Vorstrafen gefragt werden).
- **Eingestellte Ermittlungsverfahren.** Bei Verdacht auf Vorliegen einer Straftat führt die Polizei bzw. Staatsanwaltschaft Ermittlungen durch. Wird dieses Ermittlungsverfahren von der Staatsanwaltschaft eingestellt (egal aus welchem Grund), ist das Verfahren beendet. Fragen nach eingestellten strafrechtlichen Ermittlungsverfahren sind unzulässig. Der frühere Verdächtigte gilt als unschuldig. Anders ist die Sachlage zu beurteilen, wenn das Ermittlungsverfahren noch läuft und der Bewerber hiernach gefragt wird. Dann kommt es wieder darauf an, ob ein Zusammenhang zwischen der im Raum stehenden Straftat und der angestrebten Tätigkeit besteht.
- **Schwerbehinderteneigenschaft.** Der Schwerbehinderte muss bei seiner Einstellung nicht von sich aus über die bestehende Behinderung aufklären, es sei denn, die vorgesehene Tätigkeit ist ihm aufgrund der Behinderung von vornherein unmöglich. Der Arbeitgeber darf jedoch nach der Schwerbehinderteneigenschaft fragen, da für ihn besondere gesetzliche Verpflichtungen durch diese Beschäftigung entstehen. Demzufolge ist diese Frage auch wahrheitsgemäß zu beantworten. Es ist dabei unerheblich, ob die Behinderung Auswirkungen auf die konkrete Arbeitsleistung hat.
Ist die Schwerbehinderteneigenschaft noch nicht anerkannt, handelt es sich nur um einen Behinderten. Nach einer *Behinderung,* die für die später auszuführende Tätigkeit ohne Bedeutung ist, darf aber nicht gefragt werden.

25.2 Inhalt des Arbeitsverhältnisses

Der Inhalt des Arbeitsverhältnisses wird nicht nur durch den Arbeitsvertrag als solchen, sondern auch durch das Gesetz, durch kollektivrechtliche Vereinbarungen (Tarifvertrag und Betriebsvereinbarung), durch die betriebliche Übung und durch das Direktionsrecht näher bestimmt (▶ Abb. 25.1).

Abb. 25.1 Bestimmung des Inhalts eines Arbeitsverhältnisses

25.2.1 Arbeitsvertrag

Im Arbeitsvertrag wird festgelegt, welche Tätigkeit der Arbeitnehmer zu verrichten hat. Als weitere wesentliche Punkte werden die Höhe des Lohnes (Stundenlohn oder Monatslohn) und die Arbeitszeit festgehalten. Ist die Höhe des Lohnes nicht festgelegt, gilt der für die Tätigkeit übliche Lohn als vereinbart. Bezüglich der Arbeitszeit und des Lohnes kann aber auch auf den Inhalt eines Tarifvertrages Bezug genommen werden. Dann wird die Verweisung Inhalt des Arbeitsvertrags.

25.2.2 Gesetz

Das Gesetz beeinflusst das Arbeitsverhältnis insofern, als hier bestimmte Mindestarbeitsbedingungen festgelegt sind. Dazu gehören unter anderem die Regelungen des Bundesurlaubsgesetzes, des Arbeitszeitgesetzes und bestimmte Schutzbestimmungen für Arbeitnehmer in besonderen Lagen (Schwerbehindertengesetz, Mutterschutzgesetz u. Ä.).

Aufgabe 85

Im Ausbildungsvertrag des 17-jährigen Schülers Erwin zum Gesundheits- und Krankenpfleger ist über die Dauer des Urlaubes nichts enthalten. Woher weiß er nun, wie viele Tage Urlaub er hat?
Erläuterung im Anhang, Aufgabe 85 (S. 524)

25.2.3 Tarifvertrag, Betriebsvereinbarung

In Tarifverträgen, die zwischen den betreffenden Gewerkschaften und Arbeitgeberverbänden geschlossen werden, sind Regelungen enthalten, die für tarifgebundene Arbeitgeber und Arbeitnehmer unmittelbare und zwingende Wirkung entfalten. Von diesen Regelungen in den Tarifverträgen (S. 371) (z. B. Lohn, Arbeitszeit) kann nur zugunsten des Arbeitnehmers abgewichen werden. Betriebsvereinbarungen werden zwischen dem Betriebsrat bzw. Personalrat und dem Arbeitgeber geschlossen. Damit sind sie für alle Arbeitnehmer dieses Betriebes anzuwenden.

25.2.4 Betriebliche Übung

Soweit sich in der betrieblichen Praxis Gewohnheiten und Bräuche entwickeln, aufgrund deren der Arbeitgeber bestimmte Leistungen an seine Arbeitnehmer erbringt, entwächst diesen Bräuchen unter bestimmten Voraussetzungen rechtliche Wirkung. Aus dem Verhalten des Arbeitgebers, das als seine Willenserklärung zu werten ist, wachsen vertragliche Ansprüche auf die üblich gewordene Leistung oder Vergünstigung. Häufigstes Beispiel ist hier die Bezahlung des sog. „Weihnachtsgeldes", soweit dies nicht ohnehin tarifvertraglich geregelt ist.

So hat der Arbeitnehmer kraft betrieblicher Übung einen *Anspruch auf Weihnachtsgeld*, wenn der Arbeitgeber *3-mal hintereinander ohne Vorbehalt* Weihnachtsgeld bezahlt hat. Obwohl es sich um eine freiwillige Leistung handelt, hat der Arbeitnehmer ab dem vierten Jahr einen Rechtsanspruch hierauf. Dieser kann nun nicht mehr einseitig geändert werden. Will der Arbeitgeber für die Zukunft diese Übung wieder ändern, kann er dies nur im Einvernehmen mit dem Arbeitnehmer. Dagegen besteht kein Anspruch, wenn der Arbeitgeber ausdrücklich erklärt, dass es sich um eine freiwillige, jederzeit widerrufliche Leistung handelt, auf die auch in Zukunft kein Anspruch besteht (= Vorbehalt). Die gleichen Grundsätze gelten auch für sonstige Gratifikationen aus bestimmten Anlässen wir Urlaub, Geschäfts- und Dienstjubiläen.

25.2.5 Direktionsrecht

Durch die Ausübung des Direktionsrechts ist es dem Arbeitgeber möglich, einseitig das Arbeitsverhältnis zu gestalten („er ordnet an"). Dem Arbeitgeber steht hier das sog. Leitungs- und Weisungsrecht zu. Er hat insbesondere die Arbeitsleistung nach Art, Ort und Zeit zu bestimmen. Die Art der zu leistenden Arbeit ergibt sich zuerst aus dem Inhalt des Arbeitsvertrages. Wird bei der Einstellung die Tätigkeit nur fachlich umschrieben, so kann der Arbeitgeber vom Arbeitnehmer sämtliche Arbeiten verlangen, die sich innerhalb des **vereinbarten Berufsbilds** halten.

Aufgabe 86

In einem Krankenhaus besteht Personalengpass, sodass nun auch Pflegehelfer zum Nachtdienst eingeteilt werden. Der Krankenpflegehelfer Richard wird von der Stationsleiterin zum Nachtdienst eingeteilt. Er ist hierzu nicht bereit, da dies in seinem Arbeitsvertrag nicht enthalten sei. Hat er Recht?
Erläuterung im Anhang, Aufgabe 86 (S. 524)

Aufgabe 87

Ein Chirurg verlangt von der Operationsschwester, dass sie ärztliche Assistenzarbeiten übernimmt. Kann sie sich weigern?
Erläuterung im Anhang, Aufgabe 87 (S. 524)

Die Ausübung des Direktionsrechts muss sich daher im Rahmen der arbeitsvertraglich geschuldeten Arbeitsleistung befinden, wobei der Arbeitgeber von diesem Weisungsrecht nicht willkürlich, sondern nur nach billigem Ermessen Gebrauch machen darf. Bei Überschreiten dieser Grenzen ist der Arbeitnehmer nicht verpflichtet, dieser Weisung nachzukommen.

Das Direktionsrecht kann im Laufe der Zeit auch insofern eingeschränkt werden, als sich die Arbeitspflicht auf eine bestimmte Tätigkeit **konkretisiert** hat. Dies ist der Fall, wenn ein Arbeitnehmer längere Zeit eine bestimmte Arbeit verrichtet hat und Umstände hinzukommen, aus denen sich ergibt, dass der Arbeitnehmer nur noch diese Arbeit verrichten soll. So ist die Umsetzung einer Gesundheits- und Krankenpflegerin nach 26-jähriger Tätigkeit als *Leiterin einer bestimmten Station* auf eine andere Station vom Direktionsrecht gedeckt, da sich das Direktionsrecht nicht auf diese eine Stelle konkretisiert hat.

Andererseits werden die Grenzen des Direktionsrechts überschritten, wenn ein *ausgebildeter Intensivpfleger* nach langjähriger Tätigkeit in diesem Bereich auf eine andere Station mit anderem Aufgabenbereich versetzt werden soll. Aufgrund seiner langen Beschäftigung und seiner Weiterbildung hat sich das Direktionsrecht auf diese Tätigkeit konkretisiert.

25.3 Pflichten aus dem Arbeitsverhältnis

Aus dem Arbeitsverhältnis ergeben sich Grund- und Nebenpflichten (▶ Abb. 25.2): die *Arbeitspflicht* des Arbeitnehmers und die *Lohnzahlungspflicht* des Arbeitgebers.

Abb. 25.2 Pflichten des Arbeitgebers und Arbeitnehmers

25.3.1 Arbeitspflicht

Der Arbeitnehmer ist verpflichtet, die Arbeitsleistung persönlich zu erbringen.

> **Aufgabe 88**
>
> Gesundheits- und Krankenpflegerin Gabi sieht sich nach durchzechter Nacht nicht in der Lage, ihren Dienst durchzuführen. Sie überlegt, ob sie an ihrer Stelle ihre Schwester schicken kann, die ebenfalls Gesundheits- und Krankenpflegerin ist und gerade Zeit hat. Geht das?
> Erläuterung im Anhang, Aufgabe 88 (S. 524)

Die Art der zu leistenden Tätigkeit ergibt sich aus dem Arbeitsvertrag. Zu einer anderen Arbeit besteht generell keine Verpflichtung. Der Arbeitnehmer ist nur verpflichtet, solche Arbeiten auszuführen, die sich innerhalb des vereinbarten Berufsbildes halten.

> **Aufgabe 89**
> Im Krankenhaus besteht Personalmangel in der Küche. Andererseits befindet sich auf der Intensivstation gerade kein Patient. Die Krankenhausleitung bestimmt daher, dass einer der beiden dort tätigen Intensivpfleger in der Küche auszuhelfen hat. Ist das rechtens?
> Erläuterung im Anhang, Aufgabe 89 (S. 525)

Eine Ausnahme gilt hier in **Notfällen**. Der Arbeitnehmer muss auch solche Arbeiten durchführen, die nicht zu seinem Tätigkeitsbereich gehören, aber erforderlich sind, um eine Gefahr abzuwenden. Derartige Notfälle sind unvorhergesehene Situationen, die auch durch eine korrekte Personalplanung nicht verhindert werden können.

Beispiel
Gerade als der Gesundheits- und Krankenpfleger Otto nach Schichtwechsel das Krankenhaus verlassen will, werden mehrere Patienten eingeliefert, die durch eine Gasexplosion erheblich verletzt wurden. Otto bekommt die zulässige Anweisung, hierzubleiben und seinen Dienst fortzusetzen.

Eine **Grenze des Weisungsrechts** ist auch dort zu ziehen, wo der Inhalt der Weisung gegen gesetzliche Vorschriften verstößt oder wo die Weisung sittenwidrig wäre.

> **Aufgabe 90**
> Der Oberarzt weist die auf seiner Station tätige Schwester Ilse an, bei einem Patienten eine intravenöse Injektion zu setzen. Diese teilt ihm mit, dass sie sich dies nicht zutraue. Der Oberarzt besteht darauf und verlässt die Station. Muss Ilse die Weisung durchführen?
> Erläuterung im Anhang, Aufgabe 90 (S. 525)

Bezüglich des Umfanges der Arbeitspflicht schuldet der Arbeitnehmer während der Arbeitszeit den vollen Einsatz seiner geistigen und körperlichen Fähigkeiten. Er braucht allerdings nicht über seine Kräfte zu arbeiten. Die Arbeitspflicht erstreckt sich im Grundsatz nicht auf die Ableistung von **Überstunden und Mehrarbeit**. Sie können im Grunde nur angeordnet werden, wenn im Einzelarbeitsvertrag oder im Tarifvertrag eine entsprechende Regelung enthalten ist. Etwas anderes gilt allerdings in „außergewöhnlichen Fällen", insbesondere in Notfällen und Fällen, die ohne Durchführung der Überstunden zu einem unverhältnismäßigen Schaden führen würde (z. B. bei unaufschiebbaren Arbeiten zur Behandlung, Pflege und Betreuung von Personen, wie sich unmittelbar aus §14 Arbeitszeitgesetz ergibt). Grund für derartige außergewöhnliche Fälle muss aber immer ein Arbeitsanfall sein, der **unvorhersehbar** ist und auf andere zumutbare Weise nicht bewältigt werden kann. Bei der Frage, wie kurzfristig Überstunden angeordnet werden können oder welche Ankündigungsfrist der Arbeitgeber zu beachten hat, müssen die Interessen von Arbeitnehmer und Arbeitgeber ausreichend berücksichtigt werden. Je größer daher die Notlage ist, desto zeitnaher können diese Überstunden angeordnet werden. Gleichwohl dürfen gravierende Belange aufseiten des Arbeitnehmers nicht außer Betracht bleiben. Dies gilt insbesondere auch bei der Auswahl der einzelnen Arbeitnehmer. Es muss auf beiden Seiten berücksichtigt werden, welche Auswirkungen (auch private) die Ableistung der Überstunden zur Folge haben wird.

Soweit Überstunden geleistet wurden, besteht zusätzlich für die geleistete Arbeit ein **Anspruch auf Lohn**. Nur wenn entsprechende vertragliche Regelungen bestehen oder im Einvernehmen beider Vertragsparteien können die Überstunden durch **Freizeitausgleich** abgegolten werden. Bezüglich des Zeitpunktes für den Freizeitausgleich sind wieder die Interessen beider Vertragsparteien ausreichend zu berücksichtigen.

25.3.2 Lohnzahlungspflicht

Der Arbeitnehmer erhält seinen Lohn in regelmäßigen Zeitabschnitten (z. B. monatlich). Arbeitsvertraglich schuldet der Arbeitgeber an sich den Bruttolohn. Er ist jedoch verpflichtet, die Lohnsteuer und die Sozialversicherungsbeiträge einzubehalten und sie an das Finanzamt bzw. die Sozialversicherungsträger abzuführen. Den Betrag, den der Arbeitnehmer nach Abzug dieser Abgaben erhält, nennt man Nettolohn.

Im Arbeitsrecht gilt der Grundsatz: **„Ohne Arbeit kein Lohn"**. Dies bedeutet, dass die Lohnzahlungspflicht des Arbeitgebers davon abhängt, dass der Arbeitnehmer seiner Arbeitspflicht nachkommt. Von diesem Grundsatz gibt es jedoch zahlreiche Ausnahmen. Die wichtigsten davon sind:

- **Entgeltfortzahlung im Krankheitsfall.** Ist der Arbeitnehmer infolge Krankheit arbeitsunfähig, ohne dass ihn hierbei ein Verschulden trifft, so hat er einen Anspruch auf Entgeltfortzahlung für die Zeit der Arbeitsunfähigkeit *bis zu 6 Wochen*. Dieser Anspruch entsteht jedoch erst nach vierwöchiger ununterbrochener Dauer des Arbeitsverhältnisses.
Nach Ablauf der 6 Wochen hat der krankenversicherte Arbeitnehmer Anspruch auf Krankengeld (S. 395).
Wird der Arbeitnehmer wegen einer anderen Krankheit erneut arbeitsunfähig, entsteht der Anspruch auf Entgeltfortzahlung neu.

> **Beispiel**
> Ein Gesundheits- und Krankenpfleger ist wegen Grippe 3 Wochen krank. Am letzten Tag seiner Arbeitsunfähigkeit rutscht er aus und bricht sich den Fuß; die Folge ist eine neue Arbeitsunfähigkeit für 5 Wochen. Hier hat der Arbeitnehmer insgesamt 8 Wochen Anspruch auf Entgeltfortzahlung, da für jede neue Krankheit ein neuer Anspruch auf sechs Wochen Entgeltfortzahlung entsteht.

Die Höhe der Entgeltfortzahlung beträgt *100 %* des dem Arbeitnehmer in seiner regelmäßigen Arbeitszeit (d. h. ohne Überstunden) zustehenden *Arbeitsentgelts.*

Verschuldet ist die Erkrankung dann, wenn der Arbeitnehmer besonders leichtfertig oder vorsätzlich gehandelt hat.
Eine allgemeine Erkrankung ist in der Regel unverschuldet. Dies gilt auch für die Behandlung von Alkohol-, Tabletten- und Drogenabhängigkeit sowie die Behandlung nach einem versuchten Selbstmord. Soweit eine Sterilisation oder ein Schwangerschaftsabbruch nicht strafbar ist, ist die hierdurch herbeigeführte Arbeitsunfähigkeit ebenfalls unverschuldet. Verschuldet kann dagegen die Herbeiführung von Arbeitsunfähigkeit sein, wenn der Arbeitnehmer *grob* gegen Sicherheitsvorschriften verstößt oder zur Verfügung gestellte Sicherheitskleidung nicht trägt. Auch führen Unfälle, die auf Alkohol-, Medikamenten- oder Drogenmissbrauch zurückzuführen sind, zu einem Verschulden

und damit zum Wegfall der Entgeltfortzahlung. Gleiches gilt für das Nichtanlegen des Sicherheitsgurtes, wenn die Erkrankung bei Anlegen nicht entstanden wäre.

Der Arbeitnehmer ist verpflichtet, dem Arbeitgeber die Arbeitsunfähigkeit und deren voraussichtliche Dauer unverzüglich mitzuteilen.
Dauert die Arbeitsunfähigkeit länger als 3 Tage, hat der Arbeitnehmer eine ärztliche Bescheinigung hierüber sowie über deren voraussichtliche Dauer spätestens am darauf folgenden Tag vorzulegen. Der Arbeitgeber kann diese Bescheinigung auch früher verlangen.
Legt der Arbeitnehmer die Bescheinigung verschuldeterweise nicht vor, kann der Arbeitgeber die Fortzahlung des Arbeitsentgeltes so lange verweigern, bis die Bescheinigung vorgelegt wird. Dann allerdings ist der Lohn nachzuzahlen.
Der Anspruch auf Fortzahlung des Arbeitsentgelts besteht auch dann, wenn der Arbeitgeber das Arbeitsverhältnis aus Anlass der Arbeitsunfähigkeit kündigt. War das Arbeitsverhältnis befristet, endet der Entgeltfortzahlungsanspruch mit Fristablauf.
Erkrankt der Arbeitnehmer während seines Erholungsurlaubes, so werden die durch ärztliches Zeugnis nachgewiesenen Tage der Arbeitsunfähigkeit auf den Jahresurlaub nicht angerechnet.
Ist ein Arbeitnehmer an einem gesetzlichen Feiertag krank, so hat er Anspruch auf Feiertagsvergütung (s. u.).

- **Entgeltfortzahlung bei Kur- und Heilverfahren.** Ist der Arbeitnehmer infolge einer Maßnahme der medizinischen Vorsorge oder Rehabilitation, die ein Sozialleistungsträger bewilligt hat, an der Arbeitsleistung verhindert, so hat er Anspruch auf Entgeltfortzahlung nach den obigen Grundsätzen.
Der Arbeitnehmer ist verpflichtet, dem Arbeitgeber den Zeitpunkt des Antritts der Maßnahme, die voraussichtliche Dauer und die Verlängerung der Maßnahme unverzüglich mitzuteilen, sowie eine Bescheinigung über die Bewilligung und über die Erforderlichkeit der Maßnahme vorzulegen.

- **Entgeltfortzahlung an Feiertagen.** Für Arbeitszeit, die infolge eines gesetzlichen Feiertages ausfällt, hat der Arbeitgeber dem Arbeitnehmer das Arbeitsentgelt zu zahlen, das er ohne den Arbeitsausfall erhalten hätte.
Der Feiertag muss dabei der alleinige Grund des Arbeitsausfalles sein. Dies ist nicht der Fall, wenn der Feiertag auf einen Sonntag fällt oder wenn bei *Teilzeitkräften* der Feiertag auf den freien Tag fällt.
Arbeitet der Arbeitnehmer am Feiertag, so kann er nur seinen normalen Lohn einschließlich eines vereinbarten Zuschlages verlangen, nicht aber zusätzlich die Feiertagsvergütung.
Der Anspruch auf Feiertagsbezahlung ist ausgeschlossen, wenn der Arbeitnehmer am letzten Arbeitstag vor oder am ersten Arbeitstag nach Feiertagen *unentschuldigt fehlt*.
Fällt der Feiertag in den Urlaub, wird er auf diesen nicht angerechnet. Der Arbeitnehmer erhält für diesen Tag Feiertagsbezahlung. Beim Zusammentreffen von Feiertag und Krankheit, erhält der Arbeitnehmer Feiertagsvergütung.
Die Feiertagsbezahlung betrifft nur gesetzliche Feiertage. An kirchlichen Feiertagen ist der Arbeitnehmer grundsätzlich zur Arbeitsleistung verpflichtet. Für die Dauer der ungestörten Religionsausübung (Gottesdienstbesuch, Besuch der Moschee) hat er jedoch einen Anspruch auf Freistellung, jedoch ohne Lohnausgleich.

- **Urlaubsentgelt.** Jeder Arbeitnehmer hat Anspruch auf bezahlten Erholungsurlaub, der nach dem Bundesurlaubsgesetz jährlich mindestens 24 Werktage beträgt. Das Urlaubsentgelt bemisst sich dabei nach dem durchschnittlichen Arbeitsverdienst, das der Arbeitnehmer in den letzten 13 Wochen vor dem Beginn des Urlaubs erhalten hat, mit Ausnahme des zusätzlich für Überstunden gezahlten Arbeitsverdienstes. Das Urlaubsentgelt ist vor Antritt des Urlaubs auszuzahlen.

- **Arbeitsentgelt bei Beschäftigungsverboten in der Schwangerschaft.** Soweit Schwangere mit der Arbeit aussetzen, weil ein gesetzliches Beschäftigungsverbot (S. 357) greift, hat der Arbeitgeber mindestens den Durchschnittsverdienst der letzten 13 Wochen vor Beginn der Schwangerschaft weiter zu gewähren.

- **Vorübergehende Verhinderung.** Der Arbeitnehmer behält seinen Lohnanspruch auch dann, wenn er für kurze Zeit ohne sein Verschulden an der Arbeitsleistung verhindert ist. Der Hinderungsgrund muss jedoch in seiner Person liegen.
Dies ergibt sich aus der Fürsorgepflicht des Arbeitgebers. Der Arbeitnehmer muss diese Verhinderung dem Arbeitgeber jedoch zum frühestmöglichen Zeitpunkt mitteilen. Beispiele hierfür sind kirchliche und standesamtliche Eheschließung, Arztbesuch, sofern Termin nicht beeinflussbar, Todesfall in der Familie, schwerwiegende Erkrankung von nahen Angehörigen, Umzug, Ladung zu Behörden, zu gerichtlichen Terminen, Ausübung öffentlicher Ämter, Ablegen einer Prüfung etc.

Dieser Anspruch kann sowohl im Tarifvertrag (S. 370) als auch im Arbeitsvertrag ausgeschlossen oder näher abschließend geregelt werden. So sieht der *Tarifvertrag für den öffentlichen Dienst* vor, dass u. a. in folgenden Fällen der Arbeitnehmer unter Lohnfortzahlung freigestellt werden kann:
- Niederkunft der Ehefrau: ein Arbeitstag
- Tod des Ehegatten oder Lebenspartners in einer eingetragenen Lebenspartnerschaft, eines Kindes oder Elternteils: zwei Arbeitstage
- Umzug aus dienstlichen Gründen: ein Arbeitstag
- 25- und 40-jähriges Arbeitsjubiläum: ein Arbeitstag

25.3.3 Nebenpflichten

Die **Treuepflicht** besteht darin, dass der Arbeitnehmer sich nach besten Kräften für die Interessen des Arbeitgebers und des Betriebes einsetzt und alles unterlässt, was diesen schaden könnte. Als Folge dieser Treuepflicht besteht die Informationspflicht, die besagt, dass der Arbeitnehmer voraussehbare Arbeitsverhinderung rechtzeitig mitteilt, sich bei Krankheit unverzüglich meldet und auch ansonsten drohende oder eingetretene Schäden bekannt gibt.

In Tendenzbetrieben (z. B. Kirche oder Gewerkschaft) darf sich der Arbeitnehmer nicht gegen diese Tendenz stellen. Auch kann ihm hier eine bestimmte Lebensführung auferlegt werden.

Zur Treuepflicht gehört auch die Pflicht, Stillschweigen über Verhaltensweisen des Arbeitgebers zu bewahren, wenn dieser durch die Offenbarung geschädigt werden könnte.

Diese Pflicht zum Stillschweigen steht in einem Spannungsverhältnis zur Meinungsfreiheit, die auch im Arbeitsverhältnis gilt. Danach hat der Arbeitnehmer grundsätzlich das Recht, eine vom Arbeitgeber abweichende eigene Meinung zu haben und diese auch zu äußern. Er ist jedoch verpflichtet, sich diesbezüglich in der Öffentlichkeit zu mäßigen und unsachliche, unwahre oder verfälschende Äußerungen zu unterlassen.

Zur rechtlichen Beurteilung des so genannten **„Whistle-Blowers":** Als Whistle-Blower (kommt vom Englischen „to blow the whistle"), versteht man einen Hinweisgeber oder einen Informanten, der Missstände oder gar illegales Handeln an seinem Arbeitsplatz erfährt und dies an die Öffentlichkeit bringt. So sorgt der Whistle-Blower dafür, dass Missstände öffentlich gemacht werden, läuft aber Gefahr, durch Mobbing, Kündigung oder andere arbeitsrechtliche Konsequenzen wegen Geheimnisverrats oder Ähnlichem den Arbeitsplatz zu verlieren.

Einerseits kann nur durch Kritik am Arbeitsplatz und durch Aufdecken von Missständen dafür gesorgt werden, dass unerwünschte Zustände abgeschafft werden. Andererseits ist der Arbeitnehmer im Rahmen seiner Treuepflicht zum Wohlverhalten und zur Verschwiegenheit verpflichtet. In diesem Spannungsfeld stellt sich konkret die Frage, wie weit ein Arbeitnehmer gehen darf.

Das Bundesverfassungsgericht hat bereits entschieden, dass Arbeitnehmer Straftaten aus dem beruflichen Umfeld anzeigen dürfen. Andererseits ist die Information von anderen Behörden nur dann zulässig, wenn die Bemühungen des Arbeitnehmers innerhalb des Betriebes zu keinem Erfolg geführt haben. Der so genannte Dienstweg ist zunächst zu beschreiben. Dies bedeutet, dass zunächst die betriebsinternen Entscheidungsträger (Vorgesetzte, Einrichtungsleitung) durch Information über die Zustände informiert werden müssen. Sie sollen die Chance erhalten, für Abhilfe zu sorgen. Die Information von externen Einrichtungen ist also nur dort zulässig, wo die betriebsinterne Kontrolle zu keinem Ergebnis führt. Aber auch dann ist zu unterscheiden, wer informiert wird. Sofern nach ergebnislosem Verlauf innerhalb des Betriebes die zur Behebung der Missstände zuständigen Behörden informiert werden (Staatsanwaltschaft, Medizinischer Dienst der Krankenkassen, Heimaufsicht) ist dies zulässig; entsprechende Hinweise an Presse, Funk, Fernsehen und Internet sollten dagegen tunlichst unterlassen werden. Dies stellt ein „An-den-Pranger-stellen" des Betriebes dar, ohne dass diese Einrichtungen in der Lage sind, für Abhilfe zu sorgen. Eine derartige *Rufschädigung* braucht der Arbeitgeber nicht hinzunehmen.

> **Beispiel**
> Schwester Evelyn prangert seit Längerem in einem Pflegeheim die dortigen Missstände gegenüber der Pflegedienstleitung an, z. B., dass Bewohner von konkret benannten Personen geschlagen werden, die Personaldecke zu dünn sei und Inkontinenzmaterial nicht zeitnah gewechselt werde. Nachdem trotz dieser betriebsinternen Kritik der Arbeitgeber nicht für Abhilfe schafft, wendet sie sich an die Staatsanwaltschaft und zeigt den Sachverhalt wegen Körperverletzung an. Nach Durchführung diverser Ermittlungen stellt die Staatsanwaltschaft das Ermittlungsverfahren gegen die Beschuldigten mit der Begründung ein, dass ein strafbares Verhalten nicht nachzuweisen ist. In der Folge kündigt das Altenheim das Arbeitsverhältnis mit Schwester Evelyn fristlos, weil sie interne Sachverhalte öffentlich gemacht und zur Anzeige bei der Staatsanwaltschaft gebracht hat.
> In einem vergleichbaren Fall wurde der Arbeitnehmerin zwar in erster Instanz bei einem Arbeitsgericht aufgrund ihrer Kündigungsschutzklage Recht gegeben, dies dann allerdings vom zuständigen Landesarbeitsgericht wieder korrigiert und die Kündigung für rechtmäßig gehalten. Daraufhin kam es zu einer Entscheidung des Europäischen Gerichtshofs für Menschenrechte am 21.07.2011. Dort hat der Europäische Gerichtshof für Menschenrechte ausgeführt, dass die Veröffentlichung von Missständen beim Arbeitgeber durch einen Arbeitnehmer von der Meinungsfreiheit gedeckt sein kann. Im vorliegenden Fall war das Gericht der Ansicht, dass

das Landesarbeitsgericht die Meinungsfreiheit der Schwester nicht ausreichend berücksichtigt hatte. Die Kündigung sei deshalb ungerechtfertigt gewesen. Das Gericht hat Schwester Evelyn einen Schadenersatz von 5 000 Euro zugesprochen.

Die **Fürsorgepflicht** des Arbeitgebers ist das Spiegelbild zur Treuepflicht des Arbeitnehmers. Sie beinhaltet, dass der Arbeitgeber Räume, Vorrichtungen oder Gerätschaften, die er zur Verrichtung der Dienste zu beschaffen hat, so einrichten und unterhalten muss, dass der Arbeitnehmer gegen Gefahr für Leib und Leben bestmöglich geschützt ist. Die Schutzpflicht umfasst auch das Eigentum des Arbeitnehmers. So hat der Arbeitgeber z. B. dafür zu sorgen, dass die Gegenstände des Arbeitnehmers, die dieser berechtigterweise mitbringt (Kleidung, Geräte, Fahrzeuge), so aufbewahrt werden können, dass sie vor Verlust und Beschädigung sichergestellt sind, soweit ihm das zugemutet werden kann.

Auch bei der Festlegung des Urlaubszeitpunktes hat der Arbeitgeber unter Berücksichtigung seiner Fürsorgepflicht den Wünschen des Arbeitnehmers Rechnung zu tragen, soweit dies betrieblich möglich ist.

25.4 Verletzung der Arbeitspflicht

Der Arbeitnehmer kann seine Arbeitspflicht dadurch verletzen, dass er die ihm zugewiesene Arbeit überhaupt nicht leistet (verspäteter Arbeitsbeginn oder Nichtleistung) und dadurch, dass er eine mit Mängeln behaftete Arbeitsleistung erbringt (Schlechtleistung) (▶ Abb. 25.3).

Abb. 25.3 Mängel der Arbeitsleistung

Beispiel
Gesundheits- und Krankenpfleger Fabian hat Geburtstag. Er feiert lange und verschläft am nächsten Tag. Infolge dessen kommt er eine Stunde zu spät zur Arbeit. Am nächsten Tag erscheint er gar nicht mehr zur Arbeit, da er erkältet ist. Nun will die Krankenhausverwaltung für die Zeit, in der er nicht gearbeitet hat, Lohn abziehen.

25.4.1 Nichtleistung

Leistet der Arbeitnehmer seine Arbeit dauernd oder vorübergehend nicht, so stellt sich die Frage nach der Lohnfortzahlung und der Schadensersatzpflicht des Arbeitnehmers, da er seine Hauptpflicht verletzt hat. Dabei kommt es für die weiteren Folgen darauf an, wer die „Nichtleistung" zu vertreten hat.
- Hat der Arbeitnehmer die Nichtleistung zu vertreten, d. h. trifft ihn ein Verschulden, so verliert er zunächst den Anspruch auf seinen Lohn. Des Weiteren kann der Arbeitgeber Ersatz des Schadens geltend machen, der ihm u. U. durch das Nichterscheinen seines

Arbeitnehmers entstanden ist. Musste z. B. der Arbeitgeber für notwendige, nicht aufschiebbare Arbeiten eine Ersatzkraft einstellen, kann er eventuell entstandene Mehrkosten gegenüber seinem Arbeitnehmer geltend machen.
Die Krankenhausverwaltung darf daher bei Fabian für die eine Stunde, die er zu spät zur Arbeit gekommen ist, den Lohn abziehen, da er diese „Nichtleistung" verschuldet hat.

- Hat der Arbeitgeber die Nichtleistung zu vertreten, bleibt dem Arbeitnehmer der Anspruch auf Lohn erhalten.

Dies kann der Fall sein, wenn an der Arbeitsstelle z. B. infolge Brandes oder Betriebsstilllegung nicht gearbeitet werden kann.

- Hat weder der Arbeitnehmer noch der Arbeitgeber die Nichtleistung zu vertreten, entfällt der Anspruch auf Lohn und der Anspruch des Arbeitgebers auf die Arbeitsleistung. Hier gilt der Grundsatz: Ohne Arbeit kein Lohn!

In bestimmten Fällen hat der Gesetzgeber dieses Ergebnis jedoch als unbillig empfunden und eigens rechtliche Grundlagen geschaffen, bei deren Voraussetzungen der Arbeitnehmer ausnahmsweise trotz Nichtleistung den Lohnanspruch beibehält. Die wichtigsten gesetzlichen Regelungen sind hier das Entgeltfortzahlungsgesetz, das Bundesurlaubsgesetz und das Mutterschutzgesetz. In diesen Fällen erfolgt Lohnzahlung trotz Nichtarbeit (S. 333) und zwar im Krankheitsfall für sechs Wochen, während des Urlaubs und während der Schutzfristen bei der Schwangeren.
So hat Fabian trotz seines Nichterscheinens aufgrund der Erkältung weiterhin Anspruch auf Lohnfortzahlung. Ab der 7. Woche erhält er Krankengeld von der Krankenkasse.

25.4.2 Schlechtleistung

Der Arbeitnehmer erbringt eine Schlechtleistung, wenn er für seine Verhältnisse zu langsam oder zu flüchtig arbeitet oder ihm das Arbeitsergebnis nicht gelingt.

In diesem Fall kommt es darauf an, ob den Arbeitnehmer hier ein Verschulden trifft. Ist dies nicht der Fall, bleibt der Lohnanspruch in voller Höhe bestehen. Bei ständigen Fehlleistungen steht dem Arbeitgeber u. U. das Recht auf Kündigung zu.

Durch die Schlechtleistung des Arbeitnehmers kann es auch zu Schäden beim Arbeitgeber kommen, die der Arbeitnehmer zu ersetzen hat. Nachdem sich arbeitsbedingte Schäden jedoch nie ganz ausschließen lassen, Fehler auch dem sorgfältigsten Arbeitnehmer unterlaufen, hat die Rechtsprechung eigene Haftungsmaßstäbe für das Arbeitsverhältnis entwickelt. Der Grund hierfür liegt auch darin, dass oftmals ein kleiner Fehler des Arbeitnehmers einen großen Schaden verursacht, der in keinem Verhältnis mehr zum Verdienst des Arbeitnehmers steht. Diese **Haftungsmilderung bei betrieblich veranlasster Arbeit** gilt sowohl bei deliktischem (S. 247) als auch bei vertraglichem Schadensersatzanspruch (S. 245):

- Verursacht der Arbeitnehmer **vorsätzlich** einen Schaden, haftet er voll und uneingeschränkt.
- Handelt der Arbeitnehmer **grob fahrlässig**, haftet er grundsätzlich unbeschränkt für den entstandenen *Schaden.*
  Grobe Fahrlässigkeit liegt dabei vor, wenn die im Verkehr erforderliche Sorgfalt in besonders schwerem Maße verletzt wurde (z. B. Auto fahren bei dichtem Nebel mit stark überhöhter Geschwindigkeit).

Ausnahmsweise ist die Haftung begrenzt, wenn der Verdienst des Arbeitnehmers in deutlichem Missverhältnis zum Schadensrisiko der Tätigkeit steht.
- Bei **mittlerer Fahrlässigkeit** erfolgt eine Schadensaufteilung zwischen Arbeitgeber und Arbeitnehmer unter Berücksichtigung sämtlicher Umstände des Einzelfalles.
Solche Umstände können sein: Schadensrisiko, Lebensalter, Ausbildung, Berufserfahrung, bisheriges Verhalten, Dauer der Betriebszugehörigkeit, Familienverhältnisse, Höhe des Lohnes, Höhe des Schadens.
- Handelt der Arbeitnehmer nur mit **leichtester Fahrlässigkeit,** haftet er für einen durch ihn verursachten Schaden überhaupt nicht.

25.5 Teilzeitarbeit und befristete Arbeitsverträge

Eine besondere Form der Arbeitsverhältnisse stellen die Teilzeitarbeit und das befristete Arbeitsverhältnis dar. Beide werden im Teilzeit- und Befristungsgesetz näher geregelt.

25.5.1 Teilzeitarbeit

Teilzeitbeschäftigt ist ein Arbeitnehmer, dessen regelmäßige Arbeitszeit kürzer ist als die eines vergleichbaren vollzeitbeschäftigten Arbeitnehmers. Dies gilt auch für die Ausübung einer sog. geringfügigen Beschäftigung (S. 388).

Förderung von Teilzeitarbeit

Teilzeitbeschäftigte Arbeitnehmer dürfen wegen ihrer Teilzeitarbeit ohne sachlichen Grund nicht schlechter behandelt werden als vergleichbare vollzeitbeschäftigte Arbeitnehmer. Wegen der Inanspruchnahme ihrer Rechte dürfen sie nicht benachteiligt werden. Grundsätzlich hat der Arbeitgeber seinen Arbeitnehmern Teilzeitarbeit zu ermöglichen. Er hat dementsprechend einen Arbeitsplatz auch als Teilzeitarbeitsplatz auszuschreiben, wenn er sich hierfür eignet.

Anspruch auf Verringerung der Arbeitszeit

In Betrieben mit **mehr als 15 Arbeitnehmern** (ohne Auszubildende) kann ein Arbeitnehmer, dessen Arbeitsverhältnis **länger als 6 Monate** bestanden hat, verlangen, dass seine Arbeitszeit verringert wird. Folgende Punkte sind dabei zu berücksichtigen:
- Der Arbeitnehmer muss die Verringerung seiner Arbeitszeit und deren Umfang spätestens drei Monate vor deren Beginn geltend machen.
- Der Arbeitgeber hat dies mit ihm zu erörtern mit dem Ziel, zu einer Vereinbarung zu gelangen. Über die Verteilung der Arbeitszeit ist Einvernehmen zu erzielen.
- Der Arbeitgeber hat der Verringerung der Arbeitszeit zuzustimmen und ihre Verteilung entsprechend den Wünschen des Arbeitnehmers festzulegen, soweit betriebliche Gründe nicht entgegenstehen. Derartige Gründe können sein: die Organisation, der Arbeitsablauf oder die Sicherheit im Betrieb werden wesentlich beeinträchtigt oder es werden unverhältnismäßige Kosten verursacht.
- Der Arbeitgeber muss dem Arbeitnehmer spätestens einen Monat vor dem gewünschten Beginn seine Entscheidung schriftlich mitteilen.

- Kommt es zu keiner Einigung und teilt der Arbeitgeber dies dem Arbeitnehmer nicht innerhalb der Frist mit, verringert sich die Arbeitszeit automatisch in dem gewünschten Umfang in der gewünschten Verteilung.
- Eine erneute Verringerung der Arbeitszeit kann frühestens nach zwei Jahren verlangt werden, nachdem der Arbeitgeber einer Verringerung zugestimmt oder sie berechtigt abgelehnt hat.

Hat ein teilzeitbeschäftigter Arbeitnehmer den Wunsch nach Verlängerung seiner Arbeitszeit, ist er bei der Besetzung eines entsprechenden freien Arbeitsplatzes bei gleicher Eignung bevorzugt zu berücksichtigen.

25.5.2 Befristeter Arbeitsvertrag

Ein Arbeitsvertrag ist dann befristet, wenn er nur für eine bestimmte Zeit geschlossen ist. Diese Dauer kann kalendermäßig bestimmt sein (kalendermäßig befristeter Arbeitsvertrag) oder sich aus Art, Zweck oder Beschaffenheit der Arbeitsleistung (zweckbefristeter Arbeitsvertrag) ergeben. Befristet beschäftigte Arbeitnehmer dürfen ohne sachlichen Grund wegen der Befristung nicht schlechter behandelt werden, wie vergleichbare unbefristet Beschäftigte.

Mit Ablauf der vereinbarten Zeit **endet** das Arbeitsverhältnis **automatisch.** Nachdem eine Kündigung des Arbeitsverhältnisses nicht erforderlich ist, finden auch keinerlei Kündigungsschutzvorschriften Anwendung. Das bedeutet, dass weder das Kündigungsschutzgesetz zur Anwendung kommt, noch die Kündigungsverbote bei Schwangeren, Müttern oder Schwerbehinderten. Ebenso entfällt eine Beteiligung von Personal- oder Betriebsrat bei Beendigung des Arbeitsverhältnisses.

Um nun zu verhindern, dass durch den Abschluss befristeter Arbeitsverträge der Kündigungsschutz in missbräuchlicher Weise umgangen wird, ist ein befristeter Arbeitsvertrag nur unter bestimmten Voraussetzungen (▶ Abb. 25.4) zulässig. Zunächst muss die Be-

Abb. 25.4 Zulässigkeit von befristeten Arbeitsverhältnissen

fristung des Arbeitsvertrages **schriftlich vereinbart** sein. Ist dies nicht der Fall, gilt der befristete Arbeitsvertrag als unbefristet abgeschlossen; eine Kündigung ist aber dann möglich.

Vorliegen eines sachlichen Grundes

Grundsätzlich muss bezüglich der Befristung ein **sachlicher Grund** vorliegen. Ein sachlicher Grund liegt vor, wenn ein verständiger Arbeitgeber im konkreten Einzelfall ein Arbeitsverhältnis mit Befristung begründet haben würde. Dieser kann insbesondere sein:
- Der betriebliche Bedarf an der Arbeitsleistung besteht nur vorübergehend.
- Der Arbeitnehmer wird zur Vertretung eines anderen Arbeitnehmers beschäftigt.
- Die Eigenart der Arbeitsleistung rechtfertigt die Befristung.
- Die Befristung erfolgt zur Erprobung.
- In der Person des Arbeitnehmers liegen Gründe, die die Befristung rechtfertigen.
- Die zur Entlohnung bestimmten Haushaltsmittel sind nur befristet.

Die Befristung eines Arbeitsverhältnisses mit einem sachlichen Grund ist zeitlich nicht begrenzt. Es können auch mehrere Arbeitsverträge hintereinander mit Befristung abgeschlossen werden. Dies ist insbesondere in größeren Betrieben (z.B. Krankenhäusern) häufig der Fall, wo mehrere befristete Arbeitsverträge hintereinander mit der Vertretung eines bestimmten Mitarbeiters begründet werden (sog. Kettenarbeitsverträge). Wiederholt befristete Arbeitsverträge sind jedoch dann unzulässig, wenn sie rechtsmissbräuchlich zur Umgehung des Kündigungsschutzes abgeschlossen werden. So ist nach einer Entscheidung des Bundesarbeitsgerichts vom 18.7.2012 eine Befristung trotz sachlichen Grundes unzulässig, wenn eine hohe Zahl von aufeinander folgenden befristeten Arbeitsverträgen mit demselben Arbeitgeber vorliegt. (Im entschiedenen Fall wurde eine Frau innerhalb von elf Jahren 13-mal als Vertretung befristet angestellt.)

Befristung ohne sachlichen Grund

Liegt **kein sachlicher Grund** vor, so ist das befristete Arbeitsverhältnis zulässig, wenn
- der Arbeitnehmer bei Beginn des befristeten Arbeitsverhältnisses das 52. Lebensjahr vollendet hat und unmittelbar vor Beginn des befristeten Arbeitsverhältnisses mindestens 4 Monate beschäftigungslos war. Diese Befristung ist bis zur Dauer von 5 Jahren zulässig.
- die Befristung die Dauer von **2 Jahren nicht übersteigt**. Innerhalb dieser Zeit kann ein befristeter Arbeitsvertrag maximal drei Mal verlängert werden (so können vier befristete Arbeitsverträge von je 6 Monaten nacheinander abgeschlossen werden).
- Eine derartige Befristung ist jedoch nicht zulässig, wenn mit demselben Arbeitgeber bereits zuvor ein befristetes oder unbefristetes Arbeitsverhältnis bestanden hat. (Allerdings kann durch einen Tarifvertrag oder einzelvertragliche Bezugnahme auf einen solchen die Anzahl der Verlängerungen oder die Höchstdauer der Befristung anders geregelt werden.)
- In den ersten 4 Jahren nach Gründung eines Unternehmens ist eine Befristung bis zu 4 Jahren zulässig. Innerhalb dieser Frist ist auch die mehrfache Verlängerung der Befristung zulässig.

Ist der Arbeitnehmer der Ansicht, dass die Befristung des Arbeitsvertrages unwirksam ist, muss er innerhalb von 3 Wochen nach dem vereinbarten Ende des Arbeitsvertrages Klage beim Arbeitsgericht einreichen. Geschieht dies nicht, kann die Unwirksamkeit der Befristung nicht mehr geltend gemacht werden.

Ein befristetes Arbeitsverhältnis unterliegt nur dann der ordentlichen Kündigung, wenn dies vertraglich vereinbart oder im anwendbaren Tarifvertrag vorgesehen ist.

25.6 Beendigung des Arbeitsverhältnisses

Das Arbeitsverhältnis stellt eine dauerhafte Rechtsbeziehung dar, die zunächst ohne bestimmte zeitliche Begrenzung geschlossen wurde (unbefristet). Jedoch muss auch diese Beziehung beendet werden können, wenn eine oder beide Vertragsparteien es wollen. Es gibt im Wesentlichen vier Möglichkeiten, ein Arbeitsverhältnis zu beenden (▶ Abb. 25.5).

Abb. 25.5 Möglichkeiten zur Beendigung des Arbeitsverhältnisses

25.6.1 Aufhebungsvertrag

So wie der Arbeitsvertrag durch übereinstimmenden Willen der Vertragspartner geschlossen werden kann, kann er – wie jeder andere Vertrag auch – jederzeit wieder einvernehmlich aufgehoben werden. Dies muss jedoch **schriftlich** geschehen. Es braucht weder eine „Kündigungsfrist" eingehalten zu werden, noch kommen hier die besonderen Kündigungsschutzbestimmungen zur Anwendung, sodass auch das Arbeitsverhältnis mit einer Schwangeren durch einen Aufhebungsvertrag gelöst werden kann. Der Vorteil dieser Beendigungsart liegt darin, dass die Vertragsparteien die Bedingungen, unter denen sie ihr Einverständnis erteilen, frei vereinbaren können. So kann der Arbeitnehmer seine Zustimmung davon abhängig machen, dass der Arbeitgeber ihm eine bestimmte Geldsumme (Abfindung) bezahlt. Der Vorteil für den Arbeitgeber kann darin liegen, dass er keine Kündigungsfrist einzuhalten braucht.

25.6.2 Kündigung

Die Kündigung ist eine einseitige Willenserklärung, d. h., es genügt, wenn sie einer der beiden Vertragspartner ausspricht. Diese Erklärung muss dem anderen zugehen. Eine schriftliche Erklärung (Schriftstück) ist dem anderen zugegangen, wenn er sie erhalten hat oder sie in dessen Machtbereich (z. B. Briefkasten) gelangt ist. Die Kündigungserklärung muss **schriftlich** vorliegen. Die Kündigung kann ohne Angabe von Gründen erfolgen. Auch hier kann jedoch der Tarifvertrag oder der Arbeitsvertrag vorsehen, dass bei der Kündigung die Gründe anzugeben sind. Bei einer fristlosen Kündigung muss der Kündigende auf Verlangen des anderen diesem die Gründe schriftlich mitteilen. Bei einer Kündigung sind zwei Arten zu unterscheiden (▸ Abb. 25.6):

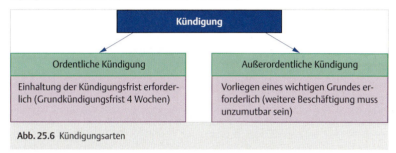

Abb. 25.6 Kündigungsarten

Ordentliche Kündigung

Wird ein Arbeitsverhältnis gekündigt, so ist grundsätzlich eine **Kündigungsfrist** einzuhalten. Diese Frist beträgt bei der Kündigung durch den Arbeitgeber sowie durch den Arbeitnehmer grundsätzlich *4 Wochen* zum 15. oder zum Ende eines Monats. Die Kündigungsfristen sind für Angestellte wie für Arbeiter gleich lang. Nach längerer Betriebszugehörigkeit verlängert sich die Frist für eine Kündigung *durch den Arbeitgeber* auf bis zu 7 Monate. Tarifvertraglich können alle Kündigungsfristen verkürzt oder verlängert werden. Durch den Arbeitsvertrag kann die Kündigungsfrist verlängert werden, verkürzt nur bei einer Beschäftigungsdauer von bis zu 3 Monaten, während der Probezeit und bei Kleinbetrieben (unter 20 Beschäftigte).

Aufgabe 91

Gesundheits- und Krankenpfleger Rudi will kündigen. Er ist 30 Jahre alt und seit 8 Jahren im Krankenhaus beschäftigt. Bis wann muss seine Kündigung beim Arbeitgeber eingegangen sein?

Erläuterung im Anhang, Aufgabe 91 (S. 525)

Bei jeder Kündigung ist zu beachten, dass bestimmte Gesetze zum Schutz des Arbeitnehmers (z. B. Kündigungsschutzgesetz (S. 354) u. a.) und abweichende Regelungen im Tarifvertrag (z. B. Verlängerung oder Abkürzung der beiderseitigen Kündigungsfristen) eingreifen können.

Außerordentliche Kündigung

Gemäß § 626 BGB kann das Arbeitsverhältnis sowohl vom Arbeitgeber als auch vom Arbeitnehmer ohne Einhaltung einer Frist gekündigt werden, wenn *ein* **wichtiger Grund** hierfür vorliegt. Dieser ist dann gegeben, wenn Tatsachen vorliegen, aufgrund derer dem Kündigenden die Fortsetzung des Arbeitsverhältnisses nicht einmal bis zum Ablauf der Kündigungsfrist zugemutet werden kann.

> ### Aufgabe 92
> Rudi wird auf Station dabei beobachtet, wie er aus einer Geldbörse eines Patienten Geld entnimmt und einsteckt. Kann sein Arbeitgeber die Kündigungsfrist umgehen?
> Erläuterung im Anhang, Aufgabe 92 (S. 525)

Dabei kennt das Gesetz in diesem Zusammenhang keine „absoluten Kündigungsgründe". Ob ein „wichtiger Grund" vorliegt, muss vielmehr unter Berücksichtigung aller Umstände des Einzelfalles und unter Abwägung der Interessen beider Vertragsteile beurteilt werden. Es sind alle für das jeweilige Vertragsverhältnis in Betracht kommenden Gesichtspunkte zu bewerten. Dazu gehören das gegebene Maß der Beschädigung des Vertrauens, das Interesse an der korrekten Handhabung der Geschäftsanweisungen, das vom Arbeitnehmer in der Zeit seiner unbeanstandeten Beschäftigung erworbene „Vertrauenskapital" ebenso wie die wirtschaftlichen Folgen des Vertragsverstoßes; eine abschließende Aufzählung ist nicht möglich. Insgesamt muss sich die sofortige Auflösung des Arbeitsverhältnisses als angemessene Reaktion auf die eingetretene Vertragsstörung erweisen. Unter Umständen kann eine *Abmahnung* als milderes Mittel zur Wiederherstellung des für die Fortsetzung des Vertrages notwendigen Vertrauens in die Redlichkeit des Arbeitnehmers ausreichen.

Auch bei Kündigung wegen eines **Bagatelldelikts** (z. B. Diebstahl geringwertiger Sachen am Arbeitsplatz) muss eine sorgfältige Abwägung vorgenommen werden, wie folgende Beispiele zeigen.

> **Beispiel**
> Einer 50-jährigen, seit über 30 Jahren beim gleichen Arbeitgeber beschäftigten Kassiererin wird vorgeworfen, ihr nicht gehörende Pfandbons im Wert von insgesamt 1,30 Euro zum eigenen Vorteil eingelöst zu haben. Wegen dieser Straftat wird ihr fristlos gekündigt. Gegen die außerordentliche Kündigung erhebt sie Kündigungsschutzklage.
> Mit Urteil vom 10.6.2010 hat das Bundesarbeitsgericht im sog. **„Emmily-Urteil"** entschieden, dass rechtswidrige und vorsätzliche Handlungen des Arbeitnehmers, die sich unmittelbar gegen das Vermögen des Arbeitgebers richten, zwar auch dann ein wichtiger Grund zur außerordentlichen Kündigung sein können, wenn die Pflichtverletzung Sachen von nur geringem Wert betrifft oder nur zu einem geringfügigen, möglicherweise gar keinem Schaden geführt hat.
> Es bedarf aber stets einer umfassenden, auf den Einzelfall bezogenen Prüfung und Interessenabwägung dahingehend, ob dem Arbeitgeber die Fortsetzung des Arbeitsverhältnisses trotz der eingetretenen Vertrauensstörung – zumindest bis zum Ablauf der Kündigungsfrist – zumutbar ist oder nicht.
> Für die Zumutbarkeit der Weiterbeschäftigung kann es von erheblicher Bedeutung sein, ob der Arbeitnehmer bereits längere Zeit in einer Vertrauensstellung beschäftigt war, ohne vergleichbare Pflichtverletzungen begangen zu haben. Eine für lange Jahre ungestörte Vertrauensbezie-

hung zweier Vertragspartner wird nicht zwingend schon durch eine erstmalige Vertrauensenttäuschung vollständig und unwiederbringlich zerstört.

In Anwendung dieser Grundsätze hat das Bundesarbeitsgericht – anders als die Vorinstanzen – der Klage der Kassiererin stattgegeben und die Kündigung letztlich für unwirksam erklärt. Der Vertragsverstoß sei schwerwiegend. Er berühre den Kernbereich der Arbeitsaufgaben einer Kassiererin und habe damit trotz des geringen Werts der Pfandbons das Vertrauensverhältnis der Parteien objektiv erheblich belastet. Als Einzelhandelsunternehmen sei die Beklagte besonders anfällig dafür, in der Summe hohe Einbußen durch eine Vielzahl für sich genommen geringfügiger Schädigungen zu erleiden. Letztlich würden aber die angesichts der mit einer Kündigung verbundenen schwerwiegenden Einbußen aufseiten der Klägerin überwiegen. Sie sei über drei Jahrzehnte ohne rechtlich relevante Störungen beim gleichen Arbeitgeber beschäftigt, wodurch sie sich ein hohes Maß an Vertrauen erworben habe. Dieses Vertrauen könne durch den in vieler Hinsicht atypischen und einmaligen Kündigungssachverhalt nicht vollständig zerstört werden. Im Rahmen der Abwägung sei auch die vergleichsweise geringfügige wirtschaftliche Schädigung des Arbeitgebers zu bedenken. Es wäre eine Abmahnung als milderes Mittel gegenüber einer Kündigung angemessen und ausreichend gewesen, um einen künftig wieder störungsfreien Verlauf des Arbeitsverhältnisses zu bewirken.

In Anwendung dieser Grundsätze wurde im sog. **„Maultaschen-Urteil"** vom Landesarbeitsgericht Baden-Württemberg die fristlose Kündigung einer 58-jährigen Altenpflegerin (nach fast 17 Jahren Beschäftigungsdauer) für unwirksam erachtet. Ihr wurde wegen angeblichen Diebstahls von sechs Maultaschen trotz ausdrücklichem und der Arbeitnehmerin auch bekanntem Verbot hinsichtlich der Verwertung von Resten durch das Personal aus übriggebliebener Bewohnerverpflegung gekündigt. Dem Arbeitgeber sei, so das Gericht, letztlich durch das Fehlverhalten der Arbeitnehmerin kein wirtschaftlicher Schaden entstanden.

Die außerordentliche Kündigung kann nur innerhalb von 2 Wochen erfolgen, nachdem der Kündigungsberechtigte von dem wichtigen Grund erfahren hat.

25.6.3 Tod des Arbeitnehmers/Arbeitgebers

Stirbt der Arbeitgeber oder der Arbeitnehmer, stellt sich die Frage, ob dessen Erben an seine Stelle treten. Dies wird man beim Arbeitgeber häufig bejahen können.

> **Beispiel**
> Der Fabrikbesitzer Helmut stirbt. Seine Ehefrau führt den Betrieb als Alleinerbin weiter. Wer ist nun der Arbeitgeber seiner Belegschaft? Das Arbeitsverhältnis zwischen Helmut und dessen Arbeitern geht auf dessen Ehefrau über.

Eine Ausnahme wird man allerdings dort sehen, wo die Tätigkeit an die Person des Arbeitgebers gebunden ist.

> **Beispiel**
> Helmut ist krank und bettlägerig. Er wird von Schwester Karin gepflegt. Als er stirbt, endet das Arbeitsverhältnis zwischen beiden.

Stirbt der Arbeitnehmer, endet das Arbeitsverhältnis, da der Arbeitnehmer seine Dienste in seiner Person zu leisten hat.

25.6.4 Zeitablauf

Ist das Arbeitsverhältnis für eine bestimmte Zeit eingegangen worden, so endet es automatisch mit Ablauf dieser Zeit. Eine Kündigung braucht hier nicht ausgesprochen zu werden.

Innerhalb der vereinbarten Zeit ist die ordentliche Kündigung nur zulässig, wenn dies im Arbeitsvertrag oder Tarifvertrag vereinbart ist. Wird das Arbeitsverhältnis jedoch vom Arbeitnehmer mit Wissen des Arbeitgebers fortgesetzt, so gilt es als auf unbestimmte Zeit verlängert, wenn nicht der Arbeitgeber unverzüglich widerspricht.

Nachdem eine Kündigung des Arbeitsverhältnisses nicht erforderlich ist, finden auch die Kündigungsschutzvorschriften keine Anwendung. Um nun zu verhindern, dass durch den Abschluss befristeter Arbeitsverhältnisse der Kündigungsschutz in missbräuchlicher Weise umgangen wird, ist ein befristetes Arbeitsverhältnis (S. 340) nur unter bestimmten Voraussetzungen zulässig.

Ein Arbeitsverhältnis endet auch dann durch Zeitablauf, wenn zwar die Dauer nicht genau bestimmt war, jedoch aus der Beschaffenheit oder dem Zweck der Arbeit die Beendigung zu entnehmen ist. Dies ist z. B. der Fall, wenn eine Pflegeperson für einen Schwerkranken eingestellt wird und dieser stirbt. Dann endet das Arbeitsverhältnis auch mit dem Tod des Kranken.

25.7 Zeugnis

Bei der Beendigung des Arbeitsverhältnisses hat der Arbeitnehmer einen Anspruch auf ein schriftliches Zeugnis. Dieser Anspruch entsteht bereits angemessene Zeit vor Ablauf der Arbeitszeit, damit sich der Arbeitnehmer bei einem neuen Arbeitgeber leichter bewerben kann. Nach Ausspruch der Kündigung kann es daher bereits begehrt werden. Unter bestimmten Voraussetzungen besteht sogar ein Anspruch auf ein Zwischenzeugnis.

Das **einfache Zeugnis** beinhaltet Art und Dauer der Tätigkeit. Hierzu gehören: Beschreibung der übertragenen Arbeitsplätze, evtl. Leitungsbefugnisse, Fortbildungsmaßnahmen.

Nicht in das Zeugnis gehört die Tätigkeit oder Mitgliedschaft im Betriebs oder Personalrat und der Entlassungsgrund.

Auf Verlangen des Arbeitnehmers hat der Arbeitgeber ein **qualifiziertes Zeugnis** zu erteilen. Dieses enthält darüber hinaus Tatsachen und Beurteilungen zum Verhalten und zur Leistung.

In der Praxis sind bestimmte positiv klingende Formulierungen üblich, die jedoch den Arbeitnehmer nicht immer günstig beurteilen (Zeugnisgeheimsprache).

Die Leistung umfasst dabei den Arbeitsumfang, Güte, Tempo, Ökonomie, Fachkenntnisse, Arbeitsbereitschaft, Ausdrucksvermögen und Verhandlungsgeschick. Diesbezüglich hat sich ein bestimmter Sprachgebrauch entwickelt.

Bei der Gesamtbewertung sind folgende Bewertungen üblich:

- „*Stets zu unserer vollsten Zufriedenheit*" oder „*waren wir stets außerordentlich zufrieden*": sehr gut
- „*stets zu unserer vollen Zufriedenheit*": gut
- „*zu unserer vollen Zufriedenheit*": befriedigend
- „*zu unserer Zufriedenheit*": ausreichend
- „*im Großen und Ganzen zu unserer Zufriedenheit*": mangelhaft

Ähnliche Formulierungsstandards gibt es für den Bereich der Arbeitsweise, des Verhaltens und der Führungsqualität.

Nicht in das Zeugnis gehören einmalige Vorfälle, die für die Beurteilung des Arbeitnehmers nicht charakteristisch sind, sowie sein privates Verhalten.

Das Zeugnis muss der Wahrheit entsprechen. Die Beurteilung soll zwar wohlwollend erfolgen, dennoch bedeutet dies nicht, dass Ungünstiges verschwiegen werden darf. Bei unrichtiger Zeugnisausstellung kann der Arbeitgeber dem neuen Arbeitgeber gegenüber unter Umständen sogar zum Schadensersatz verpflichtet sein. So gehört in das Zeugnis eines Gesundheits- und Krankenpflegers oder einer Gesundheits- und Krankenpflegerin sicherlich ein illegaler Umgang mit Betäubungsmitteln im dienstlichen Bereich.

25.8 Berufsbildung

Die Berufsbildung gliedert sich nach dem Berufsbildungsgesetz in
- **Berufsausbildungsvorbereitung** (Heranführung an eine Berufsausbildung durch Vermittlung von Grundlagen für den Erwerb beruflicher Handlungsfähigkeit),
- **Berufsausbildung** (berufliche Grundbildung sowie Vermittlung von Fertigkeiten und Kenntnissen für eine qualifizierte berufliche Tätigkeit),
- **berufliche Fortbildung** (Erhaltung und Erweiterung der beruflichen Fertigkeiten und Kenntnisse),
- **berufliche Umschulung** (Befähigung zu einer anderen beruflichen Tätigkeit).

Für die Ausbildung der Berufe in der Krankenpflege wird das Berufsbildungsgesetz durch das Gesetz über die Berufe in der Krankenpflege ersetzt. Das Krankenpflegegesetz (KrPflG) findet Anwendung für die Ausbildung zu folgenden Berufen: Gesundheits- und Krankenpflegerin, Gesundheits- und Krankenpfleger, Gesundheits- und Kinderkrankenpflegerin und Gesundheits- und Kinderkrankenpfleger.

25.8.1 Inhalt der Berufsausbildung

Inhalt der Berufsausbildung ist die Vermittlung von Fertigkeiten und Kenntnissen, die für eine qualifizierte berufliche Tätigkeit notwendig sind.

Gemäß § 3 KrPflG soll die Ausbildung in der Krankenpflege entsprechend dem allgemein anerkannten Stand pflegewissenschaftlicher, medizinischer und weiterer bezugswissenschaftlicher Erkenntnisse fachliche, personale, soziale und methodische Kompetenzen zur verantwortlichen Mitwirkung insbesondere bei der Heilung, Erkennung und Verhütung von Krankheiten vermitteln. Die Pflege ist dabei unter Einbeziehung präventiver, rehabilitativer und palliativer Maßnahmen auf die Wiedererlangung, Verbesserung, Erhaltung und Förderung der physischen und psychischen Gesundheit der zu pflegenden Menschen auszurichten. Dabei sind die unterschiedlichen Pflege und Lebenssituationen sowie Lebensphasen und die Selbstständigkeit und Selbstbestimmung der Menschen zu berücksichtigen (Ausbildungsziel).

Die Berufsausbildung beginnt mit einer Probezeit, in der geprüft werden soll, ob der Auszubildende oder Schüler für den angestrebten Beruf geeignet ist. Innerhalb dieser Probezeit kann der Ausbildungsvertrag jederzeit ohne Einhaltung einer Frist schriftlich gekündigt werden (§ 15 Abs. 1 KrPflG).

25.8.2 Pflichten des Ausbilders

Der Ausbilder ist verpflichtet, den Auszubildenden/Schüler in sachlicher und persönlicher Hinsicht auszubilden. Er hat ihm die Kenntnisse und Fähigkeiten zu vermitteln, die der spätere Beruf voraussetzt. Er muss ihm auch eine Ausbildungsvergütung gewähren. Die Ausbildung darf nicht nur dem konkreten Arbeitsanfall entsprechend erfolgen, sondern es müssen alle im Rahmen des Berufsbildes üblichen Arbeiten übertragen werden.

In der Krankenpflegeausbildung muss dem Schüler damit Gelegenheit gegeben werden, auf verschiedenen Stationen eines Krankenhauses die unterschiedlichen Anforderungen der Krankenpflege kennen zu lernen.

Zur persönlichen Ausbildung gehört die charakterliche Förderung und Bewahrung vor sittlichen und körperlichen Gefährdungen. Der Ausbilder ist auch verpflichtet, Arbeitsmittel zur Verfügung zu stellen und den Auszubildenden zum Schulbesuch anzuhalten. Hierzu ist er unter Fortzahlung der Vergütung von der Arbeit freizustellen. Der Ausbilder darf dem Auszubildenden/Schüler nur Verrichtungen übertragen, die dem Ausbildungszweck dienen und denen er körperlich gewachsen ist.

25.8.3 Pflichten des Auszubildenden/Schülers

Der Auszubildende ist verpflichtet, gemäß dem Ausbildungsvertrag zu arbeiten und an den Ausbildungsmaßnahmen teilzunehmen. Auch muss er den Weisungen des Ausbilders Folge leisten, soweit sie im Rahmen der Ausbildung erfolgen.

Die Schüler der Krankenpflege müssen darüber hinaus die Schweigepflicht beachten, die für sie als Geheimnisträger (S. 179) gilt. Verletzt der Auszubildende/Schüler seine Pflichten, kann dies u. U. zu einer Kündigung berechtigen.

25.8.4 Beendigung des Ausbildungsverhältnisses

Das Ausbildungsverhältnis endet, wenn das Ziel der Ausbildung erreicht ist. Dies ist in der Regel mit der erfolgreichen Ablegung der Prüfung der Fall.

Bei der Ausbildung in den Krankenpflegeberufen endet das Ausbildungsverhältnis mit dem Ablauf der Ausbildungszeit (d. h. nach 3 Jahren) oder, wenn die vorgeschriebenen Ausbildungsstunden erbracht sind, bereits mit dem Ablegen der Prüfung. Besteht der Schüler die Prüfung nicht, so verlängert sich das Ausbildungsverhältnis auf seinen schriftlichen Antrag hin bis zur nächstmöglichen Wiederholungsprüfung, höchstens jedoch um ein Jahr (§ 14 Abs. 2 KrPflG). Nach der Probezeit kann das Ausbildungsverhältnis von jedem Vertragspartner aus wichtigem Grund gekündigt werden. Darüber hinaus kann der Schüler oder die Schülerin den Vertrag mit einer Kündigungsfrist von 4 Wochen kündigen. In jedem Fall muss die Kündigung schriftlich erfolgen.

25.9 Fortbildung und Weiterbildung

Mit dem Abschluss der Ausbildung in der Kranken- und Altenpflege darf die Bereitschaft, neue Erkenntnisse und Fähigkeiten zu erwerben nicht beendet sein. Gerade im Gesundheitswesen und im Pflegebereich ist es erforderlich, seine Kenntnisse stets zu vertiefen und auf aktuellem Stand zu halten. Dies betrifft die Vertiefung der erworbenen Fähigkeiten sowie den Neuerwerb von weitergehenden Kenntnissen. Hier unterscheidet man zwischen Ausbildung, Fortbildung und Weiterbildung.

25.9.1 Ausbildung

Unter Ausbildung versteht man den Erwerb von Kenntnissen nach einem festgelegten Ausbildungsplan in einem anerkannten Ausbildungsberuf. In der Regel wird diese Ausbildung mit einer Abschlussprüfung abgeschlossen (z. B. Ausbildungen in der Gesundheits- und Krankenpflege sowie in der Altenpflege).

25.9.2 Fortbildung

Fortbildungsmaßnahmen haben zum Inhalt eine Vertiefung der in der Ausbildung erworbenen Kenntnisse und insbesondere die Aktualisierung nach dem neuesten Stand der in dem jeweiligen Beruf bestehenden Standards. Solche Fortbildungsmaßnahmen sind nicht nur erwünscht sondern im Zusammenhang mit der Haftungsproblematik durchaus sinnvoll und notwendig.

Der bei einer Haftung immer zitierte Fahrlässigkeitsbegriff orientiert sich daran, welche konkreten Sorgfaltsmaßstäbe verletzt sein könnten. Diese Maßstäbe ändern sich im Laufe der Zeit und orientieren sich an den gewonnenen Erkenntnissen in der Wissenschaft. Ohne diese Kenntnisse begibt man sich leicht in die Gefahr zu haften, ohne dass man sich der Wissenslücken bewusst ist („Unwissenheit schützt vor Strafe nicht"). Nur durch die regelmäßige Teilnahme an Fortbildungsveranstaltungen kann die einmal erworbene Kompetenz in bestimmten Sachbereichen auf dem sich stetig steigenden Level gehalten werden. Am beruflichen Status als Solchen (Gesundheits- und Krankenpfleger) ändert sich durch die Fortbildungsmaßnahme nichts.

25.9.3 Weiterbildung

Auch wenn im Rahmen von Weiterbildungsmaßnahmen ebenfalls bereits vorhandene Kenntnisse vertieft und aktualisiert werden können, liegt der Schwerpunkt hier beim Neuerwerb von Fähigkeiten und Kenntnissen. Hier gilt es, sich beruflich fortzuentwickeln mit dem Ziel, den vorhandenen Berufsstatus zu verändern. Im Bereich der Gesundheits- und Krankenpflege zählen hierzu insbesondere die Weiterbildungen zu den diversen Fachgesundheits- und Krankenpflegern, z. B. in der Gerontopsychiatrie, Endoskopie, Anästhesie, Intensivpflege etc.

25.9.4 Kosten der Fort- und Weiterbildungsmaßnahmen

In aller Regel sind Ausbildungen, Fort- und Weiterbildungen mit durchaus hohen Kosten verbunden. Wer diese Kosten zu tragen hat, ist gesetzlich nicht geregelt. Ausgangspunkt ist dementsprechend, dass derjenige die Kosten zu tragen hat, der die vertragliche Pflicht mit dem jeweiligen Fort- oder Weiterbildungsinstitut abschließt. Dies ist in aller Regel der Arbeitnehmer.

Soweit arbeitsvertraglich nichts anderes vereinbart ist, bleibt es bei diesem Grundsatz und der Arbeitnehmer hat keinerlei Erstattungsansprüche gegenüber dem Arbeitgeber. In vielen Fällen übernimmt jedoch der Arbeitgeber die Kosten der Fort- und Weiterbildungsmaßnahme, da letztlich ihm bzw. seinem Betrieb die aktuellen oder neuen Kenntnisse seines Arbeitnehmers zugutekommen. Andererseits möchte er, wenn er schon die Kosten ganz oder zum Teil übernimmt, dass der Nutzen dieser Maßnahme seinem Betrieb möglichst lange zugutekommt. Aus dieser Interessenlage will er den Arbeitnehmer verpflichten, dass dieser bei vorzeitigem Ausscheiden aus dem Betrieb, die Kosten ganz oder teilweise zurückzuzahlen hat. Andererseits verstößt eine Bindung des Arbeitnehmers an einen konkreten Betrieb unter Umständen gegen das Grundrecht der freien Berufswahl gemäß Artikel 12 GG. Zwischen beiden Interessen muss daher ein angemessener Ausgleich geschaffen werden.

Sofern der Arbeitgeber die Kosten der Fort- und Weiterbildungsmaßnahme übernimmt, hat er bei Kündigung des Arbeitnehmers grundsätzlich keinen Anspruch auf Rückzahlung durch den Arbeitnehmer. Er kann nur eine derartige Rückzahlungspflicht vor Beginn der Fort- und Weiterbildungsmaßnahme vertraglich mit dem Arbeitnehmer vereinbaren. Dann ergibt sich die Rückzahlungspflicht aus dieser vertraglichen Vereinbarung. Natürlich könnte sich eine derartige Verpflichtung auch aus einem anwendbaren Tarifvertrag oder einer Betriebsvereinbarung ergeben.

25.9.5 Rückzahlungsvereinbarung und Bindungswirkung

Grundsätzlich ist es zulässig, wenn zwischen Arbeitnehmer und Arbeitgeber vereinbart wird, in welcher Höhe und unter welchen Voraussetzungen vom Arbeitgeber geleistete Fort- und Weiterbildungskosten zu erstatten sind. Diese so genannten **Rückzahlungsklauseln** können jedoch gerichtlich daraufhin überprüft werden, ob sie den Arbeitnehmer unangemessen benachteiligen. Hierzu hat das Bundesarbeitsgericht folgende **Grundsätze** aufgestellt:

- Eine Rückzahlungspflicht kann nicht vereinbart werden, wenn sich die Finanzierungspflicht des Arbeitgebers aus dem Gesetz ergibt (z. B. Betriebsratsschulung).
- Die Rückzahlungspflicht muss **vor** Beginn der Fort- und Weiterbildungsmaßnahme vereinbart sein.
- Eine Pflicht zur Rückzahlung dieser Kosten kann nur dann vereinbart werden, wenn der Grund der vorzeitigen Beendigung in der Sphäre des Arbeitnehmers liegt. Eine Rückzahlungsklausel, die die Rückzahlungspflicht für **jeden** Fall der vorzeitigen Beendigung des Arbeitsverhältnisses vorsieht, wäre daher unwirksam. Es muss eindeutig und klar sein, dass die Rückzahlungspflicht nur gilt, wenn das Arbeitsverhältnis durch den Arbeitnehmer selbst oder aus einem von ihm zu vertretenden Grund beendet wird.
- Die finanzierte Maßnahme muss für den Arbeitnehmer von geldwertem Vorteil sein. Dieser Vorteil kann sich bei dem Arbeitgeber oder beim zukünftigen Arbeitgeber auswirken. In der Regel zeigt sich der geldwerte Vorteil in einem Aufstieg des Arbeitnehmers innerhalb seiner Karriere. Wenn jedoch die erworbenen Kenntnisse nur innerbetrieblich nutzbar sind und zu keinem finanziellen Vorteil führen, kann keine wirksame Rückzahlungsvereinbarung getroffen werden. Gleiches gilt für eine Fortbildung, die allein der Auffrischung oder Vertiefung von Kenntnissen dient. Hier liegt ein evtl. Vorteil der Fortbildung im überwiegenden eigenen Interesse des Arbeitgebers, sodass es zu keinem geldwerten Vorteil für den Arbeitnehmer kommt.
- Die Fortbildungsdauer und die Dauer der Bindung des Arbeitnehmers an den Betrieb müssen in einem angemessenen Verhältnis stehen. Hierzu hat die Rechtsprechung folgende Werte für zulässig erachtet:
  - Fortbildungsdauer bis zu 1 Monat: Bindungsdauer von bis zu 6 Monaten zulässig
  - Fortbildungsdauer bis zu 2 Monaten: Bindungsdauer von bis zu 12 Monaten
  - Fortbildungsdauer von 3 bis 4 Monaten: Bindungsdauer von 24 Monaten

- Fortbildungsdauer von 6 bis 12 Monaten: Bindungsdauer von bis zu 36 Monaten
- Fortbildungsdauer von mehr als 24 Monaten: maximale Bindungsdauer von 60 Monaten.
• Die Höhe des Rückzahlungsbetrages muss sich entsprechend der Länge der noch verbleibenden Bindungsdauer des Arbeitnehmers im Betrieb nach Raten vermindern.

> **Beispiel**
> Fortbildungskosten 10.000 Euro, Fortbildungsdauer 4 Monate, vertraglich vereinbarte Rückzahlungspflicht und Bindung von 2 Jahren (zulässig, siehe oben). Sollte der Arbeitnehmer nach einem Jahr kündigen und den Betrieb verlassen, müsste er noch 5.000 Euro zurückzahlen.

Ist eine zu lange Bindungsdauer vereinbart worden, ist die gesamte Rückzahlungsklausel unwirksam, mit der Konsequenz, dass der Arbeitnehmer gar nichts zurückzahlen muss.

25.10 Übertragung von ärztlichen Tätigkeiten auf die Pflege

Die Abgrenzung von ärztlicher Tätigkeit und pflegerischem Handeln bzw. die Zulässigkeit der Delegation von ärztlichen Aufgaben auf die Pflegekräfte ist ein ständiger Problemfall. Was fällt in den Zuständigkeits- und Aufgabenbereich des Arztes und was in den Bereich der Pflege? Wichtig ist die Unterscheidung auch für die Antwort auf die Frage, wen trifft die Verantwortung bzw. sind Pflegekräfte verpflichtet, bestimmte Aufgaben und Tätigkeiten, die in den Verantwortungsbereich der Ärzte fallen im Wege der arbeitsrechtlichen Weisung zu übernehmen oder können sie sich weigern mit dem Hinweis auf fehlende Zuständigkeit.

Wen trifft die Haftung, wenn ärztliche Tätigkeiten von Pflegekräften übernommen werden? All das sind Fragen, die im Einzelfall durchaus streitig sein können. Einige wenige Grundsätze sollen im Folgenden dargestellt werden:

25.10.1 Aufgaben der Kranken- und Altenpflege

Grundsätzlich ist jeder Arbeitnehmer verpflichtet, die Tätigkeiten auszuführen, die sich aus seiner arbeitsvertraglichen Verpflichtung ergeben. Soweit im Arbeitsvertrag hierzu nichts Näheres bestimmt ist, ergibt sich der Umfang seiner Tätigkeiten aus dem Berufsbild bzw. der Stellenbeschreibung, die seinem Arbeitsplatz zugrunde liegt. Für Angehörige der Pflegeberufe bedeutet dies, dass sie grundsätzlich verpflichtet sind, alle Arbeiten auszuführen, die die Pflege betreffen. Für diese Tätigkeiten wurden sie ausgebildet, sie sind Gegenstand der Ausbildungs- und Prüfungsordnung zum jeweiligen Beruf (Krankenpflegegesetz bzw. Altenpflegegesetz).

25.10.2 Nichtdelegationsfähige ärztliche Tätigkeiten

Es gibt nur wenige Tätigkeiten, die ausdrücklich und ausschließlich kraft Gesetzes den Ärzten vorbehalten sind. So darf z.B. eine von einem Richter angeordnete Blutentnahme zum Zweck der Feststellung einer Alkoholisierung bei einem Verdächtigen (§81a Abs.1 StPO) oder die Blutentnahme im Rahmen einer Blutspende (§7 Abs.2 Transfusionsgesetz) nur von einem Arzt durchgeführt werden; im letzteren Fall auch durch anderes qualifiziertes Personal unter der Verantwortung eines Arztes. Ist andererseits aufgrund der besonderen Schwierigkeit und dem Risiko des Eingriffs sowie der Gefährlichkeit der Maßnahme das ärztliche Fachwissen erforderlich, muss der Arzt selbst handeln. Hierzu gehören z. B. alle Operationen sowie auch die Diagnose und Indikation.

25.10.3 Delegation von ärztlichen Aufgaben auf die Pflege

Soweit eine Aufgabe nicht dem Arzt zwingend vorbehalten ist (siehe oben) kann sie unter Umständen im Wege der Delegation auf das Pflegepersonal übertragen werden. Hierbei gilt grundsätzlich, dass sich durch die Delegation die Gefährdung des Patienten nicht erhöhen darf. Daher hängt die Zulässigkeit der Delegation im Wesentlichen von der Art der Tätigkeit, der Schwere des Krankheitsfalles und vor allem der Qualifikation des Pflegepersonals ab. Siehe hierzu auch das Kapitel bezüglich der Delegation von Injektionen (S. 198).

25.10.4 Eigenständige Durchführung ärztlicher Tätigkeiten durch das Pflegepersonal

Der Gemeinsame Bundesausschuss (G-BA) hat mit Beschluss vom 20.10.2011 (in Kraft getreten am 22.3.2012) eine Richtlinie (sog. Heilkundeübertragungsrichtlinie) beschlossen, der zufolge bestimmte ärztliche Tätigkeiten an Pflegepersonal zur **selbstständigen** Ausübung übertragen werden dürfen.

Der Gemeinsame Bundesausschuss (G-BA) ist das oberste Beschlussgremium der gemeinsamen Selbstverwaltung der Ärzte, Zahnärzte, Psychotherapeuten, Krankenhäuser und Krankenkassen in Deutschland. Er bestimmt in Form von Richtlinien den Leistungskatalog der gesetzlichen Krankenversicherung (GKV) für mehr als 70 Millionen Versicherte und legt damit fest, welche Leistungen der medizinischen Versorgung von der GKV erstattet werden. Darüber hinaus beschließt der G-BA Maßnahmen der Qualitätssicherung für den ambulanten und stationären Bereich des Gesundheitswesens.

Bei dieser Übertragung handelt es sich nicht mehr nur um eine Delegation von Aufgaben, sondern es dürfen unter bestimmten Voraussetzungen konkrete Maßnahmen **selbstständig** und **eigenverantwortlich** durchgeführt werden.

Die Richtlinie macht hierzu Vorgaben zur selbstständigen Ausübung von Heilkunde durch Pflegekräfte und bestimmt Art und Umfang der übertragbaren ärztlichen Tätigkeiten sowie die zur selbstständigen Ausübung von Heilkunde jeweils erforderlichen Qualifikationen. Pflegekräfte, die in diesem Umfang selbstständige Tätigkeiten der Heilkunde ausüben dürfen, müssen

- eine abgeschlossene Berufsausbildung nach dem Krankenpflege- bzw. Altenpflegegesetz von drei Jahren
- sowie zusätzlich „erweiterte Kompetenzen zur Ausübung dieser heilkundlichen Tätigkeiten" (§ 4 Abs.7 KrPflG) vorweisen.

Derart ausgebildete Pflegekräfte üben Heilkunde durch Vornahme der ihnen auf der Grundlage dieser Richtlinie übertragenen ärztlichen Tätigkeiten aus. Ausübung von Heilkunde ist die auf wissenschaftliche Erkenntnis gegründete, praktische, selbstständige oder im Dienst anderer ausgeübte Tätigkeit zur Verhütung, Feststellung, Heilung oder Linderung menschlicher Krankheiten, Körperschäden oder Leiden.

25.10 Übertragung von ärztlichen Tätigkeiten auf die Pflege

Die Ausübung beinhaltet die Übernahme fachlicher, wirtschaftlicher und rechtlicher Verantwortung. Von dieser umfasst ist nach der Übertragung der ärztlichen Tätigkeiten durch den Arzt die Entscheidungsbefugnis, ob und in welchem Umfang die selbstständige Ausübung der Heilkunde durch Vornahme der übertragenen ärztlichen Tätigkeiten medizinisch geboten ist. Eine Verantwortlichkeit des Arztes für nach dieser Richtlinie durch Pflegekräfte ausgeübte Tätigkeiten besteht nicht. Die Verantwortlichkeit des Arztes für eigene Entscheidungen und Handlungen bleibt unberührt.

Die selbstständige Ausübung von Heilkunde durch Angehörige der Pflegeberufe setzt eine ärztliche Diagnose und Indikationsstellung voraus. An diese sind Pflegekräfte gebunden. Die Diagnose und Indikationsstellung ist den Pflegekräften dokumentiert mitzuteilen. Die therapeutische Tätigkeit führt die qualifizierte Pflegekraft eigenständig durch. Sofern die Pflegekräfte zu Erkenntnissen kommen, die einer Vornahme der ihnen auf der Grundlage dieser Richtlinie übertragenen ärztlichen Tätigkeiten entgegenstehen oder die die ärztliche Diagnose und Indikationsstellung betreffen, ist umgehend der behandelnde Arzt dokumentiert zu informieren.

Im Teil B der Heilkundeübertragungsrichtlinie sind konkrete ärztliche Tätigkeiten bei bestimmten Diagnosen aufgeführt, die bei Vorhandensein einer näher bezeichneten Qualifikation auf Berufsangehörige der Kranken- und Altenpflege zur selbstständigen Ausübung von Heilkunde übertragen werden können.

> **Beispiel**
> Diagnose: Diabetes mellitus Typ 1
> Übertragbare ärztliche Tätigkeit: Assessment (Blutentnahmen kapillär sowie venös, körperliche Untersuchungen).
> Qualifikation (Zusatzkenntnisse): Wissen um Pathophysiologie, Diagnostik, Prävention und Therapie sowie Notfallmanagement der verschiedenen Diabetes-Mellitus-Typen und ihrer Folgeerkrankungen etc.

Weitere übertragene Tätigkeiten können sein: spezifische Infusionstherapien, Wund- oder Schmerztherapien, die Anus-praeter-Versorgung, der Wechsel von Trachealkanülen und das Tracheostoma-Management, das Anlegen von Magensonden und transurethralen Blasenkathetern, Aufgaben innerhalb der Ernährung, Schmerz- und Case-Management. und die die psychosoziale Betreuung.

Pflegekräfte können auch eigenständig Heil- und Hilfsmittel verordnen und Patienten überweisen. Dazu gibt es eigene Vordrucke, um Verwechslungen mit Rezepten und Überweisungsformularen auszuschließen.

26 Arbeitnehmerschutz

Der Arbeitnehmer befindet sich in einer abhängigen Situation. Gerade in wirtschaftlich schlechten Zeiten ist er auf seinen Arbeitsplatz angewiesen, um das Einkommen für sich und seine Familie sicherzustellen. Der Gesetzgeber hat hier ein Schutzbedürfnis erkannt und in verschiedenen Gesetzen diesem dadurch Rechnung getragen, dass er Arbeitnehmern in bestimmten Lagen bestimmte Rechte eingeräumt hat. Im Folgenden sollen hier die wesentlichen Arbeitnehmerrechte kurz behandelt werden.

26.1 Kündigungsschutz

Ein besonderes Schutzbedürfnis hat der Arbeitnehmer im Falle seiner Kündigung durch den Arbeitgeber. Hier regelt eine Reihe von Gesetzen, in welchen Fällen dieses Kündigungsrecht des Arbeitgebers eingeschränkt oder ausgeschlossen ist. Neben dem allgemeinen Kündigungsschutz besteht gegenüber bestimmten Personen sogar ein Verbot der ordentlichen Kündigung (z. B. gegenüber Abgeordneten, Betriebsrats und Personalratsmitgliedern, Schwangeren, Schwerbehinderten).

Den Kern des allgemeinen Kündigungsschutzes stellt das **Kündigungsschutzgesetz** (KSchG) dar. Es ist nur auf Arbeitsverhältnisse anwendbar, wenn:
- der Arbeitnehmer in diesem Bereich **länger als 6 Monate** beschäftigt war (entscheidend ist der Zeitpunkt des Zugangs der Kündigung) und
- der Betrieb in der Regel mehr als **10 Arbeitnehmer** beschäftigt (Teilzeitkräfte werden nur teilweise angerechnet, Auszubildende zählen hier nicht mit).

Eine *ordentliche* Kündigung ist nur wirksam, wenn sie *sozial gerechtfertigt* ist. Sozial gerechtfertigt ist eine Kündigung, wenn folgende Gründe vorliegen (▶ Abb. 26.1):

Abb. 26.1 Soziale Rechtfertigung einer ordentlichen Kündigung

26.1.1 Kündigungsschutzklage

Will ein Arbeitnehmer geltend machen, dass seine Kündigung unwirksam ist (egal aus welchem Grund), so muss er **innerhalb von 3 Wochen** nach Zugang der Kündigung Klage beim Arbeitsgericht auf Feststellung erheben, dass das Arbeitsverhältnis durch die Kündigung nicht aufgelöst ist (§ 4 KSchG). Erhebt der Arbeitnehmer diese Klage nicht rechtzeitig, kann er später nicht mehr behaupten, die Kündigung sei sozial ungerechtfertigt. Das Gleiche gilt auch für die außerordentliche Kündigung.

26.1.2 Betriebsbedingte Kündigung

Bei einer betriebsbedingten Kündigung liegen die Gründe für eine Entlassung im Betrieb selbst. Dies ist der Fall, wenn der Arbeitsplatz des Arbeitnehmers weggefallen ist, sei es aufgrund Auftragsmangels oder Rationalisierung. Fällt ein Arbeitsplatz weg, muss der Arbeitgeber demjenigen kündigen, der nach seinen Sozialdaten des geringsten Schutzes bedarf. Bei der **sozialen Auswahl** kommt es unter anderem auf das Lebensalter des Arbeitnehmers an, die Dauer seiner Betriebszugehörigkeit und auf bestehende Unterhaltspflichten oder einer bestehenden Schwerbehinderung.

In die soziale Auswahl sind diejenigen Arbeitnehmer nicht einzubeziehen, deren Weiterbeschäftigung, insbesondere wegen ihrer Kenntnisse, Fähigkeiten und Leistungen oder zur Sicherung einer ausgewogenen Personalstruktur des Betriebs, im berechtigten betrieblichen Interesse liegt. Kündigt der Arbeitgeber betriebsbedingt und verspricht er dem Arbeitnehmer eine Abfindung für den Fall, dass er die Kündigung akzeptiert, hat der Arbeitnehmer einen Anspruch auf Abfindung. Die Höhe beträgt ein halbes Monatsgehalt für jedes Beschäftigungsjahr.

26.1.3 Personenbedingte Kündigung

Gründe, die in der Person des Arbeitnehmers liegen, können eine Kündigung rechtfertigen, wenn nach Abwägung mit den Interessen des Arbeitgebers ein Fortbestehen des Arbeitsverhältnisses nicht möglich erscheint. Der Arbeitgeber ist jedoch gehalten, zu prüfen, ob der Arbeitnehmer im Betrieb nicht **anderweitig beschäftigt** werden kann.

So kann z. B. einem Arbeitnehmer wegen lang andauernder (oder häufiger) Erkrankung gekündigt werden, wenn

- er in der Vergangenheit langfristig (oder häufig) erkrankt war,
- bei prognostischer Betrachtungsweise auch in Zukunft mit längerfristigen (oder häufigen) Erkrankungen zu rechnen ist,
- es infolge der Erkrankung zu betrieblichen Störungen kommt und
- eine Umsetzung des Arbeitnehmers auf einen anderen Arbeitsplatz nicht in Betracht kommt.

Welche Zeitspanne als längerfristig anzusehen ist, hängt vom Einzelfall ab. Bei einer längeren Zeit der Betriebszugehörigkeit, einem älteren Arbeitnehmer oder einem größeren Betrieb wird man längere (oder häufigere) Krankheitszeiten hinnehmen können als bei kürzerer Betriebszugehörigkeit, jüngeren Arbeitnehmern oder einem kleineren Betrieb. Beträgt die Krankheitszeit 30 % der Arbeitszeit, ist an eine längerfristige Krankheit zu denken. Alkohol- oder Betäubungsmittelabhängigkeit werden in der Regel wie eine Krankheit behandelt.

26.1.4 Verhaltensbedingte Kündigung

Ist das Verhalten des Arbeitnehmers für den Arbeitgeber nicht mehr hinnehmbar, kann er das Arbeitsverhältnis kündigen. In aller Regel bedarf es jedoch zuerst einer **Abmahnung**, d. h. einer Missbilligung des Verhaltens durch den Arbeitgeber, um dem Arbeitnehmer die Gelegenheit zu geben, sein Verhalten zu ändern. Eine wirksame Abmahnung setzt voraus, dass dem Arbeitnehmer ein konkretes Fehlverhalten vorgehalten wird mit dem Hinweis, dass dieses Verhalten im Wiederholungsfall zu einer Kündigung führt.

> ### Aufgabe 93
> Gesundheits- und Krankenpfleger Rudi kommt regelmäßig zu spät zur Arbeit. Eines Tages teilt ihm die Krankenhausleitung mit, dass er entlassen wird, weil sein Verhalten nicht mehr tragbar sei. Durch sein ständiges Zuspätkommen seien andere Pfleger gehalten, länger auf Station zu bleiben. Ist die Kündigung wirksam?
> Erläuterung im Anhang, Aufgabe 93 (S. 525)

26.1.5 Beteiligung des Betriebsrats

Ist in dem Betrieb ein Betriebsrat oder ein Personalrat vorhanden, sind diese **vor** einer Kündigung anzuhören. Ist dies nicht geschehen, ist die Kündigung unwirksam.

26.1.6 Auflösung des Arbeitsverhältnisses und Abfindung des Arbeitnehmers

Ist die Kündigung des Arbeitgebers unwirksam und wird dies vom Arbeitsgericht festgestellt, kann der Arbeitnehmer beantragen, dass das Arbeitsverhältnis aufgelöst wird, wenn ihm eine Fortsetzung des Arbeitsverhältnisses nicht zuzumuten ist. Dies ist z. B. dann der Fall, wenn im Laufe des Kündigungsschutzprozesses dem Arbeitnehmer die Befähigung abgesprochen wird, seinen Beruf ordnungsgemäß auszuüben oder sonst im Rahmen der Kündigung Beleidigungen oder ähnliche unsachliche Äußerungen seitens des Arbeitgebers gefallen sind.

Diesen Antrag kann auch der Arbeitgeber stellen, wenn Gründe vorliegen, die eine den Betriebszwecken dienliche weitere Zusammenarbeit nicht erwarten lassen. In diesen Fällen kann der Arbeitnehmer eine angemessene Abfindung verlangen. Die Höhe der Abfindung hängt unter anderem von der Dauer der Betriebszugehörigkeit (z. B. ein halbes Monatseinkommen pro Beschäftigungsjahr), der wirtschaftlichen Lage des Arbeitgebers, des Lebensalters, vom Familienstand und vom Lebensalter des Arbeitnehmers ab. Das Höchstmaß der Abfindung beträgt in der Regel 12 Monatsverdienste.

26.2 Mutterschutz

Das Mutterschutzrecht will die Frau in einer bestimmten Zeit vor und nach der Entbindung arbeitsrechtlich besonders schützen. Diese Schutzbestimmungen (▶ Abb. 26.2) sind im Wesentlichen im Mutterschutzgesetz (MuSchG) enthalten. Es gilt für alle Frauen, die in einem Arbeitsverhältnis stehen.

Abb. 26.2 Mutterschutzbestimmungen

Das MuSchG gilt nicht nur für Arbeiterinnen und Angestellte, sondern auch für Auszubildende, Praktikantinnen oder Schülerinnen in der Krankenpflege. Es gilt sowohl in der Probezeit als auch in einem Aushilfsarbeitsverhältnis oder einer Teilzeitbeschäftigung. Sobald der Schwangeren ihr Zustand bekannt ist, *soll* sie dem Arbeitgeber ihre Schwangerschaft und den mutmaßlichen Tag der Entbindung mitteilen. Dieser hat die Aufsichtsbehörde unverzüglich zu benachrichtigen. Eine unbefugte Weitergabe der Mitteilung an Dritte ist jedoch verboten. Zum Nachweis der bestehenden Schwangerschaft soll sie auf Verlangen des Arbeitgebers das Zeugnis eines Arztes oder einer Hebamme vorlegen. Zur Berechnung der Frist über ein Beschäftigungsverbot hat sie ein solches Zeugnis (Pflicht!) vorzulegen. Die Kosten dieser Zeugnisse trägt der Arbeitgeber.

26.2.1 Gefahrenschutz

Der Arbeitsplatz der Frau ist in der Zeit ihrer Schwangerschaft und des Stillens so weit wie möglich auf ihre besonderen Bedürfnisse einzurichten.

Bei häufiger Beschäftigung im Stehen oder Gehen ist für ausreichende **Sitzgelegenheit** zu sorgen, bei sitzender Tätigkeit für kurze Unterbrechungen. Ähnliches gilt bei stillenden Müttern. Hier muss die Möglichkeit geschaffen werden, während der Pausen in einem geeigneten Raum auszuruhen und zu stillen. Ihnen ist auf Verlangen **die zum Stillen erforderliche Zeit,** mindestens aber zwei Mal täglich eine halbe Stunde oder einmal täglich eine Stunde freizugeben. Bei mehr als acht Stunden Arbeitszeit erhöht sich die Stillzeit. Diese Stillzeit braucht nicht nachgearbeitet zu werden. Der Lohn ist weiterzuzahlen. Das Mutterschutzgesetz sieht zur Abwehr von Gefahren für das Kind und die werdende Mutter besondere **Beschäftigungsverbote** vor, z. B.:
- Keine Beschäftigung vor der Entbindung, wenn das Leben oder die Gesundheit von Mutter oder Kind bei Fortdauer der Beschäftigung gefährdet ist.
- Keine Beschäftigung mit schweren körperlichen Arbeiten oder mit Arbeiten, von denen schädliche Einwirkungen ausgehen (Röntgenstrahlen, Chemotherapeutika).

- Keine Arbeiten, bei denen regelmäßig Lasten von mehr als 5 kg Gewicht oder gelegentlich von mehr als 10 kg Gewicht von Hand gehoben, bewegt oder befördert werden (Baden von Patienten ohne Hilfsmittel).
- Keine Beschäftigung im Kontrollbereich (S. 490).
- Keine Arbeiten im Akkord oder am Fließband.

Insbesondere gelten Beschäftigungsverbote zu bestimmten Zeiten:
- *Keine Beschäftigung in den letzten* **6 Wochen vor der Entbindung.**
  Die werdende Mutter kann sich jedoch ausdrücklich zur Arbeitsleistung bereit erklären. In diesem Fall darf sie auch beschäftigt werden. Sie kann diese Erklärung jederzeit widerrufen.
- *Keine Beschäftigung* **nach der Entbindung für die Dauer von 8 Wochen** *bzw. 12 Wochen bei Früh- und Mehrlingsgeburten.*
  Bei Frühgeburten und sonstigen vorzeitigen Entbindungen verlängert sich diese Frist um den Zeitraum, der beim 6-wöchigen Beschäftigungsverbot vor der Entbindung wegen der Frühgeburt (weniger als 2500 g oder erhöhte Pflegebedürftigkeit) oder der vorzeitigen Entbindung nicht wahrgenommen werden konnte.
  Zur Berechnung der Fristen ist die werdende Mutter verpflichtet, das Zeugnis eines Arztes oder eine Hebamme vorzulegen. Der bescheinigte Zeitpunkt ist maßgebend.
  Eine *Entbindung* im Sinne dieser Vorschrift liegt nur bei einer Lebendgeburt (S. 496) vor. Bei einer Totgeburt (S. 496) oder Fehlgeburt (S. 497) greift das Beschäftigungsverbot nicht.
  Stirbt das Kind innerhalb der Frist, kann die Mutter schon vor Ablauf dieser Frist auf ausdrückliches Verlangen wieder beschäftigt werden. Dies gilt nicht für die ersten zwei Wochen nach der Entbindung. Sie kann ihre Erklärung jederzeit widerrufen.
- Keine Mehrarbeit, keine Arbeit in der Nacht zwischen 20:00 und 6:00 Uhr und nicht an Sonn- und Feiertagen. Dies gilt auch für stillende Mütter. (Ausnahme vom Sonn- und Feiertagsverbot: u. a. in der *Krankenpflege,* wenn in jeder Woche einmal eine ununterbrochene Ruhezeit von mindestens 24 Stunden im Anschluss an die Nachtruhe gewährt wird.)

26.2.2 Arbeitsplatzschutz

Einer Frau darf während der Schwangerschaft und bis zum Ablauf von vier Monaten nach der Entbindung **nicht gekündigt** werden. Voraussetzung ist, dass der Arbeitgeber die Schwangerschaft kennt oder innerhalb von zwei Wochen nach Zugang der Kündigung erfährt (hier genügt die Mitteilung einer vermuteten Schwangerschaft). Hat die Schwangere nach dieser Zeit noch keine Kenntnis von ihrer Schwangerschaft, genügt es, wenn sie dem Arbeitgeber unverzüglich diesen Umstand mitteilt, sobald sie von ihrer Schwangerschaft weiß. Entscheidend ist der Zeitpunkt des Zuganges der Kündigung. Wird die Frau erst nach Zugang der Kündigung schwanger (die Schwangerschaft beginnt mit der Befruchtung), ist die Kündigung wirksam, auch wenn die Kündigungsfrist erst nachher abläuft. Bei Fehlgeburt oder Schwangerschaftsabbruch endet der Kündigungsschutz.

Eine Ausnahme vom Kündigungsschutz gilt dann, wenn die für den Arbeitsschutz zuständige oberste Landesbehörde oder die von ihr bestimmte Stelle in besonderen Fällen ausnahmsweise die Kündigung für zulässig erklärt (z. B. das Gewerbeaufsichtsamt).

Der Kündigungsschutz wirkt auch noch während der Elternzeit (S. 440). In dieser Zeit darf ebenfalls nicht gekündigt werden. Die Frau ist während dieser Fristen nur vor einer Kündigung geschützt, nicht aber vor der Auflösung des Arbeitsverhältnisses aus anderen Gründen (z. B. Zeitablauf der Ausbildung).

26.2.3 Leistungen

Soweit die Frau durch Beschäftigungsverbote oder Einschränkungen ihrer Arbeitsfähigkeit finanzielle Einbußen erleidet, erhält sie hierfür einen finanziellen Ausgleich. So hat der Arbeitgeber in den Fällen, in denen die Schwangere wegen möglicher Gesundheitsgefährdung nicht beschäftigt werden kann oder sonstige Lohneinbußen zu erleiden hätte, weil sie schwangerschaftsbedingt nicht arbeiten kann bzw. als stillende Mutter einem Tätigkeitsverbot unterliegt, den Durchschnittsverdienst der letzten 13 Wochen weiterzuzahlen (**Mutterschaftslohn**).

In der Zeit der Nichtbeschäftigung (6 Wochen vor der Entbindung und 8 bzw. 12 Wochen nach der Entbindung) erhält die Frau **Mutterschaftsgeld** von der Krankenversicherung oder, wenn sie nicht versichert ist, vom Bundesversicherungsamt. Soweit der letzte Nettoverdienst die Höhe des Mutterschaftsgeldes übersteigt, zahlt der Arbeitgeber den Unterschiedsbetrag. Der Arbeitgeber muss der Frau zur Durchführung der Vorsorgeuntersuchungen während und nach der Schwangerschaft Freizeit unter Weiterzahlung des Lohnes gewähren.

26.3 Jugendarbeitsschutz

Geregelt ist der Jugendarbeitsschutz (▶ Abb. 26.3) im Jugendarbeitsschutzgesetz (JArbSchG). Dieses gilt für die Beschäftigung von Personen, die noch nicht 18 Jahre alt sind (Ausnahme: gelegentliche geringfügige Tätigkeiten). Zuständige Behörde für die Überwachung der Vorschriften dieses Gesetzes ist das Gewerbeaufsichtsamt.

Abb. 26.3 Jugendarbeitsschutz

26.3.1 Verbot der Kinderarbeit

Die Beschäftigung von Kindern (unter 15 Jahren) und Jugendlichen, die der Vollzeitschulpflicht unterliegen, ist grundsätzlich verboten (§ 5 JArbSchG). Dies gilt auch für Tätigkeiten, die sie als Hobby betreiben, um das Taschengeld aufzubessern, soweit sie regelmäßig arbeiten. Eine Ausnahme hiervon gilt für Beschäftigungen im Rahmen einer entsprechenden Therapie oder einer richterlichen Weisung.

Kinder *über 13 Jahren* dürfen mit Einwilligung der Eltern in bestimmtem Umfang beschäftigt werden: Dies gilt, soweit die Beschäftigung leicht und für Kinder geeignet ist (kein nachteiliger Einfluss auf ihre Sicherheit, Gesundheit und Entwicklung, ihren Schulbesuch, ihre Berufsausbildung und auf ihre Fähigkeit, dem Unterricht mit Nutzen zu folgen; z. B. Babysitting, Botengänge, Nachhilfestunden). Dabei dürfen die Kinder nicht mehr als 2 bzw. 3 Stunden täglich in landwirtschaftlichen Familienbetrieben, nicht zwischen 18:00 und 8:00 Uhr und nicht vor oder während des Schulunterrichtes beschäftigt werden. Darüber hinaus kann die Aufsichtsbehörde in bestimmtem Umfang für die Beschäftigung von Kindern bei Theatervorstellungen und Musikaufführungen eine Ausnahme bewilligen.

26.3.2 Arbeitszeit

Jugendliche dürfen grundsätzlich nicht mehr als 8 Stunden täglich und nicht mehr als 40 Stunden wöchentlich beschäftigt werden (§ 8 JArbSchG).

Wenn an einzelnen Arbeitstagen die Arbeitszeit auf weniger als 8 Stunden verkürzt ist, können Jugendliche an den übrigen Werktagen derselben Woche *achteinhalb Stunden* beschäftigt werden. In der Landwirtschaft dürfen Jugendliche über 16 Jahre während der Erntezeit bis zu *9 Stunden* täglich, aber nicht mehr als 85 Stunden in der Doppelwoche beschäftigt werden.

Jugendliche haben Anspruch auf im Voraus feststehende **Ruhepausen** (Arbeitsunterbrechung von mind. 15 Minuten). Diese betragen mindestens
- 30 Minuten bei einer Arbeitszeit von 4 ½ bis 6 Stunden und
- 60 Minuten bei einer Arbeitszeit von mehr als 6 Stunden.

Diese Ruhepausen müssen frühestens eine Stunde nach Beginn und spätestens eine Stunde vor Ende der Arbeitszeit gewährt werden. Länger als 4 ½ Stunden hintereinander dürfen Jugendliche nicht ohne Ruhepause beschäftigt werden. Der Aufenthalt während der Ruhepausen in Arbeitsräumen darf den Jugendlichen nur gestattet werden, wenn die Arbeit in diesen Räumen während dieser Zeit eingestellt ist und auch sonst die notwendige Erholung nicht beeinträchtigt wird. Nach Beendigung der täglichen Arbeit ist den Jugendlichen mindestens 12 Stunden ununterbrochen Freizeit zu gewähren. Auch dürfen sie nur in der Zeit zwischen 6:00 und 20:00 Uhr beschäftigt werden (Verbot der Nachtarbeit).

Bestimmte Ausnahmen gelten hier für Jugendliche über 16 Jahren. So dürfen sie im Gaststätten und Schaustellergewerbe bis 22:00 Uhr, in mehrschichtigen Betrieben (z. B. Krankenhäuser) bis 23:00 Uhr, in der Landwirtschaft ab 5:00 Uhr oder bis 21:00 Uhr und in Bäckereien ab 5:00 Uhr (über 17 Jahre: ab 4:00 Uhr) beschäftigt werden.

Jugendliche dürfen nur an *5 Tagen in der Woche* beschäftigt werden, an *Samstagen* und *Sonntagen* nicht. Hiervon gibt es jedoch zahlreiche Ausnahmen. So ist u. a. die Beschäftigung zulässig in Krankenanstalten, Alten-, Pflege- und Kinderheimen. Mindestens 2 Samstage bzw. jeder zweite Sonntag im Monat sollen jedoch auch in diesen Fällen beschäftigungsfrei bleiben. Aber auch hier muss die 5-Tage-Woche durch Freistellung an einem anderen berufsschulfreien Arbeitstag sichergestellt werden.

An *gesetzlichen Feiertagen* dürfen Jugendliche überhaupt nicht, am 24. und 31. Dezember dürfen sie ab 14:00 Uhr nicht beschäftigt werden. Hier gelten wiederum die Ausnahmen wie oben erwähnt (Beschäftigung in Krankenanstalten, Alten-, Pflege- und Kinderheimen ist erlaubt unter Freistellung des Jugendlichen an einem anderen berufsschulfreien Arbeitstag derselben oder der folgenden Woche), jedoch mit der Einschränkung, dass am 25. Dezember, am 1. Januar, am 1. Osterfeiertag und 1. Mai ein absolutes Beschäftigungsverbot besteht.

Die Jugendlichen haben Anspruch auf einen Mindesturlaub, dessen Länge vom Lebensalter abhängt:
- mindestens 30 Werktage, wenn der Jugendliche zu Beginn des Kalenderjahres noch nicht 16 Jahre alt ist,
- mindestens 27 Werktage, wenn der Jugendliche zu Beginn des Kalenderjahres noch nicht 17 Jahre alt ist und
- mindestens 25 Werktage, wenn der Jugendliche zu Beginn des Kalenderjahres noch nicht 18 Jahre alt ist.

Ausnahmen von diesen Beschränkungen der Arbeitszeit sind zulässig bei einer Beschäftigung Jugendlicher mit vorübergehenden und unaufschiebbaren Arbeiten in Notfällen, soweit erwachsene Beschäftigte nicht zur Verfügung stehen. In diesen Fällen ist die Mehrarbeit durch entsprechende Verkürzung der Arbeitszeit innerhalb der folgenden drei Wochen auszugleichen. Abweichende Regelungen können auch in einem *Tarifvertrag* oder einer *Betriebsvereinbarung* getroffen werden!

26.3.3 Beschäftigungsverbote

Jugendliche dürfen mit bestimmten Arbeiten nicht beschäftigt werden (§§ 22–24 JArbSchG). Hierunter fallen u. a.:
- gefährliche Arbeiten,
- Arbeiten, die ihre Leistungsfähigkeit übersteigen,
- Arbeiten, bei denen sie sittlichen Gefahren ausgesetzt sind (z. B. Beschäftigung in einem Stripteaselokal),
- Akkordarbeit,
- Arbeiten, bei denen sie schädlichen Einwirkungen von Lärm, Erschütterungen, Strahlen (z. B. Röntgenstrahlen) oder von giftigen, ätzenden oder reizenden Stoffen ausgesetzt sind,
- Arbeiten im Kontrollbereich (S. 490).

Dies gilt nicht für die Beschäftigung Jugendlicher, soweit dies zur Erreichung ihres Ausbildungszieles erforderlich und ihr Schutz durch die Aufsicht eines Fachkundigen gewährleistet ist.

26.3.4 Gesundheitliche Betreuung

Ein Jugendlicher, der in das Berufsleben eintritt, darf nur beschäftigt werden, wenn
- er innerhalb der letzten 14 Monate von einem Arzt untersucht worden ist (**Erstuntersuchung**) und
- dem Arbeitgeber eine von diesem Arzt ausgestellte Bescheinigung vorliegt.

Ein Jahr nach Aufnahme der ersten Beschäftigung ist eine **Nachuntersuchung** durchzuführen. Nach Ablauf jedes weiteren Jahres nach der ersten Nachuntersuchung kann sich der Jugendliche erneut nachuntersuchen lassen *(weitere Nachuntersuchungen)*.

Diese Untersuchungen haben sich auf den Gesundheits- und Entwicklungszustand und die körperliche Beschaffenheit, die Nachuntersuchungen außerdem auf die Auswirkungen der Beschäftigung auf Gesundheit und Entwicklung des Jugendlichen zu erstrecken. Für die Durchführung dieser Untersuchungen ist der Jugendliche vom Arbeitgeber bei Lohnfortzahlung freizustellen. Die Kosten der Untersuchung kann der untersuchende Arzt dem Bundesland gegenüber geltend machen.

26.4 Allgemeines Gleichbehandlungsgesetz

Mit dem am 18.8.2006 in Kraft getretenen Allgemeinen Gleichbehandlungsgesetz (AGG) wurde gleichzeitig das bis dahin geltende Beschäftigtenschutzgesetz abgelöst. Das Gesetz ist auch umgangssprachlich als Antidiskriminierungsgesetz bekannt. Sein Ziel ist es, Benachteiligungen aus folgenden Gründen zu verhindern oder zu beseitigen:
- Rasse und ethnische Herkunft,
- Geschlecht,
- Religion und Weltanschauung,
- Behinderung,
- Alter,
- sexuelle Identität.

Bereits Art. 3 GG verlangt die Gleichbehandlung und verbietet eine unsachliche Differenzierung, gilt aber nur für das Handeln des Staates. Insoweit ist dieser Gedanke nunmehr übertragen worden auf das Verhalten der Bürger untereinander, insbesondere im Bereich des Arbeitsrechts, aber auch in bestimmten Bereichen des Vertragsrechts.

26.4.1 Anwendungsbereich des AGG

Das Verbot der Diskriminierung erstreckt sich nicht generell auf alle denkbaren Bereiche, sondern bezieht sich vor allem auf folgende Fälle:
- die Bedingungen für den Zugang zu Erwerbstätigkeit und für den beruflichen Aufstieg (z. B. Stellenausschreibungen),
- die Arbeitsbedingungen, das Arbeitsentgelt und die Entlassungsbedingungen,
- den Zugang zur Berufsberatung, der Berufsbildung, der Berufsausbildung, der beruflichen Weiterbildung und der Umschulung,
- den Sozialschutz, einschließlich der sozialen Sicherheit und der Gesundheitsdienste,
- die sozialen Vergünstigungen und
- den Zugang zu und die Versorgung mit Gütern und Dienstleistungen, die der Öffentlichkeit zu Verfügung stehen, einschließlich von Wohnraum.

In all diesen Fällen ist eine Benachteiligung aus einem der obigen Gründe unzulässig. Der Begriff „Benachteiligung" ist im Gesetz umfassend geregelt und enthält folgende Bereiche (▶ Abb. 26.4):

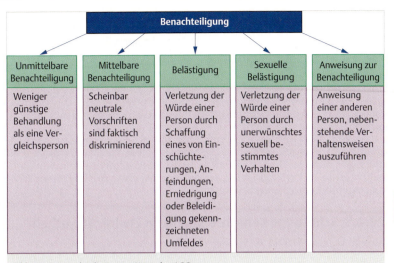

Abb. 26.4 Benachteiligung im Sinne des AGG

26.4.2 Zulässigkeit einer unterschiedlichen Behandlung

Eine unterschiedliche Behandlung ist dort zulässig, wo durch geeignete und angemessene Maßnahmen bestehende Nachteile verhindert oder ausgeglichen werden sollen (z. B. spezielle Förderung von Behinderten zur besseren Wiedereingliederung). Eine unterschiedliche Behandlung ist auch zulässig, wenn dieser Grund wegen der Art der auszuübenden Tätigkeit eine wesentliche berufliche Anforderung darstellt (z. B. Beschäftigte im Frauenhaus, Vorführen von Kleidern bei einer Modenschau).

Auch ist eine unterschiedliche Behandlung wegen der Religion oder Weltanschauung bei der Beschäftigung durch Religionsgemeinschaften dort zulässig, wo dies nach der Art der Beschäftigung eine gerechtfertigte berufliche Anforderung darstellt (z. B. keine Beschäftigung einer Gesundheits- und Krankenpflegerin moslemischen Glaubens in einem katholischen Krankenhaus). Eine unterschiedliche Behandlung wegen Alters ist dann zulässig, wenn sie objektiv und angemessen und durch ein legitimes Ziel gerechtfertigt ist (z. B. Mindestalter oder Höchstalter für den Zugang zu bestimmten Berufen).

26.4.3 Maßnahmen und Pflichten des Arbeitgebers

Der Arbeitgeber ist verpflichtet, die erforderlichen Maßnahmen zum Schutz vor Benachteiligung seiner Arbeitnehmer zu treffen. Dieser Schutz umfasst auch vorbeugende Maßnahmen. Er soll auch im Rahmen von Ausbildung und Fortbildung auf die Unzulässigkeit solcher Benachteiligungen hinweisen. Verstoßen Beschäftigte gegen das Benachteiligungsverbot, so hat der Arbeitgeber die im Einzelfall geeigneten Maßnahmen zur Unterbindung der Benachteiligung zu ergreifen, z. B. durch Abmahnung, Umsetzung, Versetzung oder Kündigung.

26.4.4 Rechte der Beschäftigten

Die Beschäftigten haben das Recht, sich bei den zuständigen Stellen des Betriebs zu beschweren. Dies darf auch keine Nachteile für sie bringen.

Ergreift der Arbeitgeber keine oder offensichtlich ungeeignete Maßnahmen zur Unterbindung einer Belästigung oder sexuellen Belästigung am Arbeitsplatz, sind die betroffenen Beschäftigten berechtigt, ihre Tätigkeit ohne Verlust des Arbeitsentgelts einzustellen, soweit dies zu ihrem Schutz erforderlich ist. Bei einem Verstoß gegen das Benachteiligungsverbot ist der Arbeitgeber verpflichtet, den hierdurch entstandenen Schaden zu ersetzen.

Liegt kein Vermögensschaden vor, kann der Beschäftigte eine angemessene Entschädigung in Geld verlangen. Sie darf bei einer Nichteinstellung drei Monatsgehälter nicht übersteigen, wenn der Beschäftigte auch bei benachteiligungsfreier Auswahl nicht eingestellt worden wäre. Ein Schadensersatzanspruch kann nur innerhalb einer Frist von 2 Monaten schriftlich geltend gemacht werden.

26.4.5 Schutz vor Benachteiligung im Zivilrechtsverkehr

Auch im übrigen Zivilrecht gilt nunmehr das Diskriminierungsverbot, insbesondere bei den sog. Massengeschäften und dort, wo das Ansehen der Person nach der Art des Schuldverhältnisses eine nachrangige Bedeutung hat (z. B. Fahrten mit öffentlichen Verkehrsmitteln, Taxifahrten, etc.). Ausnahmen gelten dort, wo ein sachlicher Grund vorliegt, um z. B. Gefahren zu vermeiden. Auch hier hat der Benachteiligte unter Umständen einen Schadensersatzanspruch, den er innerhalb von 2 Monaten geltend machen muss.

26.5 Arbeitsschutzgesetz

Das Arbeitsschutzgesetz dient dazu, **Sicherheit und Gesundheitsschutz der Beschäftigten** bei der Arbeit durch Maßnahmen des Arbeitsschutzes zu sichern und zu verbessern. Es enthält erstmals in einem Bundesgesetz grundlegende Vorschriften des Arbeitsschutzes, welche für alle Tätigkeitsbereiche gelten. Das Gesetz sieht neben Zielsetzung und Begriffsbestimmungen, Verordnungsermächtigungen für den Gesetzgeber, Durchführungs-, Bußgeld- und Strafvorschriften vor allem Pflichten des Arbeitgebers und Pflichten und Rechte der Beschäftigten vor.

26.5.1 Grundverantwortung des Arbeitgebers

Die grundsätzliche Verantwortung für den Arbeitsschutz liegt beim Arbeitgeber. Er hat die Arbeitsschutzmaßnahmen festzulegen, sie auf ihre Wirksamkeit zu überprüfen und sich ändernden Gegebenheiten anzupassen. Er ist sowohl für die geeignete Organisation sowie für die erforderlichen Mittel zuständig. Folgende Grundsätze sind dabei von ihm zu beachten:
- Die Arbeit ist so zu gestalten, dass eine Gefährdung für Leben und Gesundheit möglichst vermieden und die verbleibende Gefährdung möglichst gering gehalten wird;
- Gefahren sind an ihrer Quelle zu bekämpfen;
- bei Maßnahmen sind der Stand der Technik, Arbeitsmedizin und Hygiene sowie sonstige gesicherte arbeitswissenschaftliche Erkenntnisse zu berücksichtigen;

- Maßnahmen sind mit dem Ziel zu planen, Technik, Arbeitsorganisation, sonstige Arbeitsbedingungen, soziale Beziehungen und Einfluss der Umwelt auf den Arbeitsplatz sachgerecht zu verknüpfen;
- spezielle Gefahren für besonders schutzbedürftige Beschäftigtengruppen sind zu berücksichtigen;
- mittelbar oder unmittelbar geschlechtsspezifisch wirkende Regelungen sind nur zulässig, wenn dies aus biologischen Gründen zwingend geboten ist.

Der Arbeitgeber hat zu ermitteln, welche Maßnahmen des Arbeitsschutzes erforderlich sind. Dazu muss er die Gefährdung als solche erkennen und sie bezüglich Art und Umfang eines möglichen Schadens bewerten und beurteilen. Anschließend hat er das Ergebnis der Gefährdungsbeurteilung, die von ihm festgelegten Maßnahmen des Arbeitsschutzes und das Ergebnis ihrer Überprüfung zu dokumentieren. Dies gilt nicht für Betriebe mit zehn oder weniger Beschäftigten. Des Weiteren hat der Arbeitgeber für Erste Hilfe und Notfallmaßnahmen sowie für arbeitsmedizinische Vorsorgeuntersuchungen zu sorgen.

26.5.2 Mitverantwortung der Beschäftigten

Die Beschäftigten sind für ihre Sicherheit mitverantwortlich. Deshalb müssen sie Geräte, Arbeitsmittel und Schutzausrüstung ordnungsgemäß verwenden. Sie haben den Arbeitgeber bei der Erfüllung seiner Pflichten umfassend zu unterstützen, insbesondere jede festgestellte Gefahr für Sicherheit und Gesundheit unverzüglich zu melden. Auf der anderen Seite steht den Beschäftigten das Recht zu, dem Arbeitgeber Vorschläge zu allen Fragen der Sicherheit und des Gesundheitsschutzes bei der Arbeit zu machen. Zudem können sie sich an die zuständigen Behörden – z. B. die Träger der gesetzlichen Unfallversicherung (S. 419) – wenden, wenn konkrete Anhaltspunkte dafür vorliegen, dass die vom Arbeitgeber getroffenen Arbeitsschutzmaßnahmen nicht ausreichen und der Arbeitgeber darauf gerichteten Beschwerden nicht abhilft.

26.6 Arbeitszeitgesetz

Das Arbeitszeitgesetz soll die Sicherheit und die Gesundheit der Arbeitnehmer bei der Arbeitszeitgestaltung gewährleisten. Daneben soll es die Arbeitsruhe an Sonn- und Feiertagen schützen. Im Krankenhausbereich gilt es insbesondere beim Aufstellen der Dienstpläne auf diese Bestimmungen Rücksicht zu nehmen. Das Gesetz findet u. a. keine Anwendung auf Personen unter 18 Jahren – für sie gilt das Jugendarbeitsschutzgesetz (S. 359) –, für *Chef*ärzte sowie Arbeitnehmer im öffentlichen Dienst, die zu selbstständigen Entscheidungen in Personalangelegenheiten befugt sind.

26.6.1 Arbeitszeit

Arbeitszeit ist die Zeit vom Beginn bis zum Ende der Arbeit ohne die Ruhepausen.
Entscheidend ist nicht, ob der Arbeitnehmer in dieser Zeit tatsächlich arbeitet, sondern dass er in dieser Zeit mit seiner Arbeitskraft dem Arbeitgeber zur Verfügung steht. Arbeitszeiten bei mehreren Arbeitgebern sind zusammenzurechnen. Die Zeiten der Berufsbildung zählen dazu (berufliche Fort- und Weiterbildung), nicht dagegen schulische Ausbildungszeiten.

> **Beispiel**
> Nachdem die Gesundheits- und Krankenpflegerin im Frühdienst 7 Stunden gearbeitet hat, kann sie am gleichen Tag nicht mehr zu einer 4-stündigen innerbetrieblichen Fortbildung verpflichtet werden, da ansonsten die maximale Arbeitszeit von 10 Stunden überschritten werden würde. Sie ist allenfalls zu 3 Stunden verpflichtet, die 4. Stunde muss ihr freigestellt bleiben.

Keine Arbeitszeit ist die **Wegezeit,** d. h. die Zeit, die der Arbeitnehmer benötigt, um von seiner Wohnung zum Betrieb oder wieder zurückzukommen. Die Arbeitszeit beginnt und endet an der Arbeitsstelle. Diese ist nicht mit dem Arbeitsplatz gleichzustellen. Beim Krankenpflegepersonal ist die Arbeitsstelle die Station, während der Arbeitsplatz innerhalb der Station liegt, z. B. das Krankenbett, das Schwesternzimmer. Daher fällt auch die Zeit des Umkleidens in die Arbeitszeit. Dies gilt auch dann, wenn das Umkleiden aus organisatorischen Gründen nur außerhalb der Station möglich ist.

Die werktägliche *Dauer der Arbeitszeit* beträgt *8 Stunden.* Sie kann auf bis zu 10 Stunden verlängert werden, wenn innerhalb von 6 Monaten im Durchschnitt 8 Stunden werktäglich nicht überschritten werden. Unter bestimmten Voraussetzungen kann ein Tarifvertrag hiervon abweichende Regelungen enthalten. Sofern der Arbeitnehmer über die gesetzliche Arbeitszeit tätig ist, liegt *Mehrarbeit* vor. Zu dieser ist er nur in gesetzlich bestimmten Ausnahmefällen verpflichtet. Hält sich die tatsächlich verbrachte Arbeitszeit innerhalb des gesetzlichen Rahmens, übersteigt sie jedoch die betriebliche Arbeitszeit, liegen sog. *Überstunden* vor.

Bezüglich der Vergütung von Mehrarbeit oder Überstunden ist im Gesetz keine Regelung enthalten. Sie kann sowohl im Tarifvertrag als auch im Einzelarbeitsvertrag festgelegt sein. Fehlt es gänzlich an einer Regelung, ist davon auszugehen, dass diese gesondert zu vergüten sind. Ein besonderer Zuschlag wäre jedoch nur dann zu bezahlen, wenn dies branchenüblich ist.

Nachtzeit ist die Zeit von 23:00 bis 6:00 Uhr. *Nachtarbeit* ist jede Arbeit, die mehr als 2 Stunden der Nachtzeit umfasst. *Nachtarbeitnehmer* sind Arbeitnehmer, die normalerweise Nachtarbeit in Wechselschicht oder an mindestens 48 Tagen im Kalenderjahr Nachtarbeit zu leisten haben.

26.6.2 Ruhepause, Ruhezeit

Umfasst die *Arbeitszeit mehr als 6 Stunden,* muss im Voraus eine Ruhepause festgelegt werden. Diese beträgt bei einer Arbeitszeit von mehr als 6 Stunden bis zu 9 Stunden *mindestens 30 Minuten* und bei mehr als 9 Stunden mindestens 45 Minuten. Diese Pausen können auf einmal oder in Abschnitten genommen werden, wobei ein Zeitabschnitt mindestens 15 Minuten betragen muss. Länger als 6 Stunden hintereinander dürfen Arbeitnehmer nicht ohne Ruhepause beschäftigt werden. Bei der Festlegung und Gestaltung der Ruhepausen sind drei Voraussetzungen zu berücksichtigen:

- Die Ruhepause muss die Arbeit unterbrechen. Sie kann also nicht zu Beginn oder am Ende der Arbeitszeit genommen werden.
- Sie muss im Voraus festgelegt werden. Es genügt daher nicht, wenn es im Belieben der Arbeitnehmer steht, wann sie die Ruhepause nehmen.
  Ausnahmen müssen jedoch dort zulässig sein, wo aufgrund der Art der Tätigkeit die Pause nicht pünktlich genommen werden kann (z. B. im OP-Dienst). Hier genügt es, wenn ein bestimmter Rahmen vorgegeben wird, innerhalb dessen die Pause zu nehmen ist.
- Die Pause muss zur freien Verfügung stehen.

- Nach Beendigung der täglichen Arbeitszeit muss eine ununterbrochene Ruhezeit von mindestens 11 Stunden vorliegen.

> **Beispiel**
> 1. Auf einer Krankenstation besteht die Regelung, dass Ruhepause von 9:30 Uhr bis 10:00 Uhr genommen wird.
> Eine derartige Regelung entspricht zwar formal den arbeitszeitrechtlichen Vorgaben, lässt sich jedoch in der Praxis nicht durchführen. Denn wenn das gesamte Pflegepersonal zur gleichen Zeit Ruhepause hat, würden die auf dieser Station befindlichen Kranken „im Stich gelassen werden". Dies könnte den Straftatbestand der Aussetzung gem. § 221 StGB erfüllen. Würde sich andererseits bei Bedarf das Krankenpflegepersonal um einen Kranken kümmern, stünde die Ruhepause gerade nicht zur freien Verfügung. Es liegt hier tatsächlich keine Ruhepause vor.
> 2. Nachdem die Ruhepause auch beim Nachtdienst berücksichtigt werden muss, überlegt die Stationsleiterin, wie sie diese zeitlich legen kann, wenn die Nachtarbeit von 20:00 bis 6:00 Uhr dauert.
> Die Stationsleitung hat hierbei zu berücksichtigen, dass insgesamt eine Ruhepause von mindestens 45 Minuten gesetzlich erforderlich ist. Weiter ist zu bedenken, dass nicht mehr als 6 Stunden hintereinander gearbeitet werden darf. Trägt man diesen Umständen Rechnung, muss die Ruhepause zwischen 23:15 Uhr (frühester Beginn) und 2:45 Uhr (spätestes Ende) liegen. Weiter ist wichtig, dass in dieser Ruhepause für eine Vertretung gesorgt wird, da die Pause zur freien Verfügung stehen muss.
> In diesem 2. Beispiel könnte jedoch auch eine andere Regelung getroffen werden, wenn der Gesundheitsschutz der Arbeitnehmer durch einen entsprechenden Zeitausgleich gewährleistet wird und dies ein Tarifvertrag zulässt.

26.6.3 Nacht- und Schichtarbeit

Die Arbeitszeit der Nacht- und Schichtarbeit ist nach den gesicherten arbeitswissenschaftlichen Erkenntnissen über die menschengerechte Gestaltung der Arbeit festzulegen. Die werktägliche Arbeitszeit darf 8 Stunden nicht überschreiten. Sie kann auf bis zu 10 Stunden verlängert werden, wenn innerhalb eines Monats im Durchschnitt 8 Stunden werktäglich nicht überschritten werden. Durch Tarifvertrag kann unter bestimmten Voraussetzungen hiervon abgewichen werden.

Nachtarbeitnehmer sind berechtigt, sich vor Beginn der Beschäftigung und danach in regelmäßigen Zeitabschnitten von nicht weniger als 3 Jahren (ab Vollendung des 50. Lebensjahres jedes Jahr) auf Kosten des Arbeitgebers arbeitsmedizinisch untersuchen zu lassen. Ein Nachtarbeitnehmer hat Anspruch auf einen Tagesarbeitsplatz, wenn
- die weitere Verrichtung von Nachtarbeit ihn in seiner Gesundheit gefährdet,
- in seinem Haushalt ein Kind unter 12 Jahren lebt, das nicht von einer anderen im Haushalt lebenden Person betreut werden kann oder
- er einen schwer pflegebedürftigen Angehörigen zu versorgen hat, der nicht von einem anderen im Haushalt lebenden Angehörigen versorgt werden kann, sofern dem nicht dringende betriebliche Erfordernisse entgegenstehen.

26.6.4 Sonn- und Feiertagsruhe

Arbeitnehmer dürfen an Sonn- und gesetzlichen Feiertagen von 0:00 Uhr bis 24:00 Uhr nicht beschäftigt werden. Bezüglich des zeitlichen Rahmens sind Verschiebungen möglich.

Sofern die Arbeiten nicht an Werktagen vorgenommen werden können, dürfen bestimmte Arbeitnehmer an Sonn- und Werktagen beschäftigt werden. Hierzu zählen insbesondere Beschäftigte in Not- und Rettungsdiensten sowie in Krankenhäusern und anderen Einrichtungen zur Behandlung, Pflege und Betreuung von Personen. Auch in diesen Fällen müssen *mindestens 15 Sonntage im Jahr* beschäftigungsfrei bleiben. Sofern ein Arbeitnehmer an einem Sonntag arbeitet, muss ihm innerhalb von 2 Wochen ein Ersatzruhetag gewährt werden. Arbeitet der Beschäftigte an einem auf einen Werktag fallenden Feiertag, muss ihm innerhalb von 8 Wochen ein Ersatzruhetag gewährt werden. Auch hier sind Abweichungen durch einen Tarifvertrag möglich.

26.6.5 Bereitschaftsdienst

Ein Bereitschaftsdienst liegt vor, wenn sich der Arbeitnehmer lediglich bereithält, erforderlichenfalls kurzfristig seine Arbeit aufzunehmen, falls hierzu Bedarf besteht. Er muss in diesem Fall für den Arbeitgeber ständig erreichbar sein. Bei der Frage, ob dieser Bereitschaftsdienst als Arbeitszeit anzusehen ist, muss nach einer Entscheidung des EuGH vom 3.10.2000 wie folgt unterschieden werden:
- Hält sich der Arbeitnehmer während seines Bereitschaftsdienstes außerhalb des Betriebs (z. B. Krankenhauses) auf (sog. *Rufbereitschaft*), ist nur die Zeit, die für die tatsächliche Erbringung der Arbeitsleistung aufgewandt wird, als Arbeitszeit anzusehen. Die übrige Zeit ist keine Arbeitszeit.
- Muss sich der Arbeitnehmer während seines Bereitschaftsdiensts innerhalb des Betriebs aufhalten, ist die gesamte Zeit als Arbeitszeit anzusehen.

26.6.6 Notfälle

Bei vorübergehenden Arbeiten in Notfällen und in außergewöhnlichen Fällen, die unabhängig vom Willen der Arbeitnehmer eintreten und deren Folgen nicht auf andere Weise zu beseitigen sind, kann von obigen zeitlichen Grenzen abgewichen werden. Des Weiteren können von der Aufsichtsbehörde Ausnahmen bewilligt werden. Dies gilt auch im Bereich der Behandlung, Pflege und Betreuung von Personen, wenn unaufschiebbare Arbeiten anfallen, soweit dem Arbeitgeber andere Vorkehrungen nicht zugemutet werden können.

> **Beispiel**
> Bei einer Operation ergeben sich unvorhergesehene Komplikationen, die die Anwesenheit der OP-Schwester über die maximale tägliche Arbeitszeit hinaus erfordern. Der Geburtsvorgang verzögert sich, was die Anwesenheit der Hebamme auch über die maximale tägliche Arbeitszeit hinaus nötig macht.

26.6.7 Aushang und Ordnungswidrigkeiten/Straftaten

Der Arbeitgeber ist verpflichtet, einen Abdruck des Arbeitszeitgesetzes an eine geeignete Stelle im Betrieb zur Einsichtnahme auszulegen oder auszuhändigen. Dasselbe gilt für die Tarifverträge, die Regelungen über die im Betrieb geltende Arbeitszeit enthalten. Der Arbeitgeber ist auch verpflichtet, die über die werktägliche Arbeitszeit von 8 Stunden hinausgehende Arbeitszeit der Arbeitnehmer aufzuzeichnen und diese Aufzeichnungen mindestens 2 Jahre aufzubewahren.

Wer gegen obige Vorschriften verstößt (vorsätzlich oder fahrlässig), handelt ordnungswidrig. Liegt ein vorsätzlicher Verstoß vor, der die Gesundheit oder die Arbeitskraft eines Arbeitnehmers gefährdet oder wird der Verstoß beharrlich wiederholt, liegt sogar eine Straftat vor.

27 Tarifvertragsrecht

Bis zum Ende des 19. Jahrhunderts hin bestimmten die Arbeitgeber aufgrund ihrer wirtschaftlichen Überlegenheit allein die Arbeitsbedingungen in einem Arbeitsverhältnis, sodass von einem freien Vertragsschluss zwischen zwei gleichberechtigten Vertragspartnern, nämlich Arbeitgeber und Arbeitnehmer, nicht gesprochen werden konnte. Um die Jahrhundertwende schlossen sich dann die Arbeitnehmer zu Verbänden, den sog. Gewerkschaften zusammen, um so einen stärkeren Vertragspartner gegenüber den Arbeitgebern darzustellen. Beim Aushandeln der Arbeitsbedingungen standen sich damit ungefähr gleich starke Vertragspartner gegenüber.

27.1 Inhalt des Tarifvertrags

Der Tarifvertrag ist ein schriftlicher Vertrag zwischen den Tarifvertragsparteien. Dies sind Gewerkschaften und einzelne Arbeitgeber- oder Arbeitgeberverbände.

Der Tarifvertrag beinhaltet insbesondere Rechte und Pflichten der Tarifpartner und Rechtsnormen über den Inhalt, den Abschluss und die Beendigung von Arbeitsverhältnissen. Dabei können die allgemeinen Arbeitsbedingungen, die sich nicht so rasch verändern (z. B. Arbeitszeit, Urlaub, Kündigungsfristen) in einem sog. *Mantel- oder Rahmentarifvertrag* festgelegt werden. Diese Tarifverträge haben oft eine längere Laufzeit als *Lohn- und Gehaltstarifverträge,* die schneller den wirtschaftlichen Gegebenheiten angepasst werden müssen. Daneben gibt es auch noch Tarifverträge, die nur einzelne Gegenstände regeln, wie z. B. Jahresabschlussprämien, Ruhegeldkassen etc.

So besteht derzeit ein Tarifvertrag *für Auszubildende des öffentlichen Dienstes (TVAöD)* zwischen der Bundesrepublik Deutschland und der Vereinigung der kommunalen Arbeitgeberverbände einerseits und ver.di (Vereinte Dienstleistungsgewerkschaft) andererseits. Dieser Tarifvertrag gilt u. a. für Schülerinnen/Schüler in der Gesundheits- und Krankenpflege, Gesundheits- und Kinderkrankenpflege, Entbindungspflege und Altenpflege. Neben dem *Allgemeinen Teil gibt es einen Besonderen Teil* **Pflege,** der auf spezielle Belange in der Pflege Rücksicht nimmt.

> **Beispiel**
> Beispiele für Regelungen im TVAöD – **Allgemeiner Teil** – sind:
> - Schweigepflicht für Schüler in der Krankenpflege,
> - Recht auf Einsicht in die vollständige Personalakte,
> - Jahressonderzahlung und deren Höhe,
> - Abschlussprämie,
> - Ausschlussfrist von 6 Monaten, innerhalb der Ansprüche des Auszubildenden und des Ausbilders geltend gemacht werden müssen, ohne zu verfallen.
>
> Beispiele für Regelungen im TVAöD – **Besonderer Teil Pflege** – sind:
> - Probezeit 6 Monate,
> - jederzeitige Kündigung von beiden Seiten innerhalb der Probezeit,
> - Höhe des Ausbildungsentgelts.

27.2 Bindungswirkung des Tarifvertrags

Der Inhalt des Tarifvertrages ist nur für diejenigen Personen bindend, die Mitglieder der Tarifvertragspartei sind. Der oben erwähnte Tarifvertrag entfaltet daher in einem Arbeitsverhältnis nur dann Wirkung, wenn sowohl der Krankenhausträger als auch der Krankenpflegeschüler Mitglieder der Tarifvertragsparteien sind.

Aufgabe 94

Die Schülerin Erna ist Mitglied bei ver.di, ihr Freund Tobias nicht. Beide sind in einem städtischen (kommunalen) Krankenhaus beschäftigt. Nachdem beide die Abschlussprüfung erfolgreich bestanden haben, erblickt Tobias auf dem Gehaltszettel von Erna zusätzliche 400 Euro, die bei ihm nicht erscheinen. Er wendet sich an die Ausbildungsleitung und beansprucht ebenfalls eine Abschlussprämie. Dort wird ihm aber mitgeteilt, dass in seinem Arbeitsvertrag nichts darüber enthalten ist. Tobias wendet dagegen ein, dass auch in Ernas Arbeitsvertrag eine Abschlussprämie nicht vorgesehen ist. Hat er nun Anspruch auf 400 Euro?
Erläuterung im Anhang, Aufgabe 94 (S. 525)

Die Rechtsnormen stellen **Mindestarbeitsbedingungen** zugunsten der Arbeitnehmer dar. Sie gelten unmittelbar und zwingend zwischen den beiderseits Tarifgebundenen.

Zwingend bedeutet, dass für den Arbeitnehmer ungünstige Abmachungen auch dann nicht gelten, wenn sie im Arbeitsvertrag vereinbart wurden.

Unmittelbar bedeutet, dass der Tarifvertrag wie ein Gesetz wirkt, d. h. unabhängig davon, ob die Arbeitsvertragsparteien vom Tarifvertrag und seinen einzelnen Bestimmungen Kenntnis haben.

Vom Tarifvertrag abweichende Abmachungen sind zulässig, wenn
- der Tarifvertrag selbst eine Abweichung zulasten des Arbeitnehmers zulässt (**Öffnungsklausel**) oder
- die vom Tarifvertrag abweichende Regelung *zugunsten des Arbeitnehmers* ausfällt (**Günstigkeitsprinzip**).

Ob eine im Arbeitsvertrag enthaltene Regelung für den Arbeitnehmer günstiger ist, kann nicht immer einfach beantwortet werden. Zunächst sind Tarifvertrag und Arbeitsvertrag miteinander zu vergleichen. Dabei sind in den Vergleich die Bestimmungen einzubeziehen, zwischen denen ein innerer Zusammenhang besteht. Enthält z. B. der Arbeitsvertrag im Vergleich mit dem Tarifvertrag eine Verkürzung des Urlaubs, dafür aber eine Erhöhung des Lohnes, ist nur die Lohnvereinbarung wirksam und die Verkürzung des Urlaubes wegen Verstoß gegen die zwingende Wirkung des Tarifvertrages unwirksam.

28 Betriebsverfassung

War früher der Arbeitgeber der allein bestimmende Faktor in einem Betrieb, so bezweckt nun das Betriebsverfassungsrecht den Schutz des Arbeitnehmers gegenüber den Maßnahmen des Arbeitgebers. Die Arbeitnehmerschaft soll so an seinen Entscheidungen beteiligt werden. Es kommt daher zu einer Demokratisierung des Arbeitsverhältnisses.

28.1 Personalrat

Die gesetzlichen Bestimmungen der Betriebsverfassung sind für die Arbeiter und Angestellten in der Privatwirtschaft im *Betriebsverfassungsgesetz* und für die Arbeiter und Angestellten im öffentlichen Dienst in den *Personalvertretungsgesetzen* der Länder geregelt. Die Personalvertretungsgesetze der Länder finden vor allem in Krankenhäusern Anwendung, deren Träger die Gemeinden oder Gemeindeverbände sind.

28.1.1 Größe und Zustandekommen des Personalrats

Kern der Personalvertretung ist der *Personalrat*. Er wird alle 4 Jahre neu in geheimer und unmittelbarer Wahl gewählt. Die Zahl seiner Mitglieder hängt von der Zahl der Beschäftigten im jeweiligen Betrieb ab, wobei erst ab einer Beschäftigtenzahl von fünf Personen ein Personalrat gebildet wird. Besteht das Krankenhaus aus bis zu 20 Beschäftigten, besteht der Personalrat nur aus einer Person, bis 50 Beschäftigten aus 3 und bis 150 Beschäftigten aus 5 Mitgliedern usw. Personalratsmitglieder dürfen bei der Wahrnehmung ihrer Aufgaben nicht behindert und aufgrund ihrer Tätigkeit nicht benachteiligt oder begünstigt werden. Das Gleiche gilt auch für ihre berufliche Entwicklung.

Bezüglich der Angelegenheiten und Tatsachen, die sie bei Ausübung dieser Tätigkeit erfahren haben, haben sie Stillschweigen zu bewahren. Die Tätigkeit des Personalrates ist ein Ehrenamt und unentgeltlich zu führen. Allerdings darf durch die Versäumung der Arbeitszeit keine Minderung der Dienstbezüge eintreten. Ein Personalratsmitglied kann sogar u. U. Dienstbefreiung begehren, wenn es über seine regelmäßige Arbeitszeit hinaus erheblich mehr beansprucht wird. Die ordentliche Kündigung ist gemäß § 15 II KSchG ausgeschlossen.

28.1.2 Aufgaben des Personalrats

Die Aufgaben des Personalrats sind vielfältig. Sie unterscheiden sich je nach dem Grad der Mitwirkung an den Entscheidungen des Arbeitgebers und reichen von Mitspracherechten bis zur echten Mitbestimmung. Die allgemeinen Aufgaben des Personalrates ergeben sich daraus, dass er das „Bindeglied" zwischen den Arbeitnehmern und dem Arbeitgeber darstellt.

> **Beispiel**
> Folgende Aufgaben und Entscheidungen fallen in den Zuständigkeitsbereich des Personalrates:
> - Durchsetzung der zugunsten der Beschäftigten geltenden Gesetze, Verordnungen, Tarifverträge und Anordnungen;
> - Entgegennahme von Anregungen und Beschwerden von den Beschäftigten und Hinwirken auf Erledigung der berechtigten Anliegen der Beschäftigten;
> - Förderung der Eingliederung schutzbedürftiger Personen (z. B. Schwerbehinderte, ausländische Beschäftigte);
> - Zusammenarbeit mit der Jugendvertretung.

Einzelne Maßnahmen des Arbeitgebers unterliegen ausdrücklich der **Mitbestimmung** durch den Personalrat. Diese können nur dann getroffen werden, wenn der Personalrat *zustimmt*.

> **Beispiel**
> Bei folgenden Maßnahmen ist die Mitbestimmung des Personalrats unbedingt erforderlich: Einstellung, Beförderung, Höhergruppierung, Rückgruppierung, Versetzung von Beschäftigten; Festlegung der täglichen Arbeitszeit, Aufstellung eines Urlaubsplanes, Fragen der Lohngestaltung, Durchführung der Berufsausbildung, Maßnahmen der Unfallverhütung, betriebliches Vorschlagswesen, Inhalt von Personalfragebogen, Beurteilungsrichtlinien, *falls keine gesetzliche oder tarifliche Regelung besteht.*

Der Personalrat wirkt vor allem bei der ordentlichen Kündigung durch den Arbeitgeber mit. Er kann gegen die Kündigung Einwände erheben, wenn z. B. bei der Auswahl des Beschäftigten soziale Gesichtspunkte nicht oder nicht ausreichend berücksichtigt wurden oder der Beschäftigte an einem anderen Arbeitsplatz weiterbeschäftigt werden kann. Wurde der Personalrat bei einer Kündigung nicht beteiligt, ist die Kündigung unwirksam.

28.2 Personalversammlung

Die Personalversammlung besteht aus den Beschäftigten des Betriebes bzw. der Dienststelle. Sie wird vom Vorsitzenden des Personalrates geleitet und ist nicht öffentlich.

Wenn nach den dienstlichen Verhältnissen eine gemeinsame Versammlung aller Beschäftigten nicht stattfinden kann, so sind Teilversammlungen abzuhalten. Die Personalversammlung wird vom Personalrat einberufen. Sie ist einzuberufen, wenn ein Viertel der wahlberechtigten Beschäftigten es wünscht.

Einmal jährlich, und zwar während der Arbeitszeit und ohne Minderung des Arbeitsentgelts, hat der Personalrat in einer Personalversammlung einen Tätigkeitsbericht zu erstatten. Findet diese aus dienstlichen Gründen außerhalb der Arbeitszeit statt, ist den Teilnehmern entsprechend Dienstbefreiung zu gewähren. Die Personalversammlung kann dem Personalrat Anträge unterbreiten und zu seinen Beschlüssen Stellung nehmen. Sie darf alle Angelegenheiten behandeln, die die Dienststelle oder die Beschäftigten unmittelbar betreffen.

28.3 Jugendvertretung

In Dienststellen bzw. Betrieben, bei denen Personalvertretungen gebildet sind und in denen in der Regel mindestens fünf Beschäftigte tätig sind, die das 18. Lebensjahr noch nicht vollendet haben, werden Jugendvertretungen gebildet.

Wählbar sind hier alle wahlberechtigten Beschäftigten, die noch keine 26 Jahre alt sind. *Wahlberechtigt* sind alle jugendlichen Beschäftigten.

Die Anzahl der Jugendvertreter hängt wiederum von der Anzahl der jugendlichen Beschäftigten ab. Die Jugendvertretung hat u. a. folgende Aufgaben:
- Darüber zu wachen, dass die Jugendschutzvorschriften eingehalten werden,
- Anregungen und Beschwerden von jugendlichen Beschäftigten entgegenzunehmen und auf ihre Erledigung hinzuwirken,
- Maßnahmen beim Personalrat zu beantragen, die den jugendlichen Beschäftigten dienen, insbesondere in Fragen der Berufsbildung.

29 Zivilprozess

Glaubt der einzelne Bürger, dass er gegen einen anderen einen Anspruch hat (z. B. Anspruch auf eine bestimmte Geldsumme, auf Herausgabe eines bestimmten Gegenstandes u. a.), so kann er diesen nicht auf „eigene Faust" durchsetzen, sondern muss sich rechtsstaatlicher Mittel bedienen. Leistet der andere nicht freiwillig oder glaubt er aus tatsächlichen oder rechtlichen Gründen nicht zahlen zu müssen, bedarf es eines unparteiischen Verfahrens, in dem festgestellt wird, ob der Anspruch besteht. Demzufolge ergeht ein Urteil, an das die Beteiligten gebunden sind und mit dessen Hilfe z. B. ein Gerichtsvollzieher zur Eintreibung der Geldschuld beauftragt werden kann. Die Zivilprozessordnung (ZPO) enthält nun die Verfahrensregeln, nach denen festgestellt wird, ob der Einzelne einen Anspruch hat und wie dieser durchgesetzt wird.

Will jemand gerichtliche Hilfe in Anspruch nehmen, muss er sich erst einmal überlegen, welchen Rechtsweg er beschreiten kann. Hier hat er fünf Gerichtszweige (S. 109) zur Auswahl. Will er einen Anspruch gegen einen anderen Bürger durchsetzen, kommt in der Regel die *Ordentliche Gerichtsbarkeit* in Betracht. Hier kann er mithilfe des Zivilprozesses (▶ Abb. 29.1) versuchen, zu seinem Recht zu kommen.

> **Beispiel**
> *Ausgangsfall:* Gesundheits- und Krankenpfleger Fabian verkauft sein gebrauchtes Auto für 500 Euro an Severin. Dieser will nun den Kaufpreis nicht zahlen, da er festgestellt hat, dass das Auto Öl verliert und damit einen Mangel habe. Fabian will sein Geld und bestreitet, dass das Auto bereits im Zeitpunkt der Übergabe Öl verloren habe. Im Übrigen sei es schließlich als gebraucht verkauft worden. Deswegen weigert er sich auch definitiv, den Mangel zu beheben. Im Ausgangsfall (S. 375) will Fabian seinen vermeintlichen Anspruch gegen Severin durchsetzen. Hier ist daher nur der Zivilrechtsweg zulässig.

29.1 Mahnverfahren

Wenn der Anspruch in der Zahlung einer bestimmten Geldsumme besteht, kann der Gläubiger (derjenige, der die Leistung fordert) gegen den Schuldner (derjenige, der die Leistung schuldet) das *Mahnverfahren* betreiben.

29.1.1 Mahnbescheid

Zuständig hierfür ist das Amtsgericht am Wohnsitz des Gläubigers. Hier kann der Gläubiger einen *Antrag auf Erlass eines Mahnbescheids* stellen. Dazu müssen folgende Angaben gemacht werden:
- die Bezeichnung (Namen und Anschrift) der Parteien,
- die Bezeichnung des Gerichts, bei dem der Antrag gestellt wird,
- die Bezeichnung des Anspruchs unter Angabe der verlangten Leistung,
- die Erklärung, dass die Leistung nicht von einer Gegenleistung abhängig ist, und
- die Bezeichnung des Gerichts, das für ein streitiges Verfahren zuständig ist.

Für diesen Antrag gibt es Formulare in den Schreibwarengeschäften zu kaufen, die alle wichtigen Teile vorgedruckt enthalten und nur ausgefüllt und unterschrieben werden

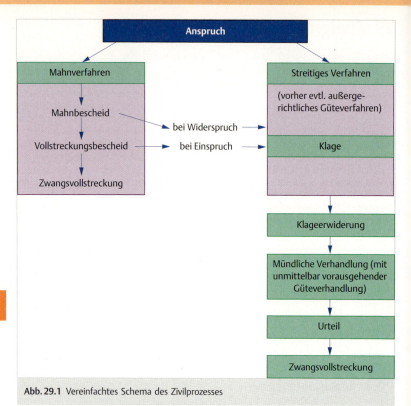

Abb. 29.1 Vereinfachtes Schema des Zivilprozesses

müssen. Diese maschinell lesbaren Vordrucke sind zu verwenden. Daraufhin erlässt das Amtsgericht einen *Mahnbescheid*, der dem Schuldner zugestellt wird.

29.1.2 Vollstreckungsbescheid

Gegen den Mahnbescheid kann der Schuldner *Widerspruch* erheben. Erhebt er innerhalb von zwei Wochen keinen Widerspruch, erlässt das Gericht auf Antrag des Gläubigers einen *Vollstreckungsbescheid*. Gegen diesen kann der Schuldner innerhalb von zwei Wochen nach Zustellung *Einspruch* einlegen. Falls dies nicht geschieht, wird der Vollstreckungsbescheid rechtskräftig. Er hat dann die gleiche Wirkung wie ein rechtskräftiges Urteil. Legt der Schuldner gegen den Mahnbescheid Widerspruch oder gegen den Vollstreckungsbescheid rechtzeitig Einspruch ein, wird das Verfahren in das streitige Zivilverfahren übergeleitet.

> **Beispiel**
> Im Ausgangsfall (S. 375) kann Fabian einen Mahnbescheid beantragen. Daraufhin würde das Amtsgericht einen Mahnbescheid erlassen. Legt Severin dagegen keinen Widerspruch ein, ergeht auf Antrag von Fabian ein Vollstreckungsbescheid. Legt Severin auch dagegen keinen Einspruch ein, kann Fabian mit dem Vollstreckungsbescheid zum Gerichtsvollzieher gehen und die 500 Euro nebst Verfahrenskosten eintreiben. Severin legt in unserem Fall aber Widerspruch ein, sodass es im streitigen Verfahren weitergeht.

29.2 Streitiges Verfahren – Klage

Ist die Leistung nicht auf eine bestimmte Geldsumme gerichtet, muss der Gläubiger Klage erheben. Nun wird er zum *Kläger*. Dies kann auch der Gläubiger einer Geldsumme gleich tun, ohne erst das Mahnverfahren zu betreiben, wenn er damit rechnet, dass der Schuldner ohnehin Widerspruch/Einspruch einlegen wird. Das Mahnverfahren hat nur den Vorteil, dass es billiger und schneller ist, wenn der Schuldner nichts dagegen unternimmt. In vielen Bundesländern ist bei vermögensrechtlichen Streitigkeiten bis zu einem Streitwert von 750 Euro oder bei Nachbarstreitigkeiten vor Klageerhebung erst ein *Güteverfahren* durchzuführen, wenn kein Mahnverfahren betrieben worden ist. Dieser Schlichtungsversuch ist vor einer anerkannten Gütestelle durchzuführen.

29.2.1 Klageerhebung

Die Erhebung einer Klage erfolgt durch Zustellung einer *Klageschrift*. Die Klageschrift ist zunächst ein Stück Papier, welches beim zuständigen Gericht eingereicht werden muss. Diese Schrift muss folgende Angaben enthalten:
- die Bezeichnung (Namen und Anschrift) der Parteien und des Gerichts,
- den Klagegrund (Angabe des Gegenstandes, worum es geht, aus welchem Lebenssachverhalt sich der Anspruch ergeben soll) und
- einen bestimmten Antrag (z. B. Verurteilung des Schuldners zur Zahlung eines bestimmten Geldbetrages).

Örtlich zuständig ist dabei in der Regel das Gericht, an dem der Schuldner seinen Wohnsitz hat (allgemeiner Gerichtsstand). Ergibt sich der Anspruch aus einer unerlaubten Handlung, so ist auch das Gericht zuständig, in dessen Bezirk diese geschehen ist.

Sachlich zuständig ist entweder das Amtsgericht oder das Landgericht. Dies hängt meist vom Streitwert ab. So sind für Streitigkeiten über Ansprüche bis zu 5 000 Euro die Amtsgerichte, darüber die Landgerichte zuständig.

Auch hier gibt es wieder eine Reihe von Sonderregelungen. Für Streitigkeiten über Ansprüche aus einem Mietverhältnis über Wohnraum ist z. B. immer das Amtsgericht zuständig.

Die Klageschrift wird dann dem Schuldner zugestellt, der nun zum *Beklagten* wird. Das Gericht kann bereits hier entscheiden, welche Verfahrensart es wählt. So kann es einen *frühen ersten Termin* zu einer mündlichen Verhandlung bestimmen oder ein *schriftliches Vorverfahren* anordnen. Der Beklagte kann sich nun gegen diese Klage verteidigen, d. h., er kann auf die Klage erwidern. Macht er dies nicht rechtzeitig, d. h. innerhalb von zwei Wochen, obwohl das Gericht ein schriftliches Vorverfahren angeordnet hat, kann auf Antrag des Klägers ein *Versäumnisurteil* ergehen.

> **Beispiel**
> Im Ausgangsfall (S. 375) kann Fabian ein Blatt Papier nehmen, dieses an das Gericht adressieren, welches für den Wohnsitz von Severin zuständig ist, und Folgendes darauf schreiben: Genaue Bezeichnung der Parteien (Namen und Anschrift), den Umstand, dass er Severin ein Auto verkauft und dass dieser den Kaufpreis nicht bezahlt hat sowie den Antrag, Severin zur Zahlung von 500 Euro zu verurteilen.

29.2.2 Klageerwiderung

In der *Klageerwiderung* hat der Beklagte seine Verteidigungsmittel vorzubringen, wenn er nicht Gefahr laufen will, dass diese als verspätet zurückgewiesen werden, wenn vorher hierfür eine Frist gesetzt wurde. Auf die Klageerwiderung, die nun dem Kläger übermittelt wird, kann dieser seinerseits erwidern.

> **Beispiel**
> Im Ausgangsfall (S. 375) kann Severin nach Erhalt der Klageschrift erwidern und vortragen, dass er der Ansicht ist, nicht zahlen zu müssen, weil das Auto mangelhaft sei und er deswegen den Kaufvertrag rückgängig machen wolle.

29.2.3 Mündliche Verhandlung

Nach schriftlichem Austausch der Argumente bestimmt das Gericht einen Termin zur mündlichen Verhandlung. In diesem Haupttermin wird nun verhandelt. Unmittelbar vor der mündlichen Verhandlung findet eventuell eine Güteverhandlung statt mit dem Versuch, den Rechtsstreit gütlich beizulegen.

Kommt eine Partei zur mündlichen Verhandlung nicht und lässt sie sich auch nicht vertreten, ergeht auf Antrag des Gegners ein *Versäumnisurteil*. Dies bedeutet, dass entweder der Beklagte in seiner Abwesenheit dem Klageantrag entsprechend verurteilt oder die Klage in Abwesenheit des Klägers abgewiesen wird. Dagegen hat die unterlegene, d. h. nicht erschienene, Partei die Möglichkeit, innerhalb von zwei Wochen ab Zustellung des Versäumnisurteils Einspruch einzulegen. Danach geht der Rechtsstreit in der Lage weiter, in der er sich vorher befand. Ohne Einspruch wird das Versäumnisurteil rechtskräftig und damit Grundlage für die Zwangsvollstreckung. Das Gericht führt die Parteien in den Sach- und Streitstand ein. Die Parteien sollen hierzu gehört werden und stellen ihre Anträge.

> **Beispiel**
> Im Ausgangsfall (S. 375) stellt Fabian als Kläger den Antrag, Severin zur Zahlung von 500 Euro zu verurteilen. Severin stellt als Beklagter seinerseits den Antrag, die Klage abzuweisen.

Beweisaufnahme

Wenn zwischen den Parteien bestimmte Tatsachen streitig sind, muss Beweis erhoben werden. Dabei hat grundsätzlich jede Partei das zu beweisen, was für sie „günstig" ist.

> **Beispiel**
> Im Ausgangsfall (S. 375) muss Fabian nichts beweisen, da sein Anspruch auf Kaufpreiszahlung sich aus dem Kaufvertrag ergibt. Dieser ist aber nicht streitig. Da sich Severin jedoch darauf beruft, dass das Auto zum Zeitpunkt der Übergabe diverse Mängel aufwies, muss er dies beweisen, da diese Tatsache von Fabian bestritten wird.

Als Beweismittel kommen im Zivilprozess in Betracht:
- **Augenschein** (das Gericht überzeugt sich durch „Anschauen" oder „Anhören" selbst davon, wie etwas aussieht – z. B. ein Foto, eine Straßenkreuzung, eine verheilte Narbe etc.),
- **Zeugen** (Zeugen sind Menschen, die bestimmte Tatsachen selbst wahrgenommen haben – z. B. einen Unfall gesehen haben, bei der Zahlung eines Geldbetrags anwesend waren etc.),
- **Sachverständige** (bei schwierigen Sachfragen benötigt das Gericht oft einen Experten, um entscheiden zu können, wie die Umstände z. B. aus technischer Sicht aussehen – z. B. Rückschluss auf die gefahrene Geschwindigkeit bei bestimmten Kfz-Schäden),
- **Urkunden** (Schriftstücke, die bestimmte Erklärungen enthalten – z. B. Quittung über den Erhalt eines Geldbetrags),
- **Parteieinvernahme** (diese ist nur unter engen Voraussetzungen zulässig).

> **Beispiel**
> Im Ausgangsfall (S. 375) muss Severin den Mangel beweisen. Dies kann er nur mit Hilfe eines Sachverständigen, der das Auto untersucht und feststellt, ob tatsächlich zum Zeitpunkt der Übergabe ein Mangel, z. B. eine undichte Ölwanne o. Ä., vorhanden war.

Im Anschluss an die Beweisaufnahme ist der Sach- und Streitstand mit den Parteien nochmals zu erörtern. Dabei soll das Gericht auch versuchen, dass sich die Parteien in einem Vergleich einigen. Schließen die Parteien einen Vergleich ab, ist der Rechtsstreit beendet. Im Vergleich können sie alle Dinge regeln, die für sie wichtig sind. Darin liegt der große Vorteil eines Vergleiches. Indem jede Partei nachgibt, gibt es keinen „Verlierer" und keinen „Sieger". Beide Seiten sind zufrieden. Der Rechtsfrieden ist wieder hergestellt. Dies kann oftmals mit einem Urteil nicht geschehen.

> **Beispiel**
> Im Ausgangsfall (S. 375) könnten sich die Parteien darauf einigen, dass Fabian unabhängig davon, ob ein Mangel vorliegt, einen Preisnachlass gewährt und Severin dafür das möglicherweise mangelhafte Auto behält. Mit diesem Vergleich wären eventuell beide zufrieden und könnten sich die Kosten des Sachverständigen sparen.

29.2.4 Urteil

Kommt kein Vergleich zustande, schließt das Gericht die Verhandlung und erlässt ein *Urteil*. Meist wird das Urteil nicht sofort verkündet, sondern in einem eigens dafür anberaumten Termin. Das schriftliche Urteil enthält dann neben der *Bezeichnung der Parteien* die *Urteilsformel* (Ausspruch, ob der Beklagte und wozu er verurteilt oder ob die Klage abgewiesen wurde), den *Tatbestand* (Vorbringen der Parteien) und die *Entscheidungsgründe* (Gründe des Gerichts, warum es so entschieden hat). Unter bestimmten Voraussetzungen kann dieses Urteil auch abgekürzt werden.

> **Beispiel**
>
> Kann im Ausgangsfall (S. 375) Severin nicht beweisen, dass der Mangel bereits bei Übergabe vorhanden war, wird das Gericht der Klage stattgeben und Severin zur Zahlung verurteilen. Kann er dagegen beweisen, dass die Ölwanne bereits bei Übergabe defekt war, wird die Klage abgewiesen und Severin kann das Auto zurückgeben, ohne den Kaufpreis bezahlen zu müssen.

29.2.5 Rechtsmittel

Mit dem Urteil muss sich die unterlegene Partei jedoch nicht immer abfinden. Sie kann dagegen unter bestimmten Voraussetzungen ein Rechtsmittel einlegen und damit eine zweite Instanz beschreiten. Gegen ein Urteil ist die *Berufung* zulässig, wenn der Wert des Beschwerdegegenstandes 600 Euro übersteigt oder das Gericht die Berufung zulässt. Zugelassen wird die Berufung nur, wenn die Rechtssache grundsätzliche Bedeutung hat oder sie der Fortbildung des Rechts dient.

> **Beispiel**
>
> Im Ausgangsfall (S. 375) kann, egal wie der Rechtsstreit ausgeht, keine Partei Berufung einlegen, da keine Partei über mehr als 500 Euro beschwert ist. Das Urteil wird sofort rechtskräftig, da die Berufung auch nicht zugelassen wird.

Über Berufungen gegen Urteile des Amtsgerichts entscheidet das *Landgericht,* über Berufungen gegen Urteile des Landgerichts das *Oberlandesgericht.*

Die Berufung kann nur innerhalb eines Monats ab Zustellung des Urteils eingelegt werden. Im Berufungsverfahren kann nochmals eine Beweisaufnahme stattfinden. Es wird neu über die Sache entschieden. Das Urteil der ersten Instanz kann aufgehoben werden. Das Berufungsgericht kann selbst entscheiden oder die Sache an das Gericht der ersten Instanz zurückverweisen.

Gegen ein Berufungsurteil des Oberlandesgerichts ist die *Revision* zulässig, wenn sie vom Oberlandesgericht zugelassen wird. Die Zulassungsgründe sind die gleichen wie bei der Berufung (s. o.). Über die Revision entscheidet der *Bundesgerichtshof.*

Auch die Revision kann nur innerhalb eines Monats ab Zustellung des Urteils eingelegt werden. Im Revisionsverfahren wird nur die Verletzung des Rechts geprüft. Eine Beweisaufnahme findet nicht mehr statt. In wenigen Ausnahmefällen kann unter Ausschaltung der Berufungsinstanz gegen das Urteil der ersten Instanz gleich Revision (sog. *Sprungrevision*) eingelegt werden.

29.2.6 Rechtskraft

Ist gegen das Urteil kein Rechtsmittel mehr möglich, wird es *rechtskräftig.* Die Rechtskraft ist Voraussetzung, damit nun der im Urteil festgestellte Anspruch vollstreckt werden kann. Urteile können allerdings auch gegen Sicherheitsleistung für vorläufig vollstreckbar erklärt werden. In diesem Fall kann die Vollstreckung bereits vor Rechtskraft beginnen.

29.3 Zwangsvollstreckung

Vollstreckt wird der festgestellte Anspruch im Wege der *Zwangsvollstreckung*. Hier kann z. B. durch den Gerichtsvollzieher in das Vermögen des Schuldners gepfändet werden. Bei der Zwangsvollstreckung ist jedoch zu beachten, dass z. B. der Lohn nicht grenzenlos gepfändet werden kann. Hier gibt es sog. *Pfändungsgrenzen*, unterhalb deren das Einkommen unpfändbar ist. Diese Beträge sind in der Zivilprozessordnung festgeschrieben.

> **Beispiel**
> Im Ausgangsfall (S. 375) hätte Fabian, falls er den Rechtsstreit gewonnen hat, die Möglichkeit, mit dem Urteil oder einem Vergleich zum Gerichtsvollzieher zu gehen und diesen damit zu beauftragen, in das Vermögen von Severin zu pfänden, bis die 500 Euro getilgt sind.

29.4 Kosten des Rechtsstreits

Die unterliegende Partei hat grundsätzlich die Kosten des Rechtsstreits zu tragen. Dies sind die dem Gegner entstandenen Kosten (z. B. seine Rechtsanwaltskosten und seine eigenen Auslagen) und die Gerichtskosten (Gebühren und Auslagen des Gerichts für Zeugen, Sachverständige etc.). Bereits bei Einreichung der Klageschrift hat der Kläger Gerichtsgebühren zu entrichten, deren Höhe vom jeweiligen Streitwert abhängt. Verlieren beide Parteien jeweils teilweise den Prozess, sind die Kosten in diesem Verhältnis von beiden Parteien zu tragen.

Eine Partei, die nach ihren persönlichen und wirtschaftlichen Verhältnissen die Kosten der Prozessführung, insbesondere die Anwaltskosten, nicht aufbringen kann, erhält auf Antrag *Prozesskostenhilfe* (früher: Armenrecht). Diese setzt jedoch voraus, dass die beabsichtigte Klage oder Verteidigung hinreichende Aussicht auf Erfolg hat. Weder Klage noch Verteidigung dürfen daher mutwillig erscheinen.

29.5 Vertretung durch Rechtsanwalt

Jede Partei kann sich der Hilfe eines Rechtsanwalts bedienen. Zwingend vorgeschrieben ist die Vertretung durch einen Rechtsanwalt in bestimmten Fällen (Anwaltsprozess):
- bei allen Prozessen vor dem Landgericht, Oberlandesgericht und dem Bundesgerichtshof,
- beim Familiengericht in bestimmten Familiensachen.

Bei den übrigen Prozessen vor dem Amtsgericht besteht keine Pflicht, sich durch einen Rechtsanwalt vertreten zu lassen.

29.6 Besonderheiten des Arbeitsgerichtsprozesses

Für die Rechtsstreitigkeiten zwischen Arbeitgebern und Arbeitnehmern, die das Arbeitsverhältnis betreffen, ist das *Arbeitsgericht* zuständig.

Daneben gehören zu dessen Zuständigkeit auch Streitigkeiten zwischen Tarifvertragsparteien (S. 370), Angelegenheiten aus dem Betriebsverfassungsgesetz und weitere Fragen

aus dem Arbeitsleben. Gegenüber der Zivilprozessordnung weist das Verfahren vor den Arbeitsgerichten (geregelt im Arbeitsgerichtsgesetz) einige Besonderheiten auf, die im Folgenden dargestellt werden sollen:
- In der Arbeitsgerichtsbarkeit gibt es drei Instanzen, beginnend mit dem *Arbeitsgericht (ArbG)* als Gericht der ersten Instanz, dem *Landesarbeitsgericht (LAG)*, als Berufungsgericht gegen Urteile des Arbeitsgerichtes und als oberste Instanz das *Bundesarbeitsgericht (BAG)*.
- Innerhalb aller drei Instanzen sind neben den Berufsrichtern (Volljuristen) *ehrenamtliche Richter* beteiligt.

  Die Besetzung des Arbeitsgerichtes und des Landesarbeitsgerichtes besteht aus einem Berufsrichter und zwei ehrenamtlichen Richtern, von denen einer aus den Kreisen der Arbeitnehmer und einer aus den Kreisen der Arbeitgeber entnommen wird. Sie werden auf die Dauer von vier Jahren berufen und aus Vorschlagslisten der Arbeitgeberverbände einerseits und den Gewerkschaften andererseits bestimmt. Das Bundesarbeitsgericht ist besetzt mit drei Berufsrichtern und zwei ehrenamtlichen Richtern.
- Das Arbeitsgerichtsgesetz enthält einen umfangreichen Katalog über die *Zuständigkeit* des Arbeitsgerichtes. Die wichtigsten Fälle dabei sind:
  - Streitigkeiten zwischen Tarifvertragsparteien aus Tarifverträgen oder über deren Bestehen,
  - Streitigkeiten zwischen Arbeitnehmern und Arbeitgebern aus dem Arbeitsverhältnis, über das Bestehen oder Nichtbestehen eines Arbeitsverhältnisses (Kündigung etc.), aus unerlaubten Handlungen innerhalb eines Arbeitsverhältnisses und über Arbeitspapiere,
  - Streitigkeiten aus dem Betriebsverfassungsgesetz.
- *Örtlich zuständig* ist in der Regel das Gericht am Wohnort des Beklagten. Im Tarifvertrag kann jedoch in bestimmten Fällen die Zuständigkeit eines anderen Gerichts festgelegt werden.
- Vor dem Arbeitsgericht kann jedermann auftreten, er bedarf keiner Vertretung durch einen Rechtsanwalt. Ein Arbeitnehmer kann sich aber durch einen Gewerkschaftssekretär, ein Arbeitgeber durch einen Vertreter seines Arbeitgeberverbandes vertreten lassen.

  Vor dem Landesarbeitsgericht besteht dagegen der Zwang, sich von einem Anwalt oder einem Verbandsvertreter vertreten zu lassen. Vor dem Bundesarbeitsgericht besteht Anwaltszwang.
- Die Gerichtsgebühren vor dem Arbeitsgericht sind niedriger als vor den Zivilgerichten (Amtsgericht, Landgericht). Kostenvorschüsse müssen nicht entrichtet werden. Die Kosten (S. 381) des Vertreters der Gegenpartei (insb. Rechtsanwaltsgebühren) brauchen im Gegensatz zum Zivilprozess auch dann nicht übernommen zu werden, wenn diese den Prozess gewinnt.
- Vor der eigentlichen streitigen Verhandlung in der ersten Instanz hat vor dem Berufsrichter eine *Güteverhandlung* stattzufinden. In diesem Verfahren soll er unter Berücksichtigung aller Umstände den Streit erörtern und versuchen, eine gütliche Einigung zwischen den Parteien herbeizuführen.

V Sozialrecht

30	Allgemeines	384
31	Krankenversicherung	387
32	Pflegeversicherung	397
33	Rentenversicherung	411
34	Unfallversicherung	418
35	Arbeitsförderung	424
36	Sozialhilfe	432
37	Sonstige Sozialstaatsangebote	438

30 Allgemeines

Das Sozialrecht hat seine Wurzeln im Sozialstaatsprinzip (S. 44) (Art. 20 Abs. 1 GG) und in der Unantastbarkeit der Menschenwürde (S. 54) (Art. 1 Abs. 1 S. 1 GG). Es will die soziale Gerechtigkeit und soziale Sicherheit verwirklichen und dem Einzelnen ein menschenwürdiges Dasein ermöglichen.

Gleichzeitig sollen nach Möglichkeit Allen gleiche Voraussetzungen für die freie Entfaltung der Persönlichkeit geschaffen werden. Insbesondere bei besonderen Belastungen des Lebens sollen Schutz und Förderung gewährt werden. In zunehmendem Maße soll aber auch durch staatliche Hilfe die Eigeninitiative der Menschen gefördert und unterstützt und das noch vorhandene Arbeitskräftepotential aktiviert werden.

Jeder hat als Mitglied der Gesellschaft das Recht auf soziale Sicherheit und Anspruch darauf, durch innerstaatliche Maßnahmen und internationale Zusammenarbeit sowie unter Berücksichtigung der Organisation und der Mittel jedes Staates in den Genuss der wirtschaftlichen, sozialen und kulturellen Rechte zu gelangen, die für seine Würde und die freie Entwicklung seiner Persönlichkeit unentbehrlich sind. (Allgemeine Erklärung der Menschenrechte durch die Generalversammlung der Vereinten Nationen am 10.12.1948)

Das Sozialrecht beinhaltet alle Regelungen, die zur Verwirklichung sozialer Gerechtigkeit und sozialer Sicherheit beitragen. Die gewährten Sozialleistungen und sonstiger Hilfen sollen dazu beitragen,

- ein menschenwürdiges Dasein zu sichern,
- gleiche Voraussetzungen für die freie Entfaltung der Persönlichkeit, insbesondere auch für junge Menschen, zu schaffen,
- die Familie zu schützen und zu fördern,
- den Erwerb des Lebensunterhalts durch eine frei gewählte Tätigkeit zu ermöglichen und
- besondere Belastungen des Lebens, auch durch Hilfe zur Selbsthilfe, abzuwenden oder auszugleichen.

Die **soziale Gerechtigkeit** ist erreicht, wenn jeder Mensch die Chance hat, die soziale Stellung in der Gesellschaft zu erlangen, die seinen individuellen Kräften und Fähigkeiten entspricht. Dies beginnt bereits mit einer guten schulischen und beruflichen Aus- und Fortbildung junger Menschen, aber auch der bereits im Berufsleben Stehenden.

Die **soziale Sicherheit** ist erreicht, wenn der Einzelne in die Lage versetzt ist, auf verlässlicher Basis sein Leben zu gestalten. Dies betrifft insbesondere eine materielle Existenzsicherung.

Als wesentliche Rechtsquelle des Sozialrechts dient das **Sozialgesetzbuch (SGB)**, welches sich in 12 Bücher unterteilt (▶ Abb. 30.1).

Ebenfalls als Teile des Sozialgesetzbuches gelten weitere Gesetze, die noch nicht in das SGB eingearbeitet sind, wie z. B. das Bundesausbildungsförderungsgesetz (BAFöG), das Wohngeldgesetz (WoGG), das Bundeskindergeldgesetz (BKGG) oder das Bundeselterngeld- und Elternzeitgesetz.

Kern- und Herzstück des Sozialrechts ist neben der **Sozialhilfe** das **Sozialversicherungsrecht**. Es gliedert sich auf in die Krankenversicherung, Pflegeversicherung, Rentenversicherung, Arbeitslosenversicherung und Unfallversicherung (▶ Abb. 30.2).

Allgemeines

Abb. 30.1 Die 12 Bücher des Sozialgesetzbuches

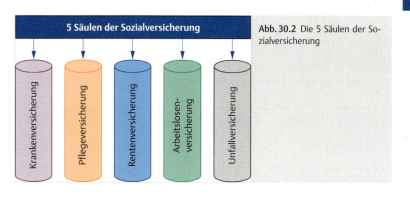

Abb. 30.2 Die 5 Säulen der Sozialversicherung

Das Wesentliche der Sozialversicherung ist ihr Zwangscharakter. Bei Vorliegen der gesetzlichen Voraussetzungen ist der Einzelne versichert, ohne dass er selbst tätig werden muss. Dies dient zum einen dazu, dass auch derjenige abgesichert ist, der sich nicht um seine Vorsorge kümmert, und zum anderen bewahrt es die Allgemeinheit davor, für Menschen eintreten zu müssen, die keine Risikovorsorge getroffen haben.

Allgemeines

Im Unterschied zur Privatversicherung sind die Beiträge nicht abhängig vom versicherten Risiko, sondern bemessen sich nach der Höhe des monatlichen Einkommens. Darüber hinaus sind insbesondere in der Krankenversicherung und Pflegeversicherung die Familienangehörigen mitversichert, ohne dass sie selbst Beiträge bezahlen müssen. Gänzlich ohne Beitragszahlung versichert sind die Arbeitnehmer in der Unfallversicherung.

31 Krankenversicherung

Knapp 86 % der Gesamtbevölkerung der Bundesrepublik Deutschland (ca. 70 Millionen Versicherte) werden durch die gesetzliche Krankenversicherung geschützt. Die Krankenversicherung ist im 5. Buch des Sozialgesetzbuches (SGB V – Gesetzliche Krankenversicherung) geregelt.

31.1 Kreis der versicherten Personen

Grundsätzlich besteht – wie bei den anderen Sozialversicherungszweigen auch – ein Versicherungs**zwang**, wenn bestimmte Voraussetzungen erfüllt sind. Daneben kann aber auch unter bestimmten Umständen freiwillig ein Versicherungsverhältnis begründet werden. Charakteristisches Merkmal an dieser Zwangsversicherung ist, dass sie nicht erst abgeschlossen werden muss (so wie z. B. die Kfz-Haftpflichtversicherung), sondern dass sie **kraft Gesetzes besteht,** sobald die Voraussetzungen hierfür vorliegen. Auf den Willen des Versicherten oder des Versicherers kommt es daher nicht an.

31.1.1 Versicherungspflicht

Der Kreis der versicherungspflichtigen Personen ist in § 5 SGB V (= 5. Buch) enthalten. Hier wird eine Fülle von einzelnen Personengruppen aufgeführt, die versicherungspflichtig sind. Die folgende Aufzählung soll nur die wichtigsten Personengruppen umschreiben:

Arbeiter, Angestellte

Die weitaus größte Gruppe stellen die Arbeiter und Angestellten dar. Sie sind versichert, wenn sie gegen Arbeitsentgelt beschäftigt werden. Entscheidend ist allein das entgeltliche Beschäftigungsverhältnis. Es kommt nicht darauf an, ob der Beschäftigte Beiträge bezahlt, oder ob er bereits bei der Krankenkasse angemeldet ist. Anhaltspunkte für eine Beschäftigung sind eine Tätigkeit nach Weisungen und eine Eingliederung in die Arbeitsorganisation des Weisungsgebers.

Eine abhängige Beschäftigung und damit eine Nichtselbstständigkeit liegt auch dann vor, wenn die betreffende Person zwar nach außen hin selbstständig auftritt, im Wesentlichen jedoch nur für *einen* Auftraggeber tätig wird und typische Merkmale unternehmerischen Handelns nicht vorliegen (sog. Scheinselbstständige).

Eine Ausnahme gilt für diejenigen Arbeitnehmer, die sehr viel verdienen und somit die Jahresarbeitsentgeltgrenze (S. 389) überschreiten.

Auszubildende

Personen, die zu ihrer Berufsausbildung beschäftigt sind und ein Arbeitsentgelt oder eine Ausbildungsvergütung erhalten, sind ebenfalls pflichtversichert. So sind gemäß § 5 Abs. 1 Nr. 1 SGB V die Schüler/innen der Krankenpflegeschulen kraft Gesetzes krankenversichert.

Sonstige Personengruppen

Weiter gehören dem Kreis der Versicherungspflichtigen u. a. an:
- Kurzarbeiter oder Bezieher von Schlechtwettergeld,
- Rentner (Ausnahmen möglich),
- Rehabilitanten, die an berufsfördernden Maßnahmen teilnehmen,
- Behinderte, wenn sie in anerkannten Behindertenwerkstätten tätig sind,
- Studenten und Praktikanten,
- sog. Scheinselbstständige (S. 387),
- Bezieher von Arbeitslosengeld und Arbeitslosenhilfe.

31.1.2 Versicherungsfreiheit

Trotz Vorliegens eines entgeltlichen Beschäftigungsverhältnisses sind bestimmte Personengruppen oder Beschäftigungen nicht versicherungspflichtig.

Geringfügige Beschäftigung

Ist ein Arbeitnehmer nur geringfügig beschäftigt, unterliegt er nicht der Versicherungspflicht. Der Begriff der „geringfügigen Beschäftigung" ist in § 8 SGB IV definiert (▶ Abb. 31.1).

Abb. 31.1 Voraussetzungen einer versicherungsfreien geringfügigen Beschäftigung

Es gibt zwei Alternativen, bei deren Vorliegen eine geringfügige Beschäftigung gegeben ist:

1. Alternative

Ein Arbeitnehmer übt eine Beschäftigung aus, bei der das Arbeitsentgelt regelmäßig **im Monat 450 Euro** nicht übersteigt. Übt ein Arbeitnehmer mehrere Beschäftigungen dieser Art gleichzeitig aus, werden sie zusammengerechnet. Dies führt zur Versicherungspflicht, wenn die Summe der Einkünfte den Betrag von 450 Euro übersteigt.

Bei diesen sog. Mini-Jobs bis 450 **Euro** zahlt der Arbeitnehmer keine Abgaben, auch nicht, wenn er diese als Nebentätigkeit neben einer versicherungspflichtigen Hauptbeschäftigung ausübt. Verdient der Arbeitnehmer mehr als 450 Euro, ist er versicherungspflichtig. Seine Beiträge zu allen Sozialversicherungszweigen steigen in der sog. Gleitzone zwischen 450,01 und 850 Euro von insgesamt ca. 4% auf ca. 21% des Einkommens. Der Arbeitgeberbeitrag bleibt dagegen konstant ab 450,01 Euro bei ca. 21%. Übt der Arbeitnehmer eine geringfügige Beschäftigung dieser Art neben einer nicht geringfügigen Beschäftigung aus, wird erst mit der zweiten, einer weiteren, geringfügigen Beschäftigung zusammengerechnet.

2. Alternative

Ein Arbeitnehmer ist innerhalb eines Jahres begrenzt beschäftigt und zwar entweder für eine Zeit von **zwei Monaten oder 50 Arbeitstagen**. Zudem darf die Tätigkeit nicht berufsmäßig ausgeübt werden (d. h., sie darf nicht die Lebensgrundlage bilden). Auch hier werden mehrere Beschäftigungen dieser Alternative zusammengerechnet.

Bei dieser Alternative spielt es keine Rolle, wie viel der Arbeitnehmer bei seiner „Nebentätigkeit" verdient, so z. B. bei Ferienjobs von Schülern und Studenten.

Überschreiten der Jahresarbeitsentgeltgrenze

Arbeitnehmer, die sehr viel verdienen, erscheinen dem Gesetzgeber nicht so schutzwürdig. Sie sind kraft Gesetzes versicherungsfrei (§ 6 Abs. 1 Nr. 1 SGB V), können sich jedoch freiwillig in der gesetzlichen oder anderweitig bei einer privaten Krankenversicherung versichern. Sehr viel verdienen bedeutet hier, dass der Verdienst des Arbeitnehmers die Jahresarbeitsentgeltgrenze übersteigt. Diese beträgt im Jahr 2013 52.200 Euro und wird jährlich der Einkommensentwicklung angepasst.

Sonstige versicherungsfreie Personengruppen

Nicht unter die Versicherungspflicht fallen eine Reihe weiterer Personengruppen, wie z. B. Beamte, Richter, Soldaten auf Zeit und Geistliche.

31.1.3 Familienversicherung

In den Schutz der gesetzlichen Krankenversicherung sind auch die Familienmitglieder eines Versicherten einbezogen (§ 10 SGB V). Hierzu gehören der *Ehegatte* oder *Lebenspartner,* wenn er nicht anderweitig versichert ist oder Einkommen bezieht und die *Kinder* des Versicherten. Diese zusätzliche Leistung wird von der Krankenversicherung im Unterschied zur privaten Krankenversicherung ohne Beitragszuschläge erbracht. Mitversichert sind Kinder folgender Altersstufen:
- bis zum 18. Geburtstag,
- bis zum 23. Geburtstag, wenn sie nicht erwerbstätig sind,
- bis zum 25. Geburtstag, wenn sie sich in Schul- oder Berufsausbildung befinden oder wenn sie ein freiwilliges soziales oder ökologisches Jahr leisten. Die Altersgrenze wird insoweit nach oben verschoben, als das Kind einem freiwilligen Wehrdienst nachgekommen ist,
- unbeschränkt, wenn sie wegen einer Behinderung außerstande sind, sich selbst zu unterhalten.

Sind die Kinder bereits selbst z. B. aufgrund einer Erwerbstätigkeit Mitglied der Krankenversicherung geworden, scheidet die Familienversicherung aus.

31.2 Träger der Krankenversicherung

Träger der Krankenversicherung sind die **Krankenkassen**. Sie unterteilen sich in:
- Allgemeine Ortskrankenkassen,
- Betriebs- und Innungskrankenkassen,
- Landwirtschaftliche Krankenkassen,
- Deutsche Rentenversicherung Knappschaft-Bahn-See,
- Ersatzkassen.

Die Pflichtversicherten dürfen ihre gesetzliche Krankenkasse frei wählen.

31.3 Finanzierung der Krankenversicherung

Die Haupteinnahmequelle der Krankenkassen sind die **Beiträge** der in ihr versicherten *Arbeitnehmer* und der *Arbeitgeber*. Für die Höhe der Beiträge allein ausschlaggebend ist der Bruttolohn des Versicherten, völlig unabhängig von den persönlichen Krankheitsrisiken und der Zahl der mitversicherten Familienmitglieder. Darin liegt auch zugleich das soziale Element der Krankenversicherung. Im Unterschied dazu richten sich bei den Privatversicherungen die Beiträge nach den Versicherungsrisiken und der Zahl der versicherten bzw. geschützten Personen.

Die Bundesregierung legt nach sachkundiger Beratung durch Rechtsverordnung den allgemeinen **Beitragssatz** fest. Der Beitragssatz ist ein Prozentsatz vom jeweiligen Einkommen für die Beitragsberechnung (für das Jahr 2013: 15,5 %). Es gibt jedoch nach oben eine Grenze, die durch die Beitragsbemessungsgrenze festgelegt wird. Soweit der Lohn des Versicherten über dieser Grenze liegt, bleibt er für die Beitragsberechnung unberücksichtigt. Die Beitragsbemessungsgrenze beträgt für das Jahr 2013 monatlich 3 937,50 Euro.

Diese Beiträge werden nun grundsätzlich *jeweils zur Hälfte* von den Arbeitnehmern und den Arbeitgebern erbracht. Innerhalb der Gleitzone (S. 388) (monatliches Einkommen zwischen 450 Euro und 850 Euro) ist der Arbeitnehmeranteil entsprechend geringer. Bei den versicherungspflichtigen Arbeitnehmern trägt der Arbeitgeber allerdings 0,9 % weniger als der Arbeitnehmer, sodass sich eine Verteilung der Beitragslast bei einem Beitragssatz von 15,5 % wie folgt ergibt: Arbeitgeber trägt 7,3 %, Arbeitnehmer trägt 8,2 % vom Bruttoverdienst.

Ein großes Problem stellt derzeit die Kostenentwicklung im Gesundheitswesen dar. Einerseits steigen die Kosten vorwiegend aus folgenden Gründen:
- hohes Preisniveau (kaum Konkurrenz am Markt),
- Unwirtschaftlichkeit des Medizinbetriebes,
- Überalterung der Gesellschaft (alte Menschen werden häufiger krank!),
- Zunahme moderner Medizintechnik (Eröffnung von Behandlungsmöglichkeiten, die es früher nicht gab).

Andererseits nimmt die Zahl der versicherungspflichtigen Beschäftigten und deren Einkünfte nicht in einem entsprechenden Umfang zu. Sie aber sind es, die zusammen mit den Arbeitgebern für das Aufkommen der Beiträge zuständig sind.

Steigende Ausgaben stehen daher einer sinkenden Zahl von Beitragszahlern gegenüber. Dieses Problem gilt es in naher Zukunft durch Reformen zu lösen. Allein die Erhöhung der Beiträge wird sicherlich nicht reichen, da dies zu einer Verteuerung der Arbeitskräfte führt und damit die Belastung sowohl der Arbeitnehmer (dadurch niedrigerer Nettolohn) als auch der Arbeitgeber (mangelnde Konkurrenzfähigkeit, Abdriften ins Ausland) unzumutbar und wirtschaftlich nicht mehr vertretbar wird.

31.4 Leistungen der Krankenversicherung

Die Leistungen der Krankenversicherung sind sehr vielschichtig und reichen von der Krankheitsverhütung über die Früherkennung bis zur Beseitigung der Nachteile, die durch eine Krankheit eingetreten sind (▶ Abb. 31.2). Neben den Leistungen, die das Gesetz den Krankenkassen vorschreibt, gibt es auch satzungsmäßige Zusatzleistungen, die bei den einzelnen Krankenkassen unterschiedlich vorgesehen sind. Hier lohnt sich auch ein Vergleich der verschiedenen Krankenkassen.

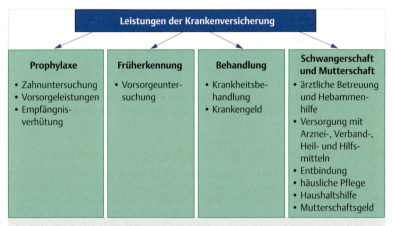

Abb. 31.2 Leistungsarten der Krankenversicherung

31.4.1 Leistungen zur Verhütung von Krankheiten

Die Krankenkassen sollen bereits die Entstehung von Krankheiten verhindern. Zu diesem Zweck arbeiten sie bei der Verhütung arbeitsbedingter Gesundheitsgefahren mit den gesetzlichen Unfallversicherungen zusammen und unterrichten diese über Erkenntnisse, die sie über Zusammenhänge zwischen Erkrankungen und Arbeitsbedingungen gewonnen haben.

Die Krankenkasse kann auch Selbsthilfegruppen oder Kontaktstellen, die sich die Prävention oder Rehabilitation von Versicherten zum Ziel gesetzt haben, durch Zuschüsse fördern. Die Versicherten haben auch Anspruch auf Leistungen für Schutzimpfungen, die mit dem Ziel erfolgen, vor einer übertragbaren Krankheit zu schützen. Ausgenommen sind Schutzimpfungen, die wegen eines durch einen nicht beruflichen Auslandsaufenthalt erhöhten Gesundheitsrisikos indiziert sind (z. B. Urlaub im Ausland), es sei denn, dass zum Schutz der öffentlichen Gesundheit ein besonderes Interesse daran besteht, der Einschleppung einer übertragbaren Krankheit in die Bundesrepublik Deutschland vorzubeugen.

Zur Verhütung von Zahnerkrankungen sieht der Leistungskatalog eine Reihe von prophylaktischen Maßnahmen wie z. B. Zahnuntersuchungen in Kindergärten oder Schulen (sog. **Gruppenprophylaxe**), bis zum vollendeten 12. Lebensjahr, vor. In Schulen und Behinderteneinrichtungen, in denen das durchschnittliche Kariesrisiko der Schüler überproportional hoch ist, werden die Maßnahmen bis zum 16. Lebensjahr durchgeführt. Kinder zwischen dem 6. und 18. Lebensjahr können sich zur Verhütung von Zahnerkrankungen einmal in jedem Kalenderhalbjahr zahnärztlich untersuchen lassen (sog. **Individualprophylaxe**).

Um eine Schwächung zu beseitigen, die in absehbarer Zeit voraussichtlich zu einer Krankheit führen wird, kann ein Versicherter behandelt werden (z. B. kann Müttern und Vätern [Vater-Kind-Maßnahmen in dafür geeigneten Einrichtungen] unter dieser Voraussetzung eine Vorsorgekur in einer Einrichtung des Müttergenesungswerkes oder einer gleichartigen Einrichtung genehmigt werden).

Den Versicherten ist ärztliche Beratung zu Fragen der **Empfängnisregelung** zu gewähren. Dazu gehört auch die Verschreibung von empfängnisregelnden Mitteln. Die Kosten dieser Mittel sind jedoch nur bei Versicherten bis zum 20. Lebensjahr frei, wenn sie ärztlich verordnet werden. Ab dem 18. Lebensjahr ist jedoch eine bestimmte Zuzahlung zu leisten.

Versicherte haben Anspruch auf Leistungen bei einer durch Krankheit erforderlichen Sterilisation und bei einem nicht rechtswidrigem Abbruch der Schwangerschaft (S. 174) durch einen Arzt.

31.4.2 Leistungen zur Früherkennung von Krankheiten

Versicherte, die das **35. Lebensjahr** vollendet haben, haben jedes zweite Jahr Anspruch auf eine ärztliche Gesundheitsuntersuchung zur Früherkennung von Krankheiten (insbesondere Herz-Kreislauf- und Nierenerkrankungen sowie der Zuckerkrankheit).

Frauen ab dem 20. Lebensjahr und **Männer ab dem 45. Lebensjahr** haben einmal im Jahr Anspruch auf eine Untersuchung zur Früherkennung von Krebserkrankungen.

31.4.3 Leistungen bei einer Krankheit

Bei den Leistungen im Krankheitsfall sieht das Gesetz die **Krankenbehandlung** und die Gewährung von **Krankengeld** vor.

Krankheit

Als Krankheit versteht man einen regelwidrigen körperlichen oder geistigen Zustand, dessen Eintritt Behandlungsbedürftigkeit und/oder Arbeitsunfähigkeit zur Folge hat. Diese Regelwidrigkeit muss eine Beeinträchtigung der Körperfunktionen und einen Leidensdruck zur Folge haben.

31.4 Leistungen der Krankenversicherung

Beispiel
Mögliche körperliche Beeinträchtigungen:
- *Haarlosigkeit* ist zwar in gewissem Sinne eine Regelwidrigkeit. Sie führt jedoch zu keiner Beeinträchtigung einer Körperfunktion und ist somit keine Krankheit im versicherungsrechtlichen Sinn (daher kein Anspruch auf Toupet).
- *Kiefer- oder Zahnfehlstellungen* sind erst dann als Krankheit anzusehen, wenn sie zur Beeinträchtigung der Körperfunktionen des Beißens, Kauens oder Sprechens führen.
- *Ungewollte Unfruchtbarkeit* ist eine Krankheit
- *Pflegebedürftigkeit* ist keine Krankheit, da dies eine natürliche Körper- und Geistesentwicklung darstellt und wie eine *Schwangerschaft* nicht regelwidrig ist.

Für das Entstehen der Leistungsansprüche kommt es nicht auf die Ursache der Krankheit an. Auch wenn den Versicherten ein Verschulden am Zustandekommen der Krankheit trifft (z. B. Raucher, Alkoholmissbrauch usw.) muss die Krankenversicherung die Leistung gewähren. Von diesem Grundsatz gibt es zwei Ausnahmen:
- Leistungen aus der Krankenversicherung scheiden aus, wenn die Krankheit die Folge eines Arbeitsunfalles oder einer Berufskrankheit darstellt. Hier greift dann die gesetzliche Unfallversicherung (S. 418).
- Hat sich ein Versicherter eine Krankheit vorsätzlich oder bei einer von ihm begangenen vorsätzlichen Straftat zugezogen, kann die Krankenkasse ihn an den Kosten der Leistungen beteiligen.

Krankenbehandlung

Anspruch auf Krankenbehandlung besteht, wenn sie notwendig ist, um eine Krankheit zu erkennen, zu heilen, ihre Verschlimmerung zu verhüten oder Krankheitsbeschwerden zu lindern. Die *Krankenbehandlung* umfasst im Wesentlichen folgende Leistungen:
- *Ärztliche und zahnärztliche Behandlung*
  Behandlungsleistungen dürfen nur *approbierte Ärzte* oder *Zahnärzte* sowie unter bestimmten Voraussetzungen Psychotherapeuten erbringen. Die Delegation von ärztlichen Leistungen auf nichtärztliche Personen ist zulässig. Sie muss aber vom Arzt angeordnet werden und ist von ihm zu verantworten.
- **Organspender** haben bei einer Spende von Organen oder Geweben zum Zwecke der Übertragung auf Versicherte (Entnahme bei lebenden Spendern) Anspruch auf Leistungen der Krankenbehandlung. Dazu gehören die ambulante und stationäre Behandlung der Spender, die medizinisch erforderliche Vor- und Nachbetreuung, Leistungen zur medizinischen Rehabilitation sowie die Erstattung des Ausfalls von Arbeitseinkünften als Krankengeld und erforderliche Fahrtkosten. Zuzahlungen sind von den Spendern nicht zu leisten. Zuständig für diese Leistungen ist die Krankenkasse der Empfänger von Organen.
- Die Leistungen der Krankenbehandlung umfassen auch medizinische Maßnahmen zur **künstlichen Befruchtung** (Herbeiführung einer Schwangerschaft), wenn
  - diese Maßnahmen nach ärztlicher Feststellung erforderlich sind,
  - nach ärztlicher Feststellung hinreichende Aussicht besteht, dass durch die Maßnahmen eine Schwangerschaft herbeigeführt wird (eine hinreichende Aussicht besteht nicht mehr, wenn die Maßnahme drei Mal ohne Erfolg durchgeführt worden ist),
  - die Personen, die diese Maßnahmen in Anspruch nehmen wollen, miteinander verheiratet sind,

- die Frau sich im Alter zwischen 25 und 40, der Mann sich im Alter zwischen 25 und 50 Jahren befindet,
- ausschließlich Ei- und Samenzellen der Ehegatten verwendet werden und
- sich die Ehegatten vor Durchführung der Maßnahmen von einem Arzt, der die Behandlung nicht selbst durchführt, haben unterrichten lassen und der Arzt sie an einen hierfür zugelassenen Arzt überwiesen hat.

Die Krankenkasse übernimmt 50 % der mit dem Behandlungsplan genehmigten Kosten der Maßnahmen, die bei ihrem Versicherten. durchgeführt werden

- *Versorgung mit Arznei-, Verband-, Heil- und Hilfsmitteln*
  Hier muss der Versicherte unter Umständen Teilbeträge der Kosten selbst tragen.
  - *Arzneimittel* sind Substanzen, die im Wesentlichen von innen auf den Organismus einwirken, um Krankheiten zu heilen oder zu bessern.
  - *Verbandmittel* sollen an der Oberfläche geschädigte Körperteile bedecken oder Körperflüssigkeiten aufsaugen.
  - *Heilmittel* wirken überwiegend äußerlich auf den menschlichen Organismus ein. Sie sollen einen Heilerfolg erzielen oder sichern (z. B. Stützstrümpfe). Hierzu zählen auch diverse Dienstleistungen wie Krankengymnastik, Bewegungs-, Sprach-, Elektro-, Wärme- und Kältetherapie.
  - *Hilfsmittel* sollen ein Funktionsdefizit ausgleichen (z. B. Prothesen, Brillen, Hörgeräte).
- *Häusliche Krankenpflege, Soziotherapie und Haushaltshilfe*
  Die *häusliche Krankenpflege* kommt in Betracht, wenn eine Krankenhausbehandlung erforderlich aber nicht ausführbar ist, z. B. wegen Bettenmangel (sog. Krankenhausersatzpflege). Die häusliche Krankenpflege kann aber auch dann bewilligt werden, wenn sie zur Sicherung der ärztlichen Behandlungsziele erforderlich ist (Sicherungspflege).
  Versicherte, die wegen schwerer psychischer Erkrankung nicht in der Lage sind, ärztliche oder ärztlich verordnete Leistungen selbstständig in Anspruch zu nehmen, haben Anspruch auf *Soziotherapie,* wenn dadurch eine Krankenhausbehandlung vermieden oder verkürzt wird oder sie nicht ausführbar ist.
  Lebt im Haushalt des Versicherten ein Kind unter 12 Jahren oder eines, das behindert und auf fremde Hilfe angewiesen ist, erhält der Versicherte eine *Haushaltshilfe,* wenn er selbst krankheitsbedingt zur Weiterführung des Haushalts nicht in der Lage ist und keine andere im Haushalt des Versicherten lebende Person den Haushalt weiterführen kann.
- *Spezialisierte ambulante Palliativversorgung*
  Versicherte mit einer nicht heilbaren, fortschreitenden und weit fortgeschrittenen Erkrankung bei einer zugleich begrenzten Lebenserwartung, die eine besonders aufwendige Versorgung benötigen, haben Anspruch auf spezialisierte ambulante Palliativversorgung
- *Krankenhausbehandlung*
  Die *Krankenhausbehandlung* wird vollstationär, teilstationär, vor und nachstationär sowie ambulant erbracht. Die Behandlung umfasst alle Leistungen, die im Einzelfall nach Art und Schwere der Krankheit für die medizinische Versorgung notwendig sind, insbesondere ärztliche Behandlung, Krankenpflege, Versorgung mit Arznei-, Heil- und Hilfsmittel, Unterkunft und Verpflegung.
- *Medizinische Rehabilitationsmaßnahmen*
  Reicht bei einem Versicherten eine ambulante Krankenbehandlung nicht aus, können ambulante oder stationäre Rehabilitationsleistungen erbracht werden, soweit dies erforderlich ist.
- *Belastungserprobung und Arbeitstherapie*
- *Maßnahmen zur (Wieder-)Herstellung der Zeugungs- oder Empfängnisfähigkeit*

Diese Leistungen müssen ausreichend, zweckmäßig und wirtschaftlich sein (sog. **Wirtschaftlichkeitsgebot**). Sie dürfen das Maß des Notwendigen nicht überschreiten.

Seit dem 1.1.2012 können Versicherte mit einer lebensbedrohlichen oder regelmäßig tödlichen Erkrankung oder mit einer zumindest wertungsmäßig vergleichbaren Erkrankung, für die eine allgemein anerkannte, dem medizinischen Standard entsprechende Leistung **nicht zur Verfügung steht,** Leistung beanspruchen, wenn eine nicht ganz entfernt liegende Aussicht auf Heilung oder auf eine spürbare positive Einwirkung auf den Krankheitsverlauf besteht.

Krankengeld

Krankengeld erhält ein Versicherter, der aufgrund seiner Krankheit arbeitsunfähig geworden ist, d. h. seine zuvor ausgeübte Tätigkeit nicht mehr oder nur auf die Gefahr hin ausüben kann, seinen Zustand zu verschlimmern. Zu beachten ist hierbei, dass der Arbeitnehmer infolge seiner krankheitsbedingten Arbeitsunfähigkeit die ersten sechs Wochen 100 % des Arbeitsentgelts als Lohnfortzahlung weiter erhält. Erst danach greift das Krankengeld. Das Krankengeld beträgt **70 % des erzielten regelmäßigen Arbeitsentgelts.**

Das Arbeitsentgelt wird nur bis zur Beitragsbemessungsgrenze berücksichtigt (für 2013 monatlich 3 937,50 Euro). Das Krankengeld beträgt demzufolge monatlich höchstens 2756,25 Euro. Die *Dauer des Krankengeldbezuges* beträgt für den Fall der Arbeitsunfähigkeit wegen derselben Krankheit längstens 78 Wochen innerhalb von je drei Jahren.

Aufgabe 95

Gesundheits- und Krankenpflegerin Julia arbeitet im Krankenhaus und verdient dort monatlich 1500 Euro. Wie wird sie finanziell versorgt, falls die langfristig krank wird?
Erläuterung im Anhang, Aufgabe 95 (S.525)

Haben sich Versicherte eine Krankheit vorsätzlich oder bei einer von ihnen begangenen vorsätzlichen Straftat zugezogen, kann die Krankenkasse sie an den Kosten der Leistungen in angemessener Höhe beteiligen und das Krankengeld ganz oder teilweise für die Dauer dieser Krankheit versagen und zurückfordern. Haben sich Versicherte eine Krankheit durch eine medizinisch nicht indizierte ästhetische Operation ("**Schönheitsoperation**"), eine **Tätowierung** oder ein **Piercing** zugezogen, hat die Krankenkasse die Versicherten in angemessener Höhe an den Kosten zu beteiligen und das Krankengeld für die Dauer dieser Behandlung ganz oder teilweise zu versagen oder zurückzufordern.

31.4.4 Leistungen bei Schwangerschaft und Mutterschaft

Mit dem Gesetz zur Neuausrichtung der Pflegeversicherung (PNG) vom 23.10.2012 wurden Schwangerschaft und Mutterschaft als neue Versicherungsfälle geschaffen. Die Leistungen bei Schwangerschaft und Mutterschaft umfassen:
- ärztliche Betreuung und Hebammenhilfe,
- Versorgung mit Arznei-, Verband-, Heil- und Hilfsmitteln,
- Entbindung,

Krankenversicherung

- häusliche Pflege,
- Haushaltshilfe,
- Mutterschaftsgeld.

Der Anspruch auf ärztliche Betreuung und Hebammenhilfe besteht nicht nur während der Schwangerschaft, sondern auch bei und nach der Entbindung. Hierzu gehören auch die Feststellung der Schwangerschaft sowie die Schwangerenvorsorge. In dieser Zeit hat die Versicherte auch Anspruch auf entsprechende und erforderliche Arznei-, Verband-, Heil- und Hilfsmittel. Es werden sowohl die Kosten einer ambulanten (z. B. Hausgeburt) als auch einer stationären Entbindung getragen.

Anspruch auf häusliche Pflege besteht, soweit diese wegen der Schwangerschaft oder Entbindung erforderlich ist und eine andere im Haushalt lebende Person die Versicherte nicht pflegen und versorgen kann. Gleiches gilt für den Anspruch auf Haushaltshilfe. Durch die Schwangerschaft sollte die Versicherte keine Lohneinbußen erfahren. So erhält sie unter bestimmten Voraussetzungen während der Schutzfristen des Mutterschutzgesetzes (S. 357) Mutterschaftsgeld, welches jedoch auf täglich maximal 13 Euro begrenzt ist. Übersteigt ihr letztes Arbeitsentgelt diesen Betrag, bekommt sie unter Umständen die Differenz als Zuschuss von ihrem Arbeitgeber ersetzt.

32 Pflegeversicherung

Der Kern der Pflegeversicherung ist im 11. Buch des Sozialgesetzbuches (SGB XI – Soziale Pflegeversicherung) geregelt. Ziel der Pflegeversicherung ist vor allem eine Verbesserung der Lebenssituation der Pflegebedürftigen und eine gewisse soziale Absicherung der Pflegepersonen.

Die Pflegeversicherung wurde 1995 in Deutschland eingeführt. Seitdem gibt es immer mehr ältere und pflegebedürftige Menschen. Im Jahr 2013 sind etwa 2,4 Millionen Menschen pflegebedürftig. Die Hälfte davon leidet an Demenz. Auch ihre Zahl nimmt stetig zu. Für das Jahr 2030 prognostizieren die Wissenschaftler einen deutlichen Anstieg auf insgesamt 3,5 Millionen. Während die Zahl der Pflegebedürftigen also zunimmt, sinkt die Zahl der Erwerbsfähigen, die die Pflege organisieren und bezahlen müssen.

Mit dem am 1.1.2013 in Kraft getretenen „Pflege-Neuausrichtungs-Gesetz" (PNG) reagiert der Gesetzgeber auf den demografischen Wandel und die Herausforderungen der Pflege in der Zukunft. Eine von Vielen geforderte Reformierung des Begriffs der „Pflegebedürftigkeit" fand allerdings nicht statt sondern wurde auf später verschoben.

Es besteht Einigkeit über die Notwendigkeit eines neuen Begriffs der „Pflegebedürftigkeit". Dieser soll sich anstelle der heutigen stark verrichtungsbezogenen Beurteilung stärker an der Selbstständigkeit der betroffenen Menschen orientieren und käme damit insbesondere Menschen mit eingeschränkter Alltagskompetenz zugute. Das PNG sieht im Wesentlichen folgende **Neuerungen** vor:

- Menschen mit erheblich eingeschränkter Alltagskompetenz, d. h. insb. an Demenz Erkrankte, die bisher kaum oder gar nicht berücksichtigt wurden, erhalten nun mehr Leistungen. Neben der Grundpflege und hauswirtschaftlichen Versorgung können auch gezielt Betreuungsleistungen in Anspruch genommen werden.
- Angehörige und Pflegebedürftige haben jetzt mehr Wahlfreiheiten, um die Pflege an ihre individuellen Bedürfnisse anzupassen. So können sie Zeitkontingente mit ambulanten Diensten vereinbaren.
- Neue Wohnformen (z. B. ambulant betreutes Wohnen) werden gestärkt und können finanziell unterstützt werden, damit die Menschen so lange wie möglich in ihrem häuslichen Umfeld bleiben können und nicht ins Heim müssen.
- Es wurde mehr Transparenz und Service der Pflegekassen geschaffen.
- Private Pflegevorsorge soll aufgebaut und gefördert werden.

32.1 Kreis der versicherten Personen

Da der Bereich der Behandlung und Pflege *kranker Menschen* sowie die Verabreichung von Medikamenten etc. weiterhin zum Leistungsbereich der Krankenversicherung gehören, können beide ineinander übergehen. Mit Recht besteht daher der gesetzgeberische Grundsatz: *„Die Pflegeversicherung folgt dem Recht der Krankenversicherung."* Daraus ergibt sich auch, dass sich die Mitgliedschaft in der Pflegeversicherung stark an der Mitgliedschaft in der Krankenkasse orientiert.

32.1.1 Versicherte in der gesetzlichen Krankenversicherung

Alle Mitglieder, die einer gesetzlichen Krankenversicherung angehören, sind *automatisch* pflichtversichert. Dabei ist es unerheblich, ob sich diese Mitgliedschaft daraus ergibt, dass das Mitglied pflichtversichert ist oder freiwillig in der gesetzlichen Krankenversicherung versichert ist. Bei der Pflegeversicherung wird daher nicht zwischen Pflicht und freiwilliger Versicherung unterschieden. Den größten Anteil dieser Mitglieder nehmen, wie auch in der Krankenversicherung, die Arbeitnehmer ein.

32.1.2 Versicherte in der privaten Krankenversicherung

Mitglieder einer privaten Krankenversicherung sind nicht automatisch versichert. Sie sind aber *verpflichtet,* sich dort oder bei einem anderen Versicherungsunternehmen gegen das Pflegerisiko zu versichern.

32.1.3 Familienversicherung

Familienmitglieder (unterhaltsberechtigte Kinder, Ehegatten), die nicht eigenständig krankenversichert sind, sind bei dem Familienmitglied mitversichert, das in der gesetzlichen Krankenversicherung pflicht- oder freiwillig versichert ist. Voraussetzung ist allerdings, dass sie ihren Wohnsitz in Deutschland haben, selbst in der Pflegeversicherung nicht versicherungspflichtig sind und kein Einkommen haben, welches über der Geringfügigkeitsgrenze liegt. Die beitragsfreie Mitversicherung ist wie in der gesetzlichen Krankenversicherung an bestimmte Altersgrenzen (S. 389) gebunden.

32.1.4 Weiterversicherung

Für den Fall, dass die Mitgliedschaft in der Pflegeversicherung endet (z. B. Kinder scheiden aus der Familienversicherung aus oder der mitversicherte Ehepartner ist nach der Scheidung nicht erwerbstätig), besteht das Recht, sich in der sozialen Pflegeversicherung weiter zu versichern. Dies ist deshalb wichtig, weil man Leistungen aus der Pflegeversicherung nur beanspruchen kann, wenn bestimmte Wartezeiten erfüllt sind. Für die Weiterversicherung ist ein *Antrag* des Versicherten innerhalb einer bestimmten Zeit erforderlich.

32.2 Träger der Pflegeversicherung

Die Träger der sozialen Pflegeversicherung sind die **Pflegekassen**. Sie sind rechtsfähige Körperschaften des öffentlichen Rechts mit Selbstverwaltung. Ihre Aufgaben werden von den Krankenkassen wahrgenommen. Bei jeder Krankenkasse wird eine Pflegekasse errichtet.

32.3 Finanzierung der Pflegeversicherung

Die Mittel für die Pflegeversicherung werden vor allem durch **Beiträge** der Mitglieder und der Arbeitnehmer und Arbeitgeber finanziert. Die Höhe der Beiträge richtet sich nach den beitragspflichtigen Einnahmen der Mitglieder. Der Beitragssatz beträgt seit dem

1.1.2013 2,05 % des Einkommens (bis zur Beitragsbemessungsgrenze von 3 937,50 Euro monatlich). Für versicherte Familienmitglieder werden keine Beiträge erhoben. Für kinderlose Mitglieder sieht das Gesetz einen Beitragszuschlag in Höhe von 0,25 % vor.

Die Beiträge werden je zur Hälfte von Arbeitgeber und Arbeitnehmer getragen. Zur Entlastung der Arbeitgeber sind die Bundesländer verpflichtet, einen gesetzlichen landesweiten Feiertag, der stets auf einen Werktag fällt, aufzuheben. Man entschied sich für den Buß- und Bettag. Eine Ausnahme ergibt sich im Freistaat Sachsen. Dieser hat sich für die Beibehaltung des Buß- und Bettages als Feiertag entschieden. Dort zahlen die Arbeitnehmer den überwiegenden Beitrag von 1,525 % zur Pflegeversicherung. Der Arbeitgeberanteil beträgt demzufolge nur 0,525 %.

32.4 Leistungen der Pflegeversicherung

Die Pflegeversicherung sieht verschiedene Arten von Leistungen vor. Gemeinsame Voraussetzung für alle diese Leistungen ist die *Pflegebedürftigkeit* des Versicherten. Diese wird vom Gesetz zudem in *drei Stufen* eingeteilt, abhängig vom Schweregrad der Pflegebedürftigkeit.

32.4.1 Pflegebedürftigkeit

Der Begriff der Pflegebedürftigkeit ist in § 14 SGB XI geregelt und in einer Rechtsverordnung näher erläutert (▶ Abb. 32.1).

Abb. 32.1 Pflegebedürftigkeit

Seit Einführung der Pflegeversicherung wird immer wieder der geltende verrichtungsbezogene Pflegebedürftigkeitsbegriff kritisiert, da Defizite bei der Versorgung pflegebedürftiger Menschen vielfach auf den zu engen Begriff der Pflegebedürftigkeit zurückzuführen sind. Derzeit ist der Pflegebedürftigkeitsbegriff somatisch ausgerichtet. Dadurch werden wichtige Aspekte wie Kommunikation und soziale Teilhabe ausgeblendet und es wird der Bedarf an allgemeiner Betreuung, Beaufsichtigung und Anleitung, insbesondere bei Menschen mit eingeschränkter Alltagskompetenz (z. B. Demenzkranke) zu wenig berücksichtigt. Dementsprechend besteht weitgehende Einigkeit darüber, diesen Begriff zu überarbeiten und entsprechend auszuweiten. So könnten fünf Pflegestufen geschaffen werden, um den Grad der Pflegebedürftigkeit mehr zu differenzieren. Erfasst werden soll nicht mehr der Zeitaufwand für personelle Hilfen, sondern der Grad der Selbstständigkeit einer Person bei Aktivitäten in insgesamt acht pflegerelevanten Lebensbereichen wie z. B. kognitive und kommunikative Fähigkeiten oder der Umgang mit krankheits- und therapiebedingten Anforderungen. Das Instrument soll damit auch den besonderen Hilfe- und Betreuungsbedarf von Menschen mit kognitiven oder psychischen Einschränkungen berücksichtigen, was bisher nicht möglich ist.

Krankheit oder Behinderung

Nur das Vorliegen bestimmter, im Gesetz genau bezeichneter Krankheiten oder Behinderungen des Versicherten können zu einer Pflegebedürftigkeit im Sinne dieses Gesetzes führen. Es sind dies:
- Verluste, Lähmungen oder andere Funktionsstörungen am Stütz- und Bewegungsapparat,
- Funktionsstörungen der inneren Organe oder der Sinnesorgane,
- Störungen des Zentralnervensystems wie Antriebs-, Gedächtnis- oder Orientierungsstörungen sowie endogene Psychosen, Neurosen oder geistige Behinderungen.

Gewöhnliche und regelmäßig wiederkehrende Verrichtungen im Ablauf des täglichen Lebens

Der Versicherte bedarf aufgrund dieser Krankheiten oder Behinderungen einer Hilfe bei der Bewältigung bestimmter täglicher Verrichtungen, die im Gesetz genau bezeichnet sind:
- im *Bereich der **Körperpflege:*** Waschen, Duschen, Baden, Zahnpflege, Kämmen, Rasieren, Darm- oder Blasenentleerung
- im *Bereich der **Ernährung:*** mundgerechtes Zubereiten oder die Aufnahme der Nahrung
- im *Bereich der **Mobilität:*** selbstständiges Aufstehen und Zu-Bett-Gehen, An- und Auskleiden, Gehen, Stehen, Treppensteigen oder das Verlassen und Wiederaufsuchen der Wohnung.

Auf Dauer der Hilfe bedürftig

Eine Pflegebedürftigkeit liegt nur dann vor, wenn die Bedürftigkeit *auf Dauer* besteht. Dies bedeutet, dass sie für mindestens *sechs Monate* voraussichtlich gegeben sein muss.
Bei der Hilfe, die dem Versicherten zuteil werden soll, handelt es sich um:
- die Unterstützung,
- die teilweise oder vollständige Übernahme oder
- die Beaufsichtigung oder Anleitung mit dem Ziel der eigenständigen Übernahme
der Verrichtungen im Ablauf des täglichen Lebens.

32.4.2 Stufen der Pflegebedürftigkeit

Die Höhe der Leistungen der Pflegeversicherung ist davon abhängig, welcher Grad der Pflegebedürftigkeit beim Versicherten vorliegt. Zu diesem Zweck sieht die soziale Pflegeversicherung die Einordnung des Pflegebedürftigen in eine der vier Pflegestufen vor, §15 SGB XI (▶ Abb. 32.2).

Abb. 32.2 Vier Stufen der Pflegebedürftigkeit

Die private Pflegeversicherung kennt diese Pflegestufen nicht, sondern sieht ein Punktesystem vor. Dabei wird die jeweilige Behinderung oder Beeinträchtigung mit einer bestimmten Punktzahl bewertet. Bei Erreichen einer bestimmten Punktzahl werden dann die dieser Punktzahl entsprechenden Leistungen gewährt.

Pflegestufe I

Erheblich pflegebedürftig sind Personen, die bei:
  a) der Körperpflege, der Ernährung oder der Mobilität
  b) für wenigstens zwei Verrichtungen aus einem oder mehreren Bereichen
  c) mindestens 1-mal täglich der Hilfe bedürfen und
  d) zusätzlich mehrfach in der Woche Hilfen bei der hauswirtschaftlichen Versorgung benötigen.

Der **Zeitaufwand**, den ein Familienangehöriger oder eine andere nicht als Pflegekraft ausgebildete Pflegeperson für die erforderlichen Leistungen der Grundpflege und hauswirtschaftlichen Versorgung benötigt, muss wöchentlich im Tagesdurchschnitt mindestens **90 Minuten** betragen; hierbei müssen auf die Grundpflege mehr als 45 Minuten entfallen.

Pflegestufe II

Schwer pflegebedürftig sind Personen, die bei:
  a) der Körperpflege, der Ernährung oder der Mobilität
  b) mindestens 3-mal täglich zu verschiedenen Tageszeiten der Hilfe bedürfen und
  c) zusätzlich mehrfach in der Woche Hilfen bei der hauswirtschaftlichen Versorgung benötigen.

Der **Zeitaufwand**, den ein Familienangehöriger oder eine andere nicht als Pflegekraft ausgebildete Pflegeperson für die erforderlichen Leistungen der Grundpflege und hauswirtschaftlichen Versorgung benötigt, muss wöchentlich im Tagesdurchschnitt mindestens **3 Stunden** betragen; hierbei müssen auf die Grundpflege mindestens 2 Stunden entfallen.

Pflegestufe III

Schwerst pflegebedürftig sind Personen, die bei:
a) der Körperpflege, der Ernährung oder der Mobilität
b) täglich rund um die Uhr, auch nachts, der Hilfe bedürfen und
c) zusätzlich mehrfach in der Woche Hilfen bei der hauswirtschaftlichen Versorgung benötigen.

Der **Zeitaufwand**, den ein Familienangehöriger oder eine andere nicht als Pflegekraft ausgebildete Pflegeperson für die erforderlichen Leistungen der Grundpflege und hauswirtschaftlichen Versorgung benötigt, muss wöchentlich im Tagesdurchschnitt mindestens **5 Stunden** betragen; hierbei müssen auf die Grundpflege mindestens 4 Stunden entfallen.

Bei Kindern ist für die Zuordnung der zusätzliche Hilfebedarf gegenüber einem gesunden gleichaltrigen Kind maßgebend.

> **Beispiel**
> Eine 40-jährige Fußgängerin wird von einem Lkw erfasst und verliert durch diesen Unfall ein Bein und einen Arm. Sie ist schwer pflegebedürftig (Pflegestufe II), da sie mehrmals täglich Hilfe bei der Körperpflege, außerdem bei der Mobilität und der Nahrungsaufnahme bedarf und zudem die hauswirtschaftliche Versorgung übernommen werden muss. Eine Pflege „rund um die Uhr" ist nicht nötig.

„Pflegestufe 0"

Als die Pflegeversicherung eingeführt wurde, musste entschieden werden, wer in welchem Umfang Leistungen bekommen kann. Dazu wurden drei Pflegestufen eingeführt, wobei bereits bei der Pflegestufe I erhebliche Pflegebedürftigkeit vorliegen muss. Viele Menschen, die regelmäßig Unterstützung brauchen, um in den eigenen vier Wänden bleiben zu können, sind nicht auf so umfangreiche Hilfen angewiesen. Das wird in der Umgangssprache Pflegestufe 0 genannt.

Die meisten stationären Pflegeeinrichtungen dürfen nur Menschen aufnehmen, denen im Gutachten des MDK bescheinigt wurde, dass eine vollstationäre Pflege erforderlich ist. Dies wird manchmal als Pflegestufe 0 oder „Heimbedürftigkeitsbescheinigung" bezeichnet. Sie kann auch ausgestellt werden, wenn die Voraussetzungen für die Pflegestufe I nicht erfüllt sind.

Der Begriff „Pflegestufe 0" wird vom Gesetzgeber und demzufolge von den Leistungsträgern nicht verwendet. Unter Patienten, Angehörigen und Pflegedienstleistern hat er sich im Zusammenhang mit der Pflegereform 2008 jedoch teilweise eingebürgert.

Die korrekte Bezeichnung dieser Leistung der Pflegeversicherung lautet: „Leistungen für Versicherte mit erheblichem allgemeinem Betreuungsbedarf".

Unter diese fallen Pflegebedürftige in häuslicher Pflege, bei denen neben dem Hilfebedarf im Bereich der Grundpflege und der hauswirtschaftlichen Versorgung ein erheblicher Bedarf an allgemeiner Beaufsichtigung und Betreuung gegeben ist. Dies sind vor allem Personen, die einen Hilfebedarf im Bereich der Grundpflege und hauswirtschaftlichen Versorgung haben, der nicht das Ausmaß der Pflegestufe I erreicht, mit demenzbedingten Fähigkeitsstörungen, geistigen Behinderungen oder psychischen Erkrankungen. Es muss eine dauerhafte und erhebliche Einschränkung der Alltagskompetenz vorliegen.

Kriterien hierfür sind:
1. unkontrolliertes Verlassen des Wohnbereiches (Weglauftendenz),
2. Verkennen oder Verursachen gefährdender Situationen,
3. unsachgemäßer Umgang mit gefährlichen Gegenständen oder potenziell gefährdenden Substanzen,
4. tätlich oder verbal aggressives Verhalten in Verkennung der Situation,
5. im situativen Kontext inadäquates Verhalten,
6. Unfähigkeit, die eigenen körperlichen und seelischen Gefühle oder Bedürfnisse wahrzunehmen,
7. Unfähigkeit zu einer erforderlichen Kooperation bei therapeutischen oder schützenden Maßnahmen als Folge einer therapieresistenten Depression oder Angststörung,
8. Störungen der höheren Hirnfunktionen (Beeinträchtigungen des Gedächtnisses, herabgesetztes Urteilsvermögen), die zu Problemen bei der Bewältigung von sozialen Alltagsleistungen geführt haben,
9. Störung des Tag-/Nacht-Rhythmus,
10. Unfähigkeit, eigenständig den Tagesablauf zu planen und zu strukturieren,
11. Verkennen von Alltagssituationen und inadäquates Reagieren in Alltagssituationen,
12. ausgeprägtes labiles oder unkontrolliert emotionales Verhalten,
13. zeitlich überwiegend Niedergeschlagenheit, Verzagtheit, Hilflosigkeit oder Hoffnungslosigkeit aufgrund einer therapieresistenten Depression.

Die Alltagskompetenz ist erheblich eingeschränkt, wenn der Gutachter des Medizinischen Dienstes bei dem Pflegebedürftigen wenigstens in zwei Bereichen, davon mindestens einmal aus einem der Bereiche 1 bis 9, dauerhafte und regelmäßige Schädigungen oder Fähigkeitsstörungen feststellt.

Der **Medizinische Dienst** der Krankenkassen oder andere unabhängige Gutachter prüfen, ob die Voraussetzungen der Pflegebedürftigkeit erfüllt sind und welche Stufe der Pflegebedürftigkeit vorliegt. Bei dieser Prüfung soll der Medizinische Dienst auch Feststellungen darüber treffen, ob und in welchem Umfang Maßnahmen zur Beseitigung, Minderung oder Verhütung einer Verschlimmerung der Pflegebedürftigkeit einschließlich der Rehabilitation geeignet, notwendig und zumutbar sind.

Die Leistungen der Pflegeversicherung lassen sich grob in 3 Gruppen einteilen (▶ Abb. 32.3).

Die Versicherten erhalten diese Leistungen nur auf Antrag, wenn sie eine bestimmte Vorversicherungszeit (Wartezeit) erfüllt haben. Diese beträgt fünf Jahre.

Abb. 32.3 Leistungsarten der Pflegeversicherung

32.4.3 Häusliche Pflege

Die häusliche Pflege genießt Vorrang vor der stationären Pflege. Sie umfasst folgende Leistungen:

Pflegesachleistung, § 36 SGB XI

Häusliche Pflegehilfe wird durch geeignete Personen erbracht, die entweder von der Pflegekasse oder bei ambulanten Pflegeeinrichtungen angestellt sind. Hierbei handelt es sich um gewerbsmäßige Pflegekräfte. Pflegebedürftige haben bei häuslicher Pflege Anspruch auf Grundpflege, häusliche Betreuung und hauswirtschaftliche Versorgung. Voraussetzung ist dabei nicht, dass sich der Pflegebedürftige in seinem eigenen Haushalt aufhält. Er kann auch z. B. bei Verwandten versorgt werden.

Je nach der Pflegestufe werden die monatlichen Kosten von der Pflegekasse übernommen:
- *Pflegestufe I:* Pflegeeinsätze bis zu 450 Euro.
  Liegen neben den Voraussetzungen der Pflegestufe I zusätzlich die Kriterien der sog. „Pflegestufe 0 (S. 402)" vor, erhöhen sich die Leistungen um 215 Euro auf bis zu 665 Euro.
- *Pflegestufe II:* Pflegeeinsätze bis zu 1100 Euro.
  Liegen neben den Voraussetzungen der Pflegestufe II zusätzlich die Kriterien der sog. „Pflegestufe 0 (S. 402)" vor, erhöhen sich die Leistungen um 140 Euro auf bis zu 1250 Euro.
- *Pflegestufe III:* Pflegeeinsätze bis zu 1550 Euro.
  In besonders gelagerten Härtefällen kann bei der Pflegestufe III ein Gesamtwert von 1918 Euro gewährt werden, wenn ein außergewöhnlich hoher Pflegeaufwand vorliegt (z. B. Endstadium einer Krebserkrankung).

Pflegegeld, § 37 SGB XI

Anstelle der Pflegesachleistung können Pflegebedürftige ein Pflegegeld beantragen, wenn die Versorgung und Pflege sichergestellt sind. Hier kommen als Pflegepersonen vor allem die Angehörigen des Pflegebedürftigen in Betracht. Das Pflegegeld stellt kein Entgelt für die von der Pflegeperson erbrachte Leistung dar, sondern soll dem Pflegebedürftigen vielmehr ermöglichen, der Pflegeperson eine materielle Anerkennung zukommen zu lassen. Auch hier sind die Beträge je nach der Pflegestufe gestaffelt und betragen monatlich:

- *Pflegestufe I:* 235 Euro.
  Liegen neben den Voraussetzungen der Pflegestufe I zusätzlich die Kriterien der sog. „Pflegestufe 0 (S. 402)" vor, erhöhen sich die Leistungen um 70 Euro auf bis zu 305 Euro.
- *Pflegestufe II:* 440 Euro.
  Liegen neben den Voraussetzungen der Pflegestufe II zusätzlich die Kriterien der sog. „Pflegestufe 0 (S. 402)" vor, erhöhen sich die Leistungen um 85 Euro auf bis zu 525 Euro.
- *Pflegestufe III:* 700 Euro.

Zusätzlich müssen Pflegebedürftige der Stufen I und II mindestens einmal halbjährlich und solche der Stufe III einmal vierteljährlich eine Beratung in der eigenen Häuslichkeit durch eine Pflegeeinrichtung abrufen. Diese Pflegeeinsätze dienen der Sicherung der Qualität der häuslichen Pflege und der regelmäßigen Hilfestellung und Beratung der häuslich Pflegenden. Die Gewährung des Pflegegelds setzt nicht voraus, dass der Pflegebedürftige im eigenen Haushalt oder im Haushalt der Pflegeperson gepflegt wird. Er kann auch in einem Heim betreut werden.

Kombination von Geldleistung und Sachleistung, § 38 SGB XI

Nimmt der Pflegebedürftige die ihm zustehende Sachleistung nur teilweise in Anspruch, erhält er daneben ein anteiliges Pflegegeld. Dieses wird um den prozentualen Anteil gemindert, in dem der Pflegebedürftige Sachleistungen in Anspruch genommen hat.

> **Beispiel**
> Ein Pflegebedürftiger der Stufe II erhält monatlich Sachleistungen im Wert von 825 Euro. Das sind 75 % des möglichen monatlichen Höchstbetrags von 1100 Euro. Somit kann er noch 25 % von 440 Euro (dies ist der Höchstbetrag des monatlichen Pflegegelds) beanspruchen.

Häusliche Pflege bei Verhinderung der Pflegeperson, § 39 SGB XI

Ist eine Pflegeperson wegen Erholungsurlaub, Krankheit oder aus anderen Gründen an der Pflege gehindert, übernimmt die Pflegekasse (bis max. 1550 Euro pro Jahr, unabhängig von der Pflegestufe) die Kosten einer notwendigen Ersatzpflege für längstens 4 Wochen je Kalenderjahr. Voraussetzung hierfür ist allerdings, dass die Pflegeperson den Pflegebedürftigen vor der erstmaligen Verhinderung mindestens 6 Monate in seiner häuslichen Umgebung gepflegt hat.

Pflegehilfsmittel und technische Hilfen, § 40 SGB XI

Pflegehilfsmittel sollen die Pflege erleichtern, Beschwerden lindern oder eine selbstständige Lebensführung ermöglichen. Das Gesetz unterscheidet zwischen
- *Hilfsmitteln, die zum Verbrauch bestimmt sind* (z. B. Desinfektionsmittel), diese werden nur bis zu einem Betrag von monatlich 31 Euro erstattet,
- *und technischen Hilfsmitteln* (z. B. Pflegebetten, Notrufanlagen). Diese sollen vorrangig leihweise überlassen werden. Soweit Kosten anfallen, müssen Pflegebedürftige, die das 18. Lebensjahr vollendet haben, zu den Kosten der technischen Hilfsmittel eine Zuzahlung von 10 %, höchstens jedoch 25 Euro je Hilfsmittel leisten.

Die Pflegekassen können auch Zuschüsse von bis zu 2557 Euro je Maßnahme zur Verbesserung des individuellen Wohnumfeldes (z. B. Verbreiterung einer Tür) oder für technische Hilfen gewähren, wenn dadurch die häusliche Pflege ermöglicht oder erheblich erleichtert wird.

32.4.4 Stationäre Pflege

Die stationäre Pflege unterteilt sich in
- Tagespflege und Nachtpflege (= teilstationäre Pflege),
- Kurzzeitpflege,
- vollstationäre Pflege,
- Pflege in vollstationären Einrichtungen der Behindertenhilfe.

Tagespflege und Nachtpflege (teilstationäre Pflege), § 41 SGB XI

Kann eine häusliche Pflege nicht in ausreichendem Umfang sichergestellt werden, hat der Pflegebedürftige Anspruch auf teilstationäre Pflege in Einrichtungen der Tages- oder Nachtpflege. Sie umfasst auch die notwendige Beförderung des Pflegebedürftigen von der Wohnung zur Einrichtung und zurück. Hierfür übernimmt die Pflegekasse
- die pflegebedingten Aufwendungen (= Kosten, die für die Versorgung nach Art und Schwere der Pflegebedürftigkeit erforderlich sind einschl. der Beförderung des Pflegebedürftigen von der Wohnung zur Pflegeeinrichtung und zurück),
- die Aufwendungen der sozialen Betreuung
- sowie die Aufwendungen für die in der Einrichtung notwendigen Leistungen der medizinischen Behandlungspflege pro Monat wie folgt:
    - *Pflegestufe I:* bis zu 450 Euro,
    - *Pflegestufe II:* bis zu 1100 Euro,
    - *Pflegestufe III:* bis zu 1550 Euro.

Auch hier ist eine Kombination zwischen teilstationären Leistungen und Pflegegeld bzw. Pflegesachleistungen möglich. Die teilstationäre Pflege soll an sich nur eine Erweiterung der häuslichen Pflege für einen bestimmten Zeitraum darstellen.

Kurzzeitpflege, § 42 SGB XI

Kann die häusliche Pflege zeitweise nicht, noch nicht oder nicht im erforderlichen Umfang erbracht werden und reicht auch teilstationäre Pflege nicht aus, besteht Anspruch auf Pflege in einer *vollstationären Einrichtung*. Dies kommt insbesondere für eine Übergangszeit im Anschluss an eine stationäre Behandlung des Pflegebedürftigen oder in sonstigen Krisensituationen in Betracht. Der Anspruch auf Kurzzeitpflege ist auf die Dauer von 4 Wochen pro Kalenderjahr beschränkt und darf die Aufwendungen von *1550 Euro pro Jahr* nicht übersteigen. Die Pflegekasse übernimmt
- die pflegebedingten Aufwendungen,
- die Aufwendungen der sozialen Betreuung
- sowie die Aufwendungen für die in der Einrichtung notwendigen Leistungen der medizinischen Behandlungspflege.

Pflegebedingt sind die Aufwendungen für alle für die Versorgung der Pflegebedürftigen nach Art und Schwere ihrer Pflegebedürftigkeit erforderlichen Pflegeleistungen der Pflegeeinrichtungen. Die *Kosten für Verpflegung und Unterkunft* und für Zusatzleistungen haben die Pflegebedürftigen selbst zu tragen.

Vollstationäre Pflege, § 43 SGB XI

Ist eine häusliche oder teilstationäre Pflege *nicht möglich* oder kommt diese wegen der *Besonderheit des einzelnen Falles nicht in Betracht,* hat der Pflegebedürftige Anspruch auf Pflege in einer vollstationären Einrichtung. Die Pflegekasse übernimmt
- die pflegebedingten Aufwendungen,
- die Aufwendungen der sozialen Betreuung
- sowie die Aufwendungen für die in der Einrichtung notwendigen Leistungen der medizinischen Behandlungspflege pro Monat wie folgt:
  - *Pflegestufe I:* 1023 Euro,
  - *Pflegestufe II:* 1279 Euro,
  - *Pflegestufe III:* 1550 Euro.

Pflegebedingt sind die Aufwendungen für alle für die Versorgung der Pflegebedürftigen nach Art und Schwere ihrer Pflegebedürftigkeit erforderlichen Pflegeleistungen der Pflegeeinrichtungen. Die *Kosten für Verpflegung und Unterkunft* und für Zusatzleistungen haben die Pflegebedürftigen selbst zu tragen. Wählt ein Pflegebedürftiger vollstationäre Pflege, obwohl diese nicht erforderlich ist, erhält er für die pflegebedingten Aufwendungen lediglich einen Zuschuss.

Bei Härtefällen (z. B. Apalliker, schwere Demenz, Endstadium von Krebserkrankungen) ist eine Übernahme der Kosten bis zu 1918 Euro möglich.

Pflege in vollstationären Einrichtungen der Behindertenhilfe, § 43a SGB XI

Für Pflegebedürftige in einer vollstationären Einrichtung der Behindertenhilfe, in der die berufliche und soziale Eingliederung, die schulische Ausbildung oder die Erziehung Behinderter im Vordergrund des Einrichtungszwecks stehen, übernimmt die Pflegekasse 10 % des vereinbarten Heimentgelts, jedoch max. 256 Euro pro Monat. Hierbei handelt es sich nämlich nicht um Pflegeeinrichtungen im Sinne der Pflegeversicherung. Für die Gewährung dieser Leistung reicht die Feststellung, dass die Voraussetzungen der Pflegestufe I erfüllt sind.

32.4.5 Leistungen bei der „Pflegestufe 0"

Pflegebedürftige, die die Kriterien der sog. „Pflegestufe 0" erfüllen, können je nach Umfang des erheblichen allgemeinen Betreuungsbedarfs zusätzliche Betreuungsleistungen in Anspruch nehmen. Die Kosten hierfür werden ersetzt, höchstens jedoch
- 100 Euro monatlich (Grundbetrag) oder
- 200 Euro monatlich (erhöhter Betrag).

Die Höhe des jeweiligen Anspruchs wird von der Pflegekasse auf Empfehlung des Medizinischen Dienstes der Krankenversicherung im Einzelfall festgelegt. Der Betrag ist zweckgebunden einzusetzen für qualitätsgesicherte Betreuungsleistungen. Er dient der Erstattung von Aufwendungen, die den Versicherten entstehen im Zusammenhang mit der Inanspruchnahme von Leistungen
- der Tages- oder Nachtpflege,
- der Kurzzeitpflege oder
- der zugelassenen Pflegedienste, sofern es sich um besondere Angebote der allgemeinen Anleitung und Betreuung und nicht um Leistungen der Grundpflege und hauswirtschaftlichen Versorgung handelt, oder
- der nach Landesrecht anerkannten niedrigschwelligen Betreuungsangebote (z. B. Hilfen bei der Entlastung der Betreuung Demenzkranker).

Seit dem 1.1.2013 erhalten sie zusätzlich
- Pflegegeld von 120 Euro monatlich oder
- Pflegesachleistungen von bis zu bis zu 225 Euro monatlich
- eine Kombination aus diesem Pflegegeld und dieser Pflegesachleistung sowie
- für eine bestimmte Zeit eine Ersatzpflegekraft und Pflegehilfsmittel, so wie bei den Pflegebedürftigen der Pflegestufe I–III.

32.4.6 Leistungen für die Pflegeperson, §§ 44, 45 SGB XI

Die Pflegeversicherung hat vor allem auch eine Verbesserung der Situation der Pflegeperson gebracht. *Pflegepersonen* im Sinne dieses Gesetzes sind Personen (meist Angehörige, Nachbarn, Freunde), die nicht erwerbsmäßig einen Pflegebedürftigen in seiner häuslichen Umgebung pflegen (§ 19 SGB XI). Zur Verbesserung der sozialen Sicherung der Pflegeperson entrichten die Pflegekassen und die privaten Versicherungsunternehmen, bei denen die Pflegeversicherung durchgeführt wird, *Beiträge an die Rentenversicherung,* wenn die Pflegeperson regelmäßig nicht mehr als 30 Stunden wöchentlich erwerbstätig ist und wenn sie eine oder mehrere pflegebedürftige Personen zusammen wenigstens 14 Stunden wöchentlich pflegt. Während der pflegerischen Tätigkeit sind die Pflegepersonen in den Versicherungsschutz der gesetzlichen Unfallversicherung einbezogen. Die Pflegekassen sollen für Angehörige und sonstige an einer ehrenamtlichen Pflegetätigkeit interessierte Personen Schulungskurse unentgeltlich anbieten. Diese Schulung soll auch in der häuslichen Umgebung des Pflegebedürftigen stattfinden.

Seit dem 1.1.2013 gibt es für pflegende Angehörige mehr Entlastung. Sie können sich leichter eine Auszeit nehmen. Dazu können sie Einrichtungen nutzen, in denen auch ihre zu pflegenden Angehörigen versorgt und betreut werden. Wenn sie eine Kurzzeitpflege in Anspruch nehmen wollen, wird das Pflegegeld künftig zur Hälfte weiterbezahlt. Bisher wurde es in diesem Fall gestrichen.

32.5 Pflegezeitgesetz

Mit Wirkung zum 01.07.2008 ist das Gesetz über die Pflegezeit (PflegeZG) in Kraft getreten. Ziel des Gesetzes ist es, Beschäftigten die Möglichkeit zu eröffnen, pflegebedürftige nahe Angehörige in häuslicher Umgebung zu pflegen und damit die Vereinbarkeit von Beruf und familiärer Pflege zu verbessern.

Als **Beschäftigte** sieht hier das Gesetz sämtliche Arbeitnehmerinnen und Arbeitnehmer sowie auch die zu ihrer Berufsausbildung Beschäftigten sowie die Scheinselbstständigen und die in Heimarbeit-Beschäftigten.

Pflegebedürftig im Sinne des Pflegezeitgesetzes sind Personen, die pflegebedürftig im Sinne der Pflegeversicherung sind und damit zumindest die Voraussetzungen der Pflegestufe I erfüllen.

Unter die sog. **nahen Angehörigen** fallen:
- Großeltern, Eltern, Schwiegereltern,
- Ehegatten, Lebenspartner, Partner einer eheähnlichen Gemeinschaft, Geschwister,
- eigene Kinder, Adoptiv- oder Pflegekinder sowie die des Ehegatten oder Lebenspartner, Schwiegerkinder und Enkelkinder

Um das Ziel des Gesetzes zu erreichen gibt es zwei unterschiedliche Ansprüche, die nebeneinander bestehen können:
- die „**kurzzeitige Arbeitsverhinderung**" und
- den „**Freistellungsanspruch**" für eine bis zu 6-monatige Pflegezeit.

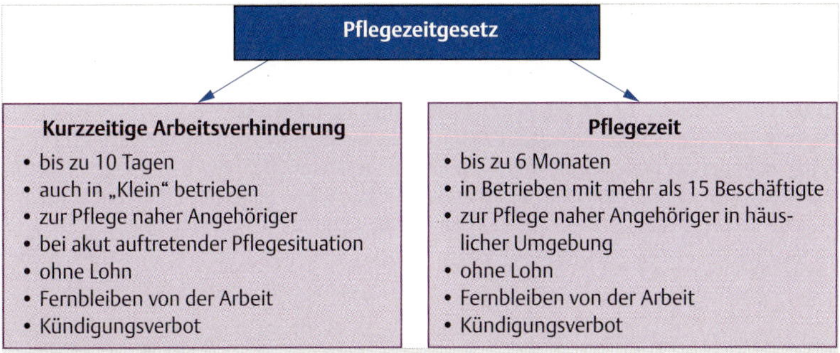

Pflegezeitgesetz

Kurzzeitige Arbeitsverhinderung	Pflegezeit
• bis zu 10 Tagen • auch in „Klein" betrieben • zur Pflege naher Angehöriger • bei akut auftretender Pflegesituation • ohne Lohn • Fernbleiben von der Arbeit • Kündigungsverbot	• bis zu 6 Monaten • in Betrieben mit mehr als 15 Beschäftigte • zur Pflege naher Angehöriger in häuslicher Umgebung • ohne Lohn • Fernbleiben von der Arbeit • Kündigungsverbot

Abb. 32.4 Inhalt des Pflegezeitgesetzes

32.5.1 Kurzzeitige Arbeitsverhinderung

Beschäftigte haben das Recht, bis zu 10 Arbeitstage der Arbeit fernzubleiben, wenn dies erforderlich ist, um für einen pflegebedürftigen nahen Angehörigen in einer akut auftretenden Pflegesituation eine bedarfsgerechte Pflege zu organisieren oder eine pflegerische Versorgung in dieser Zeit sicherzustellen. Auf Verlangen ist dem Arbeitgeber eine ärztliche Bescheinigung über die Pflegebedürftigkeit und die Pflegeerforderlichkeit vorzulegen. Während der Zeit der Pflege ist der Arbeitgeber zur Fortzahlung der Vergütung nur verpflichtet, soweit sich eine solche Verpflichtung aus anderen gesetzlichen Vorschriften oder aufgrund einer Vereinbarung ergibt. Allerdings darf der Arbeitgeber das Beschäftigungsverhältnis von der Ankündigung bis zur Beendigung der kurzzeitigen Arbeitsverhinderung auch nicht kündigen. Nur in besonderen Fällen, wenn die Genehmigung der Arbeitsschutzbehörde vorhanden ist, kann die Kündigung ausnahmsweise für zulässig erklärt werden.

32.5.2 Pflegezeit

In Betrieben von mehr als 15 Beschäftigten (hier zählt die Zahl der „Köpfe") können Beschäftigte von der Arbeitsleistung vollständig oder teilweise freigestellt werden, wenn sie einen pflegebedürftigen nahen Angehörigen in häuslicher Umgebung pflegen. Die Pflegebedürftigkeit muss dem Arbeitgeber gegenüber durch Vorlage einer Bescheinigung der Pflegekasse oder des Medizinischen Dienstes der Krankenversicherung nachgewiesen werden. Zudem muss der Arbeitnehmer seinen Anspruch spätestens 10 Arbeitstage vor Beginn der Pflegezeit schriftlich ankündigen und gleichzeitig erklären, für welchen Zeitraum und in welchem Umfang die Freistellung von der Arbeitsleistung in Anspruch genommen werden soll.

Wenn nur teilweise Freistellung in Anspruch genommen wird, haben Arbeitgeber und Beschäftigte über die Verringerung und die Verteilung der Arbeitszeit eine schriftliche Vereinbarung zu treffen. Die Pflegezeit beträgt für jeden pflegebedürftigen nahen Angehörigen längstens 6 Monate. Eine zunächst für einen kürzeren Zeitraum in Anspruch genommene Pflegezeit kann bis zur Höchstdauer verlängert werden, wenn der Arbeitgeber zustimmt.

Sofern der nahe Angehörige nicht mehr pflegebedürftig oder die häusliche Pflege des nahen Angehörigen unmöglich oder unzumutbar geworden ist, endet die Pflegezeit 4 Wochen nach Eintritt der veränderten Umstände. Im Übrigen kann die Pflegezeit nur vorzeitig beendet werden, wenn der Arbeitgeber zustimmt. Das Beschäftigungsverhältnis kann vom Arbeitgeber von der Ankündigung bis zur Beendigung der Pflegezeit nicht gekündigt werden (Ausnahme in besonderen Fällen, wenn die Genehmigung der für den Arbeitsschutz zuständigen Behörde vorliegt).

33 Rentenversicherung

Zwischen 80 und 90% aller alten Menschen, Invaliden und Waisen erhalten Leistungen aus der gesetzlichen Rentenversicherung.

33.1 Kreis der versicherten Personen

Der Kreis der Rentenversicherten umfasst im Wesentlichen die gleichen Personen wie die Krankenversicherung. Hierzu gehören wieder in erster Linie diejenigen, die gegen Entgelt oder zu ihrer Berufsausbildung in einem Beschäftigungsverhältnis stehen (hier gilt der gleiche Beschäftigungsbegriff wie in der Krankenversicherung (S. 387). Im Gegensatz zur Krankenversicherung sind *alle* Arbeitnehmer ohne Obergrenze des Einkommens pflichtversichert, § 1 ff. SGB VI. Des Weiteren sind u. a. versichert:

- Behinderte, die in anerkannten Werkstätten oder anderen Einrichtungen tätig sind,
- bestimmte selbstständige Tätige (z. B. selbstständige Hebammen/Entbindungspfleger),
- Personen, die ein Kind erziehen, 3 Jahre pro Kind,
- Personen, die Krankengeld beziehen,
- arbeitnehmerähnliche Selbstständige, d. h. Personen, die an sich selbstständig sind, jedoch – mit Ausnahme von Familienangehörigen – keinen versicherungspflichtigen Arbeitnehmer beschäftigen sowie regelmäßig und im Wesentlichen nur für einen Auftraggeber tätig sind,
- *selbstständig Tätige,* die keinen versicherungspflichtigen Arbeitnehmer beschäftigen, dessen Lohn regelmäßig im Monat 450 Euro übersteigt und regelmäßig und im Wesentlichen nur für einen Auftraggeber tätig sind,
- Pflegepersonen, die einen Pflegebedürftigen im Sinne der Pflegeversicherung in seiner häuslichen Umgebung mindestens 14 Stunden wöchentlich pflegen, ohne dass hierdurch eine Erwerbstätigkeit vorliegt.

Darüber hinaus kann jeder Selbstständige versichert werden, wenn er dies innerhalb von fünf Jahren nach Aufnahme dieser Tätigkeit *beantragt. Nicht versicherungspflichtig* sind wie bei der Krankenversicherung Beamte und ähnliche Personen. Arbeitnehmer, die eine geringfügige Beschäftigung (S. 388) ausüben (d. h. unter 450 Euro), sind seit 2013 versicherungspflichtig. Sie können allerdings – anders als die übrigen Arbeitnehmer – ausdrücklich dieser Versicherungspflicht widersprechen und es ablehnen, einen eigenen Versicherungsbeitrag zu zahlen.

33.2 Träger der Rentenversicherung

Träger der Rentenversicherung ist die Deutsche Rentenversicherung (DRV). Seit 1.10.2005 sind alle Rentenversicherungsträger (früher: LVA, BfA) unter diesem einem Dach zusammengeschlossen. Darüber hinaus gibt es noch die Deutsche Rentenversicherung Knappschaft-Bahn-See.

33.3 Finanzierung der Rentenversicherung

Auch die Rentenversicherung wird wie die Krankenversicherung zum großen Teil durch die **Beiträge** der Arbeitnehmer bzw. Versicherten und der Arbeitgeber finanziert. Anders als dort gewährt aber der Bund einen erheblichen Zuschuss, durch den knapp ein Fünftel der Gesamtausgaben gedeckt werden. Diese „Einnahmen" werden sogleich dazu verwandt, die laufenden Renten zu bezahlen (sog. *Umlageverfahren*).

Zugleich sind die Rententräger verpflichtet, bestimmte Rücklagen und Liquiditätsreserven zu bilden. Soweit dennoch im Einzelfall diese finanziellen Mittel der Rentenversicherung nicht ausreichen, leistet der Bund ein zinsloses Darlehen als Liquiditätshilfe (sog. *Bundesgarantie*). Dadurch ist immer sichergestellt, dass die Rentenversicherung ihre Zahlungspflichten erfüllen kann.

Die *Beitragshöhe* besteht aus einem für alle Versicherten *gleichen Prozentsatz* des jeweiligen Bruttoeinkommens. Persönliche Risikofaktoren oder das Alter der Versicherten spielen dabei keine Rolle. So beträgt der Beitragssatz für das Jahr 2013 18,9 %. Aufgebracht werden diese Beiträge je zur Hälfte von Arbeitnehmern und Arbeitgebern. Innerhalb der Gleitzone (S. 388) (monatliches Einkommen zwischen 450 Euro und 850 Euro) ist der Arbeitnehmeranteil entsprechend geringer.

Liegt nur eine geringfügige Beschäftigung vor, trägt der Arbeitgeber einen Beitrag von 15 %. Der Arbeitnehmer trägt die Differenz zum vollen Beitragssatz (18,9 %) aus eigenen Mitteln, es sei denn, er lehnt es ausdrücklich ab, von dieser Möglichkeit Gebrauch zu machen.

Das Einkommen der Versicherten wird nur bis zu einer bestimmten Grenze (Beitragsbemessungsgrenze) der Beitragsberechnung zugrunde gelegt. Soweit der Einzelne mehr verdient, bleibt dies bei der Bemessung des Beitrages unberücksichtigt. Diese Beitragsbemessungsgrenze beträgt für das Jahr 2013 monatlich 5 800 Euro (West) und 4 900 Euro (Ost).

33.4 Leistungen der Rentenversicherung

Der wesentliche Inhalt der Rentenversicherung ist die Vorsorge für den Fall, dass die Haupteinkommensquelle der Bürger, nämlich das Einkommen aus ihrer Arbeitstätigkeit, auf Dauer wegfällt oder gemindert wird, sei es durch Alter oder durch Krankheit bzw. Behinderung. Um bereits im Vorfeld dafür zu sorgen, dass diese Risiken sich möglichst spät verwirklichen, werden frühzeitig diverse Rehabilitationsleistungen gewährt. An diesem Inhalt orientieren sich auch die Leistungen (▶ Abb. 33.1).

33.4.1 Rehabilitation

Im Interesse des Einzelnen, aber auch der Allgemeinheit, liegt es, den Zeitpunkt der Minderung der Erwerbsfähigkeit möglichst hinauszuschieben oder gar zu verhindern. Daher soll rechtzeitig mit medizinischen, arbeitsfördernden und sonstigen Leistungen versucht werden, die Arbeitskraft zu erhalten. Es gilt der Grundsatz: *Rehabilitation vor Rente.*

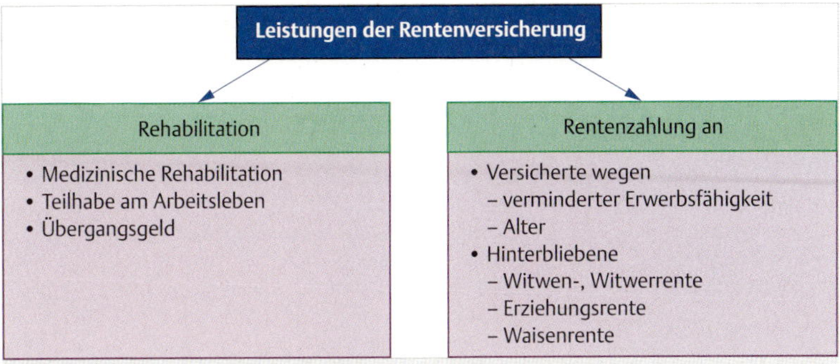

33.4 Leistungen der Rentenversicherung

Leistungen der Rentenversicherung

- **Rehabilitation**
  - Medizinische Rehabilitation
  - Teilhabe am Arbeitsleben
  - Übergangsgeld

- **Rentenzahlung an**
  - Versicherte wegen
    - verminderter Erwerbsfähigkeit
    - Alter
  - Hinterbliebene
    - Witwen-, Witwerrente
    - Erziehungsrente
    - Waisenrente

Abb. 33.1 Leistungen der Rentenversicherung

Medizinische Rehabilitation

Voraussetzung für die Rehabilitationsleistungen ist, dass die Erwerbsfähigkeit eines Versicherten wegen Krankheit oder körperlicher, geistiger oder seelischer Behinderung erheblich gefährdet oder gemindert ist und voraussichtlich erhalten oder wieder hergestellt werden kann.

Zusätzlich muss die Wartezeit erfüllt sein, von der jedoch bei der medizinischen Rehabilitation unter bestimmten Voraussetzungen abgesehen werden kann.

Teilhabe am Arbeitsleben

Leistungen zur Teilhabe am Arbeitsleben werden unter anderem erbracht, wenn sie im Anschluss an Leistungen zur medizinischen Rehabilitation erforderlich sind (z.B. Kosten einer beruflichen Anpassung oder Weiterbildung).

Übergangsgeld

Um den Unterhalt während der Rehabilitation zu sichern, erhält der Versicherte Übergangsgeld, soweit die gesetzlichen Voraussetzungen erfüllt sind.

33.4.2 Rentenzahlungen

Als Renten an Versicherte werden Renten wegen verminderter Erwerbsfähigkeit sowie Renten wegen Alters geleistet. Zusätzlich kommen beim Tod des Versicherten Rentenzahlungen an Hinterbliebene (▶ Abb. 33.2).

Rente wegen verminderter Erwerbsfähigkeit

Ist die Erwerbsfähigkeit eines Versicherten aufgrund einer Krankheit oder einer Behinderung auf nicht absehbare Zeit gemindert, erhält er unter folgenden Voraussetzungen eine Rente wegen Erwerbsminderung. Der Versicherungsfall der „Erwerbsminderung"

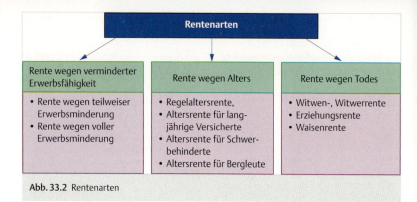

Abb. 33.2 Rentenarten

tritt an die Stelle der im alten Recht enthaltenen Versicherungsfälle der „**Erwerbsunfähigkeit**" und „**Berufsunfähigkeit**". Letztere sind nur noch für Versicherte, die vor dem 2.1.1961 geboren sind, anwendbar.

Zu unterscheiden ist dabei, ob der Versicherte teilweise oder voll erwerbsgemindert ist. **Teilweise erwerbsgemindert** sind Versicherte, die auf nicht absehbare Zeit **außerstande** sind, unter den üblichen Bedingungen des allgemeinen Arbeitsmarktes (d. h. *in jeder denkbaren Tätigkeit*) **mindestens 6 Stunden täglich erwerbstätig** zu sein. Der Versicherte muss sich daher auf jede denkbare Tätigkeit verweisen lassen, wobei allerdings folgende Einschränkungen zu beachten sind:

- Zunächst ist die körperliche und geistige Leistungsfähigkeit des Versicherten zu berücksichtigen und eventuelle Einschränkungen, die sich aus einer ärztlichen Begutachtung ergeben können.
- Der Versicherte kann auch nicht auf Tätigkeiten verwiesen werden, wenn keine geeigneten Arbeitsplätze zur Verfügung stehen. Dies ist z. B. dann der Fall, wenn dem Versicherten ein Jahr lang kein zumutbarer Arbeitsplatz angeboten werden kann, den er täglich von seiner Wohnung aus erreichen kann.
- Eine Verweisung ist auch dann nicht möglich, wenn diese Verweisung im Hinblick auf die bisherige Lebensstellung des Versicherten eine offensichtliche Härte wäre.

Eine **volle Erwerbsminderung** liegt vor, wenn der Versicherte **außerstande ist, mindestens 3 Stunden** täglich erwerbstätig zu sein. Auch hier gilt grundsätzlich eine Verweisbarkeit auf jede denkbare Tätigkeit, wobei die oben genannten Ausnahmen wieder zu berücksichtigen sind. Des Weiteren muss der Versicherte folgende Vorversicherungszeit und Wartezeit erfüllt haben:

- In den letzten 5 Jahren vor Eintritt der Erwerbsminderung muss der Versicherte 3 Jahre Pflichtbeiträge für eine versicherte Tätigkeit geleistet haben (Vorversicherungszeit).
- Vor Eintritt der Erwerbsminderung muss die allgemeine Wartezeit von 5 Jahren erfüllt sein. Diese umfasst Beitragszeiten und Ersatzzeiten.

Versicherte, die bereits vor Erfüllung der allgemeinen Wartezeit voll erwerbsgemindert waren und seitdem ununterbrochen voll erwerbsgemindert sind, haben Anspruch auf

Rente, wenn sie die Wartezeit (Beitragszeit) von 20 Jahren erfüllt haben. Hierunter fallen vor allem die von Geburt an Behinderten.

Die *Höhe der Rente* wegen Erwerbsminderung wird individuell berechnet, wobei unter im Übrigen gleichen Voraussetzungen die Rente wegen voller Erwerbsminderung doppelt so hoch ist, wie die Rente wegen teilweiser Erwerbsminderung.

Rente wegen Alters

Im Rentenversicherungsrecht gibt es verschiedene Altersgrenzen, bei deren Erreichen Altersrente gewährt wird (▶ Abb. 33.3).

Abb. 33.3 Altersrente

Dementsprechend sind auch die Höhe der jeweiligen Renten und die Voraussetzungen der Leistungsgewährung unterschiedlich. Soweit bei den einzelnen Leistungen der Rentenversicherung bestimmte **Wartezeiten** vorausgesetzt werden, setzen sich diese Zeiten wie folgt zusammen:

- *Beitragszeiten:* Dies sind Zeiten, für die Pflicht oder freiwillige Beiträge gezahlt worden sind.
- *Beitragsfreie Zeiten:*
  - *Anrechnungszeiten:* Dies sind Zeiten, in denen der Versicherte aus persönlichen Gründen keine Beiträge leisten konnte (z. B. Krankheit, Schwangerschaft, Schulbesuch nach dem 17. Lebensjahr).
  - *Ersatzzeiten:* Dies sind Zeiten des Militärdienstes, der Kriegsgefangenschaft, wegen politischer Haft in der ehemaligen DDR u. Ä.
  - *Zurechnungszeiten:* Dies sind Zeiten, die zwischen dem Eintritt der Erwerbsminderung und dem 60. Lebensjahr liegen.
- *Berücksichtigungszeiten:* Dies sind z. B. Kindererziehungszeiten oder Zeiten einer ehrenamtlichen nicht erwerbsmäßigen Pflege von Pflegebedürftigen.

Die *Höhe der jeweiligen Rente* richtet sich im Wesentlichen nach der *Dauer der Zugehörigkeit* zur Rentenversicherung und der *Höhe der gezahlten Beiträge*. Die Berechnung der konkreten Höhe im Einzelfall erfolgt nach der sog. „Rentenformel".

Regelaltersrente (ab dem 67. Lebensjahr)

Mit Erreichen des 67. Lebensjahres hat der Versicherte Anspruch auf die Regelaltersrente, wenn er die allgemeine Wartezeit von fünf Jahren erfüllt hat. Hier werden nur die Beitragszeiten und die Ersatzzeiten berücksichtigt. Die Wartezeit gilt auch als erfüllt, wenn er vorher Rente wegen verminderter Erwerbsfähigkeit oder eine Erziehungsrente bezogen hat. Das bedeutet allerdings nicht, dass er zwingend mit 67 Jahren in den Ruhestand treten muss. Hierbei handelt es sich nur um eine Mindestaltersgrenze. Ein Hinzuverdienst ist ohne Weiteres in beliebiger Höhe ohne Verrechnung bzw. Minderung der Rente möglich.

Altersrente für langjährig Versicherte (ab dem 63. Lebensjahr)

Für langjährig Versicherte besteht die Möglichkeit, bereits mit 63 Jahren in den Ruhestand zu gehen. Erforderlich ist hier eine sehr lange Wartezeit von 35 Jahren, wobei hier alle rentenrechtlichen Zeiten (S. 415) berücksichtigt werden. Allerdings wird hier die Rente nur mit einem bestimmten Abschlag gewährt. Ein Hinzuverdienst ist bis zum 67. Lebensjahr nur bis zu einer bestimmten Grenze zulässig. Übersteigt der Hinzuverdienst diese Grenze, wird Rente nicht geleistet. Die Höhe des Grenzwertes hängt davon ab, ob der Versicherte eine Voll oder Teilrente in Anspruch nimmt.

Altersrente für Schwerbehinderte (ab dem 62. Lebensjahr)

Ab Vollendung des 62. Lebensjahres können Schwerbehinderte in Rente gehen. Schwerbehindert in diesem Sinne sind Menschen, wenn bei ihnen ein Grad der Behinderung von wenigstens 50 % vorliegt. Erforderlich ist auch hier eine Wartezeit von 35 Jahren, wobei alle rentenrechtlichen Zeiten (S. 415) berücksichtigt werden. Ein Hinzuverdienst ist nur begrenzt möglich.

Altersrente für Bergleute

Langjährig unter Tage beschäftigte Versicherte (Bergleute) haben Anspruch auf Altersrente, wenn sie das 62. Lebensjahr vollendet und die Wartezeit von 25 Jahren erfüllt haben. Auf die Wartezeit werden nur Beitragszeiten aufgrund einer Beschäftigung mit ständigen Arbeiten unter Tage angerechnet.

„Auslaufende" Renten

In der Vergangenheit wurde das Rentenrecht stark reformiert. Die oben dargestellten Altersrenten stellen derzeit die Grundmodelle dar. Für bestimmte Personengruppen sieht die Rentenversicherung jedoch deswegen abweichende Regelungen vor, weil sich ältere Versicherte auf den früheren Rechtszustand eingestellt haben und insofern Vertrauensschutz genießen. Abweichende Regelungen gibt es insbesondere für ältere Frauen, Arbeitslose, Altersteilzeitbeschäftigte und Schwerbehinderte.

Renten an Hinterbliebene

Stirbt der Versicherte und hinterlässt er eine Witwe oder einen Witwer und Waisen, so bekommen diese Personen unter bestimmten Voraussetzungen eine Rente, die den ausfallenden Unterhalt ersetzen soll. Witwe/r in diesem Sinne sind auch Überlebende einer eingetragenen Lebenspartnerschaft.

Witwen- und Witwerrente

Witwen oder Witwer, die nicht wieder geheiratet haben, haben nach dem Tod des verstorbenen Ehegatten oder Lebenspartner zwei Jahre lang Anspruch auf die sog. *kleine Witwenrente*, wenn der versicherte Ehegatte die allgemeine Wartezeit erfüllt hat. Diese beträgt fünf Jahre und errechnet sich aus den Beitragszeiten. Die Wartezeit gilt als erfüllt, wenn der Verstorbene bis zum Tode Rente bezogen hat. Die Höhe der Rente beträgt 25 % der Altersrente des Verstorbenen. Die ersten drei Monate nach dessen Tod wird 100 % der Altersrente des Verstorbenen bezahlt.

Anspruch auf die sog. *große Witwenrente* hat unter ansonsten gleichen Voraussetzungen wie oben der hinterbliebene Ehegatte, wenn er ein eigenes Kind oder ein Kind des Verstorbenen erzieht, das noch nicht 18 Jahre alt ist (gleiches gilt für Pflegekinder, Stiefkinder, Enkel, wenn sie im Haushalt des Hinterbliebenen aufgenommen sind) oder wenn er das 47. Lebensjahr vollendet hat oder wenn er selbst erwerbsgemindert ist.

Die Höhe der Rente beträgt 55 % der Altersrente des Verstorbenen. Die ersten drei Monate nach dessen Tod wird 100 % der Altersrente des Verstorbenen bezahlt.

Erziehungsrente

Geschiedene Versicherte erhalten Erziehungsrente, wenn ihr früherer Ehegatte verstorben ist und sie ein eigenes Kind oder ein Kind des Geschiedenen erziehen, nicht wieder geheiratet haben und selbst die allgemeine Wartezeit erfüllt haben. Sie beträgt 5 Jahre (Beitragszeiten).

Waisenrente

Kinder (auch Stiefkinder und Pflegekinder sowie Enkel und Geschwister, wenn sie im Haushalt des Verstorbenen aufgenommen sind) haben Anspruch auf Waisenrente, wenn ein Elternteil verstorben ist und dieser die allgemeine Wartezeit (Beitragszeiten) von fünf Jahren erfüllt hat.

Sie bekommen Halbwaisenrente in Höhe von 10 % der Altersrente des Verstorbenen, wenn sie noch einen Elternteil haben, der unterhaltspflichtig ist, ansonsten Vollwaisenrente in Höhe von 20 % der Altersrente des Verstorbenen.

Der Anspruch auf Waisenrente besteht bis zur Vollendung des 18. Lebensjahrs bzw. 27. Lebensjahrs, wenn das Kind sich in Schul- oder Berufsausbildung befindet oder wegen einer Behinderung außerstande ist, sich selbst zu unterhalten. Die Zeiten werden noch verlängert, soweit Wehrdienst oder Zivildienst geleistet wurde.

34 Unfallversicherung

Die gesetzliche Unfallversicherung dient vorwiegend dem Schutz des Arbeitnehmers vor und nach Arbeitsunfällen. Dabei sollen die Versicherungsträger insbesondere auch vorbeugend tätig werden, um solche Unfälle zu verhindern. In den Schutz der Unfallversicherung sind auch Menschen einbezogen, die im Interesse des Gemeinwohles (z. B. erste Hilfe, Rettungsmaßnahmen) tätig geworden sind.

34.1 Kreis der versicherten Personen

Wie bei der Krankenversicherung sind auch hier in erster Linie die Arbeitnehmer einschließlich der Auszubildenden kraft Gesetzes versichert (§ 2 Abs. 1 SGB VII).

Im Unterschied zur gesetzlichen Krankenversicherung gibt es hier keine Versicherungspflichtgrenze, d. h., dass jeder Arbeitnehmer unabhängig von seinem Einkommen und dem zeitlichen Umfang seiner Tätigkeit versichert ist. Auch Personen, die nur geringfügig beschäftigt werden, sind versichert. Gemäß § 2 Abs. 2 SGB VII sind sogar solche Personen versichert, die – ohne dass sie ein Beschäftigter dieses Betriebes sind – wie ein solcher tätig werden.

> ### Aufgabe 96
> Schwester Monika hat gerade ihre Freundin Ute zu Besuch auf Station. Als sie den Auftrag erhält, eiligst eine Blutprobe in das Labor zu bringen, bittet sie Ute, die ohnehin gerade gehen wollte, dies für sie zu übernehmen. Auf dem Weg zum Labor verunglückt Ute. Bekommt sie den Schaden ersetzt?
> Erläuterung im Anhang, Aufgabe 96 (S. 526)

In der gesetzlichen Unfallversicherung sind auch Personen versichert, die im Interesse des Gemeinwohles handeln. Hier kommen vor allem folgende Gruppen in Betracht:
- Unabhängig von einem Beschäftigungsverhältnis Personen, die im Gesundheits- oder Veterinärwesen oder in der Wohlfahrtspflege tätig sind (z. B. Hebammen, Gesundheits- und Krankenpflegerinnen, Gesundheits- und Krankenpfleger u. Ä.),
- Personen, die in einem Unternehmen zur Hilfe in Unglücksfällen tätig sind, sowie die Teilnehmer an Ausbildungsveranstaltungen dieser Unternehmen (als solche Unternehmen kommen in Betracht: Deutsches Rotes Kreuz, Sanitätskolonnen, Feuerwehr, Bergwacht, Technisches Hilfswerk),
- jeder, der einem anderen bei Unglücksfällen Hilfe leistet,
- Blutspender, Organspender und Spender körpereigener Gewebe.

Hinzu kommt noch eine Reihe einzelner Gruppen, von denen nur die wichtigsten erwähnt sein sollen:
- Kinder während des Besuches des Kindergartens oder -hortes,
- Schüler während des Besuches der Schule, Studenten während ihrer Ausbildung an Hochschulen,

- Patienten, die sich in stationärer Behandlung im Krankenhaus befinden, wenn diese Behandlung von der gesetzlichen Krankenkasse oder Rentenversicherung getragen wird (nicht Beamte, die freiwillig versichert sind!),
- Pflegepersonen im Sinne der Pflegeversicherung, die nicht erwerbsmäßig mindestens 14 Stunden wöchentlich einen Pflegebedürftigen pflegen.
- Unternehmer können freiwillig versichert sein.

34.2 Träger der Unfallversicherung

Träger der Unfallversicherung sind vor allem die **Berufsgenossenschaften.** Sie sind nach den verschiedenen Berufsgruppen unterteilt. So ist zuständig für Beschäftigte im Gesundheitswesen (Krankenhäuser u. a.) die Berufsgenossenschaft für Gesundheitsdienst und Wohlfahrtspflege. Daneben gibt es noch die Gemeindeunfallversicherungsverbände und verschiedene Unfallkassen.

34.3 Finanzierung der Unfallversicherung

Die Mittel für die Ausgaben der Berufsgenossenschaften werden durch **Beiträge der Unternehmer,** für deren Unternehmen Versicherte tätig sind, aufgebracht (§ 150 SGB VII).

Im Unterschied zu den anderen Zweigen der Sozialversicherung leisten hier die Arbeitnehmer keine Beiträge. Die Beitragshöhe richtet sich nach dem Arbeitseinkommen der Versicherten und nach dem Grad der Unfallgefahren in den Unternehmen (§ 153 SGB VII). Um hier Anreize zur Unfallverhütung zu schaffen, haben die Berufsgenossenschaften den Unternehmen mit wenigen Arbeitsunfällen Nachlässe zu bewilligen und andererseits unfallträchtigen Unternehmen Zuschläge aufzuerlegen. Der durchschnittliche Beitragssatz beträgt derzeit ca. 1,3 % der Arbeitsverdienste.

34.4 Versicherungsfälle in der Unfallversicherung

Die Leistungen der Unfallversicherung werden gewährt, wenn ein Versicherungsfall eingetreten ist und die sonstigen Voraussetzungen vorliegen. Versicherungsfälle in der Unfallversicherung können sein: der Arbeitsunfall, der Wegeunfall und die Berufskrankheit (▶ Abb. 34.1).

Abb. 34.1 Auftretende Versicherungsfälle in der Unfallversicherung

34.4.1 Arbeitsunfall

Arbeitsunfall ist ein **Unfall, den ein Versicherter bei einer versicherten Tätigkeit erleidet** (§ 8 Abs. 1 SGB VII). Ein Unfall ist ein von außen auf den Körper einwirkendes Ereignis, das zu einem Gesundheitsschaden oder zum Tod führt. Zunächst ist zu fragen, ob überhaupt eine versicherte Tätigkeit vorliegt und ob das Unfallgeschehen damit im Zusammenhang steht. Dieses muss dann zu einem Körperschaden geführt haben.

Aufgabe 97
Gesundheits- und Krankenpflegerin Angela ist im städtischen Krankenhaus beschäftigt. Als sie einem Patienten ein Medikament bringen will, stolpert sie über die Türschwelle und bricht sich den Fuß. Liegt hier ein Arbeitsunfall vor?
Erläuterung im Anhang, Aufgabe 97 (S. 526)

Eine versicherte Tätigkeit liegt nur vor, wenn sie den *Interessen des Unternehmens* zu dienen bestimmt ist. „Eigenwirtschaftliche", d. h. private Tätigkeiten, gehören nicht dazu.

Aufgabe 98
Während einer kurzen Pause begibt sich Angela in die Krankenhausbücherei, um dort für ihre eigenen Kinder Bücher auszuleihen. Auf diesem Weg verunglückt sie. Stand sie unter Versicherungsschutz?
Erläuterung im Anhang, Aufgabe 98 (S. 526)

Die *Einnahme von Mahlzeiten* gehört dann zur versicherten Tätigkeit, wenn sie wesentlich auch der Aufrechterhaltung der Arbeitskraft dient. Die *Teilnahme an betrieblichen Veranstaltungen* (Betriebsausflug, Weihnachtsfeier) ist dann versichert, wenn sie vom Betriebsleiter organisiert oder zumindest gebilligt wird, er selbst oder ein Vertreter daran teilnimmt und alle Betriebsangehörigen daran teilnehmen sollen.

Eine versicherte Tätigkeit liegt nicht mehr vor, wenn der Versicherte den Unfall absichtlich oder vorsätzlich herbeigeführt hat.

Aufgabe 99
Angela ist ihrer Arbeit überdrüssig und will sich das Leben nehmen. Um ihre Kinder finanziell abzusichern, fingiert sie einen Arbeitsunfall und stürzt sich im Krankenhaus vom Dach. Liegt ein Versicherungsfall vor?
Erläuterung im Anhang, Aufgabe 99 (S. 526)

Auch in Fällen eines alkoholbedingten Vollrausches (oder infolge der Einnahme berauschend wirkender Medikamente) fehlt es an einer versicherten Tätigkeit. In diesem Zustand kann keine sinnvolle Arbeit mehr geleistet werden.

Aufgabe 100

Angela nimmt aufgrund einer depressiven Verstimmung das ihr leicht zugängliche Medikament Codein. Daraufhin kommt es bei ihr zu einem berauschten Zustand, in dem sie die Treppe hinunterfällt und sich das Genick bricht. War sie versichert?
Erläuterung im Anhang, Aufgabe 100 (S. 526)

34.4.2 Wegeunfall

Als Arbeitsunfall gilt auch ein **Unfall, der sich auf dem Weg nach und von dem Ort der versicherten Tätigkeit ereignet** (§ 8 Abs. 2 SGB VII). Ausgangspunkt des Weges ist der häusliche Bereich. Geschützt ist der Weg von der Außentüre des Wohnhauses bis zum Außentor des Werkgeländes.

Aufgabe 101

Schwester Anna hat einen Unglückstag erwischt.
- Als sie am Morgen eines Arbeitstages vom Bett aufsteht, rutscht sie auf den Spielsachen ihrer Kinder aus und verstaucht sich das Handgelenk.
- Bevor sie das Haus verlässt, kommt sie versehentlich mit einer defekten Stromleitung in Berührung und verbrennt sich den Finger.
- Auf dem Weg durch den verschneiten Garten gleitet sie aus und bricht sich das andere Handgelenk.
- An ihrer Arbeitsstelle angekommen, fährt ihr auf dem Gang zur Station ein Zivildienstleistender mit dem Krankenbett über den Fuß.
- Als sie abends heimkommt, bemerkt sie, dass sie den Schlüssel vergessen hat. Sie wirft die Fensterscheibe ein, um ins Haus zu gelangen. Dabei zieht sie sich Schnittwunden zu.

In welchen Fällen stand sie unter Versicherungsschutz?
Erläuterung im Anhang, Aufgabe 101 (S. 526)

Der Weg muss im Zusammenhang mit der versicherten Tätigkeit stehen. Diesen Weg kann man auch mehrfach an einem Tag zurücklegen (z. B. in der Mittagspause heimfahren). Ein Abweichen von diesem Weg ist nur in bestimmten Grenzen möglich, ohne den Versicherungsschutz zu verlieren.
- Weicht der Versicherte von seinem Arbeitsweg ab, um sein Kind in Obhut zu bringen (z. B. Kindergarten), liegt ein Versicherungsschutz vor (§ 8 Abs. 2 Nr. 2 a SGB VII).
- Weicht der Versicherte von seinem Arbeitsweg ab, weil er mit anderen Berufstätigen oder versicherten Personen eine Fahrgemeinschaft zur Arbeit bildet, liegt ebenfalls ein Versicherungsschutz vor (§ 8 Abs. 2 Nr. 2 b SGB VII).
- Unterbricht der Versicherte seinen Weg, um eine private Besorgung zu machen, kommt es auf die Dauer der Unterbrechung an.

Aufgabe 102

Anna kauft auf dem Nachhauseweg noch im Supermarkt ein. Im Supermarkt verunglückt sie.
- Als Anna nach einer Stunde den Supermarkt verlassen hat, wird sie beim Überqueren der Straße angefahren.
- Ein anderes Mal trifft sie im Supermarkt noch eine alte Bekannte. Beide beschließen, noch eine Tasse Kaffee zu trinken. Nach 3 Stunden setzt sie ihren Heimweg fort und verunglückt jetzt.

Wann lag Versicherungsschutz vor?
Erläuterung im Anhang, Aufgabe 102 (S. 526)

34.4.3 Berufskrankheit

Berufskrankheiten sind Krankheiten, welche die Bundesregierung durch Rechtsverordnung mit Zustimmung des Bundesrates als solche bezeichnet und die ein Versicherter bei einer versicherten Tätigkeit erlitten hat (§ 9 SGB VII). Allerdings kann auch eine Krankheit, die in der Verordnung nicht enthalten ist, unter bestimmten Umständen berücksichtigt werden (§ 9 Abs. 2 SGB VII). Die Berufskrankheitenverordnung enthält in ihrer Anlage 1 derzeit fast 70 Krankheiten.

34.5 Leistungen der Unfallversicherung

Die Leistungen der Unfallversicherung werden in drei große Gruppen eingeteilt (▶ Abb. 34.2):

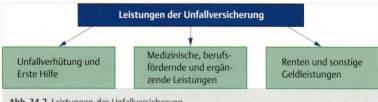

Abb. 34.2 Leistungen der Unfallversicherung

34.5.1 Unfallverhütung und Erste Hilfe

Der Unfallversicherungsträger hat mit allen geeigneten Mitteln für die Verhütung von Arbeitsunfällen, Berufskrankheiten und arbeitsbedingten Gesundheitsgefahren und für eine wirksame Erste Hilfe zu sorgen. Dieser Aufgabe dienen in erster Linie die **Unfallverhütungsvorschriften.** Verstöße hiergegen sind Ordnungswidrigkeiten und können geahndet werden. Die Einhaltung wird von Aufsichtspersonen des Unfallversicherungsträgers überwacht. Darüber hinaus müssen Betriebe mit mehr als 20 Beschäftigten einen Sicherheitsbeauftragten haben. Durch den Unternehmer muss eine wirksame Erste Hilfe sichergestellt werden.

34.5.2 Medizinische, berufsfördernde und ergänzende Leistungen

Durch das Unfallereignis ist ein Körperschaden entstanden. Der gesundheitliche und berufliche Zustand soll durch *Heilbehandlung*, die im Wesentlichen der Krankenbehandlung bei der Krankenversicherung entspricht, und Berufshilfe wiederhergestellt werden. Zu diesem Zweck unterhalten die Unfallversicherungsträger eigene Unfallkliniken und Krankenhäuser. Solange der Versicherte wegen des Arbeitsunfalles arbeitsunfähig ist und keinen Lohn erhält, hat er Anspruch auf *Verletztengeld*. Dieses entspricht im Wesentlichen dem Krankengeld der Krankenversicherung. *Übergangsgeld* erhält der Versicherte während der Zeit einer beruflichen Maßnahme (Berufshilfe), die dazu dient, den Versicherten nach seinem Unfall wieder in das Berufsleben einzugliedern.

34.5.3 Renten und sonstige Geldleistungen

Der Versicherte erhält eine Rente, wenn die **Minderung der Erwerbsfähigkeit (MdE)** über die 26. Woche nach dem Arbeitsunfall andauert (§ 56 Abs. 1 SGB VII). Dabei muss die Erwerbsfähigkeit mindestens um ein Fünftel (= 20 %) gemindert sein. Um nun eine Minderung der Erwerbsfähigkeit festzustellen, vergleicht man die Erwerbsmöglichkeiten, die der Versicherte vor dem Unfall hatte, mit denen, die ihm nach dem Unfall verblieben sind.

Die *Höhe der Verletztenrente* beträgt bei einer Vollrente (Minderung der Erwerbsfähigkeit um 100 %) zwei Drittel *des letzten Verdienstes*. Ist die Erwerbstätigkeit nur zum Teil gemindert, erhält der Verletzte einen der Minderung entsprechenden Teil der Rente, z. B. 50 % bei der Minderung der Erwerbsfähigkeit um 50 %.

Neben der Verletztenrente sieht das Gesetz auch *Renten an Hinterbliebene* vor (§§ 65 ff. SGB VII).

- Witwen oder Witwer und Lebenspartner von Versicherten erhalten eine Rente, *solange sie nicht wieder geheiratet* haben.
  Die Rente beträgt für die ersten 3 Monate nach dem Tod des Ehegatten zwei Drittel des letzten Arbeitsverdienstes, danach 30 % *(Kleine Witwenrente)*. Der Anspruch auf diese Rente endet nach 2 Jahren.
  Sie beträgt nach Ablauf des dritten Monats 40 % *(Große Witwenrente)*, wenn der Hinterbliebene das 47. Lebensjahr vollendet hat, erwerbsgemindert ist oder ein Kind zu versorgen hat, das unter 18 Jahre alt ist oder bis zu 27 Jahre alt ist, wenn es sich noch in Ausbildung befindet oder unabhängig vom Alter, wenn es behindert ist.
- Hinterlässt der verstorbene Versicherte ein Kind, erhält dieses bis zum 18. Lebensjahr (bis zum 27. Lebensjahr, wenn es sich in Ausbildung befindet) eine Waisenrente in Höhe von 30 % für den Fall, dass es Vollwaise ist, ansonsten 20 % des letzten Verdienstes.

Insgesamt dürfen aber die Renten an die Hinterbliebenen 80 % nicht übersteigen.

> **Aufgabe 103**
>
> Peter verstirbt an den Folgen eines Arbeitsunfalles und hinterlässt eine Ehefrau und drei Kinder im Alter von 2, 4 und 6 Jahren. Wie hoch sind die Hinterbliebenenrenten?
> Erläuterung im Anhang, Aufgabe 103 (S. 526)

35 Arbeitsförderung

Die Arbeitsförderung soll
- dem Entstehen von Arbeitslosigkeit entgegenwirken,
- die Dauer der Arbeitslosigkeit verkürzen und
- den Ausgleich von Angebot und Nachfrage auf dem Ausbildungs- und Arbeitsmarkt unterstützen.

Dabei ist insbesondere durch die Verbesserung der individuellen Beschäftigungsfähigkeit Langzeitarbeitslosigkeit zu vermeiden. Die Gleichstellung von Frauen und Männern ist als durchgängiges Prinzip der Arbeitsförderung zu verfolgen. Die Arbeitsförderung soll dazu beitragen, dass ein hoher Beschäftigungsstand erreicht und die Beschäftigungsstruktur ständig verbessert wird. Sie ist so auszurichten, dass sie der beschäftigungspolitischen Zielsetzung der Sozial-, Wirtschafts- und Finanzpolitik der Bundesregierung entspricht.

Die Leistungen der Arbeitsförderung sollen (nach § 1 Abs. 1 SGB III) insbesondere
- die Transparenz auf dem Ausbildungs- und Arbeitsmarkt erhöhen, die berufliche und regionale Mobilität unterstützen und die zügige Besetzung offener Stellen ermöglichen,
- die individuelle Beschäftigungsfähigkeit durch Erhalt und Ausbau von Fertigkeiten, Kenntnissen und Fähigkeiten fördern,
- unterwertiger Beschäftigung entgegenwirken und
- die berufliche Situation von Frauen verbessern.

Entscheidend ist, dass bei fehlendem Einkommen, welches die Lebensgrundlage bildet, Sozialleistungen erbracht werden (▶ Abb. 35.1).

Abb. 35.1 Überblick über Sozialleistungen bei fehlendem Einkommen

Um die Arbeitsmarktpolitik effizienter zu gestalten und die Arbeitslosenzahlen zu reduzieren wurde im Jahre 2002 von der damaligen Bundesregierung unter Bundeskanzler Schröder eine Kommission gebildet und beauftragt, Vorschläge zur Reformierung der staatlichen Arbeitsvermittlung zu erarbeiten. Vorsitzender der Kommission war Peter Hartz, damals Personalvorstand und Mitglied des Vorstandes der Volkswagen AG. Noch im gleichen Jahr legte die Kommission ihre Vorschläge vor, die in der Folgezeit in vier Phasen (Hartz I bis IV) umgesetzt wurden. So wurden unter anderem die geringfügige Beschäftigung („Minijob auf – damals 400-Euro-Basis") neu geregelt, der Umbau der Bundesanstalt für Arbeit (mit seinen Arbeitsämtern) in die Bundesagentur für Arbeit (mit den Agenturen für Arbeit) vorgenommen und ab 1.1.2005 mit dem vierten Gesetz die Arbeitslosenhilfe und Sozialhilfe zum Arbeitslosengeld II zusammengeführt (sog. „Hartz IV"). Unter „Hartz IV"-Empfänger versteht man daher umgangssprachlich die Empfänger von Arbeitslosengeld II (siehe unten).

35.1 Kreis der versicherten Personen

Der Kreis der hier versicherten Personen deckt sich grundsätzlich mit dem Kreis der Personen, die in der gesetzlichen Krankenversicherung versichert sind, mit Ausnahme der selbstständig Tätigen. Hierunter fallen vor allem Arbeitnehmer (Personen, die gegen Entgelt oder die zu ihrer Berufsausbildung beschäftigt sind). So wie bei der Rentenversicherung auch, sind hier alle Arbeitnehmer ohne Obergrenze des Einkommens versichert. *Nicht versicherungspflichtig* sind neben Beamten und ähnlichen Personen insbesondere Arbeitnehmer, die nur eine geringfügige Beschäftigung (S. 388) ausüben, wobei die gleichzeitige Ausübung einer geringfügigen Beschäftigung und einer nicht geringfügigen Beschäftigung nicht zusammengerechnet werden.

35.2 Träger der Arbeitsförderung

Träger der Arbeitsförderung ist die **Bundesagentur für Arbeit** mit Sitz in Nürnberg. Die Leistungen sollen ortsnah durch die örtlichen **Agenturen für Arbeit** (früher: Arbeitsämter) erbracht werden. Hier werden auch **Job-Center** als einheitliche Anlaufstellen für alle eingerichtet, die einen Arbeitsplatz oder einen Ausbildungsplatz suchen.

35.3 Finanzierung der Arbeitsförderung

Die Bundesagentur für Arbeit erhebt zur Aufbringung der Mittel für die Durchführung ihrer Aufgaben (z. B. Arbeitslosen*geld*) von Arbeitnehmern und Arbeitgebern je gleiche **Beiträge**. Diese Beitragspflicht besteht unabhängig von der Höhe des Arbeitsentgelts. Die Höhe der Beiträge wird vom Gesetzgeber festgelegt. Derzeit liegt der Beitragssatz bei 1,5 % für Arbeitgeber und 1,5 % für Arbeitnehmer. Innerhalb der Gleitzone (S. 388) (monatliches Einkommen zwischen 450 Euro und 850 Euro) ist der Arbeitnehmeranteil entsprechen geringer.

35.4 Leistungen der Arbeitsförderung

Die Leistungen, die die Bundesagentur für Arbeit zu erbringen hat, sind äußerst vielfältig. So obliegen ihr vor allem die Beratung und Vermittlung, sowie die Gewährung bestimmter Leistungen an Arbeitnehmer, Arbeitgeber und an Träger von Arbeitsförderungsmaßnahmen (▶ Abb. 35.2).

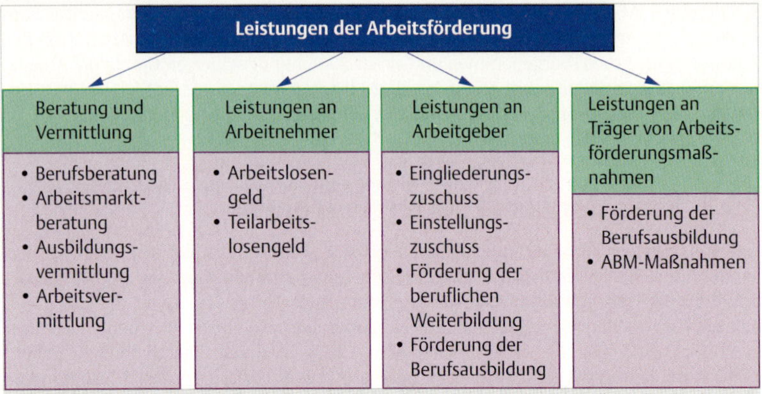

Leistungen der Arbeitsförderung

Beratung und Vermittlung
- Berufsberatung
- Arbeitsmarktberatung
- Ausbildungsvermittlung
- Arbeitsvermittlung

Leistungen an Arbeitnehmer
- Arbeitslosengeld
- Teilarbeitslosengeld

Leistungen an Arbeitgeber
- Eingliederungszuschuss
- Einstellungszuschuss
- Förderung der beruflichen Weiterbildung
- Förderung der Berufsausbildung

Leistungen an Träger von Arbeitsförderungsmaßnahmen
- Förderung der Berufsausbildung
- ABM-Maßnahmen

Abb. 35.2 Leistungen der Arbeitsförderung

35.4.1 Beratung und Vermittlung

Die Agentur für Arbeit hat Jugendlichen und Erwachsenen, die am Arbeitsleben teilnehmen oder teilnehmen wollen, Berufsberatung und Arbeitgebern Arbeitsmarktberatung anzubieten. Art und Umfang der Beratung richten sich nach dem Beratungsbedarf des einzelnen Ratsuchenden. Den Ausbildungssuchenden, den Arbeitssuchenden und Arbeitgebern hat sie eine Vermittlung anzubieten. Die Vermittlung umfasst alle Tätigkeiten, die darauf gerichtet sind, Ausbildungssuchende mit Arbeitgebern zur Begründung eines Ausbildungsverhältnisses und Arbeitsuchende mit Arbeitgebern zur Begründung eines Beschäftigungsverhältnisses zusammenzuführen. Die Agentur für Arbeit stellt sicher, dass Arbeitslose und Ausbildungssuchende, deren berufliche Eingliederung voraussichtlich erschwert ist, eine verstärkte vermittlerische Unterstützung erhalten.

Sie hat dabei die Neigung, Eignung und Leistungsfähigkeit der Ausbildungssuchenden und Arbeitsuchenden sowie die Anforderungen der angebotenen Stellen zu berücksichtigen. Auf diese unentgeltlichen Leistungen hat jeder Anspruch, auch wenn er nicht versichert ist und keine Beiträge zahlt.

35.4.2 Leistungen an Arbeitnehmer

Die Leistungen an Arbeitnehmer sind der Hauptbestandteil der Arbeitsförderung. Neben der Gewährung von Arbeitslosengeld (▶ Abb. 35.3) und Teilarbeitslosengeld kommen vor allem in Betracht: Übernahme von Bewerbungskosten, Bewerbungstraining, Fahrtkosten und Umzugsbeihilfen, Überbrückungsgeld, Förderung der Berufsausbildung und beruflichen Weiterbildung, Kurzarbeitergeld sowie Insolvenzgeld und Existenzgründungszuschüsse.

35.4 Leistungen der Arbeitsförderung

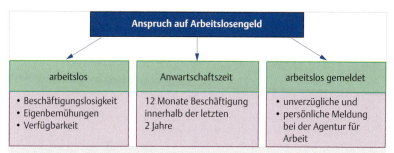

Abb. 35.3 Anspruchsvoraussetzungen für das Arbeitslosengeld

Arbeitslosengeld

Anspruch auf Arbeitslosengeld hat ein Versicherter auf seinen Antrag hin, wenn er
- **arbeitslos** *ist.* Arbeitslos ist, wer in keinem Beschäftigungsverhältnis steht oder nur geringfügig tätig ist (= weniger als 15 Stunden wöchentlich) und eine Beschäftigung sucht. Mehrere geringfügige Beschäftigungen (S. 388) werden dabei zusammengerechnet.

Aufgabe 104

Gesundheits- und Krankenpflegerin Maria kehrt, nachdem ihre Kinder nun älter sind, wieder in das Berufsleben zurück. Sie arbeitet halbtags, und zwar 20 Stunden in der Woche. Als ihre Arbeitsstelle wegfällt, hilft sie in einem Bäckerladen 14 Stunden in der Woche aus, möchte aber mehr arbeiten. Ist sie arbeitslos?
Erläuterung im Anhang, Aufgabe 104 (S. 526)

- sich **selbst bemüht,** Arbeit zu finden. Der Arbeitslose muss sich bemühen, seine Beschäftigungslosigkeit zu beenden. Mit dieser Voraussetzung ist klargestellt, dass es in erster Linie Aufgabe des Arbeitslosen selbst ist, einen neuen Arbeitsplatz zu finden. Er muss daher alle Möglichkeiten der beruflichen Eingliederung nutzen.
- der **Arbeitsvermittlung zur Verfügung steht.** Er muss des Weiteren der Arbeitsvermittlung zur Verfügung stehen. Dies ist nur dann der Fall, wenn der Arbeitslose
  a) mindestens 15 Stunden wöchentlich eine zumutbare Arbeit ausüben kann und darf,
  b) Vorschlägen der Agentur für Arbeit zur beruflichen Eingliederungszeit und ortsnah Folge leisten kann,
  c) bereit ist, jede zumutbare Beschäftigung anzunehmen und auszuüben und
  d) bereit ist, an Maßnahmen zur beruflichen Eingliederung in das Erwerbsleben teilzunehmen.

Zumutbar sind alle seiner Arbeitsfähigkeit entsprechenden Beschäftigungen, soweit nicht allgemeine oder personenbedingte Gründe entgegenstehen.
Allgemeine Gründe können dabei sein, wenn die Beschäftigung z. B. gegen gesetzliche oder tarifliche Bestimmungen verstößt. Aus personenbezogenen Gründen wäre eine neue Beschäftigung dann *unzumutbar,* wenn das zukünftige Arbeitsentgelt wesentlich

niedriger wäre als das früher erzielte oder wenn die Pendelzeiten zwischen Wohnung und Arbeitsstätte im Verhältnis zur Arbeitszeit unverhältnismäßig lang wären.
- **die Anwartschaftszeit erfüllt hat.** Die Anwartschaftszeit hat erfüllt, wer innerhalb der letzten zwei Jahre mindestens zwölf Monate in einem Versicherungsverhältnis gestanden hat.
- **sich bei der Agentur für Arbeit persönlich arbeitslos gemeldet hat.** Der Arbeitslose hat sich persönlich und unverzüglich bei der Agentur für Arbeit zu melden, sobald er von der Beendigung seines Beschäftigungsverhältnisses (z. B. von der Kündigung; beim befristeten Arbeitsverhältnis frühestens 3 Monate vor Beendigung) erfährt. Diese Pflicht gilt nicht bei einem betrieblichen Ausbildungsverhältnis.

Die **Höhe des Arbeitslosengeldes** beträgt für Arbeitslose, die mindestens ein Kind zu unterhalten haben, **67 %** des zuvor verdienten Nettoarbeitslohnes, für die übrigen Arbeitslosen **60 %**. Einkünfte aus geringfügiger Beschäftigung werden zum Teil angerechnet. Die **Dauer des Bezuges von Arbeitslosengeld** ist zeitlich begrenzt. Sie hängt von der Anzahl der vorangegangenen Beitragstage und vom Alter des Versicherten ab. Sie reicht von mindestens 6 Monaten bis höchstens 24 Monaten.

Hat der Arbeitslose seine Arbeitslosigkeit grob fahrlässig oder vorsätzlich herbeigeführt oder kündigt er ohne „wichtigen Grund", tritt eine **Sperrzeit** ein, während der kein Arbeitslosengeld bezahlt wird (die Bezugsdauer vermindert sich dementsprechend). Das Gleiche gilt, wenn der Arbeitslose eine vom Arbeitsamt angebotene Arbeit nicht annimmt oder eine Maßnahme zur beruflichen Aus- oder Weiterbildung ablehnt oder abbricht. Die Sperrzeit beträgt derzeit 12 Wochen, in bestimmten Ausnahmefällen 3 Wochen.

> **Aufgabe 105**
>
> Schwester Karla wird fristlos gekündigt, weil sie die Brieftasche eines Patienten gestohlen hat. Als sie sich daraufhin arbeitslos meldet, erhält sie für die ersten 12 Wochen kein Arbeitslosengeld. Sie ist der Ansicht, dies sei nicht richtig, da schließlich ihr gekündigt worden sei. Hat sie Recht?
> Erläuterung im Anhang, Aufgabe 105 (S. 526)

Teilarbeitslosengeld

Teilarbeitslosengeld bekommt ein Arbeitnehmer, der teilarbeitslos ist, sich als solcher gemeldet und die Anwartschaftszeit erfüllt hat. In Betracht kommen hier besonders Arbeitnehmer, die zwei Halbtagstätigkeiten ausüben und eine dieser Tätigkeiten verloren haben. Teilarbeitslos ist, wer eine versicherungspflichtige Beschäftigung verloren hat, die er neben einer weiteren versicherungspflichtigen Beschäftigung ausgeübt hat, und eine versicherungspflichtige Beschäftigung sucht.

> **Beispiel**
>
> Schwester Susanne arbeitet vormittags 4 Stunden im Krankenhaus und nachmittags 4 Stunden im Altenheim. In beiden Beschäftigungsverhältnissen besteht Versicherungspflicht. Nachdem ihr das Krankenhaus gekündigt hat sucht sie für nachmittags eine versicherungspflichtige Ersatzbeschäftigung.

Die Anwartschaftszeit beträgt 2 Jahre. Teilarbeitslosengeld wird für längstens 6 Monate bezahlt.

Arbeitslosengeld II

Träger der Leistungen nach dem SGB II und damit des Arbeitslosengeldes II ist grundsätzlich die Bundesagentur für Arbeit. Für bestimmte andere Leistungen nach dem SGB II (z. B. Leistungen für Unterkunft und Heizung) sind kommunale Träger zuständig. Zur einheitlichen Wahrnehmung aller Aufgaben des SGB II werden daher Arbeitsgemeinschaften (sog. **ARGE**) gebildet. Die ARGE ist damit der einzige Ansprechpartner für alle Leistungen nach dem SGB II. **Finanziert** werden diese Leistungen ausschließlich aus Steuermitteln. Einen Anspruch auf Arbeitslosengeld II und auf sonstige Leistungen nach dem SGB II haben Personen, die
- das 15. Lebensjahr vollendet und das 65. Lebensjahr noch nicht vollendet haben,
- erwerbsfähig sind,
- hilfsbedürftig sind und
- in Deutschland leben.

Leistungen erhalten auch Personen, die mit erwerbsfähigen Hilfebedürftigen in einer Bedarfsgemeinschaft (mit Partnern und unverheirateten Kindern bis zum 25. Lebensjahr) leben.

Erwerbsfähig ist jeder, der mindestens 3 Stunden am Tag eine Erwerbstätigkeit ausüben kann. **Hilfebedürftig** ist, wer seinen Lebensunterhalt nicht oder nicht ausreichend aus eigenen Kräften und Mitteln bestreiten kann. Keine Hilfebedürftigkeit besteht, wenn der Lebensunterhalt gesichert ist durch
- Aufnahme einer zumutbaren Arbeit, (zumutbar ist jede Arbeit, es sei denn, der Betreffende ist hierzu körperlich, geistig oder seelisch oder wegen Kindererziehung oder Pflege eines Angehörigen nicht in der Lage.)
- eigenes Einkommen oder Vermögen oder
- Hilfeleistung von Angehörigen (Unterhalt) oder Trägern anderer Sozialleistungen.

Leistungen, die das SGB II vorsieht, sind:
- *Leistungen zur Eingliederung in Arbeit*
  In erster Linie zielt der Gesetzgeber darauf ab, dass die Arbeitslosigkeit beendet wird. Es geht vorrangig darum, den Arbeitslosen wieder in das Arbeitsleben einzugliedern. Er soll durch einen persönlichen Ansprechpartner (sog. *Fallmanager*) umfassend betreut werden. Dieser schließt mit ihm eine Eingliederungsvereinbarung.
  Im Rahmen dieser Eingliederungsbemühungen können folgende Leistungen erbracht werden: Betreuung der Kinder, Schuldnerberatung, Suchtberatung Schaffung von Arbeitsgelegenheiten (sog. Ein-Euro-Jobs).
- *Arbeitslosengeld II*
  Zur Sicherung des Lebensunterhalts werden Regelleistungen gewährt, die insbesondere Ernährung, Kleidung etc. umfassen.
  Mit Stand vom 1.1.2013 betragen diese monatlich für
  ○ Alleinstehende oder Alleinerziehende: **382 Euro**,
  ○ volljährige Partner: **345 Euro**
  ○ Kinder unter 6 Jahren: **224 Euro**
  ○ Kinder zwischen 6 und 13 Jahren: **255 Euro**
  ○ Kinder zwischen 14 und 17 Jahren: **289 Euro**
  ○ Volljährige ohne eigenen Haushalt: **306 Euro**

Zu diesen Beträgen hinzukommen Leistungen für Mehrbedarf (z. B. bei Schwangeren, Alleinerziehenden, Behinderten). Weiter kommen hinzu Leistungen für Unterkunft (Miete) und Heizung in Höhe der tatsächlichen Aufwendungen, soweit diese angemessen sind.

Verletzt der Arbeitssuchende seine Pflichten, z. B. indem er zumutbare Arbeit ablehnt, kann das Arbeitslosengeld II um bis zu 30 % für 3 Monate gestrichen werden. Bei wiederholten Pflichtverletzungen kann es gänzlich wegfallen. Der Betroffene kann dann Sachleistungen in Form von z. B. Essens- oder Einkaufsgutscheinen bekommen.

- *Sozialgeld*
  Nicht erwerbsfähige Angehörige, die mit erwerbsfähigen Hilfebedürftigen in Bedarfsgemeinschaft leben, erhalten Sozialgeld.

35.4.3 Leistungen an Arbeitgeber

Diese Leistungen zielen insbesondere darauf ab, die Bereitschaft von Arbeitgebern zu erhöhen, förderungsbedürftige Arbeitnehmer einzustellen. Hierzu gehören vor allem Langzeitarbeitslose, Behinderte und ältere Arbeitnehmer. Es handelt sich dabei um Zuschüsse zum Ausgleich für die reduzierte Arbeitsleistung dieser Personen.

Eingliederungszuschüsse können erbracht werden, wenn Arbeitnehmer einer besonderen Einarbeitung zur Eingliederung bedürfen, erschwert zu vermitteln sind oder wenn ältere Arbeitnehmer eingegliedert werden sollen. Auch bei der Einarbeitung von Berufsrückkehrern kann ein Zuschuss geleistet werden. Höhe und Dauer der Förderung richten sich nach dem Umfang der Minderleistung des Arbeitnehmers und den jeweiligen Eingliederungserfordernissen. Arbeitgeber können unter Umständen für die berufliche Ausbildung von Auszubildenden und für die berufliche Weiterbildung von Arbeitnehmern Leistungen insbesondere auch für Behinderte erhalten.

35.4.4 Leistungen an Träger von Arbeitsförderungsmaßnahmen

Als Träger von Maßnahmen, die der Arbeitsförderung dienen, kommen hier natürliche oder juristische Personen in Betracht.

Förderung der Berufsausbildung

Hier können Maßnahmen durch Zuschüsse gefördert werden, die der beruflichen Ausbildung von Jugendlichen dienen, die insbesondere lernbeeinträchtigt oder sozial benachteiligt sind.

Förderung von Arbeitsbeschaffungsmaßnahmen

Diese sog. ABM-Maßnahmen werden bezuschusst, wenn sie im öffentlichen Interesse liegende Maßnahmen durchführen oder die Eingliederungsaussichten der zugewiesenen Arbeitnehmer durch diese Beschäftigung verbessern. Auch hier kommen in erster Linie Langzeitarbeitslose in Betracht. Im öffentlichen Interesse liegen Maßnahmen, wenn das Arbeitsergebnis der Allgemeinheit dient und diese ohne die Förderung nicht oder erst zu einem späteren Zeitpunkt durchgeführt würden. Die Zuschüsse können in Ausnahmefällen bis zu 100 % des Arbeitsentgelts betragen. Die Dauer der Förderung beträgt in der Regel 12 Monate.

35.4 Leistungen der Arbeitsförderung

	Krankenversicherung	Pflegeversicherung	Rentenversicherung	Unfallversicherung	Arbeitslosenversicherung
Versicherungsschutz bei	Krankheit	Pflegebedürftigkeit	Erwerbsminderung, Alter	Arbeitsunfall, Wegeunfall, Berufskrankheit	Arbeitslosigkeit
Versicherte	Arbeiter, Angestellte, best. Selbstständige u. a. Ausnahme: • geringfügige Beschäftigung • hoher Verdienst	wie bei Krankenversicherung	wie bei Krankenversicherung (aber: auch Vielverdiener, d. h. keine Obergrenze des Einkommens)	alle Beschäftigten, unabhängig von Verdienst und zeitlicher Dauer der Beschäftigung	Arbeiter, Angestellte, Auszubildende
Träger der Versicherung	Krankenkassen (Orts-, Betriebs-, Seekrankenkasse, Ersatzkasse)	Pflegekassen (bei jeder Krankenkasse)	Deutsche Rentenversicherung	Berufsgenossenschaften	Bundesagentur für Arbeit
Finanzierung	monatlicher Beitrag = bestimmter Prozentsatz des monatlichen Arbeitsverdienstes • 1/2 Beitrag vom Arbeitnehmer • 1/2 Beitrag vom Arbeitgeber	wie bei Krankenversicherung	wie bei Krankenversicherung	Monatlicher Beitrag, abhängig von Größe und Gefährlichkeit des Betriebes, Beiträge zahlt der Arbeitgeber allein	wie bei Krankenversicherung
Leistungen	• Verhütung • Früherkennung • Behandlung von Krankheit • Krankengeld,	• Häusliche Pflege (Sachleistung, Geld) • Stationäre Pflege (z. B. Tages-, Nacht-, Kurzzeitpflege) • Leistungen für Pflegepersonen	Rehabilitation, Rente • bei Erwerbsminderung • bei Alter • für Hinterbliebene	Unfallverhütung, Entschädigung, Behandlung, Renten bei • Arbeitsunfall • Wegeunfall • Berufskrankheit	• Arbeitslosengeld I • Arbeitslosengeld II • Vermittlung • Beratung • Eingliederungshilfen

Abb. 35.4 Überblick über Organisation und Leistungen der Sozialversicherung

36 Sozialhilfe

§§
Wer nicht in der Lage ist, aus eigenen Kräften seinen Lebensunterhalt zu bestreiten oder in besonderen Lebenslagen sich selbst zu helfen, und auch von anderer Seite keine ausreichende Hilfe erhält, hat ein Recht auf persönliche und wirtschaftliche Hilfe, die seinem besonderen Bedarf entspricht, ihn zur Selbsthilfe befähigt, die Teilnahme am Leben in der Gemeinschaft ermöglicht und die Führung eines menschenwürdigen Lebens sichert. Hierbei müssen Leistungsberechtigte nach ihren Kräften mitwirken. (§ 9 SGB I)

Aufgabe der Sozialhilfe ist es, dem sozial Schwachen die Führung eines Lebens zu ermöglichen, das der **Würde des Menschen** entspricht. Bereits bei der Auslegung dieses Begriffes (Menschenwürde) zeigt sich, dass es oft sehr fragwürdig ist, was noch erforderlich ist, um ein menschenwürdiges Dasein zu bejahen. Dabei handelt es sich um Wertungen, die dem Wandel der Zeit unterliegen und sich den herrschenden Lebensgewohnheiten und -anschauungen anpassen.

Aufgabe 106
Gehört es zu einem menschenwürdigen Leben, dass der Einzelne eine Tageszeitung, ein Radio, einen Fernseher, ein Auto hat?
Erläuterung im Anhang, Aufgabe 106 (S. 527)

Die Voraussetzungen für den Bezug der Sozialhilfe sind geregelt im 12. Buch des Sozialgesetzbuches (SGB XII).

36.1 Grundsätze im Sozialhilferecht

Abb. 36.1 Die drei Grundgedanken des Sozialhilferechts

36.1.1 Finalprinzip

Dieses besagt, dass ein Anspruch auf Leistungen unabhängig davon besteht, wie die Notlage entstanden ist, insbesondere, ob den Hilfsbedürftigen hieran ein Verschulden trifft.

36.1.2 Bedarfsdeckungsprinzip

Sozialhilfe soll nicht pauschal gewährt werden, sondern auf den Einzelfall zugeschnitten sein. Nur der persönliche Bedarf, der in einer konkreten individuellen Notlage vorhanden ist, soll gedeckt werden. Dies kann von Fall zu Fall unterschiedlich sein. So kann auch Sozialhilfe nicht für die Vergangenheit gewährt werden, da diese „Not" bereits überwunden ist.

Aufgabe 107

Felix hat erfahren, dass ein anderer Obdachloser vom Sozialamt vor dem Winter einen Mantel als einmalige Zuwendung erhalten hat. Nun möchte auch er einen, um seinen eigenen zu schonen. Er beruft sich dabei auf den Gleichbehandlungsgrundsatz. Wird das Sozialamt hier zustimmen?
Erläuterung im Anhang, Aufgabe 107 (S. 527)

36.1.3 Nachrang der Sozialhilfe

Sozialhilfe erhält nicht, wer sich selbst helfen kann oder wer die erforderliche Hilfe von anderen erhält. Dies bedeutet, dass der in Not geratene Mensch zuerst seine Ersparnisse aufbrauchen muss oder auf den Unterhalt seiner unterhaltspflichtigen Angehörigen angewiesen ist. Erst wenn der Bedürftige von keiner Seite mehr Unterstützung erfährt, greift die Sozialhilfe ein.

Aufgabe 108

Im obigen Beispiel hat Felix noch eine berufstätige Tochter, die Ärztin ist. Das Sozialamt weist nun Felix darauf hin, dass er zunächst versuchen muss, von seiner Tochter Unterstützung zu erhalten. Dieser meint, dies sei unzumutbar, da dann seine Tochter von der Notlage erfahren würde und er sich diesbezüglich schäme. Wie wird das Sozialamt verfahren?
Erläuterung im Anhang, Aufgabe 108 (S. 527)

36.2 Leistungen der Sozialhilfe

Die Leistungen der Sozialhilfe werden in zwei große Bereiche eingeteilt, in die *Hilfe zum Lebensunterhalt* und in die *Hilfe in besonderen Lebenssituationen* (▶ Abb. 36.2).

Die Leistungen der Sozialhilfe haben sich am Existenzminimum zu orientieren. Dieses hat der Staat dem Bürger zu gewährleisten. Neben diesen beiden Leistungsarten haben

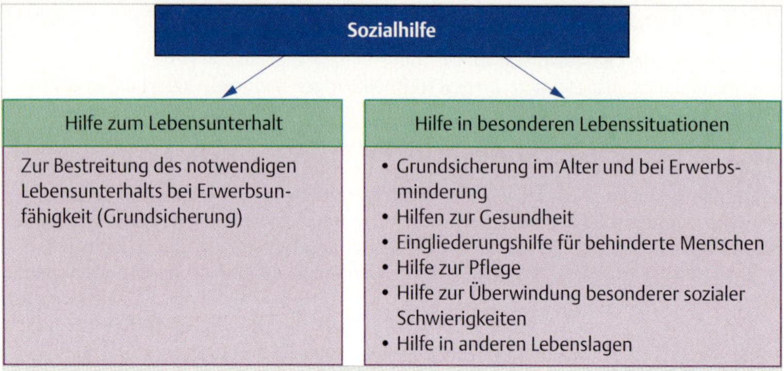

Sozialhilfe

Hilfe zum Lebensunterhalt	Hilfe in besonderen Lebenssituationen
Zur Bestreitung des notwendigen Lebensunterhalts bei Erwerbsunfähigkeit (Grundsicherung)	- Grundsicherung im Alter und bei Erwerbsminderung - Hilfen zur Gesundheit - Eingliederungshilfe für behinderte Menschen - Hilfe zur Pflege - Hilfe zur Überwindung besonderer sozialer Schwierigkeiten - Hilfe in anderen Lebenslagen

Abb. 36.2 Leistungen der Sozialhilfe

die Bedürftigen einen Anspruch auf Beratung und Unterstützung durch die Sozialbehörde. Sie umfasst auch eine mögliche Stärkung zur aktiven Teilnahme am Leben in der Gemeinschaft und zur Überwindung der Notlage. Soweit sie einer zumutbaren Tätigkeit nachgehen können, soll ihnen ein entsprechendes Angebot gemacht werden. Zur Mitwirkung sind sie verpflichtet.

36.2.1 Hilfe zum Lebensunterhalt

Hilfe zum Lebensunterhalt ist demjenigen zu gewähren, der seinen notwendigen Lebensunterhalt nicht oder nicht ausreichend aus eigenen Kräften und Mitteln beschaffen kann. Abgestellt wird immer auf die sog. Bedarfsgemeinschaft, bestehend aus den Ehegatten bzw. Lebenspartnern, soweit sie nicht getrennt leben, und den minderjährigen Kindern, die dem Haushalt angehören. Einen Anspruch hat daher nicht, wer z. B. Arbeitslosengeld I oder II erhält. Daraus ergibt sich, dass Sozialhilfe grundsätzlich nur noch Menschen erhalten, die nicht erwerbsfähig sind.

Bevor Leistungen der Sozialhilfe gewährt werden, hat der Bedürftige sein Einkommen und sein Vermögen einzusetzen. Auch das Einkommen und das Vermögen seiner im gemeinsamen Haushalt lebenden Mitmenschen (Ehepartner oder Partner in einer eheähnlichen Gemeinschaft) ist zu berücksichtigen.

Aufgabe 109

Im obigen Beispiel lernt Felix die berufstätige Lehrerin Christa kennen. Beide ziehen zusammen und leben in einer eheähnlichen Gemeinschaft. Das Sozialamt erfährt davon und streicht Felix die Sozialhilfe. Dieser ist erbost und meint, er würde nun dafür bestraft, dass „er sich verliebt hat". Hat Felix Recht?
Erläuterung im Anhang, Aufgabe 109 (S. 527)

36.2 Leistungen der Sozialhilfe

Wieweit der Bedürftige vor Inanspruchnahme der Sozialhilfe sein Vermögen einsetzen muss, ist in § 90 SGB XII geregelt. So braucht er z. B. nicht einzusetzen:
- seinen Hausrat, soweit er angemessen ist,
- Gegenstände, die zur Aufnahme oder Fortsetzung der Berufsausbildung oder der Erwerbstätigkeit unentbehrlich sind,
- Familien und Erbstücke, deren Veräußerung eine besondere Härte darstellen würde,
- Gegenstände zur Befriedigung der geistigen, wissenschaftlichen oder künstlerischen Bedürfnisse, soweit sie nicht Luxus sind,
- ein kleines Hausgrundstück, wenn es der Hilfesuchende bewohnt,
- kleinere Barbeträge.

Der *notwendige Lebensunterhalt* umfasst insbesondere Ernährung, Unterkunft, Kleidung, Körperpflege, Hausrat, Heizung und persönliche Bedürfnisse des täglichen Lebens; zusätzlich noch die Übernahme von Krankenversicherungsbeiträgen, die Kosten für die Alterssicherung und die Bestattungskosten.

Zu den persönlichen Bedürfnissen des täglichen Lebens gehört in vertretbarem Umfang eine Teilhabe am sozialen und kulturellen Leben in der Gemeinschaft; dies gilt in besonderem Maße für Kinder und Jugendliche. Für Schülerinnen und Schüler umfasst der notwendige Lebensunterhalt auch die erforderlichen Hilfen für den Schulbesuch.

Der gesamte notwendige Lebensunterhalt ergibt den monatlichen Regelbedarf. Dieser ist in Regelbedarfsstufen unterteilt, die bei Kindern und Jugendlichen altersbedingte Unterschiede und bei erwachsenen Personen deren Anzahl im Haushalt sowie die Führung eines Haushalts berücksichtigen. Zur Deckung des Regelbedarfs sind monatliche Regelsätze zu gewähren. Der Regelsatz stellt einen monatlichen Pauschalbetrag zur Bestreitung des Regelbedarfs dar, über dessen Verwendung die Leistungsberechtigten eigenverantwortlich entscheiden. Im Einzelfall wird der individuelle Bedarf abweichend vom Regelsatz festgelegt, wenn ein Bedarf ganz oder teilweise anderweitig gedeckt ist oder unabweisbar seiner Höhe nach erheblich von einem durchschnittlichen Bedarf abweicht.

Mit dem Urteil des Bundesverfassungsgerichts vom 09.02.2010 ist dem Gesetzgeber aufgegeben worden, die Regelsätze neu zu bemessen. Durch das Gesetz vom 24.03.2011 werden die Regelsätze vom Bund ermittelt und haben allgemeine Geltung, sofern die Länder von der Möglichkeit der abweichenden Regelsatzfestsetzung keinen Gebrauch machen. Der sog. Regelbedarf umfasst dabei insbesondere den Bedarf für Ernährung, Kleidung, Körperpflege, Hausrat und Haushaltsenergie und wird seit 01.01.2011 in Regelbedarfsstufen unterteilt.

Folgende Regelbedarfsstufen (RBS) werden dabei unterschieden (einschl. der monatlichen Regelsätze zum Stand 1.1.2013):
- **Regelbedarfsstufe 1:** Volljährige Alleinstehende oder Alleinerziehende Person mit einen eigenen Haushalt (382 Euro)
- **Regelbedarfsstufe 2:** Volljährige Partner mit gemeinsamen Haushalt (345 Euro)
- **Regelbedarfsstufe 3:** Volljährige ohne eigenen Haushalt (306 Euro)
- **Regelbedarfsstufe 4:** Kinder zwischen 14 und 17 Jahren (289 Euro)
- **Regelbedarfsstufe 5:** Kinder zwischen 6 und 13 Jahren (255 Euro)
- **Regelbedarfsstufe 6:** Kinder unter 6 Jahren (224 Euro)

Für bestimmte Personengruppen (z. B. Menschen nach dem Erreichen des Rentenalters, Schwangere, Alleinerziehende, Behinderte, Kranke etc.) kann unter bestimmten Voraussetzungen ein Mehrbedarf anerkannt werden. Darüber hinaus kann es einmalige Leistungen für die Erstausstattung einer Wohnung oder Bekleidung und bei Schwangerschaft und Geburt geben. Auch für die Anschaffung und Reparaturen von orthopädischen Schuhen, Reparaturen von therapeutischen Geräten und Ausrüstungen sowie die Miete von therapeutischen Geräten gibt es unter Umständen Leistungen.

Für Schüler von allgemein- oder berufsbildenden Schulen gibt es unter Umständen Leistungen für Schulausflüge und mehrtägigen Klassenfahrten sowie für die Ausstattung mit persönlichem Schulbedarf. Des Weiteren gibt es die Möglichkeit, zur Deckung von bestimmten Bedürfnissen wie Mitgliedsbeiträge in den Bereichen Sport, Spiel, Kultur und Geselligkeit sowie Unterricht in künstlerischen Fächern oder die Teilnahme an Freizeiten durch personalisierte Gutscheine oder durch Direktzahlung an Anbieter Leistungen zu erhalten.

36.2.2 Hilfe in besonderen Lebenssituationen

Neben der Hilfe zum Lebensunterhalt kann einem Bedürftigen Hilfe gewährt werden, die er in bestimmten Lebenssituationen benötigt. Das SGB XII sieht hier folgende Leistungen in entsprechenden Lebenssituationen vor:

- **Grundsicherung im Alter und bei Erwerbsminderung.** Diese Leistung können bedürftige Menschen beanspruchen, die
  - das 67. Lebensjahr vollendet haben oder
  - das 18. Lebensjahr vollendet haben und voll erwerbsgemindert sind, d. h. wegen Krankheit oder einer Behinderung nicht in der Lage sind, täglich mindestens 3 Stunden erwerbstätig zu sein.

  Ein wesentlicher Unterschied zur Sozialhilfe besteht darin, dass bei diesem Personenkreis Unterhaltsansprüche gegenüber ihren Kindern und Eltern unberücksichtigt bleiben, soweit deren jährliches Gesamteinkommen unter 100.000 Euro liegt.
- **Hilfen zur Gesundheit.** Bedürftige erhalten hier
  - vorbeugende Gesundheitshilfe (Vorsorge zur Verhütung und Früherkennung von Krankheiten),
  - Leistungen zur Krankenbehandlung (Umfang wie in der gesetzlichen Krankenversicherung),
  - Hilfe zur Familienplanung (ärztliche Beratung, Untersuchung, Verordnung von empfängnisregelnden Mitteln),
  - Hilfe bei Schwangerschaft und Mutterschaft und
  - Hilfe bei Sterilisation (wenn durch Krankheit erforderlich).
- **Eingliederungshilfe für behinderte Menschen.** Die Hilfe beginnt bereits bei einer angemessenen Schulbildung, umfasst eine entsprechende Berufsausbildung oder sonstige Beschäftigungsmöglichkeiten (z. B. Tagesstätten) und reicht bis zu sämtlichen Leistungen zur medizinischen Rehabilitation wie innerhalb der gesetzlichen Krankenversicherung.
- **Hilfe zur Pflege.** Diese Hilfe kommt insbesondere in Betracht bei bedürftigen Menschen,
  - die nicht in der gesetzlichen Pflegeversicherung versichert sind,
  - wenn ein Pflegeaufwand notwendig ist, aber die Pflegestufe I nicht erreicht wird oder
  - wenn mehr Mittel benötigt werden, als von der Pflegeversicherung bezahlt wird.

Die Leistungen entsprechen im Wesentlichen den Leistungen aus der Pflegeversicherung.
- **Hilfe zur Überwindung besonderer sozialer Schwierigkeiten.** Diese Hilfe erhalten bedürftige Personen, bei denen besondere Lebensverhältnisse mit sozialen Schwierigkeiten verbunden sind. Ein Rückgriff auf Unterhaltspflichten oder Vermögen von Angehörigen kommt hier nur sehr eingeschränkt in Betracht.
- **Hilfe in anderen Lebenslagen.** Andere Lebenslagen, in denen u. U. Leistungen erbracht werden, sind hier die Hilfe zur Weiterführung des Haushalts, Altenhilfe, Blindenhilfe oder die Tragung der Bestattungskosten. Darüber hinaus können Leistungen auch in sonstigen Lebenslagen erbracht werden, wenn sie den Einsatz öffentlicher Mittel rechtfertigen.

37 Sonstige Sozialstaatsangebote

Neben den beiden wichtigsten Einrichtungen des Sozialstaats, der Sozialhilfe und der Sozialversicherung, gibt es noch vereinzelt Bereiche, die auf bestimmte Bedürfnisse eingehen. Aus dieser Vielzahl sollen im Folgenden kurz die Ausbildungsförderung, das Kindergeld und das Elterngeld dargestellt werden.

37.1 Ausbildungsförderung

Während die berufliche Ausbildung im SGB III enthalten ist, ist die *schulische* Ausbildung im Bundesausbildungsförderungsgesetz (BAföG) geregelt. Dieses Gesetz soll die Chancengleichheit gewährleisten, indem es den sozial Schwächeren finanziell unterstützt.

37.1.1 Anspruchsberechtigter Personenkreis

Nur Schüler, die bestimmte Ausbildungsstätten besuchen, kommen überhaupt für einen Anspruch in Betracht. Hier enthält § 2 BAföG einen umfassenden Katalog. Solche Ausbildungsstätten sind z. B. weiterführende allgemeinbildende Schulen ab Klasse 10, Fachoberschulen, Abendgymnasien, Berufsfachschulen, Höhere Fachschulen sowie Hochschulen.

Bei den allgemeinbildenden Schulen ist die Ausbildungsförderung beschränkt auf Schüler, die
- nicht bei ihren Eltern wohnen und von der Wohnung ihrer Eltern aus eine entsprechende zumutbare Ausbildungsstätte nicht erreichbar ist,
- einen eigenen Haushalt führen und verheiratet (bzw. in Lebenspartnerschaft lebend) sind oder waren oder
- einen eigenen Haushalt führen und mit mindestens einem Kind zusammenleben.

Bei den anderen Ausbildungszweigen kommt es hierauf nicht an.

Gemäß § 10 BAföG wird Ausbildungsförderung nicht geleistet, wenn der Auszubildende bei Beginn des Ausbildungsabschnittes das 30. Lebensjahr (bzw. das 35. Lebensjahr bei Master- oder Magisterstudiengang) vollendet hat. Hiervon gibt es jedoch einige Ausnahmen, die insbesondere für Schüler des zweiten Bildungsweges in Betracht kommen oder die aufgrund der Erziehung von Kindern an einer früheren Ausbildung gehindert waren.

Der Schüler muss für die angestrebte Ausbildung *geeignet* sein. Hier bestimmt § 9 Abs. 1 BAföG, dass die Ausbildung nur gefördert wird, wenn die Leistungen des Schülers erwarten lassen, dass er das angestrebte Ausbildungsziel erreicht. Dabei genügt aber eine durchschnittliche Eignung, da es nicht um eine Begabtenförderung geht. So genügt bei Schulen das Erreichen des jeweiligen Klassenzieles, während Studenten nach vier Semestern entsprechende Zeugnisse oder Zwischenprüfungen bzw. Bescheinigungen über einen erfolgreichen Ausbildungsgang vorlegen müssen (§ 48 BAföG). Ein Anspruch auf Ausbildungsförderung kommt grundsätzlich nur für die *erste Ausbildung,* die nach dem BAföG förderungswürdig ist, in Betracht. Ein Wechsel dieser Ausbildung oder ein Abbruch ohne wichtigen Grund führt zum Ausschluss aller weiteren Förderungsmöglichkeiten.

37.1.2 Leistungen nach dem BAföG

Ausbildungsförderung wird für den *Lebensunterhalt* und die *Ausbildung* geleistet. In den §§ 12 ff. BAföG sind die „Bedarfssätze" enthalten. Diese Bedarfssätze werden alle 2 Jahre überprüft und gegebenenfalls neu festgesetzt. Bei der Festsetzung der individuellen Leistung muss des Weiteren bedacht werden, dass bestimmte Einkommen angerechnet werden. In Betracht kommen hier das Einkommen und das Vermögen des Schülers, seines Ehegatten und seiner Eltern. Diese Anrechnungsmodalitäten sind alle im Einzelnen in den §§ 11 ff. BAföG geregelt.

Soweit ein Schüler glaubhaft macht, dass seine Eltern ihrer Unterhaltspflicht nicht nachkommen und dadurch die Ausbildung gefährdet ist, wird Ausbildungsförderung als Vorausleistung gewährt. Gleichzeitig geht insoweit der Unterhaltsanspruch gegen die Eltern auf das Land über (§§ 36, 37 BAföG). Grundsätzlich gibt es zwei Förderungsarten: Es kann ein Darlehen gewährt oder Zuschüsse geleistet werden. Auch eine teilweise Darlehensgewährung kommt vor.

Beim Besuch einer Universität wird derzeit der monatliche Förderungsbetrag zur Hälfte als Darlehen geleistet. Beginn und Dauer der Förderung sind in § 15 BAföG geregelt. Danach beginnt die Förderung mit dem Monat, in dem die Ausbildung aufgenommen wird und ein Antrag gestellt ist. Wird der Antrag später gestellt, wird Ausbildungsförderung daher nicht rückwirkend geleistet. Das Gesetz sieht zudem für den Hochschulbereich eine Förderungshöchstdauer vor. Diese ist für jeden einzelnen Studiengang in einer Verordnung festgelegt. Sie kann jedoch unter bestimmten Umständen verlängert werden.

37.2 Kindergeld

Die Gewährung von Kindergeld entspringt letztlich der Aufgabe des Staates, Ehe und Familie gemäß Art. 6 GG zu schützen. So soll die Gewährung von Kindergeld einen gewissen finanziellen Ausgleich dafür schaffen, dass Kinder zu einem erheblichen Mehraufwand der Familie führen und zudem die Doppelverdienerschaft der Eltern weitgehend erschweren bzw. unmöglich machen. Anspruchsberechtigt ist daher nicht das Kind selbst, sondern entweder sein Vater, seine Mutter oder eine andere Person, die für seinen Lebensunterhalt aufkommt (Stiefmutter, Stiefvater, Pflegeeltern, Großeltern usw.). Kindergeld wird gewährt für Kinder bis zum Alter von

- *18 Jahren* grundsätzlich,
- *21 Jahren*, wenn sie arbeitslos sind und der Arbeitsvermittlung zur Verfügung stehen (Verlängerung dieses Höchstalters um Zeiten des Wehrdienstes oder einer vergleichbaren Tätigkeit),
- *25 Jahren*, wenn sie sich z. B. in Ausbildung befinden (Verlängerung dieses Höchstalters um Zeiten des Wehrdiensts oder einer vergleichbaren Tätigkeit),
- *unbegrenzt*, wenn das Kind aufgrund Behinderung außerstande ist, selbst für seinen Lebensunterhalt zu sorgen.

Die *Höhe des Kindergeldes* (nach § 66 EStG Einkommenssteuergesetz) beträgt einkommensunabhängig für

- das erste und zweite Kind monatlich jeweils 184 Euro,
- das dritte Kind 190 Euro,
- das vierte und jedes weitere Kind 215 Euro

Anstelle des Kindergelds kann auch der steuerliche Kinderfreibetrag in Anspruch genommen werden, was allerdings nur bei höheren Einkommen günstiger ist. Das Kindergeld wird monatlich ausbezahlt. Der Antrag auf Zahlung von Kindergeld ist bei dem für den Wohnsitz zuständigen Arbeitsamt, der sog. Familienkasse, zu stellen.

37.3 Elterngeld und Elternzeit

Für Familien sieht das Bundeselterngeld und Elternzeitgesetz (BEEG) ein sog. **Elterngeld** vor.

Das Ziel dieser Sozialleistung ist es, mehr Kinderwünsche zu erfüllen. Es trägt dem Umstand Rechnung, dass immer mehr Ehepaare gemeinsam einer Beschäftigung nachgehen und deswegen mit der Erfüllung eines Kinderwunsches und der Betreuung der Kinder einen finanziellen Einbruch erleiden.

Anspruch auf Elterngeld hat, wer seinen Wohnsitz in Deutschland hat, mit seinem Kind in einem Haushalt lebt, dieses Kind selbst betreut und erzieht und keine oder keine volle (maximal 30 Wochenstunden) Erwerbstätigkeit ausübt.

Elterngeld gibt es damit für alle Erwerbstätigen, einschließlich Beamten und Selbstständige, aber auch für erwerbslose Elternteile. Voraussetzung ist nur, dass der betreffende Elternteil nicht mehr als 30 Stunden pro Woche arbeitet. Können die Eltern wegen einer schweren Krankheit oder ähnlichem ihr Kind nicht betreuen, haben Verwandte bis zum 3. Grad Anspruch auf Elterngeld.

Die **Höhe des Elterngeldes** beträgt 67 % des letzten durchschnittlichen Nettogehaltes; höchstens 1800 Euro, mindestens 300 Euro pro Monat. Den Mindestsatz bekommt auch der betreuende Elternteil, der vor der Geburt des Kindes kein Einkommen erzielt hat. In den Fällen, in denen das Netto-Einkommen aus Erwerbstätigkeit vor der Geburt geringer als 1000 Euro war, erhöht sich der Prozentsatz von 67 % um 0,1 Prozentpunkte für je 2 Euro, um die dieses Einkommen den Betrag von 1000 Euro unterschreitet, auf bis zu 100 %.

> **Beispiel**
> Schwester Evelyn verdiente im letzten Jahr vor der Geburt ihres Kindes 800 Euro. Damit unterschreitet sie den Betrag von 1000 Euro um 200 Euro. Insofern erhöht sich der Prozentsatz um 10 % auf 77 % ihres Netto-Einkommens. Sie bekommt Elterngeld in Höhe von 616 Euro.

In den Fällen, in denen das Einkommen aus Erwerbstätigkeit vor der Geburt höher als 1200 Euro war, sinkt der Prozentsatz von 67 % um 0,1 Prozentpunkte für je 2 Euro, um die dieses Einkommen den Betrag von 1200 Euro überschreitet, auf bis zu 65 %.

Bei Mehrlingsgeburten erhöht sich das Elterngeld um je 300 Euro für jedes weitere Kind. Erhöht wird das Elterngeld auch dann, wenn noch weitere kleine Kinder in der Familie leben.

Die **Dauer des Bezuges von Elterngeld** beträgt für einen Elternteil 12 Monate (für Alleinerziehende 14 Monate). Zusätzlich gibt es 2 Monate Elterngeld, wenn der jeweils andere Elternteil Zeit für die Kindererziehung erbringt und seine Erwerbstätigkeit einschränkt.

Neben dem Elterngeld gibt es weiter die **Elternzeit**. Der Anspruch auf Elternzeit besteht bis zur Vollendung des 3. Lebensjahres des betreuten Kindes. Sie kann vom Vater oder der Mutter oder beiden gemeinsam beansprucht werden. Der Arbeitgeber darf das Arbeitsverhältnis ab dem Zeitpunkt, von dem an Elternzeit verlangt worden ist, und während der Elternzeit nicht kündigen.

VI Berufsrelevante Nebengesetze

38 Arzneimittelrecht 442

39 Betäubungsmittelrecht 446

40 Bestattungswesen 453

41 Lebensmittelrecht 455

42 Medizinprodukte 456

43 Infektionsschutz 468

44 Strahlenschutz 487

45 Personenstandsgesetz 495

46 Unterbringungsgesetz 498

38 Arzneimittelrecht

Im öffentlichen Recht gibt es eine Fülle an Rechtsgebieten, die für die Berufe in der Kranken- und Altenpflege von Bedeutung sind. Eine Auswahl der wichtigsten berufsrelevanten Gesetze soll nun skizzenartig vorgestellt werden.

Die wesentlichen Regelungen des Arzneimittelrechts sind im Arzneimittelgesetz enthalten. Es enthält hauptsächlich Vorschriften über die Qualität, die Zulassung und Prüfung der Arzneimittel, über Anforderungen an eine ausreichende Information des Verbrauchers sowie einen Anspruch auf Schadensersatz bei Schäden durch Arzneimittel. Der Inhalt des Gesetzes lässt sich wie folgt gliedern (▶ Abb. 38.1).

Abb. 38.1 Inhalt des Arzneimittelgesetzes

38.1 Begriffsbestimmungen

Der wichtigste Begriff im Arzneimittelrecht ist der Begriff des „Arzneimittels". Er ist abzugrenzen von den Begriffen Medikament, Medizinprodukt, Lebensmittel, Nahrungsergänzungsmittel und Kosmetika. So ist ein Medikament ein Arzneimittel, das zur Heilung, Vorbeugung oder Linderung einer Krankheit dient. Dagegen umfasst der Begriff des Arzneimittels auch Blutprodukte oder Diagnostika (z.B. Kontrastmittel), welche natürlich keine Medikamente sind.

Gemäß §2 Arzneimittelgesetz (AMG) sind Arzneimittel Stoffe oder Zubereitungen aus Stoffen, die:

1. zur Anwendung im oder am menschlichen oder tierischen Körper bestimmt sind und als Mittel mit Eigenschaften zur Heilung oder Linderung oder zur Verhütung menschlicher oder tierischer Krankheiten oder krankhafter Beschwerden bestimmt sind (sog. **Funktionsarzneimittel**).

   Der Begriff des Funktionsarzneimittels erfasst allein diejenigen Erzeugnisse, deren pharmakologische Eigenschaften wissenschaftlich festgestellt wurden und die tatsächlich dazu bestimmt sind, eine ärztliche Diagnose zu erstellen oder physiologische Funktionen wiederherzustellen, zu verbessern oder zu beeinflussen. Ein Erzeugnis, das einen Stoff enthält, der auch mit der normalen Nahrung aufgenommen wird, ist nicht als Arzneimittel anzusehen, wenn durch das Erzeugnis keine gegenüber den Wirkungen bei normaler Nahrungsaufnahme nennenswerte Einflussnahme auf den Stoffwechsel erzielt wird (Urteil des Bundesgerichtshofs vom 26.6.2009).

2. im oder am menschlichen oder tierischen Körper angewendet oder einem Menschen oder einem Tier verabreicht werden können, um entweder
   a) die physiologischen Funktionen durch eine pharmakologische, immunologische oder metabolische Wirkung wiederherzustellen, zu korrigieren oder zu beeinflussen oder
   b) eine medizinische Diagnose zu erstellen (sog. **Zweckarzneimittel**, Arzneimittel „nach der Bezeichnung" – hier kommt es auf den Zweck des Mittels an, unabhängig von der tatsächlichen Wirkung).

Daher sind sowohl Produkte, die zum Zweck der Heilung oder Krankheitsverhütung angewendet werden bzw. angewendet werden sollen (auch wenn sie tatsächlich nicht heilend oder krankheitsverhütend wirken sollten) als Arzneimittel einzustufen wie auch Produkte, die keinen Heilanspruch erheben, aber aufgrund ihrer speziellen Zusammensetzung eine Wirkung entfalten.

38.2 Anforderungen an Arzneimittel

Es ist verboten, Arzneimittel in den Verkehr zu bringen, bei denen der begründete Verdacht besteht, dass sie schädliche Wirkungen haben, die über ein vertretbares Maß hinausgehen. Häufigkeit und Schwere der Nebenwirkungen sind der Schwere der Krankheit gegenüberzustellen. Danach muss der Apotheker oder Arzt einen Schaden-Nutzen-Vergleich anstellen und bei der Abwägung den jeweiligen Stand der wissenschaftlichen Erkenntnisse berücksichtigen. Weiter ist es verboten, Arzneimittel herzustellen oder in den Verkehr zu bringen (es genügt bereits die Abgabe an andere z. B. durch die Gesundheits- und Krankenpflegerin),
- die in ihrer Qualität nicht unerheblich gemindert sind,
- die mit einer irreführenden Bezeichnung versehen sind (z. B. Versprechen einer Wirkung, die sie nicht haben),
- deren Verfalldatum abgelaufen ist.

Fertigarzneimittel müssen besonders gekennzeichnet sein. Hierbei handelt es sich um Arzneimittel, die im Voraus hergestellt und in einer zur Abgabe an den Verbraucher bestimmten Packung in den Verkehr gebracht werden. So muss auf den Verpackungen im Wesentlichen angegeben sein:
- Name des pharmazeutischen Unternehmens,
- Bezeichnung des Arzneimittels,
- Zulassungsnummer,
- Chargenbezeichnung bzw. Herstellungsdatum,
- Darreichungsform,
- Inhalt (Maß),
- Art der Verwendung,
- wirksame Bestandteile nach Art und Menge,
- gentechnologische Behandlung des Mittels,
- Verfalldatum,
- Hinweis ob „verschreibungspflichtig" oder „apothekenpflichtig",
- bei Mustern „unverkäufliches Muster",
- Hinweis, dass das Mittel vor Kindern unzugänglich aufzubewahren ist.

Fertigarzneimittel dürfen nur mit einer *Gebrauchsinformation* in den Verkehr gebracht werden. Diese Packungsbeilage muss Folgendes enthalten:
- Name des pharmazeutischen Unternehmens,
- Bezeichnung des Arzneimittels,
- wirksame Bestandteile nach Art und Menge,
- Anwendungsgebiete,
- Gegenanzeigen,
- Nebenwirkungen,
- Wechselwirkungen mit anderen Mitteln,
- Dosierungsanleitung (soweit nicht anders verordnet),
- Art und Dauer der Anwendung,
- Hinweis, dass nach Ablauf des Verfalldatums das Mittel nicht mehr angewendet werden soll.

38.3 Herstellung von Arzneimitteln

Wer Arzneimittel gewerbs- oder berufsmäßig zum Zwecke der Abgabe an andere herstellen will, bedarf der *Erlaubnis*.

Ausnahmen bestehen u. a. für den Inhaber einer Apotheke im Rahmen des üblichen Apothekenbetriebes und den Träger eines Krankenhauses, soweit er Arzneimittel abgeben darf.

Gewerbsmäßig stellt Arzneimittel her, wer dies tut, um sich auf unbestimmte Zeit daraus eine fortlaufende Einnahmequelle zu schaffen. Berufsmäßig ist eine Tätigkeit, die aufgrund eines Berufs ausgeübt wird, auf Dauer ausgerichtet ist und dem Erwerb dient. Damit sind alle gegen Entgelt ausgeübten Herstellungstätigkeiten erfasst. Stellt jemand für seinen eigenen Bedarf oder unentgeltlich für andere Arzneimittel her, bedarf er keiner Erlaubnis.

38.4 Zulassung von Arzneimitteln

Fertigarzneimittel dürfen nur dann in den Verkehr gebracht werden, wenn sie *zugelassen* sind. Zuständig ist hier das Bundesinstitut für Arzneimittel und Medizinprodukte (BfArM) in Berlin. Es genügt auch, wenn eine Genehmigung der Kommission der EG oder des Rates der EU (S. 115) vorliegt. Der Zulassung geht ein kompliziertes und umfangreiches Verfahren voraus. Zuerst erfolgen Tierversuche, dann die Erprobung an gesunden Menschen, die sich freiwillig zur Verfügung stellen. Anschließend kommt das Mittel in die klinische Prüfung.

38.5 Registrierung von homöopathischen Arzneimitteln

Fertigarzneimittel dürfen als homöopathische Arzneimittel nur in den Verkehr gebracht werden, wenn sie im *Register für homöopathische Arzneimittel* eingetragen sind. Einer Zulassung bedürfen sie nicht. Der Hersteller kann für ein nach den Regeln der Homöopathie hergestelltes Arzneimittel entweder die Zulassung oder die Registrierung beantragen. Kann er den für die Zulassung erforderlichen Wirksamkeitsnachweis nicht erbringen, wird er sich für die Registrierung entscheiden. Einer Registrierung geht ebenfalls eine

Prüfung des Arzneimittels voraus. So darf u. a. keinesfalls der Verdacht bestehen, dass es bei bestimmungsmäßigem Gebrauch schädliche Wirkungen hat, die über ein vertretbares Maß hinausgehen.

38.6 Abgabe von Arzneimitteln

Grundsätzlich dürfen Arzneimittel nur *in Apotheken* in den Verkehr gebracht werden. Sie sind somit apothekenpflichtig. Ausnahmen bestehen bezüglich einiger Heilwässer sowie deren Salze, Heilerde, Bademoore, Pflanzen u. Ä., Pflaster, Desinfektionsmittel für Mund- und Rachenraum und bezüglich Arzneimitteln, die ausschließlich zu anderen Zwecken als zur Beseitigung oder Linderung von Krankheiten oder Beschwerden zu dienen bestimmt sind (z. B. reine Vorbeugungsmittel).

Der Begriff „apothekenpflichtig" besagt somit nur, dass das Mittel ausschließlich von einer Apotheke abgegeben werden darf. Es ist damit aber an sich „frei" käuflich.

Bestimmte Arzneimittel unterliegen demgegenüber der *Verschreibungspflicht (Rezeptpflicht)*. Sie dürfen ebenfalls nur in Apotheken abgegeben werden, müssen aber zudem von einem Arzt verschrieben werden. Bei diesen Arzneimitteln handelt es sich um solche, die ohne ärztliche Überwachung die Gesundheit gefährden können, bei denen besonders häufig Missbrauch zu beobachten ist (z. B. Schlafmittel u. Ä.) oder die noch keine fünf Jahre zugelassen sind.

Eine Verschreibung (Rezept) muss einen bestimmten Mindestinhalt aufweisen. Sie muss im Wesentlichen enthalten:
- Name und Unterschrift des Arztes,
- Ausstellungsdatum,
- Name des Arzneimittels,
- Packungsgröße (bei Fehlen darf nur die kleinste Einheit abgegeben werden),
- Dosierung (soweit sie von der Gebrauchsinformation abweicht),
- Name des Patienten,
- bei Kindern das Alter,
- evtl. Krankenkasse.

38.7 Haftung für Arzneimittelschäden

Wird infolge der Anwendung eines Arzneimittels ein Mensch getötet oder verletzt, so ist der Hersteller verpflichtet, dem Verletzten den daraus entstandenen Schaden zu ersetzen, wenn
- das Arzneimittel bei bestimmungsmäßigem Gebrauch schädliche Wirkungen hat, die über ein vertretbares Maß hinausgehen und ihre Ursache im Bereich der Entwicklung oder Herstellung haben oder
- der Schaden infolge einer nicht den Erkenntnissen der medizinischen Wissenschaft entsprechenden Kennzeichnung, Fachinformation oder Gebrauchsinformation eingetreten ist.

Die Haftung des Unternehmers erfolgt unabhängig davon, ob ihn ein Verschulden trifft. Er ist demzufolge auch verpflichtet, dafür Sorge zu tragen, dass für etwaige Schadensersatzansprüche eine Deckung besteht (z. B. durch eine Haftpflichtversicherung).

39 Betäubungsmittelrecht

Das Betäubungsmittelrecht enthält Regelungen, die den legalen Umgang mit Betäubungsmitteln zum Gegenstand haben und den illegalen Umgang unter Strafe stellen. Damit soll vor allem den enormen Suchtgefahren, die mit dem Gebrauch von Betäubungsmitteln verbunden sind, begegnet werden. Kern des Betäubungsmittelrechtes ist das Gesetz über den Verkehr mit Betäubungsmitteln (Betäubungsmittelgesetz) mit seinen Verordnungen (z. B. Betäubungsmittelverschreibungsverordnung).

39.1 Betäubungsmittel

Das Gesetz hat nicht allgemein umschrieben, was Betäubungsmittel sind, sondern in drei Anlagen zum Gesetz (▶ Abb. 39.1) Stoffe aufgeführt, die wegen ihrer Wirkungsweise eine Abhängigkeit hervorrufen können. Nur die in diesen Anlagen aufgeführten Stoffe sind Betäubungsmittel im Sinne des Betäubungsmittelgesetzes.

Abb. 39.1 Die drei Kategorien von Betäubungsmitteln

39.1.1 Betäubungsmittel der Anlage I

Diese Betäubungsmittel sind nicht verkehrsfähig. Sie sind gesundheitsschädlich und für medizinische Zwecke nicht geeignet. Der Umgang mit ihnen (z. B. Anbau, Herstellung, Handel treiben, Einfuhr, Veräußerung, Abgabe, Erwerb) ist grundsätzlich strafbar. Eine Ausnahme besteht nur dann, wenn eine Erlaubnis des Bundesinstituts für Arzneimittel und Medizinprodukte vorliegt. Diese Erlaubnis kann nur ausnahmsweise zu wissenschaftlichen oder anderen im öffentlichen Interesse liegenden Zwecken erteilt werden.

39.1.2 Betäubungsmittel der Anlage II

Diese Betäubungsmittel können zwar nicht ärztlich verschrieben werden, sie dürfen aber u. U. in der Pharmaindustrie oder im Rahmen des Betriebs einer öffentlichen Apotheke verwendet werden.

39.1.3 Betäubungsmittel der Anlage III

Diese Betäubungsmittel sind verkehrs- und verschreibungsfähig. Sie dürfen aber nur von Ärzten, Zahnärzten und Tierärzten verschrieben werden, wenn ihre Anwendung am oder im menschlichen oder tierischen Körper begründet ist. Wenn der beabsichtigte Zweck auf andere Weise (z. B. durch Medikamente) erreicht werden kann, darf das Betäubungsmittel nicht verschrieben werden.

Der Umgang mit diesen Betäubungsmitteln bedarf nun besonderer Sorgfaltspflichten insbesondere hinsichtlich des Verschreibens und der Aufbewahrung.

39.2 Verschreiben eines Betäubungsmittels

Die Voraussetzungen über das zulässige Verschreiben eines Betäubungsmittels sind festgelegt im Betäubungsmittelgesetz und in der Verordnung über das Verschreiben, die Abgabe und den Nachweis des Verbleibs von Betäubungsmitteln (kurz: Betäubungsmittelverschreibungsverordnung BtMVV). Dabei sind im Wesentlichen folgende Anforderungen zu beachten:

- Grundsätzlich dürfen von Ärzten, Zahnärzten und Tierärzten nur die Betäubungsmittel verschrieben werden, die in der Anlage III enthalten sind.
- Sie dürfen nur verschrieben oder verabreicht werden, wenn ihre Anwendung am oder im menschlichen oder tierischen Körper begründet ist. Dies ist dann nicht der Fall, wenn der Zweck auf andere Weise erreicht werden kann.
- Betäubungsmittel für Patienten dürfen nur auf einem dreiteiligen amtlichen Formblatt (**Betäubungsmittelrezept**) verschrieben werden.
  Betäubungsmittel für den Bedarf einer Krankenhausstation dürfen nur nach Vorlage eines ausgefertigten dreiteiligen **Betäubungsmittelanforderungsscheins** (Stationsverschreibung) abgegeben werden.
  Teil I verbleibt in der Apotheke, Teil II ist für die Krankenkasse bestimmt und Teil III bleibt beim Arzt.
  Betäubungsmittelrezepte werden nur vom Bundesinstitut für Arzneimittel und Medizinprodukte ausgegeben und sind durchnummeriert.
  - Sie sind vor Diebstahl besonders zu schützen.
  - Im Falle ihres Verlusts ist dies unter Angabe der Rezeptnummer unverzüglich dem Bundesinstitut für Arzneimittel und Medizinprodukte zu melden.
  - Apotheke und Arzt müssen das Rezept (und die fehlerhaft ausgefertigten Rezepte) 3 Jahre aufbewahren. Dies dient vor allem der Kontrolle über den Verbleib dieser Stoffe.

- Auf dem Betäubungsmittelrezept sind im Wesentlichen anzugeben:
  - Name, Vorname und Anschrift des Patienten,
  - Ausstellungsdatum,
  - Arzneimittelbezeichnung und Bezeichnung sowie Gewichtsmenge des enthaltenen Betäubungsmittels je Packungseinheit,
  - Gebrauchsanweisung,
  - Name des verschreibenden Arztes, seine Berufsbezeichnung und Anschrift sowie Telefonnummer,
  - Unterschrift des verschreibenden Arztes.
- Betäubungsmittel dürfen nur in einer Apotheke gegen das Rezept ausgegeben werden, wobei dieses nicht älter als 7 Tage sein darf.
- In Notfällen darf für die zur Behebung des Notfalls erforderliche Menge Betäubungsmittel durch ein normales Rezept verschrieben werden. Dieses Rezept muss jedoch die gleichen Angaben enthalten wie das Betäubungsmittelrezept. Zusätzlich ist es mit dem Wort **„Notfall-Verschreibung"** zu kennzeichnen. Der Arzt muss aber unverzüglich die Verschreibung auf einem Betäubungsmittelrezept nachholen. Diese Verschreibung ist mit dem Buchstaben „N" zu kennzeichnen.
- Für einen Patienten darf der Arzt innerhalb von 30 Tagen nur bestimmte Höchstmengen an Betäubungsmittel verschreiben. Diese sind für jedes gesondert festgelegt.
  In begründeten Einzelfällen darf der Arzt hiervon abweichen. Eine solche Verschreibung ist mit dem Buchstaben „A" zu kennzeichnen.
- Verschreibung zur **Substitution**
  Substitution ist die Anwendung eines ärztlich verschriebenen Betäubungsmittels bei einem opiatabhängigen (meist heroinabhängigen) Patienten. Die Verschreibung ist mit dem Buchstaben „S" zu kennzeichnen und im Wesentlichen nur unter folgenden Voraussetzungen zulässig:
  - Die Substitution muss mit dem Ziel
    - der schrittweisen Wiederherstellung der Betäubungsmittelabstinenz einschließlich der Besserung und Stabilisierung des Gesundheitszustandes,
    - der Unterstützung der Behandlung einer neben der Opiatabhängigkeit bestehenden schweren Erkrankung oder
    - der Verringerung der Risiken einer Opiatabhängigkeit während einer Schwangerschaft und nach der Geburt dienen.
  - Die Behandlung muss die erforderlichen psychiatrischen, psychotherapeutischen oder psychosozialen Behandlungs- und Betreuungsmaßnahmen einbeziehen.
  - Der Arzt muss über eine besondere suchttherapeutische Qualifikation verfügen und die Substitution dem Substitutionsregister melden.
  - Der Patient darf weder ein anderes Substitutionsmittel bekommen noch Stoffe konsumieren, die den Zweck der Substitution gefährden (Beigebrauch von Betäubungsmitteln).

  Als **Substitutionsmittel** kommen nur bestimmte zugelassene Mittel (z. B. Methadon, Polamidon, Buprenorphin) infrage, die dem Patienten zum sofortigen Verbrauch zu überlassen sind. In Ausnahmen kann eine Verschreibung über die für bis zu 7 Tage benötigte Menge des Substitutionsmittels dem Patienten gegeben werden (sog. Take-home-Regelung), wenn sich der Patient über längere Zeit als zuverlässig gezeigt hat.

39.3 Aufbewahrung eines Betäubungsmittels

Soweit Betäubungsmittel im Krankenhaus auf Station aufbewahrt werden, müssen folgende Punkte beachtet werden:
- Über jeden Zugang und Abgang von Betäubungsmitteln müssen genaueste Aufzeichnungen geführt werden. Hier sind die vorgesehenen Formblätter oder das Betäubungsmittelbuch zu verwenden. Diese Unterlagen müssen 3 Jahre aufbewahrt werden.
- Die Aufbewahrung muss getrennt von den übrigen Arzneimitteln gesondert erfolgen (im sog. *Giftschrank*).
- Die Betäubungsmittel müssen vor unbefugter Entnahme geschützt sein. Der Betäubungsmittelschrank ist daher zu verschließen und der Schlüssel sicher zu verwahren.
- Soweit Betäubungsmittel vernichtet werden, muss dies in Gegenwart von 2 Zeugen derart geschehen, dass eine auch nur teilweise Wiedergewinnung ausgeschlossen ist und keine schädlichen Einwirkungen auf die Umwelt erfolgen.

39.4 Strafbarkeit des Umgangs mit Betäubungsmitteln

Sämtliche der in ▶ Abb. 39.2 aufgeführten Betäubungsmittel erzeugen eine Abhängigkeit des Konsumenten. Diese zeigt sich teils in körperlicher (Entzugserscheinungen bei Absetzen der Droge), aber auch in psychischer Hinsicht (unwiderstehlicher Drang zur ständigen oder periodischen Einnahme des Rauschmittels).

Neben dem unmittelbaren Einfluss der Droge auf den Körper kommt es des Weiteren zu einer Schädigung des gesamten Organismus dadurch, dass der Körper oft weit über seine Leistungsfähigkeit beansprucht wird. Dies zeigt sich gerade bei der noch relativ jungen Droge *Ecstasy*. Diese sog. Partydroge wird vor allem in der Techno- und Housekultur dazu benutzt, Tanzmarathons von bis zu 36 Stunden Dauer durchzustehen. Dabei wird stundenlang getanzt und geschwitzt, ohne dem Körper genügend Flüssigkeit zuzuführen. Diese „Leistung" schafft der Körper nur, weil Ecstasy leistungssteigernd wirkt und dabei das natürliche Durstgefühl unterdrückt wird. Dies führt zur Überhitzung des Körpers und zum möglichen Kollaps oder Hitzschlag.

Hinzu kommt die Entwicklung einer Toleranz des Körpers, sodass die gewünschte Wirkung bei gleicher Einnahmemenge schwächer wird oder gar nicht mehr eintritt. Der Körper gewöhnt sich an die Droge, sodass der Konsument für die gleiche Wirkung ein Mehr an Droge benötigt. Dies führt aber unweigerlich zu immer höheren Geldausgaben für Drogen, sodass neben dem psychischen und körperlichen Verfall auch der Weg in die Kriminalität insofern führt, als der Abhängige sich Geld beschaffen muss, was oft nur noch in strafbarer Weise gelingt (sog. *Beschaffungskriminalität* wie z. B. Diebstahl, Raub).

Der Gesetzgeber stellt daher den Umgang mit den in den Anlagen I–III des Betäubungsmittelgesetzes enthaltenen Stoffen weitestgehend unter Strafe. Unter „Umgang" kommen hier z. B. folgende Tathandlungen in Betracht:
- Anbau,
- Besitz,
- In-Verkehr-Bringen.

Unter **Anbau** versteht man das Aussäen von Samen und die Aufzucht von Pflanzen, die Betäubungsmittel sind. Dabei erfüllt bereits der Anbau schon einer einzelnen Pflanze diesen Tatbestand und ist daher strafbar. Eine Ausnahme besteht für den Anbau von Canna-

Betäubungsmittelrecht

Name	Szenenbezeichnung	Handelsform	Konsumform Einnahmeart	Erkennungsmerkmale	körperliche Symptome
Amphetamin Gruppe der Weckamine (voll synthetisch, d. h. künstlich hergestellt)	Amphet, Benzies, Black birds, Black and White, Dixies	Kapseln, Tabletten, Dragees, Tropfen- oder Injektionslösungen, weißes, kristallines Pulver	Kapseln, Tabletten, geschluckt, Pulver geschnupft, in Wasser aufgelöst injiziert	weite Pupillen, Angetriebenheit, Redezwang, erhöhte Aktivität, euphorische Stimmung, Selbstüberschätzung, Schlaf- und Appetitlosigkeit	blutdruck- und leistungssteigernde, bronchospasmolytische und antiasthmatische Wirkung (Doping)
Amphetaminderivate z. B. MDA, MDE, MDMA (Designer-Drogen)	Ecstasy (für MDMA), XTC, Adam	weiß-gelbliches Pulver, Tabletten	Tabletten/Kapseln geschluckt (meist auf sog. Techno- und House-Partys)	abwesend, unruhig, unkonzentriert, Orientierungsstörungen	wie Amphetamin
Cannabis • **Haschisch** getrocknetes Harz der indischen Hanfpflanze	shit, joint (Haschisch-Zigarette)	Platten (braun, harzartig), ca. 100 g, (Form in etwa wie eine Tafel Schokolade), riecht süßlich-harzig, Farbe: grün, braun, schwarz	Rauchen in Haschischpfeifen oder mit Tabak in Zigarette/Pfeife, Schlucken in Speisen (Kuchen, Gewürz, Tee)	euphorische, oft läppische Stimmung, verlangsamt und unkonzentriert, Gesicht und Augen gerötet (Kaninchenaugen), Pupillen eher weit	Steigerung der Herzfrequenz, Blutdruckanstieg, vermehrter Hunger und Durst, Müdigkeit, Rötung der Augen
• **Haschisch-Öl** aus dem Harz gewonnenes Konzentrat	Number One, Liquid-Haschisch	mit zähflüssigem Klebstoff vergleichbar, in kleinen Fläschchen	auf Tabak geträufelt und geraucht oder oral in Speisen	wie Haschisch	wie Haschisch
• **Marihuana** getrocknete und zerkleinerte Blätter/Blüten der Hanfpflanze	Bhang, Tee, joint, grass, weed, reefer, khif	lose Form oder gepresst (in Ziegel- oder Plattenform) oder gedrehte Stäbchen	geraucht in der Tabakspfeife oder als Joint (selbst gedrehte Zigarette)	wie Haschisch	wie Haschisch
Crack Zubereitung aus Kokain und Backpulver	Rockets, Rocks, Super-coke	flockige Produkte als kleine Brocken oder gepresst in Pillen oder abgefüllt in Phiolen	geraucht in Wasserpfeifen oder mit Tabak/Marihuana in der Pfeife oder Zigarette	wie Kokain	wie beim Kokain, nur schneller, Wirkung dafür zeitlich kürzer
Heroin Gruppe der Opiate (Opium, Morphium) Ausgangsstoff: das Rohopium, der getrocknete Saft des Schlafmohns	Ätsch, brownsugar, Fix, Junk	Heroin Nr. 1–4 meist braune, manchmal graue, selten rote grob körnige Substanz (Nr. 3), weißes, feines Pulver (Nr. 4), oft gestreckt mit z. B. Milchzucker	geschnupft, geraucht, meistens (subkutan oder intravenös) injiziert	stecknadelkopfgoße Pupillenverengung, die in der Dunkelheit bestehen bleibt, Einstichstellen, verlangsamt, passiv, Fixer-Utensilien (Spritzen, geschwärzte Löffel u. ä.)	ausgeprägte Schmerzstillung, Verlangsamung vegetativer Funktionen, Blutdruckerniedrigung, verminderte Herzfrequenz
Kokain Ausgangsstoff sind die getrockneten Blätter des Coca-Strauches	Schnee, white stuff, white-flakes, Koks	weißes kristallines Pulver, für den Endverbraucher gestreckt mit Traubenzucker oder Milchpulver	geschnupft, selten geraucht, getrunken in wässriger Lösung injiziert	weite Pupillen, antriebsgesteigert und sehr aktiv, gesteigertes Selbstbewusstsein, euphorische Stimmung, geringes Schlafbedürfnis, wenig Appetit	Beschleun. der Herz-Kreislauf-Funktionen, Pupillenerweiterung, Erhöhung des Blutdrucks. Unterdrückung des Hungergefühls
LSD Gruppe der Halluzinogene (auch z. B. Mescalin) synthetisches Produkt	Acid, Blue-acid, Bluecheer, paper, Säure, strawberry	farb-, geschmack- und geruchlose Substanz auf Löschpapier, Filz- oder Zuckerstück, stecknadelgroße Tabletten, Kapseln (sog. Trips)	geschluckt, nachdem der Trägerstoff auf der Zunge zergangen ist, ganz selten injiziert	weite Pupillen, antriebsgesteigert und sehr aktiv, gesteigertes Selbstbewusstsein, euphorische Stimmung, geringes Schlafbedürfnis, wenig Appetit	Tremor und Schwindel, Übelkeit und Brechreiz, Ohrensausen, Blutdruckabfall, Hyperthermie, Piloerektion
Methadon synth. Opiat	Dollies, Pola	Tabletten, wässrige Lösung	injiziert, geschluckt	wie bei Heroin	wie bei Heroin

Abb. 39.2 Betäubungsmittel auf einen Blick

39.4 Strafbarkeit des Umgangs mit Betäubungsmitteln

psychische Symptome	Entzugserscheinungen	Folgeschäden
erhöhte Wachsamkeit, verstärkter Antrieb, gesteigertes Selbstvertrauen, erhöhtes Konzentrationsvermögen, Euphorie, Selbstüberschätzung bei häufig hohen Dosen: Müdigkeit, Depression, Angst, Aggression	keine körperlichen Abstinenzsymptome, psychische Abhängigkeit, Drang zur Wiedereinnahme, Apathie, Depressionen, lange Schlafperioden	Psychose mit Halluzinationen und Verfolgungswahn, hochgradige Erregung, Krämpfe, ängstliche Getriebenheit, Aggressivität, Depression, Hyperthermie, Gehirnschädigung, Kreislaufkollaps, Herzversagen
Bewusstseinserweiterung, gesteigertes Wahrnehmungsvermögen, Stimmungsveränderungen, Antriebssteigerung	Drang zur Wiedereinnahme, Reizbarkeit, Unruhe	hohe psychische Abhängigkeit setzt unterbewusste Schutzmechanismen des Körpers (Müdigkeitsgefühl, Hunger, Durst) außer Kraft: dadurch Überbeanspruchung des gesamten Körpers
grundlose Heiterkeit, allgemeine Sorglosigkeit, Euphorie, verzerrte Wahrnehmung von Zeit und Raum, vermindertes Urteilsvermögen, Gedächtnisstörungen, Steigerung des Selbstwertgefühls, des Mitgefühls und Wohlbefindens	Drang zur Wiedereinnahme, Gereiztheit, Unruhe, Schlaflosigkeit	Schädigung des Zentralnervensystems, der Lunge, der Gonaden, des Immunsystems, des Fötus, Angstzustände, akute Verwirrtheit, Psychose möglich, Antriebsschwäche, Kritikschwäche, Vernachlässigung von Pflichten
wie Haschisch	wie Haschisch	wie Haschisch
wie Haschisch	wie Haschisch	wie Haschisch
wie beim Kokain, nur schneller, Wirkung dafür zeitlich kürzer	wie Kokain	wie Kokain
aktuelle Bewusstseinsstörung, Gleichgültigkeit gegenüber Außenreizen, Benommenheit, Schläfrigkeit, Verlängerung der Reaktionszeit, Konzentrationsschwäche	Pupillenerweiterung und Tränenfluss, „laufende Nase", Atemfrequenz und bronchiale Schleimproduktion sind gesteigert, quälender Husten, Appetitlosigkeit, Brechreiz, Übelkeit, Erbrechen, Durchfälle, Bauchkrämpfe, Gänsehaut, vermehrtes Schwitzen mit akuter, feuchter Haut, Schüttelfrost, Hitzewallungen, Gliederschmerzen, Nervosität, Reizbarkeit, Aggressivität, Schlafstörungen	hochgradiger Zahnverfall, Ausmergelung durch Mangelernährung, Blutbildveränderung, Hautblutungen, Verlust an Interesse, Antrieb und Aktivität, schnelle Abhängigkeit, bei unsauberen Injektionen: chronische Leberentzündung, HIV-Infektion, Spritzenabszesse, Tetanus
Euphorie, Antriebs- und Aktivitätssteigerung, Reduktion von Angst, Sorgen, Hemmungen; eigtl. Rauschphase: optische, akustische, taktile Halluzinationen, Abklingen der Euphorie; depressive Phase: Angst, Niedergeschlagenheit, Drang zu Dosissteigerung und erneutem Konsum	starker Drang zur Wiedereinnahme, Gereiztheit, Unruhe, Depression und Apathie	durch Schnupfen: Entzündungen und Geschwüre bis hin zur Perforation der Nasenscheidewand, Leberschädigungen, Krampfanfälle, Abmagerung, körperlicher Verfall
Schwindel, Angst, Pulsbeschleunigung, Sinnestäuschungen, Orientierungs-, Wahrnehmungs- und Affektstörungen	keine körperliche Abstinenzerscheinungen, Drang zur Wiedereinnahme, Unruhe/Getriebenheit, Reizbarkeit, ängstliche Erregung, Nervosität	Flash-back (unvorhergesehener, ungewollter Nachrausch), Angstpsychose, akuter Verwirrtheitszustand
wie bei Heroin	wie bei Heroin	wie bei Heroin

bis, wenn dieser als Schutzstreifen bei der Rübenzüchtung gedacht ist und die Pflanze vor der Blüte vernichtet wird, und der Anbau bestimmter Sorten von Nutzhanf in bestimmten landwirtschaftlichen Betrieben zu ausschließlich gewerblichen Zwecken, wenn dieser Anbau der Bundesanstalt für Landwirtschaft und Ernährung angezeigt ist.

Ein Betäubungsmittel **besitzt**, wer die tatsächliche Herrschaft über die Droge hat und diese auch bewusst ausüben will. Hierunter fallen auch das Aufbewahren des Rauschgiftes für einen anderen sowie die Beförderung. Nicht strafbar ist der reine **Konsum** des Betäubungsmittels. Erhält jemand ein Betäubungsmittel und konsumiert er es sofort nach Erhalt, stellt dies nur den Besitz über einen nicht nennenswerten Zeitraum dar und ist nicht strafbar. *Aber:* Bereits die Aufbewahrung für den späteren Konsum wäre ein strafbarer Besitz, auch wenn nur Eigenverbrauch beabsichtigt ist.

Die Strafbarkeit des Drogenbesitzes hängt nicht von der Menge des Betäubungsmittels ab. Jede noch so geringe Menge erfüllt den Tatbestand und kann daher bestraft werden. Lediglich bei der Frage der Strafhöhe spielt die Menge eine Rolle. Die Strafjustiz kann von der Bestrafung absehen, wenn es sich beim Besitz um eine geringe Menge handelt, die Schuld des Täters gering ist, kein öffentliches Interesse an der Strafverfolgung besteht und das Betäubungsmittel lediglich zum Eigenverbrauch bestimmt ist. Dies kann der Fall sein, wenn der Täter auf einer Party das erste Mal mit einem Joint von der Polizei erwischt wird. Eine derartige Ausnahme wird jedoch bereits dann nicht mehr gemacht, wenn der Täter wiederholt gegen das Betäubungsmittelgesetz verstößt oder die Umstände (Besitz in Schule, Entzugsstation im Krankenhaus) eine Bestrafung erfordern.

Ein **In-Verkehr-Bringen** besteht immer dann, wenn die Möglichkeit eröffnet wird, dass ein anderer an ein Betäubungsmittel gelangt. Nachdem bereits Fahrlässigkeit genügt, ist der Tatbestand erfüllt, wenn z. B. Arzt oder Krankenpflegepersonal Betäubungsmittel nicht sorgfältig verwahren. Kommt es dann infolge nicht ordnungsgemäßer Aufbewahrung dazu, dass ein Unbefugter Zugriff zum Betäubungsmittel erhält, liegt ein strafbares In-Verkehr-Bringen vor.

Weitere, zum Teil schwerere Formen des strafbaren Umgangs mit Betäubungsmitteln können sein: Herstellung, Handel treiben, Einführen, Ausführen, Veräußern, Abgeben. Kommt es zu einer Bestrafung des Täters, besteht im Unterschied zu den übrigen Straftaten, auch zu „Alkohol"-Straftaten, die Möglichkeit, dass unter ganz bestimmten Voraussetzungen ein Straffälliger eine verhängte Freiheitsstrafe nicht (in der Justizvollzugsanstalt) verbüßen muss, sondern in einer stationären Therapie (staatlich anerkannte Drogentherapieeinrichtung) behandelt wird. Die Dauer des dortigen Aufenthalts wird dann so weit auf seine Strafe verrechnet, bis zwei Drittel der verhängten Freiheitsstrafe erledigt sind. Der Rest (das letzte Drittel) wird bei durchgestandener Therapie zur Bewährung ausgesetzt.

40 Bestattungswesen

Das Bestattungsgesetz (BestG) befasst sich im Wesentlichen mit dem Leichenwesen, der Bestattung und den Bestattungseinrichtungen (▶ Abb. 40.1). Dieses Recht ist nicht bundeseinheitlich geregelt sondern ist Ländersache. Die folgenden Ausführungen beziehen sich auf das Bestattungsgesetz des Bundeslandes Bayern, sind aber mit den Bestattungsgesetzen der übrigen Bundesländer vergleichbar.

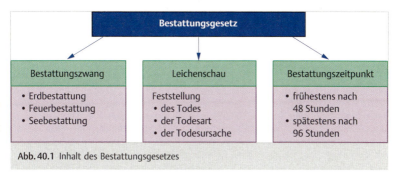

Abb. 40.1 Inhalt des Bestattungsgesetzes

40.1 Bestattungszwang

Jede Leiche muss bestattet werden. Als Leiche bezeichnet man den Körper des Verstorbenen, solange der Zusammenhang zwischen den einzelnen Körperteilen durch den Verwesungsprozess oder auf andere Weise noch nicht völlig aufgehoben ist. Auch der durch künstliche Präparation (Mumifizierung) auf Dauer dem Zerfall entzogene tote Körper bleibt eine Leiche, so auch tote Menschen, die durch Plastination (Entzug von Körperflüssigkeit und löslichem Körperfett) konserviert wurden.

Als Leichnam wird auch die Leibesfrucht mit einem Gewicht von mindestens 500 g definiert, wenn sie tot geboren (S. 496) wurde oder während der Geburt verstorben ist (**Totgeburt**). Dagegen besteht kein Bestattungszwang bei einer **Fehlgeburt** (S. 497) (tot geborene oder während der Geburt verstorbene Leibesfrucht mit einem Gewicht unter 500 g). Die Leibesfrucht kann aber bestattet werden. Wenn dies nicht geschieht, muss sie entweder auf einem Grabfeld zur Ruhe gebettet werden oder hygienisch einwandfrei und dem sittlichen Empfinden entsprechend eingeäschert und dann auf dem Grabfeld zur Ruhe gebettet werden. Für aus Schwangerschaftsabbrüchen stammende Feten und Embryonen gilt das gleiche wie für die Leibesfrucht unter 500 g.

Es gibt drei verschiedene Bestattungsarten:
- Erdbestattung (Beisetzung in einer Grabstätte),
- Feuerbestattung (Einäscherung in einer Feuerbestattungsanlage und Beisetzung der in einer festen Urne verschlossenen Aschenreste in einer Grabstätte) und
- Seebestattung (Einäscherung in einer Feuerbestattungsanlage und Beisetzung der verrottbaren Urne von einem Schiff auf hoher See).

Bei der Bestattungsart kommt es auf **den Willen des Verstorbenen** an. Dieser kann zu seinen Lebzeiten bestimmen, was mit seiner Leiche zu geschehen hat. Ist sein Wille nicht festzustellen, können seine nahen Angehörigen die Bestattungsart bestimmen. Nur in Ausnahmefällen ist die Bestattung außerhalb eines Friedhofes zulässig. Bei einer solchen Ausnahme muss der Bestattungsplatz den gleichen strengen Anforderungen genügen wie die öffentlichen Friedhöfe.

Eine Leiche darf erst bestattet werden, nachdem sie von einem Arzt untersucht worden ist (**Leichenschau**) und er hierüber eine Todesbescheinigung ausgestellt hat. Diese ist dem Standesamt vorzulegen. Liegt kein natürlicher Tod vor, oder handelt es sich um eine unbekannte Leiche, muss zudem die Genehmigung der Staatsanwaltschaft oder des Gerichtes eingeholt werden.

40.2 Leichenschau

Jede Leiche muss vor der Bestattung von einem Arzt untersucht werden. Dabei hat dieser den Tod festzustellen, wenn er sichere Anzeichen (z. B. Todesflecken, Todesstarre) des Todes erkennt, und hierüber eine Todesbescheinigung auszustellen. Des Weiteren hat er Feststellungen über die Todesursache zu treffen und ob ein *natürlicher* oder *nicht natürlicher Tod* vorliegt. Gibt es Anhaltspunkte dafür, dass kein natürlicher Tod vorliegt, hat der Arzt die Polizei zu verständigen. Dies gilt auch, wenn die Leiche nicht identifiziert werden kann. Zur Leichenschau ist jeder Arzt verpflichtet, der in dem Gebiet niedergelassen ist, in dem sich die Leiche befindet. In Krankenhäusern trifft diese Pflicht jeden dort tätigen Arzt.

40.3 Bestattungszeitpunkt

Die Bestattung ist **frühestens 48 Stunden** nach Eintritt des Todes zulässig.

Hiervon gibt es jedoch Ausnahmen, insbesondere, wenn gesundheitliche Gefahren zu befürchten sind.

Spätestens 96 Stunden nach Eintritt des Todes muss die Leiche bestattet sein oder im Falle der Überführung auf den Weg gebracht werden.

Auch hier gibt es Ausnahmen, wenn gesundheitliche Gefahren nicht zu befürchten sind. In diese Frist werden Samstage, Sonntage und gesetzliche Feiertage nicht eingerechnet. Ausnahmen gibt es insbesondere, wenn Leichen zu medizinischen oder wissenschaftlichen Zwecken in ein Krankenhaus oder in eine wissenschaftliche Einrichtung gebracht werden oder im Rahmen strafprozessualer Ermittlungen untersucht werden. In diesen Fällen sind sie zu bestatten, sobald sie nicht mehr diesen Zwecken dienen.

41 Lebensmittelrecht

Kern des Lebensmittelrechts ist das Lebensmittel, Bedarfsgegenstände und Futtermittelgesetzbuch vom 1.9.2005. Dieses Gesetz wird durch eine Vielzahl von weiteren Gesetzen und Verordnungen ergänzt, sodass eine möglichst aktuelle Anpassung an bestehende Verhältnisse gewährleistet ist.

Der Zweck des Gesetzes ist darin zu sehen, dass der Verbraucher zum einen vor Täuschungen geschützt und zum anderen informiert wird. Gegenstand des Gesetzes sind
- Lebensmittel (einschließlich ihrer Umhüllungen, die mitverzehrt werden),
- Zusatzstoffe,
- kosmetische Mittel,
- Bedarfsgegenstände (Gegenstände, die beim Verzehr von Lebensmitteln verwendet werden, Gegenstände, die zur Körperpflege bestimmt sind, Spielwaren, Scherzartikel, Reinigungs- und Pflegemittel u. a.).

Im Umgang mit diesen Lebensmitteln ist es verboten:
- Lebensmittel für andere derart herzustellen oder zu behandeln, dass ihr Verzehr geeignet ist, die Gesundheit zu schädigen.
- Stoffe, deren Verzehr geeignet ist, die Gesundheit zu schädigen, als Lebensmittel in den Verkehr zu bringen.
- Erzeugnisse, die keine Lebensmittel sind, bei denen jedoch die Gefahr der Verwechslung mit Lebensmitteln besteht, herzustellen, wenn infolge ihrer Verwechselbarkeit eine Gefährdung der Gesundheit hervorgerufen wird.
- Bei Lebensmitteln gewerbsmäßig eine nicht zugelassene Bestrahlung mit ultravioletten oder ionisierenden Strahlen anzuwenden oder solche bestrahlten Lebensmittel in den Verkehr zu bringen.
- Lebensmittel gewerbsmäßig in den Verkehr zu bringen, die Pflanzenschutzmittel, Düngemittel oder Ähnliches aufweisen, die die festgesetzten Höchstmengen überschreiten.
- Vom Tier gewonnene Lebensmittel gewerbsmäßig in den Verkehr zu bringen, wenn in oder auf ihnen Stoffe mit pharmakologischer Wirkung vorhanden sind, die die festgesetzte Höchstmenge überschreiten.

Weitere wichtige Punkte im Lebensmittelgesetz sind:
- Es dürfen nur zugelassene Zusatzstoffe verwendet werden.
- Die verwendeten Zusatzstoffe sind kenntlich zu machen.
- Kosmetische Mittel und Bedarfsgegenstände müssen so beschaffen sein, dass keine Gesundheitsbeeinträchtigung besteht. Reinigungs- und Pflegemittel dürfen ihrem Erscheinen nach nicht die Gefahr begründen, dass sie mit Lebensmitteln verwechselt werden können.

Ergänzend zum Lebensmittel- und Bedarfsgegenständegesetz gibt es für eine Vielzahl von Lebensmitteln eigene Verordnungen, die auch mit den Vorschriften der EU im Einklang stehen müssen. Eines der noch bekanntesten Lebensmittelgesetze ist das Reinheitsgebot für Bier aus dem Jahre 1516 (zur Bierherstellung dürfen nur Gerstenmalz, Hopfen und Wasser verwendet werden).

42 Medizinprodukte

Die ständig zunehmende „Technisierung der Medizin" und die damit verbundene Verwendung immer komplizierterer Spezialapparaturen schafft gerade auch für das Krankenpflegepersonal vermehrt Gefahrenquellen, die zu Haftungsfällen oder gar Straftaten bzw. Ordnungswidrigkeiten führen können. Geregelt ist der Umgang mit dieser Technik im Wesentlichen im *Gesetz über Medizinprodukte* (Medizinproduktegesetz – MPG). Daneben gibt es noch eine Vielzahl von Verordnungen (insb. die MPBetreibV (S. 460)), die den Inhalt des MPG näher konkretisieren.

Aus den umfassenden Regelungen sollen im Wesentlichen die Vorschriften behandelt werden, welche speziell für die Anwender, d. h. diejenigen Personen, die die Medizinprodukte benutzen und handhaben, praxisrelevant sind. Herstellervorschriften und Vorschriften, die das In-Verkehr-Bringen betreffen, sollen dabei weitestgehend außer Betracht bleiben.

Ziel des Gesetzes ist es, eine hohe Produktsicherheit zu verwirklichen. Zu diesem Zweck regelt das MPG den Verkehr mit Medizinprodukten, um dadurch für die Sicherheit, Eignung und Leistung der Medizinprodukte sowie die Gesundheit und den erforderlichen Schutz der Patienten, Anwender und Dritter zu sorgen (§ 1 MPG) (▶ Abb. 42.1).

42.1 Gegenstand und Inhalt des Medizinproduktegesetzes

Um diesen Sicherheitsauftrag zu erfüllen, können aufgrund des Medizinproduktegesetzes eine Vielzahl von Verordnungen erlassen werden. Es regelt unter anderem das Herstellen, In-Verkehr-Bringen, In-Betrieb-Nehmen, Ausstellen, Errichten, Betreiben und Anwenden von Medizinprodukten sowie deren Zubehör. Bestimmte Tätigkeiten sind verboten und werden als Ordnungswidrigkeiten oder sogar Straftaten sanktioniert. Zudem gibt es Instrumentarien zur Erfassung und Abwehr von Risiken durch ein EU-weites Informationssystem und eine zentrale Erfassung im „Bundesinstitut für Arzneimittel und Medizinprodukte" sowie einen eigenen Sicherheitsbeauftragten für Medizinprodukte und einen Medizinprodukte-Berater.

42.1.1 Medizinprodukte

Medizinprodukte sind Produkte, die sich von Arzneimitteln dadurch unterscheiden, dass sie auf vorwiegend physikalischem Weg zum Einsatz kommen (▶ Abb. 42.2). Sie werden in 4 Risikoklassen (Klasse I = niedrigstes Risiko, IIa, IIb, III) eingeteilt.

Beispiele für solche Medizinprodukte sind: Abdruckmassen, Beatmungsgeräte, Biopsiebesteck, Blutdruckmessgeräte, Bohrer, Brillen, Brücken, Computer, Desinfektionsmittel, Diaphragma, Endoskope, Ergometermassagehilfen, Gelenktrainer, Gesichtsmasken, Gewebekleber, Greifhilfen, Handschuhe, Herzschrittmacher, Hörhilfen, Implantate, Infusionsgeräte, Inhalationsgeräte, Katheter, Klemmen, Knochenzement, Kompressionsstrümpfe, Kondome, Kontaktlinsen, Krankentransportgeräte, künstliche Gelenke, künstliche Organe, Laufhilfen, Linsen, Medikamentenpumpen, Mikroskope, Nägel bei Frakturen, Narkosegeräte, Notfallkoffer, OP-Kleidung, OP-Tische, Pessare, Pflegemittel, Prothesen, Reinigungsmittel, Rollstühle, Röntgengeräte, Sauerstoffgeräte, Software, Sonden, Spiralen, Spiro-

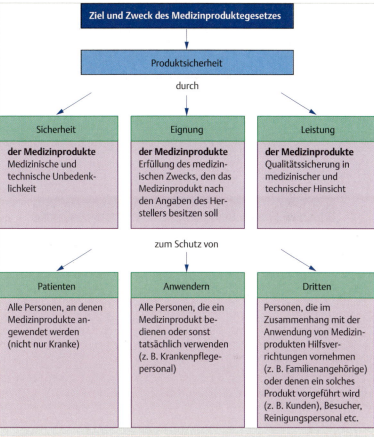

Abb. 42.1 Ziel und Zweck des Medizinproduktegesetzes

meter, Spritzen, Staumanschetten, Thermometer, Tomografen, Transfusionsgeräte, Untersuchungsstühle, Verbandkästen, Verbandmittel und Zahnwerkstoffe.

42.1.2 Verbote zum Schutz von Patienten, Anwendern und Dritten

Das Medizinproduktegesetz soll Personen, die mit Medizinprodukten in Berührung kommen, schützen. Dies wird durch verschiedene Verbote und Gebote geregelt (▶ Abb. 42.3). Wird dagegen verstoßen, können neben haftungsrechtlichen Folgen auch Strafen verhängt werden.

Medizinprodukte

Abb. 42.2 Medizinprodukte

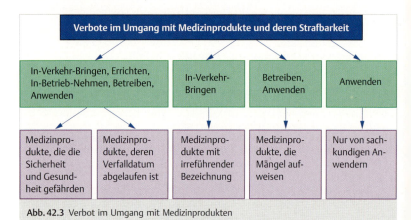

Abb. 42.3 Verbot im Umgang mit Medizinprodukten

Ausgenommen von den Verbotsvorschriften sind Medizinprodukte, die weder gewerblichen noch wirtschaftlichen Zwecken dienen und in deren Gefahrenbereich keine Arbeitnehmer beschäftigt werden (z. B. Fieberthermometer im häuslichen Bereich).

Sicherheitsgefährdende Medizinprodukte

Medizinprodukte, bei denen der begründete Verdacht besteht, dass sie die Sicherheit und die Gesundheit der Patienten, der Anwender oder Dritter bei sachgemäßer Anwendung, Instandhaltung und ihrer Verwendung über ein vertretbares Maß gefährden, dürfen nicht
- in den Verkehr gebracht,
- errichtet,
- in Betrieb genommen,
- betrieben oder
- angewendet werden.

Es reicht der begründete Verdacht des Vorliegens von Gefahren aus. Die bloße Möglichkeit eines Schadenseintritts veranlasst bereits, das Medizinprodukt aus dem Verkehr zu nehmen. So darf z. B. ein Röntgengerät ohne geeignete Abschirmungen nicht eingesetzt werden, auch wenn sich im Einwirkungsbereich niemand aufhält.

Medizinprodukte nach Ablauf des Verfalldatums

Voraussetzung dieses Verbotes ist zunächst, dass der Hersteller überhaupt ein Verfalldatum angibt. Nach Eintritt des Verfalldatums darf das Medizinprodukt nicht mehr
- in den Verkehr gebracht,
- errichtet,
- in Betrieb genommen,
- betrieben oder
- angewendet werden.

Dieses Verbot besteht unabhängig davon, ob von dem Medizinprodukt nach Ablauf des Verfalldatums eine Gefahr ausgeht oder nicht.

Medizinprodukte mit irreführender Bezeichnung

Medizinprodukte, die mit irreführender Bezeichnung (= Name des Produkts), Angaben (schriftliche oder bildliche Erklärungen über das Produkt) oder Aufmachung (= äußere Ausgestaltung, Ausstattung und Darstellung eines Produkts) versehen sind, dürfen nicht in den Verkehr gebracht werden.
 Eine Irreführung liegt insbesondere dann vor, wenn
- Medizinprodukten eine Leistung beigelegt wird, die sie nicht haben oder
- fälschlich der Eindruck erweckt wird, dass ein Erfolg mit Sicherheit erwartet werden kann oder dass nach bestimmungsgemäßem oder längerem Gebrauch keine schädlichen Wirkungen eintreten oder
- zur Täuschung über grundlegende Produkteigenschaften Angaben verwendet werden, die für die Bewertung des Medizinprodukts mitbestimmend sind.

Das Verbot gilt unabhängig davon, ob die Irreführung zu einer Gefahr führt oder nicht.

Mangelhafte Medizinprodukte

Medizinprodukte, die einen Mangel aufweisen und daher Patienten, Beschäftigte oder Dritte gefährden könnten, dürfen weder betrieben noch angewendet werden. Hier genügen bereits geringfügige Mängel, wie defekte Wandanschlüsse, defekte Stecker oder Kabel sowie (evtl. unsichtbare) Sturzschäden oder nicht funktionierende Alarm- und Sicherheitseinrichtungen.
 Hier muss der Anwender neben den theoretischen Grundlagen des angewandten Fachgebiets (Auswahl eines geeigneten Medizinproduktes) über gerätespezifische Kenntnisse (Bedienungselemente mit dazugehörenden Funktionen) verfügen. Außerdem muss er den ordnungsgemäßen Zustand des Gerätes und dessen vorgeschriebene Funktionsprüfungen überprüfen können sowie über Kenntnisse der patientengerechten Einstellung verfügen.

Der Betreiber darf nur Personen mit dem Errichten und Anwenden von Medizinprodukten beauftragen, die diese Voraussetzungen erfüllen.

42.2 Verordnungen beim Umgang mit Medizinprodukten

Neben dem Medizinproduktegesetz gibt es eine Vielzahl von Verordnungen und Richtlinien, die Regelungen im Umgang mit Medizinprodukten enthalten. Im Folgenden soll eine kurze Auswahl vorgestellt werden, die vor allem für den Anwender wichtige Bestimmungen enthält.

42.2.1 Verordnung über das Errichten, Betreiben und Anwenden von Medizinprodukten

Diese Verordnung (Medizinprodukte-Betreiberverordnung – MPBetreibV) gilt für das
- Errichten,
- Betreiben,
- Anwenden
- und Instandhalten von Medizinprodukten.

Ausgenommen sind Medizinprodukte, die für die klinische Prüfung bestimmt sind und solche, die weder gewerblichen noch wirtschaftlichen Zwecken dienen und in deren Gefahrenbereich keine Arbeitnehmer beschäftigt sind (z. B. häuslicher Bereich).

Die Betreiberverordnung wiederholt zum Teil Pflichten für den Betreiber und Anwender, die bereits vom Medizinproduktegesetz aufgestellt sind und zum Teil werden diese Pflichten konkretisiert. Als **Betreiber** kommt z. B. der Träger eines Krankenhauses in Betracht, wobei hier in der Regel der Geschäftsführer die Verantwortung übernimmt. Dies betrifft alle Medizinprodukte, über die er die Sachherrschaft ausübt, z. B. auch geliehene Geräte oder Testgeräte. **Anwender** ist jeder, der im gewerblichen Bereich ein Medizinprodukt verwendet, angefangen von der Gesundheits- und Krankenpflegerin bis hin zum Chefarzt. Folgende Pflichten sind besonders erwähnenswert:

- *Allgemeine Anforderungen*
  Medizinprodukte dürfen nur ihrer Zweckbestimmung entsprechend, nach den Vorschriften der MPBetreibV, den allgemein anerkannten Regeln der Technik entsprechend sowie unter Beachtung der Arbeitsschutz- und Unfallverhütungsvorschriften errichtet, betrieben, angewendet und instandgehalten werden.
- *Prüfung der Funktionsfähigkeit und Beachtung der Gebrauchsanweisung durch den Anwender*
  Der Anwender hat sich vor der Anwendung eines Medizinproduktes von der Funktionsfähigkeit und dem ordnungsgemäßen Zustand des Medizinprodukts zu überzeugen und die Gebrauchsanweisung sowie sonstige sicherheitsbezogene Informationen zu beachten. Bei messtechnischen Medizinprodukten sind die Fehlergrenzen einzuhalten.
- *Meldungen über Vorkommnisse durch Betreiber oder Anwender*
  Dies ist in der Medizinprodukte-Sicherheitsplanverordnung (S. 464) näher geregelt. Der Betreiber oder Anwender hat
  - jede Funktionsstörung,
  - jede Änderung der Merkmale oder der Leistungen sowie

- jede Unsachgemäßheit der Kennzeichnung oder der Gebrauchsanweisung eines Medizinprodukts unverzüglich dem *Bundesinstitut für Arzneimittel und Medizinprodukte* zu melden, wenn dies zum Tode oder zu einer schwerwiegenden Verschlechterung des Gesundheitszustandes eines Patienten, eines Beschäftigten oder eines Dritten geführt hat oder hätte führen können.

  Es braucht daher noch kein Schaden eingetreten zu sein. Durch das Meldesystem soll ja gerade verhindert werden, dass es zu Schäden kommt, indem alle Meldungen bei einer zentralen Stelle zusammenlaufen und diese dann den Hersteller informieren kann. Dabei muss es sich nicht zwingend um technische Mängel handeln. Auch Probleme in der Handhabung eines Gerätes, die zu einer fehlerhaften Bedienung führen können, reichen aus (ergonomische Schwachpunkte).

- *Umgang mit Medizinprodukten nur durch sachkundige Anwender*
  Medizinprodukte dürfen nur von Personen errichtet, betrieben, angewendet und instandgehalten werden, die dafür die erforderliche Ausbildung oder Kenntnis und Erfahrung besitzen.

  Der Betreiber darf nur Personen mit der Instandhaltung (Wartung einschließlich Sterilisation, Inspektion, Instandsetzung) von Medizinprodukten beauftragen, die die Sachkenntnis, Voraussetzungen und die erforderlichen Mittel zur ordnungsgemäßen Ausführung dieser Aufgabe besitzen.

  Nach den Instandhaltungsmaßnahmen müssen die für die Sicherheit und Funktionstüchtigkeit wesentlichen konstruktiven und funktionellen Merkmale geprüft werden. Bei aktiven Medizinprodukten (= Medizinprodukte, deren Betrieb von einer Stromquelle oder einer anderen Energiequelle mit Ausnahme der direkt vom menschlichen Körper oder durch die Schwerkraft erzeugten Energie abhängig ist) enthält die Betreiberverordnung folgende spezielle Vorschriften (▶ Abb. 42.4).

Abb. 42.4 Spezielle Vorschriften für aktive Medizinprodukte

- *Funktionsprüfung und Einweisungspflicht*
  Der *Betreiber* darf bestimmte in der „Anlage 1" zur Betreiberverordnung aufgeführte Medizinprodukte (vor allem nicht implantierbare aktive Medizinprodukte) nur betreiben, wenn zuvor der Hersteller oder eine dazu befugte Person dieses Medizinprodukt am Betriebsort einer Funktionsprüfung unterzogen hat und die vom Betreiber beauftragte Person anhand der Gebrauchsanweisung in die sachgerechte Handhabung des Medizinprodukts eingewiesen hat. Die Durchführung der Funktionsprüfung und der Einweisung sind zu belegen und im Medizinproduktebuch einzutragen.

  Der *Anwender* darf diese Medizinprodukte nur dann anwenden, wenn er
  - die dafür erforderliche Ausbildung oder Kenntnis und Erfahrung besitzt und
  - durch den Hersteller oder die dazu befugte Person unter Berücksichtigung der Gebrauchsanweisung in die sachgerechte Handhabung eingewiesen wurde.

- *Sicherheitstechnische Kontrollen*
  Der *Betreiber* hat bei Medizinprodukten sicherheitstechnische Kontrollen durchzuführen bzw. durchführen zu lassen, soweit sie *vom Hersteller vorgeschrieben* sind oder nach den anerkannten Regeln der Technik und zwar in solchen Abständen, dass Mängel rechtzeitig festgestellt werden können, *spätestens alle 2 Jahre*.
  Diese Kontrollen umfassen auch vorhandene Messfunktionen. Über die sicherheitstechnische Kontrolle ist ein Protokoll anzufertigen, das bis zur nächsten Kontrolle aufzubewahren ist.
- *Medizinproduktebuch*
  Für bestimmte, in den Anlagen zur Betreiberverordnung aufgeführte Medizinprodukte (vor allem nicht implantierbare aktive Medizinprodukte und solche mit Messfunktion) hat der *Betreiber* ein Medizinproduktebuch zu führen. Hier sind folgende Angaben einzutragen:
  1. Bezeichnung und sonstige Angaben zur Identifikation des Medizinproduktes,
  2. Beleg über Funktionsprüfung und Einweisung in das Gerät,
  3. Name der vom Betreiber beauftragten Person, Zeitpunkt der Einweisung sowie Namen der eingewiesenen Personen,
  4. Fristen und Datum der Durchführung sowie das Ergebnis von vorgeschriebenen sicherheits- und messtechnischen Kontrollen und Datum von Instandhaltungen sowie der Name der verantwortlichen Person oder der Firma, die diese Maßnahme durchgeführt hat bzw. den Namen der Personen oder die Firma sowie deren Anschrift, die vertragsgemäß diese Tätigkeiten durchgeführt haben,
  5. Datum, Art und Folgen von Funktionsstörungen und wiederholten gleichartigen Bedienungsfehlern,
  6. Meldungen von Vorkommnissen an Behörden und Hersteller.
- *Bestandsverzeichnis*
  Der *Betreiber* hat für alle aktiven nicht implantierbaren Medizinprodukte seiner Betriebsstätte ein Bestandsverzeichnis zu führen. Hier sind die Bezeichnung des Produktes mit Seriennummer und Anschaffungsjahr aufzunehmen sowie weitere Angaben wie z. B. Standort und betriebliche Zuordnung und die Frist für die sicherheitstechnische Kontrolle.
- *Patienteninformation*
  Die für die *Implantation verantwortliche Person* hat dem Patienten, dem ein aktives Medizinprodukt implantiert wurde, nach Abschluss der Implantation eine schriftliche Information auszuhändigen, in der die für die Sicherheit des Patienten nach der Implantation notwendigen Verhaltensanweisungen in allgemein verständlicher Weise enthalten sind *(Patientenausweis)*. Außerdem müssen diese Informationen Angaben enthalten, welche Maßnahmen bei einem Vorkommnis mit dem Medizinprodukt zu treffen sind und in welchen Fällen der Patient einen Arzt aufsuchen sollte.
- *Messtechnische Kontrollen*
  Der Betreiber von Medizinprodukten mit Messfunktion hat messtechnische Kontrollen durchzuführen oder durchführen zu lassen. Hierdurch soll eine ausreichende Messgenauigkeit und Messbeständigkeit gewährleistet werden. Es werden die Fehlergrenzen zugrunde gelegt, die der Hersteller in seiner Gebrauchsanweisung angegeben hat. Im Übrigen ist vom Stand der Technik auszugehen.
  Die Fristen, innerhalb der die Kontrollen durchzuführen sind, sind – soweit vom Hersteller nicht anders angegeben – für die jeweiligen Geräte in der Anlage 2 zur MPBetreibV festgelegt. Falls keine Zeitangaben vorgesehen sind, sind die Kontrollen mindes-

tens alle zwei Jahre durchzuführen. Messtechnische Kontrollen sind *unverzüglich* durchzuführen, wenn Anzeichen dafür vorliegen, dass das Medizinprodukt die Fehlergrenzen nicht einhält oder die messtechnischen Eigenschaften des Medizinprodukts durch einen Eingriff oder auf andere Weise beeinflusst worden sein könnten.

Mit den messtechnischen Kontrollen dürfen nur die zuständigen Behörden oder geeignete und sachkundige Personen beauftragt werden.

Die Ergebnisse der messtechnischen Kontrolle sind in ein vorhandenes Medizinproduktebuch unverzüglich einzutragen. Das Medizinprodukt selbst ist mit einem entsprechenden Zeichen zu versehen, aus dem das Jahr der nächsten Kontrolle und die Behörde oder die Person, die die messtechnische Kontrolle durchgeführt hat, eindeutig und rückverfolgbar hervorgehen.

Soweit in vorsätzlicher oder fahrlässiger Weise gegen obige Vorschriften verstoßen wird, liegt eine Ordnungswidrigkeit vor. Diese kann mit einer Geldbuße bis zu 25.000 Euro geahndet werden.

42.2.2 Verordnung über Medizinprodukte

Die Medizinprodukte-Verordnung (MPV) regelt die grundlegenden Anforderungen, die Klassifizierung, die Konformitätsbewertungsverfahren, Anforderungen an die klinische Bewertung und die klinische Prüfung von Medizinprodukten.

42.2.3 Verordnung über Vertriebswege für Medizinprodukte

Diese Verordnung (MPVertrV) unterwirft bestimmte Produkte der Apothekenpflicht. Hierunter fallen Medizinprodukte, die nach den Vorschriften des Medizinproduktegesetzes in den Verkehr gebracht werden und
- verschreibungspflichtig oder
- in der Anlage zu dieser Verordnung aufgeführt sind.

Diese Produkte dürfen berufs- oder gewerbsmäßig nur in Apotheken in den Verkehr gebracht werden (z. B. Hämodialysekonzentrate). Bestimmte Ausnahmen gibt es für Krankenhäuser und Ärzte.

42.2.4 Verordnung über die Verschreibungspflicht von Medizinprodukten

Diese Verordnung (MPVerschrV) legt fest, dass bestimmte Medizinprodukte nur nach Vorlage einer ärztlichen oder zahnärztlichen Verschreibung abgegeben werden dürfen. Sie legt auch den notwendigen Inhalt einer Verschreibung fest.

42.2.5 Verordnung über die Erfassung, Bewertung und Abwehr von Risiken bei Medizinprodukten

Die Medizinprodukte-Sicherheitsplanverordnung (MPSV) regelt die Verfahren zur Erfassung, Bewertung und Abwehr von Risiken im Verkehr oder in Betrieb befindlicher Medizinprodukte. Der Hersteller oder sein Bevollmächtigter haben bestimmte Vorkommnisse dem Bundesinstitut für Arzneimittel und Medizinprodukte zu melden. Bei diesen Vorkommnissen handelt es sich um eine Funktionsstörung, einen Ausfall oder eine Änderung der Merkmale oder der Leistung oder eine Unsachgemäßheit der Kennzeichnung oder der Gebrauchsanweisung eines Medizinprodukts, die zum Tod oder schwerwiegenden Verschlechterung des Gesundheitszustandes eines Patienten, eines Anwenders oder einer anderen Person geführt hat oder geführt haben könnte. Diese Vorkommnisse hat auch derjenige an das Bundesinstitut für Arzneimittel und Medizinprodukte zu melden, der beruflich Medizinprodukte betreibt oder anwendet. Diese Meldungen haben unverzüglich zu erfolgen.

Das Bundesinstitut für Arzneimittel und Medizinprodukte nimmt daraufhin eine Risikobewertung vor, um festzustellen, ob ein unvertretbares Risiko vorliegt oder welche korrektiven Maßnahmen geboten sind. Das Ergebnis der Risikobewertung wird dem Hersteller mitgeteilt. Dieser hat nun die gebotenen Maßnahmen durchzuführen, wie z. B. den Rückruf von Medizinprodukten, von denen unvertretbare Risiken ausgehen. Damit Patienten, die mit bestimmten implantierbaren Medizinprodukten (z. B. Herzschrittmacher) versorgt worden sind, zum Zweck der Durchführung korrektiver Maßnahmen schnell identifiziert und erreicht werden können, haben die Betreiber und Anwender Aufzeichnungen zu führen über die Personalien des Patienten und das Implantat. Diese Aufzeichnungen sind 20 Jahre aufzubewahren.

42.3 Pflichten und Aufgaben bestimmter Personen des Medizinprodukterechts

Das Medizinproduktegesetz und seine Verordnungen kennen verschiedene Funktionsträger mit unterschiedlichen Aufgaben und Pflichtenkreisen (▶ Abb. 42.5).

Im Folgenden soll ein Überblick über die wesentlichen Pflichten und Aufgaben von den Personen dargestellt werden, die das Medizinprodukterecht kennt.

42.3.1 Hersteller

Hersteller ist die natürliche oder juristische Person, die für die Auslegung, Herstellung, Verpackung und Kennzeichnung eines Medizinproduktes bzgl. des erstmaligen Inverkehrbringens im eigenen Namen verantwortlich ist. Ihm gleichzustellen ist eine Person, die von ihm ausdrücklich dazu bestimmt wurde, bzgl. seiner Verpflichtungen in seinem Namen zu handeln (z. B. Händler, Lieferant). Zu seinen Aufgaben und Pflichten zählen unter anderem:

- Funktionsprüfung eines aktiven Medizinprodukts am Betriebsort vor Erstinbetriebnahme (§ 5 MPBetreibV),
- Einweisung des Medizinprodukte-Beauftragten (§ 5 MPBetreibV),
- kein In-Verkehr-Bringen von Medizinprodukten, wenn das Medizinprodukt mit einer irreführenden Bezeichnung, Angabe oder Aufmachung versehen ist (§ 4 MPG),

42.3 Pflichten und Aufgaben bestimmter Personen des Medizinprodukterechts

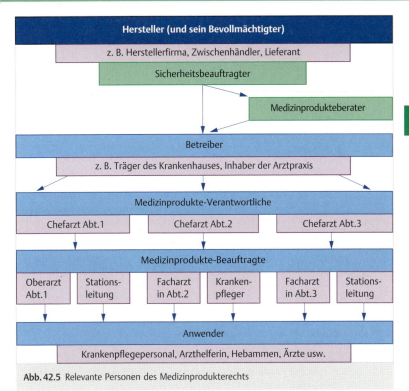

Abb. 42.5 Relevante Personen des Medizinprodukterechts

- Meldung von Vorkommnissen, die zum Tode eines Patienten geführt haben oder hätten führen können an das Bundesinstitut für Arzneimittel und Medizinprodukte (§ 3 MPSV),
- Durchführung von korrektiven Maßnahmen (z. B. Rückruf) bei risikobehafteten Medizinprodukten (§ 14 MPSV).

42.3.2 Sicherheitsbeauftragter für Medizinprodukte

Der Hersteller hat eine Person mit der erforderlichen Sachkenntnis und der erforderlichen Zuverlässigkeit als Sicherheitsbeauftragten für Medizinprodukte zu bestimmen. Dieser hat bekannt gewordene Meldungen über Risiken bei Medizinprodukten zu sammeln, zu bewerten und die notwendigen Maßnahmen zu koordinieren. Er ist für die Erfüllung von Anzeigepflichten verantwortlich, soweit sie Medizinprodukterisiken betreffen. Damit ist in jedem Unternehmen eine Person für die Bearbeitung von Zwischenfällen mit Medizinprodukten zuständig.

42.3.3 Medizinprodukteberater

Der Medizinprodukteberater informiert berufsmäßig Fachkreise und weist in die sachgerechte Handhabung der Medizinprodukte ein. Er darf diese Tätigkeit nur ausüben, wenn er die für die jeweiligen Medizinprodukte erforderliche Sachkenntnis und Erfahrung besitzt. Er hat Mitteilungen von Angehörigen der Fachkreise über Nebenwirkungen, wechselseitige Beeinflussung, Fehlfunktion, technische Mängel, Gegenanzeigen, Verfälschungen oder sonstige Risiken bei Medizinprodukten schriftlich aufzuzeichnen und unverzüglich dem Hersteller oder dessen Sicherheitsbeauftragten schriftlich zu übermitteln.

42.3.4 Betreiber

Als Betreiber kommt sowohl eine juristische Person (vertreten durch z. B. den Geschäftsführer) als auch eine natürliche Person in Betracht. Der Betreiber ist derjenige, der Inhaber der Einrichtung ist, in der das Medizinprodukt (eigenes oder fremdes) eingesetzt wird (z. B. Kommune oder Zweckverband als Träger eines Krankenhauses, gemeinnützige Einrichtung als Träger einer Sozialstation, Inhaber einer Privatklinik). Den Betreiber treffen vor allem folgende Pflichten:

- kein Einsatz eines Medizinproduktes, wenn
  - der Verdacht besteht, dass die Sicherheit und die Gesundheit der Patienten, Anwender oder Dritter über ein vertretbares Maß hinaus gefährdet ist (§ 4 MPG),
  - das Verfalldatum abgelaufen ist (§ 4 MPG),
- Abgabe an Anwender nur bei Vorliegen einer Gebrauchsanweisung in deutscher Sprache (§ 11 MPG),
- nur Personen mit dem Errichten und Anwenden von Medizinprodukten beauftragen, die die dafür erforderliche Ausbildung oder Kenntnis und Erfahrung besitzen (§ 2 MPBetreibV),
- Meldung von Vorkommnissen (d. h. von Funktionsstörungen u. Ä. eines Medizinproduktes), die zum Tode eines Patienten geführt haben oder hätten führen können an das Bundesinstitut für Arzneimittel und Medizinprodukte (§ 3 MPSV),
- nur Personen mit der Instandhaltung von Medizinprodukten beauftragen, die die Sachkenntnis, Voraussetzungen und die erforderlichen Mittel zur ordnungsgemäßen Ausführung dieser Aufgabe besitzen (§ 4 MPBetreibV),
- nicht implantierbare aktive Medizinprodukte erst in Betrieb nehmen, wenn der Hersteller oder eine dazu befugte Person dieses Medizinprodukt am Betriebsort einer Funktionsprüfung unterzogen hat und der Medizinproduktebeauftragte anhand der Gebrauchsanweisung eingewiesen wurde (§ 5 MPBetreibV),
- Durchführung von vorgeschriebenen sicherheitstechnischen Kontrollen (§ 6 MPBetreibV),
- Führung eines Medizinproduktebuches für aktiven Medizinprodukte (§ 7 MPBetreibV),
- Führung eines Bestandsverzeichnisses für aktive nicht implantierbare Medizinprodukte (§ 8 MPBetreibV),
- Durchführung der vorgeschriebenen messtechnischen Kontrollen (§ 11 MPBetreibV).

42.3.5 Medizinprodukte-Verantwortlicher

Der Medizinprodukte-Verantwortliche ist zwar im Gesetz nicht mehr erwähnt, in der Praxis ist jedoch der Leiter einer Klinik oder der Chefarzt der Abteilung, in der das Gerät eingesetzt wird, verantwortlich für den Betrieb und Einsatz des Medizinproduktes. Seine Aufgabe besteht nun darin, die Mitarbeiter und die Umsetzung des Medizinproduktegesetzes samt seinen Verordnungen zu überwachen. Er trägt die Gesamtverantwortung.

42.3.6 Medizinprodukte-Beauftragter

Um die einzelnen gesetzlichen Aufgaben im Umgang mit Medizinprodukten zu erfüllen, ist der Medizinprodukte-Beauftragte schriftlich zu benennen. Meist gibt es jeweils einen Beauftragten aus dem ärztlichen und nichtärztlichen Bereich (z. B. Oberarzt, Stationsleitung). Seine Aufgabe liegt in der eigentlichen Umsetzung der rechtlichen Vorgaben. Bei der Erstinbetriebnahme übernimmt er die Medizinprodukte und wird vom Hersteller oder einer dazu befugten Person eingewiesen. Danach ist er berechtigt (und zwar nur er), weitere Anwender einzuweisen (§ 5 MPBetreibV).

42.3.7 Medizintechniker

Er ist für die technische Sicherheit der Medizinprodukte zuständig.

42.3.8 Anwender

Anwender ist derjenige, der das Medizinprodukt tatsächlich bedient und einsetzt (z. B. Krankenpflegepersonal, Ärzte). Er hat Folgendes zu beachten:
- Benutzung eines Medizinproduktes nur dem Zweck entsprechend (§ 2 MPBetreibV).
- Benutzung nur durch Personen, die dafür die erforderliche Ausbildung oder Kenntnis und Erfahrung besitzen (§ 2 MPBetreibV).
- Keine Benutzung, wenn
  - der Verdacht besteht, dass die Sicherheit und die Gesundheit der Patienten, Anwender oder Dritter über ein vertretbares Maß hinaus gefährdet sind (§ 4 MPG),
  - das Verfalldatum abgelaufen ist (§ 4 MPG).
- Vor der Anwendung prüfen, ob das Medizinprodukt funktionsfähig und im ordnungsgemäßen Zustand ist (§ 2 MPBetreibV).
- Gebrauchsanweisungen, sicherheitsbezogene Informationen und Instandhaltungshinweise beachten (§ 2 MPBetreibV).
- Fehlertoleranzen beachten (§ 2 MPBetreibV).
- Meldung von Vorkommnissen (z. B. von Funktionsstörungen eines Medizinproduktes), die zum Tode eines Patienten geführt haben oder hätten führen können, an das Bundesinstitut für Arzneimittel und Medizinprodukte (§ 3 MPSV).
- Nicht implantierbare aktive Medizinprodukte erst anwenden, wenn der Hersteller oder der Medizinprodukte-Beauftragte unter Berücksichtigung der Gebrauchsanweisung in die sachgerechte Handhabung eingewiesen hat (§ 5 MPBetreibV).

43 Infektionsschutz

Das seit dem 1.1.2001 in Kraft getretene Infektionsschutzgesetz (IfSG) regelt die Infektionsbekämpfung in Deutschland umfassend und effektiv. Es löst das bis zu diesem Zeitpunkt geltende Bundesseuchengesetz, das Geschlechtskrankheitengesetz sowie verschiedene Verordnungen, wie die Laborberichtsverordnung, ab. Das IfSG trägt den neuen Erkenntnissen und Entwicklungen Rechnung. Es stellt eine umfassende Reform der bisherigen gesetzlichen Regelungen zum Schutz der Bevölkerung vor übertragbaren Krankheiten dar. Neben dem Erkennen und Bekämpfen von Infektionskrankheiten wird die Prävention insbesondere durch die Verbesserung der Infektionsepidemiologie zum Leitgedanken des neuen Gesetzes. Auch wird mit dem IfSG erstmals die Verpflichtung zur Information und Aufklärung als wichtiger Teil der Prävention von Infektionskrankheiten benannt.

43.1 Zweck des Infektionsschutzgesetzes

Zweck des Gesetzes ist es, Leben und Gesundheit des Einzelnen sowie der Gemeinschaft vor den Gefahren durch Infektionskrankheiten zu schützen (▶ Abb. 43.1). Neben der Heilung soll vor allem die Entstehung dieser Krankheiten und deren Ausbreiten durch Vorbeugung/Prävention verhindert werden. Durch frühzeitiges Erkennen soll dabei eine Weiterverbreitung verhindert werden. Das Infektionsschutzgesetz erstreckt sich auf alle Krankheiten, die durch Krankheitserreger auf Menschen übertragbar sind. Somit erfasst es jederzeit auch neu auftretende Krankheiten, ohne dass es einer Gesetzesänderung bedarf.

Abb. 43.1 Zweck des Infektionsschutzgesetzes

43.1.1 Vorbeugung, Prävention

Die Vorbeugung vor übertragbaren Krankheiten (Prävention) ist der Leitgedanke des gesamten IfSG. Sie erfolgt in verschiedenen Formen, wie z.B. Information, Aufklärung und Belehrung der Allgemeinheit oder bestimmter Personengruppen, persönlicher Hygiene sowie dem Aufbau und Erhalt eines ausreichenden Impfschutzes, bis zu besonderen Präventionsmaßnahmen in Lebensmittel- und anderen Bereichen einschließlich Gemeinschaftseinrichtungen.

Vielen Infektionskrankheiten liegen Risiken zugrunde, die wirksam beeinflusst werden können. So können sich Menschen oftmals so verhalten, dass Krankheiten erst gar nicht entstehen. Dies setzt eine angemessene Information der Personen über die Risiken und die Vorsorgemaßnahmen voraus. Durch eine ausreichende Information der Allgemeinheit über Gefahren und Möglichkeiten der Verhütung übertragbarer Krankheiten wird die Basis dafür geschaffen, dass sich möglichst viele Menschen im Rahmen ihrer individuellen Möglichkeiten selbst vor übertragbaren Krankheiten schützen. Wer sich selbst schützt, wirkt auch der Weiterverbreitung von übertragbaren Krankheiten entgegen. Je mehr Menschen sich schützen, desto eher werden Krankheitsherde abgeriegelt und können sich nicht weiterverbreiten.

Zu diesem Zweck hat das **Robert-Koch-Institut (RKI)** die Aufgabe, Konzeptionen zur Vorbeugung übertragbarer Krankheiten zu entwickeln, insbesondere durch Erstellen von Richtlinien (Leitlinien, Standards), Empfehlungen und Merkblättern.

43.1.2 Frühzeitige Erkennung

Erst bei frühzeitigem Erkennen von übertragbaren Krankheiten können Maßnahmen der Vorbeugung ausreichend und gezielt geplant und die Weiterverbreitung von Krankheitserregern verhindert werden. Dieser frühzeitigen Erkennung dienen vor allem die Vorschriften über das Meldewesen, in denen detailliert die meldepflichtigen Krankheiten und Krankheitserreger, die zur Meldung verpflichteten Personen sowie die Meldefristen und Meldewege geregelt sind.

Durch das IfSG müssen nun auch neue gefährliche übertragbare Krankheiten und Krankheitserreger gemeldet werden, auch wenn sie nicht zu den meldepflichtigen gehören, um so ihr Auftreten frühzeitig zu erkennen.

43.1.3 Verhinderung der Weiterverbreitung

Schließlich dient das IfSG der Verhinderung der Weiterverbreitung von Krankheiten und Infektionen. Deshalb erhalten die zuständigen Behörden weitreichende Eingriffsbefugnisse gegenüber Personen, von denen eine tatsächliche oder vermutete Gefahr ausgeht.

43.2 Inhalt des Infektionsschutzgesetzes

Das Infektionsschutzgesetz enthält grundlegende Vorschriften, um die oben genannten Zwecke zu erreichen (▶ Abb. 43.2).

Es enthält zunächst festgelegte Beschreibungen von Begriffen, so wie sie das IfSG verstanden haben will. Es folgen dann die Aufgaben des Robert-Koch-Institutes, die vor allem in der Koordinierung und Früherkennung sowie Vorbeugung liegen. Die zentralen Teile beschäftigen sich mit dem Meldewesen (meldepflichtige Krankheiten, meldepflichtige Nachweise von Krankheitserregern, meldepflichtige Personen usw.) sowie der Verhütung und Bekämpfung übertragbarer Krankheiten. Außerdem sind Vorschriften für Schulen und sonstige Gemeinschaftseinrichtungen enthalten sowie Regelungen über die Beschaffenheit von Wasser, gesundheitliche Anforderungen an das Personal beim Umgang mit Lebensmitteln wie auch für Tätigkeiten mit Krankheitserregern. Auch sieht das IfSG für besondere Fälle eine Entschädigung vor und enthält Straf- und Bußgeldvorschriften.

Abb. 43.2 Inhalt des Infektionsschutzgesetzes

43.2.1 Begriffsbestimmungen

Das IfSG legt für seine Anwendung verbindlich fest, was es unter bestimmten Begriffen versteht. Diese Definitionen gelten nur für das IfSG selbst und nicht für andere Bereiche oder Gesetze. Es handelt sich dabei um folgende Begriffe:

Krankheitserreger

Ein Krankheitserreger ist ein vermehrungsfähiges Agens (Virus, Bakterium, Pilz, Parasit) oder ein sonstiges biologisches transmissibles (übertragbares) Agens, das beim Menschen eine Infektion oder übertragbare Krankheit verursachen kann.

Hierbei soll nur auf den gesunden, nicht abwehrgeschwächten Menschen abgestellt werden. Organismen, die nur bei abwehrgeschwächten Menschen sog. opportunistische Infektionen verursachen, sind daher keine Krankheitserreger im Sinne des IfSG.

Infektion

Eine Infektion ist die Aufnahme eines Krankheitserregers und seine nachfolgende Entwicklung oder Vermehrung im menschlichen Organismus.

Nachdem nicht jede Infektion zu einer übertragbaren Krankheit führen muss, ist für das Vorliegen einer Infektion auch nicht erforderlich, dass Krankheitsanzeichen vorliegen (z. B. Hepatitis-B-Carrier, HIV-Infizierter ohne Krankheitssymptome). Dennoch können diese Menschen Krankheitserreger auf andere Menschen weiterübertragen.

Übertragbare Krankheit

Eine übertragbare Krankheit ist eine durch Krankheitserreger oder deren toxische Produkte, die unmittelbar oder mittelbar auf den Menschen übertragen werden, verursachte Krankheit.

Die Übertragungswege können dabei unterschiedlich sein. Entscheidend ist allein, dass die Krankheit auf den Menschen übertragen wurde. Nicht erforderlich ist, dass die Krankheit von dem erkrankten Menschen wiederum auf andere Menschen weiter übertragen werden kann; d. h. die Krankheit muss nicht ansteckend sein.

Kranker

Ein Kranker ist eine Person, die an einer übertragbaren Krankheit (s. o.) erkrankt ist. Kranke können auch Personen sein, von denen selbst keine Ansteckungsgefahr ausgeht. Dennoch kann es wichtig sein, diese Personen festzustellen, um Infektionsquellen ermitteln zu können.

Krankheitsverdächtiger

Ein Krankheitsverdächtiger ist eine Person, bei der Symptome bestehen, die das Vorliegen einer bestimmten übertragbaren Krankheit vermuten lassen.

Damit ausbreitende Epidemien verhindert bzw. eingedämmt werden können, ist oft rasches Handeln erforderlich. Dabei kann nicht immer schnell geklärt werden, ob jemand tatsächlich an einer übertragbaren Krankheit erkrankt ist. Es genügen diesbezüglich Symptome, die auf eine übertragbare Krankheit hinweisen.

Ausscheider

Ein Ausscheider ist eine Person, die Krankheitserreger ausscheidet und dadurch eine Ansteckungsquelle für die Allgemeinheit sein kann, ohne krank oder krankheitsverdächtig zu sein.

Die Ausscheidung erfolgt hier über den Magen-Darm-Trakt oder den oberen Respirationstrakt. In Betracht kommt jedoch nur die Ausscheidung solcher Erreger, die aufgrund der Schwere des von ihnen ausgelösten Krankheitsbildes, der epidemiologischen Situation und des Übertragungsweges besondere Maßnahmen erfordern, um eine Weiterverbreitung dieser Krankheitserreger durch den Ausscheider zu verhindern.

Erforderlich ist auch, dass der Ausscheider eine Ansteckungsquelle für die Allgemeinheit darstellt. Dies gilt daher nicht für Personen, die zwar ebenfalls Krankheitserreger in sich tragen, diese jedoch nicht ohne weiteres auf Personen der Allgemeinheit übertragen können (sog. Carrier), sondern lediglich unter bestimmten Voraussetzungen, die nicht den allgemeinen Sozialkontakten entsprechen (z. B. Geschlechtsverkehr, Blutkontakt). Hierzu zählen z. B. Personen, die mit HIV oder Hepatitis B infiziert sind und keine klinischen Symptome haben.

Ansteckungsverdächtiger

Ansteckungsverdächtiger ist eine Person, von der anzunehmen ist, dass sie Krankheitserreger aufgenommen hat, ohne krank, krankheitsverdächtig oder Ausscheider zu sein. Ebenso wie bei den Krankheitsverdächtigen reicht hier der Verdacht aus, da nur so schnellstmöglich die Weiterverbreitung von Krankheitserregern verhindert werden kann. So müssen alle Personen, bei denen die Möglichkeit einer Infizierung bestand, als angesteckt und damit als Quelle weiterer Infektionen angesehen werden.

Nosokomiale Infektion („Krankenhausinfektion")

Hierbei handelt es sich um eine Infektion mit lokalen oder systemischen Infektionszeichen als Reaktion auf das Vorhandensein von Erregern oder ihrer Toxine, die im zeitlichen Zusammenhang mit einer stationären oder einer ambulanten medizinischen Maßnahme steht, soweit die Infektion nicht bereits vorher bestand.

> **Beispiel:**
> Klassisches Beispiel für eine systemische Infektion ist die Sepsis, für eine lokale Infektion die Wundinfektion.

Krankheitserreger können auch die sog. opportunistischen Erreger sein, die bei gesunden, nicht abwehrgeschwächten Menschen nicht zu einer übertragbaren Krankheit führen. Darüber hinaus müssen Infektionszeichen wie z. B. Rötung, Schwellung, Schmerz bei lokalen Infektionen oder Fieber wie bei systemischen Infektionen vorhanden sein. Die Infektion muss im zeitlichen Zusammenhang mit einer stationären medizinischen Maßnahme, z. B. im Rahmen eines Krankenhausaufenthalts oder dem Aufenthalt auf der Krankenstation eines Alten- oder Pflegeheims, stehen. Das gleiche gilt für ambulante medizinische Maßnahmen, wobei es unerheblich ist, wo diese durchgeführt wurden (Arztpraxis, Wohn- und Pflegeheim, Wohnung des Patienten). Zum Personenkreis der in Betracht kommenden Infizierten gehören nicht nur die betreffenden Patienten, bei denen die medizinische Maßnahme durchgeführt wurde, sondern auch Beschäftigte wie das Krankenhauspersonal, die sich in diesem Zusammenhang infiziert haben.

Schutzimpfung

Eine Schutzimpfung ist die Gabe eines Impfstoffs mit dem Ziel, vor einer übertragbaren Krankheit zu schützen. Für den Begriff selbst ist nicht erforderlich, dass das Ziel der Impfung erreicht wird, sondern nur, dass eine Impfung stattgefunden hat.

Impfschaden

Ein Impfschaden ist die gesundheitliche und wirtschaftliche Folge einer über das übliche Ausmaß einer Impfreaktion hinausgehenden gesundheitlichen Schädigung durch die Schutzimpfung; ein Impfschaden liegt auch vor, wenn mit vermehrungsfähigen Erregern geimpft wurde und eine andere als die geimpfte Person geschädigt wurde.

43.2.2 Koordinierung und Früherkennung

Die zentrale Koordinierung der Erhebung, Analyse und Bewertung der infektionsepidemiologischen Daten ist eine der wesentlichen Aufgaben des Robert-Koch-Institutes (RKI). Vor allem auf der Grundlage des detaillierten Meldesystems soll das RKI Infektionsgefahren für die Bevölkerung früh erkennen und die für die Bekämpfung zuständigen Stellen informieren. Dazu kommt die Zusammenarbeit mit den zuständigen Behörden im In- und Ausland sowie die Unterrichtung der Weltgesundheitsorganisation (WHO).

43.2.3 Meldewesen

Das Meldewesen ist das Kernstück im IfSG (▶ Abb. 43.3). Um übertragbare Krankheiten wirksam verhüten und bekämpfen zu können, ist es erforderlich, dass die zuständigen Behörden möglichst frühzeitig Kenntnisse über das Vorkommen übertragbarer Krankheiten haben.

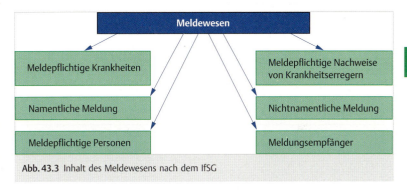

Abb. 43.3 Inhalt des Meldewesens nach dem IfSG

Die wichtigsten Quellen für derartige Kenntnisse sind die behandelnden Ärzte und die Laboratorien. Demzufolge wird auch getrennt zwischen den Meldepflichten für übertragbare Krankheiten und Krankheitserreger. Weiter regelt das Gesetz genau, welche Personen zur Meldung verpflichtet sind, welchen Inhalt eine namentliche Meldung haben muss und an wen die Daten zu übermitteln sind.

Meldepflichtige Krankheiten

Das IfSG unterscheidet nicht mehr wie früher zwischen Seuchen und Geschlechtskrankheiten, sondern bestimmt umfassend, welche einzelnen Krankheiten zu melden sind (▶ Abb. 43.4).

In den meisten Fällen muss bereits der Krankheitsverdacht gemeldet werden, da nur so ein rasches und damit effektives Eingreifen der zuständigen Behörde gewährleistet ist.

Meldepflichtige Nachweise von Krankheitserregern

Neben den oben genannten Krankheiten ist bei bestimmten Krankheitserregern der Nachweis zu melden, wenn die Nachweise auf eine akute bzw. frische Infektion hinweisen (▶ Abb. 43.5). Es handelt sich dabei ausschließlich um Krankheitserreger, die in einem vom Menschen stammenden Untersuchungsmaterial nachgewiesen werden.

Meldepflichtige Krankheiten

Namentlich ist zu melden:

der **Krankheitsverdacht**, die **Erkrankung** sowie der **Tod** an:
- Botulismus
- Cholera
- Diphtherie
- humaner spongiformer Enzephalopathie, außer familiär-hereditärer Formen
- akuter Virushepatitis
- enteropathischem hämolytisch-urämischem Syndrom (HUS)
- virusbedingtem hämorrhagischen Fieber
- Masern
- Meningokokken-Meningitis oder -Sepsis
- Milzbrand
- Poliomyelitis (als Verdacht gilt jede akute schlaffe Lähmung, außer wenn traumatisch bedingt)
- Pest
- Tollwut
- Typhus abdominalis/Paratyphus
- behandlungsbedürftige Tuberkulose (hier nicht bei bloßem Verdacht)

der **Verdacht**
- einer über das übliche Ausmaß einer Impfreaktion hinausgehenden gesundheitlichen Schädigung

die Verletzung
- eines Menschen durch ein tollwutkrankes, -verdächtiges oder -ansteckungsverdächtiges Tier sowie die Berührung eines solchen Tieres oder Tierkörpers

das Auftreten
- einer bedrohlichen Krankheit oder
- von zwei oder mehr gleichartigen Erkrankungen, bei denen ein epidemischer Zusammenhang wahrscheinlich ist oder vermutet wird, wenn dies auf eine schwerwiegende Gefahr für die Allgemeinheit hinweist und Krankheitserreger als Ursache in Betracht kommen, die nicht meldepflichtig sind

der **Krankheitsverdacht** sowie die **Erkrankung**
- an einer mikrobiell bedingten Lebensmittelvergiftung oder an einer akuten infektiösen Gastroenteritis, wenn:
  - eine Person betroffen ist, die eine Tätigkeit im Lebensmittelbereich ausübt oder
  - zwei oder mehr gleichartige Erkrankungen auftreten, bei denen ein epidemischer Zusammenhang wahrscheinlich ist oder vermutet wird

die **Verweigerung** oder der Behandlungsabbruch
- einer behandlungsbedürftigen Lungentuberkulose

Nichtnamentlich ist zu melden:

das gehäufte Auftreten
- nosokomialer Infektionen, bei denen ein epidemischer Zusammenhang wahrscheinlich ist oder vermutet wird

Abb. 43.4 Meldepflichtige Krankheiten nach dem Infektionsschutzgesetz

43.2 Inhalt des Infektionsschutzgesetzes

Meldepflichtige Nachweise von Krankheitserregern

Namentlich ist zu melden:

der direkte oder indirekte Nachweis bei folgenden Krankheitserregern, soweit die Nachweise auf eine akute d. h. frische Infektion hinweisen:

- Adenoviren (nur dir. Nachweis im Konjunktivalabstrich)
- Bacillus anthracis
- Borrelia recurrentis
- Brucella sp.
- Campylobacter sp., darmpathogen
- Chlamydia psittaci
- Clostridium botulinum oder Toxinnachweis
- Corynebacterium diphtheriae, Toxin bildend
- Coxiella burnetii
- Cryptosporidium parvum
- Ebolavirus
- Escherichia coli, enterohämorrhag. Stämme (EHEC)
- Escherichia coli, sonstige darmpathogene Stämme
- Francisella tularensis
- FSME-Virus
- Gelbfiebervirus
- Giardia lamblia
- Haemophilus influenzae (nur dir. Nachweis aus Liquor oder Blut)
- Hantaviren
- Hepatitis-A bis E-Virus
- Influenzaviren (nur dir. Nachweis)
- Lassavirus
- Legionella sp.
- Leptospira interrogans
- Listeria monocytogenes; (nur dir. Nachweis aus Blut, Liquor oder anderen sterilen Substraten u. aus Abstrichen von Neugeborenen)
- Marburgvirus
- Masernvirus
- Mycobacterium leprae Mycobacterium tuberculosis/ africanum, Mycobacterium bovis; (nur dir. Nachweis)
- Neisseria meningitidis; (nur dir. Nachweis aus Liquor, Blut, hämorrhag. Hautinfiltraten oder anderen sterilen Sub-straten)
- Norwalkähnliches Virus (nur dir. Nachweis im Stuhl)
- Poliovirus
- Rabiesvirus
- Rickettsia prowazekii
- Rotavirus
- Salmonella Paratyphi (nur dir. Nachweis)
- Salmonella Typhi (nur dir. Nachweis)
- Salmonella, sonstige
- Shigella sp.
- Trichinella spiralis
- Vibrio cholerae O 1 und O 139
- Yersinia enterocolitica, darmpathogen
- Yersinia pestis
- andere Erreger hämorrhag. Fieber

Krankheitserreger, die nicht genannt sind, wenn deren örtl. und zeitl. Häufung auf eine schwerwiegende Gefahr für die Allgemeinheit hinweist

Nichtnamentlich ist zu melden:

der direkte oder indirekte Nachweis von folgenden Krankheitserregern:

- Treponema pallidum (Syphilis)
- HIV (AIDS)
- Echinococcus sp.
- Plasmodium sp. (Malaria)
- Rubellavirus; Meldpflicht nur bei konnatalen Infektionen (Röteln)
- Toxoplasma gondii; Meldpflicht nur bei konnatalen Infektionen.

Abb. 43.5 Meldepflichtige Nachweise von Krankheitserregern

Meldepflichtige Personen

Zur Meldung oben genannter Krankheiten und Krankheitserreger sind vor allem folgende Personen verpflichtet:

- *Der feststellende Arzt*
  Dies ist der Arzt, der die meldepflichtige Krankheit festgestellt hat. In Krankenhäusern oder anderen Einrichtungen der stationären Pflege ist daneben auch der leitende Arzt bzw. der leitende Abteilungsarzt zuständig.
- *Angehörige eines anderen Heil- oder Pflegeberufs, es sei denn, es wurde ein Arzt hinzugezogen*
  Hierzu zählen vor allem Gesundheits- und Krankenpfleger/innen, Gesundheits- und Kinderkrankenpfleger/innen, Hebammen und Entbindungspfleger.
  Mit dieser Vorschrift soll erreicht werden, dass die zuständige Behörde auch dann möglichst schnell von meldepflichtigen Krankheiten Kenntnis erlangt, wenn ein Arzt nicht zur Verfügung steht. Diese Meldepflicht besteht dann nicht, wenn ein Arzt hinzugezogen wurde. In diesem Fall muss die Meldung vom hinzugezogenen Arzt erfolgen. Diese Hinzuziehung muss allerdings ohne zeitliche Verzögerung erfolgt sein, sodass die Meldung nicht unvertretbar verzögert wird.
- *Leiter von Pflegeeinrichtungen*
  Die Meldepflicht besteht auch in diesem Fall nur, wenn kein Arzt hinzugezogen wurde.

Personen des Not- und Rettungsdienstes unterstehen dieser Meldepflicht dann nicht, wenn der Patient unverzüglich in eine ärztlich geleitete Einrichtung gebracht wurde. Um inhaltsgleiche Doppelmeldungen von mehreren meldepflichtigen Personen zu vermeiden, regelt das Gesetz ausdrücklich, dass eine Meldepflicht dann nicht besteht, wenn dem Meldepflichtigen ein schriftlicher Nachweis vorliegt, dass eine Meldung bereits erfolgt ist. Sofern jedoch zusätzliche meldepflichtige Daten erhoben wurden, müssen diese noch nachgemeldet werden. Eine meldepflichtige Krankheit braucht auch dann nicht gemeldet zu werden, wenn der zugrunde liegende Krankheitsverdacht bereits gemeldet wurde. Allerdings hat der Meldepflichtige dem Gesundheitsamt unverzüglich mitzuteilen, wenn sich eine Verdachtsmeldung nicht bestätigt hat.

Namentliche Meldung

Das IfSG sieht sowohl die namentliche als auch die nichtnamentliche Mitteilung von Krankheiten und Krankheitserregern vor. Hintergrund der namentlichen Meldung ist, dass dort von den Behörden Schutzmaßnahmen getroffen werden müssen, während die nichtnamentliche Meldung nur der Erhebung epidemiologischer Daten dient, um Veränderungen bei der Ausbreitung bestimmter übertragbarer Krankheiten festzustellen. Die **namentliche Meldung** stellt eine gesetzlich zugelassene **Durchbrechung der Schweigepflicht** dar. Sie muss auch dann erfolgen, wenn der Betroffene der Meldung widerspricht. Allerdings gilt dies nur, soweit der Meldeinhalt gesetzlich vorgeschrieben ist.

Ausnahmsweise angenommen wird eine sog. Offenbarungsrechtfertigung in Fällen, in denen andere in ihrer Gesundheit unmittelbar gefährdet werden und die Gefährdung nicht anders als mit der Durchbrechung der Schweigepflicht abwendbar ist. Dies gilt sowohl bezüglich einer Weitergabe der Daten an die Behörde als auch an Personen im nahen sozialen Umfeld, die ohne die Information offensichtlich gefährdet sind.

Bestehen z. B. Zweifel, dass ein HIV-Infizierter seinen Ehe- und Geschlechtspartner über das Infektionsrisiko informiert hat oder sonstige Schutzmaßnahmen ergriffen hat, darf der Arzt den Partner aufklären. Unter Umständen ist er hierzu sogar verpflichtet, wenn nicht nur die infizierte sondern auch die gefährdete Person bei ihm in Behandlung ist.

Eine zulässige Durchbrechung der Schweigepflicht wird auch dann angenommen, wenn dem Arzt bekannt ist oder er den Verdacht hat, dass sein an einer schwerwiegenden sexuell übertragbaren Krankheit leidender Patient trotz Belehrung ungeschützten Geschlechtsverkehr mit einem oder wechselnden Partnern durchführt und der Arzt deshalb das Gesundheitsamt informiert. In den Fällen, bei denen eine namentliche Meldung vorgeschrieben ist, muss diese folgende Angaben enthalten:

- Name, Vorname des Patienten,
- Geschlecht,
- Geburtsdatum,
- Anschrift.
- Tätigkeit des Patienten in bestimmten Einrichtungen (z. B. in Kinderkrippen, Kindergärten, Schulen, Heimen, Krankenhäusern, Tageskliniken, Altenheimen, Obdachlosenunterkünften, Praxen von Heilberufen, in denen invasive Eingriffe vorgenommen werden etc.).
- Diagnose bzw. Verdachtsdiagnose.
- Tag der Erkrankung oder Tag der Diagnose, ggf. Tag des Todes,
- wahrscheinliche Infektionsquelle,
- das Land, in dem die Infektion wahrscheinlich erworben wurde; bei Tuberkulose Geburtsland und Staatsangehörigkeit.
- Name, Anschrift und Telefonnummer der mit der Erregerdiagnostik beauftragten Untersuchungsstelle.
- Überweisung in ein Krankenhaus bzw. Aufnahme in einem Krankenhaus oder einer anderen Einrichtung der stationären Pflege und Entlassung aus der Einrichtung, soweit dem Meldepflichtigen bekannt.
- Blut-, Organ- und Gewebespende in den letzten 6 Monaten.
- Name, Anschrift und Telefonnummer des Meldenden.

Die namentliche Meldung muss **unverzüglich, spätestens innerhalb von 24 Stunden nach erlangter Kenntnis,** gegenüber dem für den Aufenthalt des Betroffenen zuständigen Gesundheitsamt erfolgen. Die Meldung darf wegen einzelner fehlender Angaben nicht verzögert werden. Die Nachmeldung oder Korrektur hat unverzüglich zu erfolgen.

Nichtnamentliche Meldung

Die nicht namentlichen Meldungen dienen grundsätzlich rein epidemiologischen Zwecken. Sie liefern Daten für gezielte Aufklärungsmaßnahmen und für gesundheitspolitische Entscheidungen. Soweit die Meldung nicht namentlich zu erfolgen hat (z. B. der Nachweis des HIV-Erregers) hat die Meldung Folgendes zu enthalten:

- Geschlecht,
- Monat und Jahr der Geburt,
- erste drei Ziffern der Postleitzahl der Hauptwohnung,
- Untersuchungsbefund,
- Monat und Jahr der Diagnose,

- Art des Untersuchungsmaterials,
- Nachweismethode,
- wahrscheinlicher Infektionsweg, wahrscheinliches Infektionsrisiko,
- Land, in dem die Infektion wahrscheinlich erworben wurde,
- Name, Anschrift und Telefonnummer des Meldenden.
- Bei HIV: eine fallbezogene Verschlüsselung. Sie besteht jeweils beim Vor- und Nachnamen aus der Angabe des dritten Buchstabens in Verbindung mit der Anzahl der Buchstaben. Namenszusätze bleiben unbeachtet, bei Doppelnamen wird nur der erste Namensbestandteil berücksichtigt (z. B.: Franziska-Maria von Weber = A9/B5).
- Bei Malaria: Angaben zur Expositions- und Chemoprophylaxe

Die nichtnamentliche Meldung muss **innerhalb von 2 Wochen** mit dem entsprechenden Formblatt gegenüber dem Robert-Koch-Institut erfolgen. Bei gehäuftem Auftreten nosokomialer Infektionen, die nicht namentlich zu melden sind, muss die Meldung dem Gesundheitsamt gegenüber unverzüglich erfolgen.

Meldungsempfänger

Für die *namentlichen* Meldungen ist ein *dreistufiger Meldeweg* vorgeschrieben:
- 1. Stufe: Die meldepflichtige Person (z. B. Arzt) meldet an das Gesundheitsamt. Diese Meldung hat unverzüglich zu erfolgen (s. o.).
- 2. Stufe: Das Gesundheitsamt übermittelt an die zuständige Landesbehörde. Das ist in Bayern das Landesuntersuchungsamt für das Gesundheitswesen Südbayern. Die Meldung erfolgt wöchentlich, spätestens am dritten Arbeitstag der folgenden Woche, in anonymisierter Form, da diese Weitergabe nur epidemiologischen Zwecken dient.
- 3. Stufe: Die Landesbehörde übermittelt die Daten innerhalb einer Woche an das Robert-Koch-Institut.

Bei den *nichtnamentlichen* Meldungen erfolgt die Meldung direkt vom Meldepflichtigen an das Robert-Koch-Institut. Dabei ist das dafür vorgesehene Formblatt zu verwenden.

Der dem Gesundheitsamt gemeldete Verdacht eines Impfschadens (S. 472) ist vom Gesundheitsamt unverzüglich der zuständigen Landesbehörde zu übermitteln. Dies ist in Bayern die jeweilige Bezirksregierung. Das Auftreten von Cholera, Diphtherie, Fleckfieber, Gelbfieber, virusbedingten hämorrhagischem Fieber, Pest, Poliomyelitis, Rückfallfieber und Influenzavirus-Nachweisen hat das Gesundheitsamt unverzüglich an die zuständige oberste Landesgesundheitsbehörde (in Bayern: das Staatsministerium für Arbeit und Sozialordnung, Familie, Frauen und Gesundheit) und diese unverzüglich dem Robert-Koch-Institut zu melden. Dieses hat die Meldung entsprechend den internationalen Verpflichtungen an die Weltgesundheitsorganisation zu übermitteln. Diese Meldungen erfolgen alle in anonymisierter Form.

43.2.4 Verhütung übertragbarer Krankheiten

Die Verhütung übertragbarer Krankheiten hat Vorrang vor der Bekämpfung. Verhütungsmaßnahmen sollen im Vorfeld dafür sorgen, dass Krankheitserreger den Menschen nicht erreichen. Mögliche Infektionsquellen sind daher zu erkennen und die erforderlichen Maßnahmen zur Verhütung einer Ausbreitung zu treffen.

Befugnisse der Behörden

Liegen Tatsachen vor, die zum Auftreten einer übertragbaren Krankheit führen können, so trifft die zuständige Behörde (in Bayern die Kreisverwaltungsbehörde) die notwendigen Maßnahmen, die zur Abwendung der Gefahr für den Einzelnen oder die Allgemeinheit notwendig sind. Es genügt auch schon der Verdacht, dass derartige Tatsachen vorliegen können. So ist die zuständige Behörde berechtigt,
- Grundstücke, Räume, Anlagen und Einrichtungen sowie Verkehrsmittel aller Art zu betreten,
- Bücher oder sonstige Unterlagen einzusehen und hieraus Abschriften, Ablichtungen oder Auszüge anzufertigen sowie
- sonstige Gegenstände zu untersuchen oder Proben zur Untersuchung zu fordern oder zu entnehmen.

Die betreffenden Personen sind verpflichtet, den Behörden den Zutritt zu gewähren und Auskunft zu erteilen. Das Grundrecht auf Unverletzlichkeit der Wohnung (Art. 13 GG) wird dadurch in zulässiger Weise eingeschränkt.

Art und Umfang der einzelnen Maßnahmen sind im IfSG nicht näher bestimmt, da es bei der Vielgestaltigkeit der Lebensverhältnisse unzweckmäßig ist, sie näher vorzuschreiben oder einzugrenzen. Es muss jedoch stets der Grundsatz der Verhältnismäßigkeit beachtet werden. So dürfen nur Maßnahmen ergriffen werden, die zur Gefahrenabwehr unbedingt erforderlich sind und bei denen der durch sie verursachte Schaden in einem vernünftigen Verhältnis zu dem von der drohenden Gefahr zu befürchtenden Schaden steht. Zuerst sind daher weniger einschneidende Maßnahmen zu ergreifen, wenn dies zur Klärung der Gefahrenlage ausreicht.

Entseuchung von Gegenständen

Wenn Gegenstände mit meldepflichtigen Krankheitserregern behaftet sind oder wenn das anzunehmen ist und dadurch eine Verbreitung der Krankheit zu befürchten ist, kann die Vernichtung von Gegenständen angeordnet werden, soweit dies erforderlich ist.

Gesundheitsschädlinge

Wenn Gesundheitsschädlinge festgestellt werden und die Gefahr begründet ist, dass durch diese Krankheitserreger verbreitet werden, muss die Behörde die erforderlichen Maßnahmen zur Bekämpfung anordnen. Dies umfasst Maßnahmen gegen das Auftreten, die Vermehrung und die Verbreitung sowie zur Vernichtung dieser Tiere. Ein Gesundheitsschädling ist ein Tier, durch das Krankheitserreger auf Menschen übertragen werden können. Unter den Anwendungsbereich dieser Vorschrift fallen nicht nur die typischen Siedlungsungeziefer wie Ratten, Läuse oder Zecken, sondern auch Nutz- und Liebhabertiere.

Maßnahmen bei sexuell übertragbaren Krankheiten

Das Gesundheitsamt ist bezüglich sexuell übertragbarer Krankheiten und Tuberkulose verpflichtet, Beratung und Untersuchung anzubieten. In Einzelfällen können Ärzte des Gesundheitsamtes die Behandlung auch selbst durchführen. Diese Angebote können anonym in Anspruch genommen werden. Während die Beratung völlig unentgeltlich erfolgt, hat die Kosten für Untersuchung und Behandlung die Krankenversicherung zu tragen, falls die Person versichert ist; im Übrigen der Staat, wenn die Person die Kosten nicht tragen kann.

Als sexuell übertragbare Krankheiten kommen in Betracht: Syphilis (Lues), Tripper (Gonorrhö), weicher Schanker (Ulcus molle), venerische Lymphknotenentzündung, Chlamydia trachomatis, Mycoplasma hominis, Ureaplasma urealyticum, Herpes-simplex-Virus, Hepatitis-B-Virus, Zytomegalie-Virus, Papillomviren, Molluscum-contagiosum-Virus, HIV, Trichmonas vaginalis, Candida albicans, Sarcoptes scabiei.

43 Schutzimpfungen und andere Maßnahmen der spezifischen Prophylaxe

Die zuständigen Behörden müssen die Bevölkerung über die Bedeutung von Schutzimpfungen und anderer Maßnahmen der spezifischen Prophylaxe informieren. Schutzimpfungen gelten neben hygienisch einwandfreiem Trinkwasser und wirksamen Arzneimitteln als die effektivste Maßnahme zur Verhütung übertragbarer Krankheiten. So bestehen derzeit Impfungen gegen Diphtherie, Tetanus, Keuchhusten, Haemophilus influenzae Typ b-Meningitis, Kinderlähmung, Masern, Mumps, Röteln, Hepatitis A und B.

Empfehlungen zur Durchführung von Schutzimpfungen werden bei der Ständigen Impfkommission (STIKO) erarbeitet, die beim Robert-Koch-Institut eingerichtet ist. Diese Empfehlungen sind grundsätzlich medizinischer Standard und geben den Stand von Wissenschaft und Technik wieder.

Derzeit besteht in Deutschland *keine Impfpflicht*.

Das Bundesgesundheitsministerium kann jedoch mit Zustimmung des Bundesrates durch Rechtsverordnung anordnen, dass bedrohte Teile der Bevölkerung an einer Schutzimpfung teilzunehmen haben, wenn eine übertragbare Krankheit mit klinisch schweren Verlaufsformen auftritt und mit ihrer epidemischen Verbreitung zu rechnen ist.

Der impfende Arzt hat jede Schutzimpfung unverzüglich in einen *Impfausweis* einzutragen oder eine *Impfbescheinigung* auszustellen.

Nosokomiale Infektionen

Ca. 3,5 % der in Deutschland stationär behandelten Patienten erleiden eine nosokomiale Infektion. Nach Meinung von Experten kann ein Drittel dieser Infektionen durch *Hygienemaßnahmen* verhindert werden. Deswegen verpflichtet das IfSG Leiter von Krankenhäusern und von Einrichtungen für ambulantes Operieren das Auftreten von nosokomialen Infektionen, die vom Robert-Koch-Institut näher festgelegt werden, fortlaufend zu dokumentieren und diese Aufzeichnungen 10 Jahre lang aufzubewahren. Die erfassten Daten müssen vom Krankenhaus auch bewertet werden. Hierzu gehört deren Analyse und die daraus abgeleiteten Maßnahmen sowie deren Erfolgskontrolle.

Beim Robert-Koch-Institut ist eine Kommission für Krankenhaushygiene und Infektionsprävention eingerichtet, die Empfehlungen zur Prävention nosokomialer Infektionen sowie zu betrieblich-organisatorischen und baulich-funktionellen Maßnahmen der Hygiene in Krankenhäusern und anderen medizinischen Einrichtungen erstellt.

Mit der Änderung des IfSG vom 28.7.2011 sind die Voraussetzungen geschaffen worden, um die Hygienequalität in Krankenhäusern und medizinischen Behandlungen zu verbessern. Schwerpunkt dieser Gesetzesänderung ist insbesondere die Bekämpfung der nosokomialen Infektionen. So werden die jeweiligen Landesregierungen verpflichtet, Regelungen für die Einhaltung der Infektionshygiene in allen relevanten Einrichtungen des Gesundheitswesens zu erlassen. Bayern hat bereits mit Wirkung vom 1.1.2011 seine bereits bestehende Hygieneverordnung verschärft. So müssen z. B. alle Krankenhäuser eine Hygienekommission einrichten und diese muss Hygienepläne aufstellen.

Die Leiter von Krankenhäusern und von Einrichtungen für ambulantes Operieren haben sicherzustellen, dass die vom Robert Koch-Institut festgelegten nosokomialen Infektionen und das Auftreten von Krankheitserregern mit speziellen Resistenzen und Multiresistenzen fortlaufend in einer gesonderten Niederschrift aufgezeichnet, bewertet und sachgerechte Schlussfolgerungen hinsichtlich erforderlicher Präventionsmaßnahmen gezogen und dass die erforderlichen Präventionsmaßnahmen dem Personal mitgeteilt und umgesetzt werden.

Darüber hinaus haben die Leiter sicherzustellen, dass bestimmte Daten zu Art und Umfang des Antibiotika-Verbrauchs fortlaufend in zusammengefasster Form aufgezeichnet, unter Berücksichtigung der lokalen Resistenzsituation bewertet und sachgerechte Schlussfolgerungen hinsichtlich des Einsatzes von Antibiotika gezogen werden und dass die erforderlichen Anpassungen des Antibiotikaeinsatzes dem Personal mitgeteilt und umgesetzt werden. Die Aufzeichnungen sind 10 Jahre lang nach deren Anfertigung aufzubewahren. Dem zuständigen Gesundheitsamt ist auf Verlangen Einsicht in die Aufzeichnungen, Bewertungen und Schlussfolgerungen zu gewähren.

43.2.5 Bekämpfung übertragbarer Krankheiten

Erkrankt ein Mensch an einer übertragbaren Krankheit, so betrifft dies auch die Allgemeinheit, die vor Ansteckung geschützt werden muss. Es bedarf daher einer sachkundigen Bekämpfung vor allem auch der Infektionsquelle.

Behandlung durch Ärzte

Die Behandlung einer meldepflichtigen Krankheit (bzw. Krankheitsverdacht) darf insoweit nur von einem Arzt durchgeführt werden. Dies gilt auch wenn der Patient mit einem meldepflichtigen Krankheitserreger infiziert ist oder an einer sexuell übertragbaren Krankheit (S. 479) erkrankt ist. Als Behandlung gilt auch die Labordiagnostik, die diese Krankheiten betrifft. Der Arztvorbehalt gilt nur im Hinblick auf die meldepflichtige Krankheit. Leidet der Patient gleichzeitig noch an einer anderen Krankheit, so kann diese auch von einer Person, die nicht Arzt ist, behandelt werden (z. B. von einem Heilpraktiker). Auch bezieht sich der Arztvorbehalt nur auf die Behandlung, nicht aber auf die Untersuchung.

Ermittlungs- und Unterrichtungspflicht der Behörde

Ergibt sich oder ist anzunehmen, dass jemand
- krank (S. 471),
- krankheitsverdächtig (S. 471),
- ansteckungsverdächtig (S. 471) oder
- Ausscheider (S. 471) ist

oder dass dies auf einen Verstorbenen zutraf, so stellt das Gesundheitsamt die erforderlichen Ermittlungen an. Diese erstrecken sich insbesondere auf Art, Ursache, Ansteckungsquelle und Ausbreitung der Krankheit. Bei dieser umfassenden Ermittlungspflicht kommt es nicht darauf an, ob es sich um eine meldepflichtige Krankheit handelt oder nicht. Das Gesundheitsamt entscheidet selbstständig, ob es überhaupt und gegebenenfalls welche Ermittlungen aufnimmt.

Ergibt sich oder ist anzunehmen, dass jemand, der an einer meldepflichtigen Krankheit erkrankt ist, nach dem vermuteten Zeitpunkt der Infektion Blut-, Organ- oder Gewebespender war, so hat das Gesundheitsamt die zuständigen Behörden (u.a. Koordinierungsstelle und Transplantationszentrum (S. 216)) unverzüglich zu unterrichten. Dies gilt auch, wenn ein Verstorbener, der an einer meldepflichtigen Krankheit erkrankt war, Blut-, Organ- oder Gewebespender war. Es muss sich jedoch bei der meldepflichtigen Krankheit um eine solche gehandelt haben, die durch Blut, Blutprodukte, Gewebe oder Organe übertragen werden kann.

Zur *Durchführung der Ermittlungen* darf die Behörde Grundstücke, Räume, Anlagen und Einrichtungen sowie Verkehrsmittel aller Art betreten und Bücher sowie sonstige Unterlagen einsehen. Die betreffenden Personen können vorgeladen werden. Sie können verpflichtet werden, Untersuchungen und Entnahmen von Untersuchungsmaterial an sich vornehmen zu lassen (z. B. Röntgenuntersuchungen, Tuberkulintestungen, Blutentnahmen und Abstriche von Haut und Schleimhäuten). *Invasive Eingriffe* und Eingriffe, die eine Betäubung erfordern, dürfen jedoch *nur mit Einwilligung* der Betroffenen vorgenommen werden. Bei Verstorbenen kann die innere *Leichenschau* angeordnet werden.

Alle Maßnahmen unterliegen jedoch dem Übermaßverbot. Dies bedeutet, dass immer nur Maßnahmen zulässig sind, die für die Ermittlung geeignet, erforderlich und verhältnismäßig sind.

Geeignet ist der Ermittlungseingriff nur, wenn er der Zielverwirklichung dient; *erforderlich* heißt, dass das Ziel nicht ohne diese Ermittlung erreicht werden kann; *verhältnismäßig* ist eine Maßnahme nur dann, wenn das Ziel nicht auf eine andere, weniger belastende Weise erreicht werden kann. Schließlich wird hier in Grundrechte des Betroffenen eingegriffen, was zwar grundsätzlich zulässig ist, jedoch nur soweit wie unbedingt notwendig.

Schutzmaßnahmen

Soweit und solange es zur Verhinderung der Verbreitung übertragbarer Krankheiten erforderlich ist, trifft die zuständige Behörde (in Bayern die Kreisverwaltungsbehörde) die notwendigen Schutzmaßnahmen gegenüber
- Kranken (S. 471),
- Krankheitsverdächtigen (S. 471),
- Ansteckungsverdächtigen (S. 471),
- Ausscheidern (S. 471) oder
- Verstorbenen.

Eine bestehende Meldepflicht der Krankheit ist hier nicht erforderlich. Die zuständige Behörde kann auch Veranstaltungen oder sonstige Ansammlungen einer größeren Anzahl von Menschen (z. B. Theater, Kino, Gaststätten, Messen, Volksfeste) beschränken oder verbieten und Badeanstalten oder Gemeinschaftseinrichtungen für Säuglinge, Kinder oder Jugendliche schließen. Als Schutzmaßnahmen kommen insbesondere in Betracht:
- *Beobachtung*
  Kranke, Krankheitsverdächtige, Ansteckungsverdächtige und Ausscheider können einer Beobachtung unterworfen werden. Damit kann frühzeitig erkannt werden, ob sich der

Verdacht bestätigt und weitere Schutzmaßnahmen getroffen werden müssen. Die Betroffenen haben die erforderlichen Untersuchungen durch das Gesundheitsamt zu dulden.

- *Quarantäne*
  Personen, die an Lungenpest oder an von Mensch zu Mensch übertragbarem hämorrhagischem Fieber erkrankt oder dessen verdächtig sind, werden immer unverzüglich in einem Krankenhaus oder einer geeigneten Einrichtung abgesondert.
  Bei sonstigen Kranken, Krankheitsverdächtigen, Ansteckungsverdächtigen und Ausscheidern steht es im Ermessen der Behörde, ob sie abgesondert werden. Dies kommt jedenfalls dann in Betracht, wenn weniger einschneidende Maßnahmen nicht erfolgversprechend sind.
- Kommt der Betroffene den Anordnungen nicht nach, so ist er zwangsweise durch Unterbringung in einem geschlossenen Krankenhaus abzusondern.
- *Berufliches Tätigkeitsverbot*
  Die zuständige Behörde kann Kranken, Krankheitsverdächtigen, Ansteckungsverdächtigen und Ausscheidern die Ausübung bestimmter beruflicher Tätigkeiten ganz oder teilweise untersagen.
  Dies gilt auch für Personen, die Krankheitserreger so in oder an sich tragen, dass im Einzelfall die Gefahr einer Weiterverbreitung besteht (sog. Carrier). Hierzu gehören z. B. Personen, die mit HIV oder Hepatitis B infiziert sind und keine klinischen Symptome haben.

Kein Behandlungszwang

Eine Heilbehandlung kann weder als Schutzmaßnahme noch im Rahmen einer Absonderung angeordnet werden. Es gibt demzufolge keine Zwangsbehandlung.

43.2.6 Zusätzliche Vorschriften für Schulen u. Ä.

Für *Gemeinschaftseinrichtungen,* deren Gemeinsamkeit darin besteht, dass Säuglinge, Kinder und Jugendliche täglich miteinander und mit dem betreuenden Personal in engen Kontakt kommen, sieht das IfSG zusätzliche Vorschriften vor. Hierzu gehören insbesondere Kinderkrippen, Kindergärten, Kindertagesstätten, Kinderhorte, Schulen oder sonstige Ausbildungseinrichtungen, Heime, Ferienlager und ähnliche Einrichtungen.

Nicht hierunter fallen Kinderkrankenhäuser und Kinderabteilungen von Allgemeinkrankenhäusern oder Heime, in denen ältere Personen oder behinderte Volljährige aufgenommen werden.

In diesen Gemeinschaftseinrichtungen dürfen Personen *keine Erziehungstätigkeit* ausüben, wenn sie an bestimmten, im IfSG genau aufgezählten Krankheiten erkrankt sind (z. B. Keuchhusten, Masern, Mumps, Scharlach, Windpocken), sofern sie Kontakt zu den dort betreuten Kindern haben. Ausscheider bestimmter Erreger (z. B. Salmonella typhi oder paratyphi) dürfen nur mit Zustimmung des Gesundheitsamts und unter Beachtung der Schutzmaßnahmen die betreffenden Räume betreten und an Veranstaltungen teilnehmen.

Die oben genannten Gemeinschaftseinrichtungen sowie Krankenhäuser, Vorsorge oder Rehabilitationseinrichtungen, Einrichtungen für ambulantes Operieren, Tageskliniken, Entbindungseinrichtungen und Altenheime unterliegen der infektionshygienischen Überwachung durch das Gesundheitsamt. Sie sind verpflichtet, sog. Hygienepläne aufzustellen.

Der infektionshygienischen Überwachung unterliegen auch Zahnarztpraxen sowie Arztpraxen und Praxen sonstiger Heilberufe, in denen invasive Eingriffe vorgenommen werden, sowie sonstige Einrichtungen und Gewerbe, bei denen durch Tätigkeiten am Menschen durch Blut Krankheitserreger übertragen werden können (z. B. Studios, in denen Tätowierungen oder Piercings vorgenommen werden). Zur infektionshygienischen Überwachung gehört vor allem die Inaugenscheinnahme der Einrichtung und die Prüfung der Hygienepläne.

43.2.7 Beschaffenheit von Wasser

Wasser *für den menschlichen Gebrauch* muss so beschaffen sein, dass durch seinen Genuss oder Gebrauch eine Schädigung der menschlichen Gesundheit, insbesondere durch Krankheitserreger, nicht zu befürchten ist. Für den menschlichen Gebrauch bestimmt ist vor allem das *Trinkwasser*, sei es im ursprünglichen Zustand oder nach Verarbeitung in anderen Getränken oder in Speisen sowie Wasser, das zum Baden, Duschen oder für andere Arten der Körperreinigung verwendet wird.

Gleiches gilt für *Schwimm-* oder *Badebeckenwasser* in gewerblich genutzten Einrichtungen. Um die Qualität sicherzustellen, unterliegen diese Einrichtungen der Überwachung durch das Gesundheitsamt. Auch die Beseitigung von *Abwasser* hat so zu geschehen, dass Gefahren für die Gesundheit nicht entstehen. Dementsprechend unterliegen auch Abwasserbeseitigungsanlagen der infektionshygienischen Überwachung durch die zuständige Behörde.

43.2.8 Beschäftigung im Lebensmittelbereich

Personen, von denen eine Ansteckungsgefahr ausgeht, dürfen bestimmte Tätigkeiten im Umgang mit Lebensmitteln nicht ausüben, um eine Verbreitung der Krankheit durch Lebensmittel zu verhindern. Unter dieses *Beschäftigungsverbot* fallen Personen, die

a) an folgenden Krankheiten *erkrankt* oder dessen *verdächtig* sind:
- Typhus abdominalis,
- Paratyphus,
- Cholera,
- Shigellenruhr,
- Salmonellose,
- andere infektiöse Gastroenteritis,
- Virushepatitis A oder E,

b) an *infizierten Wunden* oder an *Hautkrankheiten* erkrankt sind, bei denen die Möglichkeit besteht, dass deren Krankheitserreger über Lebensmittel übertragen werden können,

c) folgende Erreger *ausscheiden*:
- Shigellen,
- Salmonellen,
- enterohämorrhagischen Escherichia coli oder
- Choleravibrionen.

Betroffen von diesem Beschäftigungsverbot sind jedoch nur Personen, die bestimmte Lebensmittel herstellen, behandeln oder in Verkehr bringen, wenn sie dabei mit diesen

Lebensmitteln unmittelbar in Berührung kommen. Dieses Verbot gilt auch ganz allgemein für Personen in Küchen von Gaststätten und sonstigen Einrichtungen mit Gemeinschaftsverpflegung (z. B. Küchen von Kantinen oder Krankenhäusern etc.) unabhängig davon, welche konkrete Tätigkeit sie ausüben. Ausgenommen hiervon ist nur der private hauswirtschaftliche Bereich.

Ob das Beschäftigungsverbot auch auf das *Kranken- oder Altenpflegepersonal* Anwendung findet, hängt vom jeweiligen Einzelfall ab. Werden von diesen Personen die Speisen für die Patienten nur transportiert, ohne mit ihnen in Berührung zu kommen, finden diese Vorschriften keine Anwendung. Sind die Pflegekräfte jedoch bei der Herstellung oder Zubereitung des Essens behilflich, werden sie von dieser Vorschrift mit umfasst. Für diejenigen, die bei ihrer Tätigkeit die Küche betreten, um die Speisen dort abzuholen, sind die Vorschriften auf jeden Fall anwendbar.

Wenn obige Voraussetzungen erfüllt sind, greift das Beschäftigungsverbot automatisch, ohne dass es von der Behörde ausgesprochen werden muss. Liegen die Voraussetzungen nicht mehr vor, fällt das Beschäftigungsverbot wieder automatisch weg. Das Gesundheitsamt kann Ausnahmen von diesen Verboten zulassen, wenn Maßnahmen durchgeführt werden, mit denen eine Ansteckung verhindert werden kann.

Die oben bezeichneten Tätigkeiten beim Umgang mit Lebensmitteln dürfen Personen gewerbsmäßig nur dann ausüben, wenn sie vor der Aufnahme ihrer erstmaligen Tätigkeit eine Bescheinigung des Gesundheitsamtes vorlegen, aus der hervorgeht, dass sie
- vom Gesundheitsamt oder einem von diesem beauftragten Arzt mündlich und schriftlich belehrt wurden und
- schriftlich erklärt haben, dass ihnen keine Tatsachen bekannt sind, die ein Tätigkeitsverbot bei ihnen begründen.

Diese Bescheinigung darf *nicht älter als 3 Monate* sein. Der Arbeitgeber hat *jährlich* die betreffenden Personen zu belehren und dies zu *dokumentieren*. Treten bei den betreffenden Personen nach Aufnahme ihrer Tätigkeit Anhaltspunkte auf, die ein Beschäftigungsverbot begründen, so haben sie dies ihrem Arbeitgeber unverzüglich mitzuteilen.

43.2.9 Tätigkeit mit Krankheitserregern

Wer Krankheitserreger nach Deutschland einführt, sie ausführt, aufbewahrt, abgibt oder mit ihnen arbeiten will, bedarf der Erlaubnis der zuständigen Behörde. Hiervon sind bestimmte Personen ausgenommen wie z. B. Ärzte, die zur selbstständigen Ausübung ihres Berufes berechtigt sind.

43.2.10 Entschädigung

Hat ein Betroffener durch Maßnahmen der Behörde aufgrund des IfSG einen Schaden erlitten, kann er unter Umständen entschädigt werden. Dies trifft z. B. auf Personen zu, die wegen eines Beschäftigungsverbotes oder aufgrund einer Absonderung einen Verdienstausfall erlitten haben, jedenfalls dann, wenn sie nicht aufgrund anderer Vorschriften wie Lohnfortzahlung im Krankheitsfall, einen Ersatz bekommen. Wer bei einer Schutzimpfung, die vorgeschrieben war oder von einer Behörde öffentlich empfohlen wurde, einen gesundheitlichen Schaden erlitten hat, wird ebenfalls entschädigt.

Soweit wegen der Verhütung oder Bekämpfung von übertragbaren Krankheiten Gegenstände vernichtet oder beschädigt wurden, wird ebenfalls Schadensersatz geleistet. Keine Entschädigung erhalten allerdings die Personen, deren eigene Gegenstände mit Krankheitserregern oder mit Gesundheitsschädlingen behaftet sind.

43.2.11 Straf- und Bußgeldvorschriften

Durch besondere Straf- und Bußgeldvorschriften sollen die Ge- und Verbote des IfSG durchgesetzt werden. So begeht derjenige, der gegen Melde-, Anzeige-, Mitteilungs-, Auskunfts- und Duldungspflichten verstößt, angeordnete Untersuchungen nicht duldet oder sonstige im Gesetz näher bezeichnete Pflichten verletzt, eine *Ordnungswidrigkeit* und kann mit einer Geldbuße bis zu 25.000 Euro geahndet werden.

Verstößt jemand vorsätzlich gegen Meldepflichten o. Ä. *und* verbreitet dadurch eine meldepflichtige Krankheit oder einen meldepflichtigen Krankheitserreger, so begeht er eine *Straftat*, die mit Geld oder Freiheitsstrafe bis zu 5 Jahren bestraft werden kann.

44 Strahlenschutz

Der Umgang mit Röntgenstrahlen und anderen ionisierenden Strahlen, besonders mit radioaktiven Stoffen, bedarf wegen seiner Gefährlichkeit für das Personal und die Patienten einer umfassenden Regelung. So hat die Bundesregierung mit Zustimmung des Bundesrates aufgrund des Atomgesetzes zwei wesentliche Verordnungen erlassen, die den Umgang mit Röntgenstrahlen (**Röntgenverordnung**) und mit radioaktiven Stoffen (**Strahlenschutzverordnung**) zum Gegenstand haben.

44.1 Röntgenverordnung

Der Strahlenschutz soll die Strahlenexposition (zeitlich begrenztes Einwirken von Strahlung) des Patienten und des Untersuchungspersonals so gering wie möglich halten. Dazu dient die Röntgenverordnung (RöV), die Voraussetzungen festlegt, um die Strahlenexposition bei der Anwendung von Röntgenstrahlung möglichst niedrig zu halten. Diese Regelungen beziehen sich auf die Anlage selbst, auf die Abgrenzung bestimmter strahlenbelasteter Bereiche und auf die Personen, die röntgen und geröntgt werden (▶ Abb. 44.1).

Abb. 44.1 Inhalt der Röntgenverordnung

44.1.1 Röntgenanlage

Ein wirksamer Strahlenschutz beginnt bereits bei der Röntgenanlage selbst. Der Betrieb einer solchen Einrichtung bedarf einer sachverständigen Überwachung und Sicherung der Qualität.

Genehmigungs- oder Anzeigepflicht

Wer eine Röntgenanlage betreibt oder deren Betrieb wesentlich verändert, bedarf der Genehmigung (§ 3 RöV). Eine Genehmigung ist gem. § 4 RöV nicht erforderlich, wenn
- die Bauart der Einrichtung zugelassen ist oder
- die Herstellung und das erstmalige In-Verkehr-Bringen unter den Anwendungsbereich des Medizinproduktegesetzes fällt.

Die Inbetriebnahme muss in diesen beiden Fällen der zuständigen Behörde spätestens 2 Wochen vorher *angezeigt* werden.

Dagegen bedarf es immer einer Genehmigung, wenn die Röntgeneinrichtung der Behandlung am Menschen oder zur Teleradiologie dient.

Qualitätssicherung

Die Röntgeneinrichtung dient dazu, die für die Diagnose wichtigen Körperstrukturen im Röntgenbild gut erkennbar darzustellen. Dabei soll sie den Patienten und das Untersuchungspersonal mit möglichst wenig Strahlung belasten. Um das zu erreichen, sind leistungsfähige und konstant arbeitende Röntgeneinrichtungen erforderlich. Die technisch einwandfreie Funktion der Einrichtung und der Filmverarbeitung ist dabei eine entscheidende Voraussetzung für optimale Bildqualität und minimale Strahlenexposition. Diese Qualitätssicherung der Einrichtung und der Filmverarbeitung erfolgt in drei Stufen:
- *Abnahmeprüfung, § 16 Abs. 2 RöV:*
  Vor der Inbetriebnahme und nach jeder Änderung des Betriebes, welche die Bildqualität beeinflusst (z. B. Reparatur, Austausch von Teilen), ist eine Abnahmeprüfung durch den Hersteller oder Lieferanten durchzuführen.
- *Konstanzprüfung der Röntgeneinrichtung, § 16 Abs. 3 RöV*
  In regelmäßigen Zeitabständen, mindestens jedoch monatlich, ist eine Prüfung durchzuführen, durch die ohne mechanische oder elektrische Eingriffe festzustellen ist, ob die Bildqualität und die Höhe der Strahlenexposition den Angaben in der letzten Aufzeichnung noch entsprechen.
- *Konstanzprüfung der Filmverarbeitung:*
  Bei diesen Prüfungen soll festgestellt werden, ob sich die Arbeitsweise oder der Funktionszustand der Röntgeneinrichtung geändert hat und die Werte noch den Bezugsgrößen entsprechen. Diese sollen in regelmäßigen Zeitabständen (am besten arbeitstäglich), mindestens jedoch monatlich durchgeführt werden.

Die Aufzeichnungen dieser Abnahme und Konstanzprüfungen sind einer von der zuständigen Behörde bestimmten ärztlichen Stelle zugänglich zu machen.

Die Aufzeichnungen der Abnahmeprüfung sind *für die Dauer des Betriebes,* mindestens jedoch bis 2 Jahre nach der nächsten vollständigen Abnahmeprüfung, die Aufzeichnungen der Konstanzprüfungen *2 Jahre* aufzubewahren.

Sonstige Pflichten des Betreibers

Der Betreiber der Röntgeneinrichtung hat darüber hinaus gem. §18 RöV noch folgende Pflichten:
- Er muss dafür sorgen, dass die mit der Röntgeneinrichtung beschäftigten Personen anhand der Gebrauchsanweisung sachgerecht eingewiesen werden.
- Eine Ausfertigung der Genehmigung oder der Bauartzulassung und der Betriebsanleitung sind aufzubewahren, die Gebrauchsanweisung und die letzte Sachverständigenbescheinigung oder der letzte Prüfbericht sind bereitzuhalten.
- Ein Abdruck der Röntgenverordnung ist zur Einsicht ständig verfügbar zu halten.
- Die Röntgeneinrichtung ist spätestens alle 5 Jahre durch einen Sachverständigen überprüfen zu lassen. Eine Durchschrift des Prüfberichts ist der zuständigen Stelle zu übersenden.
- Es muss ein aktuelles Bestandsverzeichnis (S. 462) geführt werden.
- Der Betrieb der Röntgeneinrichtung ist unverzüglich einzustellen, wenn der begründete Verdacht besteht, dass die Sicherheit und Gesundheit der betreffenden Personen bei sachgemäßer Anwendung über ein vertretbares Maß hinausgehend gefährdet ist.

44.1.2 Verantwortliche für den Umgang mit der Röntgeneinrichtung

Für den Umgang mit der Röntgenanlage sind vor allem zwei Personen verantwortlich: der Strahlenschutzverantwortliche und der Strahlenschutzbeauftragte.

Der Strahlenschutzverantwortliche

Strahlenschutzverantwortlicher ist der Betreiber einer Röntgeneinrichtung (§13 RöV). Dies ist der Inhaber des Betriebes. Bei einem Krankenhaus wäre dies der Träger des Krankenhauses bzw. der zuständige Verantwortliche, bei einer ärztlichen Praxis der Praxisbetreiber bzw. Inhaber. Er muss die Gewähr dafür bieten, dass die Bestimmungen der Genehmigungen und der Schutzvorschriften eingehalten werden. Dafür muss er weder selbst fachkundig sein, noch persönlich den Betrieb überwachen. Soweit er hierzu mangels Fachkunde nicht selbst in der Lage ist, hat er für die Leitung und Beaufsichtigung des Betriebes die erforderliche Anzahl von Strahlenschutzbeauftragten schriftlich zu bestellen. Der Strahlenschutzverantwortliche hat dafür zu sorgen, dass
- die Bestimmungen der RöV eingehalten werden,
- die erforderliche Anzahl von Strahlenschutzbeauftragten schriftlich bestellt wird,
- die notwendigen Mittel für einen ordnungsgemäßen Betrieb und erforderliche Schutzeinrichtungen bereitgestellt werden,
- ausreichendes und geeignetes Personal vorhanden ist.

Der Strahlenschutzverantwortliche hat daher als Betreiber der Anlage vor allem für den finanziellen Rahmen zu sorgen, innerhalb dessen ein verantwortungsvoller Betrieb der Röntgenanlage gewährleistet ist.

Der Strahlenschutzbeauftragte

Der Strahlenschutzbeauftragte wird vom Strahlenschutzverantwortlichen schriftlich benannt. Er hat den Umgang mit radioaktiven Stoffen und den Betrieb von Strahlenanlagen zu überwachen und ist verpflichtet, die Vorschriften einzuhalten (§ 14 RöV). Der Strahlenschutzbeauftragte muss über die erforderliche Fachkunde verfügen. Sein innerbetrieblicher Entscheidungsbereich ist schriftlich festzuhalten. In diesem Bereich ist er weisungsberechtigt. Für die Zeiten seiner Abwesenheit ist ein Vertreter zu bestellen.

Beim Strahlenschutzbeauftragten handelt es sich in der Regel um einen Arzt mit Fachausbildung. Es kommen jedoch auch medizinisch-technische Radiologieassistenten in Betracht. Sind Mängel vorhanden, die den Strahlenschutz beeinträchtigen und sich nicht beseitigen lassen, hat er diese dem Strahlenschutzverantwortlichen mitzuteilen. Zum Schutz Einzelner und der Allgemeinheit vor Strahlenschäden hat er gemäß § 15 RöV dafür zu sorgen, dass

- jede unnötige Strahlenexposition von Menschen vermieden wird,
- jede Strahlenexposition unterhalb der festgesetzten Werte so gering wie möglich gehalten wird,
- die Schutzvorschriften eingehalten werden und
- die Bestimmungen des Bescheids über die Genehmigung oder die Bauartzulassung eingehalten werden.

Ermächtigter Arzt

Strahlenexponierte Personen müssen regelmäßig untersucht werden. Diese Untersuchung muss bei Personen, die sich regelmäßig im Kontrollbereich aufhalten, mindestens jährlich stattfinden. Die Untersuchungen und die erforderliche Erstuntersuchung sind von einem Arzt zu überwachen, der von der zuständigen Behörde hierzu ermächtigt wurde (§ 41 RöV). Dieser Arzt ist auch zuständig für Sofortmaßnahmen bei Bestrahlung mit einer erhöhten Einzeldosis. Er ist verpflichtet, für jede von ihm überwachte Person eine Gesundheitsakte laufend zu führen. Die Gesundheitsakte ist so lange aufzubewahren, bis die Person das 75. Lebensjahr vollendet hat oder hätte, mindestens jedoch 30 Jahre nach Beendigung ihrer strahlenbelasteten Tätigkeit. Sie ist spätestens 100 Jahre nach der Geburt der betreffenden Person zu vernichten.

44.1.3 Strahlenschutzbereiche

Je nach Höhe der Strahlenexposition wird zwischen Überwachungsbereichen und Kontrollbereichen unterschieden. Sie gelten als Strahlenschutzbereiche nur während der Einschaltzeit des Strahlers.

Kontrollbereiche

Kontrollbereiche sind Bereiche, in denen Personen im Kalenderjahr eine effektive Dosis von mehr als 6 Millisievert (mSv) oder höhere Organdosen als 45 Millisievert für die Augenlinse oder 150 Millisievert für die Haut, die Hände, die Unterarme, die Füße und Knöchel erhalten können. Diese Bereiche sind abzugrenzen und während der Einschaltzeit zu kennzeichnen, mindestens mit den Worten *„Kein Zutritt – Röntgen"*. Bei Personen, die sich hier aufhalten, ist sicherzustellen, dass sie die erforderliche Schutzkleidung tragen. Sie dürfen den Bereich nur betreten, wenn

- sie zur Durchführung oder Aufrechterhaltung der darin vorgesehenen Betriebsvorgänge tätig werden müssen,
- sie als Patient behandelt werden sowie hier helfende Personen, wenn ein Arzt, der die erforderliche Sachkunde im Strahlenschutz besitzt, zugestimmt hat,
- bei Auszubildenden dies zur Erreichung ihres Ausbildungszieles erforderlich ist oder
- bei schwangeren Frauen (Patientin oder Auszubildende) der Strahlenschutzverantwortliche oder Strahlenschutzbeauftragte dies ausdrücklich gestattet und durch geeignete Überwachungsmaßnahmen sichergestellt ist, dass der besondere Dosisgrenzwert bei Schwangeren nicht überschritten wird.

Überwachungsbereiche

Hierbei handelt es sich um Bereiche, in denen Personen im Kalenderjahr eine effektive Dosis von mehr als 1 Millisievert oder höhere Organdosen als 15 Millisievert für die Augenlinse oder 50 Millisievert für die Haut, die Hände, die Unterarme, die Füße und Knöchel erhalten können. Während der Einschaltzeit des Strahlers darf Personen der Zutritt nur erlaubt werden, wenn

- sie darin eine dem Betrieb der Röntgeneinrichtung dienende Aufgabe wahrnehmen,
- sie als Patient behandelt werden sowie hier helfende Personen,
- bei Auszubildenden dies zur Erreichung ihres Ausbildungszieles erforderlich ist oder
- sie Besucher sind.

Röntgenraum

Eine Röntgeneinrichtung darf nur in einem allseitig umschlossenen Raum (Röntgenraum) betrieben werden. Eine Ausnahme besteht dann, wenn der Zustand des Patienten dies zwingend erfordert. Dabei sind besondere Vorkehrungen zum Schutz Dritter vor Röntgenstrahlung zu treffen.

Bestrahlungsräume

Röntgeneinrichtungen *zur Behandlung* dürfen nur in allseitig umschlossenen Räumen (Bestrahlungsräumen) betrieben werden. Kann in diesen Räumen die Ortsdosisleistung höher als *3 Millisievert pro Stunde* sein, sind sie so abzusichern, dass Personen, auch mit einzelnen Körperteilen, nicht unkontrolliert hinein gelangen können. Es muss eine geeignete Ausstattung zur Überwachung des Patienten im Bestrahlungsraum vorhanden sein.

44.1.4 Anwendungsberechtigte Personen

Soweit die Röntgenstrahlen auf Menschen angewendet werden, sind hierzu nur folgende Personen berechtigt:

- (Zahn-)Ärzte mit erforderlicher Fachkunde im Strahlenschutz,
- (Zahn-)Ärzte ohne Sachkunde, wenn sie über die erforderlichen Kenntnisse verfügen und unter ständiger Aufsicht und Verantwortung eines zuvor genannten Arztes stehen,
- Personen, die folgende Berufsbezeichnung führen dürfen: „medizinisch-technische/r Radiologieassistent/in", „medizinisch-technische/r Assistent/in",
- Hilfskräfte, die über die erforderlichen Kenntnisse im Strahlenschutz verfügen und unter ständiger Aufsicht und Verantwortung eines (Zahn-)Arztes stehen, der seine Fachkunde nachgewiesen hat: (Kinder-)Krankenpflegepersonal, (Zahn-)Arzthelferinnen.

44.1.5 Schutz der Patienten

Zum Schutz der Patienten sieht die Röntgenverordnung die Einhaltung bestimmter Grundsätze vor, sowie die Aufzeichnung wichtiger Daten und deren Aufbewahrung.

Anwendungsgrundsätze

Die Anwendung der Röntgenstrahlung auf Menschen ist im medizinischen Bereich an bestimmte Grundsätze gebunden (§ 25 RöV):
- Die Anwendung muss aus ärztlicher Indikation geboten sein.
- Die Strahlenexposition ist soweit wie möglich einzuschränken.
- Dosis und Dosisverteilung müssen den Erfordernissen der medizinischen Wissenschaft entsprechen.
- Körperbereiche, die nicht von der Nutzstrahlung getroffen werden müssen, sind zu schützen.
- Bei bestehender Schwangerschaft sind alle Möglichkeiten der Herabsetzung der Strahlenexposition auszuschöpfen.

Aufzeichnungs- und Aufbewahrungspflicht

Der zu untersuchende Patient ist vor Beginn der Röntgenuntersuchung oder -behandlung zu befragen
- nach früheren Anwendungen,
- über das Bestehen einer Schwangerschaft bei Frauen im gebärfähigen Alter.

Bei Röntgenuntersuchungen sind Röntgenpässe bereitzuhalten und der untersuchten Person anzubieten. Über jede durchgeführte Anwendung von Röntgenstrahlen sind Aufzeichnungen anzufertigen. Aus diesen muss hervorgehen:
- Zeitpunkt und Art der Anwendung,
- die untersuchte oder behandelte Körperregion,
- Angaben, die zur Ermittlung der Körperdosen erforderlich sind,
- bei einer Untersuchung der erhobene Befund,
- die Strahlenexposition des Patienten, soweit sie erfasst wurde.

Der Patient erhält auf Wunsch eine Abschrift dieser Aufzeichnungen. Bei Röntgenuntersuchungen sind Röntgenpässe bereitzuhalten und dem Patienten anzubieten. Aufzeichnungen über Röntgenbehandlungen sind *bis 30 Jahre nach der letzten Behandlung* aufzubewahren. Aufzeichnungen über *Röntgenuntersuchungen (inkl. Filme) sind 10 Jahre* lang aufzubewahren, mindestens bis zum 28. Lebensjahr.

44.1.6 Schutz der Beschäftigten

Die Röntgenverordnung sieht neben dem Schutz der Patienten auch den Schutz der Beschäftigten vor, soweit sie in einer Röntgeneinrichtung tätig sind.

Untersuchungspflicht

Bei der Untersuchungspflicht unterscheidet die Röntgenverordnung zwischen Personen der Kategorie A und Personen der Kategorie B. Beide fallen unter den Begriff der beruflich strahlenexponierten Person.

Personen der Kategorie A sind Personen, die einer beruflichen Strahlenexposition ausgesetzt sind, die im Kalenderjahr zu einer effektiven Dosis von mehr als 6 Millisievert oder einer höheren Organdosis als 45 Millisievert für die Augenlinse oder 150 Millisievert für die Haut, die Hände, die Unterarme, die Füße und Knöchel führen kann.

Personen der Kategorie B sind Personen, die einer beruflichen Strahlenexposition ausgesetzt sind, die im Kalenderjahr zu einer effektiven Dosis von mehr als 1 Millisievert oder einer höheren Organdosis als 15 Millisievert für die Augenlinse oder 50 Millisievert für die Haut, die Hände, die Unterarme, die Füße und Knöchel führen kann.

Die RöV regelt nun im Detail die Grenzwerte bei beruflich strahlenexponierten Personen, die nicht überschritten werden dürfen. Zu diesem Zweck ist bei diesen Personen unverzüglich die Körperdosis zu ermitteln. Diese ist dann in den Strahlenpass einzutragen. Die Messung geschieht mithilfe eines Dosimeters. Die Ergebnisse der Messungen sind unverzüglich aufzuzeichnen. Die Aufzeichnungen sind so lange aufzubewahren, bis die überwachte Person das 75. Lebensjahr vollendet hat oder vollendet hätte, mindestens jedoch 30 Jahre nach Beendigung der jeweiligen Beschäftigung. 100 Jahre nach der Geburt der betreffenden Person sind sie zu löschen. Strahlenexponierte Personen der Kategorie A dürfen im Kontrollbereich nur tätig werden, wenn sie
- innerhalb eines Jahres vor Beginn ihrer Tätigkeit von einem Arzt arbeitsmedizinisch untersucht worden sind und
- dem Strahlenschutzverantwortlichen eine ärztliche Bescheinigung vorliegt, nach der keine gesundheitlichen Bedenken entgegenstehen.

Beides muss jedes Jahr wiederholt werden.

Belehrung und Einweisung

Gemäß § 36 RöV sind Personen, denen der Zutritt zum Kontrollbereich erlaubt ist (Beschäftigte und Auszubildende), zu *unterweisen*. Diese Unterweisung ist mindestens jedes Jahr zu wiederholen und hat sich auf folgende Punkte zu erstrecken:
- Arbeitsmethoden,
- mögliche Gefahren,
- anzuwendende Sicherheits- und Schutzmaßnahmen,
- wesentlicher Inhalt der Röntgenverordnung und erteilter Genehmigungen.

Der Inhalt und der Zeitpunkt der Belehrung ist aufzuzeichnen. Diese Aufzeichnungen sind 5 Jahre aufzubewahren. Alle beim Betrieb einer Röntgeneinrichtung beschäftigten Personen sind in die sachgerechte Handhabung einzuweisen (§ 18 RöV). Diese Einweisung hat anhand der Gebrauchsanweisung zu erfolgen, und zwar von einer Person, die über die erforderliche Fachkunde verfügt.

44.2 Strahlenschutzverordnung

Im medizinischen Bereich werden vor allem in der Nuklearmedizin oder in der Strahlentherapie radioaktive Stoffe eingesetzt. Da damit besondere Gefahren verbunden sind, ist der Umgang mit diesen Stoffen in der Strahlenschutzverordnung geregelt. Diese Vorschriften entsprechen in wesentlichen Punkten (z. B. Strahlenschutzbeauftragter, Schutzkleidung, Kontroll- und Überwachungsbereich usw.) denen der Röntgenverordnung. Darüber hinaus ist Folgendes zu beachten:

- Personen unter 18 Jahren sowie schwangere Frauen dürfen sich nicht im Kontrollbereich aufhalten. Schwangere oder stillende Frauen dürfen nicht mit offenen radioaktiven Stoffen umgehen.
- Personen zwischen 16 und 18 Jahren kann genehmigt werden, sich zu Ausbildungszwecken im Kontrollbereich aufzuhalten, soweit sie unter der Aufsicht Fachkundiger stehen.
- Beim Umgang mit offenen radioaktiven Substanzen ist es verboten zu essen, zu trinken, zu rauchen oder kosmetische Mittel aufzunehmen, um die Aufnahme von radioaktiven Substanzen zu verhindern.
- Das im Kontrollbereich tätige Personal hat ständig ein Dosimeter bei sich zu führen. Die Messwerte müssen täglich aufgezeichnet werden.
- Beim Verlassen des Arbeitsplatzes ist eine Kontrollmessung durchzuführen.
- Soweit den Patienten radioaktive Substanzen verabreicht werden, muss dies genauestens vermerkt werden. Die Unterlagen sind 30 Jahre lang aufzubewahren.
- Bei Patienten, die mit radioaktiven Substanzen behandelt wurden, ist zu beachten, dass deren Ausscheidungen ebenfalls radioaktiv sein können. Das Gleiche gilt für den Körper eines Verstorbenen, der zuvor radioaktiv behandelt wurde. Dies muss bei der „Entsorgung" beachtet werden.

45 Personenstandsgesetz

Das Personenstandsgesetz enthält die Regelungen, die den Personenstand des Einzelnen betreffen. Der Personenstand umfasst Daten über die Geburt, Eheschließung, Begründung einer Lebenspartnerschaft und Tod sowie damit in Verbindung stehende familien- und namensrechtliche Tatsachen. Diese Beurkundung obliegt dem Standesbeamten. Er führt zu diesem Zweck 4 Personenstandsregister *(früher: Personenstandsbücher)* (▶ Abb. 45.1):

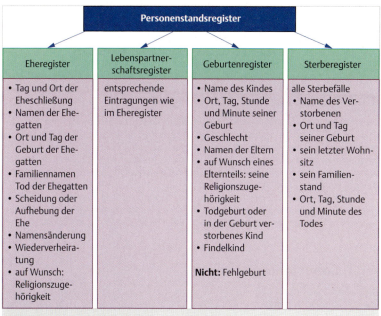

Abb. 45.1 Die 4 Personenstandsregister

Mit Inkrafttreten des Personenstandsrechtsreformgesetzes am 1.1.2009 wurden elektronische Möglichkeiten der Registerführung und der Kommunikation mit dem Bürger sowie mit Behörden und anderen Stellen eingeführt. Die Personenstandsbücher wurden durch Personenstandsregister ersetzt, die spätestens ab dem 1.1.2014 überall elektronisch geführt werden. Das elektronische Personenstandsregister löst daher die bisherigen Personenstandsbücher ab.

45.1 Eheregister

Die Eheschließenden haben die beabsichtigte Eheschließung mündlich oder schriftlich beim Standesamt ihres Wohnsitzes anzumelden. Wird nach Prüfung durch das Standesamt festgestellt, dass keine Ehehindernisse bestehen, kann die Eheschließung vorgenommen werden. Diese soll in einer der Bedeutung der Ehe entsprechenden würdigen Form stattfinden.

Die Erklärung der Eheschließenden, die Ehe miteinander eingehen zu wollen, sind von dem Standesbeamten im Anschluss an die Eheschließung in einer Niederschrift zu beurkunden. Sie ist von den Ehegatten, eventuellen Zeugen und dem Standesbeamten zu unterschreiben. Nach dem Eheeintrag wird das Eheregister fortgeführt. Es werden weiter eingetragen: der Tod der Ehegatten, die Aufhebung, Scheidung oder die Feststellung des Nichtbestehens der Ehe sowie jede Änderung des Namens der Ehegatten. Auch die Wiederverheiratung wird eingetragen.

45.2 Lebenspartnerschaftsregister

Zwei Personen gleichen Geschlechts, die gegenüber dem Standesbeamten (oder einer anderen je nach Landesrecht zugelassenen Urkundsperson) persönlich und bei gleichzeitiger Anwesenheit erklären, miteinander eine Partnerschaft auf Lebenszeit führen zu wollen, begründen eine Lebenspartnerschaft. Soweit die Lebenspartnerschaft vor dem Standesbeamten geschlossen wird, sind in das Lebenspartnerschaftsregister die entsprechenden Daten aufzunehmen wie im Eheregister.

Sieht das jeweilige Landesrecht vor, dass die Lebenspartnerschaft vor einer anderen Urkundsperson geschlossen werden kann (z. B. Notar), ist sicherzustellen, dass ein Lebenspartnerschaftsregister eingerichtet wird, das entsprechend dem Personenstandsregister geführt wird.

45.3 Geburtenregister

Die **Geburt eines Kindes** (auch eine **Totgeburt,** nicht aber eine Fehlgeburt) muss dem Standesbeamten, in dessen Bezirk es geboren ist, *binnen einer Woche* angezeigt werden. Ist ein Kind tot geboren oder während der Geburt verstorben, so muss die Anzeige spätestens am dritten auf die Geburt folgenden Werktag erstattet werden.

Eine **Lebendgeburt** liegt vor, wenn bei einem Kind nach Scheidung vom Mutterleib (wenn auch nur für wenige Sekunden):
- entweder das *Herz* geschlagen hat,
- die *Nabelschnur* pulsiert hat *oder*
- die natürliche *Lungenatmung* eingesetzt hat.

Eine **Totgeburt** (tot geboren oder während der Geburt verstorben) liegt vor, wenn bei einem Kind nach Scheidung vom Mutterleib:
- weder das Herz geschlagen hat,
- noch die Nabelschnur pulsiert hat,
- noch die natürliche Lungenatmung eingesetzt hat und
- das *Gewicht der Leibesfrucht mindestens 500 g* betragen hat.

Beträgt die tote Leibesfrucht *weniger als 500 g,* liegt eine **Fehlgeburt** vor. Sie wird in den Personenstandsregistern nicht beurkundet. Eine Fehlgeburt kann von einer Person, der bei Lebendgeburt die Personensorge zugestanden hätte (z. B. den Eltern), dem Standesamt, in dessen Zuständigkeitsbereich die Fehlgeburt erfolgte, angezeigt werden. In diesem Fall erteilt das Standesamt dem Anzeigenden auf Wunsch eine Bescheinigung, mit der eine Eintragung im Geburtenregister und im Sterberegister erfolgen kann. Somit haben alle totgeborenen Kinder (egal ob Fehlgeburt oder Totgeburt) das Recht auf eine Bestattung.

Es werden dann u. a. eingetragen: die Personalien der Eltern, Ort, Tag, Stunde und Minute der Geburt, Geschlecht und Name des Kindes (spätestens innerhalb eines Monats), bei einer Totgeburt der Name des Kindes nur auf Wunsch der Eltern.

Zur Anzeige sind verpflichtet:
1. jeder Elternteil des Kindes, wenn er sorgeberechtigt ist,
2. jede andere Person, die bei der Geburt zugegen war oder von der Geburt aus eigenem Wissen unterrichtet ist, wenn die sorgeberechtigten Eltern an der Anzeige gehindert sind.

Bei Geburten in öffentlichen Entbindungs- oder Krankenanstalten trifft die Verpflichtung zur Anzeige ausschließlich den Leiter der Anstalt oder die von ihm ermächtigte Person.

45.4 Sterberegister

Der **Tod eines Menschen,** auch unmittelbar nach einer Lebendgeburt, muss dem Standesbeamten, in dessen Bezirk er eingetreten ist, spätestens am dritten auf den Tod folgenden Werktag angezeigt werden. Dies gilt auch für eine Totgeburt oder Fehlgeburt; im letzteren Fall allerdings nur auf Wunsch des Personensorgeberechtigten.

Es werden dann im Sterberegister u. a. eingetragen: die Personalien des Verstorbenen, der Name des Ehegatten, Ort, Tag, Stunde und Minute des Todes.

Zur Anzeige sind in der folgenden aufgeführten Reihenfolge verpflichtet:
1. jede Person, die mit dem Verstorbenen in häuslicher Gemeinschaft gelebt hat,
2. derjenige, in dessen Wohnung sich der Sterbefall ereignet hat,
3. jede Person, die beim Tode zugegen war oder sonst davon weiß.

Bei Sterbefällen in öffentlichen (Kranken-)Anstalten ist nur der Anstaltsleiter oder der von ihm hierzu Ermächtigte verpflichtet.

46 Unterbringungsgesetz

Zweck der öffentlich-rechtlichen Unterbringung ist – im Unterschied zur zivilrechtlichen Unterbringung (z. B. durch den Betreuer (S. 305)) – in erster Linie die **Gefahrenabwehr** und damit der Schutz der öffentlichen Sicherheit. Die Einweisung erfolgt hier durch den Staat (z. B. durch die Polizei). Beide Unterbringungsarten unterscheiden sich nicht unerheblich (▶ Abb. 46.1).

Die öffentlich-rechtliche Unterbringung unterliegt der Gesetzgebung der einzelnen Bundesländer. In den wesentlichen Punkten stimmen die Regelungen jedoch überein, sodass im Folgenden exemplarisch auf die bayerische Rechtslage eingegangen werden kann. Während in Bayern, Baden-Württemberg und im Saarland die entsprechenden Bestimmungen in einem sog. „Unterbringungsgesetz" geregelt sind, lautet das vergleichbare Gesetz in den anderen Ländern „Psychisch-Kranken-Gesetz" (abgekürzt PsychKG).

46.1 Voraussetzungen einer Unterbringung

Von einer Unterbringung spricht man, wenn ein Mensch, der psychisch krank oder infolge Geistesschwäche oder Sucht psychisch gestört ist, **gegen** oder **ohne seinen Willen** in einem psychiatrischen Krankenhaus oder sonst in geeigneter Weise in Verwahrung genommen wird (▶ Abb. 46.1). Diese ist zulässig, wenn der Betroffene aufgrund seiner psychischen Erkrankung in erheblichem Maß die öffentliche Sicherheit oder Ordnung gefährdet oder wenn zusätzlich dadurch sein Leben oder in erheblichem Maß seine Gesundheit gefährdet ist (▶ Abb. 46.2). Letztendlich erfolgt die Unterbringung immer nur aufgrund einer richterlichen Anordnung.

> **Aufgabe 110**
>
> Der lebensmüde Amtsrichter Adam legt sich auf die Schienen in der Absicht, alsbald von einem Zug überfahren zu werden. Als ihn dort die Polizei findet und zwangsweise mitnimmt, beklagt er sich, dass er ein Recht auf Selbstmord habe. Dürfen ihn die Polizeibeamten mitnehmen?
> Erläuterung im Anhang, Aufgabe 110 (S. 527)

46.1.1 Psychischer Zustand

Der Betroffene muss an einer psychischen Krankheit leiden, wobei hierunter alle Arten geistiger Abnormität fallen, unabhängig von deren Ursachen. Es reicht auch eine psychische Störung infolge Geistesschwäche oder infolge Sucht.

Unter Sucht versteht man dabei den – zumindest zeitweise – nicht durchbrechbaren Hang oder Zwang, das Suchtmittel (meist Alkohol, Drogen, Medikamente) zu nehmen. Der bloße Konsum oder die Sucht allein reichen nicht aus; diese müssen bereits zu einer psychischen Störung geführt haben.

46.1 Voraussetzungen einer Unterbringung

	Unterbringung psychisch Kranker	
	Öffentlich-rechtliche Unterbringung	Zivilrechtliche Unterbringung
Zweck und Ziel der Unterbringung	Zum Schutz der öffentlichen Sicherheit und Ordnung	Zum Wohl des Betroffenen
Rechtsgrundlage	Unterbringungsgesetze der Länder	§§ 1906, 1846, 1631b BGB
Voraussetzungen	<ul><li>Psychische Krankheit</li><li>Gefährdung<ul><li>**Erhebliche Gefährdung der öffentlichen Sicherheit und Ordnung**</li><li>Selbstgefährdung</li><li>Erhebliche Gesundheitsgefährdung</li></ul></li><li>Unfreiwilligkeit</li><li>Erforderlichkeit</li><li>Gerichtsbeschluss</li></ul>	<ul><li>Betreuer mit entspr. Aufgabenbereich</li><li>**Wohl des Betroffenen**<ul><li>Selbstgefährdung</li><li>Notwendigkeit der Heilbehandlung</li></ul></li><li>Erforderlichkeit</li><li>Genehmigung durch Gericht</li></ul>
Verfahren	• Antrag der zuständigen staatlichen Behörde	• Einwilligung des Betreuers
	<ul><li>Anhörung des Betroffenen</li><li>Sachverständigengutachten</li><li>Verfahrenspfleger</li></ul>	<ul><li>Äußerung anderer Stellen</li><li>Gerichtsbeschluss</li></ul>
Vollzug	Eingriffe und Maßnahmen gesetzlich geregelt	Betreuer bestimmt, evtl. mit gerichtlicher Genehmigung
Dauer	zunächst höchstens 1 Jahr, Verlängerung möglich	
Einstweilige Anordnung	<ul><li>Dringende Gründe sprechen für eine Unterbringung</li><li>Gefahr bei Aufschub</li><li>Ärztliches Zeugnis</li><li>Persönliche Anhörung</li><li>evtl. Verfahrenspfleger</li><li>evtl. Anhörung von Angehörigen</li><li>zunächst max. 6 Wochen, Verlängerung bis zu 3 Monaten</li></ul>	
Rechtsschutz	<ul><li>Antrag auf Entscheidung des Vormundschaftsgerichts</li><li>Dienstaufsichtsbeschwerde</li><li>Strafanzeige</li><li>Privatklage</li></ul>	Aufsichtsmaßnahmen gegen den Betreuer beim Vormundschaftsgericht
Entlassung	<ul><li>bei vorläufiger Unterbringung:<ul><li>sobald die Voraussetzungen nicht mehr vorliegen</li><li>Ablauf der gerichtlichen Frist</li></ul></li><li>bei endgültiger Unterbringung:<ul><li>Ablauf der gerichtlichen Frist</li><li>Aufhebung des Gerichtsbeschlusses</li></ul></li></ul>	<ul><li>jederzeit durch Betreuer</li><li>Ablauf der gerichtlichen Frist</li><li>Aufhebung des Gerichtsbeschlusses</li></ul>

Abb. 46.1 Gegenüberstellung: zivilrechtliche und öffentlich-rechtliche Unterbringung

Abb. 46.2 Voraussetzungen der Unterbringung

46.1.2 Gefährdung der öffentlichen Sicherheit

Dieser psychische Zustand muss eine erhebliche **Gefährdung der öffentlichen Sicherheit** oder Ordnung zur Folge haben. Hierunter fallen alle Verletzungen der objektiven Rechtsordnung und der subjektiven Rechte des Einzelnen, aber auch die ungeschriebenen Regeln, die für das geordnete Zusammenleben der Staatsbürger unerlässlich sind. Es muss sich jedoch um erhebliche Verletzungen handeln. Ungenügend sind daher bloße Belästigungen, leichtere Beschimpfungen oder körperliche Beeinträchtigungen.

Die Unterbringung ist insbesondere auch dann zulässig, wenn zu dieser Gefahr für die öffentliche Sicherheit oder Ordnung eine *Selbstgefährdung* oder *erhebliche Gesundheitsgefährdung* des Betroffenen hinzukommt. Dabei genügt die bloße Ankündigung eines Suizids nicht. Es muss eine erhebliche Wahrscheinlichkeit für eine Selbsttötung vorliegen. Auch eine erhebliche Gesundheitsgefährdung reicht für eine Unterbringung aus, wenn zusätzlich eine Gefahr für die öffentliche Ordnung besteht. Es muss sich daher bei den drohenden Gesundheitsschäden um gravierende handeln, die in die Nähe der Selbsttötung führen.

Die bloße Weigerung, sich behandeln zu lassen oder unregelmäßig Medikamente einzunehmen, reicht keineswegs aus. Es gibt keine staatliche Zwangsbehandlung.

46.1.3 Unfreiwilligkeit

Der Betroffene kann nur gegen oder ohne seinen Willen untergebracht werden. Entscheidend ist der natürliche Wille; Geschäftsfähigkeit braucht nicht vorzuliegen.
- Hat der Betroffene keinen Betreuer (S. 296), kommt es nur auf seinen Willen an. Ist er gegen den Verbleib im Krankenhaus oder hat er diesbezüglich keinen Willen, kann er untergebracht werden, wenn die übrigen Voraussetzungen der Unterbringung vorliegen. Ist er mit der „Unterbringung" einverstanden, darf eine solche nicht angeordnet werden, wenn der freiwillige Aufenthalt zur Gefahrenabwehr reicht.

Kommt es während des freiwilligen Aufenthalts zu einer **Willensänderung**, ist wie folgt zu verfahren:

- War der Betroffene zuerst einverstanden und ist er jetzt gegen den Aufenthalt, darf er untergebracht werden. Bis zur Entscheidung kann er festgehalten werden, wenn die Unterbringungsvoraussetzungen vorliegen.
- War der Betroffene zuerst gegen den Aufenthalt und wurde er demzufolge untergebracht, ist die Unterbringung aufzuheben, wenn sein nunmehr erteiltes Einverständnis ernsthaft ist und nicht mit dem alsbaldigen Widerruf zu rechnen ist.
- Steht der Betroffene bereits unter Betreuung, kann er nur (öffentlich-rechtlich) untergebracht werden, wenn sowohl er selbst als auch sein Betreuer gegen den Aufenthalt sind.
Ist der Betreute gegen seinen Aufenthalt, aber sein Betreuer dafür, ist er zivilrechtlich (S. 300) unterzubringen, wenn dies zur Gefahrenabwehr genügt.
- Bei einem bewusstlosen Betroffenen kann, solange er in diesem Zustand ist, von einer mutmaßlichen Einwilligung (S. 161) ausgegangen werden.

46.2 Verfahren

Das Unterbringungsverfahren ist ein gerichtliches Verfahren und endet mit einer Entscheidung des Betreuungsgerichts. Folgende Verfahrensvoraussetzungen sind dabei im Wesentlichen zu beachten:

- Antrag der zuständigen staatlichen Behörde (in Bayern die Kreisverwaltungsbehörde).
- Anhörung des Betroffenen. Der Betroffene ist persönlich vom Betreuungsrichter anzuhören, damit sich dieser einen unmittelbaren Eindruck – auch von dessen Umgebung – verschaffen kann. Die Anhörung ist nichtöffentlich. Sie kann unterbleiben, wenn der Betroffene sich nicht artikulieren kann, er dadurch erheblich Nachteile erleidet oder die Unterbringung vom Richter abgelehnt wird.
- Verfahrenspfleger, soweit dies zur Wahrnehmung der Interessen des Betroffenen erforderlich ist.
- Gelegenheit zur Äußerung bestimmter Personen. Hierzu gehören:
  - der Ehegatte des Betroffenen, es sei denn, beide leben dauernd getrennt,
  - jedes Elternteil und Kind, bei dem der Betroffene lebt,
  - der Betreuer des Betroffenen,
  - eine von dem Betroffenen benannte Person seines Vertrauens,
  - der Leiter der Einrichtung, in der der Betroffene lebt,
  - die zuständige Behörde.
- Gutachten eines Sachverständigen.
- Entscheidung des Betreuungsgerichts (Gerichtsbeschluss).

46.3 Dauer der Unterbringung

Die Dauer der Unterbringung darf höchstens *1 Jahr* betragen, bei offensichtlich längerer Unterbringungsbedürftigkeit höchstens 2 Jahre. Sie kann verlängert werden, wenn die Voraussetzungen für die Unterbringung weiter bestehen. Bei Unterbringungen mit einer Gesamtdauer von mehr als 4 Jahren soll ein anderer Sachverständiger mit dem Gutachten beauftragt werden.

46.4 Vollzug der Unterbringung

Der Vollzug der Unterbringung geschieht in Krankenhäusern, in denen psychisch Kranke behandelt werden. Sie sind zur Aufnahme der Betroffenen verpflichtet. Ausnahmen bestehen nur bei fehlenden Sicherungseinrichtungen. Soweit in die Grundrechte der Untergebrachten eingegriffen wird, ist dies nur zulässig, wenn eine gesetzliche Ermächtigung besteht. So sieht das Bayerische Unterbringungsgesetz z. B. folgende Rechte vor:

- *Unterbringung und Betreuung.* Die Unterbringung ist grundsätzlich so durchzuführen, dass der Unterbringungszweck mit dem geringstmöglichen Eingriff in die Rechte des Untergebrachten erreicht wird. Untergebrachte sind als Kranke zu behandeln. Ihnen soll auch Gelegenheit zu sinnvoller Beschäftigung und Arbeit gegeben werden.
- *Heilbehandlung.* Untergebrachte haben Anspruch auf notwendige Heilbehandlung. Eine *Zwangsbehandlung* ist nur unter folgenden Voraussetzungen zulässig:
  - Es muss sich um eine unaufschiebbare Maßnahme handeln.
  - Diese ist nach den Regeln der ärztlichen Kunst geboten.
  - Sie ist mit keiner erheblichen Gefahr für Leben oder Gesundheit verbunden.
  - Sie darf die Persönlichkeit des Betroffenen in ihrem Kernbereich nicht verändern.
  - Sie muss sich auf die psychische Erkrankung beziehen, die Anlass für die Unterbringung war, oder zur Aufrechterhaltung der öffentlichen Sicherheit oder Ordnung in der Einrichtung notwendig sein.
  - Zudem muss die Behandlung Erfolg versprechend und wissenschaftlich anerkannt sein. Nicht entscheidend ist, ob der Untergebrachte einwilligungsfähig ist oder nicht. Einer gerichtlichen Genehmigung dieser Zwangsbehandlung bedarf es nicht.
- *Persönlicher Besitz und Recht auf Besuch.* Der Untergebrachte hat das Recht,
  - seine persönliche Kleidung zu tragen,
  - persönliche Gegenstände in seinem Zimmer zu haben und
  - Besuche zu empfangen von mindestens einer Stunde in der Woche, soweit hierdurch keine gesundheitlichen Nachteile für ihn zu befürchten sind oder die Sicherheit oder Ordnung der Einrichtung nicht erheblich gestört wird. Eine Durchsuchung der Besucher und Überwachung der Besuche ist aus Gründen der Sicherheit und Ordnung der Einrichtung zulässig.
- *Recht auf Schriftwechsel.* Der Schriftwechsel ist grundsätzlich ohne Einschränkung zulässig. Keine Überwachung darf stattfinden bei Briefverkehr mit seinem Rechtsanwalt, dem Gericht und mit Volksvertretungen oder diplomatischen Vertretungen.
  Der übrige Briefwechsel darf aus Gründen der Behandlung des Untergebrachten oder der öffentlichen Sicherheit oder Ordnung eingesehen werden.
- *Recht auf Telekommunikation.* Der Untergebrachte darf auf eigene Kosten unbeschränkt telefonieren und Gespräche entgegennehmen. Eine Beschränkung ist zulässig, damit jeder telefonieren kann. Eine Überwachung ist wie beim Schriftwechsel (s. o.) statthaft.
- *Unmittelbarer Zwang.* Bedienstete der Einrichtung dürfen gegen Untergebrachte unmittelbaren Zwang anwenden (z. B. durch körperliche Gewalt, mit Hilfsmitteln wie Fesseln oder Medikamenten), wenn dies zur Erreichung des Untersuchungszwecks erforderlich ist.
  Gegen andere Personen darf unmittelbarer Zwang angeordnet werden, wenn sie es unternehmen, Untergebrachte zu befreien. Dabei ist immer das Mittel auszuwählen, welches den Einzelnen voraussichtlich am wenigsten beeinträchtigt. Vor Anwendung des unmittelbaren Zwangs ist dieser anzudrohen, es sei denn, die Umstände lassen es nicht zu.

- *Beurlaubung und Ausgang.* Auf Antrag (des Untergebrachten, des Ehegatten, der Eltern, des Betreuers, seines Rechtsanwalts) ist dem Untergebrachten mit seinem Einverständnis *von dem Leiter der Einrichtung* bis zu *2 Wochen Urlaub* zu gewähren, wenn
  - es für die Therapie oder Rehabilitation unbedenklich oder geboten ist und
  - dadurch die öffentliche Sicherheit oder Ordnung nicht gefährdet wird.

  Auf diesen Urlaub hat der Betroffene einen Anspruch, wenn die Voraussetzungen vorliegen. Er kann auch mehrmals im Jahr bewilligt werden. Die Beurlaubung kann an Bedingungen geknüpft und mit Auflagen verbunden werden. Sie ist jederzeit widerruflich.

  Auf Antrag kann einem Untergebrachten von dem Leiter der Einrichtung *Ausgang* gewährt werden, wenn es für die Therapie oder Rehabilitation unbedenklich oder geboten ist. Bei diesem Ausgang ist der Untergebrachte von geeigneten Bediensteten der Einrichtung zu begleiten, um dadurch eine Gefährdung der öffentlichen Sicherheit oder Ordnung auszuschließen.

46.5 Rechtsschutz

Gegen einzelne Maßnahmen im Vollzug der Unterbringung kann der Betroffene die Entscheidung des Betreuungsgerichts beantragen. Mit diesem Antrag kann auch die Verpflichtung zum Erlass einer abgelehnten oder unterlassenen Maßnahme begehrt werden. Hierzu muss der Betroffene jedoch geltend machen, in seinen Rechten verletzt zu sein. Anfechtbar sind z. B.: Ablehnung eines eigenen Fernsehgeräts, Heilbehandlung, Briefkontrolle, Besuchsverbot, Ablehnung des Ausgangs, Fixierung etc. Nicht anfechtbar sind z. B.: Belehrungen, Hinweise, Ermahnungen, die Hausordnung etc.

46.6 Vorläufige Unterbringung

Das normale Unterbringungsverfahren ist sehr zeitaufwendig. In der Praxis besteht demgegenüber ein großes Bedürfnis an schneller Entscheidung, da unter Umständen eine rasche Unterbringung erforderlich ist. So kann das Gericht, wenn *dringende Gründe* für die Annahme vorhanden sind, dass die Voraussetzungen für eine Unterbringung vorliegen, den Betroffenen vorläufig durch einstweilige Anordnung unterbringen. Voraussetzung ist zudem, dass mit dem Aufschub der Entscheidung eine Gefahr verbunden ist. Anstelle des Gutachtens genügt ein *ärztliches Zeugnis* über die Unterbringungsbedürftigkeit. Des Weiteren ist wie bei der endgültigen Unterbringung der Betroffene *persönlich anzuhören*. Auch die Angehörigen bekommen Gelegenheit zur Äußerung, es sei denn, es besteht Gefahr im Verzug. Eventuell ist auch ein Verfahrenspfleger zu bestellen.

Die einstweilige Anordnung darf die **Dauer von 6 Wochen** nicht überschreiten. Sie kann nach Anhörung eines Sachverständigen auf *drei Monate* verlängert werden. Besteht *Gefahr im Verzug*, d. h. ist zur Abwendung von einer Gefahr eine besonders eilige Entscheidung erforderlich, so kann das Gericht durch eine eilige einstweilige Anordnung entscheiden. In diesem Fall brauchen nur dringende Gründe für eine spätere Unterbringung zu sprechen, eine Gefahr bei Aufschub der Entscheidung zu bestehen und ein ärztliches Zeugnis vorzuliegen.

46.7 Sofortige vorläufige Unterbringung

Bereits vor einer Entscheidung durch das Gericht kann die Notwendigkeit bestehen, den Betroffenen sofort unterzubringen, um einen drohenden Schaden zu verhindern. Kann daher die Gerichtsentscheidung nicht rechtzeitig eingeholt werden, kann wie folgt verfahren werden:

- Die zuständige *staatliche Behörde* (in Bayern die Kreisverwaltungsbehörde) kann die sofortige vorläufige Unterbringung anordnen und notfalls mithilfe der Polizei vollziehen. In diesem Fall hat die Behörde das zuständige Betreuungsgericht unverzüglich, spätestens bis 12:00 Uhr des folgenden Tages, zu verständigen.
- In unaufschiebbaren Fällen kann die *Polizei* den Betroffenen ohne Anordnung der Behörde einliefern. In diesem Fall muss die Polizei die zuständige Behörde und das Gericht unverzüglich, spätestens bis 12:00 Uhr des folgenden Tages, verständigen.
- Befindet sich jemand in einem psychiatrischen Krankenhaus, ohne untergebracht zu sein, so kann er gegen seinen Willen dort festgehalten werden, wenn die Voraussetzungen für eine Unterbringung vorliegen und eine Entscheidung der zuständigen Behörde nicht mehr rechtzeitig veranlasst werden kann. Die Entscheidung trifft der Leiter der Einrichtung.

Diese Konstellation kommt vor allem dort zum Tragen, wo der Betroffene sich zunächst freiwillig in Behandlung begibt, später aber seine Meinung ändert und mit einem Aufenthalt nicht mehr einverstanden ist. In diesem Fall müssen die zuständige Behörde und das Gericht unverzüglich, **spätestens bis 12:00 Uhr des folgenden Tages,** verständigt werden.

Der Leiter der Einrichtung hat in all diesen Fällen die *sofortige Untersuchung* des Betroffenen zu veranlassen.

- Ergibt diese, dass die Voraussetzungen der Unterbringung nicht vorliegen, so darf der Betroffene nicht gegen seinen Willen festgehalten werden. Von der Entlassung sind jedoch die Behörde und das Gericht zu verständigen.
- Bestehen aufgrund der Untersuchung begründete Anhaltspunkte dafür, dass die Voraussetzungen der Unterbringung vorliegen, so teilt der Leiter der Einrichtung dem Gericht und der zuständigen Behörde dies mit, und zwar bis spätestens 12:00 Uhr des Tages, der dem Beginn des zwangsweisen Aufenthalts des Betroffenen folgt.

In diesen Fällen ist der Betroffene unverzüglich, spätestens am Tag nach dem Ergreifen oder dem Beginn des Festhaltens, dem Richter vorzustellen (Art. 104 Abs. 2 GG). Dieser entscheidet dann nach der persönlichen Anhörung des Betroffenen und der Stellungnahme des behandelnden Arztes. Ergeht bis zu diesem Zeitpunkt keine Entscheidung des Gerichts, so ist der Betroffene zu entlassen.

46.8 Entlassung

Wird der Betroffene ohne gesetzliche Grundlage festgehalten, liegt eine strafbare Freiheitsberaubung (S. 188) vor. Bezüglich der Entlassung ist daher unter folgenden Fallgruppen zu unterscheiden:

- *Sofortige vorläufige Unterbringung:* Wurde der Betroffene aufgrund behördlicher Anordnung sofort vorläufig untergebracht, von der Polizei eingeliefert oder vom Leiter des

Krankenhauses festgehalten und ergibt sich nach der Eingangsuntersuchung, dass die Voraussetzungen einer Unterbringung nicht vorliegen, ist der Betroffene vom Anstaltsleiter zu entlassen.
- *Vorläufige Unterbringung:* Ist der Betroffene aufgrund gerichtlicher Entscheidung vorläufig untergebracht,
  - ist er zu entlassen, wenn die vom Gericht bestimmte Dauer abgelaufen ist oder
  - kann er entlassen werden, wenn die weitere Unterbringung nach Auffassung des Leiters der Einrichtung aus medizinischen Gründen nicht mehr erforderlich ist.
- *Endgültige Unterbringung:* Ist der Betroffene durch das Betreuungsgericht endgültig untergebracht, darf er nur entlassen werden, wenn
  - die vom Gericht festgelegte Frist abgelaufen ist oder
  - die Unterbringung durch wirksamen Beschluss des Gerichts aufgehoben ist. Wirksam ist der Beschluss erst, wenn er dem Betroffenen bekannt gemacht wurde.

Eine frühere Entlassung des Betroffenen wäre wegen § 120 StGB (Gefangenenbefreiung) strafbar.

Anhang

Antworten zu den Aufgaben im Textteil	*508*
Prüfungsfragen	*528*
Literatur	*543*
Sachverzeichnis	*544*

Antworten zu den Aufgaben im Textteil

▶ **Aufgabe 1.** Nachdem Grundrechte in erster Linie Rechte gegenüber dem Staat sein sollen, kann man sie gegenüber einem anderen Bürger grundsätzlich nicht geltend machen. Andererseits wird die gesamte Rechtsordnung vom Wesen der Grundrechte geprägt. Insofern stellen sie eine objektive Wertordnung dar. Unter Umständen kann sich daher der Einzelne darauf berufen, dass sein Mitbürger gegen diese Wertordnung verstoßen hat.

Im Beispiel hat der Türsteher insofern Recht, als er nicht unmittelbar an die Grundrechte gebunden ist. Singh kann daher zunächst nichts machen. Es ist Inhalt der Vertragsfreiheit, ob der Türsteher bzw. der Wirt ausländischen Mitbürgern Einlass gewährt oder nicht. Verhält er sich jedoch grundsätzlich – also auch in anderen Fällen – so ausländerfeindlich, wird die Verwaltungsbehörde prüfen, ob ihm eventuell die Erlaubnis zum Betreiben der Gaststätte untersagt wird.

▶ **Aufgabe 2.** Eine Verletzung des Grundrechtes auf Versammlungsfreiheit (Art. 8 GG) setzt voraus, dass überhaupt eine Versammlung vorliegt. Die Auslegung des Begriffes „Versammlung" ergibt, dass von einer solchen erst gesprochen werden kann, wenn mindestens 3 Teilnehmer vorhanden sind. Demzufolge bilden die beiden Krankenpflegeschüler keine Versammlung, sodass der Schutz dieses Grundrechts nicht in Kraft treten kann. Sie können daher in ihrem Grundrecht noch gar nicht verletzt sein.

▶ **Aufgabe 3.** Art. 8 GG (Versammlungsfreiheit) gibt allen Deutschen das Recht, sich friedlich und ohne Waffen zu versammeln. Das Grundrecht auf Versammlungsfreiheit besitzt daher eine ihm innewohnende (immanente) Schranke, indem es nicht bezüglich aller Versammlungen greift, sondern nur friedliche Versammlungen umfasst. Zwischenrufe und der Gebrauch der Trillerpfeife machen eine Versammlung jedoch noch nicht unfriedlich, solange die Durchführung der Versammlung möglich ist.

Unfriedlich verhalten sich jedoch jene Versammlungsteilnehmer, die mit Eiern werfen. Sie können sich nicht mehr auf das Grundrecht der Versammlungsfreiheit berufen, da ihnen insoweit der Grundrechtsschutz nicht zusteht. Die Polizei darf jedoch die Versammlung nicht generell auflösen, sondern muss versuchen, die unfriedlichen Teilnehmer zu isolieren und den friedlichen Teilnehmern weiterhin die Chance der Grundrechtsausübung zu lassen.

▶ **Aufgabe 4.** In der Tat bestimmt *Art. 2 Abs. 2 S. 2 GG*, dass die Freiheit der Person unverletzlich ist. Gemäß *Art. 2 Abs. 2 S. 3 GG* darf jedoch in dieses Recht aufgrund eines Gesetzes eingegriffen werden. Von dieser Ermächtigung hat der Gesetzgeber durch Schaffung des Strafgesetzbuches Gebrauch gemacht. Damit ist der Mörder in seinem Grundrecht nicht beeinträchtigt, wenn er gefangen gehalten wird.

▶ **Aufgabe 5.** An diesem Beispiel sieht man deutlich das Problem, wenn zwei Grundrechte aufeinandertreffen. Verbietet man das Nacktbaden, ist Christof in seinem Grundrecht beeinträchtigt; erlaubt man es, ist das Grundrecht von Edith verletzt. Der Staat muss nun beide Grundrechte gegenüberstellen und eine Lösung finden, die beiden möglichst viel freie Entfaltung der Persönlichkeit zulässt. Dies sähe z. B. so aus, dass er am Grünsee einen Teil abgrenzt, in dem Nacktbaden zulässig und vom Rest des Geländes abgeschirmt ist.

Antworten zu den Aufgaben im Textteil

▶ **Aufgabe 6.** Seit dem neuen Krankenpflegegesetz ist die Voraussetzung eines Mindestalters für die Ausbildung weggefallen.

Früher wurde das Alterserfordernis damit begründet, dass die Tätigkeit der Gesundheits- und Krankenpflegerin oder des Pflegers am Krankenbett eine altersbedingte „persönliche Mindestreife" erfordern würde. Durch das neue Krankenpflegegesetz hat sich die praktische Ausbildung der „Gesundheits- und Krankenpflegerin" insofern gewandelt, als diese auch in geeigneten ambulanten oder stationären Pflege und Rehabilitationseinrichtungen stattfindet. Daher kann bei jüngeren Schülern durch Wahl eines geeigneten Ausbildungsplatzes dem jungen Alter Rechnung getragen werden.

Katja wäre daher mit dieser Begründung tatsächlich in ihrem Grundrecht auf freie Berufswahl verletzt.

Zulässig wäre es aber, Katja die Zulassung mit der zutreffenden Begründung zu verweigern, es wäre kein Ausbildungsplatz mehr frei.

▶ **Aufgabe 7.** Wenn der Verurteilte die gesetzlichen Voraussetzungen erfüllt (18 Jahre alt, Deutscher, nicht kraft Richterspruch vom Wahlrecht ausgeschlossen), muss er zur Wahl zugelassen werden.

▶ **Aufgabe 8.** Hier würde zwar dem Einzelnen die Pflicht auferlegt werden, zur Wahl zu gehen. Ob er jedoch im Wahllokal wählt oder eine ungültige Stimme abgibt, wäre dem Wähler selbst überlassen. Da die Entscheidung, wen er wählt und ob er überhaupt (gültig) wählt, frei bleibt, würde das Gesetz nicht gegen den Grundsatz der freien Wahl verstoßen.

▶ **Aufgabe 9.** In der Tat sah das preußische Dreiklassenwahlrecht (bis 1918) Ähnliches vor. Es liegt jedoch ein Verstoß gegen den Grundsatz der gleichen Wahl vor, nach dem jeder Bürger gleich viele Stimmen haben muss.

▶ **Aufgabe 10.** Hier liegt ein Verstoß gegen den Grundsatz der gleichen Wahl vor.

▶ **Aufgabe 11.** Otto ist natürlich nicht vorbestraft; es handelt sich hierbei um eine sog. Vereinsstrafe, die sich aus der Satzung des Fußballverbandes ergibt und nichts mit dem staatlichen Strafanspruch zu tun hat.

▶ **Aufgabe 12.** Auch hier liegt keine Straftat, sondern nur eine Ordnungswidrigkeit vor. Angelika ist daher weder vorbestraft, noch muss sie diese Verfehlung bei einer Bewerbung angeben.

▶ **Aufgabe 13.** Nachdem Hans seinen Lehrer nicht getroffen hat, ist keine Verletzung eingetreten. Es gibt aber – allerdings erst seit dem 26.1.1998 – ein Strafgesetz, welches die versuchte Körperverletzung unter Strafe stellt (§ 223 Abs. 2 StGB), daher ist das Verhalten von Hans strafbar.

▶ **Aufgabe 14.** Im Unterschied zum vorherigen Beispiel gibt es kein Strafgesetz, das dieses Verhalten unter Strafe stellt. Solange der Schüler den Lehrer nicht beleidigt oder unwahre Tatsachen behauptet, die geeignet sind, den Lehrer verächtlich zu machen (Beleidigung, üble Nachrede, Verleumdung!), bleibt seine Äußerung straffrei, obwohl sie zumindest unpassend und unhöflich ist und möglicherweise gegen die Schulordnung verstößt und damit eine Schulstrafe (Verweis o. Ä.) nach sich ziehen kann.

▶ **Aufgabe 15.** In diesem Fall hat Monika „reflexartig" zugestochen. Es liegt keine Handlung im strafrechtlichen Sinn vor; sie kann sich nicht strafbar gemacht haben.

▶ **Aufgabe 16.** Anders im Fall 6: Die „Verscheuchbewegung" ist vom Willen getragen und gesteuert. Damit liegt eine Handlung im strafrechtlichen Sinne vor. Monika macht sich zumindest wegen fahrlässiger Körperverletzung strafbar.

▶ **Aufgabe 17.** Zwar handelt es sich bei der Truhe um eine Sache. Sie ist auch beweglich. Die Truhe ist aber nur so lange fremd, so lange sie im Eigentum eines anderen steht. Der frühere Eigentümer hat aber sein Eigentum an der Truhe in dem Augenblick aufgegeben, indem er sie vor die Tür gestellt hat, damit sie von der Abfallbeseitigung mitgenommen werden kann. Wenn nun die zwei Schüler die Truhe mitnehmen, liegt kein Diebstahl vor, da das Tatbestandsmerkmal „fremd" nicht erfüllt ist.

Anders wäre der Fall zu beurteilen, wenn der Eigentümer die Truhe vor das Gartentor gestellt hätte, damit sie z. B. vom „Roten Kreuz" bei einer angekündigten Sammlung mitgenommen werden kann. Durch das Herausstellen der Truhe zum Mitnehmen hat der Eigentümer diese Truhe sein Eigentum nicht aufgegeben, sondern will die Truhe dem „Roten Kreuz" übereignen. Bis das „Rote Kreuz" die Truhe mitnimmt, steht sie im Eigentum des Eigentümers, danach im Eigentum des „Roten Kreuzes". Nimmt ein Dritter die Truhe mit, begeht er einen Diebstahl.

▶ **Aufgabe 18.** Sie hat sicherlich den objektiven Tatbestand des Diebstahles erfüllt, da sie den Lippenstift weggenommen hat, als sie ihn in die Tasche steckte. Sie weiß auch, dass dieser fremd ist. Es fehlt jedoch am Merkmal des „Wollens". Sie wollte ihn nicht wegnehmen, sondern nur einstecken, um die Hände für die Zeitschrift frei zu haben. Problematisch wird es allerdings für sie vor Gericht, da es denkbar ist, dass ihr der Richter nicht glaubt.

▶ **Aufgabe 19.** Karin hat sicherlich den Tatbestand einer vorsätzlichen Körperverletzung erfüllt. Ihr Verhalten war jedoch gerechtfertigt. Der beabsichtigte Griff an ihren Busen war ein Angriff auf ihre persönliche Ehre. Gegen diesen durfte sie sich wehren. Karin durfte Dr. Mayer eine Ohrfeige verabreichen. Eine erhebliche Verletzung, insb. der Angriff mit einer Waffe wäre aber mangels Erforderlichkeit nicht mehr durch Notwehr gerechtfertigt gewesen.

▶ **Aufgabe 20.** Im diesem Fall liegt zum Zeitpunkt des Eingriffs keine wirksame Einwilligung mehr vor. Zwar wurde sie zunächst sogar schriftlich erteilt. Max konnte sie jedoch ohne Weiteres und jederzeit auch mündlich widerrufen. Was er auch getan hat.

▶ **Aufgabe 21.** Sie ist aufgrund ihrer Stellung als Gesundheits- und Krankenpflegerin verpflichtet, beide Patienten an die Maschine anzuschließen. Tut sie dies nicht, erfüllt sie tatsächlich den Tatbestand einer Tötung. Diese Pflicht besteht gegenüber jedem der beiden Patienten. Andererseits kollidieren diese beiden Pflichten insofern, als sie nur einen anschließen kann, da nur eine Maschine vorhanden ist. Egal wen sie anschließt, sie wird immer den Tod des anderen mitverursachen. Da sie sich aber gar nicht anders verhalten kann, kann man ihr nichts vorwerfen, d. h., sie handelt ohne Schuld und ist daher nicht zu bestrafen.

Antworten zu den Aufgaben im Textteil

▶ **Aufgabe 22.** Das Vergessen der Nadel im Bauch eines Patienten ist natürlich eine Nachlässigkeit. Ist der Tod des Patienten nun aufgrund dieses Umstandes eingetreten, hat sich Dr. Huber der fahrlässigen Tötung schuldig gemacht. Fahrlässigkeit ist nur bei ausdrücklicher gesetzlicher Regelung (so wie bei der „fahrlässigen Tötung") strafbar.

▶ **Aufgabe 23.** Erika kann im Ausgangsbeispiel auch noch nach dem Einstich, vor dem Drücken auf den Kolben, von der weiteren Ausführung der Tat zurücktreten, indem sie ganz einfach die Kanüle wieder herauszieht. Dies hat zur Folge, dass sie sich nicht wegen versuchter Tötung strafbar macht.
- Im Fall a macht sich Erika der versuchten Tötung strafbar. Zwar besteht bei dem Patienten gar keine Lebensgefahr. Erika wollte aber den Patienten töten. Dass ihr das nicht gelang, liegt nicht daran, dass sie die weitere Ausführung der Tat aufgegeben hat, sondern daran, dass sie versehentlich nur Kochsalz gespritzt hat. Sie ist gar nicht vom Versuch zurückgetreten.
- Im Fall b wird Erika vom Arzt von der weiteren Tatausführung abgehalten. Damit liegt kein freiwilliger Rücktritt vor, und sie macht sich strafbar.
- Im Fall c gibt Erika die weitere Tatausführung freiwillig auf. Sie macht sich nicht mehr strafbar.
- Im Fall d muss Erika, sobald die tödliche Dosis in der Vene ist, aktiv, d. h. durch eigenes Tun, die Vollendung der Tat, d. h. den Tod des Patienten, verhindern (evtl. durch ein Gegengift u. Ä.), um wirksam vom versuchten Tötungsdelikt zurückzutreten.

▶ **Aufgabe 24.** Hier sind die Angehörigen wegen Anstiftung zur Tötung und die Schwester aufgrund vorsätzlicher Tötung in Täterschaft zu bestrafen.

▶ **Aufgabe 25.** Der ärztliche Eingriff ohne Einwilligung stellt eine vorsätzliche Körperverletzung dar. Diesbezüglich hat sich Dr. Kerstin schuldig gemacht. Schwester Helena hat ihr dabei geholfen. Sie hat sich daher wegen Beihilfe strafbar gemacht. Daran ändert auch der Umstand nichts, dass sie von Dr. Kerstin „gezwungen" wurde. Es geht immerhin um eine Straftat. Helena hätte bei Weigerung nichts befürchten müssen.

▶ **Aufgabe 26.** Fabian hat sich einer Körperverletzung strafbar gemacht, wenn die Eltern von Felix durch die falsche Mitteilung tatsächlich einen psychischen Schmerz erlitten haben.

▶ **Aufgabe 27.** Hier macht sich Fritz strafbar. Auch Verunstaltungen erfüllen den Tatbestand der Misshandlung und damit der Körperverletzung.

▶ **Aufgabe 28.** In beiden Fällen macht sich Fabian strafbar. Eine Schädigung an der Gesundheit liegt im Hervorrufen (28a) oder Steigern (28b) eines krankhaften Zustandes.

▶ **Aufgabe 29.** In diesem Fall hat sich Paul durch den Geschlechtsverkehr einer Körperverletzung strafbar gemacht. Er wusste von seiner Infizierung und der Ansteckungsgefahr. Da er trotzdem ungeschützt mit seiner Freundin verkehrt hat, nahm er in Kauf, dass diese infiziert wurde. Bei all den Geschlechtsakten, die zu keiner Infizierung geführt haben, lag eine versuchte Körperverletzung vor. Ab der Infizierung – zumindest nach ca. vier bis sechs Wochen – liegt eine vollendete Körperverletzung vor und zwar auch dann, wenn die Krankheit nicht ausgebrochen ist.

Antworten zu den Aufgaben im Textteil

▶ **Aufgabe 30.** Auch wenn Severin den Tatbestand der Körperverletzung begangen hat und sein Tun auch nicht gerechtfertigt ist, kann er nicht bestraft werden, da er schuldunfähig ist.

▶ **Aufgabe 31.** Inge ist als Nachtschwester für das Wohlergehen der Patienten in bestimmtem Umfang verantwortlich. Daher ist sie auch verpflichtet, bestimmte Maßnahmen durchzuführen. Nehmen die Schmerzen des Patienten immer mehr zu, muss sie für Schmerzlinderung sorgen oder zumindest den Dienst habenden Arzt verständigen. Tut sie dies nicht, erleidet der Patient mehr Schmerzen durch ihr Nichtstun, was sich als Körperverletzung darstellt.

▶ **Aufgabe 32.** Hier erfüllt Dr. Brinkmann den objektiven und subjektiven Tatbestand der vorsätzlichen Körperverletzung. Dabei hilft ihm Schwester Gabi. Ob aber eine Straftat vorliegt, ist damit noch nicht entschieden, da hierfür ja nicht nur die Tatbestandsmäßigkeit vorliegen muss. Hinzukommen muss noch die Rechtswidrigkeit der Handlung. Diese entfällt dann, wenn ein Rechtfertigungsgrund vorliegt. Als solcher kommt die Einwilligung des Patienten in Betracht. Liegt sie wirksam vor, begehen beide keine strafbare Handlung.

▶ **Aufgabe 33.** Hier liegt keine wirksame Einwilligung vor. Florian kann wegen seines Alters nicht wirksam einwilligen. Für ihn muss insoweit sein gesetzlicher Vertreter handeln. Dies sind bei einem Minderjährigen beide Elternteile. Da der Vater jedoch dagegen ist, liegt keine Einwilligung vor. Der operative Eingriff erfüllt damit nicht nur den Tatbestand der Körperverletzung, er ist darüber hinaus auch nicht gerechtfertigt und damit rechtswidrig. Nachdem der Arzt weiß, dass der Vater dagegen ist, begeht er tatsächlich eine rechtswidrige und damit strafbare Körperverletzung. Anders ist die Rechtslage bei der Schwester, die von der Meinung des Vaters nichts weiß. Glaubt sie, dass eine Einwilligung vorliegt – zu einer solchen Annahme ist sie berechtigt, wenn die Mutter mit dem Kind in der Praxis erscheint und der Arzt den Eingriff vornimmt –, begeht sie keine vorsätzliche Beihilfe zu einer – für sie nicht erkennbaren – Straftat.

▶ **Aufgabe 34.** In diesem Fall hat das Bundesverfassungsgericht am 19.10.1971 (BVerfGE 32, 98 ff.) Folgendes entschieden: „In einem Staat, in dem die menschliche Würde oberster Wert ist, und in dem der freien Selbstbestimmung des Einzelnen zugleich ein gemeinschaftsbildender Wert zuerkannt wird, gewährt die Glaubensfreiheit dem Einzelnen einen von staatlichen Eingriffen freien Rechtsraum, in dem er sich die Lebensform zu geben vermag, die seiner Überzeugung entspricht." Der Ehemann hat sich daher nicht strafbar gemacht. Die Frau durfte nicht (zwangsweise) behandelt werden, zumal sie bis zuletzt bei klarem Bewusstsein war.

▶ **Aufgabe 35.** In diesem Fall hat sich Schwester Veronika strafbar gemacht, da sie die Injektion (Einstich in die Oberhaut = Verletzung der körperlichen Integrität und damit Erfüllung des Tatbestandes der Körperverletzung) verabreicht hat, ohne dass ihre Handlung durch eine Einwilligung gerechtfertigt gewesen wäre. Auch wenn es von diesem Patienten unvernünftig ist, vorbeugende Spritzen abzuwehren, dürfen diese nicht gegen seinen Willen verabreicht werden. Veronika hätte sich zurückziehen können und anschließend den Arzt informieren müssen.

▶ **Aufgabe 36.** Pia hat den Fehler gemacht, nach dem Einstich nicht zu aspirieren. Dies ist ein Verstoß gegen die Sorgfaltspflicht. Sie hat darüber hinaus noch den Fehler gemacht, der Stationsschwester nicht mitzuteilen, dass sie bisher noch nie injiziert hat. Sie durfte eine Tätigkeit nicht übernehmen, die sie praktisch nicht beherrschte. Schwester Paula hat den Fehler gemacht, dass sie einfach davon ausgegangen ist, Pia beherrsche die Injektion. Davon durfte sie – auch wenn es sich um eine subkutane Injektion handelte – bei einer Schülerin nicht ausgehen. Daher hat sie die erforderliche Überwachung unterlassen. Beide haben sich daher der fahrlässigen Körperverletzung strafbar gemacht.

▶ **Aufgabe 37.** Rosa hat eine strafbare Tötung begangen, unabhängig davon, wie lange der Patient noch gelebt hätte, ob er ein schmerzvolles Dasein gehabt hätte oder aus welchem Grund Rosa getötet hat. Entscheidend bleibt, dass der Patient ohne diese Spritze – wenn auch nur kurze Zeit – weitergelebt hätte. Dieses Leben hat Rosa beendet.

▶ **Aufgabe 38.** Patient Müller hat sich frei und ernsthaft entschieden zu sterben. Dieser beabsichtige Suizid ist straflos. Wenn ihm nun die Nachtschwester hilft, diesen Entschluss in die Tat umzusetzen, hilft sie ihm bei einer straflosen Tat. Dies bedeutet, dass auch die Hilfe straflos ist – jedenfalls dann, wenn es nur bei einer Hilfestellung bleibt, der Patient aber noch den letzten Akt der Selbsttötung in der eigenen Hand hält. Dieser letzte Akt ist das Nehmen der Tablette vom Nachttisch in den Mund. Dies macht er noch selbst. Die Nachtschwester hat sich hier nicht strafbar gemacht.

▶ **Aufgabe 39.** In diesem Fall übernimmt die Schwester auch noch den letzten Akt selbst. Damit hat sie quasi selbst die Herrschaft über den Tod in der Hand. Es liegt keine bloße Hilfe mehr vor, sondern sie führt die Tat selbst durch. Hier macht sie sich einer Tötung schuldig.

▶ **Aufgabe 40.** Gesundheits- und Krankenpflegerin Rosa begeht einen Mord, da sie heimtückisch handelt, indem sie die Arg- und Wehrlosigkeit des Patienten ausnutzt, der schläft und keinen Angriff auf sein Leben befürchtet.

▶ **Aufgabe 41.** Es liegt ein Mord vor, da der Ehemann die Tasse Kaffee arglos trinkt und dadurch wehrlos ist. Rosa handelt daher heimtückisch.

▶ **Aufgabe 42.** Es liegt kein Mord, sondern nur Totschlag vor, da kein Mordmerkmal erfüllt ist, insbesondere der Ehemann nicht heimtückisch gehandelt hat. Er ist Rosa offen gegenübergetreten.

▶ **Aufgabe 43.** Dr. Christoph hat bei der Operation zwar objektiv einen Fehler begangen, der tödliche Folgen nach sich zog. Dass er diesen Fehler gemacht hat, kann man ihm aber u. U. nicht vorwerfen, da er zu müde war, um sich richtig zu verhalten. Er war körperlich nicht mehr in der Lage, Optimales zu leisten. Für Dr. Christoph bestand jedoch auch die Sorgfaltspflicht, eine Operation, die immer mit gewissen Risiken verbunden ist, nicht in ermüdetem Zustand durchzuführen. Es gehört zum Allgemeinwissen, dass der Mensch im ermüdeten Zustand nicht mehr voll leistungsfähig ist. Diese Sorgfaltspflicht hat Dr. Christoph verletzt. Er ist daher wegen fahrlässiger Tötung zu verurteilen.

> **Aufgabe 44.** Der Altenpfleger Gerhard verlässt Pia, indem er sich örtlich von ihr entfernt. Er hat sich als Altenpfleger um Pia zu kümmern, sodass er auch eine Obhutspflicht hat. Pia befindet sich wegen ihrer Krankheit in einer hilflosen Lage. Am „Im-Stich-Lassen in hilfloser Lage" ändert sich auch dadurch nichts, dass die Enkelin die Betreuung übernimmt. Der Tatbestand der „Aussetzung" war bereits ab dem Zeitpunkt des Verlassens um 20:30 Uhr erfüllt. Durch das Verlassen geriet Pia in eine bedrohlichere Lage, da sich die ohnehin schon bestehende Lebensgefahr intensiviert hat.

> **Aufgabe 45.** Silvia befindet sich aufgrund ihres alkoholisierten Zustands in einer hilflosen Lage. Indem sie Peter allein am Straßenrand zurücklässt, verlässt er sie und schafft so für Silvia eine Lage, die für sie mit Lebens- oder zumindest schwerer Gesundheitsgefahr verbunden ist. Daher macht er sich wegen Aussetzung strafbar.

> **Aufgabe 46.** Carolin verlässt die Patienten auf der Intensivstation, die sich in einer hilflosen Lage befinden. Dadurch ist ein sofortiges Eingreifen im Notfall nicht mehr möglich. Die Gefahrenlage hat sich daher für die Patienten erhöht. Der Tatbestand der Aussetzung ist erfüllt. Ein konkreter Schaden muss nicht eingetreten sein.

> **Aufgabe 47.** Nachdem davon auszugehen ist, dass die ärztliche Hilfe notwendig ist, wäre die Verständigung eines Arztes auch erforderlich. Der Passant darf diese Hilfe nicht verweigern. Er macht sich daher wegen unterlassener Hilfeleistung strafbar.

> **Aufgabe 48.** Unabhängig von seiner beruflichen Eigenschaft als Gesundheits- und Krankenpfleger sieht sich Rudi mit einem Unglücksfall konfrontiert. Er ist daher zur Hilfe verpflichtet. Sie ist ihm auch zumutbar, da diesbezüglich sein – unstreitig bestehendes – Recht auf Feierabend zurückstehen muss. Auch hinsichtlich der Ansteckungsgefahr ist es ihm zumutbar zu helfen, da er sich dagegen schützen kann.

> **Aufgabe 49.** In diesem Fall ist es erforderlich, dass Karin den Abbruch ernstlich wünscht. Dass ihre Eltern dagegen sind, spielt dann keine Rolle, wenn Karin aufgrund ihrer geistigen Entwicklung das Ausmaß des Eingriffs und die Bedeutung des Abbruchs begreifen kann. Dies wird man im Einzelfall prüfen müssen.

Karin muss sich in eine anerkannte Schwangerschaftskonfliktberatungsstelle begeben, da bei ihr weder eine medizinisch-soziale noch eine kriminologische Indikation vorliegt. Solche Beratungsstellen gibt es u. a. bei den Staatlichen Gesundheitsämtern, den Landratsämtern oder bei „Pro Familia". Dort benötigt Karin einen Termin, den sie auch baldmöglichst erhält. Nach abgeschlossener Beratung erhält sie den Beratungsschein, den sie bei dem Arzt, der den Eingriff vornimmt, vorlegen muss. Frühestens drei Tage nach dieser Beratung aber innerhalb einer Frist von 12 Wochen seit der Empfängnis muss sie den Abbruch vornehmen lassen.

Nachdem davon auszugehen ist, dass Karin, da sie sich noch in der Ausbildung befindet, die Kosten des Eingriffs nicht tragen kann, werden diese von der gesetzlichen Krankenkasse übernommen, bei der sie versichert ist. Ein Einkommensnachweis ihrer Eltern ist nicht erforderlich. Diese Kosten werden der Krankenkasse aber vom jeweiligen Bundesland zurückerstattet.

> **Aufgabe 50.** Mit Sicherheit will Isabella den Abort geheim halten. Es ist jedoch auch wahrscheinlich, dass sie die Tatsache ihres Aufenthaltes in der gynäkologischen Abteilung

ebenfalls nicht weitererzählt haben will. Für Jutta wäre es daher am sichersten, wenn sie überhaupt nichts davon erwähnen würde, dass sich Isabella im Krankenhaus aufhält.

▶ **Aufgabe 51.** Dieses Beispiel zeigt sehr deutlich, dass dem Pflegepersonal auch im privaten Bereich Umstände bekannt werden, die möglicherweise ein „Geheimnis" darstellen und deswegen mitgeteilt wurden, weil diese Personen Angehörige des Pflegeberufes sind – und damit „anvertraut" wurden. So hat Ernst deswegen von der HIV-Infizierung erfahren, weil sein Mitspieler von ihm als Gesundheits- und Krankenpfleger wissen wollte, was nun weiter geschieht. Wäre Ernst kein Gesundheits- und Krankenpfleger, hätte er wohl nicht von dieser Krankheit erfahren.

Anders verhält es sich mit der Information von Willi. Der Umstand, dass Willi an Gonorrhö erkrankt ist, stellt sicherlich ein „Geheimnis" dar, da dieser wohl ein verständliches Interesse an der Geheimhaltung haben wird. Damit ist aber noch nicht gesagt, dass er es Ernst auch „anvertraut" hat. So wie im Beispiel beschrieben, will er seinem Freund Ernst – wenn auch nur „im Vertrauen" – nur einen Ratschlag erteilen, was er auch getan hätte, wenn Ernst kein Gesundheits- und Krankenpfleger wäre. Damit hängt diese Mitteilung in keiner Weise mit dem Beruf zusammen. Teilt Ernst die „Tripper-Geschichte" seiner Freundin mit, begeht er zwar einen „Vertrauensbruch", er macht sich aber nicht strafbar. Über die AIDS-Infektion muss er jedoch schweigen.

▶ **Aufgabe 52.** Sie darf all dies mitteilen, was sie „als Nachbarin" erfahren hat. Hierzu gehört der Umstand, dass der Nachbar in das Krankenhaus eingeliefert wurde, sowie die Tatsache, dass er erhebliche Bauchschmerzen hatte. Auch die Meinung von dessen Ehefrau, es werde wohl am Alkohol liegen, darf sie mitteilen. Nicht mehr jedoch den Umstand, dass er an Leberzirrhose leidet. Letzteres hat sie nur erfahren, weil sie als Gesundheits- und Krankenpflegerin Zugang zu solchen Informationen hatte.

▶ **Aufgabe 53.** Solange sie nicht mitteilt, wer dieser junge Mensch ist, bleibt die Mitteilung anonym. Es liegt somit noch kein Offenbaren vor. Auf die Art und Weise der Mitteilung kommt es nicht an.

▶ **Aufgabe 54.** Ja! Bereits das Kopfnicken war eine Offenbarung des Geheimnisses „länger andauernder Krankenhausaufenthalt". Daran ändert auch der Umstand nichts, dass Andrea diese Mitteilung ihrem Ehemann gegenüber gemacht hat, nicht einmal, wenn sie ihn bittet, die Information für sich zu behalten.

▶ **Aufgabe 55.** Bezüglich der Mitteilung des Aborts ist die Sachlage klar. Dieser bedeutet für die 15-Jährige einen derart gravierenden Eingriff – Beendigung einer Schwangerschaft vor der 28. Woche –, dass zumindest mit psychischen Nachwirkungen zu rechnen ist. Hier ist von keiner Schweigepflichtsverletzung auszugehen. Anders ist die Sachlage beim Verschreiben der Pille. Hier kommt es darauf an, wie die Ärztin den geistigen und körperlichen Entwicklungsstand der 15-Jährigen beurteilt. Bei einer entsprechend gereiften Persönlichkeit von Katja kann die Mitteilung an die Mutter bereits strafbar sein.

▶ **Aufgabe 56.** Die Gesundheits- und Krankenpflegerin hat sich nicht strafbar gemacht. Sie war sogar verpflichtet, die Personen zu warnen, die möglicherweise hätten angesteckt werden können. Allerdings darf sie den Ansteckungsgrund nicht mitteilen. Dies ist zur Abwendung der Ansteckungsgefahr auch nicht erforderlich.

Antworten zu den Aufgaben im Textteil

▶ **Aufgabe 57.** Von einem alkoholisierten Autofahrer gehen ständig Gefahren für Leib und Leben anderer Verkehrsteilnehmer aus. Um dies zu verhindern, darf der Arzt der Behörde die Mitteilung auch gegen den Willen seines Patienten machen. Dies setzt allerdings voraus, dass er Rudi darauf hingewiesen hat, und dieser trotzdem weiter mit dem Auto fährt.

▶ **Aufgabe 58.** Er darf die Weisung nicht ausführen, da er sich sonst strafbar machen würde. Hält er den Patienten fest, liegt eine Freiheitsberaubung vor, wenn das Festhalten nicht gerechtfertigt ist. Der Rechtfertigungsgrund der Einwilligung liegt nicht vor, da der Patient bei Vollbesitz seiner geistigen Kräfte das Krankenhaus verlassen will. Auch wenn der Abbruch der Therapie noch so unvernünftig erscheint, darf er nicht zwangsweise festgehalten werden.

▶ **Aufgabe 59.** Auch wenn das Verhalten von Susanne noch so unvernünftig erscheint, allein aus ihrem Verhalten kann man nicht schließen, dass sie „unzurechnungsfähig" ist. Eine Einwilligung in die freiheitsbeschränkende Maßnahme liegt nicht vor. Da auch kein anderer Rechtfertigungsgrund greift, macht sich Bernd strafbar. Anders wäre die Sachlage, wenn Susanne unter den Nachwirkungen der Narkose stünde und damit noch nicht frei verantwortlich handeln könnte.

▶ **Aufgabe 60.** Nachdem er selbst in den weiteren Aufenthalt nicht einwilligt, auch mangels Einsichtsfähigkeit nicht einwilligen könnte und kein anderer Rechtfertigungsgrund greift (von Dr. K. geht keinerlei Gefahr aus), müsste er entlassen werden. Gemäß § 1896 BGB bestellt das Betreuungsgericht einen Betreuer, wenn ein Volljähriger aufgrund einer psychischen Krankheit seine Angelegenheiten nicht mehr besorgen kann. Der Betreuer kann dann die Einwilligung für den Aufenthalt des Patienten erteilen. Muss er zwangsweise festgehalten werden, ist es erforderlich, dass die Unterbringung beim Betreuungsgericht beantragt und vom Gericht genehmigt wird.

▶ **Aufgabe 61.** Solange die künstliche Ernährung vorgenommen wird, ist der Patient am Leben. Das Einstellen der künstlichen Ernährung stellt einen Behandlungsabbruch dar. Damit liegt passive Sterbehilfe vor, die mit Einwilligung des Patienten zulässig ist.

▶ **Aufgabe 62.** Erika macht sich der Tötung auf Verlangen strafbar, da sie aktiv das Leben des Patienten beendet. Hier wird nicht lediglich eine Behandlung abgebrochen oder ein schmerzstillendes Mittel verabreicht, sondern das Leben gezielt beendet. Dies ist strafbar.

▶ **Aufgabe 63.** Die Gesundheits- und Krankenpflegerin bzw. der Arzt hat sich nicht strafbar gemacht, obwohl ihre bzw. seine Handlung ursächlich für den frühen Tod des Patienten geworden ist. Die Verabreichung des Schmerzmittels war getragen von dem Gedanken, die Schmerzen des Patienten zu mildern.

▶ **Aufgabe 64.** Hier irrt Heiko. Es lag bei beiden eine ernsthafte Willenserklärung darüber vor, dass der Mercedes zum Preis von 40.000 Euro verkauft werden sollte. Auf eine Schriftform kommt es nicht an. Heiko muss 40.000 Euro bezahlen, auch wenn er insgeheim an einen Scherz geglaubt hat. Dies hätte er zum Ausdruck bringen müssen. Entscheidend ist, ob die Willenserklärung für Otto als ernsthaft aufzufassen ist. Wenn Heiko argumentiert, es gäbe doch keine Zeugen, so ist dies ein Problem des Nachweises. Ein Vertrag jedoch wurde geschlossen.

Antworten zu den Aufgaben im Textteil

▶ **Aufgabe 65.** Er kann nun vom Schuhgeschäft verlangen, dass die Schuhe repariert werden (Nachbesserung) oder dass er ein paar neue gleichwertige Schuhe bekommt (Ersatzlieferung). Kommt der Verkäufer diesem Verlangen nicht innerhalb einer angemessenen Frist nach, kann Max vom Vertrag zurücktreten und den Kaufpreis zurückverlangen. Ist er durch die schadhafte Sohle gestürzt und zu Schaden gekommen, ist der Verkäufer schadensersatzpflichtig.

▶ **Aufgabe 66.** Helmut hätte Recht, wenn zwischen beiden ein Werkvertrag abgeschlossen worden wäre. Dann müsste Dr. Martin für den Erfolg der Behandlung, nämlich die Zeugungsunfähigkeit, einstehen. So aber liegt auch in diesem Fall ein Dienstvertrag vor, der Dr. Martin nur verpflichtet, Helmut nach den Regeln der ärztlichen Kunst zu behandeln. Dies hat er getan. Trifft ihn an der fehlgeschlagenen Behandlung kein Verschulden, hat er trotz weiterer Zeugungsfähigkeit einen Anspruch auf sein Honorar und ist auch nicht zum Schadensersatz verpflichtet. Liegt ein schuldhafter Behandlungsfehler vor, muss das Honorar bezahlt werden, Helmut erhält jedoch Schadensersatz (evtl. Unterhalt gegenüber dem Kind).

▶ **Aufgabe 67.** Helmut hat insofern Recht, als ein Vertrag die Willenserklärung des Patienten voraussetzt. Als er bewusstlos war, konnte er keinen Vertrag abschließen. Nachdem er jedoch wieder bei Bewusstsein war, hat er den Vertragsabschluss dadurch nachgeholt, dass er sich weiterbehandeln ließ. Es bestand daher für die gesamte Zeit ein Vertrag.

▶ **Aufgabe 68.** Ein Verschulden von Franziska liegt vor. Fraglich ist aber, ob überhaupt ein Schaden entstanden ist. Ein solcher liegt aber durchaus dann vor, wenn Fabian innerhalb der Woche, bis das Ergebnis der Blutuntersuchung bekannt war, aus Angst vor einer möglichen Infektion (z. B. Hepatitis oder HIV) erhebliche psychische Beeinträchtigungen erlitten hat.

▶ **Aufgabe 69.** Fabian kann Schadensersatz aus vertraglicher Haftung allenfalls von Dr. Severin verlangen, da er nur mit ihm einen Behandlungsvertrag geschlossen hat. Vertragliche Beziehungen mit Franziska bestehen nicht. Gegenüber Franziska kommt allerdings eine Haftung aus unerlaubter Handlung in Betracht.

▶ **Aufgabe 70.** Entscheidend ist die Frage, ob das Altenheim gegen eine Sorgfaltspflicht verstoßen hat.

Der Träger eines Altenheimes ist zur Betreuung und Versorgung der Heimbewohner verpflichtet. Ihm obliegt auch die Pflicht, die alten Menschen vor einer Schädigung zu schützen, die diesen wegen Krankheit, Gebrechlichkeit oder sonstigen körperlichen oder geistigen Einschränkungen durch sie selbst und durch die Einrichtung und bauliche Gestaltung des Altenheims droht.

Diese Pflicht ist allerdings beschränkt durch das Erforderliche und Zumutbare. Das Sicherheitsgebot ist abzuwägen gegen Gesichtspunkte der Einschränkung des Freiheitsrechts und der Menschenwürde.

Im vorliegenden Fall ist Folgendes zu beachten:

Konkrete Anhaltspunkte für eine Sturzgefahr lagen nicht vor. Der Betreuer hatte eine Fixierung ausdrücklich abgelehnt. Dies hatte das Altenheim zu respektieren, wenn diese Entscheidung vertretbar war. Dies war der Fall.

Die Angewohnheit von Rosa, am Tisch aufzustehen ohne wegzugehen, legte nicht die Annahme nahe, sie werde sich auch fortbewegen. Bei einer derartigen Aktivität (eigenmächtiges Aufstehen und Verharren) handelt es sich vielmehr um ein Reststück „Lebensqualität" eines altersverwirrten Menschen. Dieses Freiheitsrecht ist zu respektieren.

Eine Fixierung und damit ein Verhindern des Aufstehens wären daher auch gar nicht zulässig gewesen.

Ergebnis: Rosa hat keinen Schadensersatzanspruch.

▶ **Aufgabe 71.** Das verfasste Testament ist ungültig.

Ein wirksames eigenhändiges Testament muss vom Erblasser *handschriftlich verfasst* und *eigenhändig unterschrieben* sein (§ 2247 Abs.1 BGB). Dies ist hier offensichtlich nicht der Fall, nachdem Johanna nicht mehr fähig war, selbst zu schreiben und den Inhalt des Testamentes nur diktiert hat.

Es liegt auch weder ein wirksames 3-Zeugen-Testament (hier wäre gem. § 2250 Abs.2 BGB eine mündliche Erklärung des Erblassers gegenüber **drei** Zeugen erforderlich) noch sonst ein wirksames Nottestament vor.

Eine Haftung des Krankenhauses ergibt sich aus folgenden Überlegungen:

Der Träger eines Krankenhauses ist gehalten, einem Patienten, der ein Testament zu errichten wünscht, zur Erfüllung dieses Wunsches jede mit der Anstaltsordnung zu vereinbarende und zumutbare Unterstützung zu gewähren. Dazu gehört es zwar nicht, Rechtsrat zu erteilen. Gerade deshalb, weil das Pflegepersonal nicht selbst über Rechtskenntnisse zu verfügen brauchte, war es umso dringlicher geboten, das Personal darüber zu belehren, wie es sich zu verhalten hatte, wenn Patienten um Hilfeleistung bei Rechtsangelegenheiten von so außerordentlicher Bedeutung wie einer Testamentserrichtung nachsuchten. Der Krankenhausträger hätte daher in allgemeiner Form dem Personal rechtskundige Personen oder Dienststellen namhaft machen müssen, bei denen es sich seinerseits danach erkundigen konnte, was im Bedarfsfall zu veranlassen sei. Zumindest musste dafür Sorge getragen werden, dass alles unterlassen wurde, was die Unterrichtung eines wirksamen Testamentes gefährden oder verhindern konnte.

Dementsprechend hätte Dr. Müller die Niederschrift so nicht aufnehmen dürfen. Denn so wie geschehen war das Testament unwirksam und Johanna hat sich hierauf verlassen. Sie dachte, sie habe wirksam ihren letzten Willen erklärt. In dieser Sicherheit ist sie auch verstorben. Ursache für diese – falsche – Sicherheit war das Fehlverhalten von Dr. Müller bzw. des Krankenhausträgers.

Es wäre andererseits ausreichend gewesen, wenn unmittelbar nach Äußerung des Wunsches von Johanna von Seiten des Krankenhausträgers ein Notar verständigt worden wäre. Wäre dieser zu spät gekommen, wäre dies nicht zu Lasten des Krankenhauses gegangen.

Ergebnis: Rudi kann vom Krankenhaus 10.000 Euro Schadensersatz verlangen, da er diesen Betrag bei wirksamen Testament erhalten hätte.

▶ **Aufgabe 72.** Zwischen Rudi und dem Krankenhaus besteht ein Behandlungsvertrag. Sofern der Chefarzt persönlich Inhaber des Krankenhauses wäre, käme auch ein Vertrag zwischen ihm und Rudi zustande. Die Gesundheits- und Krankenpflegerin Evelyn ist bei ihrer Tätigkeit (Übertragung der Überwachung von Rudi) als Erfüllungsgehilfin tätig.

Ein Schadenersatzanspruch besteht daher, wenn der Chefarzt selbst bzw. Schwester Evelyn als Erfüllungsgehilfin gegen eine vertragliche Pflicht verstoßen haben. Der Eintritt des Schadens ist unproblematisch, da Rudi aufgrund seines Todes keinen Unterhalt mehr zahlen kann.

Die Sorgfaltspflichten und Überwachungspflichten des behandelnden Arztes nach ambulanter Operation bei einem für eine Untersuchung sedierten Patienten beinhalten, dass das Krankenhaus für den Patienten nach dem Aufwachen aus der Narkose einen Raum bereitstellen muss, in dem er unter ständiger Überwachung steht und auch entsprechend daran erinnert werden kann, dass er das Krankenhaus vor Abklingen der sedierenden Medikamente nicht eigenständig verlassen darf.

Dem Bundesgerichtshof hat es nicht genügt, dass sich der Patient zur Überwachung auf dem Flur vor dem Dienstraum des behandelnden Arztes aufgehalten hat. Der Patient hätte – so der BGH – bei einem solchen Aufenthaltsort leicht den Eindruck gewinnen können, dass er eigentlich nach Hause könne und nur müde sei.

Entscheidend ist, und dies war dem Chefarzt bekannt, dass der Patient ohne Begleitperson mit dem eigenen Kraftfahrzeug in das Krankenhaus gekommen war. Wegen der Verabreichung des Wirkstoffs Midazolam war er noch lange Zeit nach dem Eingriff nicht in der Lage, selbst ein Kraftfahrzeug zu führen. Dem Arzt war auch bekannt, dass bei der Anwendung von Midazolam eine anterograde Amnesie auftreten konnte, so dass er mit einer Gedächtnisstörung für die Zeit nach Verabreichung des Medikamentes rechnen musste. Es war nicht ausgeschlossen, dass aufgrund dieser medikamentösen Beeinflussung sich Rudi nicht mehr daran erinnerte, dass er das Krankenhaus erst nach seiner offiziellen Entlassung hätte verlassen dürfen. Möglicherweise hatte er auch aufgrund des Medikamenteneinflusses die zuvor erteilte Belehrung vergessen. Zum Zeitpunkt des Weggehens aus dem Krankenhaus war Rudi zwar nicht mehr vital gefährdet, aber im Sinn der Fachterminologie nur „homeready" nicht jedoch „streetready".

Es kann nicht ausgeschlossen werden, dass das verabreichte Dormicum bei Rudi zu starken Erinnerungsausfällen geführt hat. Daher konnte es auch sein, dass er im Zeitpunkt des Gehens nicht mehr wusste, was im Aufklärungsgespräch vor dem Eingriff gesagt wurde. Da der Chefarzt nicht für eine lückenlose Überwachung gesorgt hat und es Rudi daher gelang, das Krankenhaus unbeobachtet zu verlassen, macht sich der Chefarzt wegen Verletzung der Überwachungspflichten haftbar. Dieses Verschulden wird auch dem Krankenhaus zugerechnet, sodass Krankenhaus und Chefarzt gemeinsam schadenersatzpflichtig sind.

(Lösungsansatz: Rudi hätte – und dies wäre bei lückenloser Überwachung möglich gewesen – bei seinem Verlassen nochmals und eindringlich darauf hingewiesen werden müssen, in welche Gefahr er sich nunmehr begibt. Die evtl. vorhandene Erinnerungslücke hätte durch den Arzt oder Evelyn geschlossen werden können und müssen. Zweckmäßigerweise sollte man sich diese Belehrung vor dem Weggehen durch die Unterschrift des Patienten bestätigen lassen. Bei Verweigerung der Unterschrift wäre ein Zeuge für das Gespräch von Vorteil, zumindest aber sollte das Gespräch dokumentiert werden. Ein gewaltsames Zurückhalten des Patienten ist jedoch nicht möglich; allenfalls wenn er erheblich gefährdet wäre und geistig so verwirrt, dass er sich nicht mehr im Vollbesitz seiner geistigen Kräfte befindet.)

▶ **Aufgabe 73.** Es kommt ein Schadensersatzanspruch aus vertraglicher Haftung in Betracht, § 280 BGB.

Zwischen Fabian und dem Krankenhaus besteht ein Vertrag (Behandlungsvertrag).

Ein Schaden ist durch den Oberschenkelhalsbruch entstanden.

Ein eigenes Verschulden des Krankenhauses ist zwar nicht erkennbar; Franziska ist jedoch als Erfüllungsgehilfe für das Krankenhaus tätig geworden.

Das Verschulden von Franziska muss sich das Krankenhaus zurechnen lassen (§ 278 BGB).

Liegt aber überhaupt ein Verschulden, d. h. ein Fehlverhalten von Franziska vor? Was hat sie falsch gemacht? Was kann man ihr vorwerfen?

Die Ursache des Sturzes von Fabian lässt sich nicht aufklären!

Den Nachweis, dass die Voraussetzungen eines Schadensersatzanspruches vorliegen, muss in der Regel immer derjenige führen, der Schadensersatz begehrt, d. h. im vorliegenden Fall Fabian. Er müsste nachweisen, dass er durch ein schuldhaftes Fehlverhalten von Franziska zu Sturz gekommen ist und dadurch der Oberschenkelhals brach. Er trägt die Beweislast.

Nun lässt sich die Ursache des Sturzes aber nicht mehr aufklären. Ein Verschulden der Gesundheits- und Krankenpflegerin kann nicht bewiesen werden.

Eine Umkehr der Beweislast (d. h. nicht Fabian muss das Verschulden des Krankenhauses sondern das Krankenhaus muss sein eigenes Nichtverschulden nachweisen) wird aber dann vorgenommen, wenn der Gläubiger (hier: Fabian) im Herrschafts- und Organisationsbereich des Schuldners (hier: das Krankenhaus) zu Schaden gekommen ist und die den Schuldner treffenden Vertragspflichten (auch) dahingingen, den Gläubiger gerade vor einem solchen Schaden zu bewahren.

Dies ist hier der Fall. Franziska war gerade zu dem Zweck tätig, den Patienten sicher vom Nachtstuhl auf die Bettkante zu verbringen. Es darf nicht geschehen, dass ein Patient bei einer Pflegemaßnahme seitens der ihn betreuenden Gesundheits- und Krankenpflegerin aus nicht zu klärenden Gründen zu Fall kommt. Die Ursache für den Sturz des Patienten liegt im voll beherrschbaren Gefahrenbereich des Krankenhauses. In diesen Fällen kommt es zu einer Umkehr der Beweislast.

Dies bedeutet, das Krankenhaus müsste seinerseits beweisen, dass Franziska an dem Sturz kein Verschulden trifft. Da aber die Ursache des Sturzes nicht mehr aufklärbar ist, wird ihm dieser Beweis nicht gelingen.

Ergebnis: Fabian bekommt Schadensersatz vom Krankenhaus.

▶ **Aufgabe 74.** Bei der Beachtung der notwendigen Sorgfaltspflicht hätten die Erfrierungserscheinungen an beiden Unterschenkeln vermieden werden können und müssen. Es liegt hier ein Fall aus dem Bereich des sogenannten „vollbeherrschbaren Risikos" vor, was zur Folge hat, dass nicht Hanna das Verschulden von Evelyn beweisen muss – wie üblicherweise – sondern, dass das Krankenhaus bzw. Evelyn ihrerseits den Entlastungsbeweis hätte führen müssen. Sie hätte also nachweisen müssen, dass die Erfrierungen nicht zu vermeiden gewesen waren, entweder weil sie alle erforderlichen Pflegemaßnahmen durchgeführt hat oder weil die Erfrierungen trotz Beachtung der üblichen Sorgfalt aufgetreten wären.

Ergebnis: Sowohl Evelyn (§ 823 BGB) als auch das Krankenhaus, in dem Evelyn als Erfüllungsgehilfin tätig ist, sind zum Schadensersatz und damit zur Zahlung des Schmerzensgeldes verpflichtet.

▶ **Aufgabe 75.** Der Sturz von Ludmila gehört in den Bereich des voll beherrschbaren Risikos des Pflegeheims. Voraussetzung der Haftung ist, dass Schwester Evelyn eine Sorgfaltspflicht verletzt hat, wobei dies zudem auch schuldhaft geschehen sein müsste. Der Vorfall ist nicht mehr aufklärbar. Entgegen der üblichen Beweislastregel muss, da der Vorfall im voll beherrschbaren Risikobereich des Pflegeheimes stattgefunden hat, das Pflegeheim nachweisen, dass Schwester Evelyn keine Sorgfalt verletzt hat und zudem auch kein Verschulden trifft. Dies könnte dem Heim in der Tat gelingen, wenn nachgewiesen werden könnte, dass Schwester Evelyn den Sturz deswegen nicht hat verhindern können, weil sie selbst infolge eines Schwächeanfalles kurzzeitig das Bewusstsein verloren hat. Sieht man aber von derartigen Extremsituationen ab, dürfte es dem Heim kaum gelingen nachzuweisen, dass hier kein Pflichtverstoß und kein Verschulden vorliegen. Demzufolge ist der Haftungsanspruch von Ludmila begründet.

Ergebnis: Schwester Evelyn und das Pflegeheim sind schadensersatzpflichtig.

▶ **Aufgabe 76.** In einem vergleichbaren Fall hat der Bundesgerichtshof der Patientin u. a. Schmerzensgeld in Höhe von 25.000 EUR zuerkannt. Es stand fest, dass es zu dem infektiösen Geschehen gekommen war, weil die Arzthelferin Träger des Bakteriums Staphylokokkus aureus war und dieses Bakterium – auf welchem Weg auch immer – mittels einer Injektion auf die Patientin übertragen werden konnte. Damit, so der BGH, steht im vorliegenden Fall fest, dass die Schädigung der Patientin weder aus einer Sphäre stammt, die dem Patienten zuzurechnen ist, noch aus dem Kernbereich des ärztlichen Handelns herrührt. Das Risiko, das sich bei der Patientin verwirklicht hat, stammt vielmehr aus einem Bereich, dessen Gefahren ärztlicherseits objektiv voll ausgeschlossen werden können und müssen (voll beherrschbarer Risikobereich). Bei der Verwirklichung von Risiken, die nicht vorrangig aus den Eigenheiten des menschlichen Organismus erwachsen, sondern durch den Klinikbetrieb oder die Arztpraxis gesetzt und durch sachgerechte Organisation und Koordinierung des Behandlungsgeschehens objektiv voll beherrschbar werden können, treffe die Darlegungs- und Beweislast für die Verschuldensfreiheit die Behandlungsseite. Dabei kommt es nicht darauf an, dass die Infizierung für Evelyn nicht erkennbar gewesen war. Es genügt vielmehr, dass sich ein aus diesem Bereich stammendes objektiv voll beherrschbares Risiko verwirklicht hat, sodass es vielmehr Sache des Arztes ist, darzulegen und zu beweisen, dass es hinsichtlich des objektiv gegebenen Pflichtenverstoßes an einem Verschulden der Behandlungsseite fehle.

Ergebnis: Silke bekommt Schmerzensgeld.

▶ **Aufgabe 77.** Voraussetzung für einen Schadensersatzanspruch ist zunächst ein Verstoß des Heimes oder seiner Mitarbeiter gegen eine sie treffende Sorgfaltspflicht.

Aus dem Heimvertrag erwachsen Obhutspflichten zum Schutz der körperlichen Unversehrtheit der anvertrauten Heimbewohner. Auch besteht eine Verkehrssicherungspflicht zum Schutz der Bewohner vor Schäden, die diesen wegen Krankheit oder einer sonstigen körperlichen oder geistigen Einschränkung durch sie selbst oder durch die Einrichtung und bauliche Gestaltung des Altenheimes drohen.

Eine schuldhafte Verletzung dieser Pflichten begründet einen Schadensersatzanspruch sowohl aus vertraglicher Haftung, § 280 BGB (Haftung des Krankenhauses) als auch aus deliktischer Haftung, § 823 BGB (Haftung der Pflegekräfte).

Nach der Entscheidung des Bundesgerichtshofes gilt Folgendes:

Diese Pflichten sind begrenzt auf die in Pflegeheimen üblichen Maßnahmen, die mit einem vernünftigen finanziellen und personellen Aufwand realisierbar sind. Maßstäbe müssen
- das Erforderliche und
- das für die Heimbewohner und das Pflegepersonal Zumutbare sein.

Dabei ist insbesondere zu beachten, dass beim Wohnen in einem Heim
- die Würde sowie
- die Interessen und Bedürfnisse der Heimbewohner vor Beeinträchtigungen zu schützen und

Antworten zu den Aufgaben im Textteil

- die Selbstständigkeit,
- die Selbstbestimmung und
- die Selbstverantwortung der Bewohner

zu wahren und zu fördern sind.

Dabei liefert auch das Grundgesetz Grenzen hinsichtlich der zu treffenden Schutzmaßnahmen wie z. B.
- die Achtung der Menschenwürde (Art. 1 Abs.1 GG)
- das Recht auf freie Entfaltung der Persönlichkeit (Art. 2 Abs.1 GG)
- das Recht auf Fortbewegungsfreiheit (Art. 2 Abs.2 GG)
- das Recht auf gesundheitliche Unversehrtheit (Art. 2 Abs.2 GG).

Es muss nun immer im Einzelfall unter Berücksichtigung sämtlicher Umstände sorgfältig abgewogen werden. Auf der einen Seite gilt es die Menschenwürde und das Freiheitsrecht eines alten und kranken Menschen zu achten, auf der anderen Seite muss sein Leben und seine körperliche Unversehrtheit geschützt werden.

Eine Pflichtverletzung und damit eine Haftung bestehen im vorliegenden Fall nicht.

Das Pflegepersonal ist nicht verpflichtet gewesen, die Bewohnerin im Bett zu fixieren oder die Bettgitter hochzufahren.

Zu beachten ist insbesondere Folgendes:

Fixierung oder Bettgitter hätten, da ja keine konkrete, einzelfallbezogene Gefahrensituation vorlag, auf Dauer angebracht werden müssen, um die allgemeine Gefahr des Sturzes zu vermeiden. Diese zeitliche Dauer wäre nicht beschränkt gewesen und damit lebenslang! Eine derartige Fixierung wäre zwar erforderlich aber nicht mehr zumutbar!

Für eine „Rund-um-die-Uhr-Bewachung" bestand keine Pflicht. Das Heim war zwar verpflichtet, dafür Sorge zu tragen, dass der Bewohnerin beim Aufstehen Hilfe zuteil wurde. Dieser Pflicht ist das Heim hinreichend dadurch nachgekommen, dass es in Reichweite der Bewohnerin eine Klingel bereitgestellt hatte, mit der diese im Bedarfsfall Hilfe hätte herbeirufen können. Im Übrigen würde die Forderung, der Bewohnerin jedes Mal beim Aufstehen (unaufgefordert) Hilfe zu leisten, auf eine lückenlose Überwachung durch die Mitarbeiter des Pflegeheimes hinauslaufen. Dies würde über das für ein Pflegeheim wirtschaftlich Zumutbare hinausgehen und zudem auch den Interessen der Heimbewohner an der Wahrung ihrer Privatsphäre widersprechen.

Ergebnis: Rosa hat keinen Schadensersatzanspruch, da keine Verletzung einer Obhutspflicht oder Sorgfaltspflicht vorliegt.

▶ **Aufgabe 78.** In der Tat ergibt sich aus dem Vertrag zwischen Margot und dem Pflegeheim die Pflicht, den anvertrauten Heimbewohner zum Schutz der körperlichen Unversehrtheit Obhut und Aufsicht zu gewähren. Allerdings ist diese Obhutspflicht begrenzt auf die Maßnahmen, die in Pflegeheimen mit einem vernünftigen finanziellen und personellen Aufwand realisierbar sind. Maßstab sind das Erforderliche sowie das für die Heimbewohner und das Pflegepersonal Zumutbare. Dabei ist insbesondere die menschliche Würde der Bewohner zu beachten.

Im Nachhinein kann im vorliegenden Fall nicht mehr geklärt werden, wie es Margot gelang, die Flurtür zu öffnen und ins Treppenhaus zu kommen. Weder ein Öffnen der Tür durch die Bewohnerin selbst noch das Öffnen durch Dritte war für das Pflegeheim und deren Beschäftigte vorhersehbar. Margot begab sich das erste Mal in das Treppenhaus. Dies bedeutet, dass das Heim den Unfall nur hätte verhindern können, wenn Margot während des Aufenthalts im Gang fortlaufend und ununterbrochen überwacht worden wäre.

Eine solche Überwachung, sei es durch Kameras oder das Pflegepersonal, hätte allerdings den Rahmen üblicher und mit einem vernünftigen personellen Einsatz realisierbarer Maßnahmen deutlich überschritten. Das Abschließen der Tür ist problematisch, zumal Margot nicht in einer geschlossenen Abteilung untergebracht war. Auch ergibt sich daraus ein Hindernis im Falle eines Brandes. Das Argument, Margot hätte zu ihrer Betreuung einen alleinigen Pfleger benötigt, überschreitet die Anforderungen an den personellen Aufwand, der vom Heim vernünftigerweise abverlangt werden kann.

Ohne konkreten Anhalt für eine Gefährdung, hier für das Verlassen des Aufenthaltsbereiches und das Begeben ins Treppenhaus, ist ein Pflegeheim nicht verpflichtet, die Fixierung eines geistig verwirrten und gehbehinderten Heimbewohners vorzunehmen.

Heimbetreiber und das Pflegepersonal sind nur dann verpflichtet, Aufsichts- und Sicherungsmaßnahmen zu ergreifen, wenn es konkrete Anhaltspunkte für eine erhöhte Gefährdung des Heimbewohners gibt. Einem Heim und den dazu gehörigen Pflegekräften kann nicht zugemutet werden, jedes nur erdenkliche Risiko verhindern zu müssen. Eine Rund-um-die-Uhr-Betreuung in Form einer Sonderüberwachung ist weder heimvertraglich geschuldet, noch kann diese regelmäßig faktisch vom Heimträger erbracht werden. Eine totale, lückenlose und allumfassende Fixierung von Bewohnern ist mit der Menschenwürde nicht in Einklang zu bringen.

Ergebnis: Margot hat keinerlei Haftungsansprüche.

▶ **Aufgabe 79.** Im Beispiel zählen zu den höchstpersönlichen Rechten der Behandlungsvertrag mit dem Zahnarzt sowie die Mitgliedschaft in einem gemeinnützigen Verein, hier der Sportverein. Alles andere „erbt" der Sohn. Bezüglich der vermieteten Eigentumswohnung wird er automatisch Vermieter gegenüber den Mietern, er muss die offene Werkstattrechnung bezahlen, genauso wie er das bestellte Auto abnehmen muss, obwohl er selbst gar keines bestellt hat.

▶ **Aufgabe 80.** Alleiniger Erbe wird aufgrund des Testamentes Fabian. Damit wird er Eigentümer des Autos und des Geldbetrages von 50.000 Euro. Das Haus gehört ihm ohnehin aufgrund der Schenkung. Severin erbt nichts – er ist quasi „enterbt". Sein Pflichtteil errechnet sich wie folgt: Pflichtteil = die Hälfte des gesetzlichen Erbes.

Der gesetzliche Erbteil von Severin beträgt die Hälfte des Erbes. Sein Pflichtteil dementsprechend wertmäßig ein Viertel des Erbes. Der Wert des Erbes beträgt nun 20.000 Euro (Auto) und 50.000 Euro Bargeld. Hinzu kommt die Schenkung innerhalb der letzten 10 Jahre und zwar 250.000 Euro (Haus). Damit hat das Erbe einen Wert von insgesamt 320.000 Euro. Hiervon hat Severin Anspruch auf Ausbezahlung von einem Viertel (= 320.000 : 4 = 80.000 Euro).

▶ **Aufgabe 81.** Die Bestellung eines Betreuers ist erforderlich. Dessen Aufgabenkreis wird jedoch nur die Einwilligung in die Operation umfassen und nicht mehr eine eventuell daran anschließende Behandlung mit Injektionen, falls sich Helene bis dahin von ihrem Schock wieder erholt hat und über die Injektionen frei entscheiden kann.

▶ **Aufgabe 82.** In diesem Fall ist eine eigene gerichtliche Genehmigung für das Abschließen der Abteilung nicht erforderlich, da dieses von der gerichtlichen Genehmigung der Unterbringung umfasst ist. Für die Fixierung jedoch bedarf es einer weiteren gerichtlichen Genehmigung, da diese über die „normale" Unterbringung hinausgeht und zudem regelmäßig wiederkehrt.

Antworten zu den Aufgaben im Textteil

▶ **Aufgabe 83.** Veronika muss keinen Urlaub nehmen, sondern kann von ihrem bisherigen Arbeitgeber verlangen, für das Vorstellungsgespräch freigestellt zu werden. Er muss auch in dieser Zeit den Lohn weiter bezahlen. Das gleiche gilt, wenn sich der gekündigte Arbeitnehmer pflichtgemäß bei der Agentur für Arbeit arbeitsuchend meldet.

Veronika kann vom Hamburger Krankenhaus die Erstattung ihrer Fahrtkosten, Übernachtungs- und Verpflegungskosten verlangen. Dieser Anspruch besteht nicht, wenn Veronika ohne Aufforderung nach Hamburg gefahren wäre.

▶ **Aufgabe 84.** Die Frage nach der Schwangerschaft und ihren Heiratsabsichten muss Veronika nicht beantworten. Es dürfen nur solche Fragen gestellt werden, die mit dem Arbeitsplatz oder der Tätigkeit im Zusammenhang stehen. Antwortet sie bewusst falsch, dürfen ihr daraus keine Nachteile entstehen. Einblicke in Zeugnisse muss sie dulden. Vorstrafen braucht sie nur auf Frage anzugeben, die in Zusammenhang mit ihrer zukünftigen Arbeit stehen.

▶ **Aufgabe 85.** Hier hilft ein Blick in das Jugendarbeitsschutzgesetz (§ 19 Abs. 2). Dort ist festgehalten, dass ihm 25 Werktage Urlaub zustehen.

▶ **Aufgabe 86.** Zunächst ist es richtig, wenn Richard bezüglich seiner beruflichen Pflichten auf den Inhalt seines Arbeitsvertrags verweist. Nur wird hier die Frage, ob er verpflichtet ist, Nachtdienst zu leisten, nicht beantwortet sein. Soweit sich eine derartige Verpflichtung auch nicht aus einer betrieblichen Übung ergibt, könnte er jedoch durch die Wahrnehmung des Direktionsrechts verpflichtet werden. Die Weisung der Stationsleiterin ist berechtigt, wenn die Durchführung des Nachtdienstes zur beruflichen Aufgabe als Krankenpflegehelfer gehört. Die beruflichen Aufgaben ergeben sich aus dem Berufsbild des Krankenpflegehelfers. Dieses lässt sich durch einen Blick in die jeweilige Ausbildungs- und Prüfungsordnung des entsprechenden Bundeslands konkretisieren. Dabei kann festgehalten werden, dass der Krankenpflegehelfer nur Assistenzaufgaben in der Grundpflege zu leisten hat. Die im Nachtdienst im Vordergrund stehende Behandlungspflege und Krankenbeobachtung gehört zu den Aufgaben der Krankenpflege. Soweit sich daher keine Pflicht zum Nachtdienst aus dem Arbeitsvertrag ergibt (dieser könnte allerdings zulässigerweise eine derartige Verpflichtung vorsehen) und eine derartige betriebliche Übung auch nicht besteht, ist Richard nicht zum Nachtdienst verpflichtet.

▶ **Aufgabe 87.** Es ist in der Praxis häufig schwierig, die Zuständigkeiten zwischen Arzt und Pflegepersonal abzugrenzen. Steht jedoch fest, dass es sich bei einer konkreten Tätigkeit um eine ärztliche handelt, ist die Gesundheits- und Krankenpflegerin nicht verpflichtet, dieser Tätigkeit nachzukommen, zumal sie diese im Regelfall tatsächlich nicht beherrscht. Verursacht sie zudem fahrlässig einen Schaden beim Patienten, haftet sie aus unerlaubter Handlung und macht sich wegen fahrlässiger Körperverletzung strafbar. Dabei zählt ihr Argument nicht, dass ihr diese Tätigkeit angeordnet worden ist.

Die Weigerung der OP-Schwester ist daher rechtmäßig. Sie kann sich nur dann nicht weigern, wenn es sich um einen Notfall handelt.

▶ **Aufgabe 88.** Auch wenn hier die Vertreterin durchaus in der Lage wäre, bessere Arbeit zu leisten, so ist doch Gabi selbst verpflichtet zu arbeiten.

▶ **Aufgabe 89.** Eine derartige Weisung müsste nicht befolgt werden, weil es nicht zum Berufsbild des Intensivpflegers gehört, in der Küche zu arbeiten. Ein Notfall liegt auch nicht vor.

▶ **Aufgabe 90.** Ilse muss dieser Weisung nicht nachkommen (allerdings muss sie dies dem Arzt mitteilen und gegebenenfalls dokumentieren!).

▶ **Aufgabe 91.** Will Rudi zum 15. März 2013 kündigen, muss seine Kündigung bis spätestens am 15. Februar 2013 (= vier Wochen vorher) bei seinem Arbeitgeber eingegangen sein.

Will ihm das Krankenhaus kündigen, muss eine Kündigungsfrist von **drei** Monaten beachtet werden. Diese ergibt sich daraus, dass Rudi eine zu berücksichtigende Beschäftigungsdauer von acht Jahren hat, bei der sich die Kündigungsfrist auf drei Monate verlängert.

Soweit § 622 Abs.2 S.2 BGB vorschreibt, dass Zeiten, die vor der Vollendung des 25. Lebensjahres des Arbeitnehmers liegen, bei der Berechnung der Beschäftigungsdauer nicht berücksichtigt werden (siehe auch Vorauflage), ist diese Bestimmung aufgrund eines Urteils des Europäischen Gerichtshofes (EuGH) vom 19.1.2010 nicht mehr anzuwenden, da dies gegen das Verbot der Altersdiskriminierung verstößt.

▶ **Aufgabe 92.** Hier ist der Krankenhausträger berechtigt zu kündigen. Da ihm auch nicht zuzumuten ist, Rudi bis zum Ablauf der Kündigungsfrist zu beschäftigen (möglicherweise begeht er weitere Diebstähle), kann er ihn sofort, d. h. fristlos, entlassen.

▶ **Aufgabe 93.** Ohne vorherige Abmahnung ist diese Kündigung unwirksam. Die Stationsleitung müsste Rudi auf sein Fehlverhalten hinweisen und ihm gleichzeitig die Konsequenz seines Verhaltens vor Augen führen, d. h. ihm bei weiterem Zuspätkommen die Kündigung androhen. Kommt er dann weiterhin zu spät, kann sicherlich die Kündigung ausgesprochen werden.

▶ **Aufgabe 94.** Wenn im Arbeitsvertrag nichts über die Bezahlung der Prämie geregelt ist, hat der Arbeitnehmer keinen Anspruch hierauf, es sei denn, eine andere Norm sieht die Bezahlung vor. In Betracht kommt hier lediglich der Tarifvertrag. Nun ist im TVAöD tatsächlich eine Abschlussprämie vorgesehen. Da sowohl das Krankenhaus als auch Erna Mitglied der Tarifvertragsparteien sind, steht Erna zu Recht die Prämie zu. Tobias ist nicht Mitglied bei ver.di. Insofern kann er keine Rechte aus dem Tarifvertrag herleiten, da dieser für ihn nicht gilt.

Es steht dem Arbeitgeber aber frei, auf freiwilliger Basis die entsprechenden Leistungen an die nicht tarifgebundenen Arbeitnehmer zu zahlen.

In Betracht kommt natürlich auch, dass im Arbeitsvertrag mit Tobias auf den Tarifvertrag Bezug genommen wurde. Dann ergäbe sich ein entsprechender Anspruch aus dem Arbeitsvertrag.

▶ **Aufgabe 95.** Während der ersten sechs Wochen ihrer Krankheit erhält Julia 100 % des Lohnes weiter bezahlt. Anschließend bekommt sie von ihrer Krankenkasse Krankengeld in Höhe von 1050 Euro.

Antworten zu den Aufgaben im Textteil

▶ **Aufgabe 96.** Ute ist wie eine Beschäftigte des Krankenhauses tätig geworden. Hätte sie die Besorgung nicht erledigt, hätte es Monika tun müssen. Auch ist Ute nicht im eigenen Interesse, sondern für das Krankenhaus tätig gewesen. Sie ist daher bei Ausübung dieses Botenganges in der Unfallversicherung versichert gewesen und bekommt den erlittenen Gesundheitsschaden ersetzt.

▶ **Aufgabe 97.** Ja, hier liegt ein typischer Arbeitsunfall vor, da der Beinbruch bei Ausübung der beruflichen Tätigkeit passiert ist.

▶ **Aufgabe 98.** Hier hat Angela nicht im Interesse des Krankenhauses gehandelt, sondern war aus privaten Gründen unterwegs. Auch wenn der Unfall nun während der Arbeitszeit geschah, ist kein Versicherungsfall gegeben.

▶ **Aufgabe 99.** Nein, Angela hat den Unfall absichtlich herbeigeführt.

▶ **Aufgabe 100.** Hier liegt kein Versicherungsfall vor, da Angela sich durch die Einnahme der berauschenden Mittel von ihrer beruflichen Tätigkeit gelöst hat.

▶ **Aufgabe 101.** In all den Fällen, die zwischen Haustür und Betreten des Krankenhausgeländes stattfanden, liegt ein Wegeunfall vor. Bei dem Unfall innerhalb des Krankenhauses liegt bereits ein „normaler" Arbeitsunfall vor. Auch das Einschlagen der Fensterscheibe und die damit verbundene Verletzung ist noch ein Wegeunfall.

▶ **Aufgabe 102.** Unfälle, die sich während der Unterbrechung ereignen, werden nicht vom Versicherungsschutz erfasst (so der Unfall im Supermarkt), da sie eine reine private Tätigkeit darstellen.
Nach einer Unterbrechung bis zu 2 Stunden „lebt der Versicherungsschutz wieder auf". Der Verkehrsunfall ist daher durch die Versicherung erfasst. Nach einer längeren Unterbrechung liegt eine Beendigung des Heimweges vor. Der Versicherte hat sich sozusagen von der betrieblichen Tätigkeit gelöst. Daher besteht kein Versicherungsschutz nach dem Kaffeetrinken.

▶ **Aufgabe 103.** Die Witwe erhält 40%. Jedes Kind als Halbwaise 20%. Insgesamt würden die Hinterbliebenen 100% erhalten. Da jedoch die Obergrenze bei 80% liegt (die Hinterbliebenen sollen finanziell nach dem Tod nicht besser stehen als vor dem Tod des Versicherten), werden die Renten anteilsmäßig gekürzt.

▶ **Aufgabe 104.** Maria ist an sich nicht ohne Arbeit. Sie arbeitet eigentlich nur 6 Stunden pro Woche weniger als vorher. Trotzdem gilt sie als arbeitslos, da ihre Beschäftigung bei der Bäckerei nur „geringfügig" ist (weniger als 15 Stunden pro Woche). Zuvor war sie zwar nur teilzeitbeschäftigt, aber mehr als 15 Stunden pro Woche tätig und damit nicht arbeitslos.

▶ **Aufgabe 105.** Hier irrt Karla. Durch ihr Verhalten am Arbeitsplatz hat sie Anlass für die Kündigung gegeben. Dieser Anlass war durch eine vorsätzliche Pflichtwidrigkeit von ihr selbst geschaffen worden. Die Sperrzeit von 12 Wochen ist rechtmäßig.

▶ **Aufgabe 106.** Die Rechtsprechung hat dies bezüglich der Zeitung, eines Radios und eines Fernsehers bejaht und im Übrigen verneint.

▶ **Aufgabe 107.** Das Sozialamt wird Felix Antrag ablehnen, wenn es der Ansicht ist, dass bei Felix zurzeit kein Bedarf an einem Mantel besteht. Er hat ja bereits einen Mantel. Das Sozialamt darf nur den konkret vorliegenden Bedarf decken, der aber bei Felix hinsichtlich des Mantels derzeit nicht besteht.

▶ **Aufgabe 108.** Das Sozialamt hat Recht. Felix müsste zunächst Hilfe von seiner Tochter einfordern. Darüber hinaus müsste Felix sogar eventuell vorhandene Ersparnisse aufbrauchen, bevor er Anspruch auf Sozialhilfe hat.

▶ **Aufgabe 109.** So verständlich die Ansicht von Felix auch ist, er hat nicht Recht. Der Bedarf, der bei ihm entstanden ist, wird nicht speziell bezüglich seiner Person gesehen, sondern vielmehr im Hinblick auf eine bestehende Bedarfsgemeinschaft. Hierzu gehört auch seine Partnerin.

▶ **Aufgabe 110.** Die Polizei darf zunächst davon ausgehen, dass Adam psychisch krank ist. Zur weiteren Untersuchung darf sie ihn mit in ein Krankenhaus nehmen.

Prüfungsfragen

Die Beantwortung der Prüfungsfragen ergibt sich aus dem Inhalt des Buches an den jeweils betreffenden Stellen.

Fragen zur Staatsbürgerkunde

„Bundesrepublik Deutschland"

- Welche Merkmale kennzeichnen einen Staat?
- Welche Möglichkeiten gibt es, eine Staatsangehörigkeit zu erwerben? Erklären Sie die jeweiligen Grundsätze!
- Was verstehen Sie unter „Doppelter Staatsbürgerschaft"? Wie kann sie zustande kommen?
- Wie kam es zur Wiedervereinigung der zwei deutschen Staaten?

Zum Kapitel (S. 32)

Staats- und Regierungsform der BRD

- Welche Merkmale kennzeichnen die Staats und Regierungsform der Bundesrepublik Deutschland?
- Erklären Sie die Begriffe Republik, Demokratie, Sozialstaat, Rechtsstaat, Bundesstaat!
- Welche Elemente kennzeichnen eine Demokratie und welche Arten kennen Sie?
- Welche Auswirkungen hat das Rechtsstaatsprinzip?
- Nennen und erläutern Sie die drei Elemente der Gewaltenteilung!
- Was sind die Aufgaben eines Sozialstaates?
- Zählen Sie einige Bundesländer mit der dazugehörigen Hauptstadt auf!
- Was versteht man unter Föderalismus?

Zum Kapitel (S. 37)

Grundrechte

- Nennen Sie einige wichtige Meilensteine bei der Entstehung der Grundrechte!
- Für wen sind die Grundrechte verbindlich?
- Wodurch werden die Grundrechte beschränkt?
- In welche Gruppen lassen sich die Grundrechte einteilen?
- Was versteht man unter „Menschenrechten", „Bürgerrechten"? Welche Arten von Menschenrechten gibt es?
- Zählen Sie einige Grundrechte auf und erklären Sie deren Inhalt!

Zum Kapitel (S. 49)

Wahlrecht

- Brauchen wir überhaupt Wahlen? Begründung!
- Erklären Sie den Unterschied zwischen „aktivem" und „passivem" Wahlrecht!
- Wer darf bei der Bundestagswahl wählen?
- Welche Wahlrechtsgrundsätze gibt es?
- Was bedeuten die Wahlrechtsgrundsätze: allgemein, unmittelbar, frei, gleich, geheim?
- Welche Wahlsysteme gibt es?
- Was bedeuten die Begriffe „Verhältniswahl" und „Mehrheitswahl"?
- Was bedeutet der Begriff „personalisierte Verhältniswahl"?
- Welches Wahlsystem wird bei der Bundestagswahl angewendet? Erklären Sie dieses Wahlsystem!
- Wie viele Stimmen haben Sie bei der Bundestagswahl?
- Was wählen Sie bei der Bundestagswahl mit Ihrer Erst und Zweitstimme?
- Was ist ein „Überhangmandat" und wie kommt es zustande?

Zum Kapitel (S. 60)

Oberste Bundesorgane

- Nennen Sie die Obersten Bundesorgane!
- Erklären Sie die Begriffe: Bundestag, Bundesrat, Bundespräsident, Bundesregierung und Bundesverfassungsgericht!
- Aus welchen Mitgliedern besteht die Bundesregierung?
- Wie erfolgt die Wahl zum Bundeskanzler?
- Was versteht man unter dem „konstruktiven Misstrauensvotum"?
- Wie kann der Bundestag aufgelöst werden?
- Nennen Sie die Namen
  a) des amtierenden Bundeskanzlers
  b) des amtierenden Bundespräsidenten
- Welche Merkmale kennzeichnen die Regierungsgewalt?
- Erläutern Sie die Begriffe „Immunität" und „Indemnität"!

Zum Kapitel (S. 69)

Gesetzgebung des Bundes

- Wie ist die Zuständigkeit zwischen den Bundesländern und der Bundesrepublik für den Erlass von Gesetzen verteilt?
- In welche Teile gliedert sich das Gesetzgebungsverfahren?
- Was versteht man unter „Gesetzesinitiative" und wer hat diese Initiative für ein Bundesgesetz?
- Wie kommt ein Gesetz zustande?
- Was ist der Unterschied zwischen einem „Zustimmungsgesetz" und einem „Einspruchsgesetz"?
- Welche Möglichkeiten gibt es für den einzelnen Bürger, sich direkt und unmittelbar an der Gesetzgebung zu beteiligen?

Zum Kapitel (S. 93)

Aufbau der BRD

- Wie ist die Verwaltung der Bundesrepublik Deutschland aufgebaut?

Zum Kapitel (S. 102)

Wirtschaftsordnung der BRD

- Welche Wirtschaftssysteme gibt es?
- Erklären Sie die Begriffe „Planwirtschaft", „Marktwirtschaft", „soziale Marktwirtschaft"!
- Mit welchen Gesetzen übt der Staat eine Kontrolle im Wirtschaftsleben aus?
- Welche Gesetze zum Schutz des Verbrauchers kennen Sie?

Zum Kapitel (S. 105)

Rechtsprechung in der BRD

- Welche Gerichtszweige kennen Sie?
- Wie zeigt sich die Unabhängigkeit der Richter?

Zum Kapitel (S. 109)

Europäische Union (EU)

- Wie viele Staaten gehören derzeit zur EU?
- Welches sind die Organe der EU?
- Was sind die Gründe für eine europäische Einigung?

Zum Kapitel (S. 113)

Vereinte Nationen (UN)

- Vor welchem geschichtlichen Hintergrund entstanden die UN, und welche Ziele haben sie?
- Welche Grundsätze zeichnet die Arbeit der UN aus?
- Nennen Sie die Organe und Sonderorganisationen der UN!
- Welche Aufgaben haben die sog. „Blauhelm-Soldaten"?

Zum Kapitel (S. 122)

Fragen zum Strafrecht

Wesen des Strafrechts

- Wann ist menschliches Verhalten strafbar?
- Welchen Zweck kann Strafe haben?

Zum Kapitel (S. 130)

Grundlagen der Strafbarkeit

- Was ist Voraussetzung, dass eine Tat bestraft werden kann?
- Welche Handlungsformen gibt es im Strafrecht?
- Erklären Sie die Begriffe: vorsätzliche Straftat, fahrlässige Straftat, Unterlassungsdelikt!
- Schildern Sie den Aufbau einer vorsätzlichen Straftat!
- Was ist der Inhalt des objektiven oder subjektiven Tatbestands?
- Wann ist eine Straftat nicht rechtswidrig? – Beispiel!
- Wie kann die Einwilligung erklärt werden?
- Was sind die Voraussetzungen einer wirksamen Einwilligung?
- Wann handelt der Täter ohne Schuld? – Beispiel!
- Wann bezeichnet man ein Verhalten als „fahrlässig"?
- Unter welchen Umständen ist eine versuchte Straftat nicht strafbar?
- Was beinhalten die Begriffe: Täterschaft, Beihilfe, Anstiftung?

Zum Kapitel (S. 134)

Rechtsfolgen einer Straftat

- Wann ist Jugendstrafrecht anzuwenden?
- Nennen Sie die Folgen einer Straftat bei Jugendlichen und bei Erwachsenen.
- Wie lange „dauert" eine lebenslängliche Freiheitsstrafe?
- Nach welchem Grundsatz wird eine Geldstrafe bemessen?
- Welche Maßregeln der Besserung und Sicherung kennen Sie?

Zum Kapitel (S. 145)

Ausgewählte Straftatbestände

- Ist die ärztliche Heilbehandlung eine vorsätzliche Körperverletzung? – Begründung!
- Schwester Evelyn, die regelmäßig die Patienten des Altenheims besucht, erklärt dem 70jährigen Thomas, er benötige eine Injektion. Thomas, der furchtbare Angst vor Spritzen hat, lehnt ab. Schwester Evelyn erklärt daraufhin, dies nutze jetzt alles nichts und spritzt Thomas ein Medikament, welches nur zu seinem Besten ist. Hat sich Evelyn strafbar gemacht? – Begründung!
- Was sind die Voraussetzungen einer wirksamen Einwilligung zur Körperverletzung?
- Zu welchem Zeitpunkt muss der Patient bei einem medizinischen Eingriff spätestens aufgeklärt werden?
- Wann liegt „Beihilfe zum Selbstmord" vor und wann „Tötung auf Verlangen"?
- Wann beginnt und endet das menschliche Leben?
- Was ist der Unterschied zwischen „Mord" und „Totschlag"?
- Unter welchen Umständen ist es strafbar, einen anderen Menschen allein zu lassen, d. h. ihn „auszusetzen"?
- Während ihrer Nachtwache auf der Intensivstation verlässt die eingeteilte Nachtschwester Irene kurzzeitig die Station, um ihre Ruhepause zu machen und zu diesem Zweck auf der benachbarten Station mit der Schwesterkollegin eine Tasse Kaffee zu trinken. Als sie wieder zurückkommt, schlafen die Patienten immer noch friedlich, und es ist nichts passiert. Hat sich Irene strafbar gemacht? – Begründung!

Prüfungsfragen

- Was sind die Voraussetzungen einer „unterlassenen Hilfeleistung"?
- Wann liegt ein Schwangerschaftsabbruch vor?
- Unter welchen Voraussetzungen ist ein Schwangerschaftsabbruch nicht strafbar?
- Wer trägt die Kosten eines Schwangerschaftsabbruchs?
- Nennen Sie die Gründe für die Notwendigkeit einer „Schweigepflicht" in den Heilberufen!
- Wann liegt ein „anvertrautes Geheimnis" vor?
- Was versteht man unter sog. „Drittgeheimnissen"?
- Was ist bei der Pflegevisite unter dem Gesichtspunkt der Schweigepflicht zu beachten?
- Unter welchen Voraussetzungen darf ein Geheimnis offenbart werden?
- Welche Gesetze gibt es, die eine Mitteilungs*pflicht* enthalten?
- Schwester Susanne erzählt ihrer Kollegin, Schwester Silke, beim Umbetten des Patienten Thomas, sie habe gerade anlässlich eines Arztbesuches bei dem Patienten Reinhard erfahren, dass sich dieser bei seinem letzten Urlaub in Thailand eine Geschlechtskrankheit geholt hat. Daraufhin bemerkt Silke nur: „Alter schützt vor Torheit nicht." War das Verhalten von Susanne und Silke korrekt? Hat sich hier jemand strafbar gemacht? Wenn ja, weswegen?
- Wo kann es im Krankenhaus zu einer Freiheitsberaubung kommen, und unter welchen Voraussetzungen ist diese erlaubt?

Zum Kapitel (S. 155)

Berufsrelevante Nebengesetze des Strafrechts

- Was sind strafbare Handlungen nach dem Embryonenschutzgesetz?
- Wann liegt eine „Kastration" vor, wann ist sie zulässig?

Zum Kapitel (S. 191)

Ausgewählte Strafrechtsprobleme

- Was müssen Sie in rechtlicher Hinsicht beim Injizieren beachten?
- Welche Formen der Sterbehilfe gibt es?
- In welcher Form ist Sterbehilfe strafbar und in welcher straflos?
- Der pensionierte Oberarzt Dr. Michael, der geistig völlig präsent ist, erfährt, dass er an einer unheilbaren Krankheit leidet und ihm baldiges Siechtum droht. Er bittet deshalb seine Pflegerin Barbara, ihm Zyankali zu beschaffen. Barbara stellt ihm das Zyankali auf das Nachtkästchen. Michael nimmt das Gift zu sich und stirbt. Hat sich Barbara strafbar gemacht? – Begründung!
- Unter welchen Voraussetzungen kann bei einem „Koma"-Patienten die lebenserhaltende Maschine abgeschaltet werden?
- Was versteht man unter einer „Patientenverfügung"?
- Ab welchem Zeitpunkt gilt der Spender von Organen als „tot"?

Zum Kapitel (S. 198)

Strafprozess

- Skizzieren Sie kurz den Verfahrensweg von der Straftat bis zur Verbüßung der Strafe!
- Unter welchen Voraussetzungen kann Untersuchungshaft angeordnet werden?
- Welche Möglichkeiten hat der Staatsanwalt gegenüber dem Beschuldigten bei Vorliegen einer Straftat?

Zum Kapitel (S. 219)

Fragen zum Zivilrecht

Schuldrecht

- Welche Arten der Geschäftsfähigkeit kennen Sie?
- Wann kommt ein Vertrag zustande?
- Welche Verträge kann ein beschränkt geschäftsfähiger Jugendlicher abschließen?
- Wer ist geschäftsunfähig?
- Was beinhaltet die „Vertragsfreiheit"?
- Welche Vertragstypen kennen Sie?

Zum Kapitel (S. 226)

Rechtsstellung des Patienten

- Welche Rechtsbeziehung besteht zwischen Arzt und Patient?
- Welches sind die Pflichten des Arztes aus dem Arztvertrag?
- Welches sind die Pflichten des Patienten aus dem Arztvertrag?
- Was ist der wesentliche Inhalt der Pflegedokumentation?
- Wer ist für die Durchführung der Pflegedokumentation verantwortlich?
- Wann und in welchem Umfang hat der Patient ein Recht auf Einsicht in die Krankenunterlagen?

Zum Kapitel (S. 234)

Haftungsfragen im Bereich der Krankenpflege

- Wann kann jemand schadensersatzpflichtig werden?
- Was sind die Voraussetzungen einer vertraglichen Haftung?
- Was versteht man unter einer „unerlaubten Handlung"?
- Wem gegenüber kann u. U. ein Krankenhauspatient einen Schadensersatzanspruch haben?
- Unter welchen Voraussetzungen kann ein Patient einen Schaden geltend machen?
- Wann liegt ein Organisationsverschulden des Krankenhausträgers vor? – Beispiele!

Zum Kapitel (S. 244)

Erbrecht

- Welche zwei Möglichkeiten der Erbfolge gibt es?
- Welche Prinzipien regeln die gesetzliche Erbfolge?
- Was bedeuten die Begriffe: Ordnungsprinzip, Stammesprinzip, Repräsentationsprinzip?
- Was erbt der Ehegatte? Auf was kommt es dabei an?
- Wie sieht das Erbrecht des nichtehelichen Kindes aus?
- Wer kann ein Testament errichten?
- Welche Voraussetzungen müssen bei einem „eigenhändigen Testament" zwingend vorliegen?
- Wann kann ein 3-Zeugen-Testament errichtet werden?
- Welchen Vorteil hat das gemeinschaftliche Testament?
- Was kann ganz allgemein Inhalt eines Testaments sein?
- Unter welchen Umständen erbt der Staat?
- Wann kann man ein Erbe ausschlagen?
- Wer kann einen Pflichtteil erhalten und wie hoch ist er?

Zum Kapitel (S. 260)

Familienrecht

- Unter welchen Voraussetzungen liegt eine wirksame Eheschließung vor?
- Welche ehelichen Güterstände kennen Sie?
- Was versteht man unter: Zugewinngemeinschaft, Gütergemeinschaft, Gütertrennung?
- Wann kann eine Ehe geschieden werden?
- Unter welchen Voraussetzungen gilt eine Ehe rechtlich als gescheitert?
- Welche rechtlichen Folgen zieht eine Scheidung nach sich?
- Wie erfolgt in groben Zügen der „Zugewinnausgleich"?
- Wer hat die „elterliche Sorge" inne?
- Was beinhaltet die „elterliche Sorge"?
- Wann kann jemand adoptiert werden?
- Wann spricht man von einer Vormundschaft?
- Was bedeutet „Betreuung", wer steht unter „Betreuung"?
- Zwischen welchen Personen besteht eine gesetzliche Unterhaltspflicht?
- Welche beiden wesentlichen Voraussetzungen müssen bestehen, damit Unterhaltszahlungen erfolgen?
- Wie ist der Unterhaltsanspruch eines nicht ehelichen Kindes geregelt?

Zum Kapitel (S. 278)

Betreuungsrecht

- Unter welchen Voraussetzungen ist für einen Volljährigen eine Betreuung anzuordnen?
- Welche Pflichten hat der vom Betreuungsgericht bestellte Betreuer gegenüber dem betreuten Volljährigen?
- Wie kommt es zur Bestellung eines Betreuers?
- Was versteht man unter einer „Vorsorgevollmacht"?
- Was versteht man unter einer „Betreuungsverfügung"?

- Wann bedarf ein medizinischer Eingriff bei einem Betreuten neben der Einwilligung des Betreuers zusätzlich der Genehmigung durch das Vormundschaftsgericht?
- Wann ist die Unterbringung eines Betreuten zulässig?
- Was sind „unterbringungsähnliche Maßnahmen", was setzt ihre Zulässigkeit voraus?
- Unter welchen Voraussetzungen ist eine Zwangsbehandlung zulässig?

Zum Kapitel (S. 293)

Fragen zum Arbeitsrecht
Arbeitsverhältnis

- Wie kommt ein Arbeitsvertrag zustande?
- Welche Fragen des Arbeitgebers muss der Bewerber beantworten?
- Wodurch wird der Inhalt eines Arbeitsverhältnisses gestaltet?
- Was versteht man unter dem „Direktionsrecht" des Arbeitgebers?
- Welche Pflichten entstehen für Arbeitgeber und Arbeitnehmer durch den Abschluss des Arbeitsvertrages?
- Die Arbeitspflicht wird durch das „Weisungsrecht" des Arbeitgebers bestimmt. Wo sind seine Grenzen?
- Wann hat ein Arbeitnehmer – ohne vertragliche oder tarifvertragliche Vereinbarung – Anspruch auf „Weihnachtsgeld"?
- Wodurch kann die Arbeitspflicht verletzt werden?
- In welchen Fällen bekommt der Arbeitnehmer seinen Lohn, obwohl er nicht arbeitet?
- Wie kann ein Arbeitsverhältnis beendet werden?
- Unter welchen Voraussetzungen ist die Befristung eines Arbeitsverhältnisses zulässig?
- Was sind die Unterschiede zwischen einer ordentlichen und einer außerordentlichen Kündigung?
- Was sind die Pflichten eines Ausbilders und eines Auszubildenden innerhalb eines Ausbildungsverhältnisses?

Zum Kapitel (S. 326)

Arbeitnehmerschutz

- Wann ist das Kündigungsschutzgesetz anwendbar?
- Wann ist eine ordentliche Kündigung nach dem Kündigungsschutzgesetz gerechtfertigt?
- Wozu ist die Kündigungsschutzklage unbedingt erforderlich?
- In welchen Bereichen wird eine werdende Mutter geschützt?
- In welchen Fällen besteht ein Beschäftigungsverbot für werdende Mütter?
- In welchen Zeiten (vor/nach der Entbindung) braucht eine Frau nicht zu arbeiten?
- Durch welche Grundregelungen wird die Jugend im Arbeitsleben geschützt?
- Was hat das Allgemeine Gleichbehandlungsgesetz zum Gegenstand?
- Wozu dient das Arbeitsschutzgesetz?
- Was versteht man unter „Arbeitszeit" im Sinne des Arbeitszeitgesetzes?
- Wann sieht das Arbeitszeitgesetz Ruhepausen vor, und wie sind sie zu gestalten?

Zum Kapitel (S. 354)

Tarifvertragsrecht

- Zwischen welchen Parteien kann ein Tarifvertrag geschlossen werden?
- Was ist der Inhalt eines Tarifvertrags?
- Wer kann sich auf einen Tarifvertrag berufen?
- Wann darf vom Inhalt eines Tarifvertrags abgewichen werden?

Zum Kapitel (S. 370)

Betriebsverfassung

- Welche Aufgaben hat der Betriebs/Personalrat?
- Was macht die Jugendvertretung?

Zum Kapitel (S. 372)

Zivilprozess

- Was ist – im Unterschied zum Strafprozess – der Gegenstand des Zivilprozesses?
- Was bedeuten die Begriffe: Mahnbescheid, Vollstreckungsbescheid, Zwangsvollstreckung, Streitiges Verfahren, Klageerhebung, Beweisaufnahme, Rechtskraft?
- Wann ist anstelle des Zivilgerichts das Arbeitsgericht zuständig?

Zum Kapitel (S. 375)

Fragen zum Sozialrecht

Krankenversicherung

- Welche Zweige der Sozialversicherung kennen Sie?
- Welcher Personenkreis ist Mitglied in der gesetzlichen Krankenversicherung?
- Wann besteht keine Versicherungspflicht trotz bestehendem Beschäftigungsverhältnis?
- Welche Familienangehörigen sind mitversichert?
- Wer sind die Träger der gesetzlichen Krankenversicherung?
- Wie wird die gesetzliche Krankenversicherung finanziert?
- Welche Leistungen (allgemein) bietet die gesetzliche Krankenversicherung?
- Ab welchem Alter haben Mann und Frau Anspruch auf die Krebsvorsorgeuntersuchung?
- Auf welche Leistungen besteht im Krankheitsfall ein Anspruch?

Zum Kapitel (S. 387)

Pflegeversicherung

- Welcher Personenkreis ist Mitglied in der Pflegeversicherung?
- Wer ist der Träger der Pflegeversicherung?
- Wie wird die Pflegeversicherung finanziert?

- Welches sind die Leistungen der Pflegeversicherung?
- Wer ist pflegebedürftig im Sinne der Pflegeversicherung?
- Welche Stufen (Umschreibung!) der Pflegebedürftigkeit gibt es?

Zum Kapitel (S. 397)

Rentenversicherung

- Wer ist Mitglied in der Rentenversicherung?
- Wie wird die Rentenversicherung finanziert?
- Welche Leistungen sieht die Rentenversicherung vor?
- Ab welchen Altersstufen und unter welchen Voraussetzungen hat ein Versicherter Anspruch auf Altersrente?
- Wer hat Anspruch auf Hinterbliebenenrente?

Zum Kapitel (S. 411)

Unfallversicherung

- Wer ist in der gesetzlichen Unfallversicherung versichert?
- Wie wird die gesetzliche Unfallversicherung finanziert?
- Wann liegt ein Arbeits- wann ein Wegeunfall vor?
- Was ist eine Berufskrankheit?
- Welche Leistungen sieht die gesetzliche Unfallversicherung vor?

Zum Kapitel (S. 418)

Arbeitsförderung

- Welche Maßnahmen der Arbeitsförderung kennen Sie?
- Wie wird die Arbeitsförderung finanziert?
- Was sind die Voraussetzungen für den Bezug von Arbeitslosengeld und Arbeitslosenhilfe?
- Wie hoch – gemessen am letzten regelmäßigen Arbeitseinkommen – ist:
  - das Arbeitslosengeld I?
  - das Arbeitslosengeld II?

Zum Kapitel (S. 424)

Sozialhilfe

- Wer hat Anspruch auf Sozialhilfe?
- Welche Leistungen sieht die Sozialhilfe allgemein vor?
- Was versteht der Gesetzgeber unter „Hilfe zum Lebensunterhalt"?
- Was versteht der Gesetzgeber unter „Hilfe in besonderen Lebenslagen"?

Zum Kapitel (S. 432)

Sonstige Sozialstaatsangebote

- Wer erhält Ausbildungsförderung nach dem BAföG?
- Wer erhält für wen Kindergeld, und wie hoch ist es?
- Wer erhält Elterngeld und wie hoch ist es?
- Wer erhält Elternzeit und wie lange dauert diese?

Zum Kapitel (S. 438)

Fragen zu den berufsrelevanten Nebengesetzen
Arzneimittelrecht

- Was regelt das Arzneimittelgesetz?
- Was muss bei der Abgabe von Fertigarzneimitteln beachtet werden?
- Was ist der Unterschied zwischen „apothekenpflichtig" und „verschreibungspflichtig"?

Zum Kapitel (S. 442)

Betäubungsmittelrecht

- Wie erfolgt die Einteilung der Betäubungsmittel?
- Wodurch unterscheiden sich in rechtlicher Hinsicht die Betäubungsmittel in den Anlagen I, II, III?
- Wann darf ein Betäubungsmittel verschrieben werden?
- Worin liegt die Besonderheit bei der Verschreibung eines Betäubungsmittels?
- Was ist bei der Aufbewahrung von Betäubungsmitteln besonders zu beachten?
- Welche Umgangsformen mit Betäubungsmitteln sind strafbar?

Zum Kapitel (S. 446)

Bestattungswesen

- Welche Bestattungsarten gibt es?
- Was beinhaltet die Leichenschau?
- Innerhalb welchen Zeitraumes muss die Bestattung vorgenommen werden?

Zum Kapitel (S. 453)

Lebensmittelrecht

- Nennen Sie einige Regelungen des Lebensmittelgesetzes!

Zum Kapitel (S. 455)

Medizinprodukte

- Was soll das Medizinproduktegesetz verwirklichen; zu welchem Schutz dient es?
- Welche Verbote kennen Sie im Umgang mit Medizinprodukten?
- An wen wendet sich die Medizinprodukte-Betreiberverordnung; was ist ihr Inhalt (Stichpunkte!)?
- Was verstehen Sie unter
- Hersteller,
- Sicherheitsbeauftragter für Medizinprodukte,
- Medizinprodukteberater,
- Betreiber,
- Medizinprodukte-Verantwortlicher,
- Medizinprodukte-Beauftragter,
- Anwender im Sinne des Medizinprodukterechts? Nennen Sie jeweils zwei Aufgaben!
- Was müssen Sie bei der Anwendung eines Medizinprodukts beachten?

Zum Kapitel (S. 456)

Infektionsschutz

- Wann sieht das Infektionsschutzgesetz eine Meldepflicht vor?
- Welche Krankheiten sind meldepflichtig?
- Wer ist zur Meldung einer meldepflichtigen Krankheit verpflichtet?
- Welche Maßnahmen können zur Bekämpfung einer übertragbaren Krankheit ergriffen werden?

Zum Kapitel (S. 468)

Strahlenschutz

- Wer darf den Kontroll-, wer den Überwachungsbereich betreten?
- Wie sieht der Schutz der betroffenen Patienten aus?
- Was ist der wesentliche Inhalt der Röntgenverordnung?
- Welche Pflichten treffen den Betreiber einer Röntgenanlage?
- Welche Aufgaben hat der Strahlenschutzverantwortliche?
- Welche Strahlenschutzbereiche gibt es?
- Wer ist zur Anwendung von Röntgenstrahlen berechtigt?
- Welche Maßnahmen sieht die Röntgenverordnung zum Schutz der Patienten vor?
- Welche Maßnahmen sieht die Röntgenverordnung zum Schutz der Beschäftigten vor?

Zum Kapitel (S. 487)

> Prüfungsfragen

Personenstandsgesetz

- Welche Personenstandsregister gibt es?
- Wer ist zur Anzeige einer Geburt verpflichtet? Welche Besonderheit gilt im Krankenhaus?
- Wann liegt im Sinne des Gesetzes eine Lebendgeburt, eine Totgeburt oder eine Fehlgeburt vor?

Zum Kapitel (S. 495)

Unterbringungsgesetz

- Welche Unterbringungsarten gibt es; wie unterscheiden sie sich?
- Wann kann jemand untergebracht werden?
- Worin liegt der Grund einer Unterbringung?
- Beschreiben Sie kurz den Ablauf des Unterbringungsverfahrens!
- Wann ist der Untergebrachte bei der vorläufigen Unterbringung und bei der endgültigen Unterbringung zu entlassen?

Zum Kapitel (S. 498)

Vorschlag einer Stundenverteilung in der 3-jährigen Krankenpflege-Ausbildung

Aufgrund von § 8 des Krankenpflegegesetzes vom 16.7.2003 (gültig seit 1.1.2004) wurde vom Bundesministerium für Gesundheit und Soziale Sicherung am 10.11.2003 die **Ausbildungs- und Prüfungsverordnung für Berufe in der Krankenpflege** erlassen. Diese Verordnung bezieht sich nur auf die 3-jährige Ausbildung in der Krankenpflege. Die Ausbildung in der Krankenpflegehilfe fällt dagegen in die Zuständigkeit der einzelnen Bundesländer.

Die Ausbildungsverordnung sieht nun für den Bereich der „Rechtskunde" vor, dass innerhalb des theoretischen und praktischen Unterrichts von insgesamt 2100 Stunden **„Pflegerelevante Kenntnisse aus Recht, Politik und Wirtschaft"** im Umfang von 150 Stunden zu vermitteln sind (vgl. Anlage 1 zur Verordnung). Wie nun diese und „Pflegerelevante Kenntnisse der Geistes und Sozialwissenschaften" im Umfang von 300 Stunden weiter aufzuteilen sind, ergibt sich aus den jeweiligen **Lehrplänen**, die die Bundesländer aufstellen. Sie enthalten Vorgaben, die die thematische Gewichtung widerspiegeln, indem sie bestimmte Sachgebiete mit einem entsprechenden zeitlichen Umfang vorschreiben. Die weitere detaillierte Stunden und Themenverteilung bleibt der jeweiligen Lehrkraft überlassen.

So ist der *Lehrplanrichtlinie für die Berufsfachschule für Krankenpflege und für Kinderkrankenpflege* des Bayerischen Staatsministeriums für Unterricht und Kultus vom 5.10.2005 für das Fach Rechtskunde im weiteren Sinn wohl Folgendes zu entnehmen, wobei der Vorschlag nur den Anteil „Rechtskunde" berücksichtigt:

1. Schuljahr

Recht und Verwaltung

Lernfeld:	Rechtliche und organisatorische Rahmenbedingungen der Pflege beachten	**40 Std.**
	Vorschlag einer Stundenverteilung:	
	Aufbau des deutschen Gesundheitssystems (Krankenversicherung, Pflegeversicherung)	4 Std.
	Rechtsquellen und Rechtsgebiete (einschl. berufsrelevante Nebengesetze)	6 Std.
	Pflegerelevante Themen aus Zivilrecht (einschl. Arbeitsrecht)	16 Std.
	Pflegerelevante Themen aus Strafrecht	14 Std.

Sozialkunde

Lernfeld:	In der Demokratie mitwirken	**40 Std.**
	Vorschlag einer Stundenverteilung:	
	Staat „Bundesrepublik Deutschland"	2 Std.
	Staats und Regierungsform	10 Std.
	Oberste Bundesorgane	10 Std.
	Grundrechte	10 Std.
	Wahlrecht	2 Std.
	Gesetzgebung des Bundes	2 Std.
	Europäische Union	2 Std.
	Vereinte Nationen	2 Std.

2. Schuljahr

Recht und Verwaltung

Lernfeld 1:	Pflege in einen sozialpolitischen und wirtschaftlichen Kontext einordnen	**50 Std.**
	Vorschlag einer Stundenverteilung:	
	Sozialhilfe	4 Std.
	Sozialversicherung	20 Std.
	Sonstige Sozialstaatsangebote	6 Std.
	Wirtschaftsordnung	4 Std.
Lernfeld 2:	Pflege im institutionellen Rahmen organisieren	
	Vorschlag einer Stundenverteilung:	
	Arbeitsrecht	8 Std.
	Dokumentation	2 Std.

3. Schuljahr		
Lernfeld:	Besonderheiten in der Endphase des Lebens	
	Bei der Eingliederung in das alltägliche Leben mitwirken	
	Menschen in der letzten Lebensphase begleiten	**30 Std.**
	Vorschlag einer Stundenverteilung:	
	Betreuungsrecht	8 Std.
	Patientenverfügung, Vorsorgevollmacht	2 Std.
	Sterbehilfe	2 Std.
	Erbrecht	10 Std.
	Behinderung und Rehabilitation	8 Std.

Soweit der einzelnen Lehrkraft weniger Schulstunden zur Verfügung stehen, muss in eigener Verantwortung unter Beachtung einer sachlichen Gewichtung anteilsmäßig gekürzt werden. Hierfür muss jeder Lehrkraft der pädagogische Freiraum eingeräumt werden, der zur Erfüllung des Lehrauftrages erforderlich ist.

Literatur

Bales, S., Baumann, H.G., Schnitzler N.: Infektionsschutzgesetz, 3. Auflage, Verlag W. Kohlhammer, Stuttgart 2012

Erbs, G., Kohlhaas, U.: Strafrechtliche Nebengesetze, Beck'sche Verlagsbuchhandlung, München 2012

Gitter, W., Schmitt, J.: Sozialrecht, 5. Aufl., Beck'sche Verlagsbuchhandlung, München 2001

Hitschold, H.J.: Staatsbürgerkunde, 13. Aufl., Boorberg, Stuttgart 2007

Jürgens, A.: Betreuungsrecht, 4. Auflage, Beck'sche Verlagsbuchhandlung, München 2010

Kreuzer, A.: Handbuch des Betäubungsmittelstrafrechts, Beck'sche Verlagsbuchhandlung, München 1998

Laufs, A., Uhlenbruck, W.: Handbuch des Arztrechts, 4. Aufl., Beck'sche Verlagsbuchhandlung, München 2010

Palandt, O.: Kommentar zum Bürgerlichen Gesetzbuch, 73. Aufl., Beck'sche Verlagsbuchhandlung, München 2013

Schaub, G.: Arbeitsrecht, 14. Aufl., Beck'sche Verlagsbuchhandlung, München 2011

Schönke, A., Schröder, H.: Strafgesetzbuch, Kommentar, 28. Aufl., Beck'sche Verlagsbuchhandlung, München 2010

Schorn, G.: Medizinproduktegesetz, 4. Aufl., Wissenschaftliche Verlagsgesellschaft mbH, Stuttgart 2009

Schwab, D.: Familienrecht, 20. Aufl., Beck'sche Verlagsbuchhandlung, München 2012

Weber, K.: Betäubungsmittelgesetz, 3. Aufl., Beck'sche Verlagsbuchhandlung, München 2009

Zimmermann, W.: Bayerisches Unterbringungsgesetz, 3. Auflage, Verlag Boorberg, Stuttgart 2009

Internetadressen

Vom Abdruck diverser Internetadressen wurde abgesehen, da entsprechende Themen über die bekannten Suchmaschinen leicht und aktuell aufgefunden werden können.

Sachverzeichnis

A

Abbruch (Schwangerschaft) 175
Abfindung
- Höchstmaß 356
- Kündigung 355
Abgeordnete 69
- Meinungsfreiheit 72
Abkommen
- Ministerpräsident 78
- Potsdamer 34
Abkömmling (Erbrecht) 268
ABM = Arbeitsbeschaffungsmaßnahme 430
Abmahnung 356
Abschlussfreiheit (Vertrag) 230
Abschlussverfahren (Gesetzgebung) 98
Absolute Mehrheit (Wahl) 64
Abstammungsprinzip 33
Abstimmung
- Abgeordnete 72
- Bundesrat 79
- Bundestag 74
- Bürger 100
Abtreibung 174
Abwasser 484
Acquired immune deficiency syndrome = AIDS 157
Adenauer, Konrad 34, 83
Adoption 288
AGG = Allgemeines Gleichbehandlungsgesetz 362

AIDS = acquired immune deficiency syndrome 157
AIDS-Test 164
Alleinerbe 273
Allgemeine Wahl 62
Allgemeines Gleichbehandlungsgesetz = AGG 362
Alliierte 34
- Kontrollrat 34
Altersrente 415
AMG = Arzneimittelgesetz 442
Amtsgericht 222
Anfangsvermögen 284
Anhörung, persönliche 300
Anklage 220
Anordnungsverantwortung 199
Anorexia nervosa (Betreuung) 324
Ansteckungsverdächtiger 471
Antidiskriminierungsgesetz 362
Anvertrauen (Geheimnis) 181
Anwaltsprozess 381
Appellsuizidversuch 168
Arbeitgeber
- Fürsorgepflicht 337
- Gleichbehandlungsgesetz 363
- Tod 345
Arbeitnehmer
- Gleichbehandlungsgesetz 364

- teilzeitbeschäftigter 339
- Tod 345
Arbeitnehmerschutz **354**
Arbeitsbeschaffungsmaßnahme = ABM 430
Arbeitsentgelt
- Beschäftigung, geringfügige 388
- Feiertage 334
- Krankheitsfall 333
- Schwangerschaft 335
Arbeitsförderung 424
- Leistung 425
- Prüfungsfragen 537
Arbeitsgemeinschaft = ARGE 429
Arbeitsgericht = ArbG 381
Arbeitslosengeld 425, **427**
- Typ II 429
Arbeitslosigkeit 427
- fahrlässige 428
Arbeitsorganisation, internationale = ILO 128
Arbeitspause 366
Arbeitspflicht 331
- Verletzung 337
Arbeitsplatzschutz (Schwangerschaft) 358
Arbeitsrecht, Prüfungsfragen 535
Arbeitsschutzgesetz = AschG,

Gleichbehandlungsgesetz 364
Arbeitsunfall 420
Arbeitsverhältnis 326
- Beendigung 342
- Inhalt 328
- Pflicht 331
Arbeitsvertrag 233, **326**, 329
- befristeter 339 f
Arbeitszeit **365**
- Jugendliche 360
Arbeitszeitgesetz 365
ArbG = Arbeitsgericht 381
ARGE = Arbeitsgemeinschaft 429
Armenrecht 45
Arzneimittel 394
- homöopathische 444
Arzneimittelgesetz = AMG 442
Arzneimittelrecht 442
- Prüfungsfragen 538
Arzttätigkeit, Pflicht 236
Arztvertrag 234
Aufhebungsvertrag 342
Aufklärung, medizinische 162
Aufnahmevertrag (Krankenhaus) 242
Augenschein 379
Ausbildung 349
Ausbildung (Gesundheits- und Krankenpflege) 540

Sachverzeichnis

Ausbildungsförderung 438
Ausbildungsverhältnis, Beendigung 348
Außen- und Sicherheitspolitik, gemeinsame = GASP 115
Außerordentliche Kündigung 344
Ausgang 503
Ausgleich, sozialer 45
Ausscheider 471
Ausschlagung (Erbe) 275
Ausschuss 70
- gemeinsamer 69
Aussetzung 170
Auszubildende 348

B

Baden-Württemberg 46
BAföG = Bundesausbildungsförderungsgesetz 384, 438
BAG = Bundesarbeitsgericht 382
Barroso, José Manuel 116
Barzel, Rainer 85
Bayern 46
- Regierungsbezirke 102
Beauftragter, Medizinprodukt 467
Bedarfsdeckungsprinzip 433
Bedürftigkeit (Unterhalt) 290
BEEG = Bundeselterngeld und Elternzeitgesetz 440
Befristeter Arbeitsvertrag 340
Befruchtung, künstliche 196
Begehungsdelikt 135
Behandlungsabbruch 206
Behandlungspflicht 236
Behandlungsvertrag, Beendigung 241
Behinderte
- Betreuung 322
- Eingliederungshilfe 436
- Pflege 407
Behinderung
- geistige 294
- körperliche 295
-- Fallbeispiel 322
- Pflegebedürftigkeit 400
- seelische 294
Beihilfe, Selbstmord 167
Beistandspflicht 172
Beitragssatz
- Krankenversicherung 390
- Pflegeversicherung 398
- Rentenversicherung 412
Beklagter 377
Belegarztsystem 242
Beleidigung 58
Benachteiligung (AGG) 362
Bereitschaftsdienst 368
Berlin 34, 46
Berliner Mauer 35
Berliner Testament 272
Berufsausbildung 347
- Förderung 430
- Inhalt 347
Berufsbildung 347
Berufsgenossenschaft 419
Berufskrankheit 422
Berufsrelevante Nebengesetze, Prüfungsfragen 538
Berufsunfähigkeit 414
Berufsverbot 154
Berufung 222, 380
Besatzungszone
- Reichsgebiet 34
- sowjetische 35
Beschaffungskriminalität 449
Beschäftigung, geringfügige 388
Beschäftigungsverbot
- Jugendliche 361
- Lebensmittelbereich 484
- Schwangerschaft 357
Beschlussfähigkeit 74
Beschlussverfahren (Gesetzgebung) 96
Besserungsmaßregel
- Erwachsene 151
- Jugendliche 149
Bestattungsgesetz = BestG 453
Bestattungswesen 453
- Prüfungsfragen 538
Bestattungszwang 453
BestG = Bestattungsgesetz 453
Bestrahlungsraum 491
Betäubungsmittel = BtM 446
- Anforderungsschein 447
- Recht 446
-- Prüfungsfragen 538
- Rezept 447
- Verschreibungsverordnung = BtMVV 447
Betrater, Medizinprodukt 466
Betreiber
- Medizinprodukt 466
- Röntgenanlage 489
Betreuer
- Auswahl 296
- ehrenamtlicher 296
- Entlassung 298
- Pflichten 298
- Wechsel 324
Betreuerbestellung 293
- vorläufige 301
Betreuung 502
- Anordnung, vorläufige 301
- Aufhebung 302
- Erforderlichkeit 295
- Erwachsene 289
- Freiheitsentziehung 306
- gesundheitliche 361
- Heilbehandlung 302

545

- Rechtsfolgen 302
- Sterilisation 305
- Umfang 299
- Unterbringung 305
- Voraussetzung 293
- vorläufige 301
-- Fallbeispiel 322
- Zwangsbehandlung 312

Betreuungsgericht 293
- Fallbeispiel 321
- Fixierungsmaßnahme 310

Betreuungsrecht **293**
- Prüfungsfragen 534

Betreuungsunterhalt 285
Betreuungsverfahren 300
Betreuungsverfügung 297
Betriebliche Übung 330
Betriebsbedingte Kündigung 355
Betriebsrat 356
Betriebsvereinbarung 329
Betriebsverfassung 372
- Prüfungsfragen 536

Beurlaubung 503
Bevölkerung, Willensbildung 74
Bevollmächtigter 295, 304
- Unterbringung 312

Bewährung
- Erwachsene 150
- Jugendliche 147

Beweisaufnahme 378
Beweislastumkehr 253
Bewerbungsgespräch
- Fragerecht 327
- Vorstellungskosten 327

Bezirk 103
BfArM = Bundesinstitut für Arzneimittel und Medizinprodukte 444
BGB = Bürgerliches Gesetzbuch 226, 293
Bilanzselbstmord 167
Bismarck, von Otto 44
BKGG = Bundeskindergeldgesetz 384
Blauhelm-Mission 123
Botschaftsbesetzung (DDR) 36
Brandenburg 46
Brandt, Willy 83
BRD = Bundesrepublik Deutschland 32
Bremen 46
Briefgeheimnis 187
BtM = Betäubungsmittel 446
BtMVV = Betäubungsmittelverschreibungsverordnung 447
Bundesarbeitsgericht = BAG 382
Bundesausbildungsförderungsgesetz = BAFöG 384, 438

Bundesausschuss, gemeinsamer 352
Bundesdatenschutzgesetz 187
Bundeselterngeld und Elternzeitgesetz = BEEG 440
Bundesgarantie (Rente) 412
Bundesgerichtshof 380
Bundesgesetz 93, 100
Bundesgesetzblatt 98
Bundesinstitut für Arzneimittel und Medizinprodukte = BfArM 444
Bundeskanzler **83**
- Adenauer 35

Bundeskartellamt 106
Bundeskindergeldgesetz = BKGG 384
Bundesland 46, **104**
- neues 36

Bundesminister 83
Bundesorgan, oberstes 69
- Prüfungsfragen 529

Bundespräsident **79**
- Aufgabe 81
- Auflösung Bundestag 75
- Befugnis 81
- Heuss 35
- Namensliste 83
- Rücktritt 82
- Wahl 79

Bundesrat 41, **76**
- Abstimmung 79
- Gesetzesvorlage 96
- Gesetzgebung 97

Bundesratspräsident 78
Bundesregierung **83**
- Aufgabe 88
- Befugnis 88
- Gesetzesvorlage 96
- Zusammensetzung 83

Bundesrepublik Deutschland, Aufbau 102
Bundesrepublik Deutschland = BRD 32
- Entstehung 34
- Gesetzgebung 93
- Prüfungsfragen 528
- Wirtschaftsordnung 105

Bundesstaat, sozialer 44
Bundestag 41, **69**
- Abstimmung 74
- Aufgabe 72
- Auflösung 75
- Befugniss 72
- Deutscher 35
- Gesetzesvorlage 96
- Sitz 64
- Wahl 60

Bundestagspräsident **70**
Bundestagswahl **65**, 70
- Erststimme 66
- Zweitstimme 67

Bundesverfassungsgericht = BVerfG 43

Sachverzeichnis

- Aufgabe 91
- Zusammensetzung 90

Bundesversammlung 69, 79
Bürgerbegehren 101
Bürgerbeteiligung (Gesetzgebung) 98
Bürgerentscheid 101
Bürgerliches Gesetzbuch = BGB 226
- Betreuungsrecht 293

Bürgerrecht 54
BVerfG = Bundesverfassungsgericht 43, **90**

C

Cannabis 452
Carrier 471, 483
Carstens, Karl 82
Chancengleichheit 45
Charta der Vereinten Nationen 122
Chimärenbildung 195
Churchill 34

D

Darlehensvertrag 233
Datenschutz 187
DDR = Deutsche Demokratische Republik 35
De Montesquieu, Charles 43
Delegation 352
Delegation (Injektionen) 198
Delikt (Rechtsprechung) 248
Demenz (Betreuung) 321
Demission 82
Demokratie **38**
- direkte 40
- indirekte 39
- parlamentarische 39
- präsidiale 39
- repräsentative 39, 60

Deutsche Demokratische Republik = DDR
- Botschaftsbesetzung 36
- Entstehung 35
- Massenflucht 36

Deutsche Mark = DM 36
Deutsche Rentenversicherung = DRV 411
Deutsche Stiftung Organtransplantation = DSO 217
Deutscher Bundestag 35
Deutschland
- Aufbau 102
- Bundesrepublik 32
-- Entstehung 34
- DDR 35
- Teilung 35
- Wiedervereinigung 35
- Wirtschaftsordnung 105

Diebstahl 137
Dienst, medizinischer 403
Dienstvertrag 233
- Arztvertrag 234
Direkte Demokratie 40

Direktionsrecht 330
Direktmandat 67
DM = Deutsche Mark 36
Dokumentationspflicht
- Arzt 237
- Pflege 237

Dolmetscher 163
Down-Syndrom, Betreuung 322
Drei-Zeugen-Testament 270
Dresden 46
Drittgeheimnis 182
DRV = Deutsche Rentenversicherung 411
DSO = Deutsche Stiftung Organtransplantation 217
Durchbrechung (Schweigepflicht) 476
Durchführungsverantwortung 199
Düsseldorf 46
Düsseldorfer Tabelle 285

E

Ecstasy 449
EEG = Elektroenzephalogramm 167
EGKS = Europäische Gemeinschaft für Kohle und Stahl 113
Ehefähigkeit 278
Ehegatte
- Erbrecht 264
- Organspende 212
- Scheidung 282

Eherecht 278
Eheregister 496
Ehescheidung 281
Eheschließung 278
Eheverbot 279
Ei, befruchtetes 191
Einfache Mehrheit (Wahl) 64
Eingliederungshilfe (Behinderte) 436
Eingriff, medizinischer
- ärztlicher 303
- Körperverletzung 159
- lebensgefährlicher 303

Einleitungsverfahren (Gesetzgebung) 95
Einparteiensystem 39
Einsicht (Patientenakte) 239
Einsichtsfähigkeit 161
Einspruchsgesetz 97
Einwilligung
- Patient
-- ausdrückliche 161
-- mutmaßliche 161, 184
- Rechtswidrigkeit 138
- stillschweigende 161

Einwilligungsfähigkeit 160
Einwilligungsunfähigkeit, Betreute 302
Einwilligungsvorbehalt 299

547

Elektroenzephalogramm = EEG 167
Elterngeld 440
Elternzeit 440
Embryonenschutzgesetz = ESchG 191
Embryonenüberschuss 194
Embryotransfer = ET 191
Emmily-Urteil 344
Endvermögen 284
Enterbung 276
Entgeltfortzahlung
- Feiertage 334
- Krankheitsfall 333
- Kur-/Heilverfahren 334
Entlassung
- Betreuer 298
- betriebsbedingte 355
- Unterbringung 504
Entnahmekrankenhaus 215
Entschuldigungsgrund 140
Entseuchung 479
Entziehungsanstalt 152
Erbe 262
- Pflicht 275
- Recht 275
Erbengemeinschaft 260
- Auseinandersetzung 275
Erbfall 260
Erbfolge 260
- gesetzliche 261
- testamentarische 260, **269**
Erbinformation, veränderte 194

Erblasser 260
Erbrecht **260**
- Prüfungsfragen 534
- Staat 274
Erbschaft 260
Erbunwürdigkeit 277
Erdbestattung 453
Erfüllungsgehilfe 247
Erfurt 46
Ergänzungspflegschaft 290
Erhard, Ludwig 83
Erkennung, frühzeitige (Infektion) 469
Erkrankung
- meldepflichtige 473
- psychische
-- Fallbeispiel 321
-- Unterbringung 498
Ermittlungspflicht (Meldepflicht) 481
Ermittlungsverfahren 220
Ermittlungsverfahren, eingestellte, Bewerbungsgespräch 328
Eröffnungsverfahren, gerichtliches 221
Erreger
- meldepflichtiger 473
- opportunistische 472
Ersatzfreiheitsstrafe 223
Ersatzmutter 192
Erste Hilfe 422
Erststimme 66
Erwerbsfähigkeit

- Definition 429
- Minderung der = MdE 423
- verminderte (Rente) 413
Erwerbsminderung 413
Erwerbsunfähigkeit 414
Erziehungsmaßregeln 146
Erziehungsrecht 139
Erziehungsrente 417
ESchG = Embryonenschutzgesetz 191
ET = Embryotransfer 191
EU = Europäische Union 58, **113**
EU-Außenminister 117
EU-Gipfel 118
EU-Mitgliedstaat 113
EuGH = Europäischer Gerichtshof 118
Euratom = Europäische Atomgemeinschaft 114
Europäische Atomgemeinschaft = Euratom 114
Europäische Gemeinschaft für Kohle und Stahl = EGKS 113
Europäische Kommission 116
Europäische Union = EU 58, **113**, 115
- Hauptorgan 115

- Prüfungsfragen 530
- Rat 117
Europäische Wirtschaftsgemeinschaft = EWG 113
Europäischer Gerichtshof = EuGH 118
Europäischer Rat 118
Europäisches Parlament 116
Europarat 118
Euthanasie 205
EWG = Europäische Wirtschaftsgemeinschaft 113
Exekutive 43
Existenzminimum 45

F

Fachaufsicht 251
Fachausschuss 70
Fahrerlaubnis (Entziehung) 153
Fahrlässigkeit
- grobe 338
- Körperverletzung 165
- leichte 339
- mittlere 339
- Straftat 141
- Tötung 169
Fahrverbot 151
Fairer Prozess 42
Fallbeispiel
- Arbeitslosengeld 427 f
- Arbeitspflicht 331
- Arbeitsunfall 420
- Arztvertrag 234, 236

Sachverzeichnis

- Aussetzung 170
- Betreuung 299
-- vorläufige 322
- Betreuungsgericht 321
- Bewerbung 327
- Direktionsrecht 330
- Emmily-Urteil 344
- Erbrecht 260
-- Pflichtteil 277
- Fixierung 312
- Geheimnis 181
-- anvertrautes 181
-- offenbartes 182 ff
- Haftungsrecht 245 f
- Hilfeleistung
-- Erforderlichkeit 173
-- Zumutbarkeit 174
- Hinterbliebenenrente 423
- Kaufvertrag 232
- Krankengeld 395
- Kündigung
-- außerordentliche 344
-- ordentliche 343
-- verhaltensbedingte 356
- Maultaschen-Urteil 345
- Schwangerschaftsabbruch 174
- Sozialhilfe 432, 434
-- Bedarf 433
-- Nachrang 433
- Sterbehilfe 203
-- aktive 205
-- passive 205
- Tarifvertrag 371

- Tötung, fahrlässige 169
- Unfallversicherung 418
- Unterbringungsgesetz 498
- Urlaubstage 329
- Vertragsschluss 229
- Vorstellungskosten 327
- Wegeunfall 421
Familienrecht **278**
- Prüfungsfragen 534
Familienversicherung 389
- Pflegeversicherung 398
FAO = Food and Agriculture Organization 127
Fehlgeburt 497
Fehlverhalten, menschliches 131
Feiertag
- Arbeitsverbot **368**
-- Jugendliche 360
-- Schwangere 358
- Entgeldfortzahlung 334
- Krankheit 334
Fernabsatzvertrag 108
Fertigarzneimittel 443
Festnahmerecht 140
Feuerbestattung 453
Finalprinzip (Sozialhilferecht) 433
Fixierung 188

- Betreuung 308
- Fallbeispiel 323
- Zulässigkeit 310
Föderalismus 46
Folterverbot 119
Food and Agriculture Organization = FAO 127
Fortbewegungsfreiheit, Beraubung, Einwilligung 189
Fortbildung 349
- Dauer 350
- Kosten 349
Fortbildung, berufliche 347
Fragen zur Pflegeprüfung 528
Fragerecht (Bewerbungsgespräch) 327
Fraktion 71
Fraktionszwang 72
Frankfurter Dokumente 35
Frankreich 34
Freie Wahl 62
Freiheit, der Person 55
Freiheitsberaubung 504
Freiheitsentziehung
- Betreuung 306
- Fixierung 309
Freiheitsstrafe 149
Freistaat 37
- Bayern 102
Freistellungsanspruch 327
Fremdbetreuer 296
Friedenssicherung (UN) 122
Frist
- Kündigung 343

- Verjährung 232
- Widerrufsrecht 107
Früherkennung
- Infektionskrankheit 469, 472
- Krankheit 392
Früheuthanasie 209
Führungsaufsicht 153
Fünf-Prozent-Klausel 68
Funktionsarzneimittel 442
Fürsorgepflicht (Arbeitgeber) 337
Fusionskontrolle, vorbeugende 107

G

G-BA = Bundesausschuss, gemeinsamer 352
Gamet 194
GASP = Außen- und Sicherheitspolitik, gemeinsame 115
Gauck, Joachim 82
Gebietshoheit 34
Gebrauchsinformation 444
Gebührenordnung für Ärzte = GOÄ 241
Geburtenregister 496
Gefahr, gemeine 173
Gefährdungshaftung 245
Gefahrenschutz (Schwangerschaft) 357

Sachverzeichnis

Geheime Wahl 63
Geheimnis 180
Geheimnisträger 179
Gehilfe
- erfüllender 247
- verrichtender 248

Gehör, rechtliches 42
Geistesschwäche, Unterbringung 498
Geldstrafe 150
Gemeinde **103**
- kreisangehörige 103
- kreisfreie 103

Gemeine Gefahr 173
Gemeinsame Außen und Sicherheitspolitik = GASP 115
Gemeinsamer Ausschuss 69
Gemeinschaftseinrichtung 483
Gemeinschaftsvorbehalt 52
Generalprävention (Straftat) 133
Generalversammlung 124
Gerechtigkeit, soziale 384
Gerichtshof
- europäischer = EuGH 118
- internationaler = IGH 126

Gerichtskosten 381
Geringfügige Beschäftigung 388
Geschäftsfähigkeit
- beschränkte 227, 236
- volle 226

Geschäftsunfähigkeit **228**, 235
Geschlechtswahl 194
Gesetz
- Arbeitsvertrag 329
- Embryonenschutz (EschG) 191
- gegen den unlauteren Wettbewerb = UWG 107
- gegen Wettbewerbsbeschränkungen = GWB 106

Gesetzbuch
- bürgerliches = BGB 226, 293
- Sozial- = SGB 384

Gesetzesinitiative 79
Gesetzesvorbehalt 41, 51
Gesetzesvorlage 96
Gesetzgebung
- Bund 93
-- ausschließliche 93
-- Kompetenz 93
- Bundesrat 79
- Bundestag 73
- Bürgerbeteiligung 98
- konkurrierende 93
- Länder 94
- Prüfungsfragen 529
- Verfahren, Grobeinteilung 95

Gesetzlicher Richter 42

Gesetzlichkeitsprinzip (Strafgesetz) 134
Gesundheitsamt 478
Gesundheitsgefährdung 157
- erhebliche 500

Gesundheitsleistungen, individuelle 235
Gesundheitsschädlinge 479
Gewährleistungsanspruch 231
Gewalt
- gesetzgebende 43
- ordnende 34
- rechtsprechende 43
- vollziehende 43

Gewaltenteilung 43
Gewerkschaft 370
GG = Grundgesetz 35
Giftschrank 449
Glasnost 36
Gleichbehandlungsgesetz, allgemeines = AGG 362
Gleichbehandlungsgrundsatz 56
Gleiche Wahl 63
Gleichheit, menschliche 56
Gleitzone (Einkommen) 390
GOÄ = Gebührenordnung für Ärzte 241
Goldhamstertest 195
Gorbatschow, Michail 35

Graf Lambsdorff, Otto 85
Großbritannien 34
Grundgesetz = GG
- Entstehung 35
- Grundrecht 49

Grundprinzip (Erbschaft) 261
Grundrecht
- Bürgerrecht 54
- Geltungsbereich 50
- Geschichte 49
- Menschenrecht 52
- Prüfungsfragen 528
- Wesen 49

Gruppenprophylaxe 392
Guillaume-Affäre 87
Günstigkeitsprinzip (Tarifvertrag) 371
Gutachten 300
Gütergemeinschaft 280
Güterrecht, eheliches 279
Güterstand 266
Gütertrennung 266, **280**
GWB = Gesetz gegen Wettbewerbsbeschränkungen 106

H

Haarlosigkeit 393
Haftgrund 220
Haftung
- deliktische 247
- vertragliche 245

Haftungsmilderung 338

Sachverzeichnis

Haftungsrecht 244
Hamburg 46
Hammelsprung 74
Hangtäter 152
Hannover 46
Hartz IV 425
Hauptpflicht
– Arbeitnehmer 337
– Arbeitsverhältnis 331
– Arzt 236
Hauptstadt (Berlin) 34
Hauptverfahren, gerichtliches 221
Hauptverhandlung, gerichtliche 222
Häusliche Pflege 404
Hausratsteilung 284
Haustürgeschäft 107
Heilbehandlung
– Betreute 302
– Körperverletzung 159
– Unfall 423
Heilkunde, Ausübung 352
Heilmittel 394
Heilverfahren (Entgeldfortzahlung) 334
Heimbedürftigkeitsbescheinigung 402
Heinemann, Gustav 82
Heranwachsender 145
Hersteller (Medizinprodukt) 464
Herzog, Roman 82
Hessen 46

Heuss, Theodor 34, 82
Hilfe
– im Sterben 203
– Lebenssituation, besondere 436
– Lebensunterhalt 434
– zum Sterben 204
Hilfebedürftigkeit 429
Hilfeleistung
– Erforderlichkeit 173
– unterlassene **172**
Hilflosigkeit 171
Hilfsmittel 394
– technisches 406
Hinterbliebenenrente 417
Hirntod 167, 211
HIV = human immune deficiency virus 157
Hoheitsgewässer 32
Honecker, Erich 36
Honorarzahlung 241
Human immune deficiency virus = HIV 157
Humanitäres Prinzip 162
Hybridbildung 195

I

IfSG = Infektionsschutzgesetz 468
IGel-Leistung, *siehe* Gesundheitsleistungen, individuelle

IGH = Internationaler Gerichtshof 126
ILO = International Labour Organization 128
Impfpflicht 480
Impfschaden 472
Implantation (Organübertragung) 216
In-Vitro-Fertilisation = IVF 191
Indirekte Demokratie 39
Individualprophylaxe 392
Infektion 470
– nosokomiale 472, **480**
Infektionsschutz **468**
– Prüfungsfragen 539
Infektionsschutzgesetz = IfSG 468
– Inhalt 469
Inhaltsfreiheit (Vertrag) 231
Initiativrecht 119
Injektion, Pflegepersonal 198
Injektionen, Delegation 198
Insemination
– heterologe 192
– homologe 193
Interesse, öffentliches (Strafverfolgung) 165
Interessenwahrung, eigene 186
Internationale Arbeitsorganisation = ILO 128
Internationaler Gerichtshof = IGH 126

IVF = In-Vitro-Fertilisation 191

J

Jahresarbeitsentgeltgrenze 389
Jalta 34
JArbSchG = Jugendarbeitsschutzgesetz 359
JGG = Jugendgerichtsgesetz 145
Judikative 43
Jugendarbeitsschutz 359
Jugendarbeitsschutzgesetz = JArbSchG 359
Jugendarrest 147
Jugendgerichtsgesetz = JGG 145
Jugendstrafe 147
Jugendstrafrecht 145
Jugendvertretung, betriebliche 374

K

Kanzlerprinzip 84, 89
Kartelle 106
Kastration 196
Kaufvertrag 231
Keimbahnzelle 194
Kemptener-Urteil 202
Kerntransplantation 195
Kieferfehlstellung 393
Kiel 46
Kiesinger, Kurt Georg 83
Kind, nichteheliches (Erbrecht) 268

Sachverzeichnis

Kinderarbeit 359
Kindergeld 439
Klageerhebung 377
Klageerwiderung 378
Klageschrift 377
Klonen 195
Knochenmark-Spende 212
Kohl, Helmut 83
Köhler, Horst 82
Kollegialprinzip 89
Kommission
- europäische 116
- Menschenrecht 123
- Organspende 214
- STIKO 480
Kompetenzverteilung 47
Kontrollbereich (Röntgen) 490
Kontrollfunktion (Bundestag) 73
Kontrollrat (Alliierte) 34
Koordinierungsstelle (Organspende) 216
Körperverletzung
- durch Unterlassen 158
- fahrlässige 165
- vorsätzliche 155
Kosten (Rechtsstreit) 381
Krankenbehandlung 393
Krankengeld 395
Krankenhaus
- Aufnahmevertrag 242
-- gespaltener 242
-- totaler 242
- Behandlung 394
- Ersatzpflege 394
- psychiatrisches 152
Krankenhausinfektion 472
Krankenkasse 390
Krankenpflege
- Ausbildung 540
- häusliche 394
Krankenpflegegesetz = KrPflG 347
Krankenversicherung **387**, 390
- gesetzliche
-- Leistung 391
-- Pflegeversicherung 398
- private, Pflegeversicherung 398
- Prüfungsfragen 536
Kranker 471
Krankheit 392
- Früherkennung 392
- meldepflichtige 473
- Pflegebedürftigkeit 400
- Prävention 468
- Prophylaxe 391
- psychische 294
-- Unterbringung 498
- sexuell übertragbare 480
- übertragbare 470
Krankheitserreger 470
Krankheitsfall, Entgeldfortzahlung 333
Krankheitsverdächtiger 471
Kreistagswahl 103
Kriminalstrafe 131
KrPflG = Krankenpflegegesetz 347
Kryokonservierung 191
KSchG = Kündigungsschutzgesetz 354
Kündigung 343
- außerordentliche **344**
- betriebsbedingte 355
- ordentliche 343
- personenbedingte 355
- verhaltensbedingte 356
Kündigungsfrist 343
Kündigungsschutz **354**
- Klage 355
- Schwangerschaft 358
Kündigungsschutzgesetz = KSchG 354
Kurverfahren (Entgeldfortzahlung) 334
Kurzzeitpflege 407
Küstenstaat 32

L

LAG = Landesarbeitsgericht 382
Lage, hilflose 171
Lambsdorff, Graf Otto 85
Lammert, Norbert 70
Land **104**
- Gesetzgebung 94
Landesarbeitsgericht = LAG 382
Landesdatenschutzgesetz 188
Landesgesetz 93, 100
Landeshauptstadt 46
Landesliste 67
Landesregierung 47
Landflucht 44
Landkreis 103
Landtag 47
- Wahl 60
Lebendgeburt 496
Lebensmittelrecht 455
- Beschäftigungsverbot 484
- Prüfungsfragen 538
Lebenspartner
- Ebrecht 268
- eingetragener 261, 278
Lebenspartnerschaftsregister 496
Lebensunterhalt, Hilfeleistung 434
Legislative 43
Legislaturperiode 60, 70
Leiche 453
Leichenschau 454
Leihmutterschaft 192
Leihvertrag 233
Leistungsfähigkeit (Unterhalt) 291
Lesung (Gesetzgebung) 96

Lissabon-Vertrag 115
Lohnfortzahlung
– Feiertage 334
– Krankheitsfall 333
– Kur-/Heilverfahren 334
Lohnzahlungspflicht 331, **333**
Lübke, Heinrich 82

M

Maastricht-Vertrag 115
Magdeburg 46
Magna Charta Libertatum 49
Mahnbescheid 375
Mahnverfahren 375
Mainz 46
Manteltarifvertrag 370
Marktwirtschaft **105**
– freie 106
– soziale **105**
Marshallplan 34
Maßnahme, unterbringungsähnliche 308
– Fallbeispiel 323
Maßregel zur Besserung und Sicherung 151
– Jugendliche 149
Massenflucht (DDR) 36
Mauer, Berliner 35
Maultaschen-Urteil 345
MdE = Minderung der Erwerbsfähigkeit 423

Mecklenburg-Vorpommern 46
Medizinischer Dienst 403
Medizinprodukt 456
– aktives 461
– Betreiberverordnung = MPBetreibV 460
– Prüfungsfragen 539
– sicherheitsgefährdendes 458
– Sicherheitsplanverordnung = MPSV 464
– Verordnung = MPV 463
Medizinprodukte 456
Medizinproduktebuch 462
Medizinproduktegesetz = MPG 456
Medizintechniker 467
Mehrarbeit 366
Mehrheit
– absolute 64, 74
– einfache 64, 74
– qualifizierte 74
Mehrheitsprinzip 39
Mehrheitswahlsystem, relatives 64
Meinungsfreiheit **38, 57**
– Abgeordnete 72
Meldepflicht
– namentliche 476
– nicht namentliche 477
Meldepflichtige Krankheit 473

Meldungsempfänger 478
Menschenrecht **53**
– Allgemeine Erklärung 49
Menschenwürde 191, 201, 432
Menschsein 156, 166
– Lebensphasen (Strafrecht) 175
Merkel, Angela 83
Mietvertrag 232
Millisievert = mSv 490
Minderheitskanzler 76, 84
Minderung der Erwerbsfähigkeit = MdE 423
Mindestarbeitsbedingung
– unmittelbare 371
– zwingende 371
Mini-Job 388
Ministerpräsident 47
Misshandlung, körperliche 156
Mittäterschaft 143
Mitwirkungspflicht (Patient) 241
Monarchie
– absolute 38
– beschränkte 38
Mord 168
MPBetreibV = Medizinprodukte-Betreiberverordnung 460
MPG = Medizinproduktegesetz 456
MPSV = Medizinprodukte-Sicherheitsplanverordnung 464

MPV = Medizinprodukte-Verordnung 463
MPVerschrV = Verordnung über die Verschreibungspflicht von Medizinprodukten 463
MPVertrV = Verordnung über Vertriebswege für Medizinprodukte 463
mSv = Millisievert 490
München 46
Mündel 289
Mündliche Verhandlung 378
MuSchG = Mutterschutzgesetz 357
Mutter
– leibliche 192
– soziale 192
Mutterschaft
– gespaltene 192
– Krankengeld 395
Mutterschaftsgeld 359
Mutterschaftslohn 359
Mutterschutz 357
Mutterschutzgesetz = MuSchG 357

N

Nachlass 260
– Insolvenzverfahren 275
Nachtarbeit 56, 366, **367**
Nachtpflege 406
Nachtzeit 366

Namentliche Meldepflicht 476
Nationen, vereinte = UN 122
- Prüfungsfragen 530
Nebenfolge 151
Nebengesetze, berufsrelevante, Prüfungsfragen 538
Nebenpflicht, Arbeitsverhältnis 335
Nebenstrafe **151**
Nichtdelegation 351
Nichtleistung (Arbeitnehmer) 337
Nichtnamentliche Meldepflicht 477
Nichtwähler 62
Nidation 175
Niedersachsen 46
Nizza-Vertrag 115
Nordrhein-Westfalen 46
Normenkontrolle
- abstrakte 91
- konkrete 91
Nosokomiale Infektion 472, **480**
Notfall-Verschreibung 448
Notfalldienst 368
Notlage 173
- soziale 45
Notstand
- Fixierung 190
- Offenbarung 184
- Rechtswidrigkeit 139
Nottestament 270
Notwehr
- Fixierung 190
- Rechtswidrigkeit 138

O

Oberlandesgericht 380
Obhutspflicht 172
Oettinger, Günther 117
Offenbarung, Geheimnis 182
Offenbarungsrechtfertigung 476
Öffentliche Sicherheit, Gefährdung 307, **500**
Öffentliches Interesse (Strafverfolgung) 165
Öffnungsklausel (Tarifvertrag) 371
Opportunistische Erreger 472
Opposition, funktionierende 39
Oppositionspartei 39
Ordentliche Kündigung 343
Ordnungsprinzip (Erbschaft) 262
Ordnungswidrigkeit 369
- Meldepflicht 486
Organ, Europäische Union 115
Organentnahme 210
Organhandel 209, **218**
Organisationsverschulden 250
Organspender
- lebender 212
- verstorbener 210
Organtransplantation 209
Organübertragung (Implantation) 216
Ostberlin 35

P

Packungsbeilage 444
Palliativversorgung 394
Parlament 43
- europäisches 116
Parlamentarischer Rat 35
Partei, politische 39
Partydroge 449
Patient
- einwilligungsfähiger 206
- einwilligungsunfähiger 206
- Vertragspflicht 240
Patientenakte (Einsicht) 239
Patientenrechtegesetz 234
Patientenverfügung 206
Pause 366
Pension 283
Perestroika 35
Personalisierte Verhältniswahl 65
Personalrat 372
Personalversammlung 373
Personalvertretungsgesetz 372
Personenbedingte Kündigung 355

Personensorge 287
Personenstandsgesetz 495
- Prüfungsfragen 540
Personenstandsregister 495
Persönlichkeitsentfaltung, freie 55
Pfändungsgrenze 381
Pflege
- Ausbildung 540
- häusliche 404
- Prüfungsfragen 528
- stationäre 406
- teilstationäre 406
- vollstationäre 407
Pflege-Neuausrichtungs-Gesetz = PNG 395, 397
Pflegebedürftigkeit 393, 399
- Stufen 401
Pflegedokumentation 237
Pflegegeld 405
Pflegehilfsmittel 406
Pflegekasse 398
Pflegekind 289
Pflegeperson 408
Pflegepersonal, Qualifikation 200
Pflegesachleistung 404
Pflegeversicherung **397**
- Leistungsart 403
- Prüfungsfragen 536

Sachverzeichnis

- Weiterversicherung 398
- Pflegevisite 179, **186**
- Pflegezeitgesetz = PflegeZG 409
- PflegeZG = Pflegezeitgesetz 409
- Pflegling 290
- Pflegschaft 290
- Pflicht
  - Arbeitsverhältnis 331
  - Arzt 236
  - Ausbilder 348
  - Auszubildender 348
  - Erbe 275
  - Patient 240
  - Schüler 348
  - Stillschweigen 335
- Pflichtteil (Erbschaft) 276
- Pflichtverteidiger 45, 221
- PGD = Preimplantation Genetic Diagnosis 193
- PID = Präimplantationsdiagnostik 193
- Planwirtschaft 105
- Plastination 453
- PNG = Pflege-Neuausrichtungs-Gesetz 395, 397
- Potsdam 46
- Potsdam-Konferenz 34
- Präimplantationsdiagnostik = PID 193
- Präsident
  - Bundesrat 78
  - gewählter 37
- Präsidentenanklage 81
- Prävention
  - Generalprävention 133
  - Spezialprävention 133
- Prävention (Krankheit) = 468
- Preimplantation Genetic Diagnosis = PGD 193
- Preisbindung, vertikale 106
- Preiskartelle 106
- Prinzip
  - humanitäres 162
  - nationaler Souveränität 123
- Privatgeheimnis 57
  - Verletzung 179
- Privatrecht 226
- Prophylaxe (Krankheit) 468
- Prozess, fairer 42
- Prozesskostenhilfe 45, 381
- Prüfungsfragen 528
- Psychiatrie 152
- Psychisch Kranker (Unterbringung) 498
- Psychisch-Kranken-Gesetz = PsychKG 498
- PsychKG = Psychisch-Kranken-Gesetz 498

Q

- Qualifikation (Pflegepersonal) 200
- Qualitätssicherung
  - Pflege 237
- – häusliche 405
- – Röntgenanlage 488
- – Wasser 484
- – Wettbewerb 107
- Quarantäne 483
- Quorum 101

R

- Rahmentarifvertrag 370
- Rat
  - Europäische Union 117
  - Europäischer 118
  - Parlamentarischer 35
- Ratenlieferungsvertrag 107
- Rau, Johannes 82
- RBS = Regelbedarfsstufe 435
- Recht
  - Eheschließung 278
  - Erbe 275
  - Freiheit 55
  - körperliche Unversehrtheit 55
  - Leben 55, 201
  - Vormundschaft 289
- Rechtliches Gehör 42
- Rechtsanwalt 381
- Rechtsbeziehung
  - Arzt-Patient 234
  - Krankenhaus-Patient 242
- Rechtsfolge
  - Erwachsene 149
  - Jugendliche 145
- Rechtsgut 130
- Rechtsgutverletzung 247
- Rechtskraft 380
- Rechtsmittel 380
- Rechtsprechung 48
  - Fallbeispiele 255
  - unabhängige 109
- Rechtsschutz 42
  - Unterbringung 503
- Rechtsstreit (Kosten) 381
- Rechtsweggarantie 111
- Rechtswidrigkeit 138, 158
- Regelaltersrente 416
- Regelbedarf 435
- Regelbedarfsstufe = RBS 435
- Regierung, Kontrolle 73
- Rehabilitation 412
- Remonstrationspflicht 199
- Rente
  - Leistung 413
  - Minderung der Erwerbsfähigkeit 423
- Rentenversicherung **411**
  - deutsche = DRV 411
  - Leistung 412
  - Prüfungsfragen 537
- Repräsentationsprinzip (Erbschaft) 264
- Republik 37
- Resolution 124
- Ressortprinzip 89
- Revision 222, 380
- Revolution
  - französische 49

- industrielle 44
Rezept 445
- Betäubungsmittel 447
Rezeptpflicht 445
Rheinland-Pfalz 46
Richter
- gesetzlicher 42, 111
- unabhängiger 111
Risikobereich, voll beherrschbarer 253
RKI = Robert-Koch-Institut 469
Robert-Koch-Institut = RKI 469
Röntgenverordnung = RöV 487
Roosevelt 34
RöV = Röntgenverordnung 487
Rückwirkungsverbot 43
- Strafgesetz 134
Rückzahlungsklausel 350
Rufbereitschaft 368
Ruhepause 366
Ruhezeit 366

S

Saarbrücken 46
Saarland 46
Sachsen 46
Sachsen-Anhalt 46
Sachverständige 379
- Gutachten 300
Sainte-Lague-Verfahren 67
Sanktion, strafähnliche 146
Schadensersatz **244**
- Kaufvertrag 232
- Prüfungsfragen 533
Schädigung, gesundheitliche 157
Scheel, Walter 82
Scheidung (Ehe) 281
- einvernehmliche 282
- Konsequenzen 282
Scheinselbstständige 387
Scheitern (Ehe) 281
Schenkung 277
Schichtarbeit 367
Schlechtleistung 338
Schleswig-Holstein 46
Schloss Bellevue 79
Schmid, Carlo 35
Schmidt, Helmut 83
Schröder, Gerhard 83
Schuld 140
Schuldfähigkeit 140
Schuldprinzip 151
Schuldrecht **226**
- Prüfungsfragen 533
Schüler (Krankenpflege) 348
Schumacher, Kurt 34
Schutz
- Röntgenstrahlung 492
- Verbraucher 107
Schutzimpfung 391, 472, 480
Schutzmaßnahme (übertragbare Krankheit) 482
Schwaben 102
- Regierungsbezirk 102
Schwangerschaft 175
- Arbeitsentgelt 335
- Bewerbungsgespräch 328
- Krankengeld 395
Schwangerschaftsabbruch **174**
- Straflosigkeit 176
Schweigepflicht 180
- Beendigung 187
- Durchbrechung 476
- Entbindung 183
- Meldepflicht 476
Schwerbehinderte
- Altersrente 416
- Bewerbungsgespräch 328
Schwerin 46
Seebestattung 453
Sekretariat (UN) 126
Selbstbehalt 291
Selbstbestimmungsrecht 164
- Leben 201
Selbstgefährdung 500
Selbsttötung 167
Sexuell übertragbare Krankheiten 480
SGB = Sozialgesetzbuch 384
Sicherheit
- öffentliche, Gefährdung 307, **500**
- soziale 384
Sicherheitsrat (UN) 125
Sicherung
- Chancengleichheit 45
- Maßregel, Erwachsene 151
- menschliche Existenz 45
- soziale Notlage 45
- sozialer Ausgleich 45
Sicherungerung, Jugendliche 149
Sicherungspflege 394
Sicherungsverwahrung 152
Siegermacht 34
Sittenwidrigkeit 160, 332
Sitz (Bundestag) 64
Sofortige vorläufige Unterbringung 504
Somazelle 194
Sonderorganisation (UN) 126
Sonntagsruhe 368
Sorgeerklärung 286
Sorgerecht, elterliches 283, 286
Sorgerechtsmissbrauch 287
Souveränitätsprinzip, nationales 123
Sowjetunion 34
Soziale Gerechtigkeit 384

Sachverzeichnis

Soziale Rechtfertigung (Kündigung) 354
Soziale Sicherheit 384
Sozialgefährlichkeit 152
Sozialgeld 430
Sozialgesetzbuch = SGB 384
Sozialhilfe 45, **432**
- Leistung 433
- Prüfungsfragen 537
- Recht 433
Sozialleistung 424
Sozialrat (UN) 126
Sozialrecht **384**
- Prüfungsfragen 536
Sozialstaat
- Aufgaben 45
- Entstehung 44
- Hilfsangebot 438
-- Prüfungsfragen 538
Sozialversicherung 384
Spender, Organentnahme 210
Spezialprävention (Straftat) 133
Sprungrevision 380
Staat, totalitärer 38
Staatsangehörigkeit
- deutsche 33
- doppelte 33
- Erwerb 33
Staatsbürgerkunde, Prüfungsfragen 528
Staatsgebiet 32
Staatsgewalt 34
Staatsgrenze
- natürliche 32
- politische 32

Staatsoberhaupt 79
Staatssekretär
- beamteter 88
- parlamentarischer 88
Staatssicherheitsdienst = Stasi 36
Staatsvertrag 73
Staatsvolk 32
Stalin 34
Stalking 131
Stammesprinzip (Erbschaft) 263
Ständige Impfkommission = STIKO 480
Stasi = Staatssicherheitsdienst 36
Stationäre Pflege 406
Sterbehilfe **201**
- aktive 204
-- direkte 204
-- indirekte 205
- passive 205
Sterbender 203
Sterberegister 497
Sterilisation 197
- Betreute 305
STIKO = Ständige Impfkommission 480
Stillschweigen (Arbeitnehmer) 335
Stillzeit 357
Strafantrag 165
Strafbarkeit 134
Strafbefehl 221
Strafprozess = StPO 219
Strafrecht
- Aufgabe 130
- Inhalt 130
- Nebengesetze, berufsrelevante 191

- Pflegepersonal 198
- Prüfungsfragen 530
- Sterbehilfe 202
- Ziel 133
Straftat **135**
- Embryo 191
- fahrlässige 141
- Meldepflicht 486
- Rechtsfolge 145
- vorsätzliche 135
Strafzweck 133
Strahlenschutz **487**
- Beauftragter 490
- Prüfungsfragen 539
- Verantwortlicher 489
- Verordnung 494
Stuttgart 46
Subsidiaritätsprinzip 47
Substitution-Verschreibung 448
Substitutionsmittel (BtM) 448
Sucht 498
Suizid 167

T

Tagespflege 406
Tagessatzprinzip 150
Take-home-Regelung 448
Tarifvertrag **329**
- Dienst, öffentlicher 335
- für Auszubildende des öffentlichen Dienstes = TVAöD 370
- Inhalt 370

Tarifvertragsrecht 370
- Prüfungsfragen 536
Taschengeldparagraf 227
Tatbestand 135
- objektiver 135, 156
- subjektiver 137
Täterschaft, mittelbare 143
Tätigkeitsverbot (übertragbare Krankheit) 483
Tatverdacht, dringender 220
Teilarbeitslosengeld 428
Teilstationäre Pflege 406
Teilungsanordnung (Erbschaft) 273
Teilzeitarbeit 339
Tendenzbetrieb 335
Territorialprinzip 33
Testament
- Berliner 272
- eigenhändiges 269
- gemeinschaftliches 272
- Inhalt 273
- notarielles 270
Testierfähigkeit 269
Therapie, ärztliche (Körperverletzung) 159
Thüringen 46
Tod
- Arbeitgeber 345
- Arbeitnehmer 345

- Organspender 211
Totgeburt 496
Totschlag **165**, 168
Tötung
- auf Verlangen 165
- fahrlässige 169
Transplantationsbeauftragter 215
Transplantationsgesetz 209
Transplantationszentrum 215
Trennungsjahr 282
Treuepflicht (Arbeitnehmer) 335
Treuhandschaftsrat (UN) 126
Trinkwasser 484
TVAöD = Tarifvertrag für Auszubildende des öffentlichen Dienstes 370

U

Übergangsgeld 423
Überhangmandate 68
Übernahmeverantwortung 199
Übernahmeverschulden 252
Überstunden 366
Überwachungsbereich (Röntgen) 491
Übung, betriebliche 330
Ulbricht, Walter 34
Umlageverfahren 412
Umschulung, berufliche 347
UN = Vereinte Nationen 122
UN-Friedenstruppe 123
Unabhängigkeit
- persönliche 111
- sachliche 110
Unabhängigkeitserklärung, amerikanische 49
UNESCO = United Nations Educational, Scientific and Cultural Organization 127
Unfallverhütung 422
Unfallversicherung **418**
- Leistung 422
- Prüfungsfragen 537
Unfreiwilligkeit (Unterbringung) 500
Unfruchtbarkeit, ungewollte 393
Unglücksfall 173
Union, Europäische 115
Union, Europäische = EU 58, **113**
- Prüfungsfragen 530
Unionsbürger 115
United Nations Educational, Scientific and Cultural Organization = UNESCO 127
United Nations Organization = UNO 122
United States of America = USA 34
Unmittelbare Wahl 62
UNO = United Nations Organization 122
Unterbringung
- Betreute 305
- Dauer 501
- endgültige 505
- Freiheitsentziehung 306
- vorläufige 308, 503–504
-- sofortige 504
- zivilrechtliche 305, 498
Unterbringungsähnliche Maßnahme 308
- Fallbeispiel 323
Unterbringungsgesetz **498**
- Prüfungsfragen 540
Unterbringungsverfahren 501
Unterhalt 285
Unterhaltspflicht 290
Unterlassene Hilfeleistung 172
Unterlassungsdelikt 135
- Körperverletzung 158
Untersuchungsausschuss 70
Untersuchungshaft 220
Urkunde 379
Urkundsperson 496
Urlaubsentgelt 335
Urteil
- gerichtliches 379
- rechtskräftiges 223
USA = United States of America 34
UWG = Gesetz gegen den unlauteren Wettbewerb 107

V

Vaterschaft, gespaltene 192
Verantwortlicher, Medizinprodukt 467
Verbandmittel 394
Verbraucherdarlehensvertrag 107
Verbraucherschutz 107
Verbundenheit, besondere 214
Vereinsbetreuer 296
Vereinte Nationen = UN 122
- Prüfungsfragen 530
Verfahren
- Gesetzgebung 95
- Unterbringung 501
Verfahrensgrundsätze 42
Verfahrenspfleger 301
Verfassungsbeschwerde 91
Verfassungsorgan, oberstes 69, 91
Verfügung, letztwillige 269

Sachverzeichnis

Verfügungsbefugnis 160
Vergleich, rechtlicher 379
Verhaltensbedingte Kündigung 356
Verhältniswahl, personalisierte 65
Verhältniswahlsystem 63, **64**
Verhandlung, mündliche 378
Verhütung, Krankheit 391
– übertragbare 478
Verjährungsfrist (Kaufvertrag) 232
Verletztengeld 423
Verletztenrente 423
Vermächtnis 274
Vermittlungsausschuss (Gesetzgebung) 98
Vermittlungsstelle (Organspende) 216
Vermögenssorge 288
Vermüllungssyndrom 321
Verordnung über die Verschreibungspflicht von Medizinprodukten = MPVerschrV 463
Verordnung über Vertriebswege für Medizinprodukte = MPVertrV 463

Verrichtungsgehilfe 248
Versammlungsfreiheit 38
Versäumnisurteil 378
Verschreibung 445
– Notfall 448
– Substitution 448
Verschreibungspflicht 445
Verschulden 245–246
Versicherungsfreiheit 388
Versicherungspflicht 387
Versorgungsausgleich 283
Verteidiger 221
Vertrag
– Lissabon 115
– Maastricht 115
– Nizza 115
Vertragsfreiheit 230
Vertragspflicht 240
Vertragsschluss 228
Vertragstyp 231
Vertragsverletzung, Schadensersatzanspruch 249
Vertrauensfrage 75
Vertrauensschutz 43
Verwaltung 48
Verwaltungsgericht 42
Verwirrtheit, Betreuung 323
Volksbegehren 100

Volksentscheid 100
Volksstaat 37
Volksvertreter 61
Volkswahl 39
Vollmacht (Vorsorge) 295
Vollstationäre Pflege 407
Vollstreckungsbescheid 376
Vollstreckungsverfahren 223
Vollzug (Unterbringung) 502
Von Bismarck, Otto 44
von Weizsäcker, Richard 82
Vorbehalt
– Arzt 196
– Einwilligung 299
– Gemeinschaft 52
– Gesetz 41, 51
– Weihnachtsgeld 330
Vorbeugung (Krankheit) 468
Vorkriegsdeutschland 35
Vorläufige Unterbringung 503
– sofortige 504
Vormundschaftsgericht 293
Vormundschaftsrecht 289
Vorsatz 158
– Straftat 137
Vorsorgevollmacht 295
– Unterbringung 312
Vorstellungskosten **327**
Vorstrafe (Bewerbungsgespräch) 328

W

Wahl
– allgemeine **62**
– Bundespräsident 79
– freie 62
– geheime 63
– gleiche 63
– unmittelbare 62
– Volk 39
Wahlberechtigung 60
Wahlfunktion, Bundestag 73
Wahlkreis 67
Wahlmänner 62
Wahlrecht
– aktives 60, **61**
– passives 60, **61**
– Prüfungsfragen 529
Wahlsystem 63
Waisenrente 417
Wasser 484
Wegeunfall 421
Wegezeit 366
Weglaufgefahr, Betreuung 323
Wehrbeauftragter 70
Weihnachtsgeld 330
Weiterbildung 349
– Kosten 349
Weizsäcker von, Richard 82
Weltfrieden (UN) 122
Weltgesundheitsorganisation = WHO 127, 472
Weltkrieg, zweiter 34
Werkvertrag 233
Westberlin 35
Westzone 35

559

Sachverzeichnis

Wettbewerb
- Schutz 106
- unlauterer 107

Wettbewerbsbeschränkung, Gesetz gegen = GWB 106

Whistle-Blower 336

WHO = World Health Organization 127

Wiedervereinigung Deutschlands 35

Wiesbaden 46

Willensbildung, politische 74

Willenserklärung (Patient) 207
- mündliche 207
- mutmaßliche 207

Wirtschaftlichkeitsgebot 395

Wirtschaftsordnung, BRD 105

Wirtschaftsrat (UN) 126

Wirtschaftszone 32

Witwenrente
- große 417, 423
- kleine 417, 423

WoGG = Wohngeldgesetz 384

Wohlfahrtspflege 45

Wohngeldgesetz = WoGG 384

World Health Organization = WHO 127

Wulff, Christian 82

Z

Zahnfehlstellung 393

Zerrüttungsprinzip 281

Zeuge 379

Zeugnis **346**
- einfaches 346
- Geheimsprache 346
- qualifiziertes 346

Zeugnisverweigerungsrecht 186

Zitierungsrecht 73

Zivilprozess 186, 375
- Prüfungsfragen 536

Zivilprozessordnung = ZPO 375

Zivilrecht **226**
- Gleichbehandlungsgesetz 364
- Prüfungsfragen 533

ZPO = Zivilprozessordnung 375

Züchtigungsrecht 139

Zuchtmittel **147**

Zugewinn 284

Zugewinnausgleich 284

Zugewinngemeinschaft 266, **279**

Zustimmungsgesetz 97

Zwang 502

Zwangsbehandlung 502
- Betreute 312
- Fallbeispiel 324
- medizinische 164

Zwangsernährung 324

Zwangssterilisation 305

Zwangsversicherung 387

Zwangsvollstreckung 381

Zweckarzneimittel 443

Zweidrittelmehrheit, einfache 74

Zweispurigkeit (Strafrecht) 151

Zweiter Weltkrieg 34

Zweitstimme 67

Zwillinge, genetisch identische 195